TINTORETTO

A STAR WAS BORN

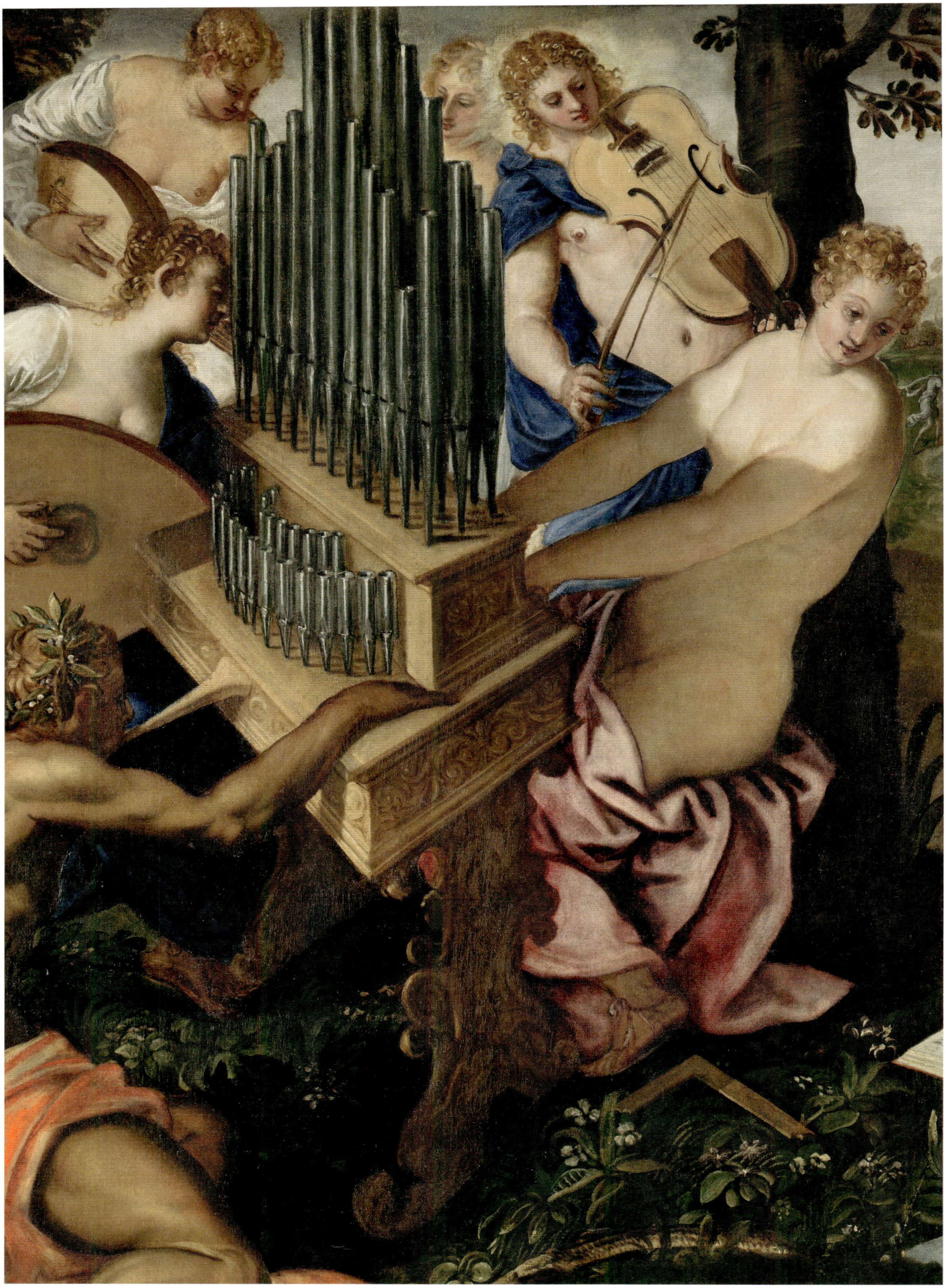

TINTORETTO
A STAR WAS BORN

HERAUSGEGEBEN VON
ROLAND KRISCHEL

unter Mitarbeit von
Michel Hochmann und
Cécile Maisonneuve

Wallraf
das Museum
WALLRAF-RICHARTZ-MUSEUM & FONDATION CORBOUD

HIRMER

IMPRESSUM

Dieser Katalog erscheint anlässlich der Ausstellung

TINTORETTO
A STAR WAS BORN

6. Oktober 2017–28. Januar 2018
WALLRAF-RICHARTZ-MUSEUM & FONDATION CORBOUD, KÖLN
www.wallraf.museum

6. März–1. Juli 2018
MUSÉE DU LUXEMBOURG, PARIS
www.museeduluxembourg.fr

Wallraf
das Museum
WALLRAF-RICHARTZ-MUSEUM & FONDATION CORBOUD

Ein Museum der

Stadt Köln

Kooperationspartner:

Réunion des musées nationaux Grand Palais

gefördert von:

freunde
des Wallraf-Richartz-Museum und des Museum Ludwig

AUSSTELLUNG

IDEE: Marcus Dekiert
KONZEPTION & KURATIERUNG: Roland Krischel
WISSENSCHAFTLICHE BERATUNG: Michel Hochmann
ÜBERSETZUNGEN: Marina Scotto di Carlo, Michael Scuffil
AUSSTELLUNGSMANAGEMENT: Barbara Trier, Petra Oepen
REGISTRAR: Reinhard Rasch
VERWALTUNG: Karin Heidemann, Jill Kirch, Sabine Kuchenbecker
ÖFFENTLICHKEITSARBEIT: Stefan Swertz
VERMITTLUNG: Stephanie Sonntag
GRAPHISCHE SAMMLUNG: Thomas Ketelsen, Dieter Bongartz
KONSERVATORISCHE BETREUUNG: Iris Schaefer, Caroline von Saint-George, Thomas Klinke, Ruth Klinkhammer
AUSSTELLUNGSAUFBAU: Bruno Breuer, Dawid Owsianik, Dennis Gallitzdörfer
HAUSTECHNIK: Michael Franke, Hansgeorg Hüser
VERANSTALTUNGSMANAGEMENT: Ingrid Lohre
KUNST- UND MUSEUMSBIBLIOTHEK DER STADT KÖLN: Bettina Gembruch, Renate Eimermacher
GRAPHIKDESIGN: Lange + Durach, Köln

KATALOG

HERAUSGEBER: Roland Krischel
REDAKTION: Roland Krischel

Für die Éditions de la Réunion des musées nationaux – Grand Palais, Paris
LEITUNG DER PUBLIKATIONSABTEILUNG: Sophie Laporte
PROJEKTLEITUNG: Anne-Sophie Grouhel-Le Tellec
ABBILDUNGSRECHERCHE: Élise Vanhaecke
PRODUKTION: Philippe Gournay

PROJEKTLEITUNG, HIRMER: Kerstin Ludolph
PROJEKTMANAGEMENT, HIRMER: Karen Angne
ÜBERSETZUNGEN: Stefan Barmann, Ulrike Chanteaux, Alexandra Geese, Roland Krischel, Marita Liebermann, Achim Wurm
LEKTORAT: Vera Udodenko, Köln
GESTALTUNG: Michelines (Line Célo & Clémence Michon)
SATZ: Petra Ahke, Berlin
LITHOGRAPHIE: IGS-CP, l'Isle-d'Espagnac, Frankreich
PAPIER: GardaPat Kiara, 135 g
SCHRIFT: Requiem, Jannon
PRODUKTION: Peter Grassinger
DRUCK UND BINDUNG: Printer Trento, Trento

PRINTED IN ITALY

Bibliografische Information der Deutschen Nationalbibliothek
Die Deutsche Nationalbibliothek verzeichnet diese Publikation in der Deutschen Nationalbibliografie; detaillierte bibliografische Daten sind im Internet über http://www.dnb.de abrufbar.

ISBN 978-3-7774-2942-7

www.hirmerverlag.de

UMSCHLAGMOTIVE

Vorderseite:
JACOPO TINTORETTO
SELBSTPORTRÄT, UM 1547
Öl auf Leinwand, 46,3 × 38,1 cm
Philadelphia Museum of Art,
Inv. 1983-190-1, Gift of Marion R. Ascoli and The Marion R. and Max Ascoli Fund in honor of Lessing Rosenwald, 1983
(siehe Kat. 48)

Rückseite:
JACOPO TINTORETTO
JOSEPH UND POTIPHARS WEIB, UM 1554/55
Öl auf Leinwand, 54 x 117 cm
Madrid, Museo Nacional del Prado, Inv. P 395
(siehe Kat. 61)

FRONTISPIZ:
KAT. 63
DETAILABBILDUNGEN
S. 16: KAT. 3
S. 68: KAT. 35
S. 202: KAT. 5

ESSAYS

KATALOG

ANHANG

VORWORT

1518 oder 1519 – je nach Auslegung der historischen Dokumente – kam in Venedig Jacopo Robusti zur Welt. Unter dem Namen Tintoretto wurde der Sohn eines Färbers berühmt: als einer der einfallsreichsten und produktivsten Künstler aller Zeiten.

Mehr als jeder andere venezianische Maler reflektiert Tintoretto die Lebenswirklichkeit in der Lagunenstadt der Renaissance. Mit großer Sensibilität erspürt er frühzeitig soziale oder religiöse Erschütterungen und Umbrüche. Seine Bilder spiegeln Glanz und Elend einer untergehenden Großmacht am Rand des Mittelmeeres, Handel und Wandel in einer Hauptstadt der Luxusindustrie, Kommen und Gehen in einer Migropolis mit kroatischen Steinmetzen, griechischen Madonnenmalern – und Kölner Buchdruckern. Einst selbst ein ‚Moderner', wurde der frenetische Maler zum Vorbild für zahlreiche Künstler des 20. und 21. Jahrhunderts, von Max Beckmann über Bob Thompson bis Neo Rauch. Bester Beleg dafür war sein Cameoauftritt im zentralen Pavillon der von Bice Curiger 2011 geleiteten Biennale von Venedig.

Angesichts der zeitlosen Modernität Tintorettos kann es nicht erstaunen, wenn der in Kürze anstehende 500. Geburtstag des Malers demnächst mit diversen Ausstellungen, unter anderem in Venedig und Washington, gefeiert wird. In enger Absprache mit den dortigen Kollegen haben wir Laufzeit und Thematik unserer Schau so gewählt, dass sich die Veranstaltungen thematisch ergänzen und zeitlich nicht überschneiden.

Doch wie kommt Köln zu einer Ausstellung über den jungen Tintoretto? Dank mehrerer Leihgaben der Bundesrepublik Deutschland verfügt das Wallraf über einen kleinen Bestand an Gemälden Jacopo Tintorettos und seiner Werkstatt, darunter ein recht berühmtes angebliches Frühwerk (Kat. 41) des Künstlers. Ihm gesellt sich ein 1870 erworbenes wichtiges Gemälde von Paris Bordone hinzu (Kat. 23), das mit bestimmten Arbeiten des jungen Tintoretto (Kat. 22) eng verwandt ist. Von zentraler Bedeutung aber war das Vorhandensein ausgewiesener wissenschaftlicher Expertise, denn mit Roland Krischel, dem Leiter unserer Mittelalterabteilung, arbeitet zugleich einer der international kenntnisreichsten Tintoretto-Spezialisten an unserem Haus – und diese Kompetenz galt es zu nutzen.

Da die komplette Lebens- und Schaffenszeit Tintorettos 2007 in Madrid (Prado) sowie 2012 in Rom (Scuderie) betrachtet wurde und demnächst auch wieder Gegenstand der Ausstellung im Dogenpalast und in der Washingtoner National Gallery sein wird, lag es für uns nahe, die Thematik stärker einzugrenzen. Wie zuletzt ein internationaler Kongress in Venedig 2015 bestätigte, stellt das ausgesprochen ehrgeizige *Frühwerk* Jacopos in mehrerlei Hinsicht ein besonders spannendes Thema dar: vor allem durch seinen teils noch suchenden Charakter, seine Experimentierfreude und thematische Vielfalt. Hinzu kommen die Rätsel um Tintorettos frühen künstlerischen Weggefährten Giovanni Galizzi, die seit 1995 lebhaft diskutiert werden und für uns eine willkommene wissenschaftliche Herausforderung bildeten. Der Zeitrahmen unserer Ausstellung, ca. 1537–1555, folgt dem bahnbrechenden Werk über die Jugend Tintorettos von Rodolfo Pallucchini (1950), dem wir mit unserem Projekt eine Hommage erweisen.

Die am Wallraf-Richartz-Museum & Fondation Corboud erarbeitete Ausstellung entstand in Kooperation mit der Réunion des musées nationaux – Grand Palais zu Paris. Im dortigen Musée du Luxembourg, dem ältesten öffentlichen Museum Frankreichs, wird sie anschließend, vom

6. März bis zum 1. Juli 2018, gezeigt. Diese glückliche Zusammenarbeit kann auf eine lange Tradition der Tintoretto-Verehrung in beiden Ländern zurückblicken: von der namenlosen deutschen Geliebten Jacopos (siehe den Katalogbeitrag von Linda Borean) und seinem prominenten Kunden König Heinrich III. von Frankreich über Künstler wie Hans Rottenhammer oder Adam Elsheimer bis hin zu Jean-Paul Sartre, der Tintoretto mehrere große und noch immer lehrreiche Essays widmete.

Es war Laurent Salomé, der unsere Idee einer Zusammenarbeit aufgriff und später dann, bei seiner Berufung zum Direktor des Musée national des châteaux de Versailles et de Trianon, das Projekt in die Hände von Emmanuel Coquery und Cécile Maisonneuve legte. Als Präsidentin der Réunion des musées nationaux – Grand Palais hat Sylvie Hubac unser Gemeinschaftsprojekt wohlwollend protegiert und begleitet. Auch der Direktor des Louvre, Jean-Luc Martinez, unterstützte unser Vorhaben. Wissenschaftlicher Partner und Berater in Paris war Michel Hochmann, Lehrstuhlinhaber an der École Pratique des Hautes Études und hervorragender Kenner der venezianischen Kunst- und Kulturgeschichte der Renaissance. Den Genannten wie auch dem gesamten Team der Réunion des musées nationaux – Grand Palais danken wir von Herzen für die gute und fruchtbare Kooperation!

Wichtige Partner unserer Unternehmung in den USA waren Frederick Ilchman und Robert Echols. Dem langjährigen und vertrauensvollen Austausch mit ihnen ist es zu verdanken, wenn die Tintoretto gewidmeten Jubiläumsausstellungen in Köln und Paris einerseits sowie in Venedig und Washington andererseits terminlich wie inhaltlich aufeinander abgestimmt werden konnten. In Venedig fanden wir unverzichtbare Unterstützung beim Deutschen Studienzentrum (hier vor allem bei Petra Schaefer) sowie bei den Gallerie dell'Accademia unter ihrer Direktorin Paola Marini, die uns zwei Schlüsselwerke als Leihgaben zur Verfügung stellte (Kat. 28, 55). Unvergessen bleibt der großartige Motivationsschub, den Direktor Miguel Falomir unserem Vorhaben mit der frühzeitigen Zusage von gleich sieben wundervollen Gemälden des Madrider Prado (Kat. 1, 57–62) gab.

Ohne die tatkräftige Unterstützung diverser Institutionen sowie zahlreicher Kolleginnen und Kollegen wäre die Verwirklichung unseres Projekts nicht denkbar gewesen. Dank gilt vor allem den großherzigen Leihgebern, die sich von ihren Schätzen meist sogar für beide Ausstellungsstationen trennten, sowie jenen Unterstützern, die uns mit Auskünften, Ratschlägen und Hinweisen so überaus hilfreich waren. Sie alle werden im Folgenden noch namentlich aufgeführt. Nur dank finanzieller Hilfe der Freunde des Wallraf-Richartz-Museum und des Museum Ludwig e. V. konnten bestimmte Leihgaben nach Köln geholt werden. Dafür danken wir dem Vorsitzenden Herrn Dr. Wolfram Nolte und dem Geschäftsführer Herrn Jörg Streichert. Auch das Bankhaus Sal. Oppenheim hat uns bei der Finanzierung der Transporte unterstützt, wofür wir dem Vorstandsvorsitzenden Herrn Martin Renker sehr dankbar sind.

Wie bei allen unseren großen Ausstellungsprojekten haben so gut wie alle Mitarbeiter unseres Hauses zum Gelingen des Ganzen beigetragen. Herzlicher Dank geht daher an Dieter Bongartz, Patricia Dietrich, das Team der Restaurierung mit Iris Schaefer, Caroline von Saint-George, Thomas Klinke und Ruth Klinkhammer, das Team der Verwaltung mit Karin Heidemann, Jil Kirch und Susanne Kuchenbecker, weiterhin an Thomas Ketelsen, Anja Sevcik, Ingrid Lohre, Petra Oepen, Reinhard Rasch, Marc Schmitz, Stephanie Sonntag, Stefan Swertz und Barbara Trier, und nicht zuletzt an die Hausmannschaft mit Bruno Breuer, Dawid Owsianik und Dennis Gallitzdörfer sowie die Haustechnik mit Michael Franke und Hansgeorg Hüser. Ihnen allen sei für ihren unermüdlichen Einsatz herzlich gedankt.

Marcus Dekiert
*Direktor Wallraf-Richartz-Museum &
Fondation Corboud*

LEIHGEBER

Wir danken den Eigentümern, Direktoren und Kollegen aller leihgebenden Sammlungen und Institutionen ...

HER MAJESTY QUEEN ELIZABETH II

RIJKSDIENST VOOR HET CULTUREEL ERFGOED, AMERSFOORT

MUSÉE DE PICARDIE, AMIENS

RIJKSMUSEUM, AMSTERDAM

JORGE R. POMBO, BARCELONA

STAATLICHE MUSEEN ZU BERLIN, ANTIKENSAMMLUNG

STAATSBIBLIOTHEK ZU BERLIN – PREUSSISCHER KULTURBESITZ

HERZOG ANTON ULRICH-MUSEUM, KUNSTMUSEUM DES LANDES NIEDERSACHSEN, BRAUNSCHWEIG

MUSÉES ROYAUX DES BEAUX-ARTS, BRÜSSEL

SZÉPMŰVÉSZETI MÚZEUM, BUDAPEST

GALLERIE DEGLI UFFIZI, FLORENZ

GALLERIA PALATINA, PALAZZO PITTI, FLORENZ

KUNSTHISTORISCHES INSTITUT IN FLORENZ – MAX-PLANCK-INSTITUT

STÄDEL MUSEUM, FRANKFURT AM MAIN

DE JONCKHEERE, GENF

BOB JONES UNIVERSITY MUSEUM AND GALLERY, GREENVILLE (SOUTH CAROLINA)

MUSÉE DE GRENOBLE, GRENOBLE

KUNST- UND MUSEUMSBIBLIOTHEK, KÖLN

MUSEUM FÜR ANGEWANDTE KUNST, KÖLN

UNGERS ARCHIV FÜR ARCHITEKTURWISSENSCHAFT, KÖLN

HAMBURGER KUNSTHALLE, KUPFERSTICHKABINETT

FONDATION JAN KRUGIER, LAUSANNE

THE NATIONAL GALLERY, LONDON

MUSEO NACIONAL DEL PRADO, MADRID

VENERANDA FABBRICA DEL DUOMO DI MILANO, MUSEO DEL DUOMO, MAILAND

GALLERIE ESTENSI, MODENA

GALERIE MAISON D'ART, MONTE-CARLO

BAYERISCHE STAATSGEMÄLDESAMMLUNGEN MÜNCHEN

MUSÉE D'ARTS DE NANTES

YALE UNIVERSITY ART GALLERY, NEW HAVEN (CONNECTICUT)

MUSEO DI SCIENZE ARCHEOLOGICHE E D'ARTE DELL'UNIVERSITÀ DEGLI STUDI DI PADOVA

ÉCOLE NATIONALE SUPÉRIEURE DES BEAUX-ARTS, PARIS

MUSÉE DU LOUVRE, PARIS

PHILADELPHIA MUSEUM OF ART

GALLERIE NAZIONALI DI ARTE ANTICA DI ROMA, PALAZZO BARBERINI

MUSEUM BOIJMANS VAN BEUNINGEN, ROTTERDAM

GALLERIE DELL'ACCADEMIA, VENEDIG

FONDAZIONE MUSEO FRANCESCO BORGOGNA, VERCELLI

MUSEO DI CASTELVECCHIO, VERONA

MUSEO SANTA MARIA ASSUNTA, VERTOVA

NATIONAL GALLERY OF ART, WASHINGTON

KUNSTHISTORISCHES MUSEUM WIEN, GEMÄLDEGALERIE

MUSEUM HEYLSHOF – STIFTUNG KUNSTHAUS HEYLSHOF, WORMS

... sowie allen privaten Leihgebern, die ungenannt bleiben möchten.

DANK

Für ihre unverzichtbare Unterstützung, ihren besonnenen Rat und ihre hilfreichen Auskünfte danken wir von Herzen

SILVIO ALBINI
BERNHARD ANDERGASSEN
KAREN ASHWORTH
CHRISTOPHER D.M. ATKINS
LÁSZLÓ BAÁN
MARTINA BAGNOLI
MICHAELA BÖHRINGER
MARGHERITA BOLLA
GIANANTONIO BORGONOVO
GIOVANNI PIETRO BOSIO
ALICE A. BOSONI
EMMANUELLE BRUGEROLLES
DUNCAN BULL
JEAN-MARC BUSTAMANTE
CAROLINE CAMPBELL
SABINE CAZENAVE
MATTEO CERIANA
ALESSANDRA CROSATO
GEORGES DE JONCKHEERE
FRANCESCA DEL TORRE SCHEUCH
TACO DIBBITS
SIMON DICKINSON
MILO DICKINSON
ROBERT ECHOLS
BASTIAN ECLERCY
ANGELIKA ENDERLEIN
SJAREL EX
ANNE-MARIE EZE
ROBERT FAJEN
MIGUEL FALOMIR FAUS
EVELYNE FERLAY
FRANCESCO FERRARIS
GABRIELE FINALDI
SUSAN FOISTER
ROBERT FUCHS
CRISTINA GABBRIELLI
FLAMINIA GENNARI SANTORI
SILKE HAASE
LISA HANSTEIN
ANKE VON HEYL

PETRA HESSE
LOUISA HOWARD
MANFRED HUISKES
VALÉRIE HUSS
FREDERICK ILCHMAN
ERIN R. JONES
LAURENCE KANTER
ANNE KESSLER
FRIEDRICH KISTERS
DAVID KLEMM
DAGMAR KNÖPFEL
SONJA KOBOLD
NIKOLETTA KORUHELY
VOLKER KRAHN
SIBYLLE KROLL
TZILA KRUGIER
BARBARA KUHN
ISABELLA LA COSTA
CINZIA LACCHIA
ALASTAIR LAING
FRISO LAMMERTSE
DAMIANO LAPICCIRELLA
WOLFGANG LEONI
JOHANNA LESSMANN
TERESA LIGNELLI
MONICA LOCH
ROBERTO LODI
JOCHEN LUCKHARDT
BERNHARD MAAZ
MARTIN MAISCHBERGER
GIULIO MANIERI ELIA
PAOLA MARINI
JEAN-LUC MARTINEZ
STEFANIA MASON
GOLO MAURER
ALESSANDRA MENEGAZZI
TANJA MICHALSKY
FRANCESCA MONTANARO
OLAF MÜCKAIN
TOBIAS NAGEL
NINO NANOBASHVILI
LUIGI NONIS
DORIS OLTROGGE
LAURA PAVAN
WIM PIJBES
JORGE R. POMBO
EARL A. POWELL III
LIONELLO PUPPI
ELKE PURPUS
JOCK REYNOLDS
PAOLA ROSSI
TIMOTHY RUB
GERTRUD RUDIGIER
CLAUDIA SALMINI
LUIGI SANGIOVANNI
EIKE SCHMIDT
ROMEDIO SCHMITZ-ESSER
ANDREAS SCHOLL
ANDREAS SCHUMACHER
AGNES SCHWARZMAIER
MARINA SCOTTO DI CARLO
GERO SEELIG
DESMOND SHAWE-TAYLOR
ANJA SIEBER-ALBERS
JAN SIMANE
DANIELA STEGE-GAST
ANDREAS STOLZENBURG
HELENA SZÉPE
NADER TEWELDE
GUY TOSATTO
MARCUS TRIER
SOPHIA UNGERS
JOOST VANDER AUWERA
MARIETTA VINCI-CORSINI
CHRISTIANE VORSTER
LOUIS WALDMAN
ERASMUS WEDDIGEN
STEFAN WEPPELMANN
TRISTAN WEDDIGEN
LUCY WHITAKER
LORENZ WINKLER-HORAČEK
ALAN WINTERMUTE
WOLFGANG WOLTERS
GERHARD ZIMMER
MIGUEL ZUGAZA MIRANDA

— *Roland Krischel*

NEUES VOM RIALTO

Anders als noch vor wenigen Jahren in der Tintoretto-Schau der römischen Scuderie[1] findet in unserer Ausstellung keine Trennung zwischen dem Werk Jacopos und seinem künstlerischen Kontext statt, sondern im Gegenteil eine möglichst enge Verzahnung. Religiöse und allegorische, mythologische und erotische Gemälde sowie Porträts von der Hand des jungen Tintoretto begegnen verwandten Werken seiner künstlerischen Vorbilder, Konkurrenten und Assistenten. Zeichnungen, Druckgraphiken und Skulpturen stecken den weiten kulturellen Horizont des aufstrebenden Jungmalers ab.

Nach dem Neu-Aufbruch der Tintoretto-Studien in den 1990er Jahren trat zuletzt ein gewisser Stillstand ein und das Bild des Malers verfestigte sich wieder. Doch erscheint uns der Zeitpunkt verfrüht für eine neue, homogene Erzählung. Bewusst lassen wir daher zum Beispiel im Aufsatzteil gewisse Widersprüche zu (etwa zwischen verschiedenen Deutungen für die Inschrift in Tintorettos „Sacra Conversazione Molin" – Abb. S. 20). Abgesehen von Beginn und Ende ist die Ausstellung nicht chronologisch geordnet, sondern nach thematischen Brennpunkten, die sich quasi von selbst aus dem Material ergeben. In sieben Kapiteln werden der künstlerische Ehrgeiz Tintorettos, seine dekorativen Arbeiten, seine Beeinflussung durch das zeitgenössische Theater, sein eminent dreidimensionales Denken, seine Arbeitsweise und Kooperation mit Giovanni Galizzi, seine Bildnismalerei und – last, not least – sein Frauenbild beleuchtet.

Die einführenden Aufsätze des Katalogs würdigen die wissenschaftliche Pionierleistung von Rodolfo Pallucchini (Stefania Mason) und liefern historische, biographische sowie kunstgeschichtliche Grundlagen (Giuseppe Gullino, Linda Borean, Michel Hochmann), um schließlich in eine Betrachtung von Identität, Strategien und *self-fashioning* des jungen Tintoretto zu münden (Roland Krischel, Erasmus Weddigen, Guillaume Cassegrain). Bewusst erfolgt die Darbietung der Information gestaffelt auf verschiedenen Ebenen. Genauso wichtig wie die Aufsätze sind daher die Kapiteleinleitungen und die Katalogtexte zu den Exponaten, die gewissermaßen als Mikro-Essays angelegt sind.

Unser Ausstellungs- war zugleich auch ein Forschungsprojekt. Aus mehrjähriger Vorbereitung ging ein reicher wissenschaftlicher Ertrag hervor. Verschollene Werke wie die „Sacra Conversazione Marcello" (Kat. 36), das „Gastmahl des reichen Prassers" (Kat. 17), das Porträt des Nicolò Doria (Kat. 44) oder die Ölskizze mit der „Hl. Familie" (Kat. 38) konnten lokalisiert und zusammen mit nahezu unbekannten Bildern wie dem Wormser Männerporträt (Kat. 53) oder dem Münchner „Musenkonzert" (Kat. 63) ans Licht der Öffentlichkeit gehoben werden. Hinzu kommen wichtige neue Zuschreibungen: Der junge Tintoretto selbst gewinnt die „Fußwaschung" in Grenoble (Kat. 7), das „Liebeslabyrinth" in Hampton Court (Kat. 3) sowie ein Männerbildnis in Florenz (Kat. 49) hinzu. Francesco Salviati ist mit einem bislang unbekannten Miniaturporträt vertreten (Kat. 47). Die Kölner „Sacra Conversazione" (Kat. 41) geht nun – teilweise – an Giovanni Galizzi, der überraschenderweise auch als geübter Buchmaler (Kat. 39) greifbar wird. Eine erfreuliche Entdeckung wurde unter den anonymen Italienern im Graphischen Kabinett des Wallraf gemacht: Hier fand sich der Abzug eines vorzüglichen Holzschnittes von Tintorettos frühem Weggefährten Andrea Schiavone (Kat. 40).

Wie die einzelnen Katalogeinträge belegen, kehrt nahezu jede Leihgabe mit einem substanziellen wissenschaftlichen Erkenntnisgewinn zurück zu

1 Rom 2012.

ihrem Besitzer. In mehreren Fällen beispielsweise konnten Bildthema oder -gegenstand neu bestimmt werden: Das bereits erwähnte „Liebeslabyrinth" entpuppt sich als tiefsinnige Allegorie auf das menschliche Leben. Ein bislang als „Susanna" geltendes Gemälde erweist sich als Darstellung der „Erwachenden Psyche" (Kat. 12). Der „Mann im Pelz" aus der Sammlung Contini Bonacossi (Kat. 52) konnte – durch Michel Hochmann – als Alvise Mocenigo identifiziert werden. Die im Wormser Männerporträt dargestellte Persönlichkeit lässt sich als Marco Giustignan benennen.

Mit einiger Sicherheit können wir jetzt sagen, dass Tintoretto nicht der schmalen Kaste privilegierter *cittadini* angehörte, sondern den politisch machtlosen *popolani* (siehe den Aufsatz von Linda Borean). Das eröffnet vielversprechende neue Möglichkeiten der Deutung für Jacopos Strategien, die wohl nicht zuletzt auf Partizipation (etwa am religiösen Diskurs) und auf eine gewisse Form künstlerischer Machtausübung abzielten. Der Rückblick auf das von Rodolfo Pallucchini gezeichnete Bild des jungen Tintoretto (siehe den Aufsatz von Stefania Mason) lädt zu einer neuen Sicht auf den venezianischen Manierismus ein: Zu überlegen wäre, ob die als Parallelphänomen sowohl in der Malerei (bei Tintoretto) als auch in der Literatur (bei Andrea Calmo) zu beobachtende kalkulierte Ungeschliffenheit eine bewusste Gegenposition zum hochpolierten „stylish style" der Florentiner darstellt.

Hielt Pallucchini es noch für „absurd", dem rund 25-jährigen Tintoretto bereits eine Werkstatt zumuten zu wollen, so bestätigt sich jetzt eine Intuition John Maxons, der schon in Jacopos Frühwerk Assistentenhand am Werk sah.[2] Wie Philip Cottrell zuletzt vermutete[3], war der von Robert Echols wiederentdeckte, rätselhafte Giovanni Galizzi erster und engster Mitarbeiter Tintorettos. Als Geschäftspartner und vielleicht sogar Ateliergenosse begleitete er Jacopo etwa von 1544 bis 1554. Diverse Gemälde zeugen von geteilten Aufträgen und gemeinsamer Autorschaft. Dabei sind unterschiedlichste Abmischungen beziehungsweise Kooperationsformen zu beobachten: Auf eine standardisierte Arbeitsteilung mochte Tintoretto sich offenbar nicht einlassen.

Genauer als bisher wird künftig nicht allein nach den Grenzen des eigenhändigen Tintoretto-Werkes zu fragen sein, sondern vor allem auch nach den Grenzen von Jacopos ‚Firma'. Denn zum einen stellte offenbar Galizzi in seinem eigenen Atelier und mit eigenen Assistenten auch Tintoretto-Nachahmungen her, zum anderen scheint der ganz junge Tintoretto um 1540 und vielleicht sogar bis 1545 sporadisch als Subunternehmer für andere Maler wie den Santacroce-Clan, Bonifacio de' Pitati oder Tizian tätig gewesen zu sein.[4]

Manche Fragen bleiben weiterhin offen. Desiderate der Tintoretto-Forschung hat Erasmus Weddigen mehrfach aufgelistet.[5] Am dringlichsten erscheinen (auf den jüngsten Spuren Gianluca Poldis) systematische technologische Analysen, von denen – beispielsweise – genauere Aufschlüsse über die Arbeitsteilung mit Galizzi zu erhoffen wären. Doch auch die religiösen Überzeugungen und Sympathien des jungen Tintoretto lohnen weitere Untersuchungen.[6]

2
Pallucchini 1950, S. 88; Maxon 1961, S. 254.
3
Cottrell 2009, S. 53.
4
Siehe den Aufsatz von Roland Krischel und Kat. 1, 41, 44.
5
Weddigen 1983, S. 35; Weddigen 1996, S. 159 f. (Anm. 1); Weddigen 2000, S. 313.
6
Vgl. zuletzt Krischel 2012 a (mit weiterführender Literatur).

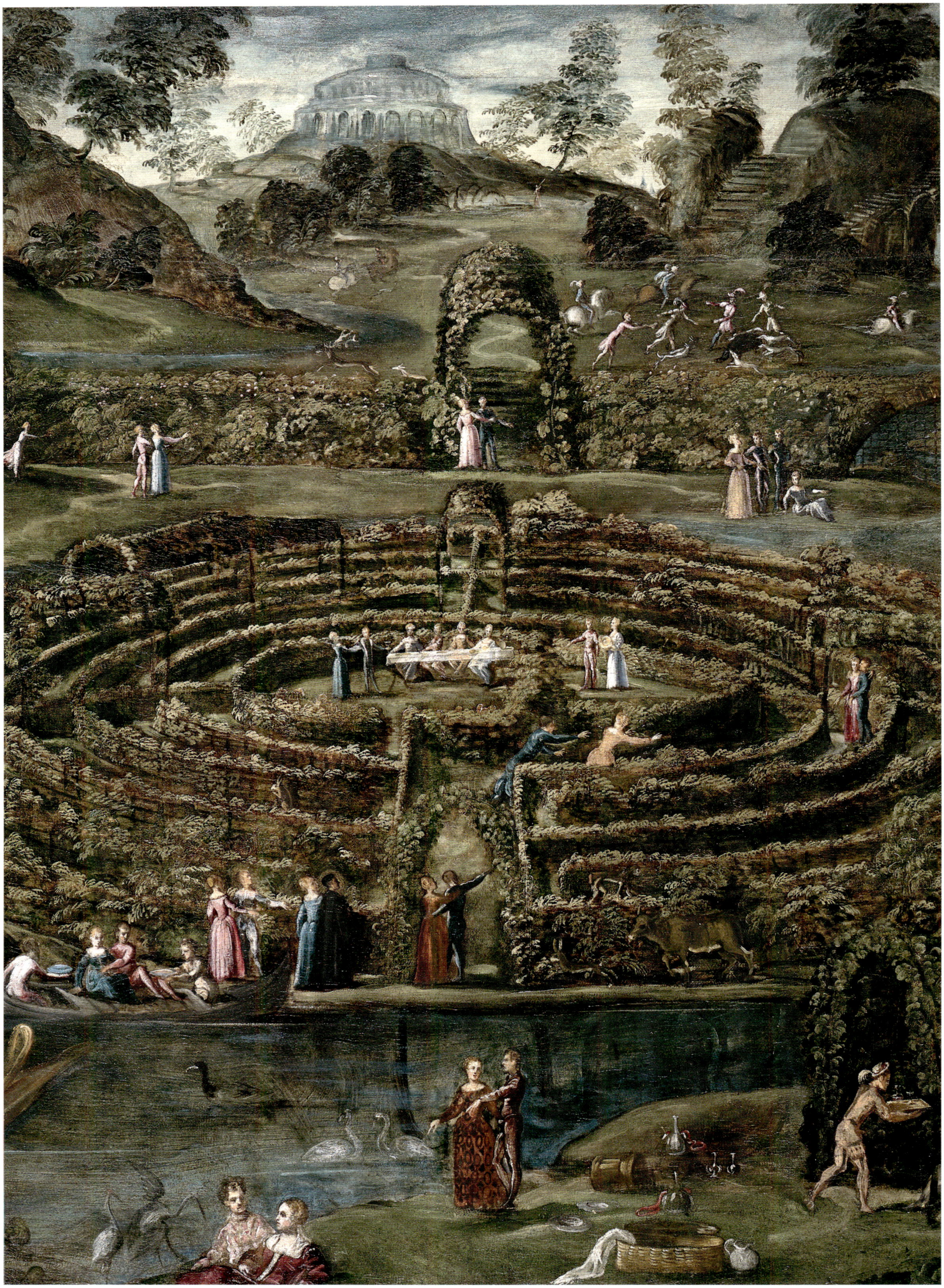

ESSAYS

— *Stefania Mason*

DAS FIEBER DES FORSCHENS
RODOLFO PALLUCCHINI, DER JUNGE TINTORETTO UND DER MANIERISMUS

In Rodolfo Pallucchinis Schriften zur venezianischen Kunst tritt ein äußerst breites Interessenspektrum zutage. Seine ganz besondere Verbundenheit mit Tintoretto bekannte der Kunsthistoriker selbst und führte sie auf eine bestimmte Begebenheit im Jahr 1937 zurück: Seinerzeit betraute Nino Barbantini den noch nicht Dreißigjährigen mit der Aufgabe, einen Kunstführer zur Scuola Grande di San Rocco zu verfassen.[1] Was die Wurzeln seiner Beschäftigung mit dem Manierismus anbelangt, jenem anderen Forschungsgegenstand, der für unseren Wissenschaftler zeitlebens eng mit Tintoretto verbunden blieb, so sei daran erinnert, dass gleichfalls 1937 in einem Schrank der Galleria Estense in Modena das heute berühmte kleine Triptychon des Domeniko Theotokopulos (genannt El Greco) entdeckt wurde: Verdienst des damals neuen Direktors, eines gebürtigen Mailänders und „adoptierten Venezianers" (wie er sich selbst gerne nannte). Bleiben wir aber zunächst bei Pallucchinis Verhältnis zu Tintoretto.

Eigentlich ist die Ausstattung der Scuola Grande di San Rocco das Werk eines schon reifen Malers, „in dessen Formensprache", wie der junge Forscher schrieb, „die Farbe einem neuen Element – dem Licht – weicht, zugunsten einer essenziellen Suche nach Ausdruck".[2] Dennoch wird in den wenigen einführenden Seiten dieser frühen Publikation Pallucchinis das Leitmotiv seiner späteren Ausdeutung Tintorettos, gerade auch seiner Sicht auf dessen künstlerische Anfänge, bereits erkennbar: jener entscheidende Nutzen, den der Maler bei der Umsetzung seiner kontrastreichen Hell-Dunkel-Visionen aus dem Import von Formen des „römischen" Manierismus gezogen habe. Von diesem Zeitpunkt an ist Pallucchinis Lesart Tintorettos – nachvollziehbar in einer ganzen Serie vertiefender, den Künstler in seinen kulturellen Kontext einbettender Studien – untrennbar verbunden mit der Analyse von Ereignissen, die in den 1540er Jahren die Kunstentwicklung der Lagunenstadt beeinflussten.

Sieht Max Dvořák in Tintoretto den „größten Repräsentanten des italienischen Manierismus trotz seiner venezianischen Ausbildung"[3], so gerät der Maler bei Pallucchini zum größten Vertreter des Manierismus im Veneto. Beibehalten werden dabei jene Facetten des Subjektivismus, des Spiritualismus und des Visionären, die im Tintoretto-Bild des (seinerzeit nicht nur von Pallucchini hoch verehrten) Vertreters der Wiener Schule der Kunstgeschichte aufscheinen. Den ersten Schritt zur unauflösbaren Verknüpfung beider Probleme, des venezianischen Manierismus und der Entwicklung Tintorettos, macht Pallucchini in seinem Buch von 1944 über die venezianische Malerei des 16. Jahrhunderts *(La pittura veneziana del Cinquecento)*. Jene Phase, in der (stark verkürzt gesagt) die venezianische Malerei durch Beiträge toskanisch-römischer und emilianischer Künstler einen tiefen Einschnitt erfuhr, wird dort in einem langen Kapitel über die „manieristische Krise" („crisi manieristica") behandelt: ein Begriff, den die heutige Forschung zurückhaltender verwendet – oder doch zumindest auf differenziertere Weise. Dazwischen lag die von Nino Barbantini organisierte monographische Ausstellung über Tintoretto in der Ca' Pesaro 1937, vor allem aber der Aufsatz von Luigi Coletti über die manieristische Krise der venezianischen Malerei (1941).[4] Nach Pallucchinis Auffassung nahm sich dieser Beitrag auf bahnbrechende Weise einer Kultur an, „die vom direkt oder indirekt aus Mittelitalien und der Emilia importierten Manierismus befruchtet war", und erhellte ebenso bündig wie präzise jenes künstlerische Klima, aus dem Tintoretto hervorging.[5]

1 Das „Fieber des Forschens", das Rodolfo Pallucchini an den von ihm so geschätzten Maler – und besonders an dessen Frühwerk – zu binden scheint, wird von ihm selbst ausdrücklich auch als Reaktion auf Roberto Longhis Abwertung Tintorettos und dessen handwerklicher Bravour (siehe dazu weiter unten) begriffen – vgl. Pallucchini 1950, S. 16: „Das Fieber des Forschens hält das Interesse wach für ständig erneuerte Ausdrucksmittel, die den toten Punkt seelenloser handwerklicher Virtuosität noch nicht erahnen lassen." Zum genannten Kunstführer vgl. die folgende Anmerkung.

2 Pallucchini 1937.

3 Zitiert (und übersetzt) nach: Pallucchini/Rossi 1982, Bd. I, S. 11 (Rodolfo Pallucchini) – vgl. Dvořak 1927–1929, Bd. 2, S. 144–164. Hans Aurenhammer hat gezeigt, dass die Zitate Pallucchinis der italienischen Paraphrasierung des Textes von Dvořák bei Gian Alberto Dell'Acqua, *L'arte italiana nella critica di Max Dvořák*, Florenz 1935, S. 90–91, folgen: Aurenhammer 1996, S. 52, Anm. 1.

4 Luigi Coletti, *La crisi manieristica nella pittura veneziana*, in: Convivium 13/2, 1941, S. 109–126.

5 Pallucchini 1950, S. 13.

Das Erscheinen zahlreicher Artikel, gekennzeichnet durch die (oft genug sogar kombinierte) Verwendung der drei Zauberwörter „young", „Tintoretto" und „unknown" (oder aber ihrer deutschen, seltener italienischen, Entsprechungen), befeuerte eine Debatte über den Künstler, in die Pallucchini sich mehr und mehr verwickelt sah.[6] Ob ganze Monographien oder einzelne Aufsätze in Fachzeitschriften: die in der ersten Hälfte des 20. Jahrhunderts erschienenen Publikationen über Tintoretto stammten mehrheitlich aus der Feder deutschsprachiger Wissenschaftler – von Henry Thode und Detlev von Hadeln über Erich von der Bercken und August L. Mayer bis hin zu Hans Tietze.[7] In seinem Buch über die Jugend Tintorettos (*La giovinezza del Tintoretto*, 1950 – Abb. 1) fällt Pallucchini ein hartes Urteil über diese Studien, namentlich über einen Beitrag von Hadelns, den er als reich an Intuitionen, aber arm an qualitativer Urteilskraft bezeichnete. Dieser „Kenner" (man beachte die ironisierenden Anführungszeichen) habe es fertiggebracht, das früheste datierte Werk Tintorettos unter dem Namen eines inexistenten Malers zu publizieren: Jacopo Molino.[8] Von der Bercken und – mehr noch – Mary Pittaluga wirft Pallucchini ein völliges Desinteresse an der künstlerischen Ausformung des Malers vor; und selbst der wenige Jahre zuvor noch hoch gelobte Coletti wird dafür getadelt, die jugendliche Schaffensphase des Künstlers als ein für fundierte Rückschlüsse noch nicht reifes Problem angesehen zu haben.[9] Tatsächlich erscheint in den soeben erwähnten Studien der Werkkatalog Tintorettos für die Zeit vor dem „Abendmahl" von San Marcuola (1547) eher mager – selbst wenn es nicht völlig an Bildern fehlt, die denn auch als Ausgangsbasis für den Pallucchini-Band von 1950 dienen sollten: vom „Hl. Demetrius mit dem Porträt des Zuan Pietro Ghisi" in der venezianischen Kirche San Felice über die Versionen der „Ehebrecherin" in Amsterdam (Kat. 22) und Dresden bis hin zu dem heute in Hartford befindlichen „Wettstreit zwischen Apoll und Marsyas", gemeinhin datiert auf 1544/45, da angeblich identisch mit einem Deckenbild für Pietro Aretino.

Was Pallucchini in seiner Eigenliebe wie auch in der großen Bewunderung für seinen Künstler am stärksten erschüttert haben muss, war – so denke ich – das Erscheinen des *Viatico per cinque secoli di pittura veneziana* (Wegbegleiter durch fünf Jahrhunderte venezianischer Malerei, 1946), jener langen und fesselnden Rezension Roberto Longhis zu einer von Pallucchini kuratierten, ein Jahr zuvor im Museo Correr gezeigten Ausstellung. Durch Gegenüberstellungen mit Werken von Tizian, Jacopo Bassano oder El Greco kommt Longhi, der Tintoretto nur geschickte Routine zugestehen will und ihm eine in „levantinischen Randzonen" angesiedelte Kultur vorwirft, zu einem wahrhaft kleinlichen Verriss des Künstlers. Heftiger noch das Kapitelende, wo Longhi von der Überbewertung eines Malers spricht, der doch (im Vergleich zu Kollegen wie Rosso Fiorentino, Pontormo, Beccafumi oder Parmigianino) nur ein „Praktiker des Manierismus" gewesen sei, und mit der Aufforderung schließt, Tintoretto auf der Künstlerskala herabzustufen. Jacopos Anspruch, die Scuola di San Rocco allein auszumalen, sei nicht etwa bewundernswert, sondern bloß „eine der beklagenswerten Manifestationen kommerziellen Denkens in der Geschichte unserer Malerei".[10]

Longhis Groll auf Tintoretto hatte vermutlich noch ganz andere und breitere Voraussetzungen. Keineswegs gerechtfertigt war er durch die wenigen ausgestellten, wenn auch von Longhi in ihrer Qualität zurechtgestutzten Werke: das schon genannte „Letzte Abendmahl" aus San Marcuola, die „Vier Evangelisten" aus Santa Maria del Giglio und die „Gefangennahme des hl. Rochus" aus der Kirche San Rocco. Vor allem war es der von Pallucchini als höchst bedeutsames Dokument für die frühe Entwicklung des Malers ausgestellte

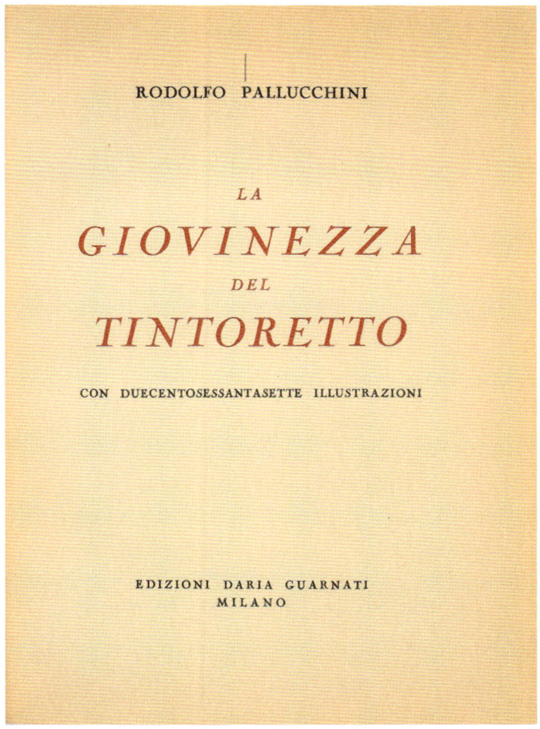
RODOLFO PALLUCCHINI

LA GIOVINEZZA DEL TINTORETTO

CON DUECENTOSESSANTASETTE ILLUSTRAZIONI

EDIZIONI DARIA GUARNATI
MILANO

Abb. 1
Titelblatt von: Rodolfo Pallucchini, La giovinezza del Tintoretto, Mailand 1950

6
Vgl. die folgende Anmerkung.

7
Thode 1901; Hadeln 1922 a; Bercken/Mayer 1923; Hadeln 1926; Bercken 1942; Tietze 1948.

8
Als Werk des vermeintlichen Malers Jacopo Molino publizierte Hadeln die seinerzeit bei Leger (London) befindliche, inschriftlich mit dem Namen *Iachobus*, dem Wappenzeichen des Mühlrades und der Jahreszahl 1540 versehene „Sacra Conversazione" (Abb. S. 20): Hadeln 1928. Die bei Pallucchini/Rossi 1982, Bd. 1, S. 132–133 (Nr. 11), von Paola Rossi formulierte These zur Identifikation des Auftraggebers als Jacopo Molin wird jetzt bekräftigt und weiter ausgeführt bei Rossi 2017: Demnach handelte es sich um den 1514 geborenen Jacopo Molin *della Maddalena*, der das Gemälde anlässlich der Geburt seines dritten Kindes bestellt habe. Zum selben Ergebnis gelangen Canato/Pasqualini Canato 2015, S. 29–32.

9
Pittaluga 1925; Coletti 1940.

10
Longhi 1946, S. 28–32. (Deutsche Zitate in Anlehnung an Longhi 1995, S. 91 f.)

Abb. 2
JACOPO TINTORETTO
SACRA CONVERSAZIONE MOLIN
1540, Öl auf Leinwand, 171,5 × 243,8 cm, Privatbesitz

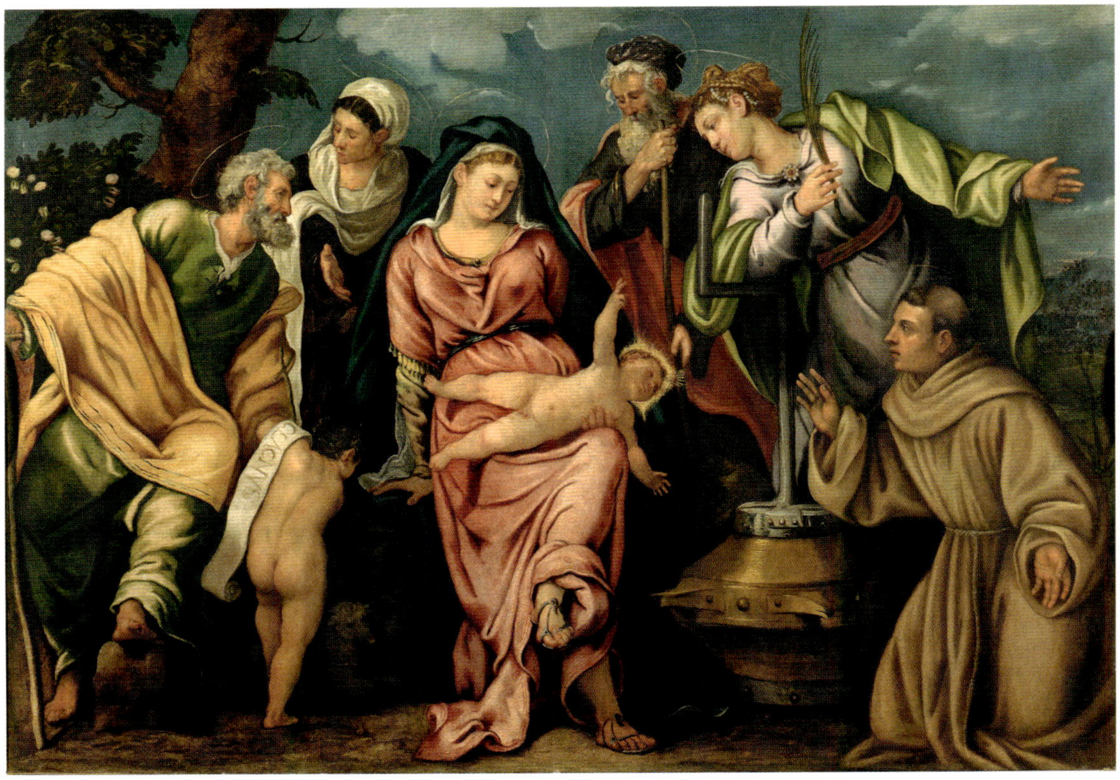

(ebenfalls bereits erwähnte) „Hl. Demetrius" aus San Felice, den Longhis Kritik traf. Einer Intuition folgend, auf die die Forschung erst fünfzig Jahre später zurückkommen sollte[11], schlug er vor, die Palette an dieser Stelle, wie bei anderen für den jungen Tintoretto in Anspruch genommenen Bildern, weiterzureichen an gewisse Maler aus der bergamaskischen Provinz, wie Giovanni Galizzi. Wie die bis dahin erschienenen Publikationen spornte sicher auch Longhis Verdikt Rodolfo Pallucchini dazu an, eine Replik zu erarbeiten, die mit ihrer analytischen Herangehensweise auch der Komplexität künstlerischer Verflechtungen Rechnung trug, somit also geeignet war, die Jugend Tintorettos *vor dem kulturellen Hintergrund seiner Zeit* zu rekonstruieren.

Wir wollen hier nicht in eine Diskussion über diverse Gemäldezuschreibungen eintreten, mit denen Pallucchini (auch dank seinerzeit auf dem Kunstmarkt oder in Privatbesitz neu auftauchender Bilder) Tintorettos Werkkatalog im Vergleich zu den vorangegangenen Monographien erheblich erweitern konnte. Stattdessen soll es uns um den Ariadnefaden gehen, der den Autor bei seiner Rekonstruktion, oder vielmehr Konstruktion, leitete. Prämisse, seine wie unsere, ist der Manierismus: ein Begriff, der – so beeilt sich Pallucchini hinzuzufügen – von großem Misstrauen begleitet ist. Er liest ihn als „bildsprachliches Element *(elemento linguistico)*, das jene, (…) der venezianischen Kultur des 16. Jahrhunderts eigentümliche (…), Tendenz zu einer emphatischen Verbundenheit mit dem Realen auf eine stärker phantastische und visionäre Ebene befördert hatte".[12] Dvořáks Einfluss ist hier unmittelbar zu spüren – wie auch derjenige Arnold Hausers. Im Editorial der Arnold Hauser zum 70. Geburtstag gewidmeten *Arte Veneta* von 1978 erinnert Pallucchini an dessen Lehrtätigkeit und betrachtet ihn gewissermaßen als Erben Dvořáks. In Pallucchinis eigenen Vorlesungen der 1960er Jahre wurde Hauser oft und mit einer solchen Bewunderung zitiert, dass wir Schüler, „gewöhnt daran, manieristischer Ideologie zu lauschen"[13], scherzten, unser Lehrer habe auf dem Nachttisch wohl – statt der Bibel – Arnold Hausers (1965 ins Italienische übersetztes) Buch *Der Manierismus* liegen! „(Bild-)Sprache" und „(bild-)sprachlich" *(linguaggio, linguistico)* sind Termini, deren Variationen im Buch von 1950 häufig wiederkehren: einer Schrift, die auf Analyse und Würdigung der Jugendwerke Tintorettos zielt und hierfür deren formale Gestaltungsmittel (wie Verschränkungen, Drehungen, Kontraste) mit eher inhaltlichen Faktoren (wie Erzählung, Spannungsaufbau und Pathos) verknüpft, Form und Inhalt also.

11 Siehe Echols 1995. Paola Rossi, der ich dafür danke, mir den im Druck befindlichen und in Anm. 8 zitierten Kongressbeitrag zugänglich gemacht zu haben, bekräftigt dort nachdrücklich die Zuschreibung des Gemäldes an Tintoretto, indem sie neue Archivalien zum Auftraggeber heranzieht und das Werk jetzt um 1570 situiert.

12 Pallucchini 1950, S. 61.

13 So beschrieb er uns im Vorwort des Ausstellungskatalogs *Da Tiziano a El Greco. Per la storia del Manierismo a Venezia 1540–1590* (Venedig, Palazzo Ducale, 1981), Mailand 1981.

Pallucchini war im Wesentlichen ein großer Kenner, ein pragmatischer, kein spekulativer Geist. Sein physischer Umgang mit der Kunst war immer sehr eindrucksvoll für uns Schüler, die dazu angehalten wurden, Werke wann immer möglich im Original anzusehen. So organisierte Pallucchini am Ende seiner Veranstaltungen an der Universität in Padua jeweils unvergessliche Exkursionen, um unseren kunsthistorischen Blick nach Kräften zu schulen. Er stand unendlich lange vor den Gemälden, betrachtete sie immer wieder aus allen Blickwinkeln und machte sich, nachdem er seine Einschätzungen vorgetragen und uns zu eigenen Urteilen ermuntert hatte, in kleinen Heften Notizen. Vor diesem Hintergrund überrascht es, wenn er im Buch von 1950 wie auch im einführenden großen Essay zu Tintorettos Œuvrekatalog[14] der Jugendzeit des Künstlers bisweilen ausgesprochen heterogene Arbeiten zuordnet. Vielleicht handelte es sich um jene „vorsorgliche Offenheit", die notwendig war, um den am wenigsten greifbaren Zeitraum eines künstlerischen Schaffens zu rekonstruieren, um „unter Berufung auf stilistische Affinitäten und Ähnlichkeiten" jenen „Schwankungen" Rechnung zu tragen, die für die Heranbildung eines Malers charakteristisch sind, wie er im älteren Band geschrieben hatte.[15]

In *La giovinezza del Tintoretto* stellt den Ausgangspunkt dieser Rekonstruktion der „Wettstreit zwischen Apoll und Marsyas" dar, jenes bereits erwähnte, heute in Hartford befindliche Gemälde, das Pallucchini seinerzeit als erstes dokumentiertes Werk Tintorettos von 1545 betrachtete (in dieser Hinsicht sollte er sich dann 1981 zurückhaltender äußern).[16] Für das noch früher liegende Œuvre verfährt er induktiv, indem er die damals in einer Luzerner Sammlung befindliche „Heilige Familie mit dem Prokurator Gerolamo Marcello" (Kat. 36), wie andere „Sacre Conversazioni" auch, gegen 1537 datiert: gemeinsam seien diesen Werken einerseits die malerischen Charakteristika und Texturen, andererseits eine unruhige und dramatische Inszenierung, die sich den Einflüssen Lorenzo Lottos und Pordenones (vgl. dazu auch Kat. 9, 19) verdanke. Die „Sacra Conversazione" von 1540 (Abb. 2) beanspruchte Pallucchini nachdrücklich für Tintoretto: Die ihm innewohnende nicht nur psychologische, sondern auch formale Unruhe lasse dieses Gemälde als Hauptwerk eines jungen Künstlers erscheinen, der sich einer für Venedig neuen „Monumentalität des Bildaufbaus" verschrieben habe.[17] Dieses Bild markiere, indem es sich – auf dem Umweg über Werke Francesco Salviatis – Gestaltungselemente Michelangelos aneigne, zudem einen heiklen Moment für das Gleichgewicht zwischen der individuellen Persönlichkeit des Künstlers und dem Zeitgeschmack des Manierismus. Der Einfluss der in Venedig bereits wirksamen manieristischen Kultur erscheint Pallucchini grundlegend für das Verständnis sowohl der Modeneser Deckengemälde, jener ersten und spektakulären Beispiele für illusionistisch in den Raum verkürzte Formen (Kat. 10, 11), wie auch des Altarbildes mit der „Darbringung" in Santa Maria dei Carmini (Venedig). Beide Werke sieht er in enger zeitlicher Abfolge, trotz der eklatanten Schwächen des Altargemäldes hinsichtlich Raumentwicklung und Massenkomposition. Letztere würden, so der Forscher, ausgeglichen durch einen ausgeprägten Erzähldrang – hervorstechendes Element der Arbeiten Tintorettos.

Das bei Pallucchini solchermaßen entstandene und noch durch weitere, qualitativ uneinheitliche Bilder (oft aus Privatbesitz) geprägte Werkprofil ist jüngst zum Gegenstand einer hitzigen wissenschaftlichen Diskussion geworden.[18] Auf bestimmte Datierungen wird Pallucchini selbst zurückkommen, um sich zu korrigieren (es mangelte ihm nicht an der Fähigkeit, Fehler einzugestehen).[19] Auch bekennt er Schwierigkeiten bei der chronologischen Einordnung einer Gruppe von Werken mittleren Formats, die auf den ersten Blick widersprüchliche Charakteristika aufweisen: namentlich der beiden Versionen der „Ehebrecherin" in Rom (Kat. 21) und Amsterdam (Kat. 22) sowie der „Bergung des Markusleichnams" in Brüssel (Kat. 19). In den an Schiavone erinnernden „Historienbildchen" (*storiette*) des Wiener Kunsthistorischen Museums (Kat. 16, 25) rechtfertige die erzählerisch bedingte Verbiegung des Raums übrigens durchaus, so Pallucchini, gewisse, „für akademische Geschmäcker unerträgliche" kompositorische Mängel.[20]

Tintorettos ‚jugendlicher' Werkkatalog von 1950 reicht über das 1548 enthüllte „Sklavenwunder" (Venedig, Gallerie dell'Accademia, Abb. S. 57) hinaus bis in die Mitte der 1550er Jahre, umfasst mithin – neben „Venus, Mars und Vulkan" (München, Alte Pinakothek) sowie diversen Porträts – auch den Genesiszyklus der Scuola della Trinità von 1550–1553 (Kat. 55). Ein recht weit gefasster Begriff von Jugend also, zumal Pallucchini schon das 1547 entstandene „Abendmahl" von San Marcuola als glücklichen Zielpunkt der leiden-

14
Pallucchini/Rossi 1982, Bd. I, S. 11–122.

15
Pallucchini 1950, S. 71, 148.

16
Vgl. Venedig 1981, S. 33: Pallucchini betont dort eine gewisse Unsicherheit bei der Identifizierung dieses Gemäldes mit dem von Aretino 1545 brieflich gerühmten Deckenbild, belässt die Datierung aber ausdrücklich unverändert.

17
Pallucchini 1950, S. 77.

18
Vgl. insbesondere Echols/Ilchman 2009.

19
Vgl. Hochmann 2017 zur „Reise der hl. Ursula" und zu den Deckenbildern des Prado (Kat. 57–62), die in der *Giovinezza* auf 1544 datiert und später in die Mitte der 1550er Jahre verschoben werden. (Mein herzlicher Dank an Michel Hochmann für die Erlaubnis zur Einsichtnahme in sein Manuskript.)

20
Pallucchini 1950, S. 85.

schaftlichen Suche unseres Malers ansieht: Dessen neues und prägendes stilistisches Merkmal sei die „furiose Pinselschrift, (...) die eine ununterbrochene Bewegung vollführt"; das hier „neue bildsprachliche Interesse Tintorettos" liege darin, „jeden Effekt dem irrealen, magischen Licht unterzuordnen".[21]

Tintorettos frühes Schaffen entwickelt sich in Abhängigkeit von der manieristischen Kultur: Das eine erhellt das andere, folgert Pallucchini. Was verstand er aber unter Manierismus? Seine letzte Vorlesung vor der Emeritierung hat der Kunsthistoriker 1978/79 einer imaginären Ausstellung zum Manierismus in Venedig gewidmet. Dank wichtiger Leihgaben, in denen sich Wertschätzung und Vertrauen seitens der Museen und Sammler spiegelten, sollte sich dieser Traum recht bald erfüllen: mit der großen, 1981 im Dogenpalast ausgerichteten Schau *Da Tiziano a El Greco – Per la storia del manierismo a Venezia 1540–1590* (Von Tizian bis El Greco – Zur Geschichte des Manierismus in Venedig 1540–1590 – Abb. 3). Die Auswahl der Künstler und Werke sowie vor allem der lange Aufsatz im Ausstellungskatalog gaben ihm Gelegenheit, eine abschließende Ordnung in das Thema zu bringen, das ihn in über vierzig Jahren Forschung beschäftigt hatte.

Erschienen waren in der Zwischenzeit, um nur einige Beispiele zu nennen, 1956 *L'Art italien* (dt.: *Die Kunst Italiens*) von André Chastel, der das Veneto mit Tintoretto als Protagonisten in den Kontext des Manierismus stellte, aber auch 1961 *La Maniera italiana* (dt.: *Der italienische Manierismus*) von Giuliano Briganti, der behauptete, in Venedig habe es gar keinen Manierismus gegeben. Erschienen war jedoch vor allem 1967 jene besonders radikale Kritik an Dvořák, die John Shearman mit *Mannerism* (dt.: *Manierismus – Das Künstliche in der Kunst*) vorlegte – einem erst 1983 ins Italienische übersetzten Text[22], der die Vorstellung von einer Krise negierte, zugunsten der Kriterien von Ausgewogenheit und Raffinesse, kurz: zugunsten des Konzepts eines „stylish style".

Pallucchini blieb seiner Vorstellung vom Manierismus grundsätzlich verbunden und weiterhin von Dvořák und Hauser als Bezugsmodellen überzeugt, wobei er allerdings die vom Letztgenannten postulierte Bedeutung sozialer Umbrüche nur in abgemilderter Form gelten ließ. Der rote Faden seiner Reflexion lässt sich mittels eines Konzepts erfassen, das in der Einleitung zum Ausstellungskatalog von 1981 dargelegt wird: Demnach stürzte der mit dem Manierismus einhergehende tiefe Zweifel die im Veneto der Renaissance ausgebildete Sichtweise – jene friedliche Welt klassizistischer Klarheit und gefühlsbetonter Naturverbundenheit – in eine Krise, löste also nicht bloß äußere Beunruhigung, sondern auch innere Zerrissenheit aus. Die Künstler des Veneto folgten der in die Lagune gelangenden Weltsicht des Manierismus, so lässt sich weiter zusammenfassen, indem sie diese im Lichte ganz eigener Ausdrucksmittel interpretierten.

Pallucchinis Fixierung auf die Problematik des Manierismus hatte in der Zwischenzeit auch die Architektur erfasst. Angeregt war diese Erweiterung des Forschungsfeldes durch Palladio und dessen Reaktion auf Giulio Romano[23], eine emblematische Figur von hohem Reiz – auch für Tintoretto (Kat. 6, 10, 11). Der Anstoß zeigte deutliche Wirkung in einem Seminar des *Corso palladiano* für das Centro Internazionale di Studi di Architettura in Vicenza: Bei dieser Veranstaltung ging es Pallucchini darum, über die Architektur des Manierismus im Veneto neu nachzudenken und dabei auch Hauser, Chastel und Shearman zu berücksichtigen.[24]

Auf der einen Seite mag die venezianische Ausstellung von 1981 das Verständnis des Manierismus kompliziert haben, insofern sie (wie der im Titel genannte Zeitraum anzeigt) im Grunde die Künstler von Pordenone bis Palma il Giovane präsentierte, einschließlich der 1674 von Marco Boschini als Vertreter der „sette maniere" bezeichneten Maler am Übergang zum Barock. Auf der anderen Seite war sie zweifellos nützlich als Diskussionsanregung und Chance zur Annäherung an die venezianische Malerei der zweiten Hälfte des 16. Jahrhunderts. Pallucchini, der eine Schwäche für Periodisierungen hatte, rekapituliert in der Einleitung des Katalogs das mit der *Giovinezza* von 1950 erarbeitete Gerüst, um es

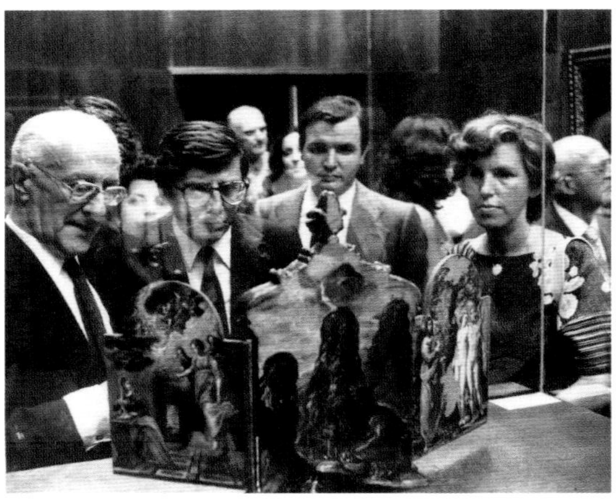

Abb. 3
Rodolfo Pallucchini (links) vor dem Triptychon von El Greco bei der Eröffnung der Ausstellung Da Tiziano a El Greco (Venedig, Palazzo Ducale, 1981)

21 Ebd., S. 105 f.

22 John Shearman, *Il Manierismo*, a cura di M. Collareta, Florenz 1983.

23 Pallucchini 1958.

24 Für die Inhalte dieses Kurses siehe: *Bollettino del Centro Internazionale di studi di architettura Andrea Palladio* 9, 1967.

mit weiteren Gedanken und auch Kunstwerken anzureichern, die er selbst in der Zwischenzeit bekannt gemacht hatte. Er beginnt bei Pordenone und dessen Bruch mit der im Veneto bis dato üblichen tonalen Malerei. Dem eigentlichen Thema nähert er sich mit zwei Werken, die Francesco Salviati in Venedig ausführte (der „Kreuzabnahme", jetzt Mailand, Brera, und dem Altarbild für Santa Cristina in Bologna), mit den vier Deckenbildern Giorgio Vasaris aus dem Palazzo Corner Spinelli und einigen Gemälden von Salviatis Schüler Giuseppe Porta.

Den übergreifenden Aspekt für das Folgende zu finden ist schwieriger: Zunächst ist viel von Tizian (innerhalb und außerhalb der „manieristischen Krise") die Rede, sodann von Paris Bordone, Giovanni De Mio, Andrea Schiavone, Lambert Sustris und Battista Franco. Schließlich kommt die Rede auf Tintoretto, den Brennpunkt der Ausstellung: Dessen „Sacra Conversazione Molin" (Abb. 2) wurde nun endlich für ein breiteres Publikum wahrnehmbar, genauso wie der großartige „Jesus unter den Schriftgelehrten" (unsere Kat. 6) – sicherlich der bis dahin wichtigste, Francesco Arcangeli zu verdankende Zugewinn für Tintorettos Jugendwerk.[25] Das in der Ausstellung ermöglichte unmittelbare Nebeneinander ließ die „Zyklopen, in Affen verwandelt" aus dem Paduaner Museum umso problematischer erscheinen; das Gemälde zog, nebst den sieben zugehörigen Bildern, von allen Zuschreibungen an den jungen Tintoretto wohl die größte Kritik auf sich.[26] In sich geschlossener erschien, trotz mancher Nahtstelle, das Profil von El Grecos venezianischem und römischem Schaffen. Ein Wermutstropfen für Pallucchini bestand darin, dass er aus Platzmangel keine Skulpturen von Alessandro Vittoria und Gerolamo Campagna zeigen konnte, um die medienübergreifende Homogenität der venezianischen Kunst in der zweiten Hälfte des Cinquecento zu illustrieren.[27]

Im folgenden Jahr, 1982, geriet seine Einleitung für den mit Paola Rossi besorgten Œuvrekatalog Tintorettos zur definitiven Übersicht über seine Forschungen. Endgültig war die Publikation im Detail allerdings noch nicht, insofern Pallucchini 1986 in der *Arte veneta* noch einmal mit neuen Zuschreibungen auf den jungen Tintoretto zurückkam: Das sollte nun allerdings tatsächlich sein letzter Beitrag über den Maler sein. In derselben Ausgabe der von ihm gegründeten und geleiteten Zeitschrift veröffentlichte Palluchini auch einen Artikel über El Greco – eine Kombination, die uns auf das Jahr 1937 und den Beginn seiner wissenschaftlichen Laufbahn zurückverweist (siehe oben). Es scheint, als hätte er den Kreis um die zwei bedeutendsten Repräsentanten ‚seines' Manierismus schließen wollen. Einmal noch fühlte er sich zu dessen Verteidigung aufgerufen, als er in einem – bislang unveröffentlichten – Brief vom 5. Oktober 1981[28] seinem Freund Giuliano Briganti auf dessen Rezension der Ausstellung *Da Tiziano a El Greco* antwortete: „In der Ausstellung im Palazzo Ducale hast Du heute ein Aufgebot an Beispielen gesehen, die nach meiner Meinung aussagekräftig genug sind, um den Kurswechsel der venezianischen Malerei nach 1540 – namentlich ihren Bruch mit dem Geist der Renaissance – zu bezeugen. Es hat mich etwas überrascht, dass Du angesichts dessen noch darauf zurückfällst, ‚jenen Realitätssinn' zu beschwören, jene Treue also zum Naturalismus, die sie unweigerlich von der toskanisch-römischen Abstraktion trenne. Scheint Dir das nicht eine allzu simple Lösung jenes Problems zu sein, das Bettini mir mit größter Klarheit benannt zu haben scheint, als er den Unterschied zwischen einem toskanischen ‚Manierismus' und einem venezianischen ‚Manierismus' hervorhob? Die toskanische Renaissance ist der Idee des Raums verhaftet, die venezianische Renaissance hingegen der Erfahrung des Raums – mit allen Konsequenzen, die das für die jeweilige Formensprache mit sich bringt: Einsatz der Linearperspektive in der einen, der Luftperspektive in der anderen; hie Gebrauch eines plastischen ‚disegno', da Verwendung modulierender Farbe; usw. Die manieristische Krise hat für beide eines gemeinsam: dass sie aus einer gemeinsamen Abneigung gegen das Gesetz des Abbildens entstanden ist. Die Veränderung, die daraus für die Bildsprache folgt, äußert sich bei den Toskanern im Verhältnis zwischen der Zeichnung (disegno) und der Idee des Raums, bei den Venezianern im Verhältnis zwischen der Farbe (colore) und dem Erfahren der Welt. Was wir von Dir erwartet hätten: dass Du uns sagst, wie Du jene fünf Jahrzehnte bildender Kunst in Venedig zu charakterisieren gedenkst (inklusive der Skulptur und bestimmter – von Zevi so treffend beschriebener – Strategien Palladios). Würdest Du sie noch ‚renaissancehaft' nennen oder auf Salmis Schlagwort von der ‚Spätrenaissance' zurückgreifen? Die Gültigkeit von derlei Kategorien ist begrenzt; doch bilden sie ein unverzichtbares Instrument für die geschichtliche Einordnung einer bestimmten Stil-Lage und folglich einer ganzen Kultur."[29]

25
Arcangeli 1955.

26
Rearick 1981, S. 703; Padua 1991, S. 183–187, Kat. 103–110 (Vittoria Romani); Echols 1996. Vor kurzem wurden die acht Leinwände wieder als eigenhändige Werke präsentiert – siehe Padua 2016. Vgl. unsere Kat. 56.

27
Vgl. dazu Pallucchinis Vorwort in Venedig 1981, S. 8, sowie Rossi 2001.

28
Università degli studi di Udine, Biblioteca umanistica e della formazione, Archivio Rodolfo Pallucchini, busta 12 (Corrispondenza con enti e persone 1980–1988), fasc. 1.

29
Die bibliographischen Anspielungen dürften wie folgt aufzulösen sein: Sergio Bettini, Palladio urbanista, in: *Bollettino del Centro Internazionale di Studi di Architettura Andrea Palladio* 3, 1961, S. 9–11; Bruno Zevi, sub voce „Andrea Palladio", in: *Enciclopedia Universale dell'Arte*, Venedig/Rom 1963, Bd. X, S. 438–458, und Mario Salmi, *Lezioni sul concetto di Rinascimento*, Rom 1952.

VENEDIG 1523–1553
RENAISSANCE UND ERNEUERUNG

Jacopo war elf Jahre alt, als in Bologna eine Zusammenkunft stattfand, welche Italien die *pax hispanica* bescherte. Ab diesem Zeitpunkt, dem Jahr 1530, sollte sich die politische Ordnung auf der Halbinsel für etwa zwei Jahrhunderte nicht mehr verändern. So endete ein für Europa kritischer, für Italien beängstigender und für Venedig katastrophaler Zeitabschnitt von drei Jahrzehnten.

EINE TRAUMATISCHE PHASE

Rufen wir uns einige Daten in Erinnerung: 1498 erreicht Vasco da Gama Indien und bricht so das venezianische Monopol im Gewürzhandel; 1502 führt Amerigo Vespucci die geographischen Entdeckungen fort, indem er zeigt, dass die Neue Welt nicht zu Asien gehört. Eine 2000 Jahre alte Gewissheit ist dahin: Ptolemäus hat sich geirrt! Mit der Niederlage gegen Frankreich in Agnadello bei Brescia im Jahr 1509 zerbricht innerhalb weniger Stunden die von den Alpen bis nach Zypern (also Asien!) unbesiegbar scheinende Macht Venedigs. 1517 beginnt ein sächsischer Mönch, Martin Luther, einen Protest, der die römische Kirche halb Europa sowie Hunderte von Bistümern und Klöstern kosten wird. Im selben Jahr 1517 erobern die Osmanen Palästina und Ägypten; dem Sultan von Konstantinopel wird der Schutz der heiligen Stätten in Mekka und Medina und damit der Titel des Kalifen übertragen. Mit der Eroberung von Rhodos durch Süleyman I. (1522) und der Vertreibung der Johanniter, die nach Malta flüchten, wird das zentrale und östliche Mittelmeer zur muslimischen See. 1525 nehmen die Spanier in Pavia den König von Frankreich gefangen. Die daraufhin gegründete Liga von Cognac (1526–1529), mit der die wichtigsten ita-

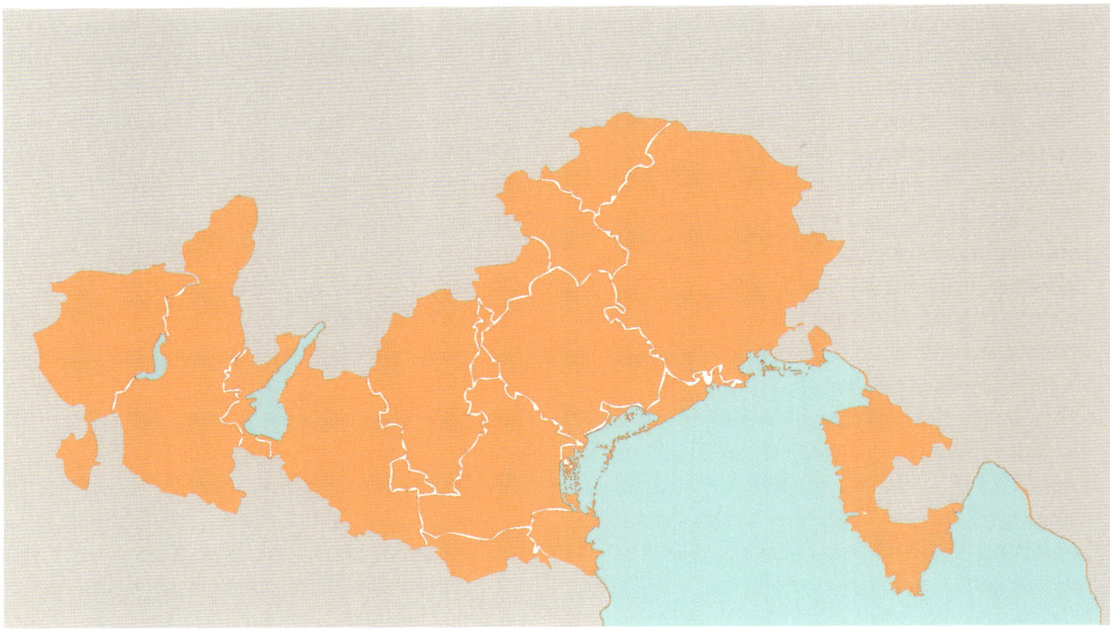

Abb. 1
Die venezianische Terraferma im Jahre 1530

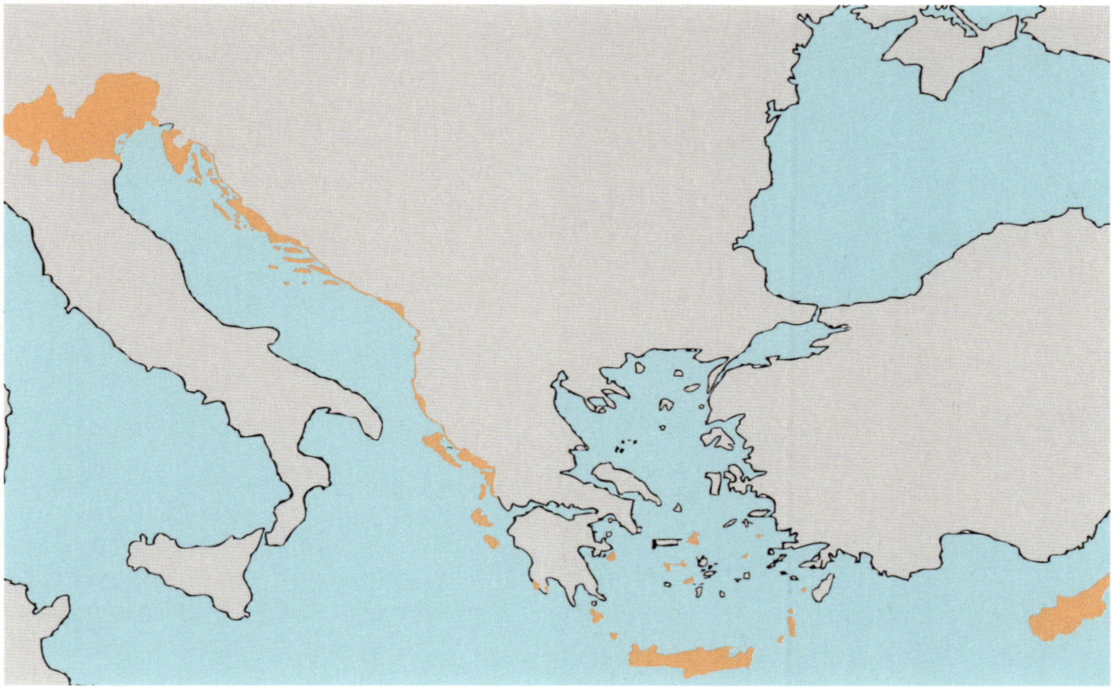

Abb. 2
Die venezianische Republik Mitte des 16. Jahrhunderts

lienischen Staaten versuchten, der Vorherrschaft Kaiser Karls V. zu entrinnen, scheitert: Vergeblich bemüht sich die Serenissima, durch Besetzung von Häfen wieder Fuß in Apulien zu fassen. Im Mai 1527 lässt der katholische König von Spanien (und Kaiser) seine Landsknechte Rom verwüsten und zwingt den Papst zur Flucht in die Engelsburg, wo ihn nur der Widerstand der Schweizer Garde vor Schlimmerem bewahrt. Drei Jahre später, in Bologna (siehe oben) schließen sich derselbe Karl V. und derselbe Clemens VII. auf den Ruinen Italiens wiederversöhnt in die Arme.

Kindheit und früheste Jugend Tintorettos sind demnach geprägt durch eine dichte Abfolge von Traumata, von einschneidenden geschichtlichen Ereignissen, die er erlebt, ohne ihre Gründe zu kennen. Uralte Gewissheiten zerfallen, jahrhundertelange Überzeugungen schwinden dahin, die traditionellen politischen, sozialen und religiösen Parameter verlieren ihre Glaubwürdigkeit. Neue Weltgegenden und Gewässer wollen betreten werden, sind aber jenseits des alten Horizonts noch nicht zu erblicken. Kein Zufall also, wenn einige der wichtigsten Werke dieser Epoche von der Schwierigkeit geprägt sind, den aktuellen Ereignissen eine Deutung abzuringen: Dabei denken wir an das *Narrenschiff* von Sebastian Brant, an die von Hieronymus Bosch ausgemalte menschliche Tragikomödie, an das *Lob der Torheit* des Erasmus, an Thomas Morus' *Utopia,* an den *Orlando furioso* von Ludovico Ariosto, wo Angelika die Ritter verschmäht, um – welch geistreiche Entmythisierung der Gegenwart! – einen Fußsoldaten ohne Rang und Namen zu ehelichen.

TERRITORIALE GRUNDLAGE: STATO DA TERRA UND STATO DA MAR

Doch kommen wir zu Venedig. Nach dem Desaster von Agnadello war die Republik acht Jahre lang (1509–1517) in einen langen und schwierigen, abwechselnd Erfolge und Niederlagen mit sich bringenden Konflikt verwickelt. Glücklicherweise wurde die Situation von den Türken nicht genutzt: Anstatt die Besitztümer Venedigs im Mittelmeer anzugreifen und Zypern, Kreta oder Dalmatien zu erobern, verzichtete der Sultan auf Kriegshandlungen.

Auch wenn sich in dieser schlimmen Periode die Stärke der Serenissima gezeigt hatte, musste Venedig territoriale Verluste hinnehmen und auf die zuletzt erworbenen Gebiete (Cremona, die Romagna, Teile des Cadore, Triest, Fiume, die apulischen Häfen) verzichten. Behaupten konnte man hingegen den Großteil des festländischen Staatsgebietes, von Bergamo bis Istrien (Abb. 1). Auch durch die folgenden Beteiligungen Venedigs am Krieg von Mailand 1521–1523 und an der Liga von Cognac (1526–1529) sollte sich diese Situation nicht ändern.

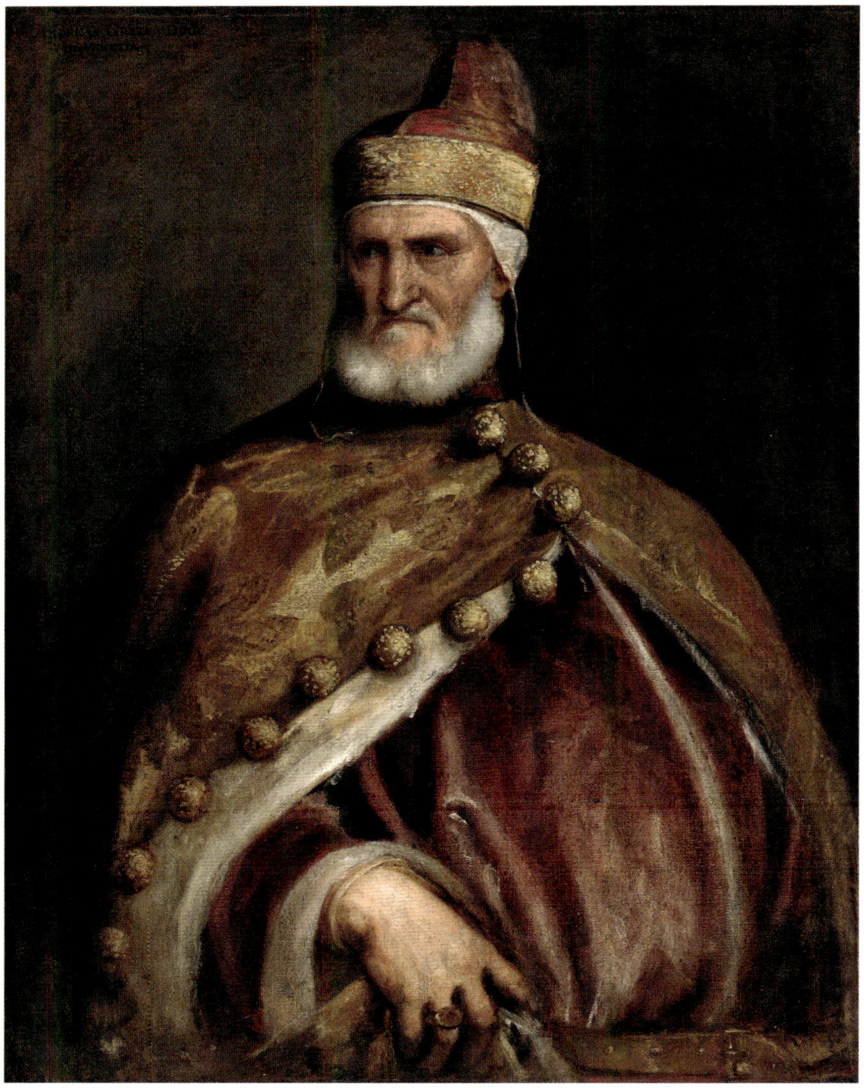

Abb. 3
TIZIAN
PORTRÄT DES DOGEN ANDREA GRITTI
1546–1548, Öl auf Leinwand, 133,6 × 103,2 cm, Washington, National Gallery, Inv. 1961.9.45

Unangetastet blieben auch die überseeischen Besitzungen, welche die Handelsbeziehungen zur Levante sicherten (Abb. 2): Von Istrien über Dalmatien und Korfu bis zu den Ionischen Inseln und dann immer weiter bis nach Kreta und Zypern hatte die Republik eine Art Nabelschnur geschaffen, die zu den Brückenköpfen des Gewürzhandels führte. Die Schiffe der venezianischen Kaufleute waren dadurch jederzeit in der Lage, einen Hafen, eine Insel oder eine Festung anzusteuern, wo die Flagge des heiligen Markus wehte, um dort neue Vorräte an Bord zu nehmen und so in relativer Sicherheit die syrischen Handelsplätze zu erreichen. Diese Sicherheit musste jedoch immer wieder gegen Hinterhalte von Piraten geschützt und gegen Bedrohungen durch die Türken verteidigt werden. Wenn also Italien nach 1530 eine gewisse politische Stabilität erreicht hatte, so kamen die Gefahren nun von der See, aus dem mittleren und östlichen Mittelmeer, wo die osmanischen Truppen Seite an Seite mit Korsaren wie Khair ad-Din Barbarossa, Turgut und Kılıç Ali die Küsten der Christenheit verwüsteten. Eine von 1537 bis 1540 sich hinziehende kriegerische Auseinandersetzung mit Süleyman sollte für Venedig unrühmlich enden: 1538 verlor die Serenissima mit Nauplia (Napoli di Romania) und Malvasia wichtige Stützpunkte auf dem Peloponnes; die osmanische Flotte erwies sich als unbesiegbar.[1]

ANDREA GRITTI UND DIE ENTSTEHUNG DES „MYTHOS“ VON VENEDIG

Als nach Agnadello der völlige Zusammenbruch abgewendet und für Venedig eine neue, bescheidenere Stellung im europäischen Machtgefüge gefunden war, ging es für die Republik Venedig darum, die eigene Identität neu zu definieren. Das Wiedererstarken des Staates zeigte sich – vor allem in der zweiten Hälfte des Jahrhunderts – auch in der Schaffung neuer Magistraturen, die eine stärkere Zentralisierung bewirken sollten. In militärischer Hinsicht stellte Venedig seine Strategie von Offensive auf Defensive um. Bis 1517 bestand das Heer aus 20 000–25 000 Soldaten, die sich von einem Ort zum anderen bewegten – gestützt auf feste Quartiere in Padua und Treviso. Jetzt fand ein Umdenken statt, und es entstanden gegen Mitte des Jahrhunderts große militärische Bauwerke: Der Vorposten in Bergamo wurde mit einem großen Mauerring versehen und sodann die Verteidigungslinie am Mincio mit den Festungen in Peschiera und Verona gestärkt. 1593 schließlich begann, an der östlichen Seite, der Bau von Palmanova – seinerzeit mit Abstand die fortschrittlichste Stadtbefestigung Europas.

Unter diesen Voraussetzungen entstand, im Rahmen einer politischen wie kulturellen 180-Grad-Wende und einer Metamorphose des Staats(ge)bildes selbst, der „Mythos“ Venedig – nachdrücklich gefordert und gefördert durch den Dogen Andrea Gritti (1523–1538; siehe das ihn kniend vor dem Markuslöwen zeigende Relief an der zur Piazzetta gewandten Fassade des Dogenpalastes sowie Abb. 3), fortgeführt durch seine Nachfolger Pietro Lando (1538–1545) und Francesco Donà (1545–1553), zwei außerordentlich gebildete und der Kultur aufgeschlossene Politiker.

1 Einbettung des oben und an anderer Stelle Gesagten in einen allgemeinen Kontext: Gullino 2010, S. 131–196.

Es handelte sich um ein sorgfältig geplantes Unterfangen. Von jener dynamischen, skrupellosen und imperialistischen Macht, die Venedig im 15. Jahrhundert dargestellt hatte, wollte man sich verwandeln in das Modell eines weisen, tugendhaften und besonnenen Staates, der die Rechte der anderen genauso achtet wie die eigenen: eine freie Stadt, die sich den Künsten und dem Handel widmet, offen für literarische, malerische und architektonische Neuerungen, gegründet auf Frieden und Gerechtigkeit, frei von Aufruhr und Parteienstreit, wohl aber empfänglich für die Freuden des Lebens. Als „vera immagine di perfetto governo" (wahres [Ab-]Bild perfekter Regierung) bezeichnet der venezianische Geschichtsschreiber Paolo Paruta am Ende des Jahrhunderts seine Heimatstadt.

Natürlich beschritt die venezianische Regierung diesen Weg nicht bloß aus Liebe zur Kultur, sondern auch aus Gründen der politischen Propaganda. In Ermangelung eines Fürsten im herkömmlichen Sinne des Wortes und – vor allem – eines Hofes mussten das Prestige und die Sichtbarkeit des Staates sowie seine Beliebtheit bei den Untertanen auf anderen Attraktionen beruhen, angefangen bei den moralischen Werten, wie sie von den bildenden Künsten, namentlich Architektur und Malerei, unmittelbar sinnlich veranschaulicht wurden. Während Padua, der einzigen Universitätsstadt auf venezianischem Territorium, die formelle Aufgabe zukam, bestimmte Berufsausbildungen (für Ärzte, Anwälte, Notare) sicherzustellen, verlagerte sich die kulturelle Entwicklung in Venedig selbst auf die künstlerische Ebene. Frei von akademischen Regularien und Prozeduren konnte die Stadt den Impulsen von Künstlern und Auftraggebern freien Lauf lassen.

Zu diesen Auftraggebern zählte nicht zuletzt der Staat selber: Unter Gritti wurde es zur Aufgabe einer öffentlichen und apologetischen (deshalb aber keineswegs irreführenden) Geschichtsschreibung, die Vergangenheit im Licht politischer Propaganda neu zu betrachten und zu beschreiben. Diese schriftliche Erzählung wurde flankiert von einer *renovatio urbis*, jener durch Jacopo Sansovino auf dem Markusplatz begonnenen architektonischen Erneuerung Venedigs. Parallel dazu verstärkte die Wirkkraft der Bilder das Charisma des Staates: siehe die zahlreichen Kirchengemälde sowie die Bilderzyklen im Dogenpalast, in denen Spiritualität und Patriotismus eine enge Verbindung eingehen.

POLITISCHE KLASSE UND VENEZIANISCHE GESELLSCHAFT

Wir wissen heute, dass eine der Besonderheiten des venezianischen Staatswesens in der ständigen Rotation der Ämter bestand und, damit verbunden, einem Mangel an Spezialisierung: Der venezianische Patrizier konnte in einem Jahr *podestà* in Bassano sein, nach Ende dieser Dienstzeit dann ins Collegio delle Acque (eine Art Gewässer- und Uferschutzamt) wechseln oder als Kapitän eine Galeere nach Flandern übernehmen.

Das Aufgehen des Individuums im Kollektiv und die damit einhergehende Ablehnung des Personenkultes (hat man je eine Dogenstatue auf einem der öffentlichen Plätze im Veneto gesehen?) entsprachen republikanischen Werten und trugen dazu bei, den Abstand zum Volk, insbesondere zum Stand der Händler und Handwerker, zu verkleinern. Eine Reihe von Maßnahmen zielte in diese Richtung: Zunächst ist daran zu erinnern, dass der *Cancellier grande,* der an der Spitze der Bürokratie stand, nicht dem Patriziat angehören durfte (sondern nur der – allerdings ähnlich dünnen – Kaste der *cittadini*). Darüber hinaus genossen bestimmte gesellschaft-

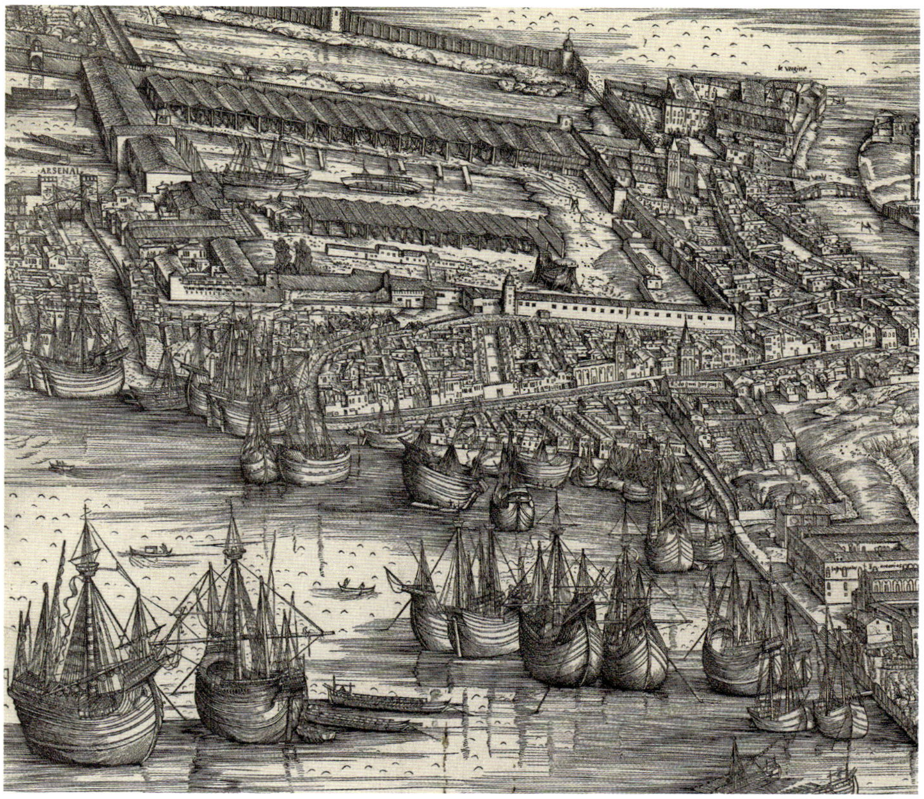

Abb. 4
JACOPO DE' BARBARI
VENEDIGANSICHT
AUS DER VOGELSCHAU

1500, Holzschnitt, 135 × 282 cm,
Paris, Bibliothèque nationale de France,
Detail: Arsenale

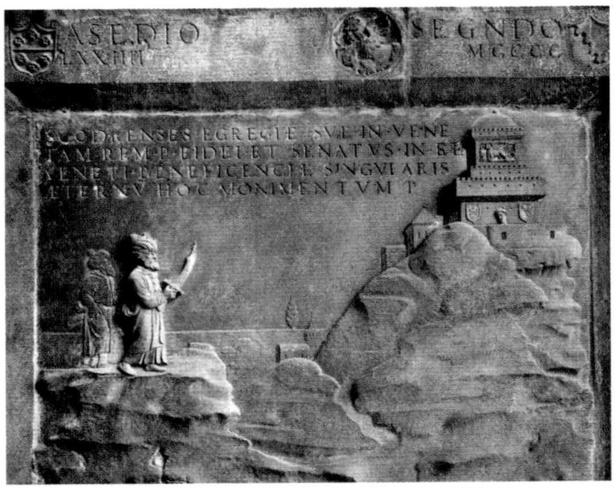

Abb. 5
Belagerung Skutaris durch die Osmanen 1474, Anfang 16. Jahrhundert, Fassadenrelief, Venedig, Scuola degli Albanesi

liche Klassen erhebliche Vorrechte. Die *arsenalotti* (zu Zeiten höchster Arbeitsintensität im Arsenale, der Schiffswerft und Waffenschmiede Venedigs, etwa 3 000 Männer) bildeten eine Art eigenständiges Konsortium (Abb. 4). Auch die *nicolotti*, eine Fischergemeinschaft am anderen Ende der Stadt, hatten spezielle Privilegien. Handwerker und Händler waren in zahlreichen *arti* (Zünften) und Korporationen organisiert (über 100 davon hatten 1586 insgesamt 33 852 Mitglieder, im Verhältnis zu einer Gesamtbevölkerung von 148 057 Einwohnern).[2] In scheinbarer Selbstverwaltung nahmen derlei Institutionen karitative und religiöse Aufgaben wahr. Noch heute zeugen prachtvolle Versammlungshäuser von Reichtum und Prestige der sechs Großen Laienbruderschaften *(Scuole grandi)*. Diese Aufteilung der Macht, die den daran Teilhabenden ein Quentchen Freiheit vorgaukelte, trug mit dazu bei, das Vertrauen der Bevölkerung in die Institutionen zu bewahren und zu stärken.

Auf dieser Grundlage gelang es der Markusrepublik in der ersten Hälfte des 16. Jahrhunderts, eine Wende einzuleiten, die nicht nur die politischen, sondern auch die wirtschaftlichen Ziele von Grund auf veränderte. Zug um Zug verwandelte sich Venedig vom Handelsplatz zum Industriestandort. So wurde das Ende der staatlichen Schiffskonvois *(mude)* kompensiert durch das Aufblühen einer Reihe von Produktionsstätten, insbesondere im Luxussegment: Zur traditionellen Glasherstellung traten nun Spitzenklöppelei, Seidenverarbeitung, Goldschmiedekunst, Gießereien, Baugewerbe, Druckereiwesen und – last not least – Malerateliers hinzu, sowie (auf niedrigerem Niveau, aber als wichtigster Arbeitgeber) die Wolltuch-Industrie, deren Produktion von 4000 Stück im Jahresdurchschnitt (1516–1525) auf 25 000 Stück pro Jahr (1596–1605) anstieg.

Folge war eine spürbare Einwanderungswelle: Die Stadt wimmelte nur so von Angehörigen der unterschiedlichsten Völkerschaften – Italienern, Deutschen, Franzosen, Spaniern, Engländern, Slawen, Arabern, Albanern und Türken. Viele dieser Gemeinschaften unterhielten eigene Kirchen oder Bruderschaften *(scuole)*, allen voran die *schiavoni* (Kroaten), dann aber auch die Albaner (Abb. 5), die Deutschen und die Juden, denen 1516 das Ghetto zugewiesen wurde, eine Art abgeschlossener Lebensraum innerhalb der Stadt. Unter den beschriebenen Voraussetzungen kann die außerordentliche demographische Entwicklung der Serenissima, mit einem Anstieg von 115 000 registrierten Einwohnern im Jahre 1509 auf 168 000 Einwohner im Jahre 1563, nicht verwundern.

VILLEGIATURA

Im Angesicht der großen absolutistischen Monarchien, wie des spanischen oder des osmanischen Reichs, verteidigte Venedig das republikanische Modell und sicherte seine Unabhängigkeit, indem es jedem Freiheit garantierte, der hier Zuflucht fand – von Erasmus von Rotterdam über Pietro Aretino bis zu Jacopo Sansovino. Mit ihnen kamen Dichter wie Ruzzante und Pietro Bembo, Maler wie Tizian und Veronese, die Familie Tintorettos, der Architekt Palladio und viele andere. Gerade einen Palladio hätte es allerdings nicht gegeben ohne die vorhergehende großangelegte Landgewinnung.

„Betrachtet man eine Landkarte des venezianischen Staatsgebietes zu Beginn des 16. Jahrhunderts“, so schreibt Elsa Campos, „dann sieht man ein von zahllosen Kanälen und Flüssen durchzogenes Gebiet, in dem das Wasser vorherrschendes Element und das Land zweitrangig zu sein scheint (Abb. 6). Man kann sich leicht vorstellen, wie schwierig unter solchen Bedingungen dieBewirtschaftung dieser Ländereien war, angesichts einer permanenten, oft genug jeden Besiedlungsversuch abschreckenden Überschwemmungsgefahr. Wenn man überdies bedenkt, dass die Wasseradern in sehr flachen Flussbetten ohne Dämme verliefen und das Terrain zu großen Teilen unter dem Meeresspiegel lag, so kann man sich leicht vorstellen, wieviel Sumpf und wie wenig Ackerland es gab.“[3] Städte wie Monselice, Este und Rovigo bilden letztlich nur Inseln inmitten dieser Sümpfe.

2 Costantini 1987, S. 29.
3 Campos 1937, S. 11.

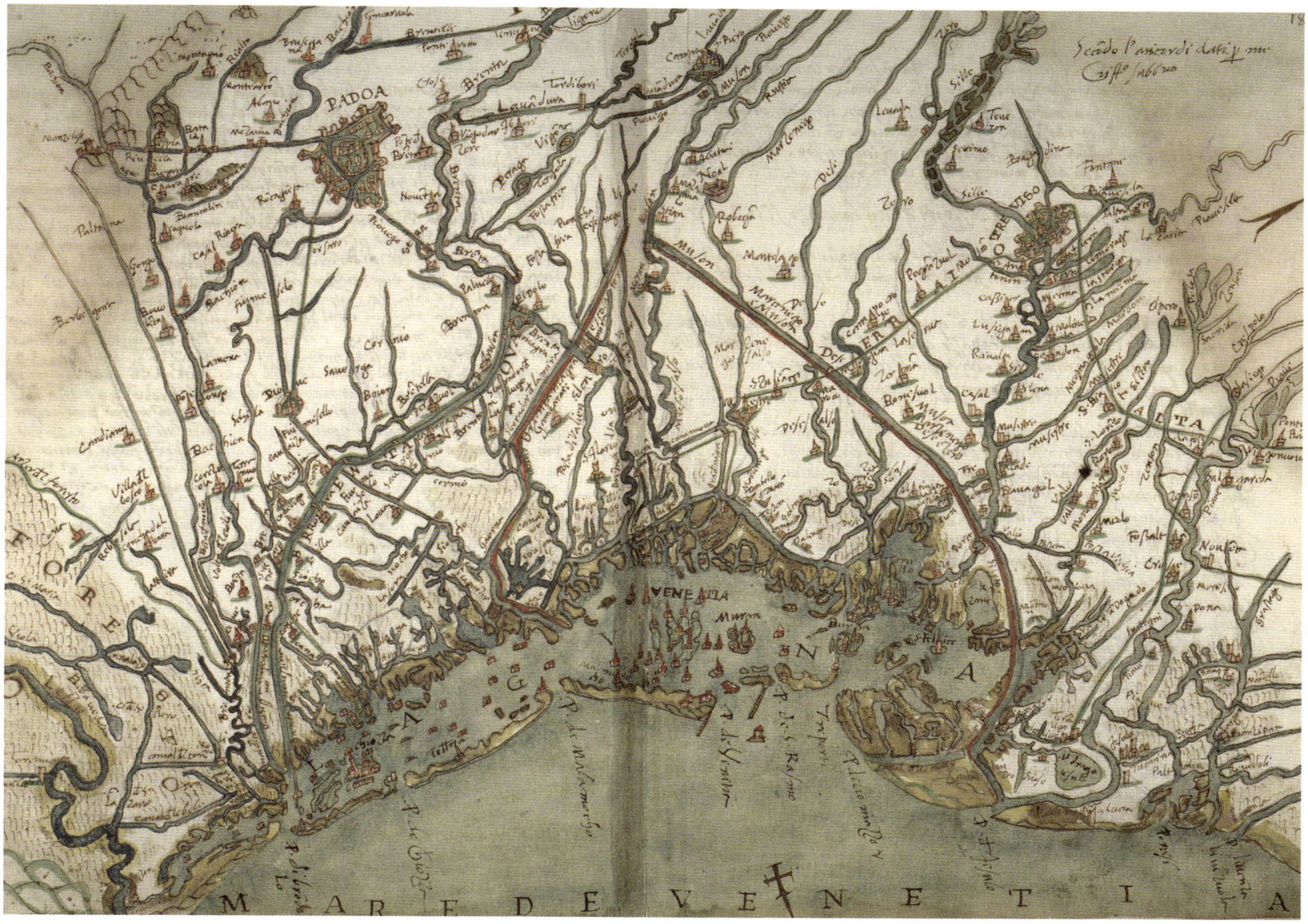

Abb. 6
CRISTOFORO SABBADINO
KARTE DER LAGUNE
1557, Venedig, Biblioteca Marciana, Cod. Marc. It. IV, 485-5350

Mit der *pax hispanica* (siehe oben) kehrte das Kapital in die ländlichen Gebiete zurück[4] – und zwar aus mindestens drei guten Gründen: 1. Rückgang des Handels aufgrund des immer aggressiveren Piratenunwesens und der Abschaffung der Schiffskonvois; 2. damit einhergehende Inflation der Getreidepreise; 3. Ende jener Kriegshandlungen, während deren – im 15. Jahrhundert und bis zur Liga von Cognac (1526–1528) – permanent bewaffnete Truppen durchs Land zogen. Dank der spanischen Vorherrschaft herrschte jetzt politische Stabilität, so dass Immobilienkäufer keine Zerstörungen oder Beschlagnahmungen mehr fürchten mussten.

So kam es zur großangelegten Trockenlegung der Sümpfe: prophezeit, konzipiert und durchgeführt von Alvise Cornaro (1484–1566), einer schillernden Gestalt – halb skrupelloser Betrüger, halb genialer Unternehmer. Im Zuge dieser ungemein aufwendigen Maßnahme (1546 gründete Venedig dafür eine eigene Magistratur, die Provveditori sopra Beni Inculti) gelang es, dem Wasser rund 300 000 Campi (mehr als 100 000 Hektar) zu entreißen, größtenteils in der Gegend um Padua. Durch diesen Landgewinn entstand die Grundlage für eine überaus fruchtbare Kombination aus wirtschaftlicher und kultureller Blüte, anschaulich verkörpert in der ländlichen Villa: Sie bildet zugleich die Residenz des kapitalistischen Grundbesitzers wie auch, mit ihren *barchesse* (arkadengeschmückten Remisen), dessen Lagerhort.

Der Villenbau ist Inbegriff einer Zivilisation, welche die Landschaft Venetiens tief geprägt hat. Seinen Gipfelpunkt bildet bekanntlich jenes wunderbare Gleichgewicht aus Wohnhaus, Tempel und Landgut im Schaffen Palladios (man denke an die Villa Barbaro in Maser – Abb. 7). Die Villa wird hier zum Ort des Vergnügens, aber auch der wirtschaftlichen Aktivität – beides

4
Da Silva 1973, S. 328–329.

gleichsam sakralisiert durch die unweigerlich zwischen Gartenmäuerchen und Straße angelegte Kapelle. Letztere öffnet sich einerseits zur Residenz des *dominus,* andererseits zur Landbevölkerung und wird so zum Ort der Begegnung zwischen Herrn und Leibeigenen, unter der Obhut des Priesters/Kaplans, einer Art von doppelgesichtigem Janus: ländlicher Abstammung zwar, aber vom adligen Landeigner bezahlt. So erklärt sich der Lebensrhythmus der *villegiatura*: Nach einer kurzen Sommerfrische im Juni/Juli kehrten die adligen Grundbesitzer vor allem im Oktober aufs Land zurück, diesmal in Begleitung ihrer Steuereintreiber. Denn der Aufenthalt dauerte bis zum Sankt-Martins-Tag (11. November), wenn die Pachtverträge ausliefen. An diesem Tag konnte der Bauer die Zahlung nicht verweigern, da Kornkammer und Weinkeller gut gefüllt waren. Die entsprechenden Wochen sind deshalb auch nicht ausschließlich der Zerstreuung gewidmet; manche Stunde verbrachte man mit einer Bestandsaufnahme der Vorräte in den Kornkammern und Kellern, mit der Buchhaltung des Verwalters, der Bewirtschaftung des Landes, der Planung winterlicher Arbeiten und schließlich auch mit der Verlängerung der Verträge mit Pächtern und Halbpächtern. Erst nach der Monatsmitte dann nahm das politische Leben wieder an Fahrt auf, die Patrizier kehrten von der *terraferma* zurück, Venedigs Theatersaison startete von neuem.[5]

5 Gullino 1998, S. 655–656.

RELIGIÖSE STRÖMUNGEN

Ab dem dritten Jahrzehnt des 16. Jahrhunderts blieben religiöse Erschütterungen, etwa durch Einflüsse des Erasmus, nicht aus. Zuerst machten sich evangelikale Elemente bemerkbar, dann die Folgen der Reformation. In Padua fanden die Schriften des Erasmus große Beachtung, genauso wie später der *Beneficio di Cristo,* eine calvinistisch beeinflusste theologische Schrift der *spirituali* (Vertreter der Katholischen Reform), von der seit ihrem Erscheinen in Venedig 1543 und bis 1549 immerhin 40 000 Exemplare verkauft wurden. Auf den mildtätigen Bekehrungseifer eines Kajetan von Thiene oder Girolamo Miani folgte das Wirken von Kardinälen wie Gian Pietro Carafa, Gasparo Contarini und Reginald Pole, Autoren des ungehört verhallenden *Consilium de emendanda ecclesia* (1537). Ab 1524 verbreiteten

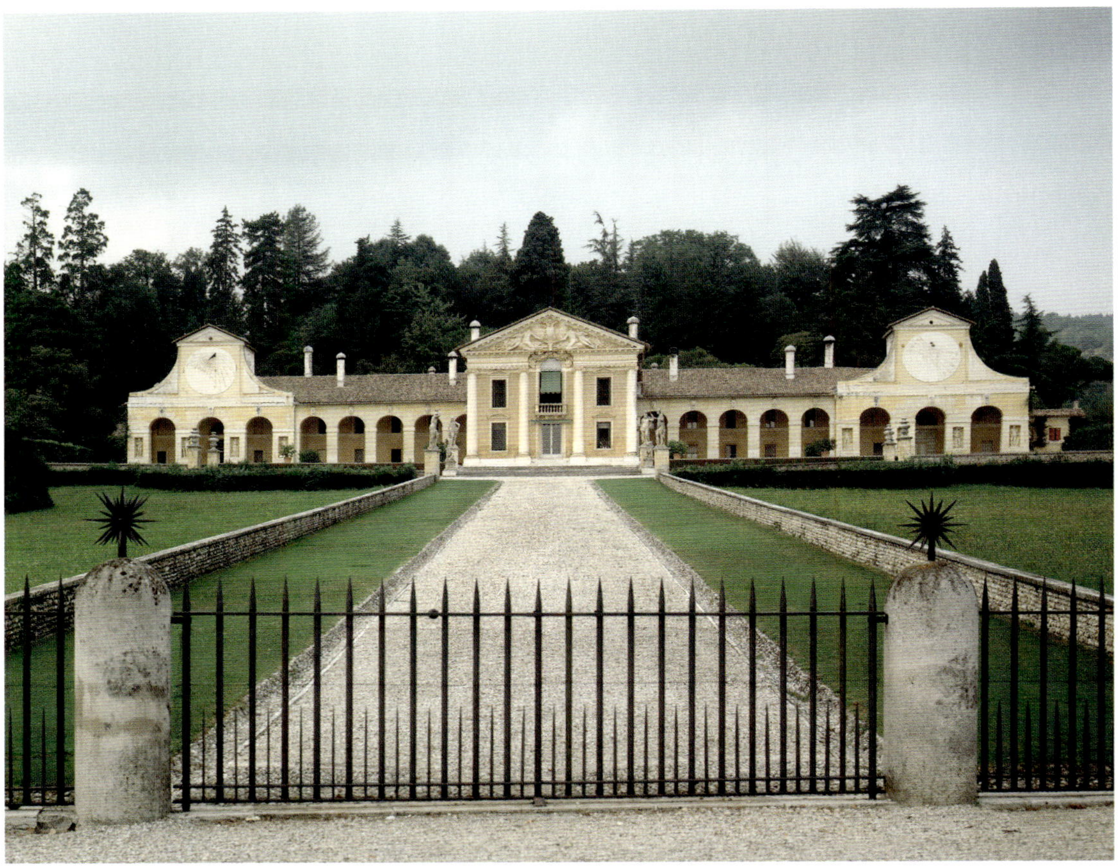

Abb. 7
ANDREA PALLADIO
VILLA BARBARO
Maser (1554–1558?)

sich die lutherische Lehre und, vor allem in den Provinzstädten, Sympathien für die (Wieder-) Täufer. Entsprechendes Gedankengut fand sowohl in adligen Kreisen als auch unter Handwerkern Anklang, doch handelte es sich, wie Federica Ambrosini feststellte, um eine „extrem zersplitterte" Bewegung, ohne den nötigen „Zusammenhalt für die zumindest zeitweise Ausbildung einer homogenen Gemeinschaft".[6] In Venedig fanden reformationsnahe Lehren vereinzelt Gefolgschaft (so frequentierten einige im Ruch der Häresie stehende Persönlichkeiten Mitte der vierziger Jahre den bei Santa Maria Formosa gelegenen Palast des umstrittenen Patriarchen von Aquileia, Giovanni Grimani). Es handelte sich jedoch um Einzelpersonen, die – im Sinne des *nicodemismo* – ihre religiösen Überzeugungen nicht öffentlich zur Schau trugen. Neben der Furcht vor Denunziation stärkten die Präsenz der potenziell lutherisch beeinflussten Deutschen im Umfeld ihres Handelshauses (Fondaco dei Tedeschi), die Anwesenheit der im Ghetto ansässigen Juden und die ständige Angst vor dem osmanischen Feind die psychischen Abwehrreflexe. Das Bedürfnis nach sozialer und gemeinschaftlicher Sicherheit spiegelte sich in der wachsenden Bedeutung kirchlicher Einrichtungen als Bollwerk spiritueller Identität. So sollten die wenigen Funken, die die lutherische und die calvinistische Reform nach Venedig getragen hatten, ab Beginn des Konzils von Trient 1545 und in der darauf folgenden Gegenreformation erlöschen.

ZUSAMMENFASSUNG

In der ersten Jahrhunderthälfte wandelte sich Venedig vom Handelsplatz zum Industriestandort. Die Wirtschaft wuchs und mit ihr die Zahl der Einwanderer. Die Stadt erlebte eine außerordentliche kulturelle Blüte, die ihren bis heute greifbarsten Niederschlag in der Umgestaltung des Markusplatzes, dem Wiederaufbau der *fabbriche* am Rialto (siehe Kat. 28) und des auf der anderen Seite des Canal Grande gelegenen Fondaco dei Tedeschi fand. Die vom Dogen Gritti eingeleitete politische Wende führte zur neuen Imagebildung eines freien und friedlichen Staates, dem alle expansionistischen Bestrebungen fremd sind. Auf der anderen Seite nahm die Bedrohung durch das Habsburgerreich zu und die osmanische Gefahr wurde immer konkreter. Stolz und Selbstbewusstsein der Renaissance zeigten, besonders bei den sensibleren Geistern, erste Risse. Nicht selten gingen sie einher mit religiösen Skrupeln, genährt durch einen römischen Kirchenstaat, der nur allzu oft an ein luxussüchtiges weltliches Fürstentum gemahnte. Nicht unerwähnt bleiben sollen die schlimmen Naturkatastrophen, etwa die klimatisch bedingten schweren Hungersnöte der Jahre 1528 und 1539 (als die darbende Landbevölkerung nach Venedig strömt) oder die Pestepidemien, die in den Jahren 1511, 1528/29 und 1552 die *terraferma* heimsuchten.

Dies also der Hintergrund, vor dem Tintoretto seine Jugend verlebte …

6 Ambrosini 1999, S. 226.

MUTMASSUNGEN ÜBER JACOPO
DER JUNGE TINTORETTO IN DOKUMENTEN UND QUELLEN

Sichere Angaben über die Jugend des Jacopo Tintoretto bilden im Rahmen der Studien über den venezianischen Maler ein problematisches Kapitel, nicht nur aufgrund ihrer geringen Anzahl, sondern auch aufgrund der Beschaffenheit der in archivalischer oder literarischer Form verfügbaren Quellen. Diese reichen nicht aus, um uns vollständige Klarheit über Tintorettos Biographie, das Netzwerk seiner Auftraggeber und seine Bildproduktion zu verschaffen. Trotz der sorgfältigen Recherchen, die während einer im Hinblick auf das akademische Interesse an diesem Künstler besonders fruchtbaren Phase im 19. und 20. Jahrhundert unternommen wurden, als Forscher wie Lorenzi, Nicoletti, Luzio, von Hadeln, Berliner, Pittaluga, Paoletti und Gallo, später gefolgt von Paola Rossi, die Archive auf Nachrichten über den Maler durchkämmten[1], verbleiben auch heute noch ungeklärte Bereiche im beruflichen und privaten Leben des Tintoretto – insbesondere hinsichtlich seiner Ursprünge und Jugend.

Bereits Name und Herkunft der Familie des Künstlers scheinen von dieser Ungewissheit betroffen, die mittlerweile – angesichts der zunächst positiven Resonanz auf die seither berühmt gewordene *Genealogía de la Casa de Tintoretto* aus dem Besitz von Don Gaspar de Haro y Guzmán, 7. Marqués Del Carpio (Abb. 1), anlässlich der Einzelschau über Jacopo im Madrider Prado 2007 – hätte ausgeräumt sein müssen. Zusammen mit diversen Gemälden erwarb der seinerzeit in Rom ansässige Adlige das (nur indirekt überlieferte) Dokument 1678 über seinen Agenten in Venedig, Antonio Saurer, beim uralten Sebastian Casser, dem letzten Schüler von Jacopos Sohn und Werkstattnachfolger Domenico. Dieser Vorgang war bereits 2004 von Fernando Checa Cremades veröffentlicht worden; der Autor fand das Dokument aber lediglich „interessant" und nahm seinen Erwerb bloß als Beleg für die gelehrten Interessen des Marqués.[2] Trauen wir der von Saurer brieflich resümierten *Genealogía,* so stammte die Familie des Künstlers aus Brescia und trug den Nachnamen Comino. Der angebliche Ehrenname „Robusti" gehe hingegen auf die Hartnäckigkeit und Energie zurück, mit der Vater und Onkel Tintorettos im Jahr 1509 bei der Belagerung Paduas durch die kaiserlichen Truppen ein Tor der Stadt verteidigten. Mit seiner Ehefrau Faustina Nani habe Jacopo diverse Kinder gehabt, doch stamme seine Tochter Marietta aus der außerehelichen Liebesverbindung des Malers mit einer unbekannten Deutschen.

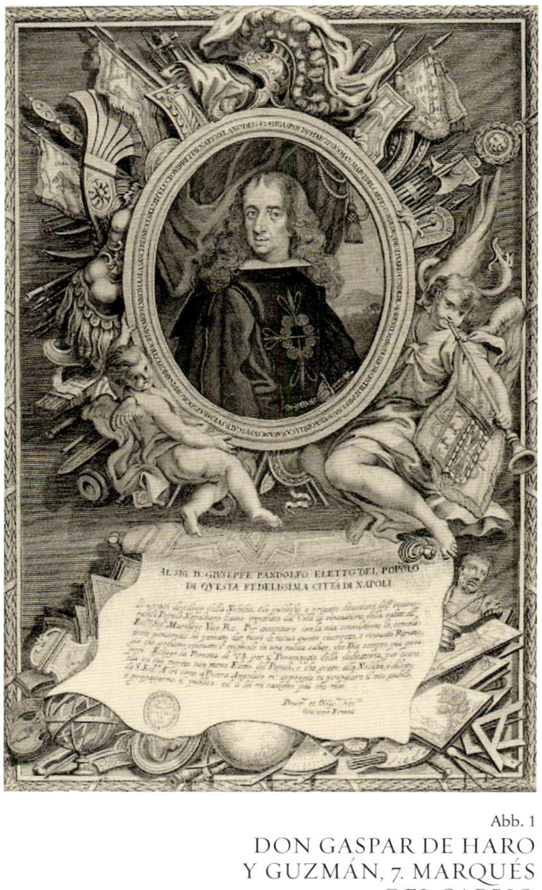

Abb. 1
DON GASPAR DE HARO Y GUZMÁN, 7. MARQUÉS DEL CARPIO

Kupferstichporträt des 17. Jahrhunderts, Madrid, Biblioteca Nacional de España

1 Lorenzi 1868; Nicoletti 1885; Luzio 1890; Hadeln 1911 a, 1911 b und 1911 c; Berliner 1920; Paoletti 1929; Pittaluga 1925; Gallo 1941; Pallucchini/Rossi 1982.

2 Checa Cremades, 2004, S. 204–205.

Nun wissen wir aber, dass Marietta selber einen deutschen Goldschmied heiratete und dass die einzige bis heute bekannte, ‚sichere' Ehefrau unseres Malers Faustina de' Vescovi (auch: Episcopi) – nicht Nani! – hieß. Offensichtlich ist das in Rede stehende Dokument also cum grano salis zu rezipieren. Sergio Marinelli hat einige Beobachtungen zur Beschaffenheit dieser Quelle und zu den wissenschaftlichen Folgerungen angestellt.[3] Er kommt zu dem plausiblen Schluss, dass die *Genealogía* das Resultat eines Jonglierens ist, bei dem echte Daten geschickt mit anderen, nicht überprüfbaren, gemischt und kombiniert wurden – zum Schaden des spanischen Agenten. Das von Mary Pittaluga aufgefundene Dokument über einen Antonio Comin aus Brescia, der 1579 sein Erbe Tintoretto hinterließ und ihn als „mio nevodo" (meinen Neffen)[4] bezeichnete, führte dazu, dass man die *Genealogía* ernst nahm und die Archivalien verschiedener Zweige der Familie Comin in Venedig durchforstete, wobei jedoch keine unstrittigen Beweise für neue und weitere Verbindungen mit dem venezianischen Maler zutage traten.[5]

Von größerem Interesse sind andere Aspekte der *Genealogía,* wie zum Beispiel die Behauptung, Tintoretto sei von „vornehmer Geburt" („de nacimiento noble") gewesen: Sie ist Ausdruck eines bestimmten Bestrebens venezianischer Maler in der zweiten Hälfte des 17. Jahrhunderts[6] – ihrer Planungen für ein *collegio dei pittori,* das die Malerei in den Rang der Artes liberales erheben sollte –, hat aber nichts mit der Biographie Jacopos zu tun, wie sie sich in den bis heute bekannten und überprüfbaren Dokumenten abzeichnet. Carlo Ridolfi, 1642 Autor der ersten gedruckten Tintoretto-Biographie, die später (mit Änderungen) in seine *Maraviglie dell'arte* von 1648 (Abb. 2) Eingang fand, bezeichnet den Maler zwar als venezianischen *cittadino*[7], Mitglied also einer schmalen Kaste privilegierter, nicht von ihrer Hände Arbeit lebender Bürger. Im 17. Jahrhundert konnte diese Bezeichnung jedoch in zunehmendem Maße auch unabhängig von rechtlichen Verfahren und Anerkennungen verwendet werden, denn *cittadino* war nun eine „allgemeine Bezeichnung, die die Unterscheidung vom Fremden beinhaltet und für all diejenigen gilt, die in Rechtsgemeinschaft leben und auf diese Weise den Stadtkörper bilden".[8] Soweit wir wissen, gehörte Jacopos Vater Battista – entgegen der Angabe bei Ridolfi[9] – als Stofffärber nicht den venezianischen *cittadini* an. Auch ist der Spitzname des Sohnes Ausdruck seiner engen Verbindung mit der Welt des Handwerks. Die (ungeklärte) Frage ist: Wurde dieser Spitzname von Jacopo

3
Marinelli 2007, S. 278–284.

4
Pittaluga 1925, S. 206. Ein Diakon namens Giacomo Comin lebte 1584 in eben jener Pfarrgemeinde San Cassiano, in der Jacopo seine erste Werkstatt betrieb: Tassini 2009, S. 67 (freundlicher Hinweis von Erasmus Weddigen).

5
Siehe Mazzucco 2009 und 2015. Ähnliches gilt für die bei Monti 2012 ad vocem genannten Comin (oder Comini).

6
Vgl. Cecchini 2000, S. 152–158, und Accornero 2013, S. 76–93.

7
Ridolfi/Hadeln 1924, S. 11

8
Zannini 1993, S. 12, mit Bezug auf das aus der Mitte des 17. Jahrhunderts stammende Manuskript von G. A. Muazzo, *Historia del Governo antico e presente della Repubblica di Venetia* (Biblioteca Nazionale Marciana, Mss. Italiani, cl. VII, 966). Zur Thematik vgl. auch Bellavitis 2004; Cowan 2007; Köster 2008 (hier vor allem S. 73 f.).

9
Ridolfi/Hadeln 1924, S. 13.

10
Siehe Echols in Madrid 2007, S. 181. Vgl. auch den Aufsatz von Krischel im vorliegenden Band.

11
Aretino/Procaccioli 1999–2002, vol. IV, tomo III, Nr. 162, S. 167–168.

12
Rossi 1974, S. 95; Krischel 2000, S. 80, 82. Zu Jacopos Signaturen vgl. auch den Aufsatz von Cassegrain im vorliegenden Band.

13
Bottari/Ticozzi 1822, S. 523. Siehe Borean in Madrid 2007, S. 421. Laut Nichols 2008, S. 60, wurde die Schreibung „Tintoretto" erstmals von Anton Francesco Doni in einem Brief aus dem Jahr 1543 verwendet, in dem er das kürzlich besuchte ‚Museum' des Paolo Giovio beschreibt. Das Schreiben wurde jedoch eigentlich an Lodovico Domenechi gesandt und erst 1552 an Tintoretto umgewidmet. Vgl. Doni/Pepe 1970, S. 97, und Doni 1552, S. 75–79.

14
Vgl. Borean in Madrid 2007, S. 449. Natürlich ist nicht auszuschließen, dass der Künstler bereits in der zweiten Hälfte des Jahres 1518 geboren wurde, da er die im Todesvermerk vom Mai 1594 notierten 75 Jahre dann ebenfalls bereits erreicht hätte.

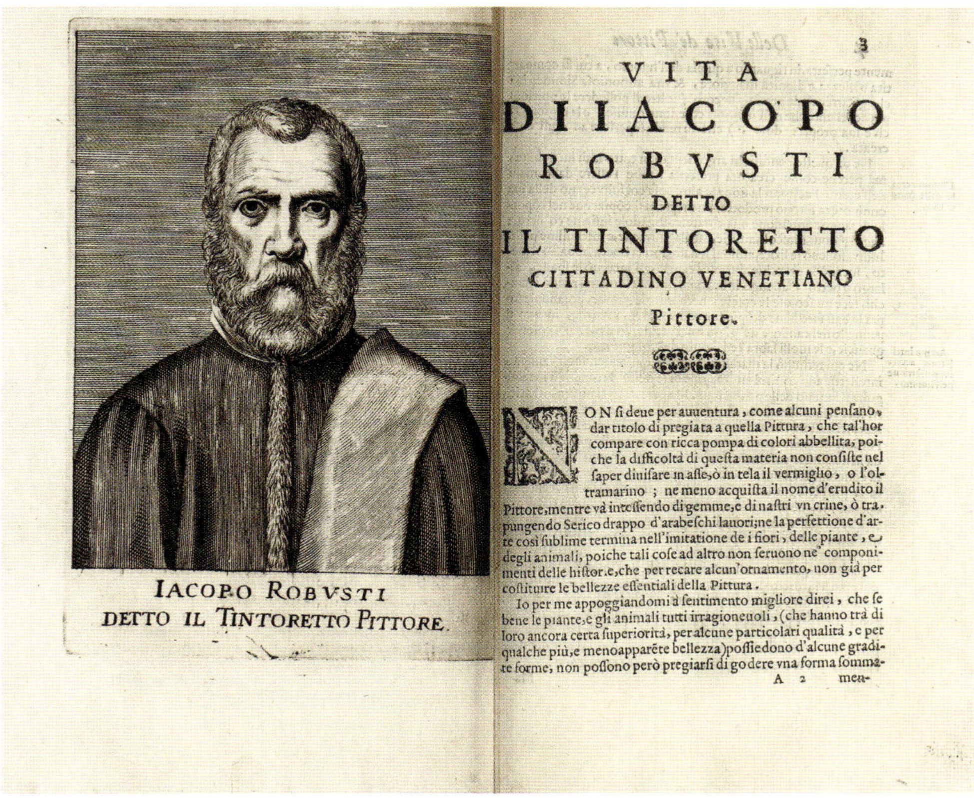
IACOBO ROBVSTI
DETTO IL TINTORETTO PITTORE.

3
VITA
DI IACOPO
ROBVSTI
DETTO
IL TINTORETTO
CITTADINO VENETIANO
Pittore.

NON si deue per auuentura, come alcuni pensano, dar titolo di pregiata a quella Pittura, che tal'hor compare con ricca pompa di colori abbellita, poiche la difficoltà di questa materia non consiste nel saper diuisare in asse, ò in tela il vermiglio, o l'oltramarino; ne meno acquista il nome d'erudito il Pittore, mentre và intessendo di gemme, e di nastri vn crine, ò trapungendo Serico drappo d'arabeschi lauori; ne la perfettione d'arte così sublime termina nell'imitatione de i fiori, delle piante, e degli animali, poiche tali cose ad altro non seruono ne' componimenti delle histor.e, che per recare alcun'ornamento, non già per costituire le bellezze essentiali della Pittura.

Io per me appoggiandomi à sentimento migliore direi, che se bene le piante, e gli animali tutti irragioneuoli, (che hanno trà di loro ancora certa superiorità, per alcune particolari qualità, e per qualche più, e meno apparẽte bellezza) possiedono d'alcune gradite forme, non possono però pregiarsi di godere vna forma somma-
A 2 men-

Abb. 2
CARLO RIDOLFI
LE MARAVIGLIE DELL'ARTE…

Venedig 1648, Bd. II, S. 2 f.: Beginn der Biographie Tintorettos mit Kupferstichporträt

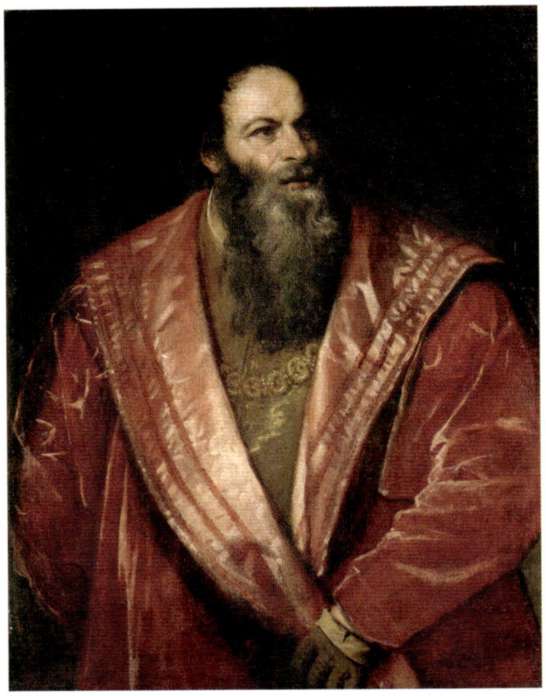

Abb. 3
TIZIAN
PORTRÄT DES PIETRO ARETINO
1545, Öl auf Leinwand, 97 × 78 cm, Florenz, Palazzo Pitti, Galleria Palatina, Inv. 54

selbst oder von seinen Zeitgenossen gewählt beziehungsweise geprägt?[10] In einem Schreiben vom Februar 1545 zum Dank für die Ausmalung einer Decke seines Hauses am Gran Canal adressierte der Schriftsteller und Dichter Pietro Aretino (Abb. 3) den Maler als „Iacopo Tintore".[11] Und etwa um dieselbe Zeit signierte Jacopo ein Porträt Sansovinos mit „TINTORETTVS" (Abb. S. 54).[12] Am 15. September 1551 findet sich sodann, in einem Brief von Francesco Marcolini an Aretino, die toskanisierte Form „Tintoretto".[13] Seitdem assoziiert man diesen Spitznamen nicht nur mit dem Handwerk des Vaters, sondern auch mit der angeblich geringen Körpergröße des Künstlers.

Unabhängig von der Frage des Namens und der Herkunft der Familie weist auch das Geburtsdatum Tintorettos eine gewisse Unsicherheit auf: Das von der jüngeren Forschung befürwortete Jahr 1519 geht auf den Todesvermerk vom 31. Mai 1594 zurück, wo der Künstler als 75-jährig bezeichnet wird.[14] Doch ist zu bedenken, dass solche Angaben manchmal ungenau sind oder auf Schätzungen beruhen. Ridolfi zufolge wäre das Geburtsjahr auf 1512 vorzudatieren, während Borghini es auf 1524 verschiebt (ein allerdings wenig wahrscheinliches Datum).[15] Bei seiner Veröffentlichung eines Dokuments von Ende Januar 1538 (*more veneto:* 1537), das neues Licht auf Jacopos Anfänge als unabhängiger Meister werfen sollte, behielt Vincenzo Mancini das Geburtsdatum 1519 bei.[16] Demnach mietet der noch nicht zwanzigjährige Künstler wohl schon 1537 für 20 Dukaten „Wohnung und Werkstatt" im Kirchsprengel von San Cassiano an, wo er auch in den 1540er Jahren noch wohnt (Abb. 4).[17] Mancini hält dies für einen eher niedrigen Mietzins[18], zurückzuführen auf die Immobilie selbst – und auf die Wohngegend, die mit ihren Märkten und Werkstätten, in denen unterschiedlichste Handwerke ausgeübt wurden, nicht zu den prestigeträchtigsten der Stadt gehörte.

Der noch sehr junge Tintoretto wäre damit also jener „magistro Jacomo depentor" gewesen, der Wohnung und Werkstatt von Urbano Bollani, Sohn des Alessandro, mietete. (Wobei übrigens bisher keine Verbindungen zu dem berühmteren Domenico Bollani nachweisbar sind, dem Vermieter Pietro Aretinos.[19]) Das Dokument passt zum Eintrag eines „Iacomo de Batista tentor" in den ab 1530 erstellten Listen der Malerzunft.[20] Registriert wurde er dort gegen Ende der ersten (die dreißiger Jahre betreffenden) Erfassungskampagne, gleich nach dem Florentiner Miniaturmaler Jacopo del Giallo. Letzterer war mit Illustrationen für ein Buch von Pietro Aretino befasst, das 1537 bei Francesco Marcolini erschien – venezianischer Verleger der literarischen Avantgarde, insbesondere des Aretino, und mit dem jungen Tintoretto wohl seit spätestens 1544 befreundet.[21] Wenn die Nachbarschaft der Namen auf eine zum gleichen Zeitpunkt erfolgte Eintragung beider Meister schließen lässt, so ist zu bedenken, dass eine Werkstattlehre in Venedig normalerweise sechs Jahre dauerte und ein Lehrling sie üblicherweise im Alter von zwölf Jahren begann, wobei es jedoch auch Ausnahmen gab.[22] Für Tintoretto ist (durch das von Mancini publizierte Dokument – siehe oben) immerhin gesichert, dass er spätestens Anfang 1538 Meister war. Spätere Biographen, beginnend mit Ridolfi, berichten über einen sehr kurzen, jäh beendeten Aufenthalt des blutjungen Tintoretto im Atelier Tizians[23]: Das mag ein Topos sein, in dem jedoch ein Kern historischer Wahrheit stecken könnte[24], wenn man an die verbürgte – persönliche und berufliche – Antipathie zwischen den beiden Malern denkt.

Einige der bisher betrachteten biographischen Eckpunkte stammen (wir sahen das am Beispiel des Namens) aus zeitgenössischen literarischen Quellen. Sie erhellen Tintorettos Beziehungen in die Welt der Kultur sowie seine sozialen beziehungsweise beruflichen Verbindungen und

15
Ridolfi/Hadeln 1924, S. 13; Borghini 1584, S. 558. Laut einer von Giovanni Prosdocimo Zabeo überlieferten Nachricht wurde die in den Registern der Kirche San Polo aufbewahrte Geburtsurkunde des Malers bei einem Brand zerstört: Zabeo 1814, S. 35.

16
Mancini 2003, S. 198 (Archivio di Stato di Venezia [nachfolgend: ASVE], *Dieci Savi alle Decime, Redecima 1537*, 102, Nr. 488): „Item in dita contrà (San Cassiano) tien a fito magistro Jacomo depentor paga una casa et botega val ducati 20." Die Steuererklärung des Vermieters wurde am 30. Januar 1538 (*more veneto*: 1537) eingereicht. Damit wäre die Gründung einer eigenständigen Werkstatt durch Jacopo laut Mancini spätestens in die zweite Hälfte des Jahres 1537 zu datieren.

17
Am 22. Mai 1539 bezeugte Tintoretto das Testament der Caterina Malipiero di Giovanni als „mistro Giacomo depentor sul champo de san Chasanno". Im Juni 1544 tritt er erneut, diesmal gemeinsam mit Francesco Marcolini, als Zeuge einer notariellen Urkunde auf, die er als „Ser Jacobus pictor filius ser Baptisti tinctoris super pontem sancti Cassiani" unterzeichnete: ASVE, *Notarile*, *Testamenti*, Notar Giacomo Zambelli, b. 1101, Nr. 63, und ASVE, *Notarile*, *Testamenti*, Notar Giacomo Formento, b. 5580, c. 19 v. Vgl. Borean in Madrid 2007, S. 419. 1548 wohnte er bereits bei der Madonna dell'Orto, wie aus dem Zahlungsvermerk der Scuola Grande di San Marco vom 20. Januar für die farbige Fassung von zwölf Laternenstangen hervorgeht: „per contadi a maestro Jacomo depentor alla Madonna de l'orto per depenzer i ditti [feralli] de zenaprio a tutte sue spexe – lire 14 soldi 8": Krischel 1991, S. 204 (Dokument: ASVE, *Scuola Grande di San Marco*, reg. 229, fasc. 8).

18
Analyse der Mieten im Venedig der Neuzeit: Chauvard 2005.

liefern damit nützliche Hinweise, die man natürlich mit den Archivalien zu Jacopos Aufträgen abgleichen muss[25], um die künstlerische Identität des jungen Tintoretto sowie seine Selbstvermarktungsstrategien zu umreißen. Schon auf den ersten Blick erkennbar sind die Beziehungen des jungen Künstlers zu intellektuellen Kreisen, die auch von Aristokraten frequentiert wurden und daher eine optimale Plattform zur Gewinnung einflussreicher Gönner darstellten. Am 22. April 1541 verfasste der mit Pietro Bembo befreundete und mit Aretino in Kontakt stehende Patrizier Girolamo Querini ein Empfehlungsschreiben an den Paduaner Humanisten Marco Mantova Benavides, betreffend jenen „maestro Jacomo pittore ilquale uien con animo de farsi honore et auoi apiacere; le opere sue serano quelle che comproberano l'animo suo; uelo ariccomando" (Maestro Jacomo, Maler, der kommt, um sich Ehre und Euch Vergnügen zu verschaffen; seine Werke werden seine Absicht bezeugen; ich empfehle ihn Euch).[26] Tatsächlich deuten frühe Werke des Künstlers auf einen oder sogar mehrere Aufenthalte in Padua hin (Kat. 3, 6, 19, 26, 28).

Einen Wendepunkt markiert Tintorettos Umzug in die Nähe der Madonna dell'Orto um 1546/47 (Abb. 5), vor allem aber das Jahr 1548, in dem sich auf signifikante Art diverse Zeugnisse verdichten. Gemeinsam belegen sie eine enge Verbindung Tintorettos mit Druckern, Verlegern und professionellen Autoren, namentlich den als *poligrafi* bezeichneten Schnell- und Vielschreibern[27] – allesamt bestrebt, sich aus der traditionellen Rolle des Hofdichters zu befreien: ein ganzes Netzwerk von Persönlichkeiten, die den beruflichen Werdegang unseres Malers zu fördern in der Lage waren, nachdem dieser sich dem stadtvenezianischen Publikum 1548 mit dem „Sklavenwunder" für die Scuola Grande di San Marco (jetzt: Venedig, Gallerie dell'Accademia – Abb. S. 57) in aufsehenerregender Weise vorgestellt hatte. Auf dieses Gemälde bezieht sich der berühmte Brief Aretinos vom April 1548, wo das – auf den Entdecker des Künstlers natürlich zurückstrahlende[28] – Lob für den jungen und ehrgeizigen Maler mit der Mahnung einhergeht, nicht der, angeblich alterstypischen, Versuchung der *prestezza* (Geschwindigkeit/Schnelligkeit, auch: Hurtigkeit) zu erliegen: „Ma non insuperbite se bene è cosí, che ciò sarebbe un non voler salire in maggior grado di perfezzione. E beato il nome vostro, se reduceste la prestezza del fatto in la pazienza del fare. Benché a poco a poco a ciò provvederanno gli anni. Conciosia ch'essi, e non altri, sono bastanti a raffrenare il corso de la trascuratezza, di che tanto si prevale la gioventù volonterosa e veloce." (Aber werdet nicht hochmütig angesichts dieses Erfolges, denn das hieße, nicht zu einer noch höheren Stufe der Vollkommenheit aufsteigen zu wollen. Und selig Euer Name, wenn Ihr die Geschwindigkeit des Gemachten drosseln würdet zur Geduld des Machens. Obgleich: Nach und nach werden dafür die Jahre schon sorgen, denn nur sie und nichts anderes sind im Stande, den Lauf der Nachlässigkeit, welche die ungestüme und schnelle Jugend sich so zugute hält, zu bremsen.)[29]

Aretino hatte Tintorettos Schnelligkeit bereits im oben erwähnten Dankesschreiben von 1545 angesprochen. Damals bezog sich die Bemerkung auf zwei Bilder, die Tintoretto für die Wohnung des Schriftstellers gemalt hatte: „Apoll und Marsyas" (heute gemeinhin identifiziert mit dem Gemälde im Wadsworth Atheneum, Hartford, Connecticut) sowie „Argus und Merkur": „E belle, e pronte, e vive, in vive, in pronte, e in belle attitudini, da ogni uomo ch'è di perito giudicio sono tenute le due istorie; una in la favola

19
Cairns 1966, S. 193–205. ASVE, M. Barbaro / A. Tasca, *Arborii de patritii veneti*, II.6, c. 43. Ein Alessandro Bollani, *podestà* (Gouverneur) von Feltre, wird erwähnt bei Cicogna 1830, S. 151.
20
Favaro 1975, S. 140. In der Liste mit den Erfassungen von 1580 bis 1657 tritt Iacopo im Unterschied zu Domenico Tintoretto nicht auf (ebd., S. 147, 149).
21
Zu Marcolinis venezianischen Aufenthalten vgl. jetzt Lucchi 2009. Siehe auch unsere Anm. 17, 36.
22
Siehe den Aufsatz von Michel Hochmann im vorliegenden Band.
23
Ridolfi / Hadeln 1924, S. 14.
24
Siehe die Aufsätze von Michel Hochmann und Roland Krischel im vorliegenden Band.

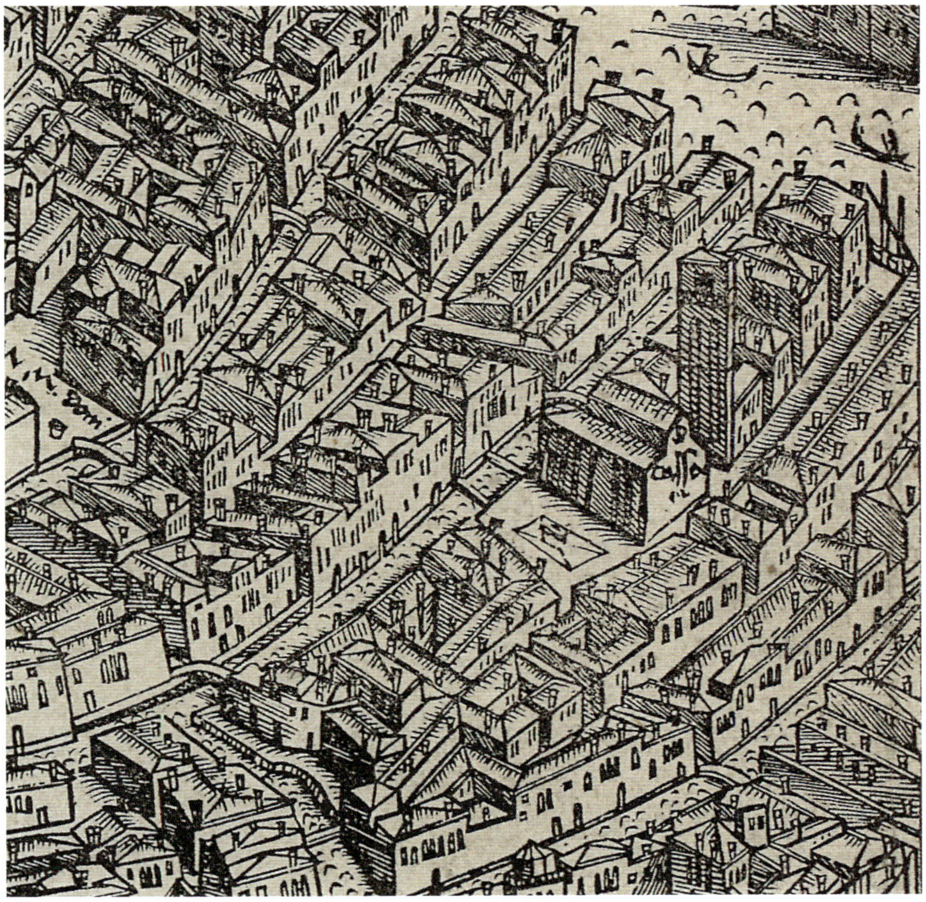

Abb. 4
JACOPO DE' BARBARI
VENEDIGANSICHT AUS DER VOGELSCHAU

1500, Holzschnitt, 135 × 282 cm, Paris, Bibliothèque nationale de France Detail: das Viertel um San Cassiano (venez.: San Cassan)

Abb. 5
ÉMILE LOUIS VERNIER
DIE CASA TINTORETTO IN VENEDIG

2. Hälfte 19. Jahrhundert, Bleistift, 221 × 295 mm, Paris, Musée du Louvre, département des Arts graphiques, Inv. RF 16140 (recto)

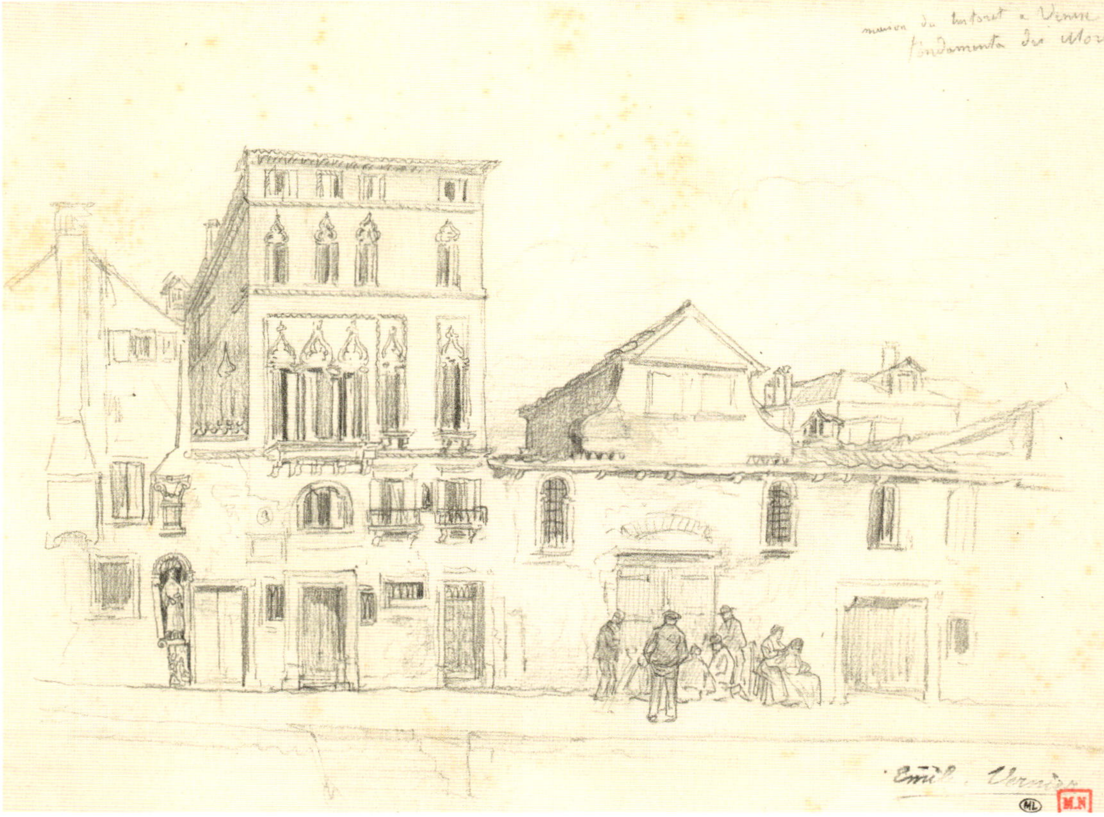

di Apollo e di Marsia, e l'altra in la novella di Argo e di Mercurio, da voi così giovane quasi dipinte in meno spazio di tempo che non si mise in pensare al ciò che dovevate dipingere nel palco de la camera che con tanta soddisfazzione mia e d'ogniuno, voi m'avete dipinta. Ma se ne le cose che si desiderano il presto e il male è nel loro compimento desiderato, che piacere si sente poi che il tosto e il bene le dà ispedite?"[30] (Für schön und kühn und lebendig, mit ihren lebendigen, kühnen und schönen Haltungen, werden von jedem erfahrenen Kunstkenner die beiden Geschichten – die Fabel von Apollo und Marsyas sowie die Novelle von Argus und Merkur – erachtet, die Ihr so jung an Jahren und zu einer derartigen Zufriedenheit meiner selbst und eines jeden quasi in weniger Zeit gemalt habt, als man brauchte, um zu überlegen, was überhaupt Ihr an der Decke des [Schlaf-?]Zimmers malen solltet. Welch ein Vergnügen empfindet man, wenn begehrte Dinge, schnell und schlecht bestellt, rasch und gut geliefert werden!)

Und noch andere Stimmen äußern sich im selben wichtigen Jahr 1548 zum jungen Tintoretto und zum Phänomen der *prestezza:* der Komödiant Andrea Calmo – Zeuge für Jacopos Beziehungen zur Welt des Theaters – sowie der Maler und Kunsttheoretiker Paolo Pino. Ersterer widmet Tintoretto einen seiner häufig satirisch gefärbten, durchweg in venezianischem Dialekt abgefassten Briefe. Darin skizziert er sowohl die intellektuellen beziehungsweise künstlerischen Eigenschaften als auch das äußere Erscheinungsbild Jacopos und liefert damit ein äußerst lebendiges Bild des Malers, den er mit einem „granelo de pevere", einem geschmacklich sich durchsetzenden Pfefferkorn, vergleicht. In mancherlei Hinsicht verdiene der junge Tintoretto Bewunderung – vor allem, so der Komödiant, für seine rasche Auffassungsgabe, denn „in breve tempo, che sé stao discipulo, havé imparao pi ca cento che xe nassui maistri" (in der kurzen Zeit, die Ihr Schüler gewesen seid, habt Ihr mehr gelernt denn hundert andere, die als Meister geboren wurden). Dieser Satz scheint auf eine nur kurze Lehrzeit hinzudeuten, wie später auch von Ridolfi kolportiert.

Als Theatermensch und Autor macht Calmo keinen Hehl aus seiner Bewunderung für das Arbeitstempo des Künstlers: womöglich denkt er dabei just an die Ausführung des „Sklavenwunders": „mo vu, che con un fregolin de sbiaca, e d'imbuoro incorporao, a ziogolando col penelo, fê una figura retrata dal natural in meza hora, che quanti

25 Vgl. Borean in Madrid 2007, S. 420–422. Die bekannten Dokumente betreffen die Ausführung der Pala für den Hochaltar von Tintorettos Pfarrkirche San Marziale (1548–1551), der Orgelflügel in der Kirche Madonna dell'Orto (1548–1553), der Orgelflügel für Santa Maria del Giglio (1552–1557), weiterer, von der Prokuratia di San Marco bezahlter Gemälde (vielleicht Porträts) und jener *teleri* (Großleinwände) für die Sala del Maggior Consiglio im Dogenpalast (1553).

26 Bibliothek des Museo Correr, Cod. Correr 1349, f. 193: Krischel 1996 b, S. 150 f.

27 Vgl. Hills 1993, S. 109 f.

28 Siehe die Textstelle des Briefes vom Februar 1545, wo der Autor erklärt, dass „il pennel vostro testimonia con l'opre presenti la fama che vi denno acquistare le future" (Euer Pinsel mit den heutigen Werken den Ruhm bezeugt, den Ihr künftig erobern werdet): Aretino/Procaccioli 1999–2002, vol. IV, tomo III, Nr. 162, S. 167 f.

29 Aretino/Procaccioli 1999–2002, vol. IV, tomo IV, Nr. 429, S. 266. Deutsche Übersetzung nach Krischel 1994 a, S. 43.

calegheri, sartori e mureri se trova, in vinti anni no saverave a malestente destriar i colori"[31] (Ihr aber, der Ihr mit einem Strich Bleiweiß und Rot gemischt durch ein Spiel des Pinsels in einer halben Stunde ein Gesicht nach der Natur abbildet, wo all die Schuhmacher, Schneider und Maurer, die es gibt, in zwanzig Jahren kaum die Farben reiben könnten ...). Man kann sich gut vorstellen, dass Calmo – seit 1534 Mitglied der Scuola Grande di San Marco – zu den enthusiastischsten Bewunderern der ersten Großleinwand gehörte, die der Künstler für den Kapitelsaal der Großen Markusbruderschaft lieferte.

Was Paolo Pino anbelangt, so gewährt er Tintoretto in seinem *Dialogo di pittura* einen Ehrenplatz unter den „tüchtigen Malern" („valenti pittori") seiner Zeit. In dieser Kategorie nicht enthalten sind Tizian und Michelangelo, die aufgrund ihres „göttlichen" Status außer Konkurrenz laufen. Im *Dialogo* wird die *prestezza* nun, quasi als natürliche Ungeduld, in einem Atemzug mit dem „empiastrar" (der ‚dick aufgetragenen' Malerei) Schiavones genannt und als Reflex der schwierigen Produktionsbedingungen und Konkurrenzverhältnisse auf einem von Künstlern wimmelnden freien Markt gedeutet.[32] Als selbsternannter Schiedsrichter überhöht Aretino diesen Konkurrenzkampf zum Kunstwettstreit. Dem Architekten und Bildhauer Jacopo Sansovino gegenüber räumt der enge Tizian-Freund 1548 brieflich ein, dass Tintoretto „presso al palio" (dem Siegeszeichen nahe) sei. Mit anderen Worten: In jenem Wettkampf, den Jacopo – als Enfant terrible der venezianischen Renaissancemalerei – entfesselt hatte, um sich den Thron der Malerei zu sichern, war er bereits fast am Ziel.[33]

Wie zur Bekräftigung und Besiegelung des Erfolgs und des Ansehens, die Tintoretto in diesen strategisch entscheidenden Jahren errang, lobte ihn nun auch der Florentiner Vielschreiber Anton Francesco Doni, der während seines Aufenthaltes in Venedig von 1547 bis 1555 die Accademia Pellegrina gründete, einen von Aristokraten, *cittadini* und auch von Tintoretto selbst besuchten literarischen Zirkel.[34] Im März 1553 widmet er Tintoretto, den er als „einzigartigen Maler" bezeichnet, seinen im gleichen Jahr gedruckten Band *Rime del burchiello*. Für das Geschenk eines „Eurem stupenden Pinsel entsprungenen, wunderbaren Porträts" bedankt Doni sich, indem er „dieses mit meiner Feder gemalte Buch Eurer Tugend" widmet.[35] Tintorettos Talent als Porträtist wurde soeben entdeckt – wie sein Freund und Förderer Francesco Marcolini bezeugt: Mit Blick auf ein von unserem Maler geschaffenes Aretino-Bildnis hebt der berühmte Verleger hervor, wie es dem „einzigartigen Iacomo Tintoretto, der für mich wie mein Sohn ist", gelungen sei, den berühmten Dichter „lebendig erstrahlen" zu lassen[36]. Was die Beziehungen zwischen Literat und Maler anbelangt, so weiß man nur wenig. Offenbar spielte Doni für Tintoretto aber nicht die gleiche Rolle wie Aretino für Tizian. Auch hat sich die Annahme, Jacopos *prestezza* sei Ausdruck seiner Nähe zu einer Gruppe angeblich marktorientierter Publizisten wie Doni, Marcolini oder Calmo und damit ein Zeichen seiner Distanzierung vom beherrschenden Gespann Aretino–Tizian[37], nicht durchgesetzt.

Als gesichert darf gelten, dass Tintoretto ab Beginn der 1550er Jahre zu den namhaften Vertretern der modernen Malerei gezählt wird. Das belegen unterschiedliche Zeugnisse aus dem Jahr 1552, von Calmos Lob für Jacopos Fresken an der zum Gran Canal gewandten Fassade der Ca' Gussoni (Kat. 29)[38] über die Erwähnung in Donis *I marmi* bis hin zur Aufnahme von Jacopos Namen in ein sonderbares Verzeichnis des Ortensio Lando.[39] Dieser Mailänder Arzt, Reisende und satirische Autor, der im Kreise Aretinos und auch bei Doni großes Ansehen genoss, veröffentlichte in Venedig einen Katalog der „Modernen, die in der Kunst der Malerei tüchtig sind und waren". Dort befindet sich „Iacomo Tentorello" in Gesellschaft nicht nur des unvermeidlichen Tizian, sondern auch des an dieser Stelle unerwarteten (und heute kaum noch bekannten) Girolamo Dente.

Schließlich darf dieser kurze Überblick aber auch das Schweigen und die Auslassungen nicht übergehen. In seinem wichtigen, 1557 gedruckten *Dialogo della pittura intitolato l'Aretino* nennt Lodovico Dolce Tintoretto an keiner Stelle beim Namen. Allerdings wurden einige Passagen, wo Dolces Sprachrohr Aretino die Art und Weise kritisiert, in der ein bestimmter, ungenannter Maler mit einem Thema umgeht (siehe Kat. 28), als Anspielungen auf Jacopo gedeutet – genauso wie der abschließende Satz des Dialogs, wo wiederum der fiktive Aretino junge Künstler tadelt, die angeblich zu wenig an der Verfeinerung ihrer Begabungen arbeiten. Solche Kritik passt zu derjenigen, die der wirkliche Aretino – wir sahen es – brieflich 1548, auf dem Höhepunkt der Jugend Tintorettos, formuliert hatte.[40]

30
Aretino/Procaccioli 1999–2002, vol. IV, tomo III, Nr. 162, S. 167–168. Zur deutschen Fassung vgl. Krischel 1994 b, S. 31.
31
Calmo/Rossi 1888, S. 132–133; Krischel 1992, S. 9 f.
32
Pino/Pallucchini 1946, S. 127–130; Nichols 2008, S. 55–58.
33
Aretino/Procaccioli 1999–2002, vol. IV, tomo IV, Nr. 455, S. 281.
34
Nichols 1996, S. 79, Anm. 21.
35
Doni 1553, S. 3–6.
36
Bottari/Ticozzi 1822, S. 523.
37
Nichols 2008, S. 62–64.
38
Calmo/Rossi 1888, S. 169 f.; Krischel 1994 c, S. 40 (Anm. 24).
39
Lando 1552, S. 497 f. Es handelt sich um eine Auflistung aller möglichen Dinge, in welcher der Autor etwa Männer und Frauen nach Berufen und moralischen Eigenschaften sortiert, zwischen Personen aus Antike und Gegenwart unterscheidet sowie nicht zuletzt auch die eigene Bildung und seine Kenntnis Italiens herausstellt. Für eine Biographie Landos siehe Adorni-Braccesi/Ragagli 2004.
40
Dolce 1557, S. 20–22, 56; Roskill 1968, S. 278 f., 281–283, 286.

— *Michel Hochmann*

TINTORETTO UND DIE VENEZIANISCHE MALERWERKSTATT UM 1530–1540

Tintorettos Jugendzeit bleibt auch heute noch ein Geheimnis. Insbesondere über seine Ausbildung wissen wir nichts Genaues. Die Nachrichten, die uns sein Biograph Carlo Ridolfi hierzu im 17. Jahrhundert überliefert hat, klingen wenig plausibel. Sie haben eher Legendencharakter und folgen dem wohlbekannten Topos des auf seinen allzu begabten Schüler eifersüchtigen Meisters: So soll Tizian den jungen Jacopo aus seiner Werkstatt gejagt haben, nachdem er dessen frühe Zeichnungen gesehen und erkannt hatte, dass dieser ihm eines Tages Konkurrenz machen könnte.[1] In Wirklichkeit sind wir gar nicht sicher, dass Tintoretto jemals Tizians Werkstatt frequentierte (mehrere Kunsthistoriker bezweifeln dies), und es wurde gemutmaßt, er könne vielleicht andere Meister gehabt haben, namentlich Bonifacio de' Pitati.[2] Ich habe nicht vor, auf diese Frage zurückzukommen, die mir angesichts allseits fehlender Dokumente schwer zu klären scheint. Allerdings lassen sich die Anfänge von Tintorettos Laufbahn nach meinem Dafürhalten besser verstehen, wenn man sich vergegenwärtigt, in welchem Milieu der junge Künstler sich bewegte, und zu bestimmen versucht, wie überhaupt die Lehrzeit eines Malers im Venedig der 1530er Jahre verlief. Die Sozialgeschichte der Kunst kann uns in dieser Hinsicht vielerlei Auskünfte geben: Selbst wenn wir nicht wissen, wo genau Tintoretto seine Ausbildung erfuhr, können uns nämlich die verfügbaren schriftlichen Quellen zur Organisation des Malerberufs in der Serenissima unterrichten über das Anschauungsmaterial, das er dabei zur Hand hatte, über den Betrieb in den Werkstätten, die er gekannt haben muss, über die Dauer der Lehrzeit eines jungen Künstlers und vieles andere mehr. Damit wäre deutlicher zu erkennen, wie er auf entsprechende Traditionen reagierte und welche Rolle sie bei der Entfaltung seines Talents spielten.

Das Regelwerk zur Ausbildung der Maler in Venedig ist wenig präzise. Sah die 1271 beschlossene erste Zunftsatzung vor, die Zahl der Lehrlinge auf einen pro Werkstatt zu begrenzen (eine Vorkehrung, die auch in vielen anderen Städten getroffen wurde und natürlich darauf zielte, den Zugang zur Profession einzuschränken, um allzu starke Konkurrenz zu vermeiden), so war diese Bestimmung aus der im 15. Jahrhundert aufgestellten neuen Satzung verschwunden.[3] Zwar teilt Agostino Sagredo 1856 mit, dass für den Beginn der Ausbildung ein Mindestalter von zwölf Jahren festgesetzt gewesen sei, doch hat sich ein einschlägiger Beschluss nie finden lassen.[4] Hingegen war die Lehrzeit im Prinzip auf sechs Jahre festgelegt. Der Meister hatte seinen Lehrling bei der *Giustizia vecchia* einzuschreiben, jener Magistratur, die die Zünfte und die Ausübung der verschiedenen Berufe in der Serenissima beaufsichtigte. Es handelte sich um eine Form staatlicher Kontrolle und zugleich einen Schutz, den die Magistrate den heranwachsenden Jungen (die man *garzoni* nannte) gewährten. Ausdrücklich untersagt war es, sie stattdessen lediglich bei einem Notar zu registrieren (wenngleich diese Regel, wie etliche andere, nicht immer eingehalten wurde, finden sich doch in den notariellen Akten Venedigs mehrere Verträge zwischen Meistern und Lehrlingen).[5] Somit enthalten die Archive der *Giustizia* eine große Zahl an *accordi di garzoni*. Leider sind diese erst aus einer späteren als der uns beschäftigenden Zeitspanne erhalten geblieben (nämlich ab 1572), doch darf man davon ausgehen, dass die Verhältnisse sich gegenüber den Jahren 1530–1540 nicht wesentlich gewandelt hatten.[6] Ausweislich der Dokumente waren die *garzoni* meist zwischen zehn und zwölf Jahren alt, in Ausnahmefällen finden sich aber auch achtjährige oder, am

1 Ridolfi/Hadeln 1924, S. 13.

2 Cottrell 2009, S. 50–57.

3 Favaro 1975, S. 25–26, 65–66.

4 Favaro 1975, S. 57.

5 Favaro 1975, S. 55–57.

6 Valentina Sapienza leitet ein Projekt unter der Überschrift *Garzoni*, das alle diese Lehrverträge in einer Datenbank versammeln wird.

7 In den ersten beiden Registern der *Giustizia vecchia*, die von 1572 bis 1592 reichen, beläuft sich das Alter der Lehrjungen auf acht bis vierundzwanzig Jahre, aufgeteilt wie folgt: Zwölf sind dreizehn Jahre alt, neun zwölf Jahre, sieben vierzehn Jahre, jeweils vier fünfzehn, elf, zehn Jahre, zwei neun Jahre und je einer acht, achtzehn, dreiundzwanzig und vierundzwanzig Jahre alt.

8 Zu Andrea Calmos Brief vgl. Krischel 1992, S. 9. Zum Dokument vom Januar 1538 vgl. den Aufsatz von Linda Borean im vorliegenden Band.

anderen Ende der Skala, über zwanzigjährige Lehrlinge.[7] Jedenfalls lässt sich nicht ganz genau feststellen, in welchem Alter Tintoretto seine Ausbildung begonnen haben mag. In einem berühmten Brief aus dem Jahr 1548, einer der ersten Quellen zu Jacopo, gibt sein Freund, der Komödiant Andrea Calmo an, diese Lehrzeit sei kurz gewesen. Jedenfalls hatte Tintoretto sich bereits 1538 mit knapp unter zwanzig Jahren als selbständiger Meister niedergelassen.[8] Den Akten der *Giustizia vecchia* zufolge schwankte die tatsächliche Ausbildungszeit zumeist ungefähr in dem Rahmen, den das Regelwerk vorsah (unter den uns vorliegenden zwischen 1572 und 1592 geschlossenen Übereinkünften betreffen vierzig Prozent eine Lehre von sechs und fünfundzwanzig Prozent eine Lehre von fünf Jahren), doch gibt es auch Verträge über deutlich kürzere oder längere Zeiträume. Diese Schriftstücke zeugen auch von den zahlreichen Konflikten zwischen Meistern und Schülern: So belegt die vorzeitige Kündigung etlicher Übereinkünfte, dass der Topos, von dem wir eingangs mit Blick auf Ridolfi sprachen, auf einer gewissen Realität fußt. Auch Lorenzo Lotto erlebte Scherereien mit Eleven, die ihn kurzerhand verließen, und beschloss deshalb am Ende seines Lebens, auf ihre Dienste zu verzichten.[9]

Wenngleich also im 15. Jahrhundert die Regel zur Beschränkung der Lehrlingsanzahl entfallen war, hatten die meisten Werkstätten vermutlich nicht mehr als einen *garzone*. Auch dies gibt das Archiv der *Giustizia vecchia* zu erkennen: Selbst Leandro Bassano, ein Künstler, der wahrscheinlich, nach der Fülle seines Schaffens zu urteilen, über eine bedeutende Werkstatt verfügte, ließ zwischen 1592 und 1609 bei der *Giustizia vecchia* insgesamt nur drei *garzoni* eintragen, deren Ausbildungszeiten sich laut Archivalien nicht überschnitten.[10] Zwar wurde, wie gesagt, den Gesetzen auf diesem Gebiet nicht in vollem Umfang entsprochen, und viele Lehrlinge waren nicht vorschriftsgemäß registriert, dennoch geben uns diese Dokumente meines Erachtens wertvolle Aufschlüsse. Die Belegschaft der Werkstätten war im Allgemeinen sehr knapp gehalten, in Venedig wie andernorts. Dies bestätigt im Übrigen das Geschäftsbuch von Lorenzo Lotto, aus dem hervorgeht, dass auch er nie mehr als einen *garzone* an seiner Seite hatte.[11] Allerdings ließen die Meister sich auch von *lavoranti* (Gesellen) helfen, jungen Leuten, die ihre Ausbildung abgeschlossen hatten, sich aber noch nicht selbständig machen konnten (diese Brückenzeit dauerte meist zwei bis drei Jahre).[12] Im Allgemeinen dürfte aber die Zahl solcher mehr oder minder gelegentlichen Mitarbeiter, einige große Werkstätten ausgenommen, ebenfalls recht gering gewesen sein.

Tizians Werkstatt muss natürlich zu den bedeutendsten gehört haben: Die Zahl seiner Gehilfen mit Genauigkeit zu bestimmen, ist allerdings sehr schwierig, trotz der jüngeren Forschungen von Giorgio Tagliaferro und Bernard Aikema zu diesem Thema.[13] Laut Giorgio Vasari hatte Tizian keine wirkliche pädagogische Berufung: „Zwar haben sich viele [Maler] bei ihm in die Lehre begeben, doch ist jetzt die Zahl derer, die man wirklich seine Schüler nennen kann, nicht groß, denn er hat nicht viel gelehrt, sondern jeder hat

9
Siehe zum Beispiel Lotto 2003, fol. 95v, fol. 96.

10
ASVE, *Giustizia vecchia*, b. 114, reg. 155; b. 115, reg. 158 ; b. 117, reg. 161, f° 178.

11
Lotto/Grimaldi/Sordi 2003.

12
Favaro 1975, S. 65–66.

13
Tagliaferro/Aikema 2009.

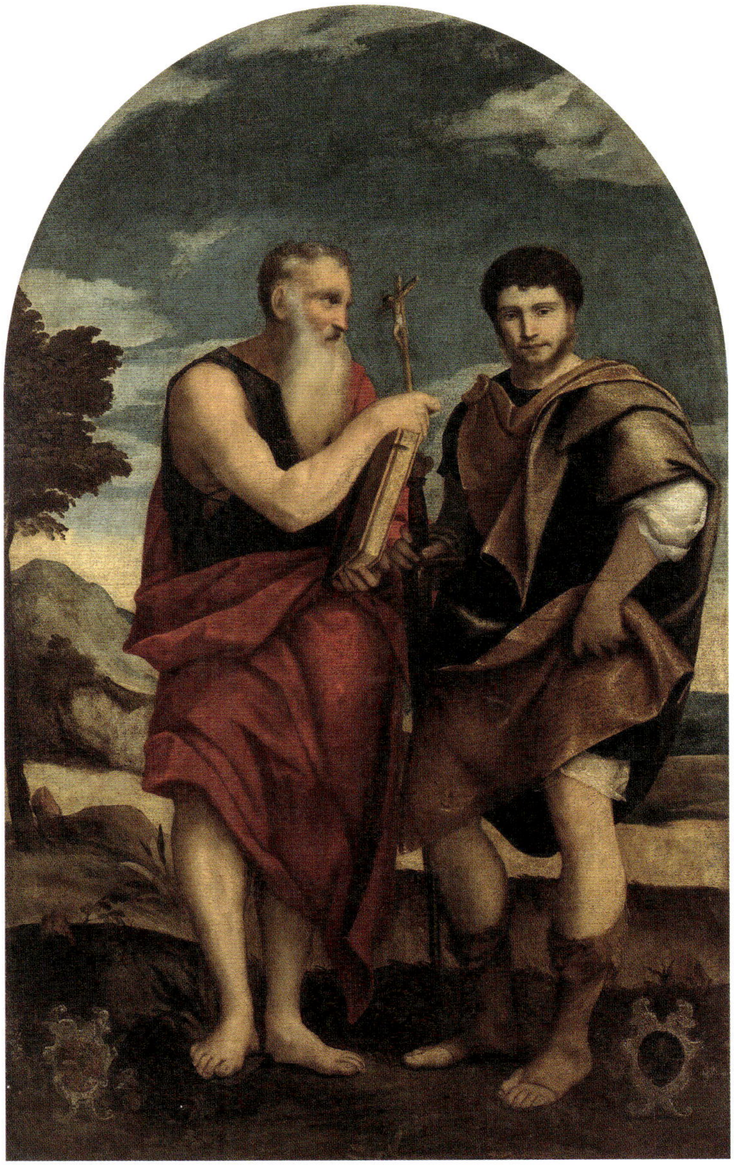

Abb. 1
BONIFACIO DE' PITATI UND WERKSTATT (DARUNTER JACOPO BASSANO)
DIE HLL. HIERONYMUS UND VICTOR
1531/32, Öl auf Leinwand, 218 × 134 cm, Venedig, Gallerie dell'Accademia (als Dauerleihgabe in der Fondazione Cini)

für sich mehr oder weniger gelernt, je nachdem, wieviel er selber aus den von Tizian geschaffenen Werken ziehen konnte."[14] Tagliaferro und Aikema heben hervor, dass Tizians 1531 erfolgter Umzug an seinen neuen Wohnsitz im Stadtviertel Biri Grande zweifelsohne eine tiefgreifende Fortentwicklung in seinem Werkstattbetrieb nach sich zog, da er nun wesentlich mehr Platz hatte als vorher.[15] (Ähnliches dürfte übrigens für den Umzug Tintorettos um 1546/47 vom Campo San Cassan in das zweifellos größere Atelier am Rio della Sensa gelten!) Über die ganz unterschiedlichen Schülerauflistungen, die uns die Quellen (Vasari, Ridolfi und Marco Boschini) bieten, und die spärlichen Nachrichten in den Archiven hinaus ist für uns aber kaum in Erfahrung zu bringen, wie viele Schüler und Mitarbeiter der Maler beschäftigte. Eine der wenigen halbwegs genauen Angaben hierzu findet sich in Tizians berühmtem Brief vom September 1548 an Kardinal Antoine Perrenot de Granvelle, in dem er, bevor er Augsburg verließ, daran erinnerte, dass er während seines Aufenthalts am kaiserlichen Hof „sieben Mäuler" zu ernähren gehabt habe.[16] Man darf annehmen, dass er in Venedig Mitarbeiter in noch höherer Zahl hatte. In seinem Bericht über einen Besuch im Haus des Malers schreibt Agostino Amadi immerhin, er habe dort eine sehr große Anzahl von Schülern beim Studium gesehen.[17] Auch wenn Tizian, wie erwähnt, offenbar keine pädagogische Neigung an den Tag legte, bildete seine Werkstatt gleichwohl einen Anziehungspunkt für die jungen Künstler der Stadt, von denen manche sich bekanntlich später rühmten, seine Schüler gewesen zu sein.

Eine weitere, im Zusammenhang mit Tintorettos Ausbildung ebenfalls genannte Werkstatt spielte freilich seinerzeit auch eine sehr aktive Rolle – die von Bonifacio de' Pitati. Zu eben demselben Zeitpunkt wie Tizian musste dieser nämlich seine Produktionskapazitäten erheblich steigern, als er 1529 den Auftrag zur Dekoration des Palazzo dei Camerlenghi erhielt.[18] Um hierfür zahlreiche Gemälde in regelmäßigen Abständen liefern zu können, stellte er seinerzeit ein ganzes Team zusammen. Infolge dieser langandauernden Ausstattungsmaßnahme wurde Bonifacios Werkstatt, wie Philip Cottrell hervorgehoben hat, rasch „eine der größten und leistungsfähigsten von Venedig" und war in der Lage, qualitätvolle Werke zu verhältnismäßig niedrigen Preisen zu liefern.[19] Aus den Dokumenten erfahren wir die Namen mehrerer Schüler oder Mitarbeiter, mit denen er sich zusammentat, so etwa Antonio Palma, Domenico Biondo, Stefano Cernotto oder Vitruvio Buonconsiglio. Manche Forscher sind (wie gesagt) der Auffassung, Tintoretto, der von den 1550er Jahren an gleichfalls für den Palazzo dei Camerlenghi tätig war (Kat. 28), habe dieser Schar einst ebenso angehört wie Jacopo Bassano

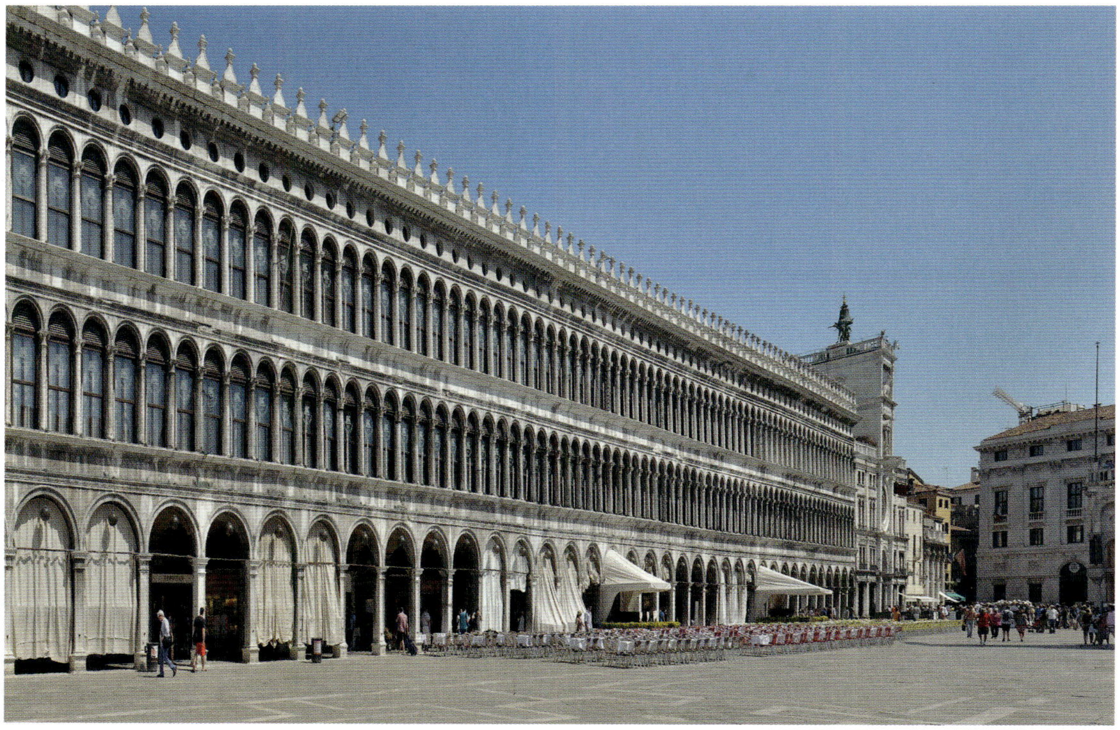

Abb. 2
Venedig, Blick auf die Arkaden der Maler am Markusplatz (Procuratie Vecchie)

14 Vasari/Barocchi 1987, S. 170: „Ora, se bene molti sono stati con Tiziano per imparare, non è però grande il numero di coloro che veramente si possano dire suoi discepoli: perciò che non ha molto insegnato, ma ha imparato ciascuno più e meno, secondo che ha saputo pigliare dall'opre fatte da Tiziano." – A. d. Ü.: Der deutsche Wortlaut modifiziert die 1948 von Fritz Schillmann herausgegebene Übersetzung (http://gutenberg.spiegel.de/buch/-110/31).

15 Tagliaferro/Aikema 2009, S. 55.

16 Tagliaferro/Aikema 2009, S. 69.

17 Hochmann 2016, S. 701: „(...) e di discepoli poi un numero grandissimo (...)".

18 Siehe dazu Cottrell 2000.

19 Cottrell 2009, S. 55.

20 Ridolfi/Hadeln 1924, S. 16.

21 Favaro 1975, S. 73.

22 Ridolfi/Hadeln 1924, S. 15.

(Abb. 1). Jedenfalls muss Bonifacios Werkstatt neben derjenigen Tizians in den damaligen Jahren für viele junge Maler eine wesentliche Rolle gespielt haben.

Andere Kunsthistoriker mutmaßten, Tintoretto sei möglicherweise eine Art Autodidakt gewesen. So übrigens stellt Ridolfi Jacopos Werdegang nach dessen Verjagung aus Tizians Werkstatt dar. Früh schon soll er, so Ridolfi, danach gestrebt haben, sich einen Namen zu machen, indem er insbesondere an den Stegreifausstellungen teilnahm, welche jene „jungen Talente, die Fortschritte in ihrer Kunst machten", in den Mercerie abhielten, um das öffentliche Echo auf ihre Werke zu prüfen.[20] Mehrere davon waren wohl, wie vielleicht auch Jacopo, Lehrlinge, die mit ihrem Meister gebrochen hatte, musste doch die Zunft mehrmals *garzoni* rügen, die ihre Werke auf der Straße feilboten, ohne ihre Lehre abgeschlossen zu haben.[21]

Ridolfi berichtet auch, Tintoretto habe seine Hand geübt, indem er mit den rund um den Markusplatz tätigen Möbelmalern arbeitete, die *forzieri* (eisenbeschlagene Kisten) und *casse* (Truhen) verzierten.[22] Mehrere Schriftstücke zeugen von der Aktivität dieser Kunsthandwerker, die laut Ridolfi ein Privileg des Senats genossen, das es ihnen gestattete, ihren Beruf unter den Arkaden der heute so genannten *Procuratie vecchie* in der Nähe des Uhrturms auszuüben. Einem Prokuratorenbeschluss können wir entnehmen, dass es im Jahr 1530, das heißt in der Zeit, als Jacopo seine Lehre begonnen haben muss, rund um den Platz vierzehn solcher Werkstätten gab (Abb. 2).[23] Leider ist der Großteil ihrer Produktion heute verschollen, da man diese Möbel, wie Ridolfi erläutert, häufig zerlegte, um die schönsten Malereien herauszunehmen und als Bilder auszustellen (etliche solcher Fragmente sind noch erhalten). Diese Truhen werden wohl nicht alle von besonders hoher Güte gewesen sein: Die Dokumente belegen, dass es sich meist um billige Serienproduktion handelte. So musste 1546 ein gewisser Zuanmaria di Pietro d'Antivari binnen zwei Monaten achtzig Paar jeweils viereinhalb Fuß lange *forzieri* zum Preis von vier Lire und drei Soldi pro Paar nach Florenz liefern.[24] Der äußerst niedrige Preis, die Frist und die Menge der Ware lassen vermuten, dass die Verzierungen sehr einfacher Natur waren. Wahrscheinlich handelte es sich um schlichte vegetabile oder geometrische Ornamente, etwa Rankenwerk, wie man sie auf den im Hintergrund von Tizians „Venus von Urbino" abgebildeten Truhen sieht.

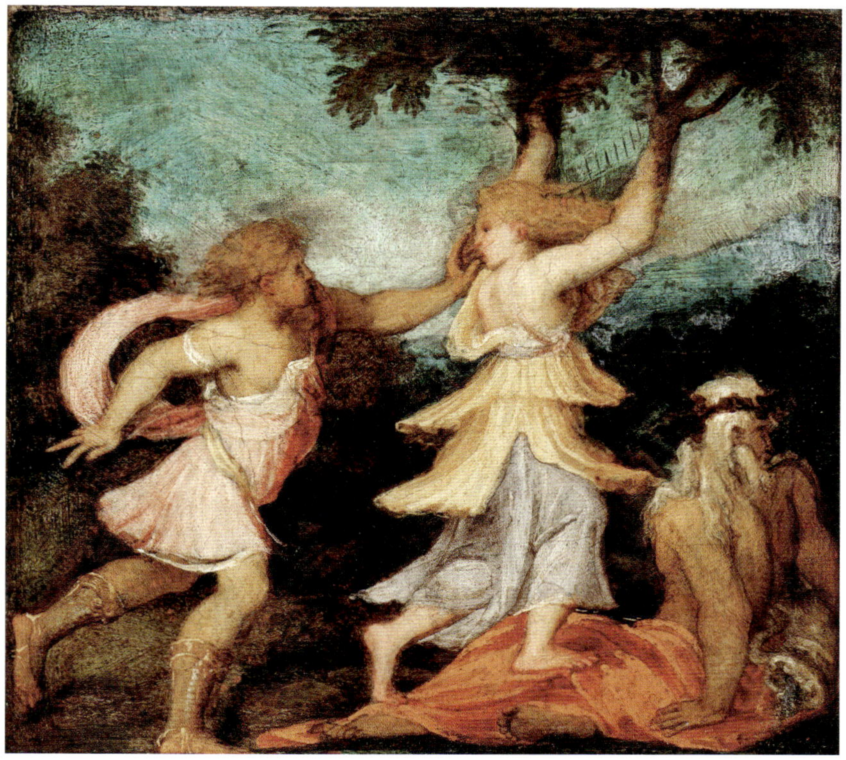

Abb. 3
ANDREA SCHIAVONE
APOLL UND DAPHNE
Um 1542–1544, Fichtenholz, 28,5 × 31 cm (Bildmaß), Wien, Kunsthistorisches Museum, Inv. GG 356

Die Quellen und die erhalten gebliebenen Fragmente belegen jedoch, dass betreffende Malereien auch historische Begebenheiten oder mythologische Stoffe zum Gegenstand haben konnten. Demnach widmeten sich, vor allem zu Beginn ihrer Laufbahn, mitunter auch die (eigentlich höherrangigen) Figurenmaler dieser Arbeit, selbst wenn sie, wie gesagt, ziemlich schlecht angesehen war. Tatsächlich nennen Ridolfi und Boschini in diesem Zusammenhang neben Tintoretto auch Giorgione und Andrea Schiavone (Abb. 3), und Marcantonio Michiel führt an, Johann Stephan von Calcar habe die Truhen und die Wohnungseinrichtung von Andrea Odoni bemalt.[25] Kleine Tafeln, vermutlich Teile bemalter Möbelstücke, wurden auch Tizian, Lambert Sustris, Veronese und manch anderen Künstlern zugeschrieben. Gerne wüsste man etwas über den jeweils eigenen Stil der zahlreichen Maler von San Marco (Antonio di Bindoni, Lunardo de Cabriel, Luca dalla Barba, um einige Beispiele aus den Einträgen in den Dokumenten zu nennen), die für uns bloße Namen bleiben. Wie Richardson in seiner Monographie über Andrea Schiavone darlegt, ist jedenfalls anzunehmen, dass die rasche und verhältnismäßig summarische Technik, welche diese Künstler zur Bewältigung solcher Aufträge angewandt haben dürften, die Entwicklung einer skizzenhaften

23
Siehe hierzu Michel Hochmann, Les peintres du portique de Saint-Marc, demnächst in: *Mitteilungen des kunsthistorischen Institutes in Florenz*. Melania Mazzucco hat hierzu ebenfalls mehrere Dokumente veröffentlicht (vgl. Mazzucco 2009, S. 72–76).

24
Hochmann, Les peintres du portique de Saint-Marc, a. a. O.

25
Michiel/Frizzoni 1884, S. 160: „Le casse in ditta camera, la lettiera e porte furono dipinte da Stefano discipolo di Tiziano." (Die Truhen in besagter Kammer, das Bettgestell und die Tür hat Tizians Schüler Stefano [bzw. Stephan] mit Malereien versehen.)

26
Richardson 1980, S. 27–28.
27
Hadeln 1922 c. Hadeln zufolge gehen einige durch ein Modell Jacopo Sansovinos (für die Loggetta des Campanile) inspirierte Zeichnungen auf 1545 zurück, scheint doch der Apollo aus dem heute in Hartford/Connecticut aufbewahrten Gemälde mit dem „Midas-Urteil" die Pose dieser kleinen Skulptur zu wiederholen. Die in der Forschung traditionell hergestellte Verbindung des Gemäldes mit einem Aretino-Brief aus dem genannten Jahr ist allerdings unbewiesen. Vgl. zu den entsprechenden Zeichnungen Krischel 1994 c, S. 26–28, Krischel 2000, S. 100–101, und Kat. 32 im vorliegenden Band.
28
Zur Lehrtätigkeit von Denis Calvaert siehe Malvasia 1678, S. 254–255. Zu Giovanni Battista Paggi siehe Lukehart 1987.
29
Ridolfi/Hadeln 1924, S. 262–263.

Pinselführung bei Schiavone und dem jungen Tintoretto (Kat. 9, 14) beeinflusste. Tatsächlich zeugen von dieser Art Maltechnik bereits jene aus dem frühen 16. Jahrhundert stammenden Täfelchen, die Giorgione, dem jungen Tizian oder ihren Zeitgenossen zugeschrieben werden.[26]

Welches Anschauungsmaterial fand der junge Tintoretto in den von ihm frequentierten Werkstätten vor, an dem er sich hätte schulen können? Man weiß, dass er wohl recht früh begann, Skulpturen, Gipsabgüsse und Terrakotten zu zeichnen, um jenen besonderen Sinn für plastische Spannung, Dreidimensionalität und Hell-Dunkel zu erwerben, der ihn auszeichnet. Wann genau die ersten Zeichnungen dieser Art entstanden, ist nicht bekannt. Einige stammen wahrscheinlich aus der Jugendzeit des Malers, erkennt man doch Entsprechungen in frühen Gemälden (Detlev von Hadeln zufolge sollen die ältesten Blätter in die Mitte der 1540er Jahre zurückreichen – Abb. 4).[27] Auch stellte man fest, dass Tintoretto schon im „Sklavenwunder" die Haltung von Michelangelos Skulptur des „Crepuscolo" (Abenddämmerung) aufgegriffen hat. Der Gedanken liegt daher nahe, dass er sehr früh damit begann, Repliken nach den Allegorien in der Neuen Sakristei von San Lorenzo zu zeichnen (Kat. 29, 30). Solche Übungen nach plastischen Vorlagen fassten Tintoretto wie seine Schüler bekanntlich als elementare Triebfeder ihrer Ausbildung auf (zahlreiche Blätter dieser Art, die man Jacopo selbst, aber auch seinen Kindern oder anonymen Mitarbeitern zuschreibt, zeugen davon). So wurde Jacopos Werkstatt zu einer Art Privatakademie, wie man sie in Mittelitalien bei Baccio Bandinelli findet oder, sehr viel später, in Bologna bei Denis Calvaert beziehungsweise in Genua bei Giovanni Battista Paggi.[28] Domenico Tintoretto, Jacopos Sohn, wollte übrigens die von seinem Vater hinterlassenen Abgüsse zwecks Gründung einer Akademie der Bruderschaft (Scuola) der Maler Venedigs vermachen.[29] Diese Abgüsse haben Domenicos Tod um lange Zeit überdauert, denn Marco Boschini beschrieb sie, nachdem er sie bei Tintorettos Schwiegersohn Sebastiano Casser gesehen hatte, und Anton Maria Zanetti versicherte, man finde noch mehrere davon bei den venezianischen Malern des 18. Jahrhunderts, auch habe man damals das kleine Zimmer besichtigen können, in das der Maler sich zurückzog, um sie zu zeichnen.[30]

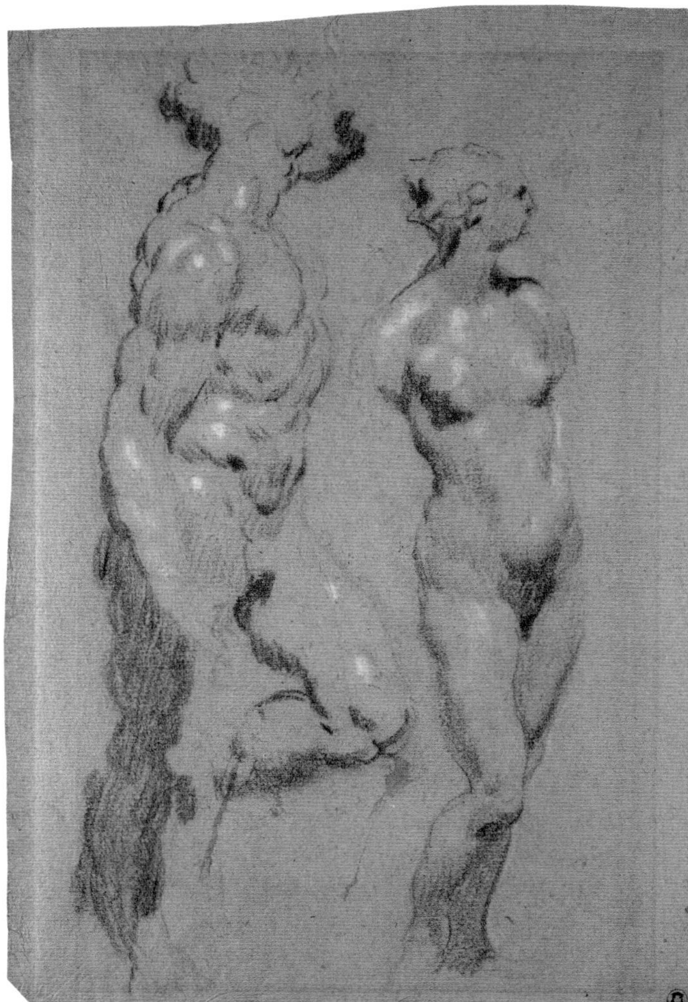

Abb. 4
JACOPO TINTORETTO
„MARS"
(Studie nach einem Wachsmodell von Jacopo Sansovino), vor oder um 1551, schwarze Kreide und Bleiweiß auf (verblasstem) blauem Papier, 320 × 280 mm, Oxford, Christ Church Library, Inv. 0361 (L 8; cat. 767)

Tintoretto wurde oft eine gemessen an den Praktiken seiner Zeitgenossen eigenwillige Haltung unterstellt. So habe er die venezianische Tradition erneuern wollen durch ein frisches Augenmerk auf Zeichnung, Plastizität und die Kunst aus Florenz und Rom. Die Kunstgeschichtsschreibung hat diese Auffassung perpetuiert, seit Raffaello Borghini in *Il Riposo* an Jacopos Bewunderung für die Bildhauerkunst Mittelitaliens erinnerte.[31] Ich glaube jedoch, dass diese Abkehr von der venezianischen Tradition überspitzt dargestellt wurde. Bekanntlich war es Vasari, der in einer sehr berühmten und immer wieder zitierten Passage seiner Einführung in das Leben Tizians behauptete, die Venezianer zeichneten nicht genug im Laufe ihrer Ausbildung, zumal nach den antiken Statuen.[32] Man hat daraus geschlossen, dass die Werkstätten der Serenissima sich in dieser Hinsicht grundlegend von denen in Florenz oder Rom unterschieden. In Wirklichkeit hat sich Jacopo nicht als einziger von der Skulptur anregen lassen, und bei all dem beträchtlichen Einfluss von Vasaris Behauptungen wird häufig vergessen, dass sie polemischer Natur waren. In Padua, Venedigs Nachbarstadt, ließ Francesco Squarcione seine Schüler schon in der ersten Hälfte des 15. Jahrhunderts Antiken zeichnen – zusätzlich zu den übrigen Geheimnissen, in die er sie einwies. Und noch weitere Nachrichten über in den venezianischen Werkstätten während der ersten Hälfte des 16. Jahrhunderts vorhandene Abgüsse oder Skulpturen liegen uns vor. In der erwähnten Schilderung von Tizians Wohnsitz beschrieb Agostino Amadi eine fabelhafte Sammlung von Gipsen, Medaillen und Bronze- wie Marmorskulpturen, die der Maler besessen haben soll.[33] Zwar mag diese Atelierbeschreibung großenteils imaginär sein, doch hat Roberto Zapperi vor einiger Zeit ein überaus spannendes Dokument publiziert, das belegt, dass Tizian von seinem Rom-Aufenthalt 1546 Fragmente antiker Skulpturen und Abformungen mitbrachte.[34] Dem Briefverkehr des Malers entnehmen wir ferner, dass er sich 1559 mit dem Gedanken trug, einen Abguss von Michelangelos „Christus" aus Santa Maria sopra Minerva zu kaufen.[35] Lorenzo Lotto erwarb 1541 einen kleinen Frauentorso und eine Kinderfigur aus Gips von Desiderio da Settignano.[36] Des Weiteren wurde vermutet, Abformungen aus Lottos Werkstatt seien im Hintergrund seines berühmten „Porträts des Andrea Odoni" (Abb. 5) zu sehen. Ein deutlich weniger bekannter Maler mit Vornamen Zuan Maria besaß 1547, das heißt zu der Zeit, als Tintoretto sich zu einer glänzenden Laufbahn anschickte, ein stattliches Ensemble von sechzig Gipsen und anatomischen Fragmenten, was veranschaulicht, dass Jacopo keineswegs eine solche Ausnahme bildete wie in dieser Hinsicht behauptet.[37] Auch wenn wir von seinen Zeitgenossen aus der ersten Hälfte des 16. Jahrhunderts nur wenige Studien nach Skulpturen kennen, berechtigt dies noch nicht zu der Auffassung, die Künstler der Serenissima hätten, wie Vasari behauptet, im Zuge ihrer Ausbildung nie gezeichnet[38]: Von dem venezianischen Maler Bernardino Licinio gibt es die – um 1530 zu datierende – hinreißende Darstellung eines Künstlers mit seinen Lehrlingen beim Zeichnen von Kleinplastiken (Abb. 6). Hingegen gelang es Tintoretto, indem er seine Modelle kontrastreich beleuchtete und ungewöhnlich positionierte, der menschlichen Gestalt eine bis dahin in der venezianischen Malerei ungesehene Dynamik und plastische Kraft zu verleihen. Auch rückte ihn der Stellenwert, den er den Werken Michelangelos beimaß, in die Nähe seiner jungen Zunftgenossen aus der Toskana wie Francesco Salviati oder Giorgio Vasari, wenngleich seine sehr malerische Auffassung der Zeichnung sich gründlich von der ihren unterschied.

Und noch in manch anderer Hinsicht ließ sich Tintoretto von den Methoden seiner Vorgänger inspirieren. In Venedig wie andernorts spielte die Zeichnung eine grundlegende Rolle bei der Organisation der Arbeit. Werkstattleiter ließen manche ihrer Kompositionen von Schülern reproduzieren, um sie dann – nach mehr oder minder eingehender Überarbeitung – zu verkaufen. Auf diese Weise belieferte Giovanni Bellini den Markt mit Madonnen oder „Sacre Conversazioni" (traditionellen Darstellungen der Muttergottes umgeben von Heiligen). Die Forschungen der vergangenen Jahre haben gezeigt, dass er hierfür Pausen und Kartons (des gesamten Werks oder einzelner Partien) benutzte, die per Durchgriffeln beziehungsweise Lochpause auf den Bildträger transferiert wurden: Das belegen Infrarotreflektogramme sowie Konturenvergleiche zwischen verschiedenen Versionen derselben Komposition.[39] Zeichnungen konnten auch zum Transfer einzelner Motive, Figuren oder Details dienen: Solche Blätter nannten die Tietzes in ihrer groß angelegten Studie über die graphische Kunst in Venedig „Simile-Zeichnungen".[40] Deren Verwendung hatten die beiden Autoren bei Carpaccio oder auch bei Giovanni

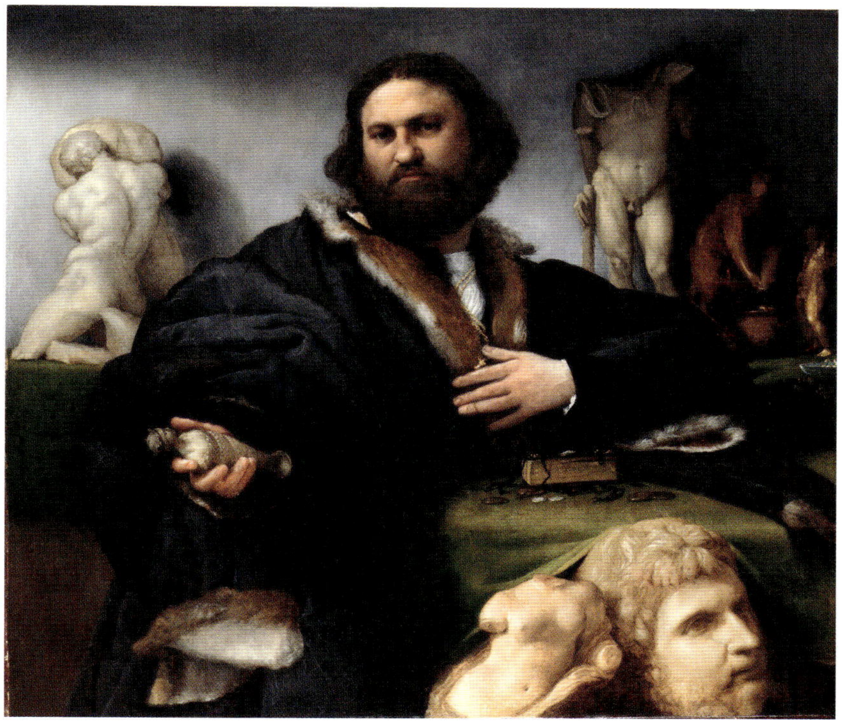

Abb. 5
LORENZO LOTTO
PORTRÄT DES ANDREA ODONI
1527, Öl auf Leinwand, 104,3 × 116,8 cm, London, Royal Collection Trust (Buckingham Palace), Inv. RCIN 405776

30
Boschini/Pallucchini 1966, S. 750. Zanetti 1760, S. VIII.
31
Borghini 1584, S. 551: „(…) si prese per principal maestro l'opere del divino Michelagnolo, non riguardando a spesa alcuna[,] per haver formate le sue figure della sagrestia di San Lorenzo, e parimente tutti i buoni modelli delle migliori statue, che sieno in Firenze" (… als hauptsächlichen Meister nahm er sich die Werke des göttlichen Michelangelo, und scheute keine Kosten, um sich Abgüsse von dessen Figuren in der Sakristei von San Lorenzo und alle guten Repliken nach den besten in Florenz befindlichen Statuen zu beschaffen). Siehe hierzu auch Krischel 1994 c und Krischel 2007, S. 116–124.
32
Vasari/Barocchi 1987, S. 155
33
Hochmann 2016, S. 696–697.
34
Zapperi 1992.
35
Puppi 2012, S. 220.

Bellini beobachtet. Entsprechende Reproduktionsmethoden überdauerten während des gesamten 16. Jahrhunderts. So hat etwa Tizian Pausen benutzt, um seine berühmtesten Kompositionen zu vervielfältigen; und die Wiederverwendung bestimmter charakteristischer Figuren in verschiedenen Gemälden des Meisters oder seines Umkreises deutet darauf hin, dass er weiterhin von Simile-Zeichnungen Gebrauch machte.[41] Seit seiner Jugend griff auch Tintoretto auf solche Verfahren zurück. Die Nutzung von Simile-Zeichnungen ist schon in seinen frühesten Werken zu erkennen, entlehnte er doch namentlich in seiner „Sacra Conversazione Molin“ von 1540 (Abb. S. 20) die Figuren des heiligen Franziskus und des heiligen Zacharias (oder Jakobus) dem Œuvre Bonifacios.[42]

Wir wissen nicht genau, seit wann Jacopo Mitarbeiter hatte. Man nimmt heute an, dass ein gewisser Giovanni Galizzi, der in den 1540er Jahren zu ihm stieß, einer der ersten war, die an seiner Seite arbeiteten.[43] Jedenfalls lassen sich so manche einst Tintoretto zugeschriebene Darstellungen der Madonna mit Kind auf dieselbe teils durch die Skulptur Jacopo Sansovinos angeregte Vorlage zurückführen; zu nennen sind: ein heute im Rotterdamer Museum Boijmans Van Beuningen befindliches Bild (Kat. 42), ein weiteres in der Sammlung Curtis im Palazzo Barbaro sowie verschiedene Versionen einer „Sacra Conversazione“, deren beste sich heute im Kölner Wallraf-Richartz-Museum befindet (Kat. 41). Zwar steht nach den Forschungen von Robert Echols inzwischen infrage, ob diese Werke Jacopo zuzuschreiben sind, und es wird mit Recht angenommen, dass mehrere davon von Giovanni Galizzi ausgeführt wurden. Doch zeigen diese Forschungen eben auch, dass im Umkreis des jungen Tintoretto Reproduktionsmethoden Giovanni Bellinis weiterhin benutzt wurden, scheint doch gerade der „Madonna mit Kind“ jeweils die gleiche Simile-Zeichnung zugrunde zu liegen.

Miguel Falomir hat beobachtet, dass Tintoretto eine Pause verwendete, um das Porträt von Marco Grimani (1576–1583) zu reproduzieren.[44] Daher stellt sich die Frage, ob er eine solche Pause nicht auch von dem um 1550 ausgeführten Bildnis des Alvise Mocenigo aufbewahrte (Kat. 52) und dann wiederverwendete, nachdem der Porträtierte 1570 Doge geworden war.[45] Über die gesamte Schaffenszeit hinweg hat Jacopo seine Figurenzeichnungen im Sinne von Simile-Zeichnungen verwendet oder verwenden lassen: Viele davon wurden, wie man weiß, angefettet, so dass die ursprüngliche Pose auf der Rückseite spiegelverkehrt erschien; sie konnten somit Jacopo selbst und seinen Mitarbeitern gleich mehrmals dienen.[46] Das Gitternetz, mit dessen Hilfe er derlei Zeichnungen auf die Leinwand transfe-

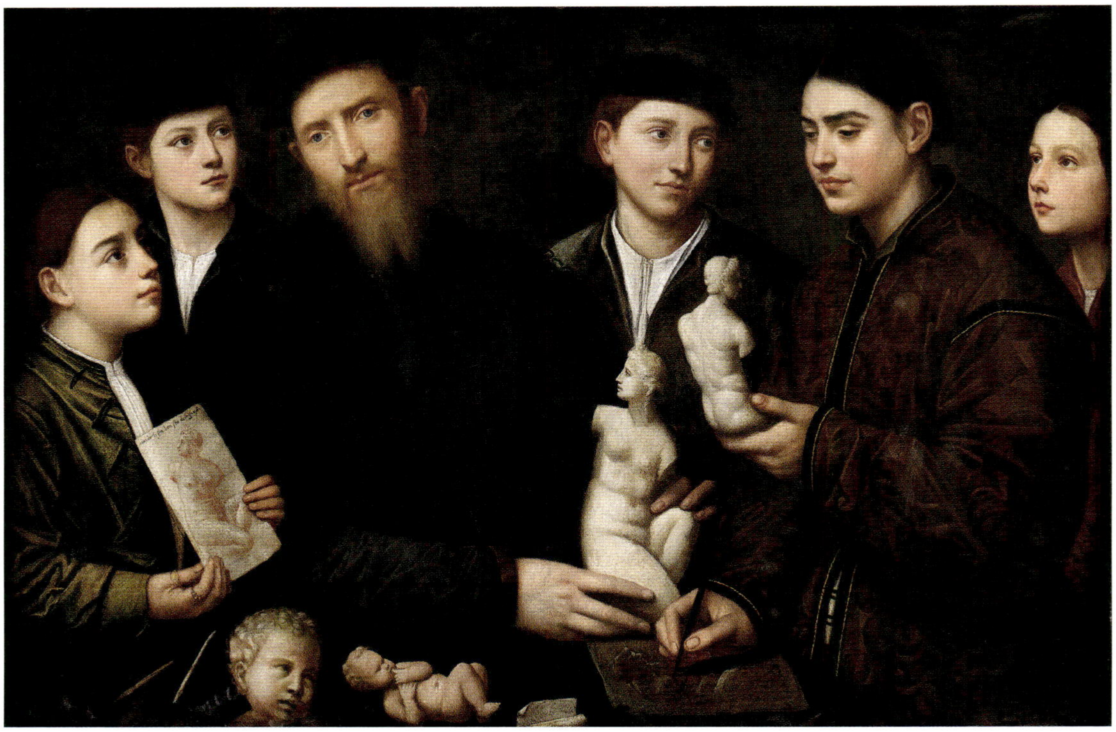

Abb. 6
BERNARDINO LICINIO
EIN KÜNSTLER MIT SEINEN LEHRLINGEN
Um 1530–1535, Öl auf Leinwand, Alnwick, Alnwick Castle, Sammlung des Duke of Northumberland

36 Bensi 1983–85, S. 90.
37 Hochmann 2015, S. 61.
38 Catherine Whistler bringt mehrere, um 1520 datierbare Beispiele von Zeichnungen venezianischer Künstler nach Skulpturen: Whistler 2016, S. 92–97.
39 Siehe hierzu insbesondere Golden 2004.
40 Zum Begriff der Simile-Zeichnung siehe Tietze/Tietze-Conrat 1944, S. 11–13.
41 Zu den Reprisen in Tizians Werkstatt siehe Tagliaferro 2006; Hochmann 2015, S. 23–25.
42 Siehe insbesondere Madrid 2007, S. 186–188 (Kat. 1, Robert Echols).
43 Siehe hierzu den Aufsatz von Krischel im vorliegenden Band.
44 Falomir 2007 b, S. 105 f.

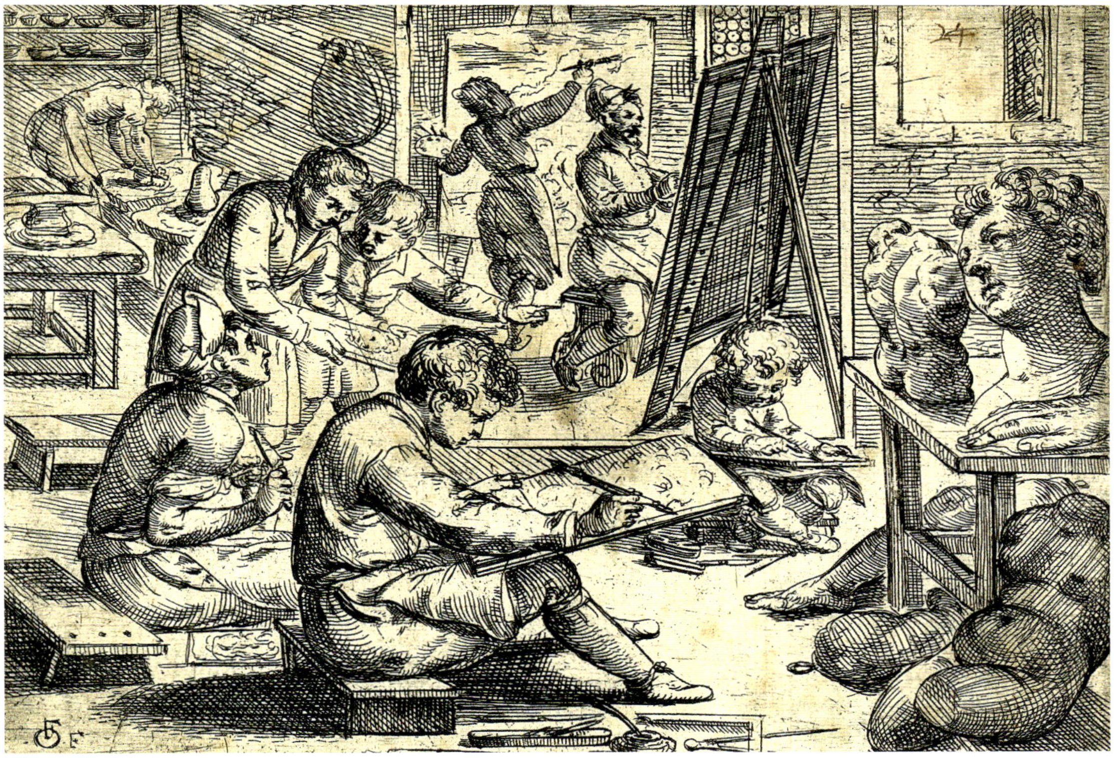

Abb. 7
ODOARDO FIALETTI
VENEZIANISCHES MALERATELIER
1608, Radierung, 110 × 154 mm, London, British Museum, Inv. 1871,1209.460

rierte, war eine charakteristische Übertragungsmethode der Venezianer, die sich bereits bei Tizian findet.[47]

Selbst wenn Tintorettos Ausbildung laut Ridolfi etwas ungeordnete Züge hatte, wurde seine Werkstatt später zu einer der bedeutendsten in der Stadt und folgte in etlichen Punkten den von Bellini oder Bonifacio entwickelten Organisationsmodellen. Wie die Vorgänger verlieh auch Jacopo seinem Atelier eine Familienstruktur, indem er sich auf die Hilfe seiner Kinder stützte. So konnte er, wie Bonifacio, einer großen Zahl von Aufträgen nachkommen und dabei verhältnismäßig niedrige Preise bieten. Offenbar fanden sich viele junge Künstler ein, um an seiner Seite zu arbeiten, namentlich Flamen, die sich vorübergehend in Venedig aufhielten. So gesehen steht Jacopo daher vollauf in der venezianischen Tradition, selbst wenn er durch seine Betonung des *disegno* sowie den systematischen Rückgriff auf Michelangelo (Kat. 29, 30, 33, 34), Jacopo Sansovino (Abb. 4; Kat. 32) und Bartolomeo Ammanati (Kat. 26–28) eine gewisse Sonderstellung unter seinen Zeitgenossen erlangt hat. Die Effizienz, mit der die Großwerkstätten eines Tintoretto, aber auch eines Tizian, Veronese und (später) Palma il Giovane arbeiteten, erklärt übrigens zum Teil, warum es sich die Maler in Venedig so lange gefallen ließen, den Regelwerken ihrer alten Zunft unterworfen zu bleiben – zu einer Zeit, da solches Korsett in anderen künstlerischen Zentren wie Rom, Florenz, Mailand oder Genua in Frage gestellt wurde (Abb. 7).

45
Wie Tizian bewahrte vielleicht auch Tintoretto in seiner Werkstatt gemalte *ricordi* von bestimmten Dogenbildnissen auf, die ihm dabei helfen konnten, der starken Nachfrage nach Repliken (namentlich durch diverse Magistraturen) nachzukommen – siehe Krischel 1997.

46
Siehe hierzu Rearick 2004, S. 349–360.

47
Zur Verwendung des Gitternetzes bei Tintoretto siehe die Beobachtungen von Dreyer 2000, S. 161–163.

— *Roland Krischel*

WER IST DER JUNGE TINTORETTO?

L'ARTISTE DOIT ÊTRE DANS SON ŒUVRE
COMME DIEU DANS LA CRÉATION,
INVISIBLE ET TOUT-PUISSANT;
QU'ON LE SENTE PARTOUT,
MAIS QU'ON NE LE
VOIE PAS.[1]

Gustave Flaubert an Marie-Sophie Leroyer de Chantepie, 18. März 1857

Noch immer sind Fragen zur Ausbildung und zu den ersten künstlerischen Kontakten Tintorettos offen.[2] Obschon Jacopo seit spätestens Januar 1538 als Meister mit eigener *bottega* firmiert[3], konnte ihm für die Zeit vor 1540 bislang kaum ein Bild zweifelsfrei zugeschrieben werden. Signaturen und Dokumente sind rar, Definition und Chronologie des frühen Œuvres umstritten. So stellt Tintorettos Jugend insgesamt ein ausgesprochen schwieriges kunsthistorisches Problem dar.[4] Bevor wir im Folgenden zu neuen Überlegungen und Hypothesen gelangen, ist ein Blick auf die jüngere Forschungsgeschichte geboten.

UMKÄMPFTES FRÜHWERK

In seiner bahnbrechenden Studie *La giovinezza del Tintoretto* (Die Jugend Tintorettos) von 1950 versuchte Rodolfo Pallucchini mehrere Stilphasen zu unterscheiden. In den Jahren 1539 bis 1542 hätte Tintoretto demnach Anregungen aus ganz unterschiedlichen Richtungen verarbeitet: von älteren und jüngeren, venezianischen und toskorömischen Künstlern wie Pordenone, Bonifacio de' Pitati, Paris Bordone, Francesco Salviati und nicht zuletzt Michelangelo. Mache sich in der nächsten Phase, bis 1545/46, der Einfluss des aus Dalmatien stammenden Schnellmalers und *peintre-graveur* Andrea Schiavone bemerkbar, so bedeute die bald danach zu vermutende Romreise einen künstlerischen Einschnitt. Nunmehr und bis zur Jahrhundertmitte betreibe Tintoretto eine dramatisch erzählende, szenographisch komponierende Kunst, um danach aber auf eine atmosphärischere, der Landschaft wieder größeren Raum gebende Malerei umzuschwenken.[5]

Mit solcher Periodisierung folgte Pallucchini einem kunsthistorischen Modell, das Theodor Hetzer 1935 angewandt hatte, um Tizians malerisches Schaffen in sechs Phasen zu gliedern.[6] Wie wir mittlerweile wissen, sind jedoch gerade Tizian und Tintoretto stilistisch flexibel, stellen sich auf Geschmack beziehungsweise optische Bildung des jeweiligen Klienten ein oder stimmen ihre Malweise auf Anbringungsort und Funktion eines Gemäldes ab.[7] Überdies kann auch die Beteiligung von Mitarbeitern den Stil – ungewollt – beeinflussen. Dass Tintoretto wohl nie in Rom gewesen ist, wurde inzwischen gezeigt (und ein alternatives, bescheideneres Reiseprogramm vorgeschlagen).[8] Andere Aspekte von Pallucchinis Studie behalten hingegen ihre uneingeschränkte Gültigkeit, etwa die Benennung der künstlerischen Vorbilder Jacopos.

In der Schau „Zur Geschichte des Manierismus in Venedig" (1981) sowie im monumentalen, mit Paola Rossi verfassten Œuvrekatalog Tintorettos (1982) festigte und konkretisierte Rodolfo Pallucchini seine Vorstellung von der venezianischen Kunstszene um 1540–1550 und von Jacopos Rolle.[9] Gegenstimmen blieben freilich nicht aus.[10] Einen radikalen Umbau des aus seiner Sicht „mit Fehlzuschreibungen befrachteten" Tintoretto-Œuvres hatte bereits 1961 John Maxon gefordert.[11] Sein Versuch, innerhalb des Frühwerks durch Stilkritik eine ganze Gruppe von Gemälden zu isolieren und als spätere Arbeiten eines Assistenten zu entlarven, blieb indes fast ohne Echo. Die „Ehebrecherin" des Palazzo Barberini

Für hilfreiche Hinweise und Auskünfte ist der Verfasser Michel Hochmann, Erasmus Weddigen, Alessandra Crosato und Isabella La Costa zu großem Dank verpflichtet.

1 Der Künstler muss in seinem Werk sein wie Gott in der Schöpfung: unsichtbar und allmächtig. Auf dass man ihn allenthalben spüre, aber nie zu Gesicht bekomme.

2 Paul 2002, S. 188.

3 Mancini 2003, S. 198.

4 Mancini 2003, S. 183.

5 Pallucchini 1950, S. 149 f. Zur Bedeutung von Pallucchinis Buch für die Tintoretto-Forschung: Hochmann 2017, S. 3. Geschichte und Kontext seiner Entstehung: Stefania Mason im vorliegenden Band.

6 Hetzer 1935.

7 Ost 1992.

8 Weddigen 2000, S. 217–234; Krischel 1996 b.

9 Venedig 1981; Pallucchini/Rossi 1982. Vgl. dazu den Aufsatz von Stefania Mason im vorliegenden Band.

10 Übersicht: Echols 1995, S. 107, Anm. 3. Siehe vor allem auch Weddigen 1983, S. 38 f., Anm. 33.

11 Maxon 1961, Zitat: hier S. 254.

(Kat. 21), Dreh- und Angelpunkt seiner Argumentation, wurde kaum zehn Jahre später von Erasmus Weddigen dem jungen Tintoretto zurückerstattet – mit Recht, wie zu zeigen sein wird.[12]

Anfang der 1990er Jahre unternahm Robert Echols eine neue, folgenreiche Sichtung des Frühwerkes.[13] Anregungen seines Lehrers William Roger Rearick und einem lange zurück liegenden Fingerzeig von Roberto Longhi folgend[14], strich er zahlreiche Gemälde aus der Werkliste des jungen Tintoretto, um sie einem nahezu unbekannten Maler zuzuweisen, den Pallucchini noch als blutleeren Epigonen gesehen und nur am Rande erwähnt hatte[15]: dem im Brembo-Tal nördlich von Bergamo geborenen und 1565 in Venedig verstorbenen[16] Giovanni de' Vecchi, genannt di Galizzi. Wie Echols selbst anmerkte, ähnelte sein Ansatz der Vorgehensweise Maxons. Die Schnittmenge der von beiden Forschern aussortierten Gemälde umfasst neben der bereits erwähnten „Ehebrecherin" unter anderem die Darstellung des gleichen Themas in Amsterdam (Kat. 22) sowie „Salomo und die Königin von Saba" in Greenville (Kat. 20).[17] Auch die Tendenz zur Spätdatierung kehrt bei Echols wieder.

2009 veröffentlichten Robert Echols und Frederick Ilchman den Entwurf für einen neuen Tintoretto-Œuvrekatalog.[18] Allein für die Zeit bis 1548 reduzierten sie das ältere Werkverzeichnis um 68 Gemälde, die sie nunmehr Nachfolgern oder Mitarbeitern Jacopos zuordneten.[19] Resultat war das deutlich verschlankte Profil eines jungen Malers, der keinerlei Schwäche zeigt, sondern von Großtat zu Großtat eilt, allenfalls aus Ungeduld, nie aus Unvermögen scheitert, sich geradezu aggressiv als mutiger Erneuerer präsentiert und mit seiner individuellen Pinselschrift gleiche Distanz zur *maniera* tosko-römischer Prägung wie zur traditionellen venezianischen Malerei hält.[20] Widerspruch weckte nicht dieses überzeugende und mit den frühen Quellen übereinstimmende Tintoretto-Bild, sondern die (von Echols bereits 1995 postulierte) komplette Streichung bestimmter, durchaus anspruchsvoller Gemälde aus Jacopos frühem Schaffen.[21] Einen Ausweg weist die klug abwägende Einschätzung durch Vincenzo Mancini: Viele der bei Echols ausgegliederten Werke seien wohl tatsächlich nicht Tintoretto zuzuschreiben; einige kontroverse Stücke höherer Qualität müssten jedoch erneut diskutiert werden.[22] Dies betrifft aus unserer Sicht vor allem drei bereits erwähnte Werke (Kat. 20–22), auf die wir noch zurückkommen werden.

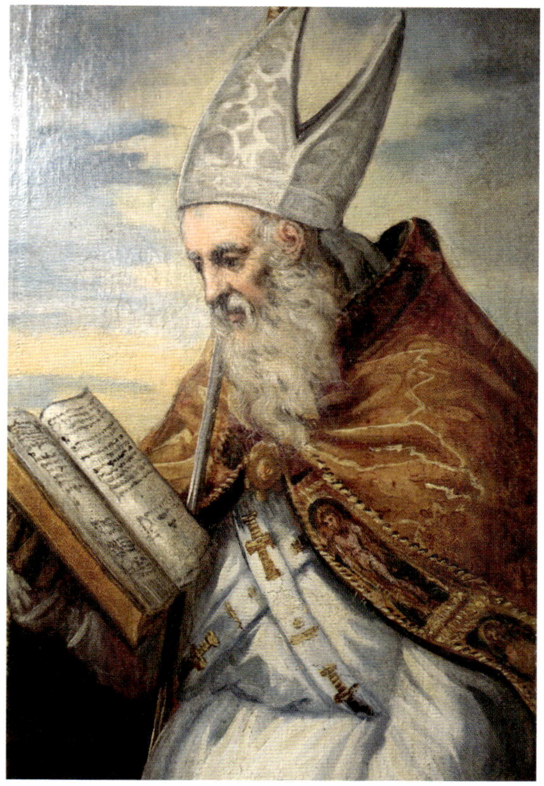

Abb. 1
GIOVANNI GALIZZI
(UND JACOPO TINTORETTO?)
PALA DI VERTOVA
(DER HL. MARKUS
ZWISCHEN DEN HLL.
JAKOBUS UND PATRICK)
Signiert und datiert 1547, Öl auf Leinwand, 151 × 142,3 cm, Vertova, Museo Parrocchiale di Santa Maria Assunta, Detail: Kopf und Büste des hl. Patrick

TINTORETTO UND SEIN DOUBLE

Wie das bei Maxon zusammengestellte Œuvre des (fiktiven) Master of the Corsini Adulteress ist das von Echols rekonstruierte Werk des Giovanni Galizzi stilistisch nicht aus einem Guss.[23] Vermutlich wurde das eine oder andere bei Echols besprochene Bild weder von Tintoretto noch von Galizzi gemalt. In sich heterogen erscheint aber bereits eine scheinbar gesicherte Arbeit Galizzis, das 1547 datierte und signierte Altarbild für Vertova (Kat. 37). Deutlich setzen sich hier Kopf und Büste des hl. Patrick (Abb. 1) von der Befangenheit der übrigen Bildfiguren ab. Schon der imposante, im Nacken steif und leer aufragende, dadurch die Gebrechlichkeit des Greises betonende Chormantel verblüfft durch seine konzeptionelle Qualität. Die souveräne, zugleich feine und skizzenhafte Modellierung des Kopfes erinnert an die Darstellung des hl. Joseph in einer Ölskizze Tintorettos (Kat. 38). Sollte er hier am Werk gewesen sein?

Dass Jacopo befreundeten Malern künstlerische Unterstützung gewährte, bestätigt uns sein erster Biograph Carlo Ridolfi: Gerne habe Tintoretto dem Kollegen Andrea Schiavone bei dessen Fresko an der Fassade des Palazzo Zen mit einer

12
Weddigen 1970.
13
Echols 1995. Der Aufsatz basiert auf der unveröffentlichten Dissertation des Autors von 1993.
14
Longhi 1946, S. 29.
15
Pallucchini 1950, S. 50.
16
Ludwig 1903, S. 8.
17
Echols 1995, S. 108 (Anm. 34). Zu dem ebenfalls in diese Schnittmenge gehörenden „Ecce Homo" in São Paulo siehe Aikema 2017.
18
Echols/Ilchman 2009.
19
Echols/Ilchman 2009, S. 97.
20
Echols 1995, S. 105; Echols 2007, S. 33.
21
Siehe etwa Weddigen 2000, S. 37–39; Marinelli 2002, S. 123, Anm. 1; Aikema 2017.
22
Mancini 2003, S. 199, Anm. 3.
23
So auch Hochmann 2017, S. 14.

Einzelfigur ausgeholfen, bevor er dort selber auf eigenen Namen tätig geworden sei.[24] Ko-Autorschaft ist in der venezianischen Renaissancemalerei verbreitete Praxis, wird aber kaum aktenkundig. Man ist auf die Stilkritik angewiesen, will man konkrete Beispiele benennen: 1526 erwies man in der Bellini-Werkstatt offenbar Lorenzo Lotto die Ehre, den Protagonisten im „Martyrium des hl. Markus" für die Scuola Grande di San Marco (jetzt: Venedig, Gallerie dell'Accademia) zu malen. 1565 unterstützte Paris Bordone seinen Kollegen, den Maler (und Kunsttheoretiker) Paolo Pino, bei der Ausführung eines Altarbildes für San Francesco Grande in Padua, indem er eine komplette Heiligenfigur beisteuerte.[25] Bereits um 1528–1530 scheint derselbe Paris Bordone Starthilfe in der noch jungen Werkstatt von Bonifacio de' Pitati geleistet und für diverse Aufträge bisweilen einzelne Hauptfiguren sowie manchmal auch nur Köpfe gemalt zu haben.[26]

Zwei dieser Bilder, eine „Sacra Conversazione" (traditionelle Darstellung der Madonna umgeben von Heiligen, Abb. 2)[27] und eine „Anbetung der Hirten" (Los Angeles County Museum)[28], zeigen – wenn uns nicht alles täuscht – jeweils im Kopf des Johannesknaben (beim letztgenannten Bild auch im Kopf des Christuskindes) die Formensprache Galizzis. Er wäre demnach einige Jahre früher in Bonifacios Werkstatt eingetroffen als zuletzt von Philip Cottrell vermutet – und hätte dort teils an denselben Bildern gearbeitet wie Paris Bordone.[29] Dazu passt es, wenn Giovanni in seinen signierten Altarbildern auf Werke Bonifacios aus der Zeit um 1529/30 zurückgreift.[30] Sollte er sie, als Mitglied der Werkstatt, im Entstehen gesehen haben, so wäre das von Echols vorgeschlagene Geburtsdatum „um 1523/25"[31] zu spät angesetzt; vor allem wenn man bedenkt, dass Galizzi (demselben Autor zufolge) noch vor Eintritt in die Bonifacio-Werkstatt eine Ausbildung bei seinem Cousin Francesco Rizzo da Santa Croce absolvierte.[32] Mit hoher Wahrscheinlichkeit war Galizzi also nicht etwa jünger als Tintoretto, sondern gleichaltrig oder sogar etwas älter.[33]

Auch Jacopo befand sich zeitweise, wie wir sehen werden, in Bonifacios Atelier[34], wo eine starke Fluktuation junger, aufstrebender Kräfte herrschte. Ob dort ein etwas älterer Galizzi den adoleszenten Färbersohn unter seine Fittiche nahm? Das könnte die spätere Anhänglichkeit Tintorettos zum Teil erklären. Ergebnis eines frühen Zusammenwirkens der beiden unter Bonifacios Ägide mag die „Bewaffnung Amors" (Treviso, Musei Civici) sein (Abb. 3)[35]: Als gemalte Vergrößerung einer Reproduktionsgraphik von Agostino Veneziano (nach Giulio Romano) passt dieses ideale Übungsstück für junge Maler gut in die Produktion der Bonifacio-Werkstatt um 1533–1535, wo seinerzeit auch Kupferstiche von Marcantonio Raimondi in Gemälde verwandelt wurden.[36]

Die Kontakte Jacopos mit Galizzi und seinem aus der Gegend von Bergamo stammenden Verwandten- und Kollegenkreis wurden durch äußere Umstände begünstigt[37]: San Cassan, der Pfarrsprengel des jungen Tintoretto, war ein Sammelpunkt der bergamaskischen Einwanderer in Venedig. Francesco Rizzo da Santa Croce (Galizzis Cousin und mutmaßlicher Lehrer – siehe oben) war dort mindestens von 1536 bis 1539 ansässig – genauso wie offenbar sein Bruder und Mitarbeiter Vincenzo.[38] Jacopos „Anbetung der Könige" von 1537/38 (Kat. 1) revolutioniert eine traditionsreiche Komposition (Kat. 2) des konservativen Maler-Clans der Santa Croce – und demonstriert das überragende Potenzial des ehrgeizigen Teenagers. Zielstrebig erarbeitet er sich nun seinen Platz in Venedigs künstlerischer Avantgarde, nimmt unerschrocken die Verfolgung des großen Tizian auf (Kat. 5) und bringt diesen bald schon in Zugzwang (Kat. 10, 11). Ganz anders Giovanni Galizzi, dessen 1543 datiertes und signiertes, leider aber nur fragmentarisch erhaltenes Polyptychon für Breno[39] sich brav dem traditionellen Schema fügt. Dass allerdings auch er die aktuelle Kunstentwicklung nicht aus den Augen verliert, lassen bestimmte Bildelemente erkennen: die an den jungen Holländer Lambert Sustris erinnernde Madonna, ihr mit breitem Pinsel recht skizzenhaft modelliertes Gewand und ein keck sich umblickender Ritterheiliger, dessen Kopf man am liebsten Tintoretto selber zuschreiben möchte.

In welcher professionellen Beziehung Jacopo und Giovanni, das Genie und der Handwerker, um 1543–1545 zueinander standen, ist schwer zu sagen. Bedenkenswert sind die Untersuchungen Alessandra Crosatos zu zwei Gemälden in Meduna di Livenza, einem im venezianischen Hinterland (Richtung Pordenone) gelegenen Ort[40]: Die dortige Pfarrkirche San Giovanni Battista wurde 1545 neu geweiht. Aus diesem Anlass scheint die lokal dominierende Adelsfamilie Michiel in Venedig ein „Letztes Abendmahl" (Abb. 4) sowie ein Altarbild der „Madonna mit Heiligen und einem Stifter" bestellt zu haben. Crosato geht davon aus,

24 Ridolfi/Hadeln 1924, S. 15 f.

25 Eine Nähe der Bartholomäus-Figur zu Paris Bordone sah bereits Mazza 1992, S. 68–73.

26 Vgl. etwa den Kopf der hl. Elisabeth in der gegen Ende der 1520er Jahre entstandenen „Sacra Conversazione" (Abb. 2) und in der ungefähr gleichzeitig zu datierenden „Anbetung der Hirten" (Los Angeles County Museum of Art) sowie die Figur des Erlösers in zwei weiteren Gemälden: „Thronender Christus mit Heiligen" (Venedig, Gallerie dell'Accademia) und „Segnender Christus zwischen der Muttergottes und dem hl. Markus" (Orléans, Musée des Beaux-Arts).

27 Cottrell 2001, S. 35–38. Zur Problematik des Begriffs „Sacra Conversazione", den wir der Kürze halber verwenden: Gentili 1985, S. 94–96.

28 Cottrell 2001, S. 49 f.

29 Galizzi bei Bonifacio: Echols 1995, S. 86; Cottrell 2001, S. 212. Einfluss des Paris Bordone auf Galizzi: Heinemann 1962, Bd. 1, S. 159. Als Arbeit des Giovanni Galizzi in Auftrag und Namen Bonifacios kommen unseres Erachtens die „Zwei Propheten" der Barnes Foundation in Philadelphia (BF816) – wohl ein Fragment – in Frage.

30 Cottrell 2001, S. 260.

31 Echols 1995, S. 86.

32 Echols 1995, S. 86.

33 Diverse Autoren sehen Galizzi bereits ca. 1490/1500 geboren (siehe Simonetto 1991 und Guida Conte 2014, S. 146 f., jeweils mit weiterführender Literatur), doch ist ein solches Datum wohl allzu früh angesetzt: Hochmann 2017, S. 11 f. Für ein mögliches Porträt Galizzis vgl. unsere Kat. 46.

34 Vgl. Cottrell 2001, S. 212, 283.

35 Siehe Krischel 1993 (dort noch alleinige Zuschreibung an Tintoretto und Datierung um 1539).

36 Vgl. Cottrell 2001, S. 282 sowie Abb. 6.40 und 6.41.

37 Vgl. Echols 1995, S. 90 f.

38 Ludwig 1903, S. 1, 7 f. Den Santa Croce (oder Santacroce) war unlängst ein wissenschaftliches Kolloquium gewidmet (San Pellegrino Terme, 15. Oktober 2016) – eine Veröffentlichung der Beiträge wurde angekündigt.

39 Echols 1995, S. 74–76; Guida Conte 2014, S. 150–154.

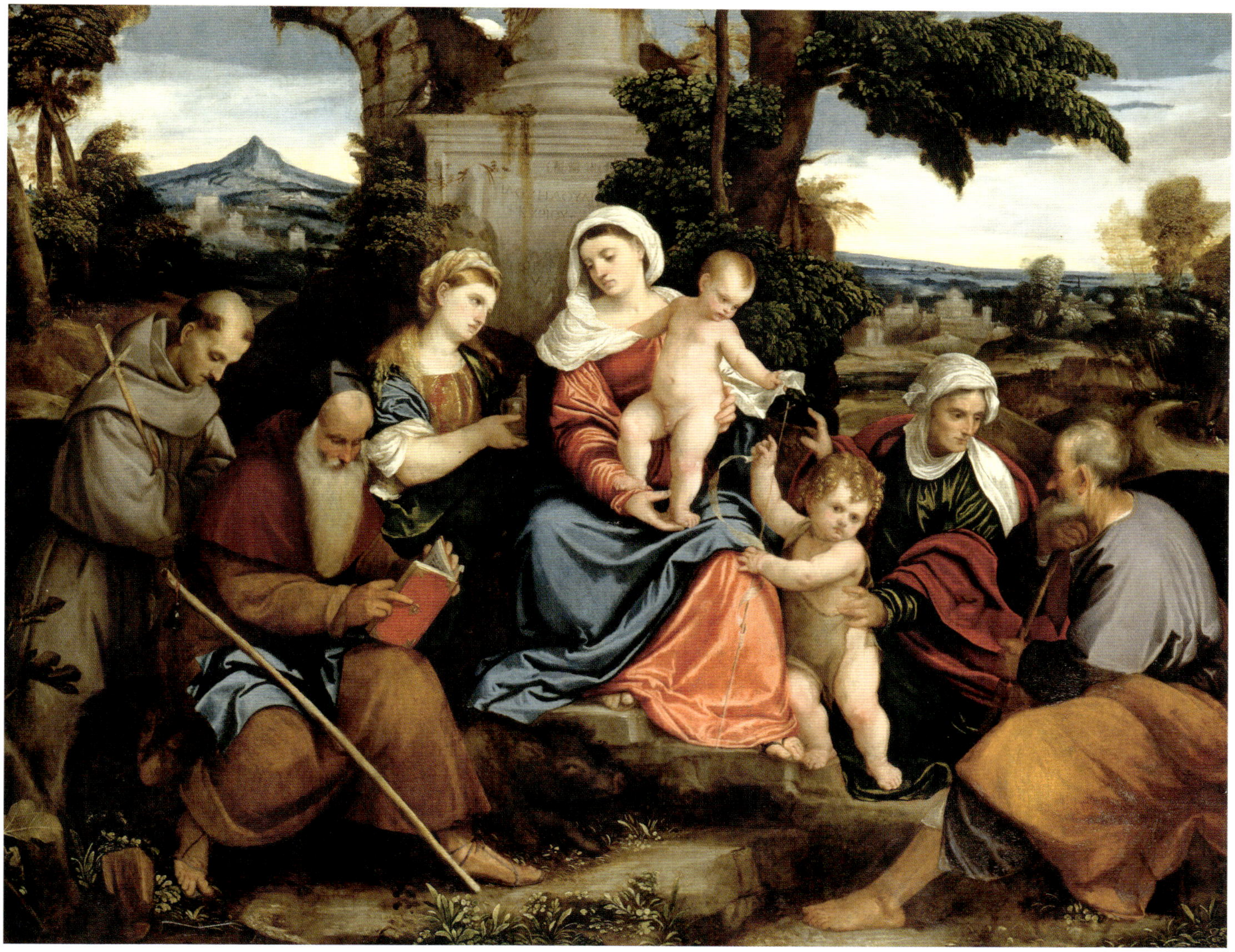

dass diese Arbeiten von Jacopo stammen. Wie sie jedoch selber zeigt, lassen sich beide Bilder stilistisch perfekt an diverse Gemälde anschließen, die Robert Echols mit guten Argumenten für Galizzi in Anspruch nimmt.

Auffallend ist das kompositorische Qualitätsgefälle zwischen diesen zwei Werken. Mag das Madonnenbild ein von Galizzi im Alleingang erledigter (Nachfolge-)Auftrag gewesen sein[41], so muss die Konzeption des fulminanten „Abendmahls" auf Tintoretto zurückgehen. Die dort im Vordergrund dargestellte Henkelvase findet sich an anderer Stelle wieder, in einer Dekorationsmalerei mit dem „Festmahl des Belsazar" (Wien, Kunsthistorisches Museum). Dieses Bild gehört zwar zum selben um 1544 entstandenen Zyklus wie die von Tintoretto eigenhändig gemalte Darstellung „Salomo und die Königin von Saba" (Kat. 16), wurde aber wohl von Galizzi ausgeführt.[42] Dasselbe gilt für die von Jacopo offenbar nur entworfene „Anbetung des Goldenen Kalbes" (Kat. 25).

Ein dort und im „Abendmahl" von Meduna di Livenza zu beobachtendes Stilmerkmal Galizzis sind die überlangen und unnatürlich biegsamen Finger der Bildfiguren. Sie unterscheiden sich deutlich von den von Tintoretto gemalten, realistisch proportionierten und gegliederten Händen (Kat. 8, 28, 52). Vergleicht man das 1545 datierte Porträt des Nicolò Doria (Kat. 44) mit dem ungefähr gleichzeitig entstandenen Bildnis des Jacopo Sansovino (Abb. 5), so werden im letztgenannten Gemälde die gummiartigen Hände als stilistischer Fremdkörper klar erkennbar: Obwohl Jacopo dieses Werk signierte und dedizierte, hat er Teile davon an Galizzi delegiert.

Zusammengenommen deuten diese Arbeiten – das „Abendmahl" für Meduna di Livenza, der alttestamentliche Zyklus des Kunsthistorischen

Abb. 2
BONIFACIO DE' PITATI UND WERKSTATT (DARUNTER PARIS BORDONE UND GIOVANNI GALIZZI ?)
SACRA CONVERSAZIONE
Um 1528/29, Öl auf Leinwand, 155 × 202 cm, Paris, Musée du Louvre, Inv. 119

40
Crosato 2001/2002.

41
Verwandt ist die später entstandene „Immaculata" in Hampton Court (RCIN 402588, siehe Abb. S. 159).

42
Echols 1995, S. 100.

Museums und das Sansovino-Porträt – auf eine (wie auch immer organisierte) Partnerschaft zwischen Tintoretto und Galizzi hin. Ab wann Tintoretto wen als Gehilfen beschäftigte, war lange umstritten.[43] Nach aktuellem Wissensstand liegt es aber nahe, in Giovanni Galizzi den ersten Assistenten beziehungsweise künstlerischen Geschäftspartner Jacopos zu erblicken und den Beginn ihrer Kooperation bereits um 1544 anzusetzen. Vielleicht teilten sich die beiden Maler nicht nur Aufträge, sondern auch das Atelier bei San Cassan.[44]

Der wichtigste Nachfolger des Gemäldes in Meduna di Livenza ist das von Tintoretto 1547 für San Marcuola geschaffene „Letzte Abendmahl“. Wieder kontrastiert hier die althergebrachte (in Venedig von den Santa Croce gepflegte) Formel der symmetrischen, bildparallelen Komposition mit einer verblüffenden Lichtregie. Äußerst modern wirken die Bildfiguren – mit einer Ausnahme: Der ungemein jugendliche, seltsam körperlose und leicht süßlich wirkende Jesus gleicht in Kopfform, Gesichtszügen und Blick den Madonnen Galizzis auf frappierende Weise. Wahrscheinlich ist diese Christusfigur als Zugeständnis an die Erwartungshaltung eines konservativen, dem byzantinischen Erbe verbundenen Publikums aufzufassen. Nachdenklich macht, dass Jacopos „Abendmahl“ im selben Jahr wie Galizzis Altarbild für Vertova entsteht, welches seinerseits – in Kopf und Büste des hl. Patrick (siehe oben) – Tintoretto stilistisch ganz besonders nahe steht. Ob die beiden Maler hier überkreuz an Gemälden des jeweils anderen beteiligt waren?

Wie die weiter oben genannten Beispiele (vor allem aus der Bonifacio-Werkstatt) verdeutlichen, konnten im Venedig der Renaissance am selben

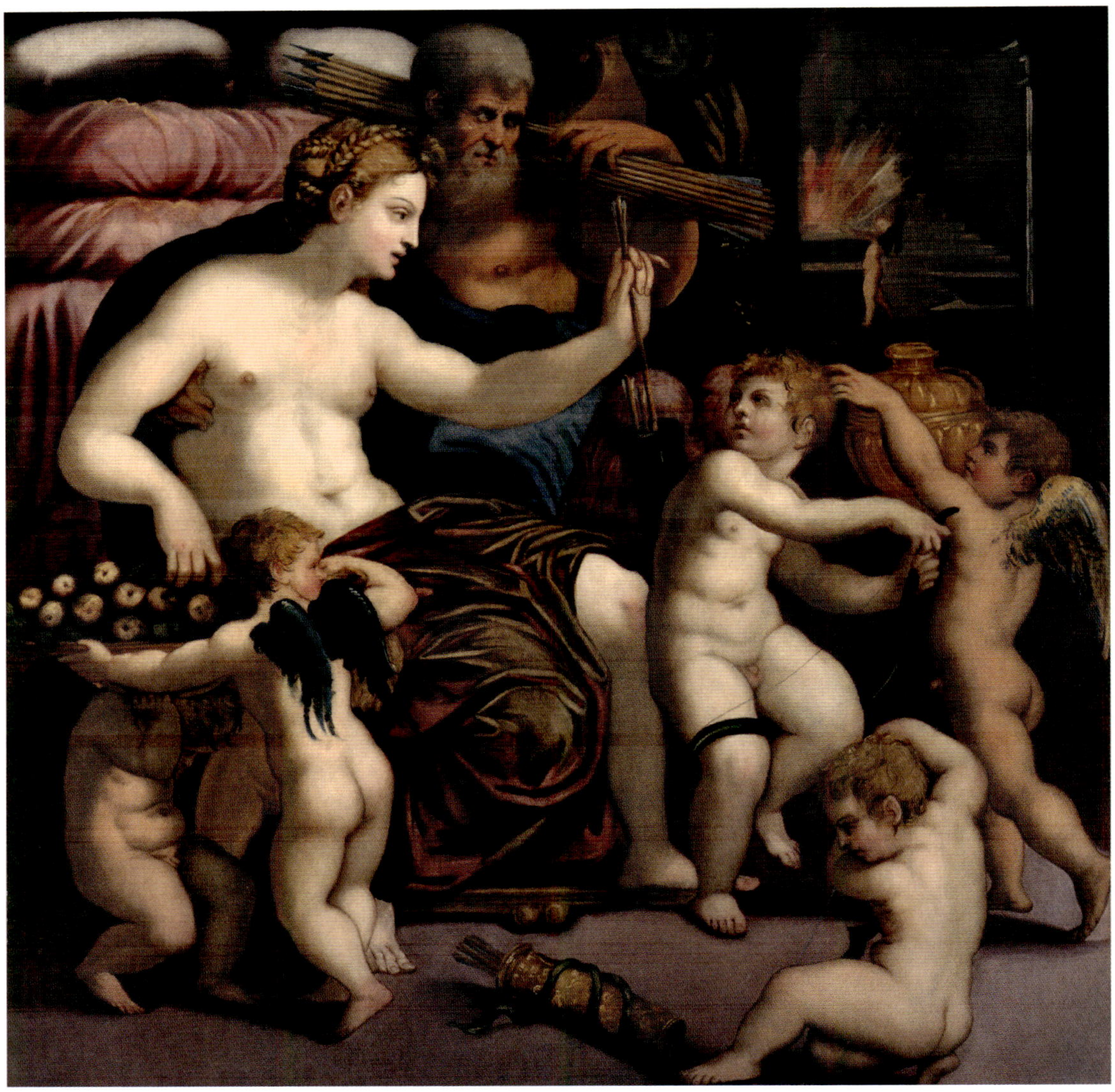

Abb. 3
GIOVANNI GALIZZI UND JACOPO TINTORETTO (FÜR BONIFACIO DE' PITATI ?)
DIE BEWAFFNUNG AMORS
Um 1534, Öl auf Leinwand, 155 × 149,5 cm, Treviso, Musei Civici, Inv. P 113

43 Vgl. Pallucchini 1950, S. 88; Maxon 1961, S. 254; Echols 1995, S. 93

44 Krischel 2000, S. 28. Galizzi als früher, wenn nicht erster Mitarbeiter Tintorettos: Cottrell 2009, S. 43; Hochmann 2017, S. 14.

Bild mehrere Maler beteiligt sein. Hat man sich von dem Gedanken, dass gewisse Gemälde nur *entweder* von Tintoretto *oder* von Galizzi stammen können, erst einmal verabschiedet, dann ergibt sich für die in der jüngeren Fachdiskussion heiß umkämpften, teils schon von Pallucchini als stilistisch widersprüchlich empfundenen[45] Bilder mittleren Formats (Kat. 20–22) eine sehr einfache Erklärung: Ihre wichtigste Gemeinsamkeit – die irritierende Diskrepanz zwischen kühner Raumgestaltung einerseits und vergleichsweise spannungsloser Figurenreihung andererseits – erwächst schlicht aus Arbeitsteilung.

Man wird noch sehen, dass gerade der junge Tintoretto beinahe obsessiv darum bemüht ist, sich, seinen Gemälden und seinen Bildfiguren *Raum* zu verschaffen. Waren die erwähnten Gemälde in Greenville, Amsterdam und Rom (wie Rodolfo Pallucchini und Erasmus Weddigen bereits vermuteten[46]) vorbereitende Raumkonstruktionen für das „Sklavenwunder" (Venedig, Gallerie dell'Accademia, siehe Abb. S. 57), für die großformatige „Ehebrecherin" (Dresden, Gemäldegalerie) und für die „Fußwaschung" (Madrid, Prado, siehe Abb. S. 86), dann investierte Tintoretto sein ganzes Interesse und seine ganze Energie in die Erarbeitung der jeweiligen Architekturkulisse. Nach Abschluss der perspektivischen Experimente (und der durch sie vorbereiteten Monumentalbilder) dürfte es Aufgabe eines Galizzi gewesen sein, die leeren, nicht mehr benötigten ‚Bühnenentwürfe' mit Figuren zu bevölkern, um sie verkaufsfertig zu machen.[47]

Für diese Annahme gibt es einen Beleg: Wie wir aus einem Brief Tintorettos an Kardinal Ercole Gonzaga vom Mai 1562 wissen, mochte er sich ab einem gewissen Zeitpunkt – vermutlich: dem Umzug in das geräumigere Atelier bei der Madonna dell'Orto 1546/47[48] – mit der Ausführung kleiner Figuren („figure picciole") nicht mehr abgeben, weil er sich, mit Recht, zu Größerem berufen fühlte.[49] Dass Tintoretto seinen Geschäftspartner mit der Bildvollendung dennoch nicht allein ließ, zeigt, durch ausgefeilte Regie sowie eine Vielzahl an Zitaten und Anspielungen, das Bild in Greenville (Kat. 20). Im Gemälde des Palazzo Barberini (Kat. 21) und in dem des Rijksmuseums (Kat. 22) ist es jeweils die sorgfältig geplante Figur der Ehebrecherin selbst, die Jacopos Qualitätskontrolle verrät.

Treffen unsere Vermutungen zu, so wären die drei besagten Bilder zwischen 1547 und 1549 entstanden. Um 1550 war Galizzi an dem in Tintorettos Werkstatt entstandenen Soranzo-Familienporträt (Mailand, Castello Sforzesco) beteiligt.[50] Darauf lässt das dort eingefügte, stilistisch ihm zuzuordnende Bildnis von Marco Giustignan, dem Ehemann der Cecilia Soranzo, schließen (siehe Abb. S. 181).[51] 1551 fertigte Galizzi, der offensichtlich über einige Erfahrung in der Buchmalerei verfügte, die schöne Ernennungsurkunde für Michele Memmo als Gouverneur *(podestà)* von Cittadella (Kat. 39). Auch mit dieser Aufgabe wird ihn Tintoretto betraut haben, der in Cittadella eigene Interessen als Freskant verfolgte.[52]

Vielleicht eines der letzten Gemälde, die Galizzi in Tintorettos Auftrag ausführte, ist die bislang meist als Werk des sehr jungen Tintoretto angesehene Kölner „Sacra Conversazione" (Kat. 41). Mit ihr gerät ein sehr eng verwandtes Madonnenbild des Museums Boijmans Van Beuningen (Kat. 42) in den Blick. Sollte dieses Werk, wie wir vermuten, ebenfalls von Galizzi stammen, so hätte er nicht nur über ein äußerst solides handwerkliches Können, sondern auch (wie Tintoretto selbst) über eine beachtliche Fähigkeit zur stilistischen Mimikry verfügt.

Am stärksten, das wird an den zuletzt genannten Gemälden noch einmal deutlich, ist Galizzi unter der Anleitung Tintorettos. Bestimmte, von Robert Echols überzeugend mit ihm verbundene Bilder sind so schwach, dass sie unmöglich unter Jacopos Aufsicht entstanden sein können.[53] Ihr schematischer Charakter deutet auf einen eigenen Werkstattbetrieb hin, den Galizzi zu einem unbekannten Zeitpunkt wohl in der Nähe von San Lio gründete.[54] Ob dort auch – um 1553 – die in Padua (Musei Civici) aufbewahrte, für Jacopo allzu heterogene, ästhetisch unbefriedigende „Kreuzigung" entstand?[55] Sollte Galizzi mit einer (womöglich rufschädigenden) Produktion von Tintoretto-Plagiaten begonnen haben, so könnte das der Auslöser für einen Bruch zwischen den beiden Malern gewesen sein. Vielleicht ist es kein Zufall, wenn Giovanni ab 1554 und bis kurz vor seinem Tod 1565 mit keinem gesicherten Bild mehr, wohl aber des öfteren als Kaufmann in Erscheinung tritt.[56]

VOM FÄRBER ZUM MALER

Das Klima in der venezianischen Kunstszene war rau. Berühmt ist jene bei Ridolfi mitgeteilte Anekdote, der zufolge Tizian seinen blutjungen Lehrling Jacopo Robusti schon nach wenigen

45
Pallucchini 1950, S. 107.
46
Pallucchini 1950, S. 108; Weddigen 2000, S. 38 f., 243 (Anm. 571), 253 f.
47
Ähnliche Arbeitsteilung hatte schon der von Jacopo so bewunderte Sebastiano Serlio betrieben: Gould 1962, S. 57 f.; Olivato 1988, S. 249 f.; Schmitter 2004, S. 943, 947. Zu Tintorettos entsprechenden Strategien vgl. Weddigen im vorliegenden Band.
48
Krischel 1991, S. 204.
49
Luzio 1913, S. 109 f.
50
Zu diesem Werk vgl. jetzt La Costa 2017.
51
Weitere Bildnisse, für die Galizzi als Maler in Frage kommt: Florenz 1994, Kat. 6 und 24; Fischer Luzern, 19.–22. 5. 1999, Lot 2074; Christie's London, 27. 2. 2004, Lot 153.
52
Ridolfi/Hadeln 1924, S. 15. Eine Untersuchung des Verfassers zu Tintorettos Beziehungen nach Cittadella befindet sich in Arbeit.
53
Echols 1995, Abb. 18, 21.
54
Galizzis Adresse ab spätestens 1554 und bis zu seinem Tod 1565 – vgl. Ludwig 1903, S. 8, sowie Hochmann 2017.
55
Vgl. Dorotheum, Wien, Alte Meister, 14. 10. 2008, Lot 93 – wohl eine Ölskizze (oder ein stark verputztes Andachtsbild) Galizzis aus dieser Zeit. Zum Paduaner Gemälde jetzt Abram 2013.
56
Hochmann 2017.

Tagen verstoßen habe, aus Eifersucht auf das frühreife Talent.[57] Der Wahrheitsgehalt dieser von Topoi der Künstlerbiographik durchsetzten Anekdote ist schwer überprüfbar. Nannte Pallucchini die künstlerische Ausbildung Jacopos ein vorerst nicht lösbares Problem[58], so folgten andere (auch: ältere) Stimmen der Legende und bezeichneten Tintoretto als „self-taught man" bzw. „autodidatta".[59] Das verkappte mutmaßliche Selbstporträt des blutjungen Malers als temperamentvoller Apostel Jakobus in der frühen „Fußwaschung" (Abb. 6 – vgl. Kat. 7) fördert genau dieses Image: *A pìe nui*[60], das heißt barfuß und ohne Ausbildung, betritt Jacopo die Bühne, nur mit natürlichem Ingenium ausgestattet.

Zweifellos half und lernte der kleine Jacopo zunächst in der väterlichen Färberwerkstatt. Mit dortigen Utensilien (Kohle und Farbstoffen) soll er Graffiti geschaffen haben, die ein gewisses Aufsehen erregten.[61] Ob es just Tizian war, der später seinem eben durchstartenden Konkurrenten den Spottnamen „Färberlein" anhängte? Geschickt verwandelte Jacopo ihn in eine Marke und erhob mit seiner *Kunst des Dosierens* (von Gehilfenarbeit und eigenhändiger Malerei, Tradition und Moderne, Ernst und Komik, Dekoration und Provokation, Orthodoxie und Häresie) die Kernkompetenz des Färbers[62] gleichsam zur Kulturtechnik.

Entgegen Ridolfi plädierte Robert Echols dafür, eine formale Lehre Jacopos beim vielbeschäftigten Bonifacio de' Pitati (oder einem weniger bekannten Maler) anzunehmen.[63] In seinem Brief an Tintoretto bezeugt der Komödiant Andrea Calmo zwar eine Lehrzeit des Freundes, betont aber zugleich deren sehr begrenzte Dauer: „In der kurzen Zeit, die Ihr Schüler gewesen seid, habt Ihr mehr gelernt denn hundert andere, die als Meister geboren wurden."[64] Das muss keine Anspielung auf einen Hinauswurf bei Tizian sein, denn die vertraglich vereinbarte Lehrzeit junger Maler in Venedig konnte zwischen lediglich zwei und bis zu acht Jahren schwanken.[65] Nichts spricht also dagegen, dass Jacopo sich nach einer verhältnismäßig kurzen, aber regulär abgeschlossenen Lehre durch unermüdliche Praxis (siehe Ridolfi[66]) vervollkommnete.

Stil und Motivik von Tintorettos Frühwerk (siehe zum Beispiel Kat. 7, 8, 20, 41) lassen es plausibel erscheinen, dass Giambattista Robusti seinen Sohn in der Tat als Lehrling zu Bonifacio de' Pitati gab, der mit dem Färbermilieu nachweislich in Kontakt stand.[67] Um 1533 bis 1536 wird Tintoretto bei ihm nicht nur handwerkliche Grundlagen der Malerei (und seinen Kollegen Galizzi – siehe oben) kennen gelernt haben, sondern auch neue künstlerische Strategien, die er selbst später übernahm: die Verwendung tosko-römischer Druckgraphik als Bildvorlagen, den Einsatz freier Mitarbeiter, die Pflasterung Venedigs mit guten Bildern zu Dumpingpreisen.[68]

Leider fehlen für die venezianische Malerei um 1540 jene zahlreichen, breit angelegten technologischen, soziologischen und wirtschaftsgeschichtlichen Untersuchungen, die mittlerweile zum „Antwerpener Manierismus" um 1520 vorliegen.[69] Wie in der Stadt an der Schelde – und teils nachweislich schon Ende des 15. Jahrhunderts in Perugia[70] – ist auch in Venedig mit unterschiedlichsten Formen von Spezialisierung und Arbeitsteilung, manufakturähnlicher Serienproduktion und beschleunigten Herstellungsprozessen, Fluktuation freier Mitarbeiter von Werkstatt zu Werkstatt je nach Auftragslage, Kooperativen, *subcontracting* und Outsourcing zu rechnen.[71]

Hätte ein sehr junger Tintoretto im ersten eigenen Atelier am Campo San Cassan zunächst noch als *Subunternehmer für andere Maler* gearbeitet, dann würde verständlich, warum ihm für die Jahre 1537 bis 1540 nur relativ wenige Gemälde (Kat. 1, 3, 5, 6, 7, 9) sicher zuzuschreiben sind[72]: weil er sich dem künstlerischen Stil des jeweiligen Auftraggebers anpassen musste. Ein Blick auf die „Sacra Conversazione Molin" (siehe Abb. S. 20) illustriert diesen möglichen Zusammenhang. Der Entdecker des Bildes, Detlev von Hadeln, erkannte, obschon Tintoretto-Experte, die Hand des Meisters nicht.[73] Und bis heute blieb die Einfügung der flachen, altmodischen Franziskusfigur rechts in eine ansonsten kraftvolle, innovative Komposition ein Rätsel. Sie stammt aus einem wohl noch von Jacopo Palma il Vecchio begonnenen und von Bonifacio de' Pitati vollendeten Gemälde (San Francisco, M.H. De Young Memorial Museum).[74] Die Figur des Zacharias (oder Jakobus) links lässt sich ebenfalls aus zwei „Sacre Conversazioni" von Bonifacio de' Pitati ableiten, der auf dieses Bildthema abonniert war.[75] Wäre in seinem Namen und Auftrag auch Jacopos Gemälde entstanden, so erklärten sich die ostentativen, das Bild gleichsam rahmenden Zitate von selbst.[76]

Hier denkt man nun zurück an die etwas früher entstandene, bereits erwähnte „Anbetung der Könige" (Kat. 1): gut möglich, dass es sich um einen an Tintoretto delegierten Auftrag der Santa

57 Ridolfi/Hadeln 1924, S. 13.

58 Pallucchini 1950, S. 11.

59 Hadeln 1922 a, S. 206; Salvadori Rizzi 1994, S. 126. Kurzer Überblick über die Forschungsdiskussion: Cottrell 2001, S. 250 (Anm. 6). Zur Frage der Ausbildung Tintorettos vgl. auch den Aufsatz von Hochmann im vorliegenden Band.

60 Boerio 1856, S. 507. Vgl. Lk 22,35.

61 Ridolfi/Hadeln 1924, S. 13.

62 Siehe Rosetti 1969 passim.

63 Echols 2007, S. 32; Madrid 2007, S. 182.

64 Krischel 1992, S. 9 f., 14 (Anm. 13).

65 Diesen Hinweis verdanke ich Michel Hochmann.

66 Ridolfi/Hadeln 1924, S. 13–16.

67 Cottrell 2009, S. 53.

68 Echols 1995, S. 104; Cottrell 2000, S. 661; Cottrell 2001, S. 149, 151, 203, 211, 242, 244, 274, 280–282, 285; Echols/Ilchman 2009, S. 100; Cottrell 2009, S. 55.

69 Krischel 2016, S. 73–78 (mit weiterführender Literatur). Zur venezianischen Situation vgl. Favaro 1975, Shaw 2006 sowie Michel Hochmann im vorliegenden Band. In den Mitteilungen des Kunsthistorischen Institutes in Florenz erscheint demnächst: Michel Hochmann, Les peintres du portique de Saint-Marc; ein Forschungsprojekt zu den venezianischen *garzoni* und ihren Arbeitsbedingungen ist im Gange: http://irhis.recherche.univ-lille3.fr/oEC-Sapienza.html [1.12.2016].

70 Shaneyfelt 2015.

71 Ähnlich bereits: Echols 1995, S. 86.

72 Cottrell 2001, S. 271.

73 Hadeln 1928; dazu: Pallucchini 1950, S. 12.

74 Cottrell 2001, S. 68.

75 Cottrell 2001, S. 253–256. Cottrell 2009, S. 53.

76 Dass die Inschrift „Iachobus" keine Signatur ist, sondern den Auftraggeber Jacopo Molin meint, konnte Paola Rossi unlängst zeigen: Rossi 2017. Bereits Robert Echols und Frederick Ilchman vermuteten „some kind of working association" zwischen dem jungen Tintoretto und Bonifacio: Boston 2009, S. 151.

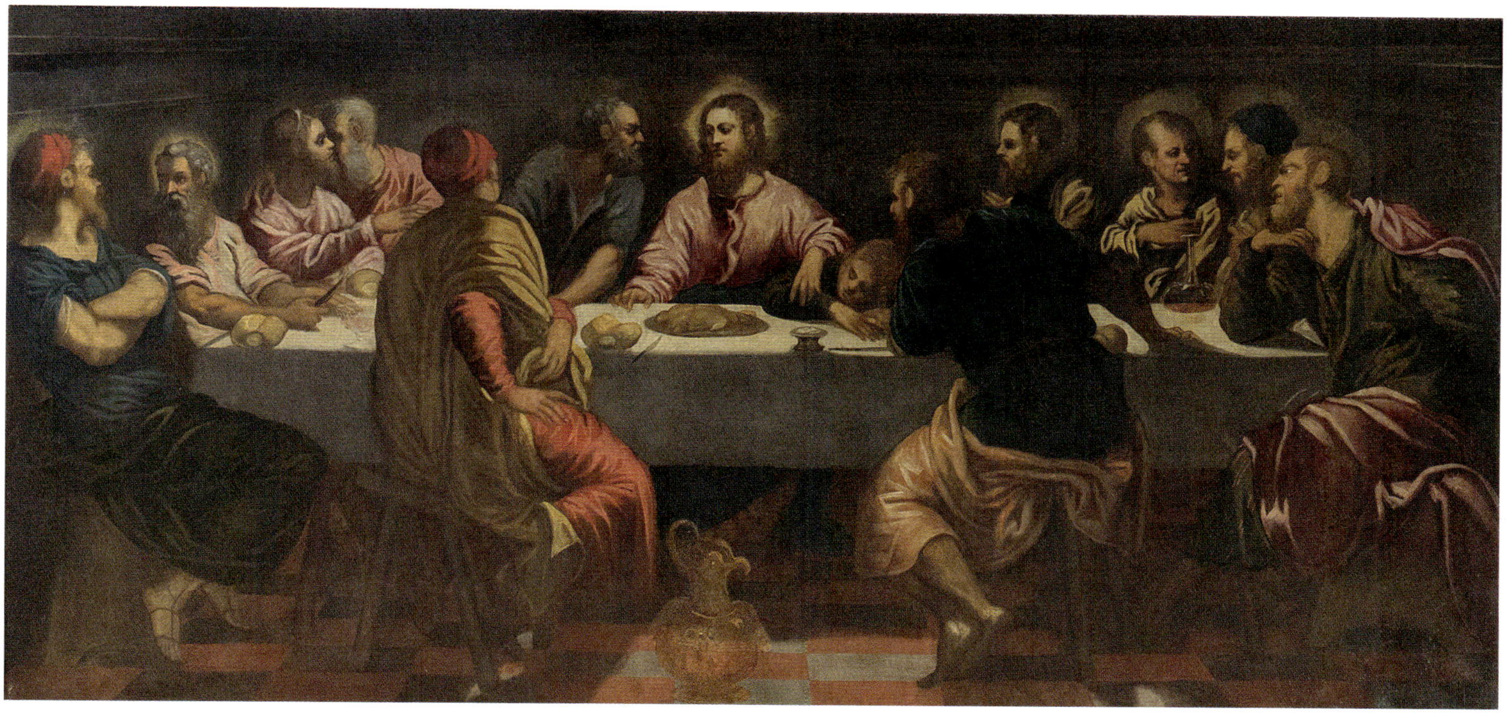

Abb. 4
JACOPO TINTORETTO UND WERKSTATT (GIOVANNI GALIZZI)
DAS LETZTE ABENDMAHL
Um 1544/45, Öl auf Leinwand, 166 × 340 cm, Meduna di Livenza, San Giovanni Battista

Croce handelte. Fahndet man im Œuvre anderer venezianischer Renaissancemaler nach Frühwerken Jacopos, so wird man bei Tizian fündig. Dessen Porträt des Vincenzo Cappello (Washington, National Gallery – siehe Abb. S. 173) wurde von exzellenten Kennern immer wieder für Tintoretto in Anspruch genommen.[77] Sollte um 1540 der junge Tintoretto dieses Bildnis (etwa auf Empfehlung Pietro Aretinos) als Subunternehmer für Tizian gemalt haben, so müsste man über die Geschichte des Verhältnisses zwischen den beiden Malern neu nachdenken. Vielleicht zog Jacopo den Zorn des Cadoriners durch mangelnde Diskretion auf sich: zum Beispiel indem er (aus dem Abstand mehrerer Jahre) die eigene maßgebliche Beteiligung an einem Gemälde enthüllte, das Aretino noch – vorsorglich – als Werk seines Freundes Tizian besungen hatte.[78]

PORTRÄT DES KÜNSTLERS ALS JUNGER MANN

Eine gewisse launenhafte Unzuverlässigkeit wird dem jungen Tintoretto von Andrea Calmo attestiert.[79] In künstlerischen Belangen nahm sie die Form von Sprunghaftigkeit an. So dürfen im Schatten Galizzis andere und prägendere künstlerische Kontakte, Schwärmereien, Rollenspiele und Experimente des jungen Tintoretto nicht außer Acht gelassen werden: etwa seine Nachahmung des Tizian-Konkurrenten Pordenone (Kat. 9, 19), seine Begeisterung für den Raffael-Schüler Giulio Romano (Kat. 6, 10, 11), sein Echo auf Jacopo Bassano (Kat. 6, 8, 26), sein Austausch mit Paris Bordone (Kat. 22, 23) und seine *coopetition*[80] mit Schiavone (Kat. 14, 40). Wie lassen sich, angesichts einer extrem breit gefächerten intellektuellen und ästhetischen Neugier, die Konstanten in Tintorettos ureigenem Frühwerk definieren?

Uneitel wie in seiner Kleidung[81] war Tintoretto (allem Ehrgeiz zum Trotz) auch in seinem Malstil. Nie geriet er ihm – wie manchem Florentiner ‚Manieristen' – zum Selbstzweck. Ähnlich den Schriften eines Andrea Calmo sind Jacopos Gemälde polyphon und polyglott: Der Schmelztiegel Venedig bildet sich in ihnen als Stimmengewirr aus Stileinflüssen unterschiedlichster Provenienz ab. Umso schwieriger ist es, die Grenzen um sein Œuvre und das seiner Werkstatt zu ziehen.[82] Will man sich nicht allein auf die kennerschaftliche Betrachtung der künstlerischen Handschrift des jungen Tintoretto verlassen, so gibt es genügend weitere Zuschreibungskriterien: Originalität und Kraft, intellektuelle und psychologische Durchdringung des jeweiligen Bildthemas, erzählerische Konsistenz und konzeptionelle Bewältigung der Bildaufgabe. Diese Qualitätsmaßstäbe ermöglichen nicht nur

77
Siehe Boston 2009, S. 212, 284 (Anm. 63).
78
Vgl. Aretino/Camesasca 1957, S. 273 (Brief Aretinos an Boccamazza). Zu Aretinos Sonett auf Tizians Cappello-Porträt: Boston 2009, S. 212.
79
Krischel 1992, S. 10 f., 17 (Anm. 45).
80
Zum Begriff: Brandenburger/Nalebuff 2008.
81
Ridolfi/Hadeln 1924, S. 96 (hier auch Anm. 3).
82
Zum mokanten Umgang Tintorettos mit den Connaisseuren: Ridolfi/Hadeln 1924, S. 66.

eine klare Unterscheidung zwischen Galizzi und Tintoretto. Wendet man sie, in Kombination mit dem stilkritischen Instrumentarium, auf die „Fußwaschung" in Grenoble (Kat. 7) an, so wird in diesem Bild, trotz starker Verputzung und großflächiger Retuschen, ein grundlegendes Frühwerk Jacopos erkennbar. Beim „Liebeslabyrinth" in Hampton Court (Kat. 3) wiederum gelangt man unweigerlich zur älteren, korrekten Zuschreibung an den jungen Tintoretto zurück. Auch das seit langem Annibale Carracci zugeschriebene Männerbildnis des Palazzo Pitti (Kat. 49) erweist sich beim Anlegen der genannten Kriterien klar als ein Werk Jacopos, der hier eine völlig neue (und bis Géricault nahezu singuläre) Art von Psychoporträt schafft.

Als distanzierter, da kunstlandschaftlich außenstehender Kollege und Zeitgenosse war – ungeachtet seiner Vorbehalte gegen die venezianische Malerei – niemand besser in der Lage, Jacopos *conceptual style*[83] zu erfassen und zu beschreiben, als Giorgio Vasari. Abgesehen von seiner ausgeprägten Musikalität und Liebenswürdigkeit sei Tintoretto, so der Toskaner, „in allem was die Malerei anbelangt wunderlich, kapriziös, schnell und kühn und der furchterregendste Intellekt, den die Malerei je besessen".[84] Sehr bedeutsam ist zunächst der Hinweis Vasaris auf die (auch von Calmo und Aretino hervorgehobene) *Schnelligkeit* Tintorettos[85]: Er betrifft die Pinselführung Jacopos genauso wie seine künstlerische Reaktion auf kulturelle und religiöse Veränderungen oder Ereignisse. Auf die Installation von Tizians epochalem Schlachtengemälde im Dogenpalast 1538 beispielsweise muss er *sofort* reagiert haben. Das hilft nicht nur beim Datieren seiner „Bekehrung des Saulus" (Kat. 5), sondern auch bei der Einordnung eines anderen, eng verwandten Frühwerkes (Kat. 3).

Künstlerische Charakteristik und Psychogramm sind im Zeugnis Vasaris untrennbar verknüpft – und genau dies ist wohl auch der Schlüssel zu Tintorettos Schaffen: Jacopos Fühlen, Denken, Malen und Handeln sind kaum getrennt zu betrachten. Von Bild zu Bild verfolgt er seine eigene Agenda. Die im Garten Amors erwachende Psyche (Kat. 12), der über erfahrene Exegeten triumphierende Jesusknabe (Kat. 6) – manche Sujets künden mehr oder weniger verschlüsselt von den Sehnsüchten und dem Ehrgeiz des jungen Jacopo. Da in seinem „fruchtbaren Ingenium", so Ridolfi, „unablässig die Gedanken kochten", habe der junge Tintoretto jederzeit darüber nachgedacht, „wie er sich als wagemutigster Maler der Welt bekannt machen könne".[86] Ob er daher notfalls sogar im Selbstauftrag arbeitete? Mehrere Frühwerke (zum Beispiel Kat. 3, 5, 6) waren oder sind unvollendet: Experimente womöglich, die Jacopo abbrach, wenn andere Aufgaben riefen.

Mit allen Mitteln verschaffte der junge Tintoretto seinem Denken, seiner Erfindungslust und seinem Schaffensdrang immer neue *Spielräume,* im wörtlichen und im übertragenen Sinne: durch unkonventionelles Verhalten, durch neue und unorthodoxe Ausdeutung religiöser wie profaner Bildthemen, durch Ausweitung seiner Tätigkeit auf Musik und Theater[87], durch Verwandlung seiner Heimatstadt in eine einzige riesige Ausstattungsaufgabe.[88] Auch seine regelmäßigen, die Klaviatur subversiven Humors (Travestie, Parodie, Satire, Zote) virtuos bespielenden bildlichen Provokationen[89] (Kat. 6, 7, 11, 16, 28, 41, 55) resultieren wohl vor allem aus einer starken

83 Den Begriff entlehnen wir Alexander Nagel: Nagel 2011, S. 241.
84 Vasari/Milanesi 1881 a, S. 587.
85 Krischel 1991, S. 99–109; Nichols 1996; Weigel 2006; Boschloo 2008, S. 49–62, 314–317; Krischel 2012 a, S. 55. Vgl. auch den Aufsatz von Borean im vorliegenden Band, S. 35–37.
86 Ridolfi/Hadeln 1924, S. 19.
87 Ridolfi/Hadeln 1924, S. 69.
88 Vasari/Milanesi 1881, S. 588.
89 Formen des Humors bei Tintoretto: Alberti 2015.

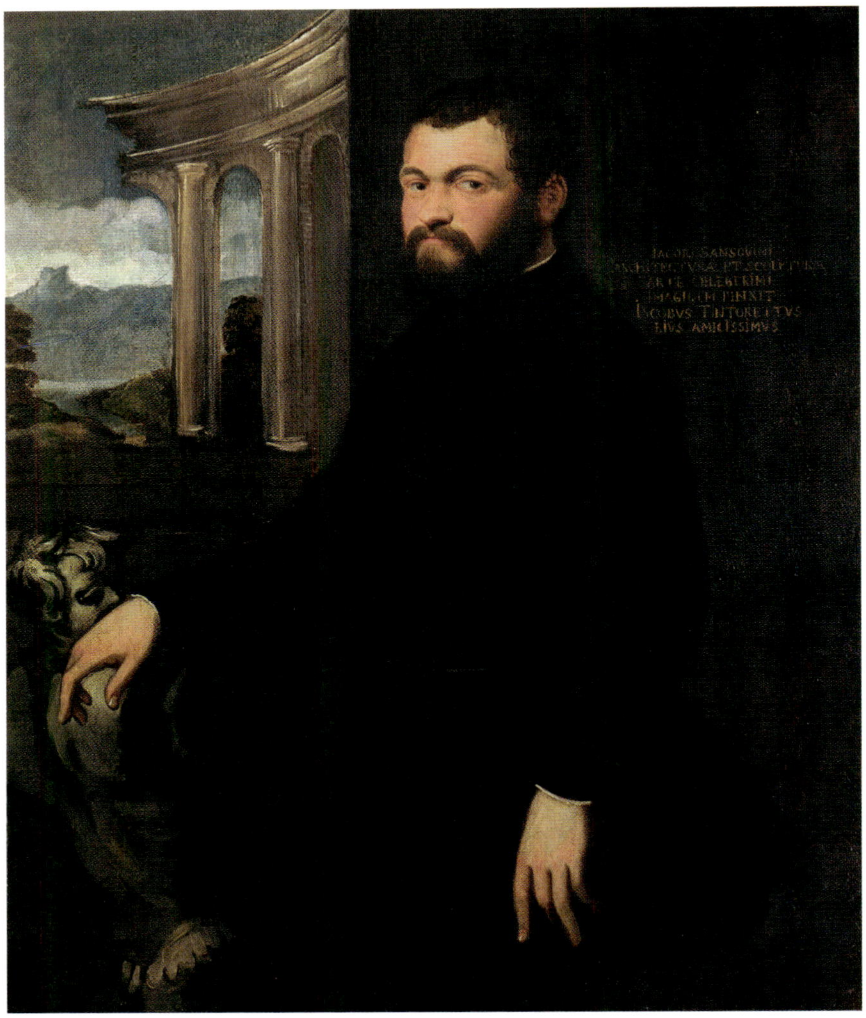

Abb. 5
JACOPO TINTORETTO UND WERKSTATT (GIOVANNI GALIZZI)
PORTRÄT DES JACOPO SANSOVINO
Um 1544/45, Öl auf Leinwand, 120 × 100 cm, Privatbesitz (ehem. Genf, Sammlung Sedlmajer)

Freiheitsliebe. Befeuert wurde sie durch eine vehemente, unter dem Dogen Andrea Gritti Staat und Stadtbild erfassende Aufbruchsstimmung.[90]

Nicht von ungefähr entwickelt der aufstrebende Maler mehrfach urbanistische Visionen und Vorschläge (Kat. 3, 19).[91] Zitate aus den Architektur- und Perspektivtraktaten von Sebastiano Serlio (Kat. 12, 19, 20, 21, 22) sind, neben dem Rückgriff auf die religiösen Schriften von Pietro Aretino (Kat. 6, 7, 22) und auf skulpturale Vorbilder aller Art (Kat. 10, 20, 25, 26, 28, 29, 31, 32, 34, 35, 42), integraler Bestandteil von Jacopos *conceptual style*.[92] Seine in Kirchen, Palästen und genossenschaftlichen Versammlungshäusern angebrachten Gemälde bilden virtuelle Ausstülpungen des öffentlichen beziehungsweise des privaten Raumes, die den visuellen wie spirituellen Erfahrungshorizont der Betrachter auf zuvor ungekannte Weise erweitern – und dem Barock dadurch weit vorausgreifen.

Solch obsessiv erscheinende Beschäftigung mit Raumproblemen mag nicht zuletzt auf die physische Enge im seinerzeit sehr viel dichter bewohnten Venedig[93] zurückzuführen sein. Platz schaffen musste Tintoretto sich aber vor allem in einer dicht besiedelten Kunstszene, die nicht auf ihn gewartet hatte. Dort sollte man Jacopos Intellekt tatsächlich bald fürchten lernen: Abwesenheiten Tizians geschickt nutzend[94], preschte der junge Maler vor, um an entscheidenden (prominenten oder im Stadtbild weithin sichtbaren) Stellen *landmarks* seiner Kunst zu setzen (zum Beispiel Kat. 26, 29). Den benötigten Aktions- und Resonanzraum verschaffte er sich, indem er die Spielregeln des Marktes, speziell: die Kriterien der Kunstbewertung, zu seinen Gunsten verschob und veränderte.

Den von Tizian so beharrlich wie listenreich gepflegten und durch betont langsames Arbeiten in die Höhe getriebenen monetären Wert der Kunst ließ Jacopo kurzerhand kollabieren, indem er an den besagten strategischen Stellen Bilder zum Selbstkostenpreis malte oder sogar

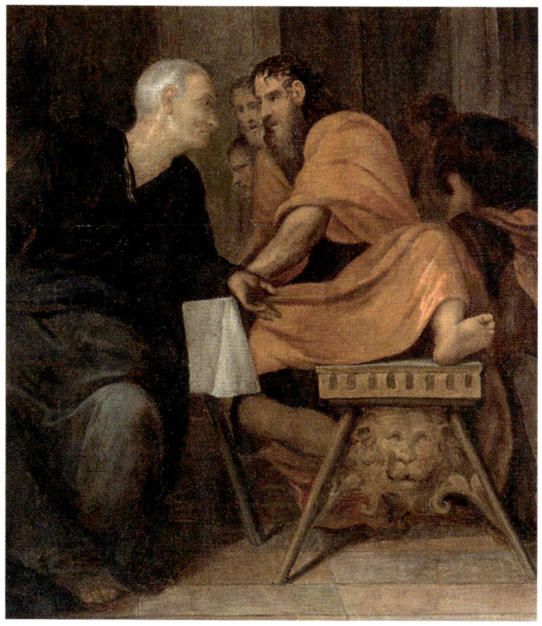

Abb. 6
JACOPO TINTORETTO
DIE FUSS-WASCHUNG
Um 1539, Öl auf Leinwand, 149 × 264 cm, Musée de Grenoble, Inv. MG 406, Detail: Selbstporträt Tintorettos als Apostel Jakobus?

schenkte.[95] Im Gegenzug wertete er die – das heißt: *seine* – Ölmalerei ideell auf, indem er mit einer betont raschen, oft skizzenhaften Malweise die eigentlich für das Fresko geltenden, nicht etwa handwerklichen, sondern intellektuellen und mentalen Beurteilungskriterien einforderte: Entschlusskraft, Geistesgegenwart, Schnelligkeit.[96] Den Gesetzen lehr- und lernbarer *ars* bzw. *techne* entzog sich der junge Tintoretto, um als selbsternanntes Naturgenie quasi eine neue, eigene Währung in die venezianische Kunst einzuführen.[97]

Auf geradezu emblematische Weise bringt eine Anekdote bei Ridolfi das Bestreben Tintorettos auf den Punkt, seine eigene (körperlich übrigens eher kleine[98]) Person zum Maßstab der Dinge und gerade auch seiner Kunst zu machen: „Einstmals, als er von einem venezianischen Adligen gerufen wurde, um ein bestimmtes Bild als Fresko in dessen Garten auszuführen, und daher die Länge der Wand genommen werden musste, maß er prompt mit seinen ausgebreiteten Armen die Fläche und antwortete, nach dem Ergebnis befragt: ‚Drei Tintoretti.'"[99]

90
Zu dieser *renovatio urbis*: Tafuri 1984 sowie Gullino im vorliegenden Band.
91
Auch hier erweist er sich als Erbe Bonifacios, der bereits lebhaften Anteil an der *renovatio urbis* nahm: Tafuri 1984, Abb. 12; Calabi/Morachiello 1984, Abb. 2, 4, 6, 10.
92
Gould 1962; Forssman 1967; Weddigen 2000, S. 86 f., 251–261.
93
Siehe den Aufsatz von Gullino im vorliegenden Band.
94
Grosso 2013, S. 92.
95
Ridolfi/Hadeln 1924, S. 15, 18 f., 27. Preisniveau Tizians im Vergleich zu dem Tintorettos: Ost 1993, S. 95 f.
96
Krischel 1991, S. 123–143.
97
Krischel 1991, S. 130; Krischel 1994 b, S. 13. Jacopo versuchte diesen Coup später zu wiederholen, indem er seine Tochter Marietta als malendes und musizierendes Wunderkind in die Gesellschaft einführte: Wasmer 1991; Krischel 1994 b, S. 123 f.
98
Krischel 1992, S. 9 f., 14 (Anm. 12).
99
Ridolfi/Hadeln 1924, S. 66.

— *Erasmus Weddigen*

DIE STRATEGIEN DES JUNGEN TINTORETTO

Selten hat ein angehender Künstler des 16. Jahrhunderts seine künstlerischen Absichten und karrieristischen Strategien so offen dargelegt wie Jacopo Robusti alias Comin[1], der selbsternannte „tentor" oder „tentoreto".[2] Schon in der Wahl dieses *nom de bataille* signalisiert der kleinwüchsige Färbersohn seine Ambitionen, nämlich groß zu werden und aus dem Schatten seiner virtuellen und höchst gegenwärtigen Konkurrenten (hie Michelangelo und die Florentiner, dort Tizian und die Maler-Unternehmer wie Bonifacio, Jacopo Bassano oder Mitstreiter wie Bordone und Schiavone) herauszutreten.

Das ihm nachgesagte Ausstellen dekorativer Schaustücke im Umfeld des Markusplatzes wird durch die Existenz der sogenannten *cassoni* (Kat. 16, 17, 25) nachgewiesen, aber schon unter diesen ist kaum ein Werk, das nicht unübliche ikonographische und malerische Capricci enthielte. Das Aufmerken der Malerschaft dürfte schon diesen Kleinwerken sicher gewesen sein, verrieten sie doch eine ungewöhnliche Vertrautheit mit den religiösen Quellen, wobei Jacopo sich diese oft aus erster Hand besorgt haben dürfte: etwa die jüngste (vom Künstler intensivst gelesene und sehr persönlich ausgedeutete) Volgare-Übersetzung der Bibel durch Santi Marmochino, die Bibelparaphrasen und Heiligenviten aus der Feder Pietro Aretinos, die *Legenda Aurea* des Jacobus de Voragine in der Übersetzung Manerbios oder die theologischen Schriften venezianischer Dominikaner (Santi Giovanni e Paolo) und Regularkanoniker (San Giorgio in Alga).

Fast immer erhoben sich schon diese kleineren Werke über die Regeln der populären Tradition, indem sie neue Wege der bildlichen Interpretation beschritten. Selbst handwerkliche und gestaltungstheoretische Exempla erprobte Tintoretto über gewohnte Massen, wie die vitruvianischen Architekturvorlagen Sebastiano Serlios (Kat. 12, 19, 20, 21, 22). Der Umgang mit einem Gelehrten und Büchersammler wie Tomaso Rangone, aber auch die Freundschaft mit unorthodoxen *poligrafi* (Viel- oder Schnellschreibern) und Poeten wie Antonfrancesco Doni und Andrea Calmo, mit dem Baumeister und Bildhauer Jacopo Sansovino und dem Architekten Michele Sanmicheli, dem Verleger Francesco Marcolini (Kat. 32) und sogar mit Komponisten und Musikern der Markuskapelle wie dem Musiktheoretiker Gioseffo Zarlino oder Giovanni Gabrieli (vgl. Kat. 18, 63), waren Fundgruben für seine intellektuelle Neugier, die man in Kunsthistorikerkreisen lange unterschätzte.

Jacopos eigene Sammelwut umfasste nordische Druckgraphik, namentlich jene Dürers, wie Reproduktionsstiche nach Raffael, Michelangelo und Giulio Romano sowie originalgroße oder verkleinerte Repliken antiker und zeitgenössischer Skulptur (Kat. 31, 34). Deren Spuren lassen sich bis in früheste Kompositionen nachweisen (Kat. 1, 6, 7, 16). Ein waches, angeborenes eidetisches Erinnerungsvermögen erlaubte ihm, autodidaktisch auf allen Klaviaturen der Kunstausübung, namentlich Porträt, Modellstudium, Stiladaptation, Maltechnik usw. zu spielen und sich von ererbten Normen zu befreien. Sein geistiges Umgetriebensein prägte ihn als „cervello terribile" (Giorgio Vasari). Mit dem Verblassen seiner direkten Einflussnehmer erlosch allerdings das Wissen um seine Quellenvielfalt, und die Historie begnügte sich mit der Flut seiner – auch hybriden – malerischen Hinterlassenschaft. Der geschäftstüchtige wie titanische Schnell- und Vielmaler trat vorherrschend in das geschichtliche Bewusstsein der Nachwelt. Erst seit kurzem beschäftigt man sich mit dem *intellektuellen* Ringen des „tentor" um Platz und Rang im Vene-

1
Zum angeblich ursprünglichen Familiennamen des Malers, Comin, siehe den Aufsatz von Linda Borean im vorliegenden Band. Im Sprengel von San Cassiano lag 1538 die erste Wohn- und Werkstatt Jacopos; hier wirkte später ein Subdiakon Jacopo Comin (Tassini 2009, S. 67). Es lebten also im Quartier noch lange weitere Comins.

2
Anfänglich signierte er „JACHO[bus]TIN[ctor] F[ecit]". Das JACHOBUS erschien lediglich noch in der „Sacra Conversazione Molin" von 1540. Die untertreibende Wendung ins Umgangssprachliche ist Programm. Zu Jacopos Signaturen vgl. auch den Aufsatz von Guillaume Cassegrain in diesem Band.

3
In der Bamberger „Himmelfahrt Mariens" bringt sich Jacopo als pilgerstabbewehrten Jacobus Maior ein.

4
Paris Bordone (1500–1571), neben der Scuola dei Mercanti (Madonna dell' Orto) lebend und somit quasi Nachbar Tintorettos, dürfte mit seinen Architekturmeisterstücken Jacopos Interesse an serlianischen Prospekten befeuert haben – vgl. Kat. 22, 23.

5
Die seitlichen Säulen sind links unkorrekt berechnet. Die Gesamtkonzeption geht auf die Schilderung in Aretinos *Humanità del figliolo di Dio* von 1539, zu Ende des 1. Buches zurück („... e ne disse cose, che ne stupirono fino alle colonne circostanti"). Siehe dort auch den Dialog Jesu mit seiner Mutter („onde la madre, ritenuto il passo, porge le orecchie ascoltalo. Et egli, stendendo la man destra ...")!

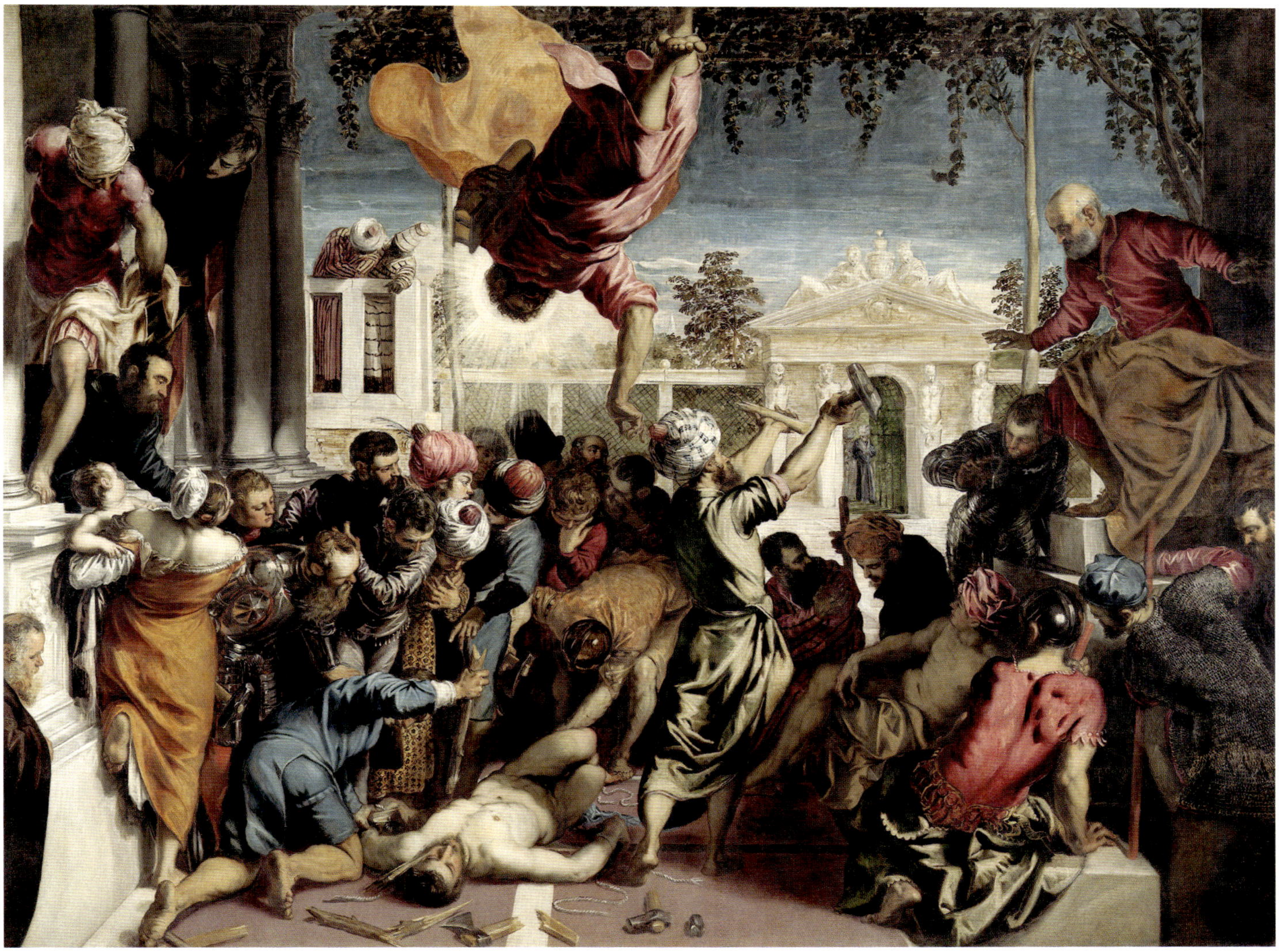

dig des 16. Jahrhunderts. Sehen wir uns einige Marksteine dieses Ringens aus der Nähe an:

Die mailändische „Disputa" (Kat. 6) ist eines dieser Beispiele frühester Selbstdarstellung[3]: Nicht nur reiht sich Jacopo per Selbstporträt in die ihn umstehenden Vorbilder Michelangelo und Tizian ein, deren Formenkanon in Gesten, Körperwendungen, Farbwerten und Raumdisposition aufscheint; darüber hinaus will die Komposition an affine Werke Bordones[4] und Bonifacios erinnern. Zugleich erprobt er (wenn auch mit noch fragwürdigem Erfolg[5]) den in Serlios Bühnenentwürfen propagierten zentralperspektivischen Tiefensog. Frühes Zeugnis seiner semantischen Spielereien ist wohl die Einbringung der beiden Tribünen. (Ihr Anblick sollte beim zeitgenössischen Betrachter den Begriff *pergolo* wachrufen.[6]) Die erhabene Mariengestalt links ist beste Anlehnung an florentinische und emilianische ‚Moderne'! Der Wust an Folianten (Aretino: „… in diversi atti acconci, vestiti de i manti sacri, con molti libri in grembo e in mano …") und bärtigen Profilen gemahnt an die Übertreibungen der in Modena bewahrten Deckenbilder des Palazzo Pisani (Kat. 10, 11), die von Giulio und Pordenone vorerst nur die Gewaltsamkeit geerbt hatten. Hingegen verrät die quirlige Aufgeregtheit der Statisten schon das Aufbegehren gegen alle repräsentative Zeremonialkunst.

Zu den Inkunabeln Tintorettoscher Strategie ist auch die „Bekehrung des Saulus" in Washington zu zählen (Kat. 5): Dieses Schlüsselwerk behandelt das für Jacopo zeitlebens so prägende Motiv des Visionären, das kaum Rücksicht nimmt auf herkömmliche Darstellungsmuster, auch wenn hier formale Einzelsequenzen aus Tizian, Raffael und weiteren Quellen identifizierbar bleiben. Die audiovisionäre Wucht, die hier ganze Heerscharen in wilde Flucht schlägt, ist eine durch und durch ‚robuste' Übertreibung, die sich kon-

Abb. 1
JACOPO TINTORETTO
DAS SKLAVENWUNDER
1547/48, Öl auf Leinwand, 415 × 541 cm, Venedig, Gallerie dell'Accademia

6
Die *pergoli* (Sängertribünen) der Markuskirche, architektonisches Endprodukt des *coro spezzato* und verziert mit den Bronzereliefs der „Wunder Marci" von Sansovino, gerieten vielleicht im „Sklavenwunder" zur *pergola* (Weinlaube), unter der sich die Marter ereignet.

Abb. 2
JACOPO TINTORETTO
DIE HIMMELFAHRT MARIENS
Um 1555, Öl auf Leinwand, 437 × 265 cm, Bamberg, Obere Pfarrkirche

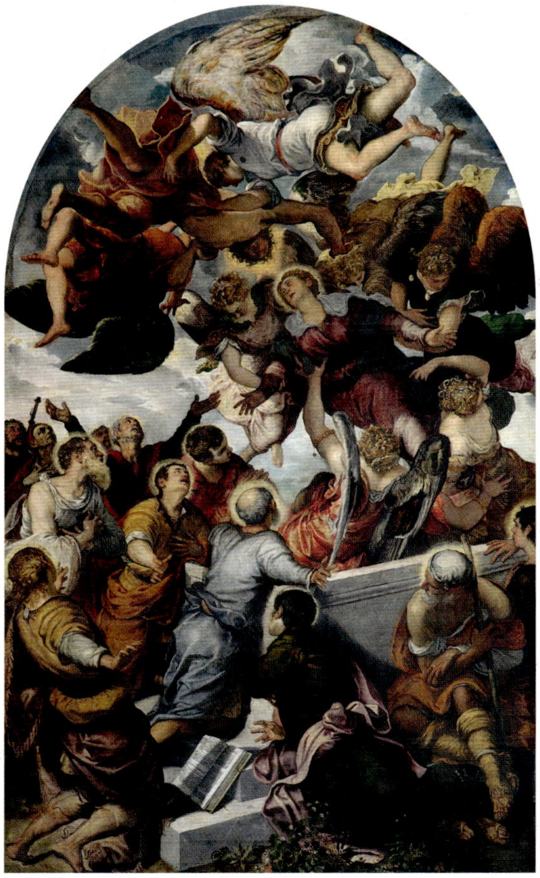

genial nur in Pietro Aretinos protobarocken Worthyperbeln wiederfindet.[7] Die überirdische Erscheinung des Heiligen haptisch-emotional erfahrbar zu machen, ist das innigste Anliegen des malenden, „stummen (Bild-)Predigers“[8], der nicht ruht, den Auftritt von Engeln, die Himmelfahrt Christi und Mariens, die Verkündigung, Apokalypse oder das Kreuzigungsgeschehen für sein Publikum handgreiflich zu ‚verwirklichen‘.

Auch andernorts wagt sich Jacopo an das Verbildlichen akustischer Phänomene, etwa an die Sichtbarmachung des Echos aus der Ovidischen Novelle von „Echo und Narziss“ (Rom, Galleria Colonna): Die ruinöse Apsis eines antiken Rundbaus evoziert inmitten einer waldigen *Scena satirica* (landschaftlicher Bühnenentwurf Serlios für die Satire) im zentralen Schnittpunkt der Komposition den Widerhall der Stimmen: eine parataktische Sinnesparallele zum Spiegelbild des Narziss. Nicht anders beschreibt der Maler den Verwandlungsprozess der Pieriden in krächzende Elstern auf seinem Spinettdeckel in Verona (Kat. 18) oder lässt mittels lesbarer Partituren und wirklichkeitsgetreuer Instrumente das Dresdner „Nymphenkonzert“ erklingen.

Gewissermaßen hörbare Dimensionen weist auch die hoch verschlüsselte „Sacra Conversazione Molin“ von 1540 auf (siehe Abb. S. 20). Das ikonographische Vexierbild strotzt von Wortspielen und Allusionen, nicht nur auf die tosko-römische Hochkunst, sondern auch auf den Mentor Bonifacio de' Pitati: Bedeutungen wie *rosa candida, arbor vitae, corona murtea*[9], *hortus conclusus* werden von Anspielungen auf die „Madonna del Silenzio“ Michelangelos oder dessen Sibyllen, den „Jesaia“ Raffaels, den (größengetreu übertragenen!) „Franziskus“ des Bonifacio aus dessen Gemälde in San Francisco begleitet und kreisen um Elemente eines gebärdenstarken dialogischen Gruppenporträts. Der jugendliche Übermut Jacopos wird sich von hier bis zum „Sklavenwunder“ von 1547 hinziehen, ja dieses erst verständlich machen. Ist doch der Molinsche ‚Heiligenkongress‘ bestes Beispiel dafür, mit welcher weitläufigen Sinnhaltigkeit Jacopo sich, als *pictor doctus et modernus*[10], in eine reiche Patrizierfamilie einzuführen (und so die erhoffte Publicity anzustoßen) verstand.

Der sporadische frühe Rückbezug auf byzantinisierende Elemente (wie Blattgoldverwendung, Lichtschraffuren, hieratische Personenkompositionen) deutet nicht nur auf dalmatinische oder griechische Kunden, wie sie noch der junge Greco, Bewunderer Tintorettos, bedienen sollte, sondern ist auch durch den Umgang mit Ikonenmalern wie Michele Damasceno und der griechischen Gemeinde Venedigs belegbar. Selbst die Orgelflügel der Madonna dell'Orto weisen Blattgold als Mosaikimitat auf und die Bamberger „Himmelfahrt Mariens“ folgt in ikonographischer Hinsicht einem eher oströmischen Kanon der Unio mystica. Vergleichbare Archaismen in verschiedenen Kreuzigungsdarstellungen wiederum sind nicht nur den nordischen Beispielen Dürers geschuldet, sondern folgen auch Simultanabläufen in mittelalterlichen Narrativszenarien der Flamen und Niederländer, die über den Handel nach Venedig gelangt waren (Bosch, Memling).

Mit der Wiederaufnahme verfremdender Bildgestaltung wies Jacopo sich nicht etwa als antiquiert oder rückständig aus, vielmehr setzte er sich durch derlei aufmerksamkeitheischenden Exotismus von einer mittlerweile routinierten Hochrenaissance (und damit von vielen Konkurrenten) ab. Bei der oberflächlichen Kritik trug Tintoretto dies Prädikate wie *ghiribizzoso* (grillenhaft), *stravagante* (extravagant) und *capriccioso* (ausgefallen)

7 Man lese hierzu etwa die Sintflut-Schilderung in Aretinos *Il Genesi* von 1538.

8 Krischel 2012 a, S. 56.

9 Der Johannesknabe trägt als einziger statt des Nimbus einen (in bestimmten Heiratsriten getragenen) Myrtenkranz, altes Symbol der Jungfräulichkeit.

10 Siehe Bertling Biaggini 1999.

ein, die jedoch an der Eigentümlichkeit seiner (post-)modern anmutenden Zitierkunst ebenso vorbeiführten wie an seiner gleichzeitig präzisen und originellen bildlichen Auslegung der Heiligen Schrift.

Jacopos eigenwillige Auseinandersetzung mit religiösen Themen führte ihn nach der Mitte des Jahrhunderts zuweilen an die Grenzen der Konformität mit offiziöser Kirchenmeinung.[11] Gerade die Ausfuhr der (ursprünglich für eine venezianische Kirche geschaffenen) Bamberger „Himmelfahrt" nach dem Norden lässt den Schluss zu, dass die verstörende Ikonographie des Bildes Anstoß erregte, zumal in ihr eine seit 1545 auf dem Index stehende Bibelübersetzung – das Porträt eines existierenden Buches, das seinerseits ein literarisches Porträt des Malers enthielt – zu sehen war. Auch die gigantischen, etwa gleichzeitigen[12] *teleri* (Riesenleinwände) der Madonna dell'Orto enthielten Interpretationen der Heilsgeschichte, die ungewöhnlich waren (Modell des Goldenen Kalbes, die Verdammten im Wasserstrudel, flügellose Engelsgestalten, wie sie schon die Kritiker Michelangelos auf den Plan gerufen hatten) und teils auf das Gedankengut der Katholischen Reform[13] oder sogar des Protestantismus verwiesen (Darstellung des Erzengels Michael mit schalenloser Seelenwaage).

Der Außergewöhnlichkeit des „Sklavenwunders" von 1547 (Abb. 1) wird man sich erst bewusst, wenn man gänzlich davon absieht, in den als Mitspieler des Dramas vorgeführten Persönlichkeiten etwaige Mitglieder der Scuola Grande di San Marco sehen zu wollen – jener Bruderschaft, in deren Versammlungsgebäude das Gemälde, an der Stirnwand des Kapitelsaals, einen entscheidenden Platz einnahm. Sie waren nicht die unmittelbaren Auftraggeber und hatten vorerst keinen Einfluss auf die Gestaltung der Großleinwand, woraus sich der spätere Streit um das Gemälde entwickeln konnte. Jacopos Schachzug war beispiellos: Mit zunächst versprochener Kostenlosigkeit erwirkte er sich die völlige Kompositionsfreiheit, wobei er die im Brüsseler *modello* (Kat. 19) vorgeschlagene „Bergung der Gebeine Marci" durch das posthume Markuswunder der „Rettung des Sklaven" ersetzte.[14]

Präsentierte er im Entwurf noch ein mit Giorgione oder Bordone konkurrierendes Naturgewaltendrama um den Bischof von Alexandria als Opfer oder Empfänger überirdischen Willens, so beschwor er nun eine unerhörte Einwirkung der gottgewährten Thaumaturgie Marci selbst. Diese Steigerung konnte dem Entscheidungsgremium der Scuola schmeicheln, zumal sie ein Vielfigurenbild versprach, in dem sich wohl mancher Funktionär eine Wiedergabe seiner Züge erhoffte. Aber Tintoretto kehrte sich nicht um derlei Wünsche. Er lieferte hingegen eine Momentaufnahme der aktuellen ‚Kulturpolitik', indem er die ihm wichtigen Kunst- und Kulturträger seines Umkreises zu Bildakteuren machte – welche zu identifizieren nur dem aufmerksamen Mitbürger gelang.[15]

Was hatte Jacopo „tentor", als er die Signatur ins vulgärsprachliche Understatement änderte, sich hier erlaubt? Die Szenerie wurde nun von Statisten gefüllt, deren Bedeutung mit ihrem Standort korrelierte: links die Zuschauer des vereitelnden Blendungswunders aus verschiedenen Ständen, Bürgerschichten und Edlen, rechts das Manipel der Bewacher (in Venedig die *arsenalotti*) des Tyrannen; dazwischen ein türkomorpher ‚Vermittler', der dem provenzalischen Herrn die Ausweglosigkeit der Folter dartut. Dass sich der Künstler selbst als das Opfer der Blendungsversuche und des Knochenbrechens verstanden habe und den Triumph über seine staunenden Feinde feiern wird, ist Hypothese. Doch die biographisch verbürgte Ichbezogenheit des „Tintorello" (Aretino) lässt eine dahingehende Spekulation zu.

Wenn der in türkische Gewänder gekleidete ‚Vermittler' Aretino wäre[16] (der in Abwesenheit Tizians die journalistische Promotion Jacopos unternahm), der aus ‚seiner' Loggetta heraus-

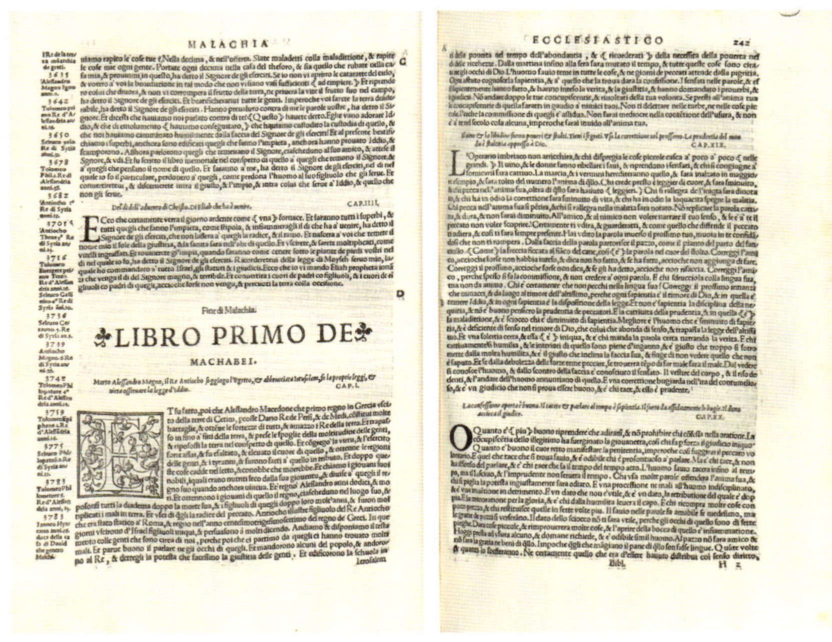
MALACHIA

ECCLESIASTICO 242

Fine di Malachia.

LIBRO PRIMO DE MACHABEI.

Abb. 3
Santi Marmochino, La Bibbia nuovamente tradotta dalla Hebraica verità…, Venedig (Eredi Giunti) 1538, foll. 331 v / 242 r, München, Bayerische Staatsbibliothek, Sign. Res/2 B.lat.f. 48

11
Siehe etwa Gentili 2009.
12
Siehe Richter 2000, mit überzeugender Datierung auf ca. 1556/57.
13
Kurze und immer noch gültige Einführung: Bertoni 1973, Kap. 4 und 5.
14
Umstände der Auftragserteilung: Krischel 1991, S. 13–26.
15
Weddigen 2000, S. 79–107.

gebeugte Bärtige Jacopo Sansovino, der geharnischte hammerbewehrte „Eques" Tintorettos Widersacher Tizian usw.[17], dann hätten wir ein Gutteil der intellektuellen und künstlerischen Prominenz bezeichnet, vor der sich der *humilis servus* Tintoretto als – siegreiches – Opfer produziert. Die vielbewunderte *Caritas* mit ihrem Säugling entwickelt hier eine moralische Sprengkraft sondergleichen, da sie als einzige Frau in einer Männergesellschaft zu Menschlichkeit und Gewaltlosigkeit aufruft.

So wie der herabstürzende Heilige das Wunder ‚anzeigt', wird es durch den links vom Zuschauerraum ausgeschiedenen Beobachter verifiziert. Sollte es sich dabei um ein Porträt des Tommaso Rangone[18], Gelehrter, *filologo* und Mediziner, handeln, so würde die Wunderhaftigkeit des Vorgangs auf ähnliche Weise ‚beurkundet' wie durch das bildbeherrschende Vorzeigen der geborstenen Marterwerkzeuge durch einen ‚Ungläubigen'. Dem volkstümlichen Aber- und Wunderglauben beugt Tintoretto so mit wissenschaftlichen und materiellen Beweisstücken vor – eine Haltung, der man schon in manchen Legenden des Jacobus de Voragine selbst begegnet.

Der Wille Tintorettos, jedem seiner Themen Lebensechtheit einzuhauchen, zwingt ihn, auch für gewöhnlich zweitrangige Realien veristisch wiederzugeben: so geschehen in der Bamberger „Himmelfahrt" (Abb. 2) im Konterfei seiner (geöffnet auf dem Sarkophagsockel abgestellten) Hausbibel (Abb. 3) und der marianischen Symbolblumen, in der Darstellung der „Hll. Andreas und Hieronymus" für den Magistrato del Sale von 1551 (Abb. 4), wo Jacopo eine existierende hebräische Tenach-Seite zitiert (Abb. 5), oder im Gegenstück (Kat. 28), wo er die Prinzessin im Kürass des hl. Georg sich spiegeln lässt – ironischer Hinweis auf den legendären „Hl. Georg" von Giorgione: laut Paolo Pino ein Gründungsbild des Paragone im Veneto. Mit den beiden letztgenannten Bildern trat Tintoretto in der Ausstattung des Palazzo de' Camerlenghi überlegen die Nachfolge Bonifacios an, indem er zwei hochkomplexe Meisterwerke lieferte.

Die frühen Darstellungen von „Salomo und die Königin von Saba" (Kat. 16, 20) und der „Ehebrecherin" (Kat. 21, 22) sind authentische Probestücke für die Ausgestaltung von meist serlianischen Architekturmustern.[19] Nicht so sehr die Figurationen stehen im Fokus des Interesses als deren bühnenhafte Raumumgebung – eine Interessengewichtung, die bis in die Zeit der „Fußwaschungen" in Madrid und Newcastle dauert. So bleibt die „Ehebrecherin" zu Rom (nicht anders jene von Amsterdam) ein Beweispfand für die evolutionäre Gewinnung jener perspektivischen Entwurfsfertigkeit, die dem Modeneser Ovid-Zyklus (Kat. 10, 11) in seiner Unbeholfenheit noch so sehr gefehlt hatte.

Dass Jacopo diese theaterräumlichen Experimente schließlich mit erzählerischem, meist biblischem Gehalt potenzierte und vertrieb, gehört zu seiner Strategie des Schockierens und Überlebens, von der er erst Abstand nehmen konnte, als er mit dem „Sklavenwunder", den „Fußwaschungen" und „Letzten Abendmahlen" oder gar den geradezu kolportagehaften Kranken- und Gefangenenszenen im Chor von San Rocco seine höchste Qualifizierungsebene erreicht hatte und im neuen Wohnquartier am Rio della Sensa sein großräumiges und Mitarbeitern offenes Atelier betreiben konnte.[20]

Dass ihn auch fürderhin der größte Clamor begleitete, war Absicht und Berechnung: Mit seinen frühen, oft kaum kostendeckenden Wandfresken an strategisch wirksamen Wegkreuzen (Case da Mula, Marcello, Gussoni, Soranzo usw. – Kat. 26, 29) oder ‚Platzhaltern' in prominenten Sprengelkirchen erwirkte er sich Auf- und An-

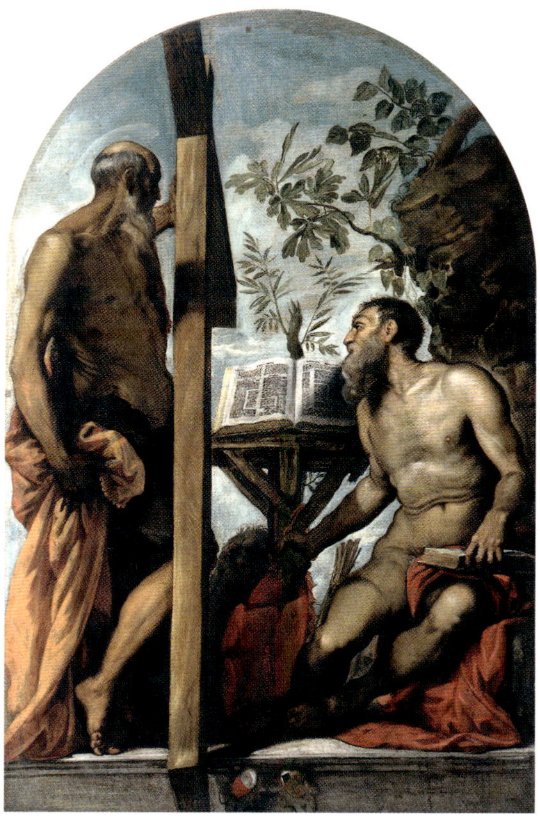

Abb. 4
JACOPO TINTORETTO
DIE HLL. ANDREAS UND HIERONYMUS
1551, Öl auf Leinwand, 225 × 145 cm, Venedig, Gallerie dell'Accademia

16
In der Tat liebte es der „Sekretär der Welt", sich in exotische Gewänder zu kleiden. (Unvergessen seine rhetorische Drohung 1542, angesichts der Charakterlosigkeit der katholischen Mächte sich zum Türken zu konvertieren.)

17
Siehe Anm. 15.

18
Jüngste Neubewertung: Herrmann 2017.

19
Es scheint, dass Jacopo sich aufgrund seines Bibelstudiums um eine Visualisierung der Salomonischen Tempelanlagen bemühte, worin die ehernen Säulen Jachin und Boas, die Tempelvortreppe und -vorhalle, Portal und Vorhang, der sechsstufige Thron usw. figurierten (1 Kön 6–7).

20
Weddigen 1985.

sehen ungeachtet der Neider. Da er seine Kundschaft im Gegensatz zu Tizian von unten, das heißt von Bürgerschaft und Innungen her aufrollte, setzte er auf spontanen Zulauf der weniger Vermögenden, die er unablässig umgarnte. Sein Anlehnen an große, auch disparate Vorbilder wie Carpaccio, Parmigianino, Tizian, Pordenone, Veronese oder Bassano war ebenso beabsichtigt wie die Verwertung graphischer Vorlagen, etwa Dürers (deren man oft erst gewahr wird, wenn man sie spiegelverkehrt vergleicht). Die Bekanntheit der Vorlagen nutzte er zur eigenen Werbung, indem er mit ihnen gleichzuziehen versprach. Solange er Könnerschaft, Mimesis und Überlegenheit bewies, scherte ihn eine auf diskutablen Umwegen erkämpfte Erbschaft nicht. Seine charakterliche Wendigkeit, Freakness, Witz und Humor, Theatralik und Bonhomie glichen seine Nonchalance aus, mit Schroff- und Schrulligkeit anzuecken und selbst Gönner zu brüskieren.

Tintorettos spezifische Kundschaft unter den religiösen Bruderschaften und im mittelständischen *ceto medio* verübelte ihm sein manchmal unsportliches Konkurrenzverhalten nicht, sofern Jacopo seine Gegner unterbot oder gar (wie in der Scuola di San Rocco) mit der „Glorie“ des Titelheiligen als ‚Firmengeschenk‘ übertölpelte. Sein modernes kaufmännisches Unternehmertum rieb sich nicht am moralisch-religiösen Ernst und Gehalt seiner Bilder, der ja nicht narrativ sein wollte, sondern explikativ, also stets auslegerisch blieb und sich weit von der malerischen Möblierung von Klöstern, Kirchen und Familienkabinetten der durchschnittlichen Auftragsmaler unterschied.

Dass sich die Atelierpolitik mit dem Umzug ins Sestiere Cannaregio sehr bald zugunsten von Gesellen oder Mitarbeitern aus der eignen Familie verschob und die Eigenhändigkeit Jacopos abnahm, dass der Erfindungswille und die anfänglich so überschäumende Originalität im Betrieb der Bottega langsam verebbte[21], steht auf einem anderen Blatt. Der in seiner messianischen Emphase unterschätzte Innovator wurde an der geistig ausblutenden Klientel so zugleich der Totengräber der klassischen Malerei Venedigs.

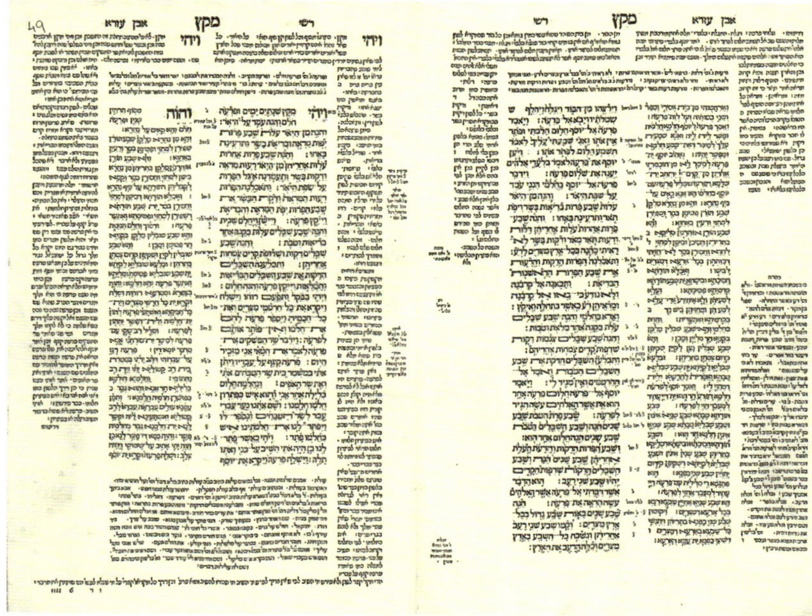

Abb. 5
JACOB BEN CHAJIM IBN ADONIJAH
Sogenannte Zweite Rabbinerbibel (Mikraot Gedolot), Bd. I, Venedig (Daniel Bomberg) 1524, S. 96f.

Zusammenfassend lässt sich sagen, dass der junge Künstler mit Bedacht die vielbesuchten Orte in der Öffentlichkeit – Kirche, Magistratur, korporatives Versammlungshaus, Memorialkapelle – oder Privatbereiche der Nobilität aussuchte, um hochqualifizierte, anspruchsvolle Gemälde wie unübersehbare Merkzeichen zu hinterlassen und seinem wachsenden Atelier ein Fortkommen zu sichern: all dies nicht ohne ökonomische Chancenabwägung zwischen Gewinn und Marktrisiko, Selbstwerbung und Benevolenz. Die geistigen Mithelfer seines zunehmenden Erfolgs waren anfänglich Aretino, Sansovino, Doni, Calmo, Marcolini, Rangone, der Episcopi-Clan seines Schwiegervaters, Künstlerfreunde wie Schiavone und Vittoria, Beamte und Nobili, schließlich die Bruderschaftsmitglieder der verschiedensten Gilden. Einmal im Zenit des Zuspruchs, benötigte er sie nur mehr notfalls hinter den kulturpolitischen Kulissen. A star was born.

21
Mehr denn Domenico Robusti sind es Jacopo Palma il Giovane und seine Werkstatt, die mit neuem, barockem, Schwung und tänzerischem Dekorum den Platz der Tintoretti einnahmen.

„TINTORETTO“ – WIE GERUFEN…

Es bedurfte wohl mehrerer Namen – Familien-, Eigen-, Bei-, Ruf- und Spitznamen –, um von Tintoretto zu sprechen. Dieser Spitzname (Tintoretto = das Färberlein/der Kleine des Färbers[1]), der allmählich zum Familiennamen mutierte und von seinen Kindern weitergeführt wurde[2], konnte sich erst mit der Zeit durchsetzen; gleichwohl hat ihn die Tradition trotz seiner Unschärfe beibehalten, und bis in die heutige Literatur[3] hinein legt er Zeugnis ab von der strategischen Bedeutung, die der Name für den Künstler im Guten wie im Schlechten annehmen konnte.

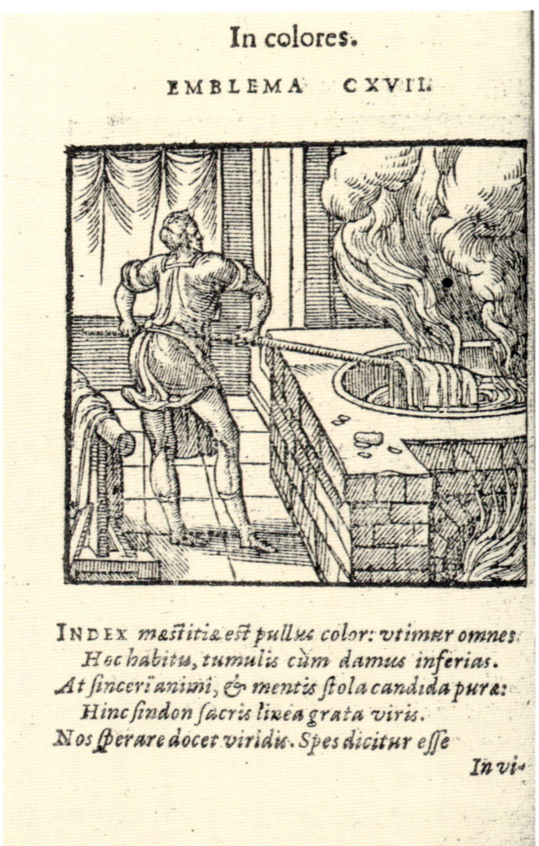

In colores.

EMBLEMA CXVII.

INDEX mæstitiæ est pullus color: utimur omnes
Hoc habitu, tumulis cùm damus inferias.
At sinceri animi, & mentis stola candida pura:
Hinc sindon sacris linea grata viris.
Nos sperare docet viridis. Spes dicitur esse

In vi-

Abb. 1
ANDREA ALCIATO
EMBLEMATA

Leiden 1591, S. 142, Emblema CXVII, Holzschnittillustration: Tuchfärber bei der Arbeit, Glasgow, Glasgow University, Sign. Sp Coll S.M. 58

Schon sein Familienname Robusti ist fraglich; wahrscheinlich handelt es sich ebenfalls um einen Beinamen („die Widerstandsfähigen“ oder „die Zähen“), der seinem Vater, Giovanni Battista Robusti, als Dank für dessen Mut bei der Verteidigung Paduas gegen die kaiserlichen Truppen im Jahr 1509 verliehen wurde und der den ursprünglichen Familiennamen Comin(o) ersetzte.[4] Auch die Tatsache, dass Tintoretto seine ersten Werke mit verschiedenen Vornamen signierte (Iachobus, Iacomo) und dass ihm sowohl Gegner als auch Freunde und Verteidiger etliche Spitznamen gaben (Andrea Calmo: „Pfefferkörnchen“[5], Jean-Paul Sartre: „Maulwurf“[6]), lässt erkennen, wie schwer es für Tintoretto war, sich einen Namen zu machen.[7]

Vor dem erstmaligen Erscheinen der großen Biographie Carlo Ridolfis im Jahre 1642[8], die ausdrücklich den Ruhm seines Namens begründete[9], war Tintoretto oft Zielscheibe verständnisloser und bissiger Äußerungen gewesen, welche hauptsächlich auf seine *maniera* abzielten (vor allem auf die oft kritisch gesehene Schnelligkeit bei der Ausführung seiner Werke), aber auch in Problemen mit der Benennung seiner Person wurzelten. So ist einerseits sein Stil nur schwer in Worte zu fassen, denn er entzieht sich teilweise den rhetorischen Formeln, die die venezianischen Autoren beim Sprechen über Malerei verwendeten. Andererseits besteht aber auch Uneinigkeit darüber, welcher Name diesem so eigentümlichen Künstler beizulegen sei, dem „più terribile cervello che abbia avuto mai la pittura“ (furchterregendsten Intellekt, den die Malerei je besessen).[10]

Als Beispiel für die Rolle, die der Name für die Tintoretto-Rezeption spielte, und die Schwierigkeiten, die es vor allem in den jungen Jahren des Künstlers bereitete, die Identität seines Werks zu erfassen, mag Vasaris marginale Lebensbe-

1
In der venezianischen Malergilde wird ein „Iacomo de Battista Tentor“ geführt (Favaro 1975, S. 140), was darauf hindeuten mag, dass der Name IACOMO TENTOR, mit dem der Künstler 1547/48 das „Sklavenwunder“ signierte, eine bewusste Verkürzung der üblichen Abstammungsbezeichnung (IACOMO, Sohn des Battista, FÄRBER) darstellt. Für diesen Hinweis danke ich Roland Krischel.

2
An dem Testament, das Jacopo dem Notar Antonio Brinis am 30. Mai 1594 diktierte, und demjenigen seines Sohnes Domenico vom 20. Oktober 1630 lässt sich ablesen, wie sich der Beiname endgültig zum Familiennamen wandelt. Laut seinem Testament wurde Jacopo die Benennung „Tentoreto“ beigelegt („Io Iacomo di Robusti ditto Tentoreto“), während bei seinem Sohn keine Rede mehr von einem Beinamen ist: „Io Domenico Robusti Tentoretto“. Vgl. zu den Testamenten Alessandra Schiavon in Ridolfi 1994, S. 127 und 132, sowie Borean in Madrid 2007, S. 448 f.

3
Siehe z. B. die verschiedenen Namen, die Jean-Paul Sartre in seinen Texten über Tintoretto verwendet; so wählt er abwechselnd den Vornamen (Jacopo), den angenommenen Familiennamen (Robusti) oder den Beinamen (Tintoretto): Sartre 1981 a. Anschaulich wählt Miguel Falomir als Titel für seinen Einführungstext zur Madrider Ausstellung eine Aufzählung der Namensvarianten: Falomir 2007 a, S. 17.

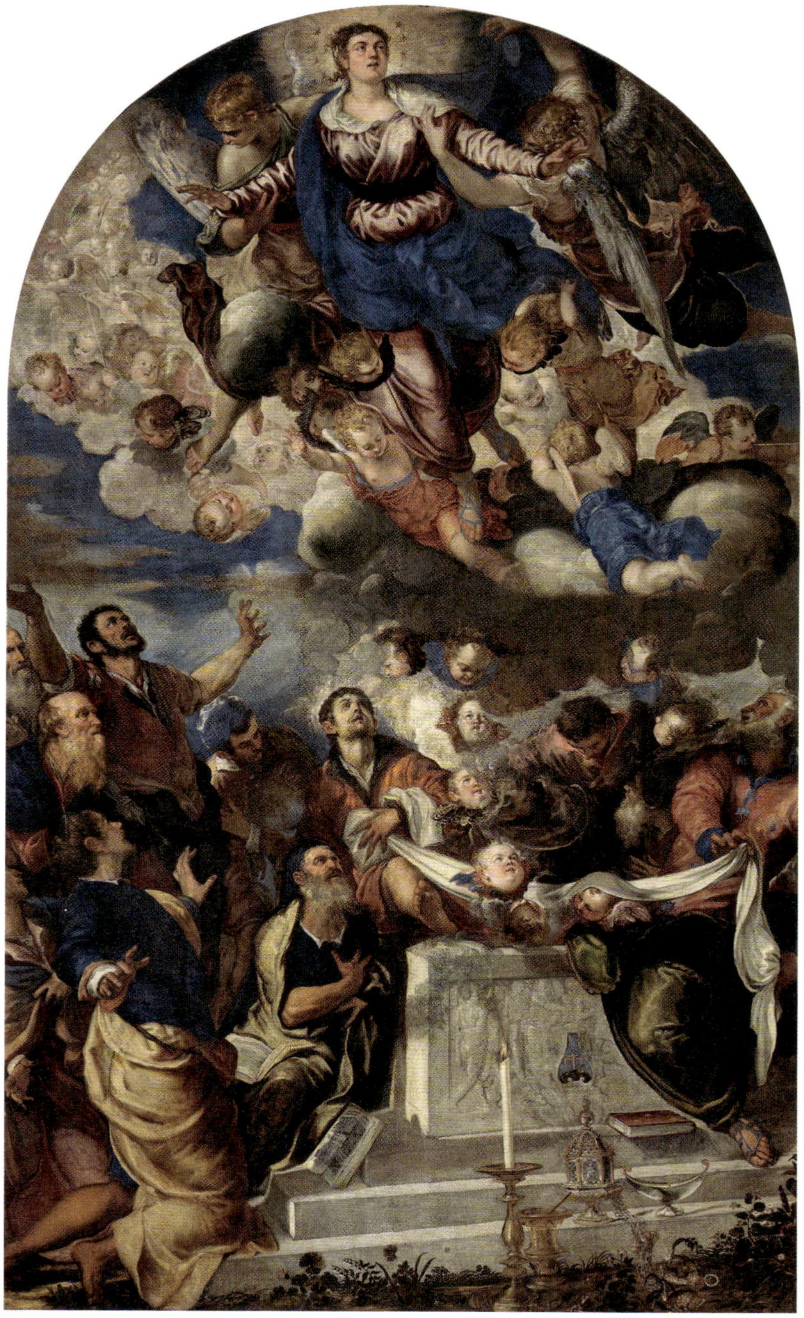

Abb. 2
JACOPO TINTORETTO
DIE HIMMELFAHRT MARIENS
Um 1555/56, Öl auf Leinwand, 440 × 260 cm, Venedig, Chiesa dei Gesuiti

schreibung dienen, die er in der Ausgabe von 1568 dem Leben des Battista Franco recht formlos anfügte. Wenn Vasari den Maler mit einem scheinbaren Beinamen benennt („un pittore chiamato Iacopo Tintoretto“[11]), der eine gewisse Zwanglosigkeit und Unschärfe aufweist („chiamato“), so gilt ihm dieser gleichzeitig als Indiz für dessen ausgefallene *maniera*. Dieser Beiname könnte von den Verteidigern der *bella maniera* sehr wohl als Farce, als drollige Benennung verstanden werden, die haargenau zu jener „extravaganten“ Malerei passt, welche sich über die Regeln der Kunst („l'uso degli altri pittori“) hinwegsetzt. Die „Farce“ („baia“), die Vasari in Tintorettos Werken zu entdecken glaubt, kann nur auf einen Künstler zurückgehen, dessen Name bereits ungewiss und in sich schon, wegen seines niedrigen Ursprungs im Handwerk, fast komisch ist.[12] Auch in seinem Fazit zielt Vasari auf den Namen des Künstlers ab, der sich – anstatt dem Beispiel seiner Vorläufer zu folgen – in Capricen und bizarrer Form verliere und es deshalb versäume, „sich einen Namen zu machen“, dem die Nachwelt ein ehrendes Andenken be-

4
Die aus Brescia stammenden Brüder Giovanni Battista und Antonio Comino sollen sich durch ihre Tapferkeit bei der Verteidigung Paduas ausgezeichnet haben, als die kaiserlichen Truppen versuchten, die Republik Venedig zu Fall zu bringen. Vgl. Checa Cremades 2004, S. 204, und Falomir 2007 a, S. 22.

5
„Cusi come un granelo de pevere confonde, bate e vadagna diese mazzi de papavero“, Calmo/Belloni 2003, S. 132. Der Familienname Comin bedeutet im Venezianischen „Kümmel“, und dieser Assoziation mochte Calmo sich mit seinem „Pfefferkörnchen“ anschließen. Vgl. dazu Falomir 2007 a, S. 23 (unter Hinweis auf eine Mitteilung von Roland Krischel). Zu den Wortspielereien mit Tintorettos Namen vgl. Cassegrain 2010, S. 57–70.

6
Sartre 1957, S. 337.

7
Vgl. Mazzucco 2012, S. 1–11.

8
Sodann aufgenommen in dessen *Maraviglie dell'arte* von 1648.

9
Ridolfi/Hadeln 1924, S. 72: „del cui famoso nome … se ne conserverà per sempre immortale la memoria“ (dessen berühmter Name auf ewig in unsterblicher Erinnerung bleiben wird).

10
Vasari/Barocchi 1984, S. 468.

11
Vasari/Barocchi 1984, S. 468.

12
Zum Vergleich: Die lange und rühmende Lebensbeschreibung Tizians beginnt Vasari mit dessen unzweideutiger Benennung und der Anerkennung der vornehmen Herkunft seiner Familie: „Essendo nato Tiziano in Cador […] della famiglia de' Vecelli, in quel luogo delle più nobili“.

wahren könnte: „se egli avesse conoscuito il gran principio che aveva della natura, ed aiutatolo con lo studio e col giudizio, come hanno fatto coloro che hanno seguitato le belle maniere de' suoi maggiori, e non avesse, come ha fatto, tirato via di pratica, sarebbe stato uno dei maggiori pittori che avesse avuto mai Venezia" (wenn er den großen Vorsprung, den ihm die Natur gewährte, anerkannt und – wie es jene gemacht haben, die den *belle maniere* seiner Vorgänger gefolgt sind – durch Fleiß und Urteilskraft gepflegt hätte, anstatt, wie er es gemacht hat, den Routinier zu geben, wäre er einer der größten Maler geworden, die Venedig je hatte).[13] Schon einige Jahre zuvor hatte Pietro Aretino anlässlich der Enthüllung des „Sklavenwunders" (Abb. S. 57) dem jungen Maler vorgeworfen, er habe es in diesem für die Scuola Grande di San Marco bestimmten Werk nicht vermocht, die geltenden ästhetischen Konventionen einzuhalten, und sei mit der nur allzu sichtbaren Schnelligkeit seines Pinselstrichs das Risiko eingegangen, ein Renommee zu verspielen, das 1548 in greifbare Nähe gerückt war: „E beato il nome vostro, se reduceste la prestezza del fatto in la pazienzia del fare" (Und selig Euer Name, wenn Ihr die Geschwindigkeit des Gemachten drosseln würdet zur Geduld des Machens).[14]

In seinem 1605 in Parma veröffentlichten *Lamento della pittura su l'onde venete* mokiert sich Federico Zuccari über den Beinamen des Malers („un Tentore"[15]) und stilisiert ihn zum Signum einer ehrenrührigen Herkunft, die Jacopo – eben aufgrund dieses entlehnten Namens – zur Anonymität verurteile. An dieser ‚zünftigen' Benennung glaubt er die Ursache für den Niedergang der venezianischen Malerei des Cinquecento festmachen zu können. Mit eindeutigem Bezug auf Tintoretto nimmt Zuccari dessen Beinamen als Aufhänger, um ihm jegliche Eigenart abzusprechen: „Cadei, misera me, per un Tentore che di far cose grandi mi diè segno, Mentre de gli anni suoi era nel fiore. Questi de l'amor suo mi diè per pegno, due manigli; ma poi di bizaria mi pose sottosopra tutto il regno ..." (Ich fiel, ich ärmste, durch einen Färber, der mir Zeichen gab, Großes zu schaffen, als er in der Blüte seiner Jahre stand. Als Unterpfand seiner Liebe gab dieser mir zwei Armreifen; doch dann stellte er mir aus Extravaganz das ganze Reich auf den Kopf ...)[16]. So besitzt derjenige, den Zuccari, ohne ihn zu nennen, für den miserablen Zustand der Malerei verantwortlich macht, nicht einmal mehr einen Familiennamen: er ist lediglich eine allgemeine Ursache ohne persönliche Identität, ohne Alleinstellungsmerkmal – ein „Färber" halt (Abb. 1), der durch Unkenntnis ihrer Regeln den Niedergang der Malerei auslöste. Einige von Tintorettos Feinden gehen sogar so weit, seinen Namen beziehungsweise seinen verlachten Spitznamen aus ihren Texten vollkommen zu löschen und – Gipfel der Niedertracht – ihn selbst dann nicht zu nennen, wenn von seinem Werk die Rede ist. So verweigert beispielsweise Lodovico Dolce Tintoretto die Ehre, namentlich erwähnt zu werden, obwohl er dem Leser zu verstehen gibt, gegen wen sich seine Kritik richtet.[17]

Die Tatsache, dass die meisten venezianischen Schriftsteller des Cinquecento dem Namen Tintorettos so große Aufmerksamkeit schenken – ein eher seltener Fall in der italienischen Kunst des 16. Jahrhunderts –, hat nicht nur mit der (zumindest aus heutiger Sicht) etwas unklaren Familiengeschichte und dem ererbten, entsprechend schillernden Familiennamen zu tun, sondern auch mit den Problemen, die sich einer Beschreibung der ästhetischen Identität des Künstlers entgegenstellen. Ebenso wenig, wie der Maler mit einem sicheren Namen aufwarten kann, ist es möglich, seinen extravaganten Stil mit Worten genau zu erfassen. Wenn Vasari von „Farce" spricht, so meint er einen Färber-Maler mit unpassendem Namen, der unkonventionellen Regeln folgt und Werke schafft, denen man unmöglich mit poetischen oder rhetorischen Kommentaren gerecht werden kann, wie denje-

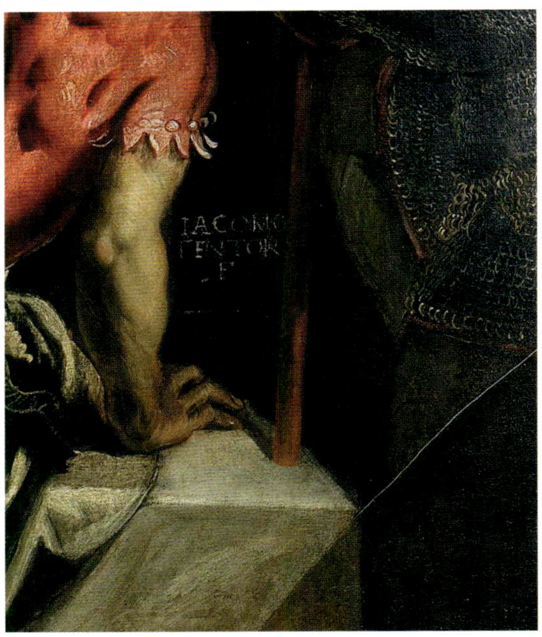

Abb. 3
JACOPO TINTORETTO
DAS SKLAVENWUNDER
1547/48, Öl auf Leinwand, 415 × 541 cm, Venedig, Gallerie dell'Accademia; Detail: Signatur (im Schatten am Thron)

13 Vasari/Barocchi 1984, S. 472.
14 Aretino/Camesasca 1957, S. 205.
15 Zuccari/Heikamp 1961, S. 127.
16 Zuccari/Heikamp 1961. Vgl. auch Loh 2009, S. 188–195.
17 Vgl. Dolce 1557 in Roskill 1968, S. 122. Zu den entsprechenden Stellen im Text von Dolce siehe den Aufsatz von Linda Borean in diesem Katalog. Vgl. auch Hochmann 1992, S. 142.
18 Vasari/Barocchi 1984, S. 471.

nigen eines Tizian, eines Malers mit einem richtigen Namen. Seine Beschreibung des „Jüngsten Gerichts“ in der Madonna dell'Orto beginnt Vasari zwar mit Komplimenten, verwandelt diese aber im weiteren Verlauf in beißende Kritik, wenn er aufzeigt, dass Tintorettos Werk letztlich keinem rhetorischen Diskurs standhält. Mögen Komposition und *maniera* des Künstlers auf den ersten Blick „verblüffend“ erscheinen, so erweisen sie sich bei näherer Betrachtung („considerandola poi minutamente“[18]) als „Farce“ („dipinta da burla“). Kein Begriff, kein literarisches Konstrukt kann Tintorettos unzählige Erfindungen wiedergeben, denn „gefärbten“ Stoffen gleich, ist ihre Verführung eine oberflächliche.

Der junge Tintoretto hat sich mit seinem Namen amüsiert und durch mannigfache Variationen dessen Anklänge „durchgespielt“[19]. Wie Montaigne besitzt Tintoretto keinen Namen, „der [ihm] genügt“.[20] Einer der gegen ihn vorgebrachten Kritikpunkte betrifft eben diese Fähigkeit, das Alias zu wechseln und so die einmal etablierte Künstleridentität immer wieder in Frage zu stellen. Ridolfi zufolge war es für Tintoretto ein Leichtes, den Stil zu wechseln und den Eindruck zu erwecken, seine Werke seien von einem anderen Maler geschaffen. Das Altarbild der Crociferi-Kirche, die „Himmelfahrt Mariens“ (Abb. 2), könnte, so Ridolfi, von Veronese stammen, so sehr habe Tintoretto sich bemüht, dessen *maniera* zu imitieren, um seine Auftraggeber zufriedenzustellen.[21] Ein solches Vorgehen, das Tintoretto in den ersten Jahren seines Wirkens in besonders aggressiver Weise als kommerzielles Argument an den Tag legt, führt zu einer Aufweichung der als natürlich angesehenen Verbindung zwischen Stil und Persönlichkeit. Familienname und Stil stehen in einem um die Mitte des 16. Jahrhunderts immer enger werdenden Verwandtschaftsverhältnis, das es ermöglicht, die Werke eines Malers mit seinem Namen zu bezeichnen – wie Kinder mit dem Namen ihres Vaters, dem sie ähneln.

Natürlicherweise ist die Jugend die wesentliche Phase bei der Bildung einer – psychischen und künstlerischen – Identität wie auch bei der Suche nach einem Renommee, wobei ein Name sich als hilfreich erweisen kann. So findet die durch Selbstporträt und Signatur in der Renaissance sich immer stärker behauptende Subjektivität des Künstlers auch im Namen eine besonders wirkungsvolle Möglichkeit, sich zu manifestieren. Michelangelo, *das* Vorbild, an dem der junge Tintoretto nicht vorbeikam, schenkte seinem Eigennamen wie auch den rühmenden Beinamen, die seine Zeitgenossen ihm gewährten, ganz besondere Aufmerksamkeit. Ein Großteil der Kunstliteratur des 16. Jahrhunderts sieht den beispiellosen Ruhm dieses Künstlers schon in seinem Namen angelegt. Man wurde nicht müde, Michelangelos Namen zu variieren, um dessen göttliche Dimension zu enthüllen und sein unvergleichliches Talent durch eine minuziöse Analyse seiner Identität herauszustellen. In dieser Tradition steht neben vielen anderen auch Lodovico Dolce mit seinem Lobpreis des göttlichen „Engels“: „La onde non senza cagione fu cantato dal lodatissimo Ariosto. *Michel piu, che mortale, Angel Divino*“ (Daher sang der hoch gerühmte Ariost nicht ohne Grund: *Michel*..., übermenschlicher, göttlicher, ...*angelo*).[22]

Von Anfang an begreift Tintoretto seinen Namen als wesentliches Instrument zur Verteidigung des ureigenen Stils. Die berühmte Formel, die

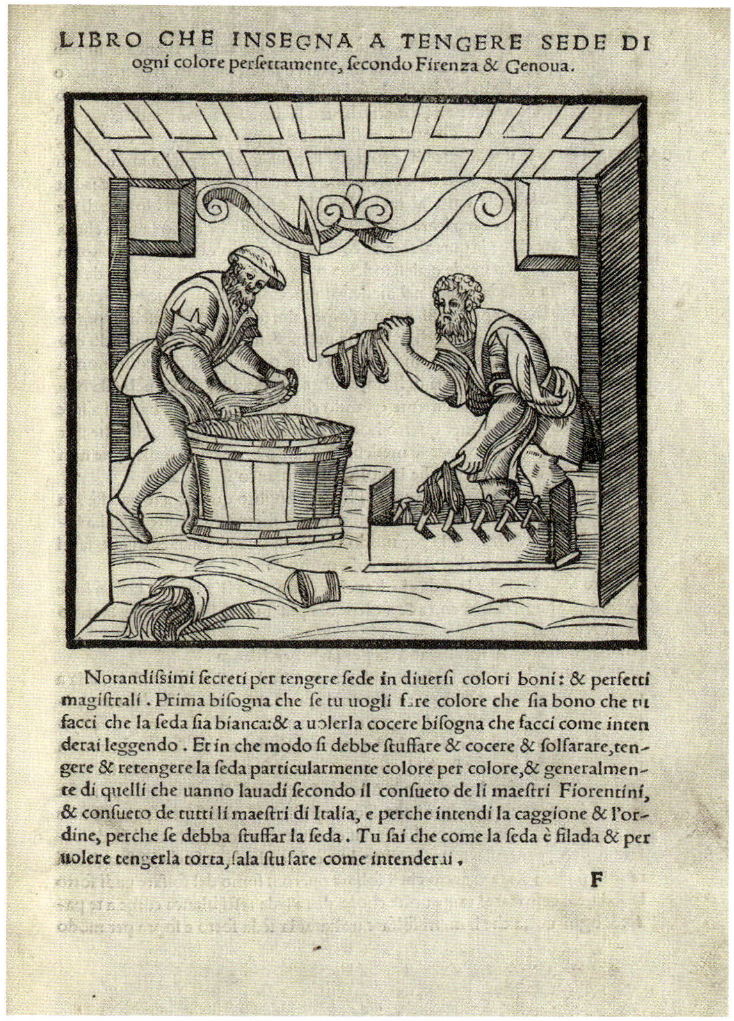

LIBRO CHE INSEGNA A TENGERE SEDE DI
ogni colore perfettamente, ſecondo Firenza & Genoua.

Notandiſsimi ſecreti per tengere ſede in diuerſi colori boni: & perfetti magiſtrali. Prima biſogna che ſe tu uogli fare colore che ſia bono che tu facci che la ſeda ſia bianca:& a uolerla cocere biſogna che facci come inten derai leggendo. Et in che modo ſi debbe ſtuffare & cocere & ſolfarare,tengere & retengere la ſeda particularmente colore per colore,& generalmente di quelli che uanno lauadi ſecondo il conſueto de li maeſtri Fiorentini, & conſueto de tutti li maeſtri di Italia, e perche intendi la caggione & l'ordine, perche ſe debba ſtuffar la ſeda. Tu ſai che come la ſeda è filada & per uolere tengerla torta,ſala ſtu ſare come intenderai.

F

Abb. 4
GIOANVENTURA ROSETTI
PLICTHO DE LARTE DE TENTORI...
Venedig (Francesco Rampazetto) 1540 (recte 1560), o. P., Holzschnittillustration: Zwei venezianische Seidenfärber bei der Arbeit Los Angeles, The Getty Research Institute

19
Vgl. Derrida 1986, S. 21–26.
20
Montaigne, Les Essais, II, 16, 610, zitiert von Compagnon 1980, S. 11. Vgl. zur Frage des Namens allgemein S. 53–141. Deutsche Übersetzung: Montaigne/Stilett 1998, S. 312.
21
Ridolfi/Hadeln 1924, S. 38.

der junge Maler, Ridolfi zufolge, auf die Wand seiner Werkstatt geschrieben haben soll – „Il disegno di Michelangelo e'l colorito di Tiziano" (die Zeichnung Michelangelos und das Kolorit Tizians) – bringt auf faszinierende Weise die überragende Bedeutung zum Ausdruck, welche Tintoretto dem Namen beimaß. Die Verbindung der beiden ruhmreichen Namen Michelangelo und Tizian, die für völlig gegensätzliche Stilrichtungen stehen, kann nur eine komplexe, wunderliche Identität hervorbringen, eine so seltsame Einheit entgegengesetzter *maniere,* dass kein gemeinsamer *Nenner* sie zu definieren vermöchte. Das Kind aus der Vereinigung dieser beiden einander fremden Größen könnte nur – wie vor Ridolfi bereits Paolo Pino bemerkte – den Namen Gottes tragen, des idealen Gottes der Malerei: „E se Tiziano, e Michel Angelo fussero un corpo solo, over al disegno di Michel Angelo aggiontovi il colore di Tiziano, se gli potrebbe dir lo dio della pittura" (Und wenn Tizian und Michelangelo sich einen Körper teilten, beziehungsweise der Zeichnung Michelangelos das Kolorit Tizians hinzugefügt würde, so könnte man vom Gott der Malerei sprechen).[23] Indem der junge Tintoretto diese von Pino erdachte Formel vollkommener Kunst an die Wand schrieb, gab er nicht nur seine Absicht kund, mit diesen beiden Vorbildern gleichzuziehen, eine zweifache Abstammung in Anspruch zu nehmen, sondern es ging ihm auch darum – jenseits der Frage nach dem eigenen Namen – seine Kunst göttlich und unsterblich werden zu lassen. Der vollkommene Künstler, der er sein will und der sich an den beiden berühmten Vorbildern orientiert, hat keinen Namen – es sei denn den der unnennbaren Gottheit. Die Passage in Pinos *Dialogo,* die Ridolfi Jahre später aufgreift, um die ersten Schritte des jungen Tintoretto zu rühmen, steht am Ende eines langen Exkurses über die Bedeutung von Familiennamen, die die Maler mit ihrer Signatur ehren. Nachdem sich zuvor der eine Gesprächspartner, Lauro, über derartige Namensangaben lustig gemacht hat, werden diese von seinem Gegenüber, Fabio, verteidigt als Mittel, um die Erinnerung an die Künstler der Vergangenheit wachzuhalten. „E che maggior vituperio di noi, che morir, e sotterarsi co'l nome?" (Und was gibt es größere Schmach für uns, als zu sterben und den Namen mit ins Grab zu nehmen?)[24], fragt Fabio, der den Gebrauch eines *cartellino* (ins Bild gemaltes Namensschildchen) nützlich und ehrenhaft findet. Pino publiziert derlei Überlegungen gerade zu der Zeit, als Tintoretto seine ersten Werke, insbesondere das „Sklavenwunder", der Öffentlichkeit präsentiert. Der *Dialogo* wirft somit ein Schlaglicht auf die von Ridolfi kolportierte Begebenheit: Das Motto an der Wand von Tintorettos Atelier ist eine Signatur, die der junge Künstler erfindet, um den Nachhall seines eigenen Namens zu verlängern und dem vielfachen Echo, das seine *maniera* hervorruft, einen Resonanzraum zu verschaffen.

Jacopos Arbeit am Namen setzt sich fort in seinen Signaturen, durch die manifeste Verknüpfung des *Eigen*namens mit einem *eigen*artigen, zutiefst originellen und singulären Stil. Die Signatur (wenn es denn eine ist) im Stein, auf dem der Fuß des Zacharias in der „Sacra Conversazione Molin" von 1540 ruht (Abb. S. 20), besteht nur aus seinem Vornamen, den er aber in derselben Art gestaltet wie die zahlreichen Michelangelo-Zitate in diesem Werk. Da der Vorname latinisiert ist („Iachobus"), steht die Signatur nicht nur für eine genau umrissene Identität, sondern erhebt gleichsam im Umkehrschluss und auf dem Wege der Assoziation auch Anspruch auf die Meriten der ehrwürdigen Bildfiguren.[25] Tintoretto begnügt sich nicht damit, seinen Zacharias in der Pose des Propheten Ezechiel darzustellen, wie er von Michelangelo an die Decke der Sixtina gemalt wurde, vielmehr spricht er sich durch die alleinige Verwendung des Vornamens auch selbst den Wert einer Sakralfigur zu: So wie Michelangelo die Propheten mit ihren Vornamen dargestellt hat, setzt Tintoretto den seinigen unter die Figur des Zacharias und sakralisiert damit die eigene Identität. „Iachobus" ist ein neuartiger Vorname, den man in eine Reihe stellen kann mit der langen Genealogie der Propheten und Sibyllen, denen die göttliche Kunst eines Michelangelo das Andenken sichert. Die Tatsache, dass die Signatur auf einem Stein angebracht wurde, zielt zudem stillschweigend auf den zweiten großen Namen der zeitgenössischen Malerei, nämlich Tizian, der seine sakralen Werke fast durchgängig so signierte, dass sein Name skulptiert oder in eine Stufe oder Säule gemeißelt zu sein scheint.[26]

Im „Sklavenwunder" von 1547/48 (Venedig, Gallerie dell'Accademia), wo sich Tintorettos ureigenes Talent öffentlich manifestiert, variiert der noch junge Künstler seinen Namen abermals und wählt nun den verlachten Beinamen des Färbers.[27] Auf einem in dieser Szene einer vereitelten Blendung dargestellten steinernen Thronsockel bringt er seine Signatur „IACOMO /

22 Brief Dolces an Gasparo Ballini, zitiert von Shearman 2003, S. 1039. Vgl. dazu Cassegrain 2017.

23 Pino/Dubus 2011, S. 138.

24 Pino/Dubus 2011, S. 134.

25 Detlev von Hadeln hielt 1928 den Vornamen im Verein mit dem auf den Stein gezeichneten Mühlrad für die Signatur eines unbekannten Malers. Das Werk sei einem gewissen Jacopo Molino zuzuschreiben, einem Bruder jenes Domenico, der 1562 mit Tintoretto in der Libreria Marciana gearbeitet habe: ein offensichtlicher Irrtum. Paola Rossi deutet die Inschrift „Iachobus" als Hinweis auf ein bestimmtes Mitglied der Familie Molin (Jacopo Alvise dei Molin „alla Maddalena" [*1514]) und damit auf den Auftraggeber. Hadeln 1928, S. 226–231; Madrid 2007, S. 188 (B. Echols); Rossi 2017.

26 Zu den skulptierten Signaturen Tizians sei der Hinweis auf eine in Arbeit befindliche eigene Veröffentlichung erlaubt: *Titien et la sculpture.*

TENTOR / F“ an (Abb. 3). Mit dieser Namensvariante weist der FÄRBER auf die unvergleichliche Strahlkraft seines *colorito* hin, das demjenigen Tizians in nichts nachsteht. Der Färberssohn hatte schon als Kind Gelegenheit, die Handhabung von Farbstoffen zu erlernen, und bemalte die Wände mit Figuren, die nicht nur auf seinen Namen, sondern auch auf seinen späteren Ruhm vorausdeuteten: „Essendo fanciulletto, si dava a disegnare co' carboni e colori delle tinte del padre sopra de' muri“ (Als kleiner Junge machte er sich daran, mit Kohle und mit den Farben seines Vaters auf Wände zu zeichnen)[28]. Der „namhafte“ Name *Tintoretto,* den der Maler mit Stolz annahm und zur Schau trug, den er manchmal latinisierte, um ihn noch mehr als Eigennamen erscheinen zu lassen – zum Beispiel im Porträt seines Freundes Jacopo Sansovino (Abb. S. 54) –, wird zum Markenzeichen seiner *maniera* und seines so singulären *colorito*. Zwar will der Beiklang von Ekel und Schmutz, den der Beruf des Färbers evozierte (Abb. 4), zur Tätigkeit eines humanistischen Malers im Sinne Tizians nicht recht passen. (Kunsttechnologen rekonstruierten Tintorettos ungewöhnliche Art, Farbreste auf der Palette zusammenzukratzen, um sie als Grundierung wieder zu verwenden.) Der gewählte Name konnte daher als grotesker Ausdruck seiner exzessiven Malweise, vor allem seiner Schnelligkeit, erscheinen. Doch hat Tintoretto ihn von Anfang an zum Markenzeichen einer *maniera* gemacht, die die althergebrachten Konventionen radikal veränderte. Der „Färber“, der im Hintergrund seines „Jesus unter den Schriftgelehrten“ (Kat. 6) wie zufällig Stoffe ausbreitet, als seien sie nach einem Färbebad zum Trocknen aufgehängt[29], oder in der „Bekehrung des Saulus“ (Kat. 5) strahlend gefärbte Fahnen stolz im Wind flattern lässt (Abb. 5), hat mit und in seinem Namen bewiesen, dass die Farb-Stoffe *(tinte)*, ja die Farbsubstanzen selbst zum neuen Signum von Meisterschaft werden konnten. Selbst der betagte Tizian verfolgte dies genau und richtete seine *ultima maniera* danach aus.

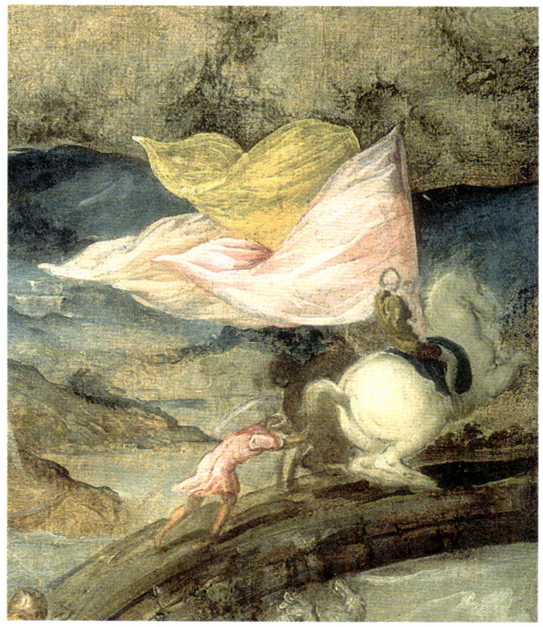

Abb. 5
JACOPO TINTORETTO
DIE BEKEHRUNG DES SAULUS
1538/39, Öl auf Leinwand, 152,4 × 236,2 cm, Washington, National Gallery of Art, Samuel H. Kress Collection, Inv. 1961.9.43; Detail: Reiter mit Fahnen

27
Nicht gezählt das Pentiment im Bereich der Unterschrift selbst (Krischel 1991, S. 126), enthält das Werk noch (mindestens) eine weitere Signatur, kann doch in mehrfacher Hinsicht der Sklave als Selbstporträt des Künstlers verstanden werden: Krischel 2006, S. 47.
28
Ridolfi/Hadeln 1924, S. 13.
29
Ich danke Roland Krischel für diesen treffenden Hinweis.

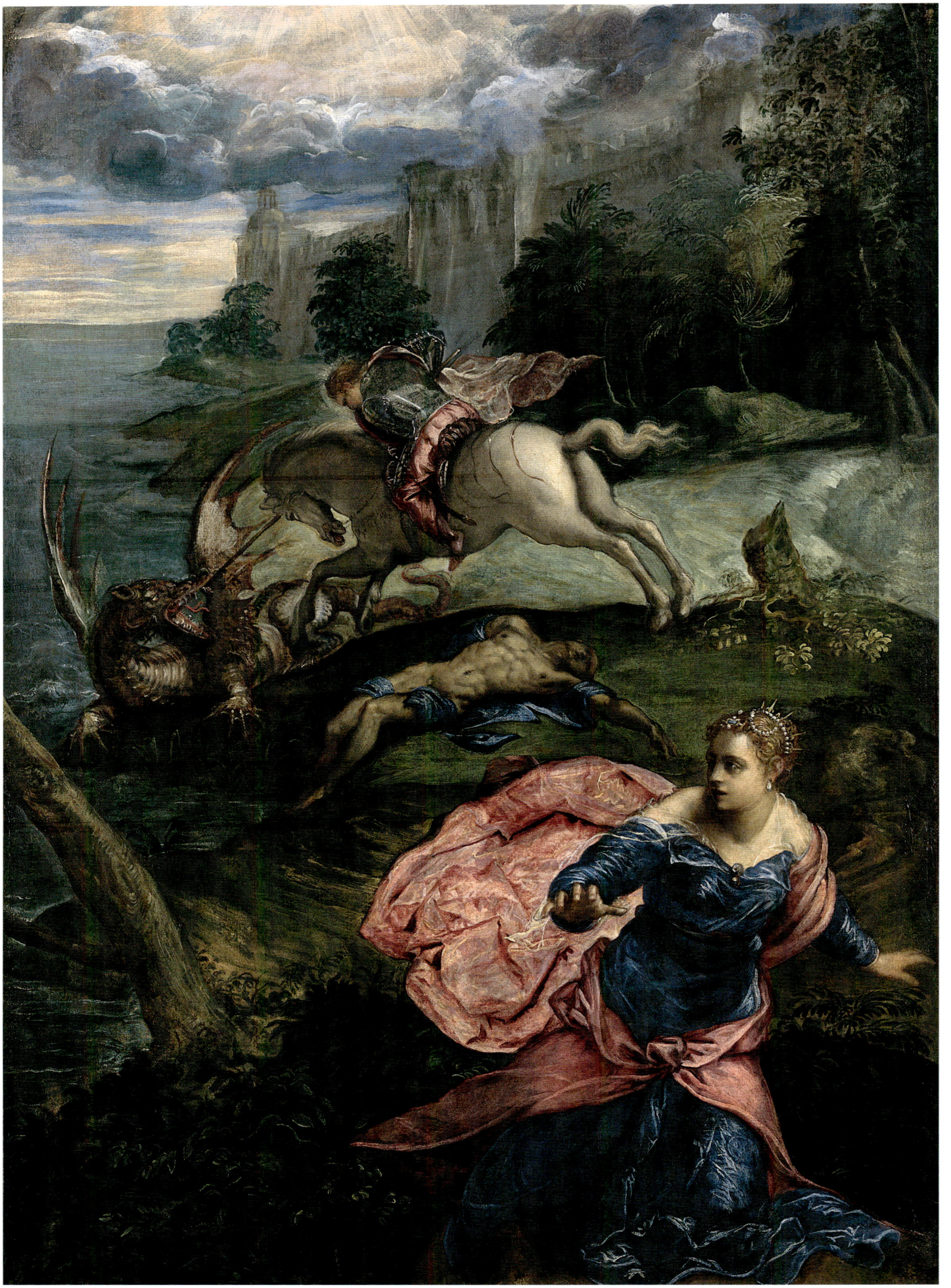

KATALOG

ZUM GEBRAUCH

Viele der ausgestellten Werke haben sehr umfangreiche Bibliographien, deren vollständiger Abdruck den Rahmen unseres Katalogs gesprengt hätte. Im Zentrum vorliegender Publikation stehen die jüngere Forschung sowie die aus Anlass unserer Ausstellung erarbeiteten neuen wissenschaftlichen Resultate und Thesen. Daher beginnen die den Katalogeinträgen beigegebenen Auswahlbibliographien oft erst mit der – für unsere Thematik bahnbrechenden – Monographie von Rodolfo Pallucchini (1950). Ältere Titel lassen sich über die genannte jüngere Literatur leicht auffinden.

In der Kölner Ausstellung werden den Werken Tintorettos und seiner Zeitgenossen bisweilen graphische Blätter zur Seite gehängt, die wichtige Bild- beziehungsweise Inspirationsquellen dokumentieren. Da es sich mehrheitlich um Reproduktionsstiche handelt, erhielten diese Blätter keine eigenen Katalognummern. Sie erscheinen stattdessen als Vergleichsabbildungen und werden in den zugehörigen Bildlegenden ausführlich nachgewiesen.

Katalognummern von Werken, die nicht auf beiden Ausstellungsstationen gezeigt werden, sind wie folgt markiert:
* wird nur in Köln gezeigt
** wird nur in Paris gezeigt

AUTORENKÜRZEL

CC
CHIARA CALLEGARI

RK
ROLAND KRISCHEL

CEM
CLAUDIA ECHINGER-MAURACH

CM
CÉCILE MAISONNEUVE

BE
BASTIAN ECLERCY

AP
ANDREAS PRIEVER

MH
MICHEL HOCHMANN

VT
VILMOS TÁTRAI

KAPITELEINLEITUNGEN: ROLAND KRISCHEL

INS AUGE SPRINGEN

„IN DERSELBEN STADT VENEDIG (...) war und lebt noch heute ein Maler genannt Jacopo Tintoretto. Dieser erfreut sich allseitiger Begabung, besonders auch in der Musik, die er auf verschiedenen Instrumenten betreibt, und ist zudem liebenswürdig in all seinem Tun. In allem was die Malerei anbelangt aber ist er wunderlich, kapriziös, schnell und kühn und der furchterregendste Intellekt, den die Malerei je besessen." So charakterisierte Giorgio Vasari 1568 seinen Künstlerkollegen. Unsere Ausstellung betrachtet das besonders ehrgeizige frühe Schaffen Tintorettos der Jahre 1537–1555. Anders als Konkurrenten wie Tizian oder Paolo Veronese war Jacopo mit Lagunenwasser getauft. 1518 oder 1519 wurde er als Sohn des Färbers Giambattista Robusti in Venedig geboren. Sein Künstlername Tintoretto („Färberlein") verweist auf diese handwerkliche Herkunft und auf die kleine Statur des Künstlers. Mit den Farben des Vaters soll er als Kind verblüffende Graffiti produziert haben. Angeblich war die Lehre, die er daraufhin (wohl bei dem Maler Bonifacio de' Pitati) absolvieren durfte, nur kurz. Spätestens im Januar 1538 jedenfalls war Jacopo „Meister" mit eigener, gemieteter Werkstatt. Manches deutet darauf hin, dass er dort zunächst nicht nur auf eigene Rechnung arbeitete, sondern auch als Subunternehmer für andere Maler wie Bonifacio oder Tizian. Als Färbersohn gehörte Jacopo den politisch machtlosen *popolani* an, die mit rund achtzig Prozent den höchsten Bevölkerungsanteil der venezianischen Kastengesellschaft stellten und in deren Händen Fischerei, Dienstleistungsgewerbe sowie Handwerke aller Art lagen. Malerei war für ihn *das* Mittel, aus der Anonymität zu treten, soziale Mauern zu durchbrechen und Mitsprache auszuüben. Sie erlaubte es ihm, in den öffentlichen Raum, die Adelshäuser und den Dogenpalast vorzustoßen. Zugleich bot sie ihm ein Ventil für seine überbordende Phantasie und Schöpfungskraft. So entstand ein malerisches Paralleluniversum, das mit Macht in die Welt des Betrachters drängt.

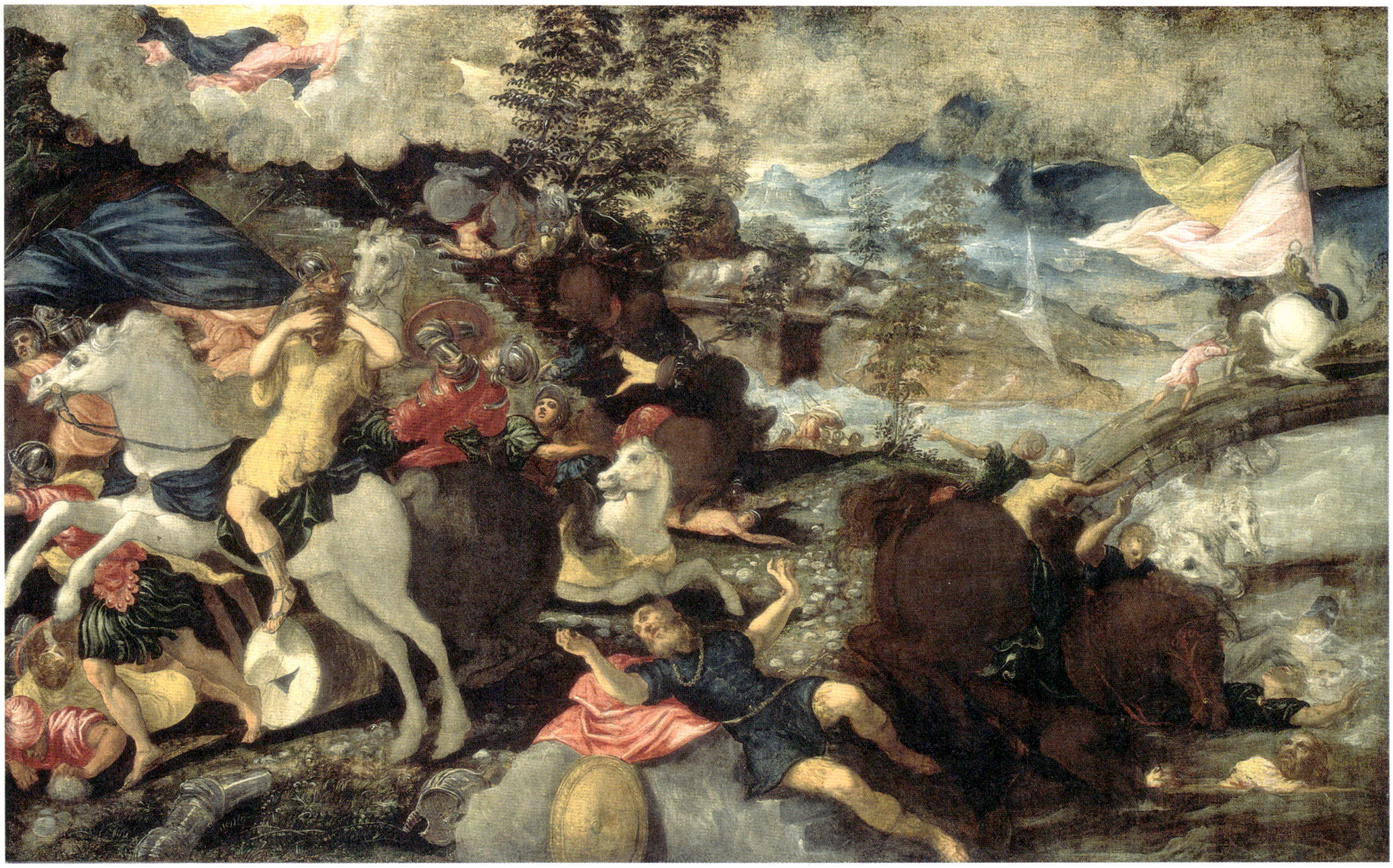

Kat. 5

JACOPO TINTORETTO
DIE BEKEHRUNG
DES SAULUS

1538/39
Washington, National Gallery of Art,
Samuel H. Kress Collection

☞ S. 84

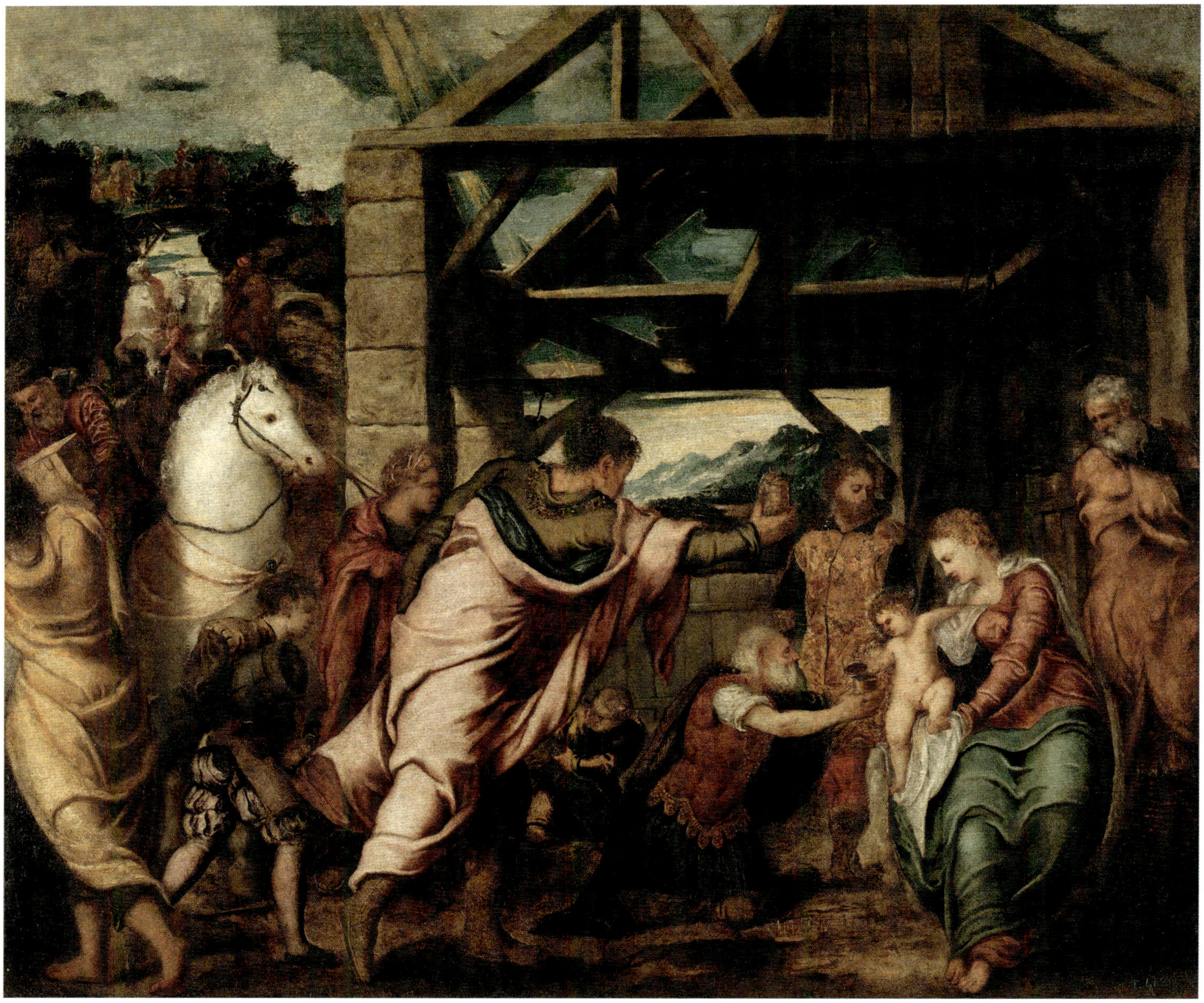

Kat. 1

JACOPO TINTORETTO

ANBETUNG DER KÖNIGE

Um 1537/38

Madrid, Museo Nacional del Prado

☞ S. 80

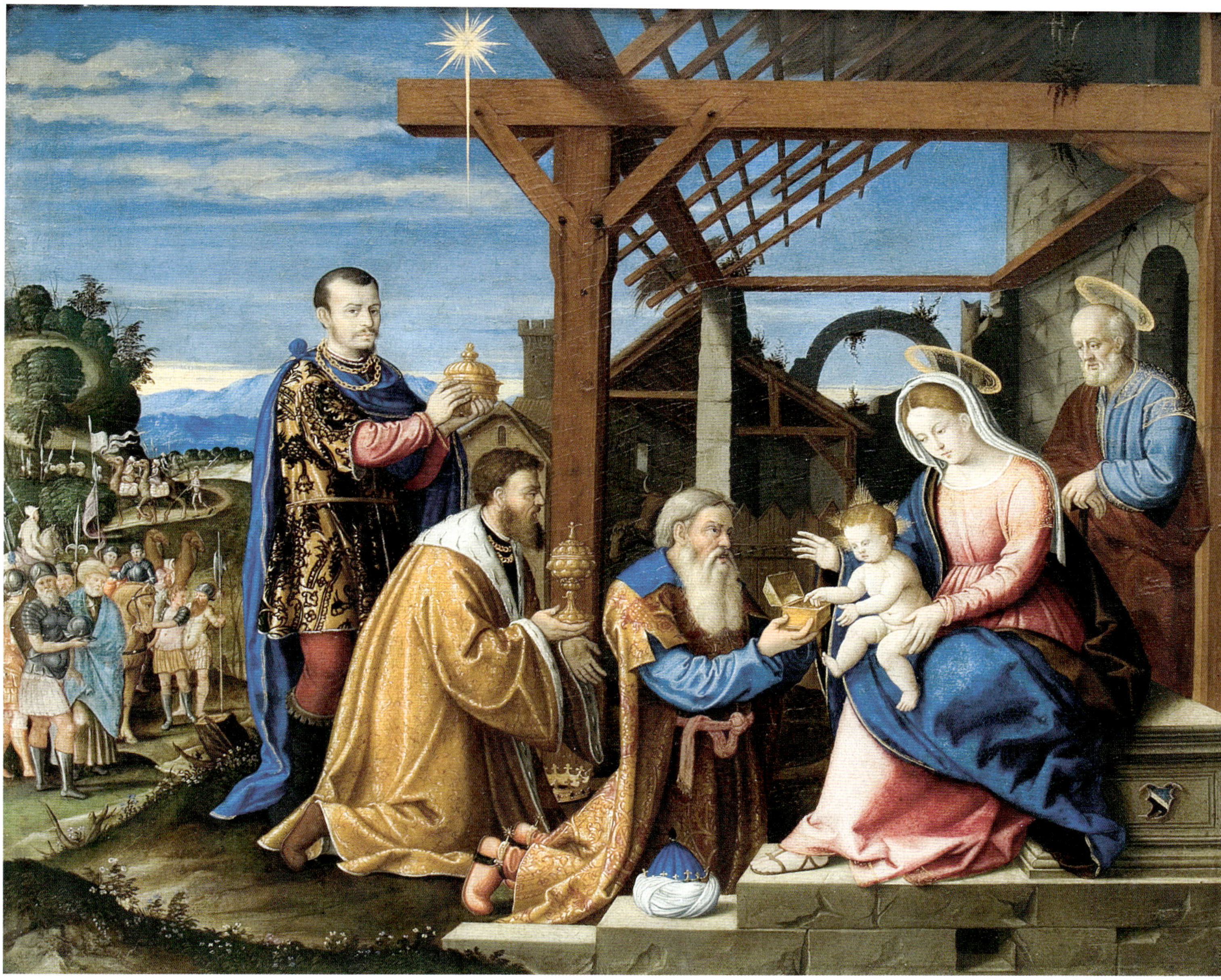

Kat. 2

FRANCESCO DA SANTACROCE
ANBETUNG DER KÖNIGE

Vercelli, Fondazione Museo Francesco Borgogna

☞ S. 81

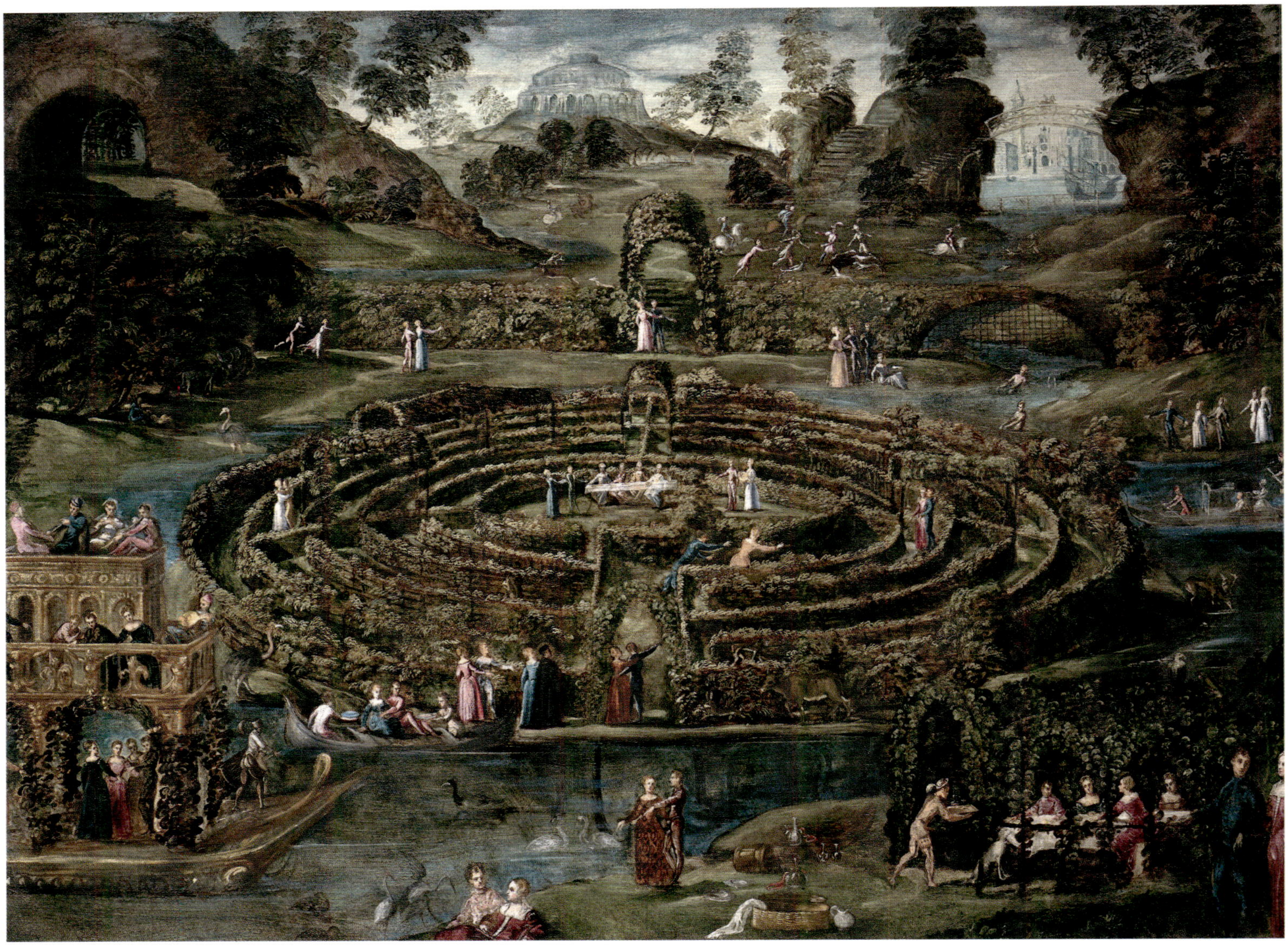

Kat. 3

JACOPO TINTORETTO
(UND WERKSTATT)
LIEBESLABYRINTH
(ALLEGORIE AUF DAS
MENSCHLICHE LEBEN)

1538 und um 1552
The Royal Collection/
HM Queen Elizabeth II

☞ S. 82

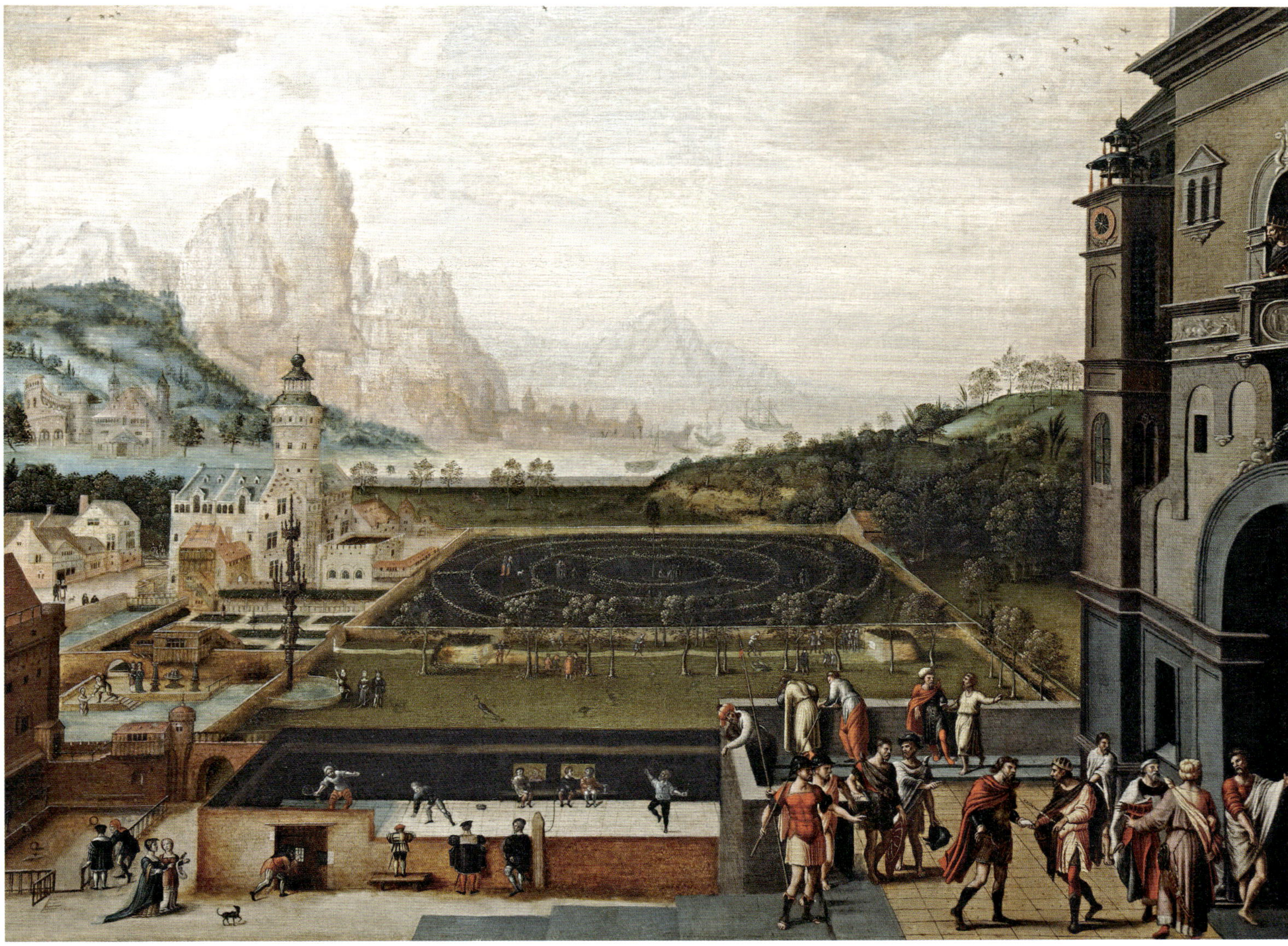

Kat. 4

LUCAS GASSEL

DAVID UND BATHSEBA

Um 1540?

De Jonckheere, Genf

☞ S. 83

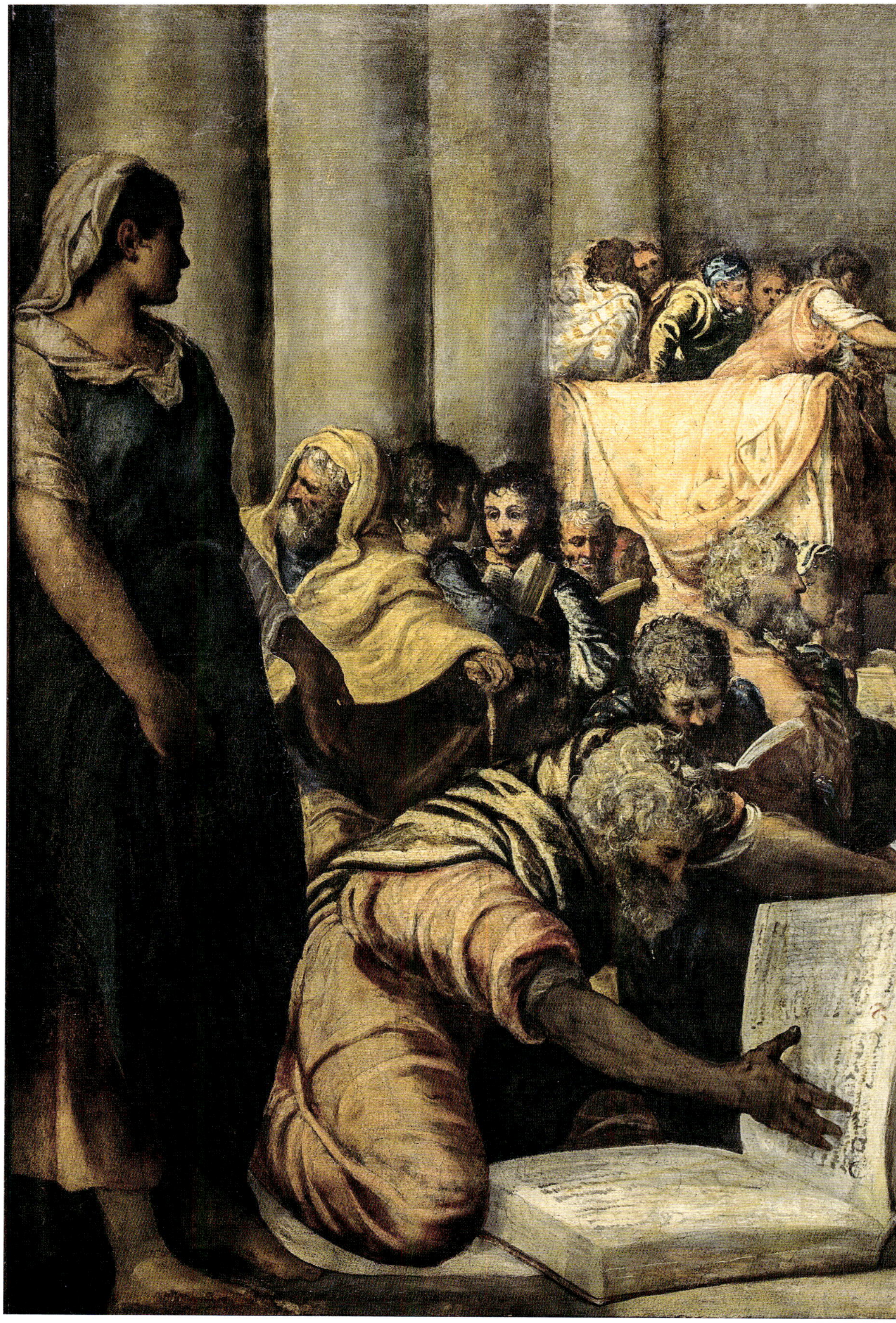

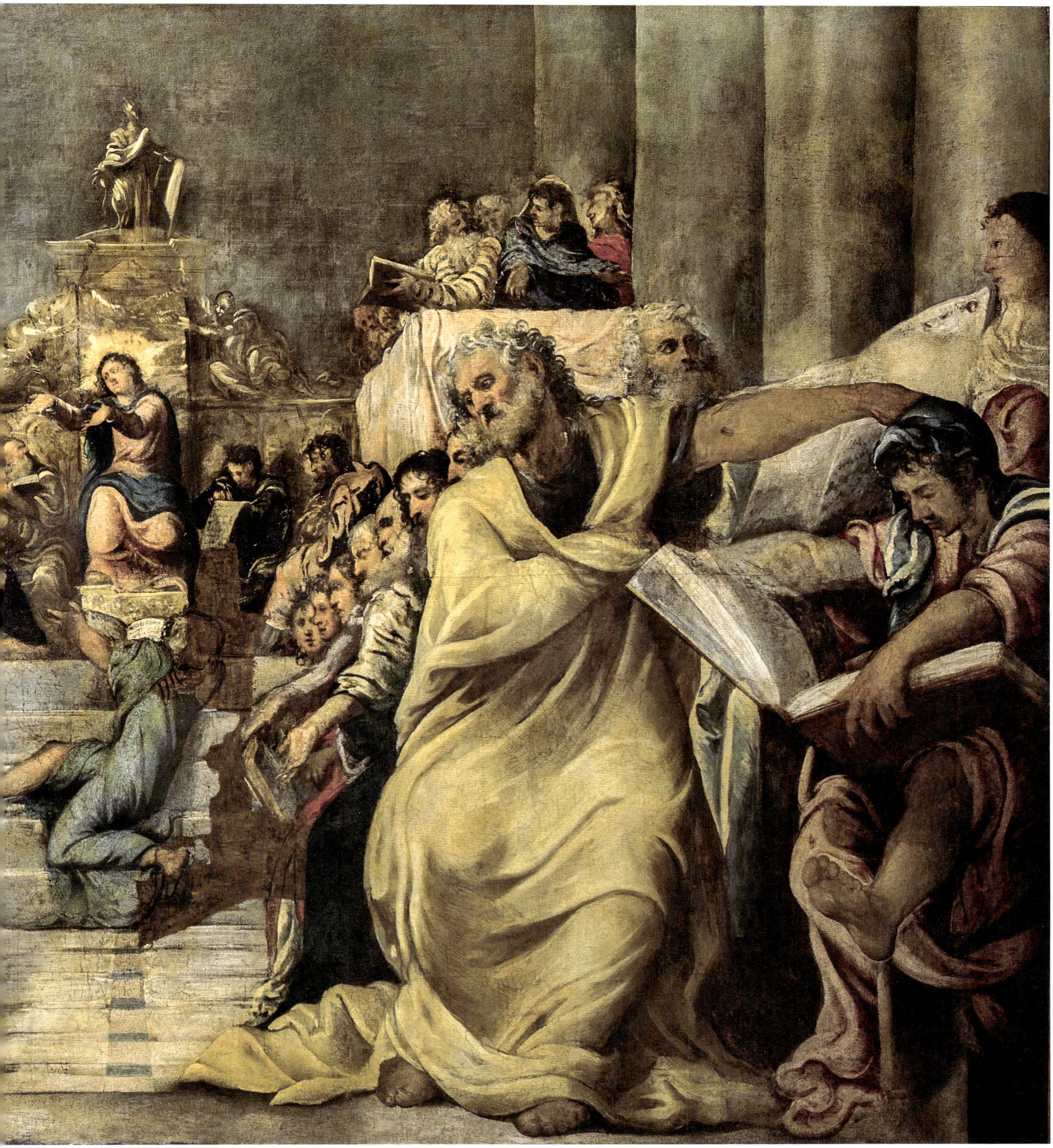

Kat. 6

JACOPO TINTORETTO
JESUS UNTER DEN SCHRIFTGELEHRTEN („DISPUTA")

Um 1539
Mailand, Veneranda Fabbrica del Duomo di Milano, Museo del Duomo

☞ S. 85

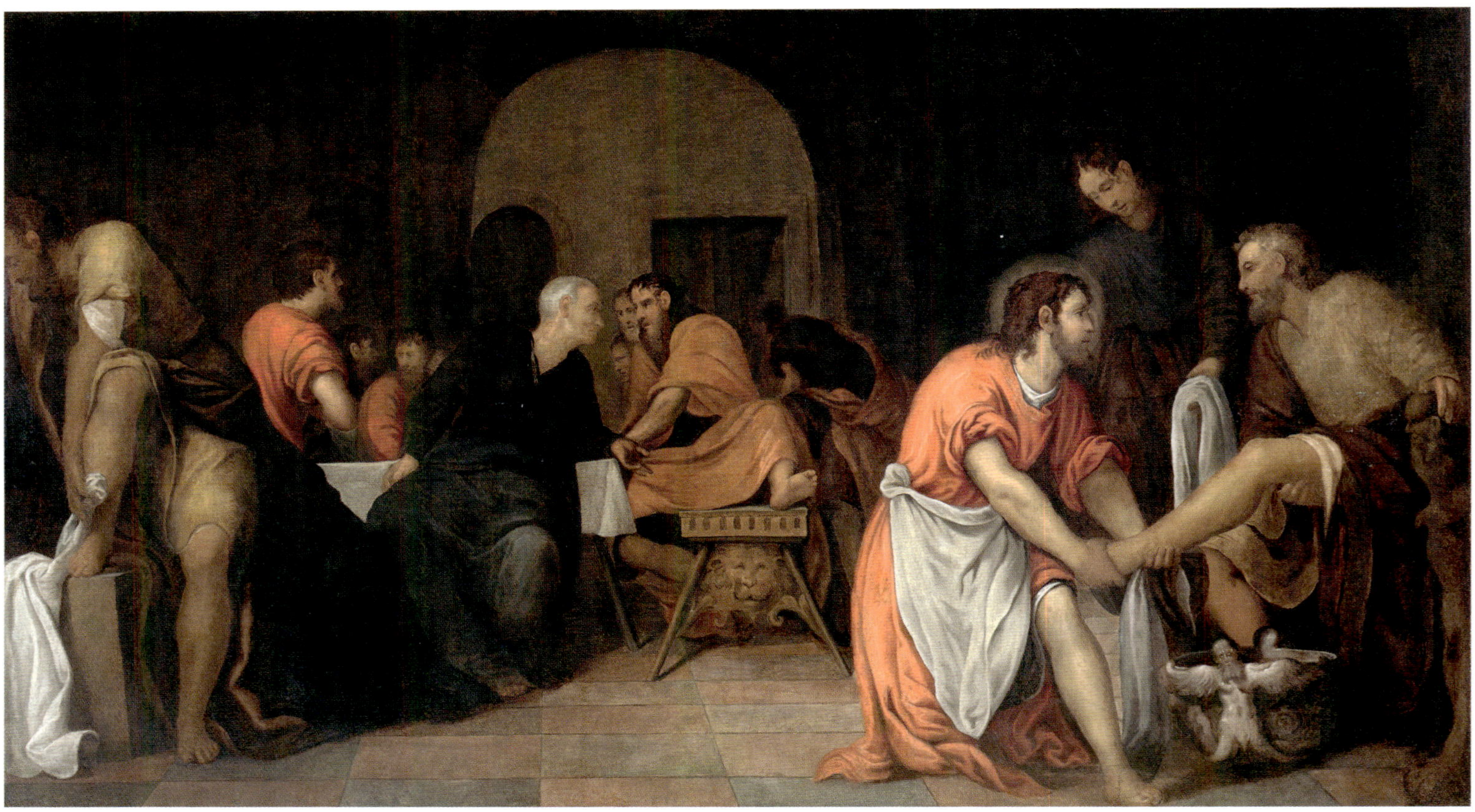

Kat. 7
JACOPO TINTORETTO
DIE FUSSWASCHUNG
Um 1539
Grenoble, Musée de Grenoble
☞ S. 86

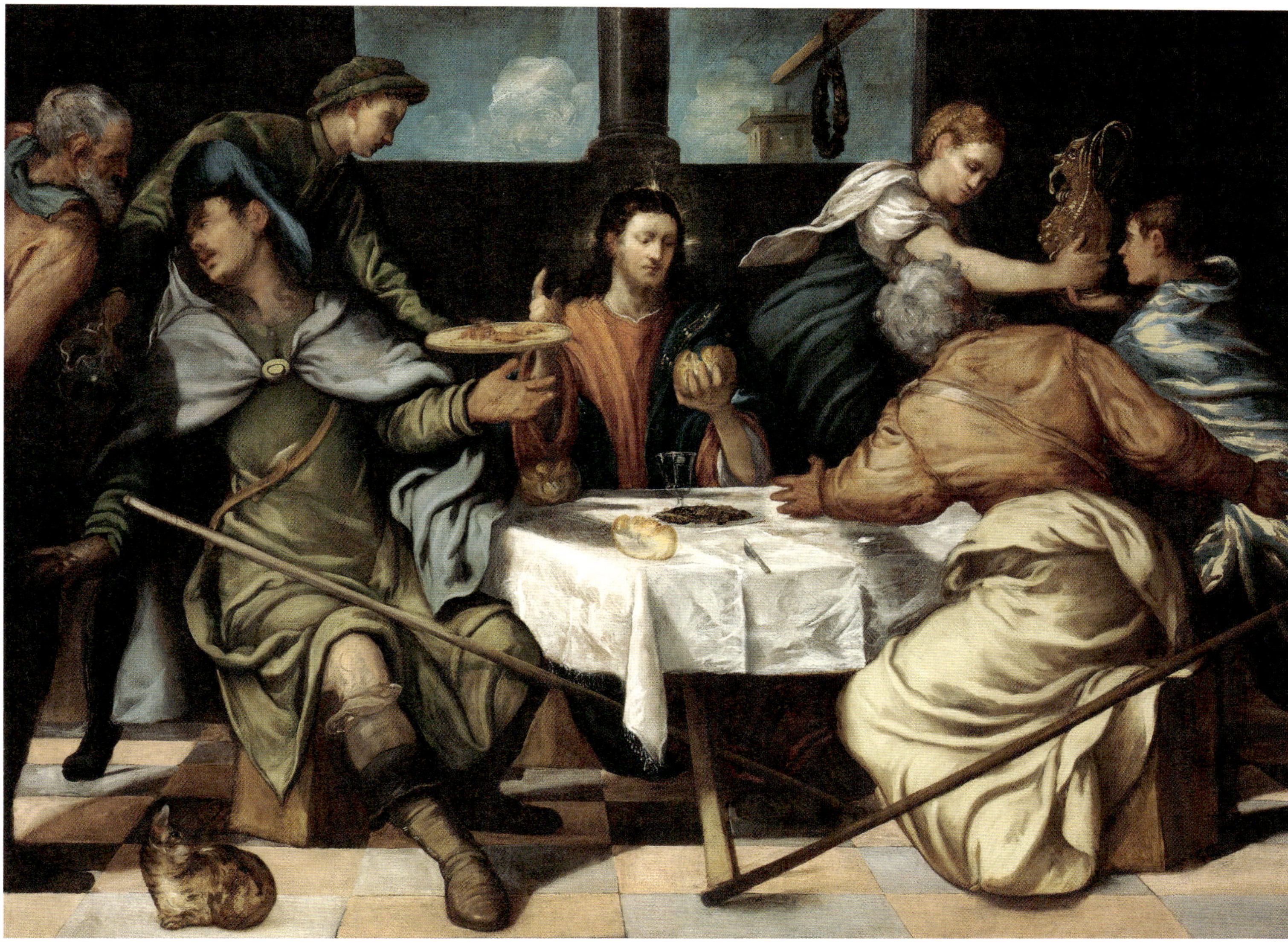

Kat. 8*

JACOPO TINTORETTO
DAS EMMAUS-MAHL

Um 1543
Budapest, Szépművészeti Múzeum

☞ S. 87

JACOPO TINTORETTO
ANBETUNG DER KÖNIGE

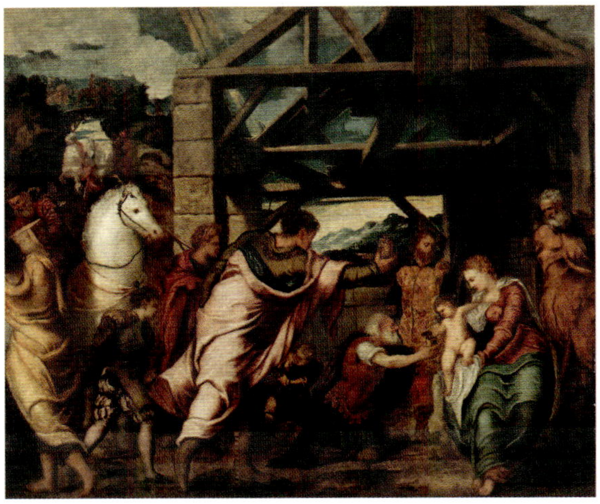

Kat. 1
S. 72

Um 1537/38
Öl auf Leinwand,
174 × 203 cm
Madrid, Museo Nacional del Prado, Inv. P5050

PROV.
Zwischen 1647 und 1680 erworben vom 10. Admiral von Kastilien, als dessen Stiftung 1680 an das Kloster San Pascual in Madrid; ab 1887 deponiert im Gremio de Fabricantes, Sabadell

BIBL.
Museo del Prado 1991, S. 139; Marinelli 2002, S. 120 f.; Dunkerton 2007 b, S. 140 f.; Falomir 2007 c, S. 165 f.; Marinelli 2007, S. 282; Echols/Ilchman 2009, S. 120 (Nr. 8)

GIOVANNI BRITTO
(NACH TIZIAN)
ANBETUNG DER HIRTEN

Nach 1533, Holzschnitt, 402 × 510 mm (Blatt), Köln, Wallraf-Richartz-Museum & Fondation Corboud, Graphische Sammlung, Inv. 10101

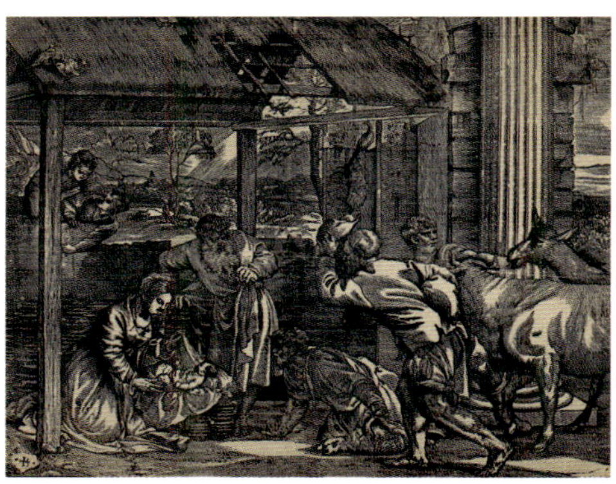

Noch in stark beeinträchtigtem Zustand lässt das älteste erhaltene Gemälde Tintorettos den Ehrgeiz und das Potenzial des rund 18-Jährigen erkennen. Durch die überraschende Kombination sorgfältig recherchierter Motive sprengt er eine althergebrachte Bildformel und erarbeitet damit eine Grundlage für eigene, später entstehende Monumentalgemälde.

Das 1793 dem Andrea Schiavone zugeschriebene Werk besaß seinerzeit noch ein Pendant: eine (jetzt verschollene) Darstellung des „Mahls in Emmaus" – erster Anlauf vielleicht zu dem Gemälde in Budapest (Kat. 8). Später brachte man die „Anbetung der Könige" mit Tizian in Zusammenhang, bevor sie von Sergio Marinelli wiederentdeckt und überzeugend in Jacopos Œuvre eingebettet wurde: Er verwies auf die Weiterentwicklung der Josephsfigur im Mailänder Gemälde (Kat. 6)[1] und der Pferdedarstellung im Washingtoner Bild (Kat. 5) sowie auf die späte Wiederkehr des imposanten Stalls im Gemäldezyklus der Scuola Grande di San Rocco. Das Werk könne nicht nach 1540 entstanden sein; auch sei eine Kopie auszuschließen, da der suchende, dadurch schwierige und vorläufige Charakter des Werkes populärer Verbreitung entgegenstand.

Gewisse Schwächen offenbart das Bild in der Koordination von Raumtiefe und Figurenstaffelung. Aufgrund des niedrigen Blickpunkts bewirken die verschiedenen Altersstufen, Körpergrößen und -haltungen der Bildfiguren einen irritierenden Wechsel von Groß und Klein: Zwerge und Riesen scheinen sich in einer Bildebene gleichsam zur Intarsie zu fügen. Später wird Tintoretto diesem Manko durch gemusterte Böden begegnen, die dem Betrachter ein Ermessen der Figurenpositionen im Raum erlauben (Kat. 6, 7, 8).

Mit der perspektivischen Darstellung des Stalls setzt Tintoretto eine längere Tradition fort. Die um 1490–1493 entstandene „Christgeburt" von Ercole de' Roberti (London, National Gallery) ist ein frühes Beispiel. Sie zeigt den Stall mittig und symmetrisch – wie das Gemälde von Lazzaro Bastiani aus der venezianischen Kirche Sant'Elena (Venedig, Gallerie dell'Accademia). Das Schema wird in Venedig vor allem aufgegriffen vom bergamaskischen Malerclan der Santa Croce.[2] Sie variieren die ältere Bildformel durch Anlehnung an einen asymmetrisch komponierten Holzschnitt Albrecht Dürers[3], der auch als Kopie zirkulierte (Kat. 2).

Da der junge Tintoretto mit bergamaskischen Malern in Kontakt stand, ist nicht auszuschließen, dass ein Auftrag an ihn durchgereicht wurde und er dieses Bild als Subunternehmer malte. Der Empfänger dürfte sehr erstaunt gewesen sein über die eigenmächtige, tiefgreifende Veränderung, die Tintoretto an dem bekannten Schema vornahm. Zwar ging er wohl *ad fontes* und konsultierte seinerseits die Dürer-Vorlage. Doch sprengte er sie im Vordergrund, zum Betrachter hin, mit einer stark bewegten Figur ganz anderer Provenienz auf: Der jüngste König, der hier in die Bildtradition platzt wie der junge Tintoretto in die etablierte Künstlerszene, stammt aus einer „Anbetung der Hirten" Tizians (Abb.)[4], die als Holzschnitt weite Verbreitung fand. Tintorettos Neuerung machte Furore, wie eine um 1544 vollendete „Königsanbetung"[5] seines einstigen Lehrmeisters Bonifacio de' Pitati zeigt (Venedig, Gallerie dell'Accademia).

RK

1
Dort als gelb gewandeter Schriftgelehrter im Vordergrund rechts.
2
Pujmanová/Přibyl 2008, S. 286–288 (Nr. 188); Sotheby's, London, 4. 12. 2008, Lot 157.
3
Tietze 1941.
4
Rosand/Muraro 1976, S. 196–201; Lüdemann 2016, S. 115–119, 130.
5
Cottrell 2001, S. 179 f. und Abb. 4.42.

FRANCESCO DA SANTACROCE (VENEDIG 1516–1584)

ANBETUNG DER KÖNIGE

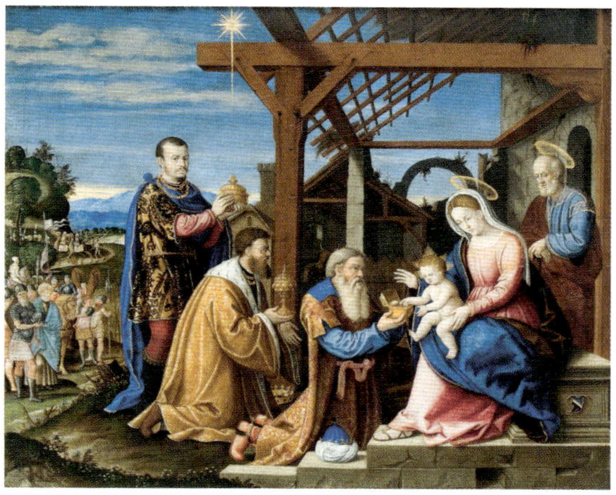

Kat. 2
☞ S. 73

Öl auf Holz, 42,5 × 51,8 cm Vercelli, Fondazione Museo Francesco Borgogna, Inv. 1906, V, 337

PROV.
Von Antonio Borgogna erworben aus dem Nachlass von Gräfin Lauredana Gatterburg-Morosini bei dessen Versteigerung durch Jules Sambon, Venedig 1894 (Lot 607)

BIBL.
Viale 1934, S. 87; Tietze 1941, S. 89; Berenson 1957, Bd. 1, S. 157; Heinemann 1962, S. 184; Viale 1969, S. 79; Bolaffi 1974, S. 107; Zeri 1976, S. 403; Della Chiesa/Baccheschi 1976, S. 35, 39; Lacchia/Schiavi 2001, S. 35 (Alessia Schiavi); Rossi 2005, S. 499; Fara 2007, S. 172

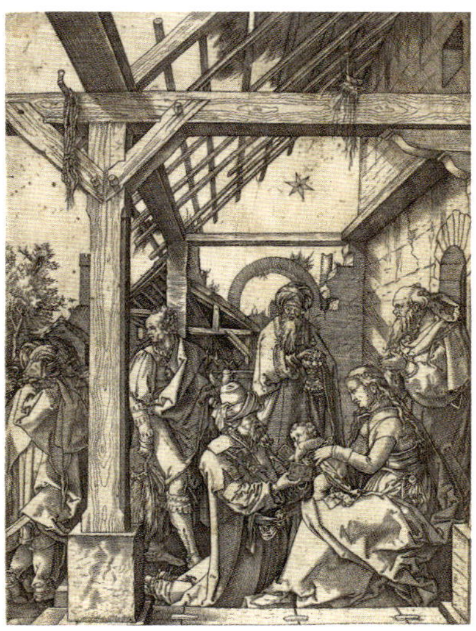

MARCANTONIO RAIMONDI
(NACH HOLZSCHNITT VON DÜRER)
ANBETUNG DER KÖNIGE

Kupferstich, 281–282 × 208–210 mm (Blatt), Köln, Wallraf-Richartz-Museum & Fondation Corboud, Graphische Sammlung, Inv. 01313 a

Das Bild bietet eine vereinfachte Version der „Anbetung der Könige" von Girolamo oder Francesco da Santacroce in Baltimore, Walters Art Gallery (Inv. 37. 261). Letztgenanntes Gemälde wurde von Tietze als Musterbeispiel für eine kompilierende Arbeitsweise behandelt, wie sie in zweitrangigen Malerwerkstätten üblich war. Tatsächlich kombiniert es Motive aus einem halben Dutzend graphischer Blätter.

Die „Anbetung" in Vercelli reduziert und variiert diejenige von Baltimore. Durch Verzicht auf den Engelreigen geriet sie luftiger. Sie zeigt die beiden jüngeren Könige in veränderter Körperhaltung und Kleidung. Auch wird die Gruppierung der Figuren links im Hintergrund aufgelockert. Offenbar stützte sich Francesco da Santacroce vor allem auf den gemalten Prototyp. Von den sechs dort verwendeten Vorlagen hatte er nur noch eine einzige vor Augen: Dürers Holzschnitt von 1511 (oder dessen Kopie – Abb.). Neben bestimmten Hauptfiguren stammt auch die Hüttenarchitektur aus dieser Vorlage. Deren getreu reproduzierte hölzerne Struktur gewinnt hier im Vergleich zu der Version in Baltimore klar an Bedeutung.

Auffallend beim hier ausgestellten Gemälde ist die großzügige Verwendung kostbaren Ultramarins, etwa im Umhang des stehenden Königs, der hier überraschenderweise nicht als Afrikaner dargestellt ist. Seine Gestalt wird in mehrfacher Hinsicht hervorgehoben: So zeichnet sich der Kopf frei vor dem Himmel ab, auch ist der Blick aus dem Bild heraus auf den Betrachter gerichtet. Höchstwahrscheinlich trägt dieser König die Gesichtszüge des Auftraggebers beziehungsweise Stifters. Dessen (bislang leider nicht identifizierbares) Familienwappen ist an der Steinbank angebracht, auf der die Madonna Platz genommen hat.

Die von einem gewissen Horror vacui geprägte Version in Baltimore mag auf den ersten Blick vielleicht anziehender wirken, doch erscheint es unbegründet, wenn Zeri bei der reduzierten Variante in Vercelli von einer „viel schwächeren Qualität" spricht. Eher schon muss von einer anderen Funktion des hier gezeigten Gemäldes ausgegangen werden sowie von einer bewussten Entscheidung seitens des Malers und seines Auftraggebers, die zur Vereinfachung der Bildstruktur führte. Gut vorstellbar ist, dass nur der Prototyp vom Vater, Girolamo, ausgeführt wurde, während die (vielleicht sogar um Jahrzehnte) jüngere Variante vom Sohn Francesco gemalt wurde – dem sie tatsächlich auch seit langem zugeschrieben wird.

Ungeachtet der genauen Zuschreibung bleibt das eine wie das andere Bild das Werk von Kleinmeistern. Während des 16. Jahrhunderts setzten die aus Bergamo stammenden Santacroce in ihrer venezianischen Werkstatt Traditionen des vergangenen Säkulums mit handwerklichen Mitteln fort. Stilistisch verweisen die Gemälde in Baltimore und Vercelli auf die Malerei der Bellini. Der Einfluss theatralischer Erzählkunst (Gentile Bellini, Giovanni Mansueti, Vittore Carpaccio usw.) zeigt sich dabei im Prototyp stärker als in der ausgestellten Variante. Derlei Nuancen verschwinden aber, wenn man das revolutionäre Frühwerk Tintorettos (Kat. 1) vergleicht, neben dem die Produkte der Santacroce wie purer Konservatismus erscheinen. Francesco (wie schon Girolamo) illustriert brav den Bibelbericht, einzig bestrebt, der alltäglichen Andacht durch leuchtende Farben einen festlichen Glanz zu verleihen. Ganz anders das aufstrebende junge Genie: In Jacopos Gemälde wird das kühne Experiment zum Unterpfand für die Bedeutung des biblischen Ereignisses.

VT

JACOPO TINTORETTO (UND WERKSTATT)

LIEBESLABYRINTH (ALLEGORIE AUF DAS MENSCHLICHE LEBEN)

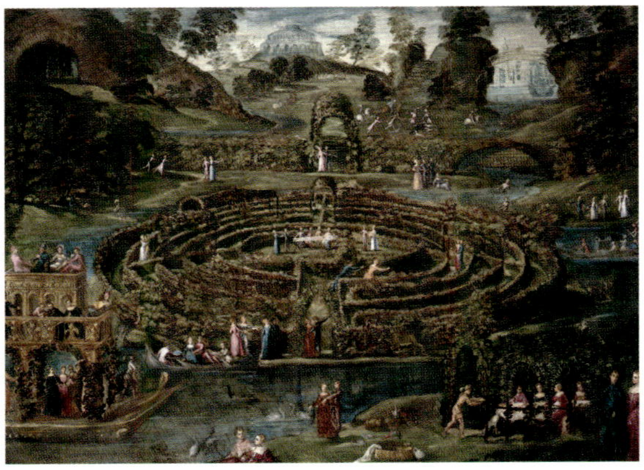

Kat. 3

S. 74

1538 und um 1552
Öl auf Leinwand,
147,4 × 200 cm
The Royal Collection/HM Queen Elizabeth II, Hampton Court, Inv. RCIN 402610

PROV.
Von Sir Dudley Carleton in Venedig für Robert Carr, Earl of Somerset, erworben und 1615 nach London verschifft; Thomas Howard, 21st Earl of Arundel; von dessen Enkel Henry Howard wohl 1662 an John Michael Wright; aus dessen Lotterie an Karl II. (Inventar Whitehall, um 1666/67)

BIBL.
Sainsbury 1859, S. 274; Law 1900, S. 116 (Nr. 524); Wegner 1961, S. 108 f.; Pallucchini/Rossi 1982, Bd. 1, S. 245 (Nr. A 43); Shearman 1983, S. 248, Nr. 263; Larcher Crosato 1988, S. 72 f.; Azzi Visentini 1988, S. 29, 31 (Vincenzo Fontana); Wilks 1989, S. 170 f.; Kern 1995, S. 332 f.; Stock 2007; Whitaker/Clayton 2007, S. 234 f.; Flemming 2007, S. 96 f., 103 und Abb. 10; Mandeville Morrison 2008, S. 170; Ricci 2013, S. 119–121; Anderson 2015, S. 50; Krischel 2017 a

Diagramm der Temperamentenlehre
Holzschnitt aus: Pierre Grégoire, Syntaxes artis mirabilis, Venedig 1588, Bd. 2, fol. 55

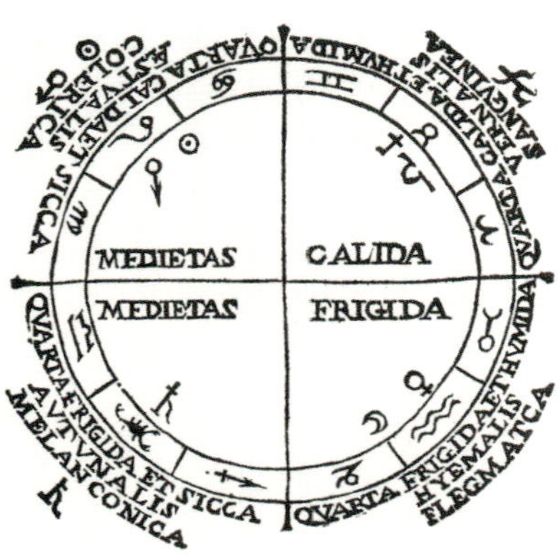

Am 25. April 1615 wurden in Venedig zwei Kisten mit venezianischen Renaissance-Gemälden an Bord der „Charity“ gebracht, um nach London verschifft zu werden. Unter den Werken befand sich laut Ladeliste ein „Labyrinth von Tintoretto“. 1961 verwarf man diese Zuschreibung und gab das Bild dem in Italien malenden Flamen Lodewijk Toeput. 2006/07 wurden bei einer umfassenden Restaurierung entstellende Übermalungen und mehrere Schichten Firnis abgenommen, so dass das Gemälde wieder klar als Werk des jungen Tintoretto zu erkennen ist.

Das landschaftliche Ambiente des Labyrinths erinnert an venezianische Topographie: die Giudecca mit ihren Gärten. Kühn ist Jacopos Vorschlag, sie mit der kleineren Nachbarinsel San Giorgio durch eine (gläserne?) Brücke zu verbinden. Die dahinter erkennbare Stadtansicht Venedigs liefert einen Terminus ante quem für die Bilddatierung: Sie zeigt am Fuß des Campanile noch nicht die von Jacopo Sansovino errichtete, ab Januar 1541 eingedeckte[1] Loggetta, sondern deren hölzernen Vorgängerbau.

Maße, Landschaft, Blickpunkt und Details verbinden das Werk eng mit der Washingtoner „Bekehrung des Saulus“ (Kat. 5). Vieles, auch der technologische Befund, spricht dafür, im Gemälde aus Hampton Court den ersten Anlauf zur Darstellung der Saulusbekehrung zu erblicken. Als 1538 Tizians „Schlacht von Spoleto“ enthüllt wurde, könnte Tintoretto diese erste Version verworfen haben, um von vorne zu beginnen. Ein Anlass, das weitgehend unfertige Bild wieder vorzunehmen, ergab sich erst, nachdem die ursprüngliche Malschicht beim Atelierumzug 1546/47 Risse und Ausbrüche an den Rändern erlitten hatte. In leuchtenden, an Paris Bordone gemahnenden Farben wurden nun (mit Hilfe eines Mitarbeiters) die Figuren eingefügt sowie auch das *teatro galleggiante* links vorne und die Tiere. Einen Vogel Strauß wie den hier dargestellten findet man in Jacopos „Erschaffung der Tiere“ von 1550–1553. In dieselbe Zeit passt auch die weibliche Mode (vgl. das Soranzo-Familienporträt in Mailand).

Die Tradition von Tintorettos „Labyrinth“ ist vielfältig. Sie umfasst höfisches Spiel und Emblematik, esoterische und Predigtliteratur. Wichtige Anregungen gaben flämische Gemälde mit Gartenlabyrinthen aus der Vogelschau (Kat. 4). Singulär ist das zweigeteilte Zentrum des Labyrinths. Nimmt man eine Abkürzung, so gerät man in die rechte Hälfte des Mittelkreises – und darf den links Tafelnden bloß aufspielen. Zum Tisch der Weisheit (Spr 9,2–6) gelangt nur, wer den langen Weg auf sich nimmt. Kreuzförmig angelegte Sperrungen sorgen dafür, dass man nacheinander alle Viertel des Runds ganz durchlaufen muss. Dahinter steht ein kreisförmiges (auch dem Paduaner *orto botanico* zugrunde liegendes) Schema, das die Säfte- und Temperamentenlehre mit den Himmelsrichtungen, den Jahreszeiten und den Altersstufen des Menschen zur Deckung bringt (Abb.).

In der Ca' Miani stellte der junge Tintoretto unter anderem den „Lauf des menschlichen Lebens“ dar.[2] Sein „Labyrinth“ behandelt die gleiche Thematik. Anlass für die späte Vollendung der mit Auge und Geist zu durchwandernden ‚Heilslandschaft' könnte eine prominente Hochzeit gewesen sein, zu der Tintoretto das Bild als Werbegeschenk geliefert haben mag. Dicht beim Eingang des Labyrinthes (und hervorgehoben durch eine Aura) sehen wir, in venezianischer *toga*, einen jungen Adligen mit seiner Braut. Gemeinsam schickt man sich an, einen langen, gewundenen Lebensweg zu beschreiten.

RK

1
Boucher 1991, Bd. 1, S. 197–198 (Nr. 101).
2
Ridolfi/Hadeln 1924, S. 51.

LUCAS GASSEL

DAVID UND BATHSEBA

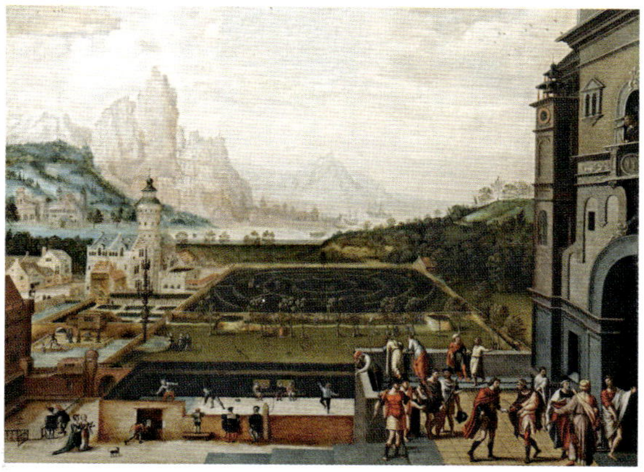

Kat. 4

☞ S. 75

Um 1540?
Öl auf Holz,
51 × 68 cm
De Jonckheere,
Genf

PROV.
Robert A. D. Fleming; J. E. Hope, Edinburgh; Verkauf bei Christie's, London, 20. 12. 1929, Lot 41; dort erworben von Leggatt für Jervis Wegg, Pate des John Rickards; Bonhams, London, 6. 7. 2011, Lot 114; Privatsammlung

BIBL.
Ainsworth 1998, S. 117 f.; Hochmann 2005, S. 123, 130; Pitacco 2005, S. 141; Flemming 2007, S. 104 f.; Weemans 2010, S. 202 f.

Dieses Tafelbild zählt zu einer Reihe von etwa zwölf Gemälden, die (mit verschiedenen Abweichungen) die gleiche Komposition zeigen; hinzu kommt eine im Louvre befindliche Zeichnung. Die Mehrzahl dieser Werke dürfte aus der Werkstatt von Lucas Gassel stammen. Dafür spricht, dass das Exemplar in der Sammlung Restrelli das Monogramm LG und das Datum 1540 zeigt: ein Terminus post quem für diese Bilderfindung. Allerdings wurde ein weiteres Exemplar (Boston, Isabella Stewart Gardner Museum) Herri met de Bles, gen. Civetta, zugeschrieben und Ende der 1530er Jahre datiert. Verschiedentlich äußerte man daher die Ansicht, jenes Werk stehe am Beginn der Reihe und Gassel habe ein Modell von Civetta übernommen.

Es gibt jedenfalls ein Dokument, das den rasch einsetzenden Erfolg dieser Bilderfindung, vor allem in Italien, belegt: Im Nachlassinventar des Venezianers Alvise Masipo vom 9. November 1546 wird bereits ein gemaltes „Ballspiel mit einem Labyrinth" erwähnt, was klar der vorliegenden Komposition entspricht. Ein weiteres Exemplar findet sich 1572 in Vicenza: im Inventar des Bernardino Buonanone, eines reichen Wollhändlers. Wieder ein anderes wird 1662 als Teil der Sammlung des Herzogs von Modena erwähnt und einem Nachahmer des Civetta zugeschrieben.[1] Gut vorstellbar also, dass diese Darstellung eines Gartens mit Labyrinth seit den 1540er Jahren diverse in Venedig oder im Veneto gemalte Landschaften beeinflusst hat, so zum Beispiel jenes Werk, das Krischel hier dem jungen Tintoretto zurückgibt (Kat. 3), aber etwa auch die Landschaft im „Noli me tangere" von Lambert Sustris (Lille, Palais des Beaux-Arts).

Der erwähnte Alvise Masipo ist in unserem Zusammenhang auch selber interessant, denn er besaß überdies ein Porträt des *buffone* Zuan Polo, eines damals sehr bekannten Schauspielers, und zählte zu den ersten venezianischen Kunden des Jacopo Bassano, bei dem er am 26. Mai 1545 eine „Muttergottes" und einen „Hl. Hieronymus in der Wüste" in Auftrag gab. Denkbar ist, dass Tintoretto ihn ebenfalls kannte und bei ihm Gassels Bild gesehen hat.

Die Popularität des Bildmotivs wurde oft mit seiner moralischen Botschaft erklärt: einer Art Warnung vor den Versuchungen des höfischen Lebens mit seinen Vergnügungen und Spielen. So sieht man denn auch, wie König David der Versuchung erliegt: Hoch oben auf dem Balkon des Gebäudes stehend, betrachtet er die badende Bathseba, während auf der Terrasse die Fortsetzung der Geschichte dargestellt ist: David übergibt Bathsebas Gemahl Urija einen tückischen Marschbefehl (siehe Kat. 23). Rechts sieht man unter dem Torbogen den Propheten Nathan, der das Verhalten des Königs verurteilt.

Vermutlich beruhte die Faszination dieses Bildmotivs vor allem darauf, wie der Betrachter eingeladen wird, in die Landschaft einzutauchen, sie zu erkunden und in ihr zu verweilen: Die gewählte Perspektive ermöglicht es ihm, den königlichen Blickwinkel Davids einzunehmen und zunächst eine weite Landschaft zu überschauen. Tritt man in sie ein, so entdeckt man eine Vielzahl von Details, wie etwa die winzige Bathseba im Bade (links, schon mit einem Boten des Königs). Manche davon dürften in allegorischer Weise zu entschlüsseln sein: etwa das Labyrinth als geläufiges Bild für amouröse Leidenschaft. Bei dieser Deutungstätigkeit, von Weemans als „visuelle Exegese" bezeichnet, lenken den Betrachter mehrere Figuren, so etwa die uns anblickende und auf das (Tennis-) Ballspiel weisende Gestalt im Vordergrund.

MH

1 Weemans 2010, S. 202 f.

JACOPO TINTORETTO

DIE BEKEHRUNG DES SAULUS

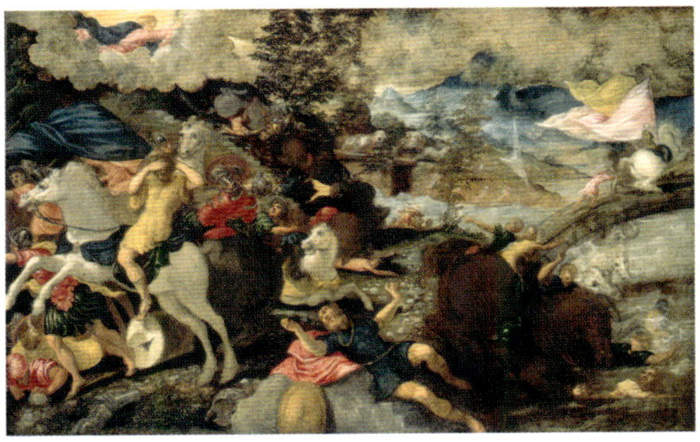

Kat. 5

☞ S. 71

1538/39
Öl auf Leinwand, 152,4 × 236,2 cm
Washington, National Gallery of Art, Samuel H. Kress Collection, Inv. 1961.9.43

PROV.
Ca' Granda Corner (1663)?; Pisani di Santo Stefano (1809)?; 1857 bei George William Fox, 9th Baron Kinnaird († 1878), Rossie Priory, Perthshire, Scotland; 1939 bei Graf Alessandro Contini-Bonacossi (1878–1955), Florenz; Juni 1954 erworben von der Samuel H. Kress Foundation, New York; 1961 als Geschenk an die National Gallery, Washington

BIBL.
Pallucchini 1950, S. 86 f.; De Vecchi 1978, S. 88 f., Nr. 27; Pallucchini/Rossi 1982, Bd. 1, S. 21, 24, 26, 142 f. (Nr. 79); Krischel 1994 b, S. 16–18; Nichols 1999, S. 30; Krischel 2000, S. 9–11; Hochmann 2004, S. 286; Echols 2007, S. 33 f.; Madrid 2007, S. 192–195 (Kat. 3; R. Echols); Echols/Ilchman 2009, S. 121 (Nr. 32); Cassegrain 2010, S. 12–14, 31, 163 f., 211; Schmitter 2011, S. 716 f.; Krischel 2012 a, S. 56; Ilchman 2014, S. 62, 96 f.; Borean 2015, S. 68; Hochmann 2015, S. 289, 295, 333

Das Gemälde zeigt die Bekehrung des frühen Christenverfolgers Saulus (später Paulus), der auf dem Wege nach Damaskus durch eine Lichterscheinung zu Boden geworfen, geblendet und von einer göttlichen Stimme laut vernehmbar angesprochen wird (Apg 9,3–7). In der italienischen Renaissancekunst war dieses Thema ein Dauerbrenner. Die mit reformatorischem Gedankengut sich verbreitende spirituelle Unruhe trifft in diesem Sujet auf eine besondere künstlerische Herausforderung: fruchtbares Chaos zu gestalten.[1]

Neu ist Jacopos Idee, Saulus als Opfer auf einem mit Stufen versehenen Altar zu präsentieren. Vermutlich schlägt sich darin die vorangegangene Beschäftigung mit dem Thema „Kain und Abel" (Kat. 9) nieder. Geschickt verankert Tintoretto sein Gemälde in der jüngeren Bildtradition, indem er die Körperhaltung Saulus' einer berühmten Komposition Raffaels entlehnt. Dessen (heute verschollener) Teppichkarton für die „Bekehrung des Saulus" befand sich seit 1521 im Besitz der venezianischen Patrizierfamilie Grimani. In der Sammlung des Zuanantonio Venier konnte man (wohl von 1528 bis 1540/41) auch die zugehörige Tapisserie bewundern.[2]

Weitere Anklänge an Werke von Leonardo oder Pordenone sollten nicht über die eigentliche Zielrichtung Jacopos hinwegtäuschen: Bewusst nimmt es der knapp 20-Jährige mit dem neuesten Meilenstein in Tizians Schaffen auf. Endlich hatte dieser im Sommer 1538 die „Schlacht von Spoleto" für die Sala del Maggior Consiglio im Dogenpalast fertiggestellt – ein epochales, trotz Zerstörung 1577 bis in den Barock ausstrahlendes Meisterwerk. Neben dem Pferd links sind zahlreiche andere Elemente in Tintorettos Gemälde auf Tizian zurückzuführen, vor allem die Flussszenerie mit den über eine Brücke sprengenden Fahnenträgern sowie die eine Böschung hinabrutschenden Reiter und Fußtruppen. Selbst die an diesen Soldaten beobachtete Nähe zu Giulio Romanos Mantuaner Freskodarstellung des „Gigantensturzes" (Rossi 1982) war bereits bei Tizian angelegt.

In mehreren Punkten geht Tintoretto aber noch über Tizian hinaus. Das betrifft vor allem die ‚Lautstärke' seines Bildes. Tosend erfüllt die göttliche, an Saulus gerichtete Frage „Warum verfolgst du mich?" den ganzen Bildraum. Der Reiter links hält sich mit beiden Händen den dröhnenden Kopf; das Trommelfell *(timpano)* des zu Boden gefallenen Instrumentes ist schon geplatzt. Dieses visuelle Wortspiel macht den Betrachter nun auch hellhörig für die trampelnden Hufe, klirrenden Rüstungen und knatternden Fahnen – die Bildleinwand selbst gerät zur Membran.

Wichtigster kompositorischer Kunstgriff Tintorettos ist die zentrifugale Anordnung der Bildfiguren. Sie entstammt einem großen, leider anonymen Holzschnitt der „Bekehrung des Saulus", der um 1515–1520 in Venedig entstand.[3] Eine ‚modernisierte' Fassung jener imposanten Komposition schuf Francesco Salviati. 1545 schickte er Pietro Aretino seine eigene, ebenfalls zentrifugal aufgebaute Darstellung der „Bekehrung des Saulus" – in Form eines riesigen, druckfrischen Reproduktionsstiches von Enea Vico.

Format und Thematik von Tintorettos Gemälde würden in den zentralen Saal *(portego)* eines Adelspalastes passen (Schmitter 2011). Es fällt aber auf, dass bestimmte Partien des (ohnehin sehr dünn gemalten) Bildes, etwa der Kopf des Schimmelreiters auf der Brücke, unvollendet sind.

RK

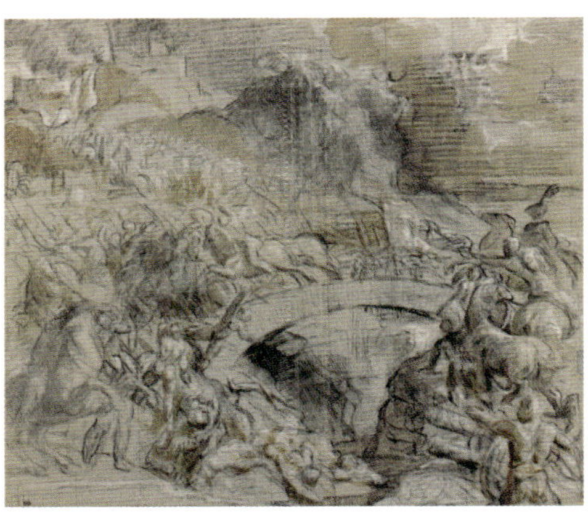

TIZIAN
DIE SCHLACHT VON SPOLETO

1537/38, Kohle und schwarze Kreide, braun laviert und weiß gehöht, auf blauem Papier, 383 × 442 mm, Paris, Musée du Louvre, Cabinet des Dessins, Inv. 21788

1
Vgl. etwa zur Bedeutung der Thematik bei Erasmus, Marino Grimani und Giulio Clovio: Calvillo 2000.

2
Hochmann 2004, S. 144 f., 154 f.

3
Rosand/Muraro 1976, S. 111–113 (Nr. 13).

JACOPO TINTORETTO

JESUS UNTER DEN SCHRIFTGELEHRTEN („DISPUTA“)

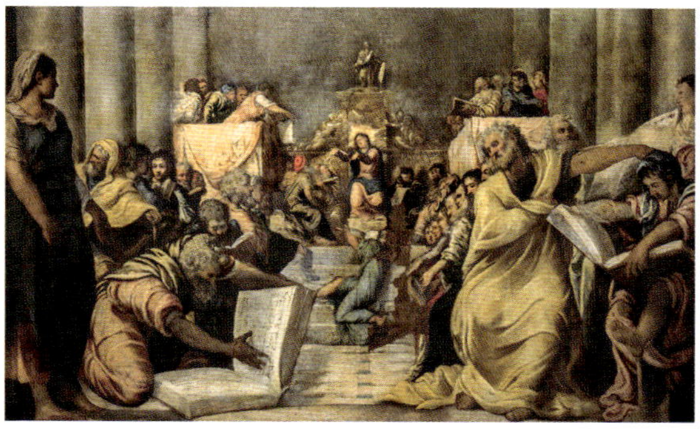

Kat. 6

→ S. 77

Um 1539
Öl auf Leinwand,
197 × 319 cm
Mailand, Veneranda Fabbrica del Duomo di Milano, Museo del Duomo, Inv. 234

PROV.
Filippo Archinto (?); Kardinal Cesare Monti (1638); Galleria Arcivescovile, Mailand (1674)

BIBL.
Arcangeli 1955; De Vecchi 1978, S. 87 (Nr. 14); Rossi 1974, S. 26; Venedig 1981, S. 150 f. (Kat. 41, Paola Rossi); Pallucchini/Rossi 1982, Bd. 1, S. 17–20, 26, 136 f. (Nr. 41); London 1983, S. 212 (Paola Rossi); Benvenuti 1992, S. 163; Hills 1993, S. 109; Mancini 1993, S. 15; Salvadori Rizzi 1994, S. 136 f.; Cottrell 1997, S. 32; Nichols 1999, S. 30–34; Krischel 2000, S. 20–23; Echols 2007, S. 33, 36; Krischel 2007, S. 130; Madrid 2007, S. 189–191 (Kat. 2; R. Echols); Dal Pozzolo 2008, S. 181 f.; Pavanello 2008, S. 122, 133–140; Krischel 2009, S. 60; Echols/Ilchman 2009, S. 121 (Nr. 28); Cassegrain 2010, S. 36; Rom 2012, S. 72–75 (Kat. 1, Margaret Binotto); Poldi 2013, S. 3, 6, 13, Tafeln 28, 29; Donati 2014, S. 38; Hochmann 2015, S. 289, 333; Pavanello 2017

GIROLAMO TESSARI
JESUS UNTER DEN SCHRIFTGELEHRTEN
Um 1526–1530, Fresko
Padua, Scoletta del Carmine

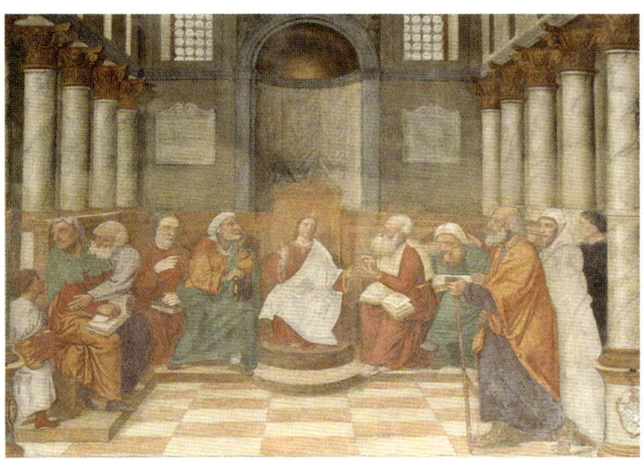

Im Neuen Testament (Lk 2,41–50) wird beschrieben, wie sich der zwölfjährige Jesus nach dem Pessachfest in Jerusalem von seinen Eltern absetzt, um im Tempel mit den Schriftgelehrten zu diskutieren. Das seinerzeit populäre, auch von Bonifacio de' Pitati, Paris Bordone und Jacopo Bassano (Abb. S. 87) gemalte Thema gibt dem jungen Tintoretto Gelegenheit, seine künstlerischen Vorbilder in die Schranken einer Bildbühne zu fordern und sich mit ihnen zu messen wie der Jesusknabe mit den altgedienten Exegeten. Dabei scheut er nicht einmal den Vergleich mit Raffaels „Schule von Athen“.

Typisch für Jacopos Humor ist die Verwandlung der Szene in eine Bücherschlacht. Tintorettos Heimatstadt war im 16. Jahrhundert ein bedeutender Verlagsort. Mit zahlreichen Verlegern, Schriftstellern, Illustratoren und bibliophilen Sammlern war der Künstler eng befreundet. Ein wichtiges literarisches Modell für sein Gemälde ist denn auch Pietro Aretinos *Humanità di Cristo* (1535), wo das biblische Ereignis romanhaft ausgeschmückt wird. Von dort stammt die Idee, Maria als Perspektivfigur zu wählen. Tintoretto stellt die Gottesmutter lebensgroß an den linken Bildrand – und damit an die Grenze zur Betrachterwelt. Fast scheint es, als würde der zwölfjährige, unter der Mosesstatue wie ein neuer Salomo thronende Jesus seine ganze frühreife Weisheit und Rhetorik nur um ihretwillen entfalten. Ob Jacopo bewusst auch an ein weibliches Bildpublikum dachte?

Ausdrücklich werden bei Aretino Menge und Größe der Tempelsäulen hervorgehoben. Bei Tintoretto erinnert die symmetrische und enge, einen rasanten Tiefensog erzeugende Säulenstellung an die „Konstantinische Schenkung“, das monumentale Fresko von Giulio Romano im Vatikan. Bereits in der zweiten Hälfte der 1520er Jahre hatte der Paduaner Maler Girolamo Tessari die von Giulio entworfene Architekturkulisse für eine Darstellung Jesu unter den Schriftgelehrten verwendet.[1] Das entsprechende Wandbild in der Scoletta del Carmine zu Padua (Abb.) wird Tintoretto bei derselben Exkursion studiert haben, die ihn in der Scrovegni-Kapelle zu Giottos Fresko „Jesus unter den Schriftgelehrten“ mit seinen dicht gestaffelten Köpfen führte.

Geschickt übertrumpft Jacopo die Vorbilder durch Einführung einer zweiten Handlungsebene: Auf zwei symmetrisch angeordneten Tribünen platziert er einen *coro spezzato* von Schriftgelehrten – und verleiht dadurch auch diesem Bild eine auditive Dimension (vgl. Kat. 5). Die Situation erinnert an den Chorbereich von San Marco, der seit 1535 eine Modernisierung durch Jacopo Sansovino erfuhr.[2] Vielleicht waren die dortigen neuen Sängertribünen vor Anbringung der berühmten Bronzereliefs provisorisch mit Teppichen oder Tüchern geschmückt – wie hier zu sehen.

Tintorettos Gemälde steht der fluiden Ästhetik einer Zeichnung von Francesco Salviati auffallend nahe. Sie zeigt Lorenzo Ghibertis Relief „Jesus unter den Schriftgelehrten“ von der Nordtür des Florentiner Baptisteriums und könnte für Sansovino angefertigt, also von Florenz nach Venedig geschickt worden sein.[3] Allerdings weicht Salviatis manieristische Eleganz bei Jacopo einer aufrührerischen Energie und kaum gezügelten Ungeduld. Es scheint sogar, als sei auch dieses Gemälde unvollendet: als ‚Fresko auf Leinwand‘ vielleicht ein Selbstauftrag.

RK

1
Girolamo Tessari in der Scoletta del Carmine: Spiazzi 1988, S. 78.

2
Boucher 1976.

3
Paris 1998, S. 111, Nr. 17 (Catherine Monbeig Goguel); Pavanello 2017. Sansovino und Ghiberti: vgl. auch Boucher 1976, S. 561 f.

JACOPO TINTORETTO
DIE FUSSWASCHUNG

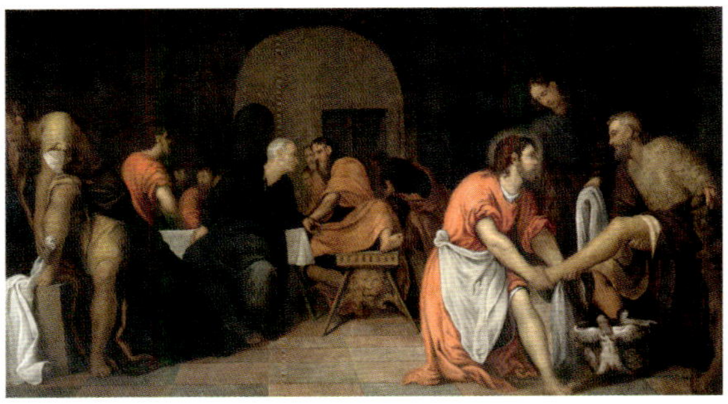

Kat. 7
☞ S. 78

Um 1539
Öl auf Leinwand,
149 × 264 cm
Grenoble, Musée de Grenoble,
Inv. MG 406

PROV.
Entweder durch Louis-Joseph Jay 1799 mit den Mitteln aus einer Subskription der Bürger von Grenoble in Paris erworben oder von Maurice Rubichon, Kaufmann in Grenoble, vor 1827 geschenkt

BIBL.
Chiarini 1988, S. 134 (Nr. 98); Mancini 2001, S. 55, 187 (Abb. 48)

Das leider stark verputzte Gemälde ist eine Entdeckung. Tintoretto, der sich wohl – auf dem Löwenstuhl im Bildzentrum – als ungebärdiger Apostel Jakobus selbst porträtierte, probt hier für kommende Bilder. Das (beschnittene) Querformat deutet auf ein *laterale* hin: ein für die Seitenwand einer Kapelle bestimmtes, zunächst in Schrägansicht wahrgenommenes Bild.[1] Diesem Blickwinkel trägt Tintoretto hier erstmals durch einen aus der Mitte verschobenen Fluchtpunkt, rahmende Großfiguren und seitlich breit einströmendes Licht Rechnung.

Im Bestandskatalog des Museums ordnete Marco Chiarini das Bild als „venezianische Schule, 16. Jahrhundert" ein und vermutete eine Beeinflussung durch Tintorettos „Fußwaschung" für San Marcuola (Abb.). Dass jenes Gemälde erst *nach* der Komposition in Grenoble entstanden sein kann, konstatierte Vincenzo Mancini. Er sah im hier ausgestellten Bild die getreue Kopie nach einem verlorenen Frühestwerk Jacopos.

Für ein *Original* von der Hand des sehr jungen Tintoretto sprechen ähnliche Argumente wie bei der „Anbetung der Könige" (Kat. 1): Obschon das Bodenmuster nun die Verortung der Bildfiguren im Raum erleichtert, entstehen noch immer Diskrepanzen zwischen Groß und Klein. Allzu bemüht wirkt – obschon gemildert im Vergleich zur „Disputa" (Kat. 6) – die perspektivische Staffelung bestimmter Köpfe. Auch kann die schematische Kulisse nicht Schritt halten mit der drängenden, noch etwas ungelenken Plastizität der Figuren. Wenig Sinn hätte es gehabt, ein so unausgereiftes Gemälde zu kopieren.

Diverse Stilmerkmale verraten den jungen Tintoretto: Der Chrysographie in anderen Frühwerken (Kat. 9) vergleichbar sind die Goldstreifen an Kragen oder Ärmeln diverser Figuren. Jacopos Handschrift zeigt sich in den Falten des lachsfarbenen, an Paris Bordone gemahnenden Christusgewandes. Sie bilden ähnliche Strudel und Kaskaden wie in der „Sacra Conversazione Molin" (Abb. S. 20) und in der „Disputa" (Kat. 6). Von dort kennt man auch die kalligraphisch gemalten Locken, die in der „Fußwaschung" Christus, Johannes und Jakobus ins Gesicht fallen. Charakteristisch für den jungen Tintoretto ist das Motiv des im Sitzen angehobenen Beines, das in mehreren seiner Gemälde (Mailand; Chenonceau; Venedig, San Rocco) wiederkehrt und an Figuren bei Perino del Vaga oder Francesco Salviati erinnert.

Viele der für Jacopo typischen Vorbilder lassen sich hier dingfest machen: Ein Figurenideal des Bonifacio de' Pitati prägt das Profil Jesu, Michelangelos „Ezechiel" spiegelt sich im weißhaarigen Apostel. Giulio Romano stand Pate für den phantastischen ‚Thron' des Petrus und Paris Bordone für das aus Silberblech getriebene Wasserbecken rechts vorne.[2] Merkwürdig ist der zwei kleinere Türöffnungen überfangende Torbogen: Vielleicht suchte Tintoretto in Cesare Cesarianos Vitruv-Ausgabe von 1521 nach Inspiration und stieß dort (fol. LXXVII verso) auf das Schema der Harmonielehre nach Aristoxenos.

Die wichtigste narrative Errungenschaft dieses Frühwerkes ist die Darstellung eines ganzen Handlungsablaufes in einer Momentaufnahme: Gemäß Pietro Aretinos *La Passione di Giesu* (Venedig 1535) wäscht Jesus erst im Anschluss an das Letzte Abendmahl die Füße der Jünger. Petrus kommt dabei nach Judas an die Reihe. Entsprechend sieht man den Verräter hier bereits – in geduckter Haltung (vgl. Kat. 9) – zur halbgeöffneten Tür davonhuschen.

RK

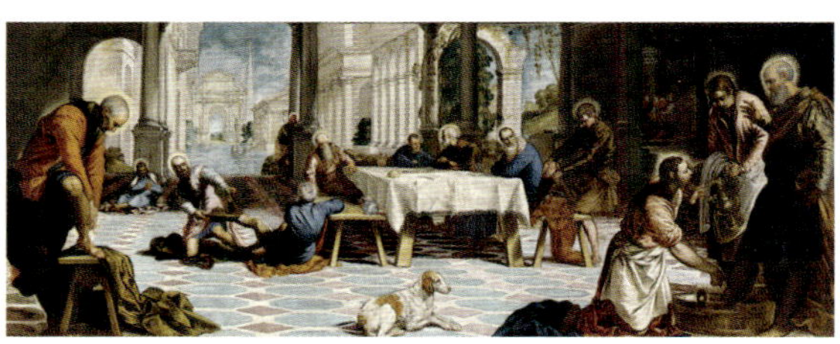

JACOPO TINTORETTO
DIE FUSSWASCHUNG
Um 1548/49
Öl auf Leinwand, 210 × 533 cm
Madrid, Museo Nacional del Prado, Inv. P02824

1
Zur Bildgattung: Matile 1997.
2
Donati 2014, S. 396 f. (Nr. 196, mit etwas zu später Datierung) und Farbtafel 72, S. 136.

JACOPO TINTORETTO

DAS EMMAUS-MAHL

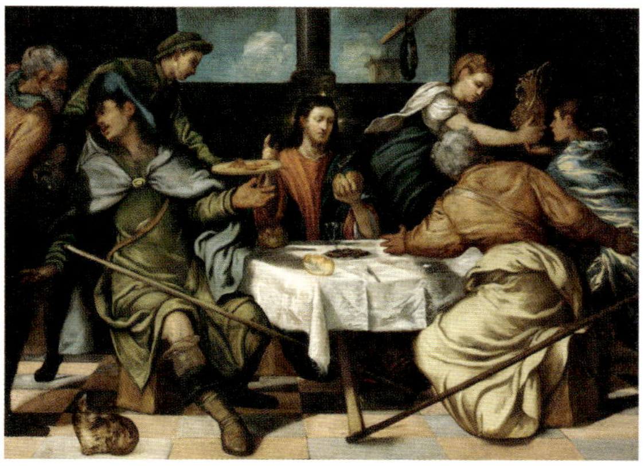

Kat. 8*

☞ S. 79

Um 1543
Öl auf Leinwand,
156 × 212 cm
Budapest,
Szépművészeti
Múzeum,
Inv. 111

PROV.
Aus Edmund Burkes Sammlung 1821 in Paris erworben durch Fürst Paul Esterházy; vom Museum mit der Sammlung Esterházy erworben 1871

BIBL.
Hadeln 1922 a, S. 217; Fosca 1929, S. 14; Pallucchini 1950, S. 81 f.; De Vecchi 1978, S. 87, Nr. 18; Boston 2009, S. 150–153 (Robert Echols/Frederick Ilchman); Cottrell 2009, S. 52; Echols/Ilchman 2009, S. 121 (Nr. 27)

Das Gemälde spielte eine wichtige Rolle bei der Rekonstruktion von Jacopos Anfängen als Maler. In einer bahnbrechenden Studie zu diesem Thema schrieb Detlev von Hadeln es schon 1922 dem jungen Tintoretto zu. Er verglich die heftige Bewegtheit mit der feierlichen Ruhe in Tizians Darstellung derselben Szene (Paris, Louvre) und sah in dem Werk eines der frühesten Zeugnisse für die Ambitionen des jungen Künstlers. Ein Publikum, „das einfach war, wie er selbst", habe Jacopo sowohl mit einer spektakulären Gesamtkomposition überzeugen wollen als auch mit naturalistischen Alltagsdetails – wie etwa dem jungen Mann, der Christus einen Teller mit Sardinen reicht.

Hadelns Zuschreibung wurde nie in Zweifel gezogen, seitdem datiert man das Werk gemeinhin auf den Anfang der 1540er Jahre. Pallucchini beispielsweise vermutete 1542/43 als Entstehungszeit, und dieser Einschätzung schließen wir uns an. Tatsächlich weist das Bild zahlreiche stilistische Ähnlichkeiten mit dem frühen Mailänder Gemälde (Kat. 6) auf: Vor allem die Figur des Apostels rechts oder diejenige des alten Mannes links sind eng verwandt mit den Gelehrten des Mailänder Bildes, sowohl in der Behandlung des Lichts auf den Stoffen als auch in physiognomischer Hinsicht.

Pallucchini betonte die offenkundigen Bezüge zur Kunst des Bonifacio de' Pitati, besonders zu dessen „Emmaus-Mahl" für den Palazzo dei Camerlenghi (jetzt Mailand, Brera): Dort weist das Fenster oberhalb von Christus mit seiner Mittelsäule bereits dieselbe Form auf und wird in der gleichen Weise vom oberen Bildrand überschnitten. Mit seiner Kappe und dem Wams gemahnt auch Tintorettos junger Diener an Bonifacio. Das Budapester Gemälde belegt, wie eng Tintorettos Beziehung zu Bonifacio am Beginn seiner Karriere war. So wird die These verständlich, der Färbersohn sei in dessen Werkstatt – seinerzeit eine der produktivsten und angesehensten der Stadt – tätig gewesen.

Jacopo Bassano, der ebenfalls bei Bonifacio arbeitete, greift dessen Kompositionen zu Beginn seiner Karriere (Ende der 1530er Jahre) in ähnlicher Weise auf. Zwar ist sein „Emmaus-Mahl" (Cittadella, um 1538) wesentlich statischer als Tintorettos Version, aber sein „Jesus unter den Schriftgelehrten" (Abb.) lässt vergleichbare Auffassungen erkennen. Tintoretto kannte jenes Werk und nutzte einen der Gelehrten im Vordergrund als Anregung für seine eigene Behandlung des Themas (Kat. 6). Im Budapester Bild gemahnen die nach links und rechts sich umwendenden Sitzfiguren an Jacopo Bassanos Oxforder Gemälde. Allerdings ist Tintorettos Konzeption noch wesentlich dynamischer und ausgefeilter. Man betrachte etwa die stark verzierte Kanne in der Hand der Dienerin – typisch für das Vokabular des mittelitalienischen Manierismus, wie ihn etwa Francesco Salviati kurz zuvor in Venedig bekannt gemacht hatten. Der Tisch steht nicht mehr bildparallel wie bei Tizian oder Bonifacio, sondern dringt in den Raum ein, während die Geste des Apostels rechts eine Diagonale in die Tiefe bildet. Auch die zwei im Vordergrund sich kreuzenden Pilgerstäbe zeugen von einer Vorliebe für das Schiefstellen und Anwinkeln. Die Figuren sind so erregt, dass sie der Person Christi keinerlei Aufmerksamkeit zu schenken scheinen. Aber es ist gerade diese Dynamik der Komposition, welche die Dramaturgie des Werkes trägt und die Macht des Wunders verbürgt. Das Budapester Gemälde wird damit zum Präludium jener zahlreichen „Abendmahle", die Tintoretto im Laufe seines Lebens schaffen wird.

MH

JACOPO BASSANO
JESUS UNTER DEN SCHRIFTGELEHRTEN
1539, Öl auf Leinwand, 116 × 174 cm, Oxford, Ashmolean Museum, Inv. A771

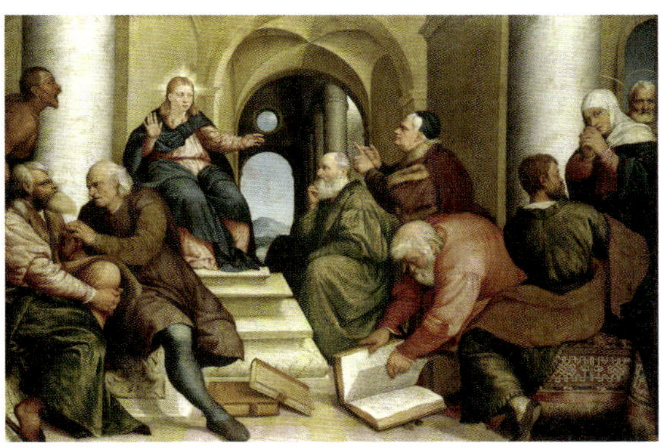

SCHÖNHEIT UND SCHRECKEN

ANDERS ALS IN STADTSTAATEN wie Mailand, Mantua, Ferrara oder Florenz gab es in Venedig keine dynastische Herrschaft und kein höfisches Mäzenatentum. Früher und deutlicher als andernorts formierte sich daher in der Lagunenstadt eine Art moderner Kunstmarkt mit beweglichen, auf Vorrat produzierten Bildern. Sie wurden zum Beispiel am Rialto oder unter den Arkaden des Markusplatzes ausgestellt und feilgeboten. Die hohe Anzahl guter Maler, die Venedig selbst hervorgebracht und – mehr noch – aus den umliegenden Provinzen angelockt hatte, führte zu einem Überangebot. Altargemälde und Porträts bildeten für fast alle Maler eine gewisse ökonomische Grundlage, doch zwangen Auftragsmangel und drohender Preisverfall zur Suche nach immer neuen Marktnischen. Während Tizian den europäischen Hochadel, vor allem die Habsburger, als Kundenkreis gewann, suchte Lorenzo Lotto sein Glück in der Provinz. War Paris Bordone auf Kabinettbilder spezialisiert, so verlegte sich der aus Dalmatien stammende Maler und Graphiker Andrea Schiavone zumindest zeitweise auf das Verzieren von Möbeln und Raumvertäfelungen. Beliebte Themen für solche Dekorationen waren grausame und erotische Geschichten aus antiker Mythologie und Altem Testament: sex & crime sozusagen. Die rasche, flüssige Malweise, die Schiavone in solchen Darstellungen einsetzte, und seine durch Parmigianino geprägte Eleganz färbten auf den Freund Tintoretto ab. Auch dieser übernahm bisweilen kleinere, eher handwerkliche Arbeiten, zum Beispiel das Bemalen von Stablaternen und Prozessionsbaldachinen. Dabei trieben ihn Temperament, Ehrgeiz und Selbstbewusstsein zu Höherem. Kassettierte Decken brach er durch völlig ungewohnte Illusionsmalerei nach oben hin auf (Kat. 10, 11), und kleinformatige Wandfriese gerieten ihm zu Monumentalbildern en miniature (Kat. 16). Spätestens nach dem Umzug ins geräumigere Atelier 1546/47 delegierte er Kleinfiguriges an seine Mitarbeiter (Kat. 17, 18), um sich selbst auf größere Projekte konzentrieren zu können.

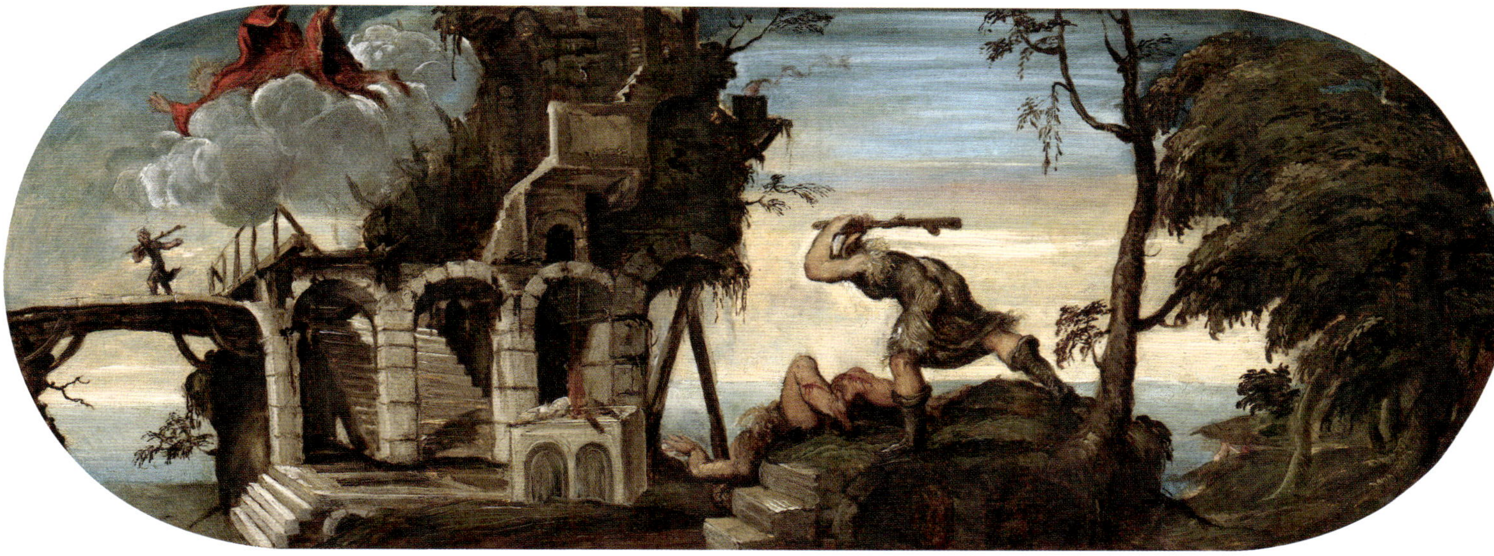

Kat. 9**

JACOPO TINTORETTO
KAIN UND ABEL

Um 1538/39
Budapest, Szépművészeti Múzeum

☞ S. 100

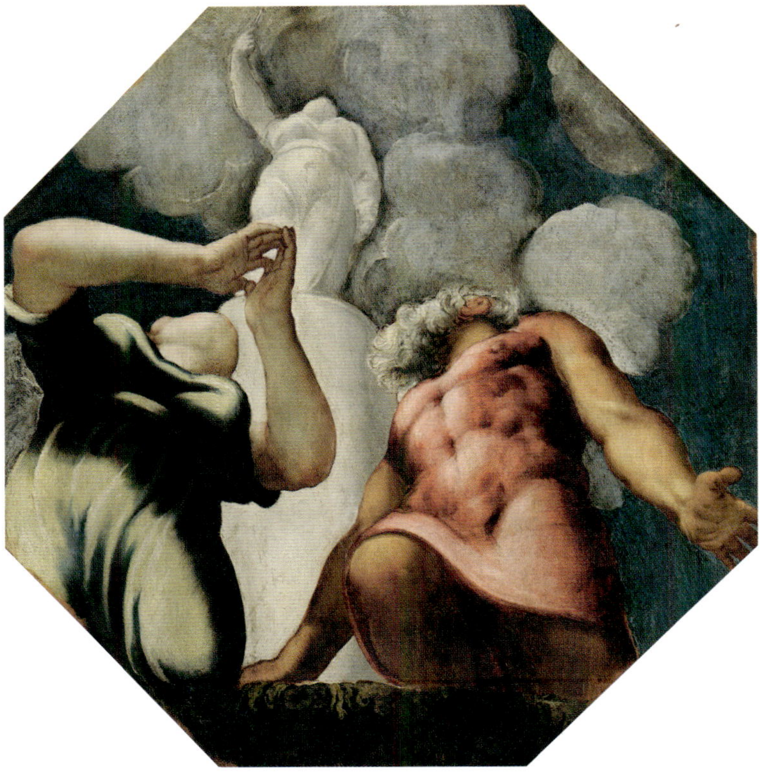

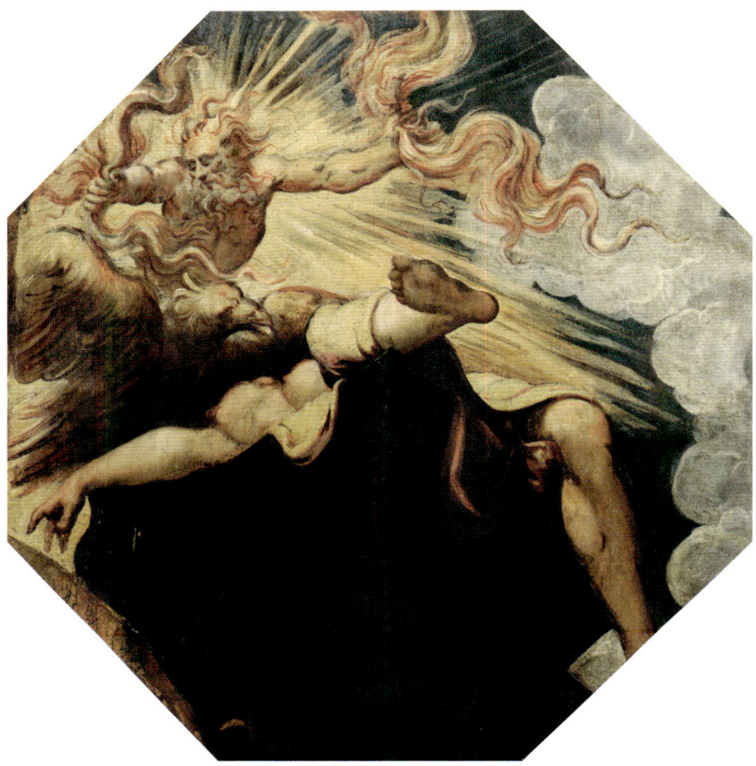

Kat. 10

JACOPO TINTORETTO
DEUKALION UND PYRRHA BETEN VOR DER STATUE DER GÖTTIN THEMIS

1541/42
Modena, Gallerie Estensi

☞ S. 101

Kat. 11

JACOPO TINTORETTO
JUPITER UND SEMELE

1541/42
Modena, Gallerie Estensi

☞ S. 102

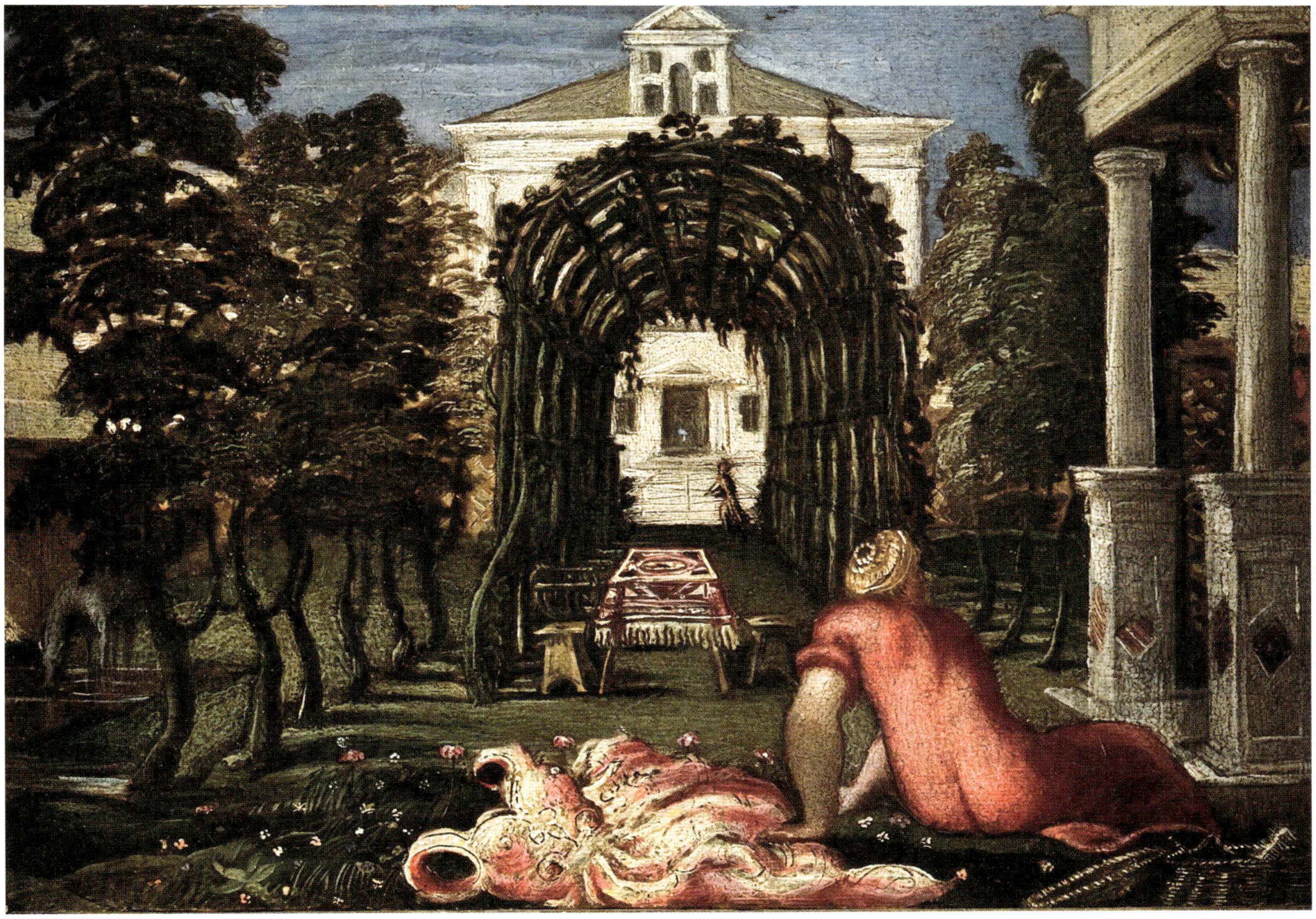

Kat. 12

JACOPO TINTORETTO
PSYCHE ERWACHT IN AMORS GARTEN

1541/42
Privatsammlung

☞ S. 103

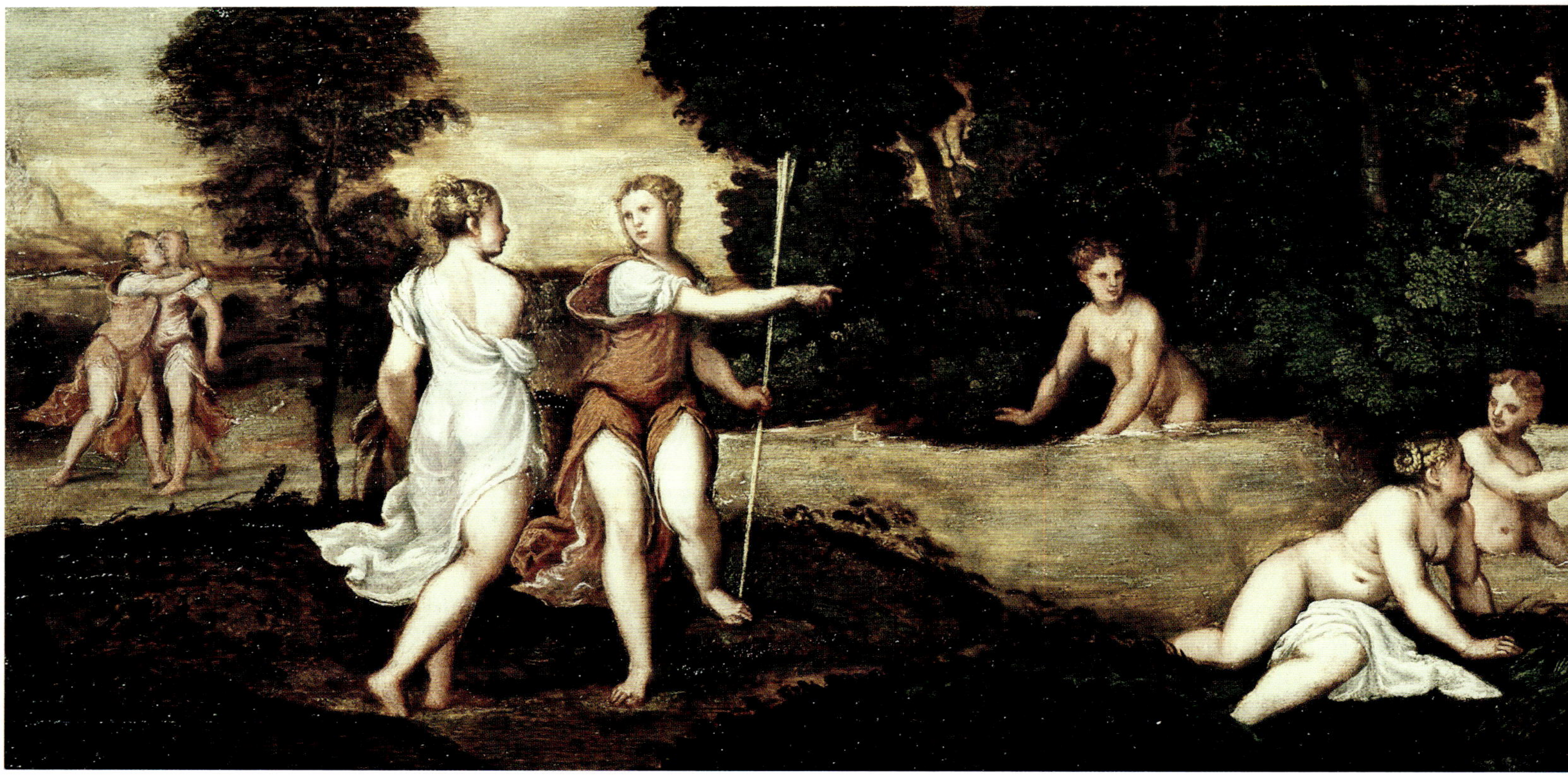

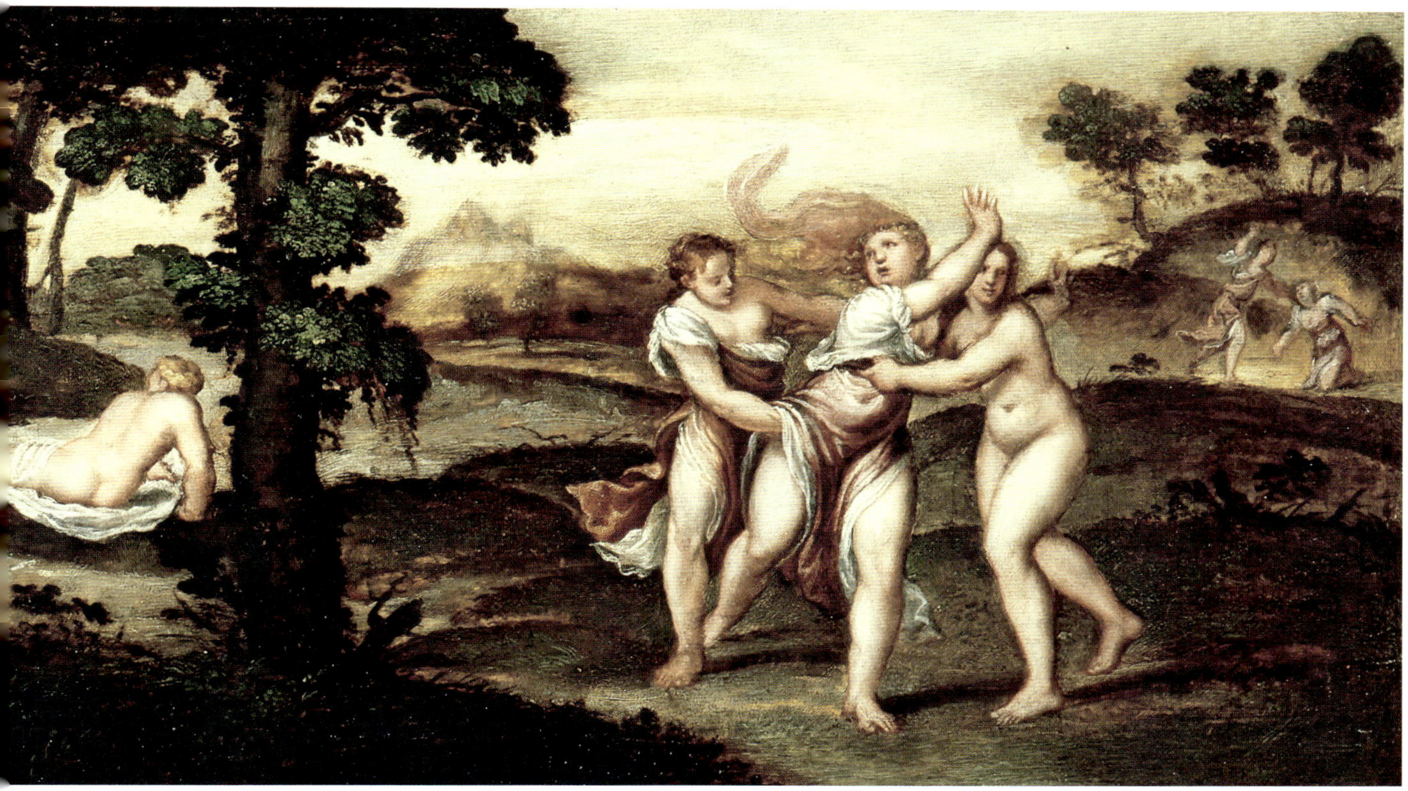

Kat. 13
PARIS BORDONE
DIANA UND CALLISTO

Um 1542
Monte-Carlo,
Galerie Maison d'Art

☞ S. 104

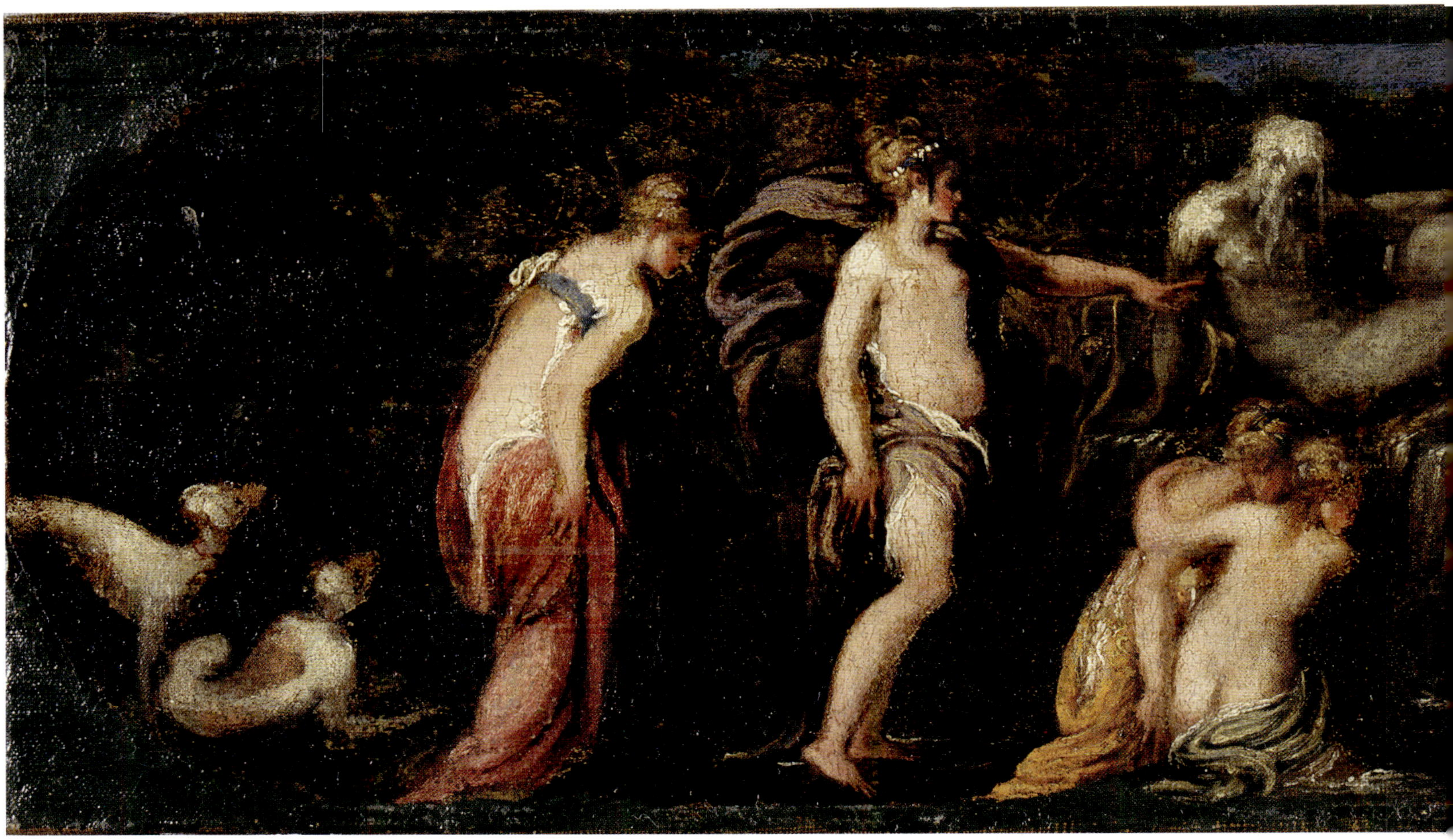

Kat. 14

ANDREA SCHIAVONE
DIANA ENTDECKT CALLISTOS SCHWANGERSCHAFT

Um 1549/50
Amiens, Musée de Picardie

☞ S. 105

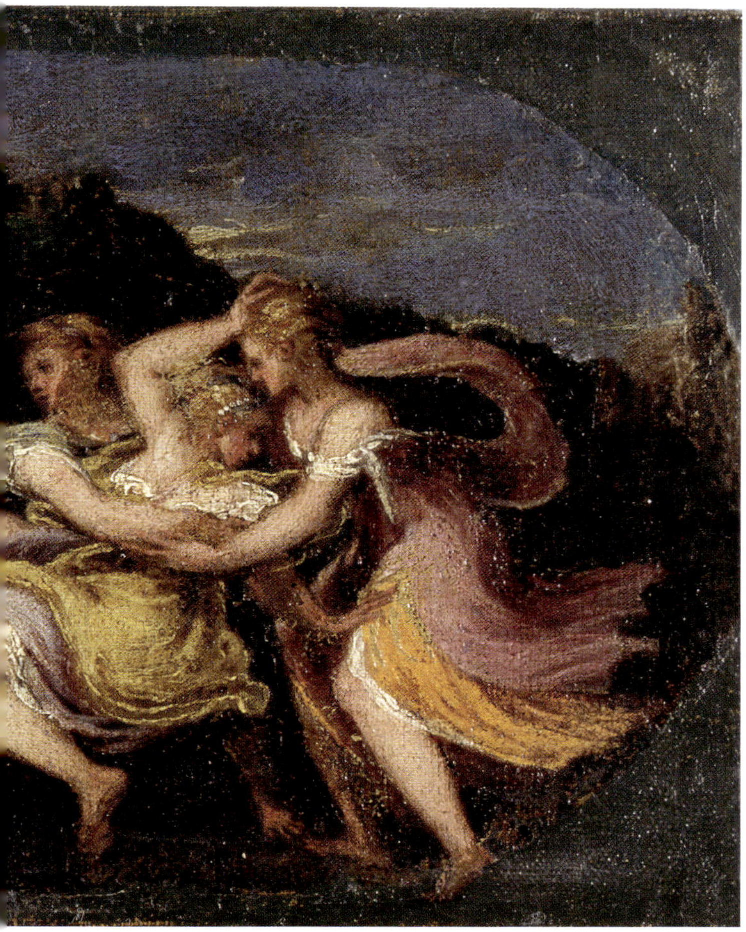

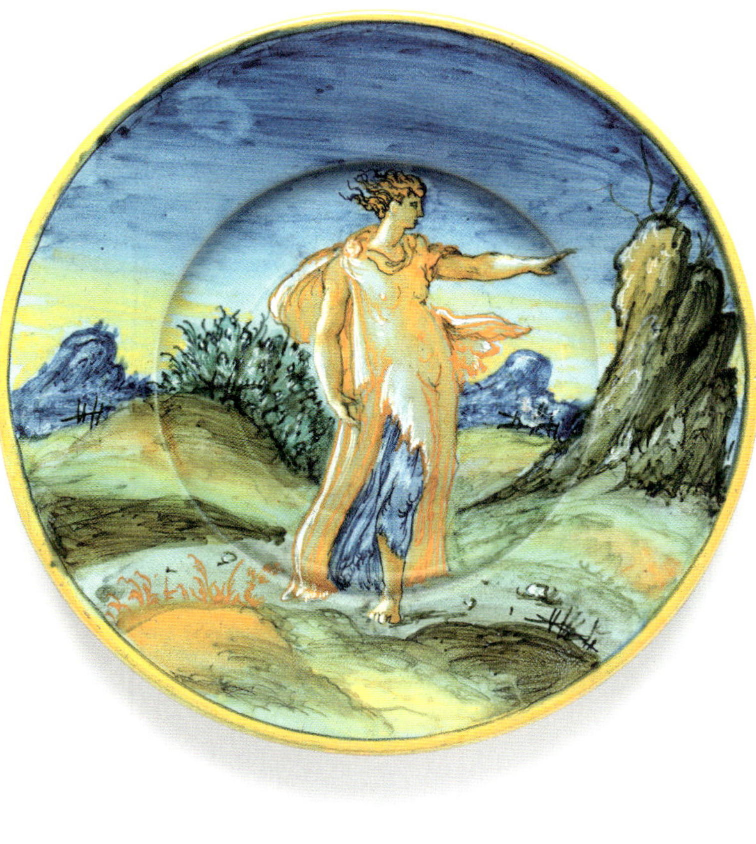

Kat. 15*

VENEDIG, UM 1550
MAJOLIKA-TELLER

Braunschweig, Herzog Anton Ulrich-Museum

☞ S. 106

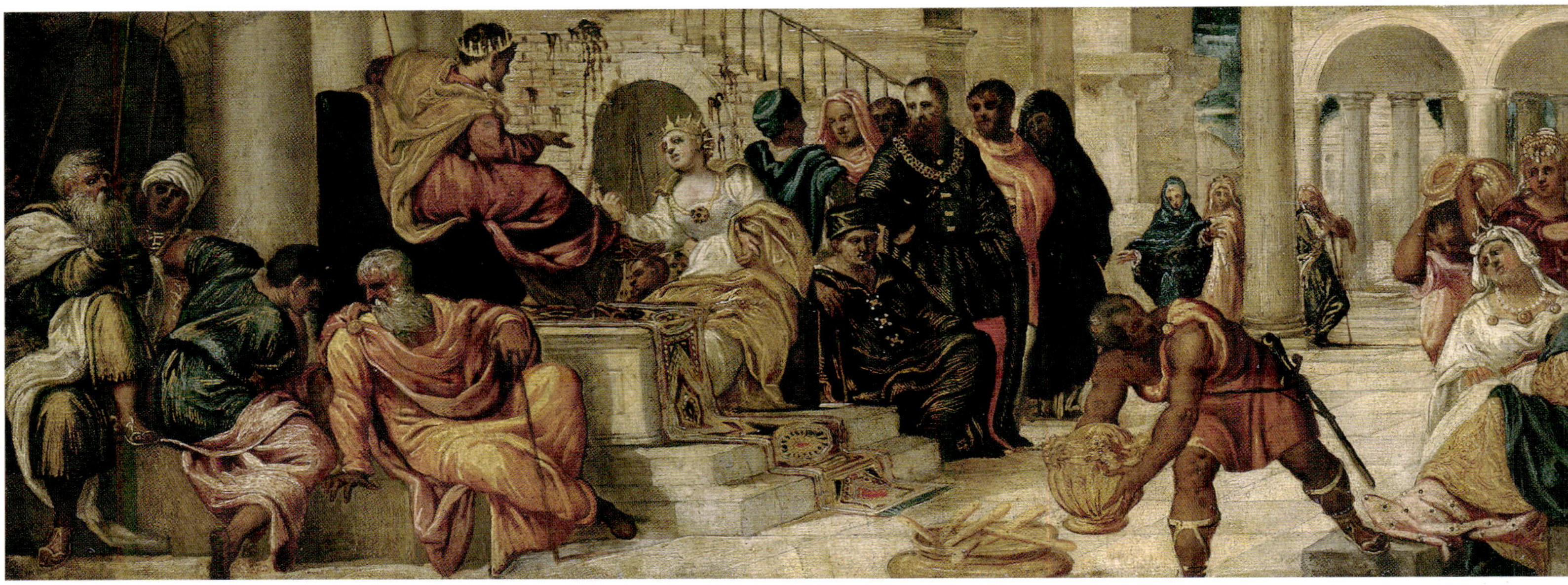

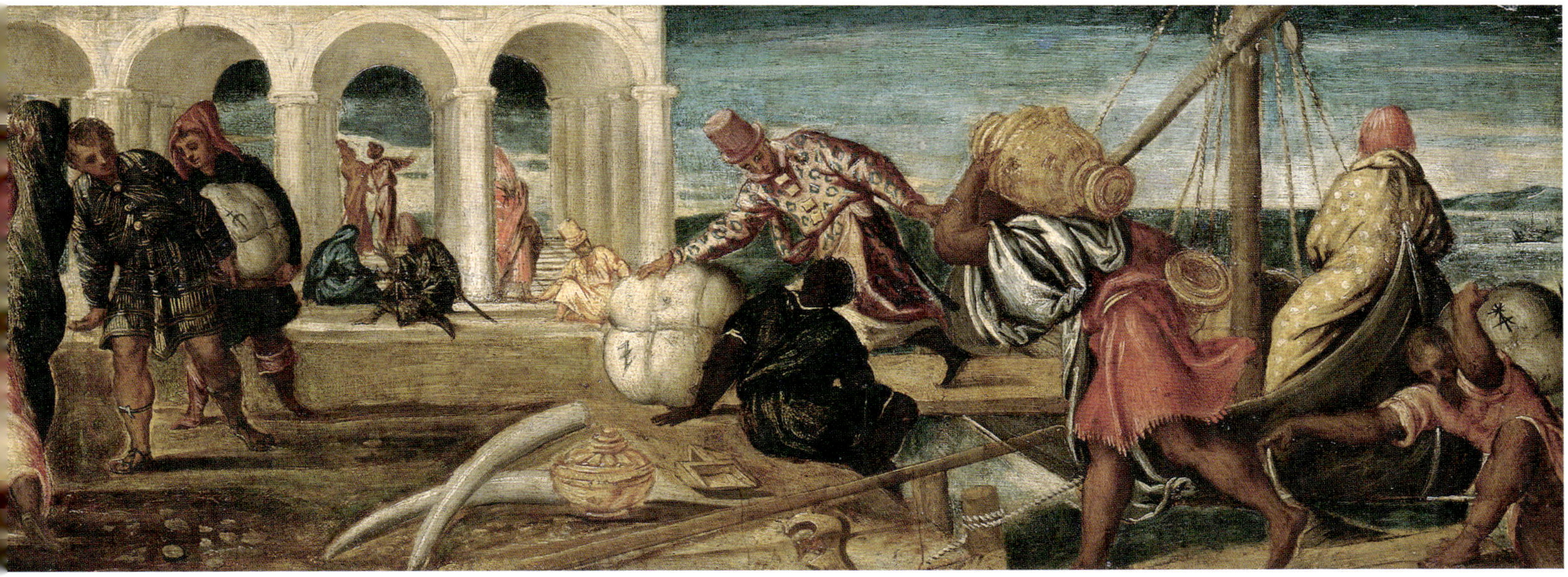

Kat. 16*

JACOPO TINTORETTO
SALOMO UND DIE
KÖNIGIN VON SABA

Um 1544
Wien, Kunsthistorisches Museum

☞ S. 107

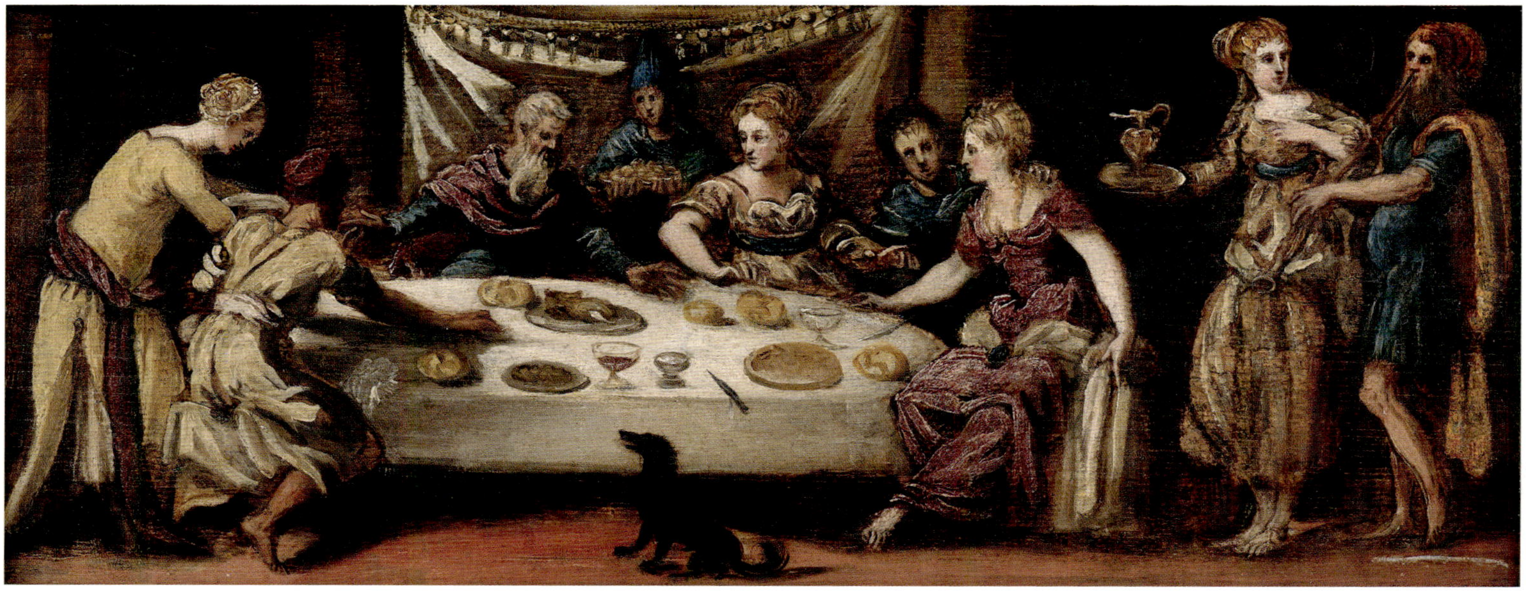

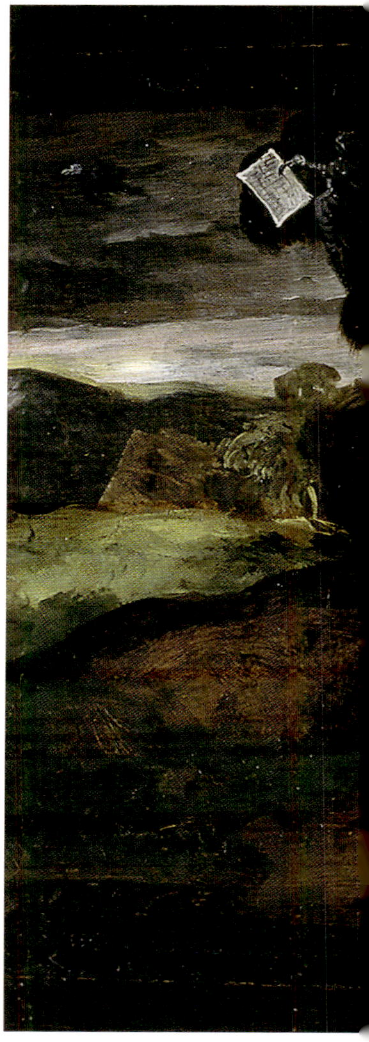

Kat. 17

JACOPO TINTORETTO
UND WERKSTATT
DAS MAHL DES
REICHEN PRASSERS (?)

Um 1550 (?)
Privatsammlung

☞ S. 108

Kat. 18*

JACOPO TINTORETTO
UND WERKSTATT
DER MUSIKWETTSTREIT
ZWISCHEN MUSEN
UND PIERIDEN

Um 1555
Verona, Museo di Castelvecchio

☞ S. 109

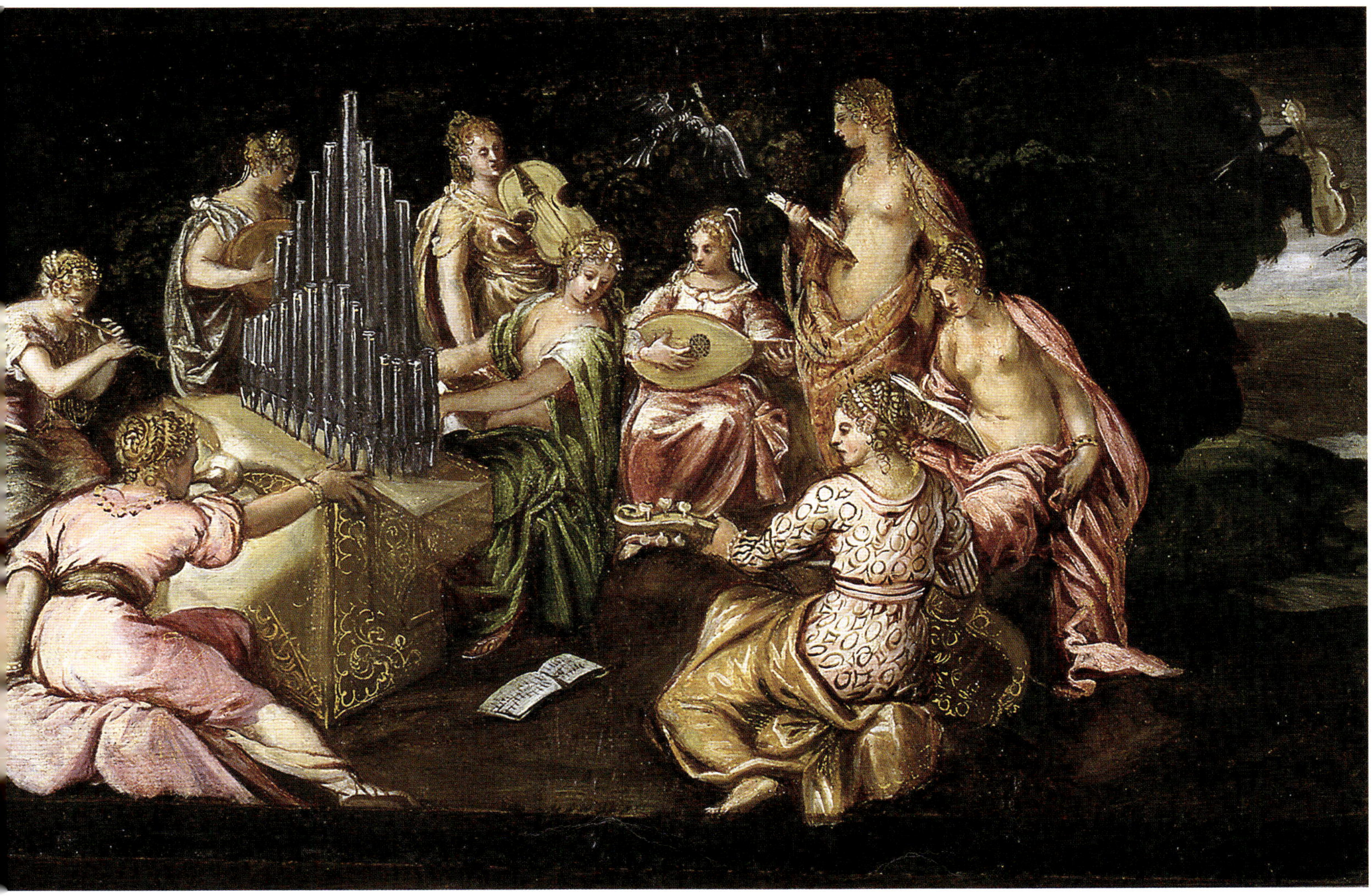

JACOPO TINTORETTO

KAIN UND ABEL

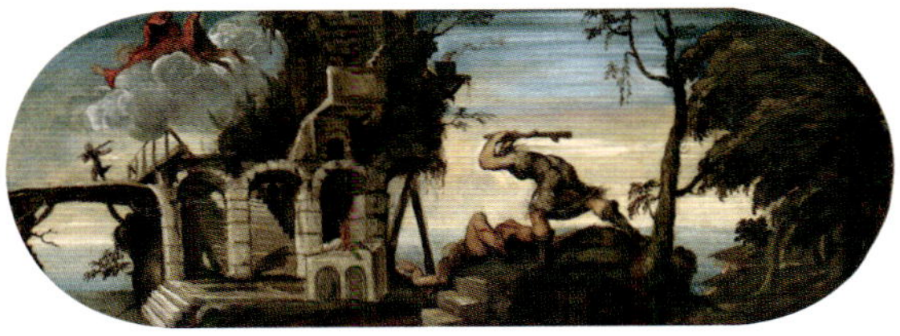

Kat. 9**

☞ S. 89

Um 1538/39
Öl auf Holz,
31 × 78,5 cm
Budapest,
Szépművészeti Múzeum, Inv. 4239

PROV.
Durch Graf János Pálffy von Cavaliere Rossi in Venedig erworben 1871; 1912 als Vermächtnis von Graf Pálffy aus dem Pozsony-Palast ans Museum

BIBL.
Marinelli 2001; Marinelli 2002, S. 123; Mancini 2003, S. 189–195

Dieses kleinformatige Tafelbild wurde Tintoretto von Sergio Marinelli zugeschrieben; er datierte es um 1542–1544 und verwies dabei vor allem auf Jacopos Deckengemälde für Vettor Pisani (Modena, Gallerie Estensi). In der Tat sind die Bezüge zwischen der Figur des Kain mit seinem eng anliegenden Gewand und dem Pluto in „Pluto und Orpheus" ebenso offensichtlich wie die Verwandtschaft zwischen der verkürzten Darstellung Abels und derjenigen der Semele (Kat. 11). Vincenzo Mancini folgte Marinellis Zuschreibung, vermutete aber eine Entstehung des Werkes noch vor 1540; es würde sich damit um eines der frühesten erhaltenen Gemälde Tintorettos handeln. Entsprechend ließe es sich mit jener Phase angeblich autodidaktischen Studiums in Verbindung bringen, während der Jacopo – seinem Biographen Ridolfi zufolge – für die am Markusplatz ansässigen Handwerker Truhen bemalt haben soll.

Wie so oft bleibt auch im Fall der Budapester Tafel unklar, ob wir es mit dem Teil eines zerlegten *cassone* zu tun haben oder mit dem Fragment einer Raumvertäfelung. Vielleicht gehörte dieses Bild aber wirklich zu einem Möbelstück. Jedenfalls belegt es, wie schon Mancini bemerkte, die große Bewunderung des jungen Tintoretto für den Tizian-Konkurrenten Pordenone (Giovanni Antonio de' Sacchis, 1483–1539), dessen bildräumliche Auffassung grundlegende Bedeutung für Jacopos Erarbeitung einer eigenen Bildsprache gewinnen sollte. Was insbesondere die Körperhaltung Kains betrifft, so wurde sie von Vincenzo Mancini mit einer heute im Louvre befindlichen Zeichnung Pordenones (Abb.) verglichen: möglicherweise die Skizze zu einem untergegangenen Fassadenfresko, das Tintoretto gekannt haben könnte. Übrigens hatte Pordenone seinerseits „Kain und Abel" im Kreuzgang von Santo Stefano gemalt, und wenngleich Kain dort nicht als Rückenfigur, sondern in Frontalansicht gezeigt wird, ähneln seine Haltung und Proportionen denen bei Tintoretto.

Ausgesprochen erfindungsreich ist die Landschaft. Sie zeugt zwar vom Wiederaufleben einer Vorliebe für Architekturhintergründe im Venedig der 1530er Jahre – besonders in der Werkstatt des Bonifacio de' Pitati, aber mit ihrem instabilen Mauerwerk über großen steinernen Arkaden und den sich überschneidenden Treppen ist die (so Marinelli) auf Piranesi vorausgreifende Ruine äußerst ungewöhnlich. Diese Architektur erzeugt Tiefenwirkung, strukturiert die Erzählung und lenkt den Blick des Betrachters, nimmt also grundlegende Kompositionsprinzipien vorweg, nach denen Tintoretto künftig seine Werke gestalten wird.

Wie einige vergleichbare Arbeiten wurde auch dieses Tafelbild aufgrund seines zügigen und freien Pinselstrichs Andrea Schiavone zugeschrieben; es mag als Beleg für die in den Quellen erwähnten Kontakte zwischen beiden Malern gelten. Marinelli hebt die Schraffierung mit Malgold (Gewand Kains) hervor. Mehrfach wurde diese Technik als eine Art byzantinisches Relikt angesehen, sie ist jedoch auch typisch für die *cassone*-Malerei (so zum Beispiel bei Schiavone, Kat. 14).

Vincenzo Mancini hat die Vermutung geäußert, es könne sich bei diesem Werk um die von Ridolfi zusammen mit einer „Bekehrung des hl. Paulus" beschriebene *historietta* von Abel und Kain im Palast des Vincenzo Gussoni handeln. Auf jeden Fall wurde das Thema mehrfach von Tintoretto dargestellt: So soll er es in Santa Maria de' Servi sowie später, zu Beginn der 1550er Jahre, an der Fassade des Palazzo Gussoni (Kat. 29) und auch für die Scuola della Trinità (vgl. Kat. 55) gemalt haben.

MH

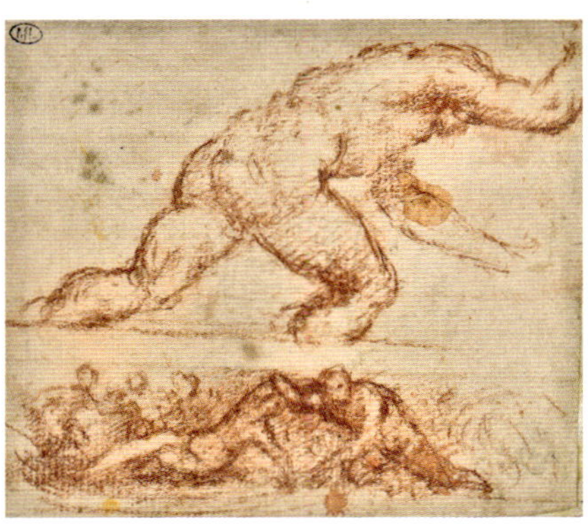

GIOVANNI ANTONIO
DE' SACCHIS, GEN. PORDENONE
RÜCKENFIGUR UND
STUDIE FÜR EINEN FRIES

2. Hälfte der 1530er Jahre (?)
Rötel, 92 × 105 mm,
Paris, Musée du Louvre,
Cabinet des Dessins,
Inv. 10832

JACOPO TINTORETTO

DEUKALION UND PYRRHA BETEN VOR DER STATUE DER GÖTTIN THEMIS

JUPITER UND SEMELE

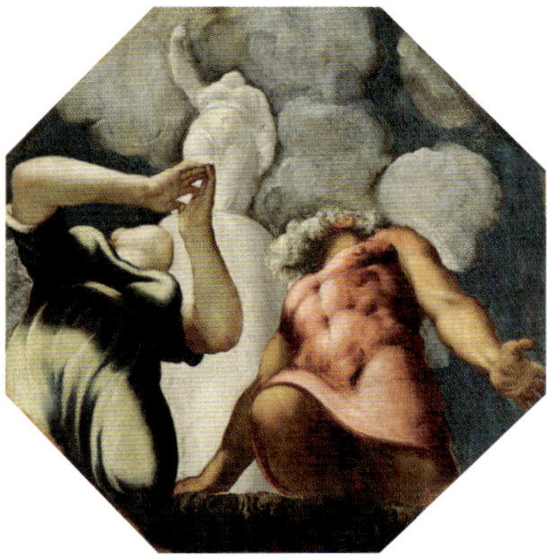

Kat. 10
☞ S. 90

1541/42
Öl auf Holz,
127 × 124 cm
Modena,
Gallerie Estensi,
Inv. GE 362

PROV.
Palazzo Pisani bei San Paternian; 1658 erworben durch Francesco I. d'Este, Anbringung von 14 der ursprünglich 16 Deckenbilder im Palazzo Ducale zu Modena (dabei Umformung von sechs der an den Ecken konkav geschwungenen Hochrechtecke zu Oktogonen)

BIBL.
Ridolfi/Hadeln 1924, S. 52; Pallucchini 1950, S. 78–80; Schulz 1968, S. 122 (Nr. 53); De Vecchi 1978, S. 86 f., Nr. 12 G und E; Pallucchini/Rossi 1982, Bd. 1, S. 16, 20, 24, 134 f. (Nr. 24, 27); Pilo 1991, S. 111; Echols 1993/1994, S. 33–41; Salvadori Rizzi 1994, S. 132 f.; Krischel 1994 b, S. 23–25; Krischel 1994 c, S. 12–14; Mason 1996; Krischel 1996 b, S. 146; Krischel 1996 c, S. 14–18; Nichols 1999, S. 36 f.; Krischel 2000, S. 14–17; Cottrell 2001, S. 285–290; Mancini 2003, S. 191 f.; Paolozzi Strozzi 2005, S. 87–89; Krischel 2009, S. 58–60; Echols/Ilchman 2009, S. 120 f. (Nrn. 16, 19); Florenz 2009, S. 278–280 (Kat. IX.4, Giovanna Paolozzi Strozzi); Gentili 2012, S. 23–25; Foscari 2012; Rom 2012, S. 140–143 (Kat. 18, Fausto Fracassi); Poldi 2013, S. 3, 13; Hochmann 2015, S. 329

Die beiden Deckenbilder sind Teil eines Ensembles von ursprünglich sechzehn Tafeln. Vierzehn davon haben sich erhalten und bezeugen eine atemberaubende Tour de force des rund 22-jährigen Tintoretto. Gefördert und gefordert durch einen ähnlich jungen, der modernen Kunst verbundenen Auftraggeber importierte Jacopo die am Mantuaner Hof entwickelte radikale Ästhetik des Raffael-Schülers Giulio Romano nach Venedig und brachte dadurch selbst Tizian in Bedrängnis.

Als der venezianische Patrizier Vettor Pisani 1542 heiratete, nahm er dies zum Anlass, den gotischen Familienpalast bei San Paternian zu erneuern. Unter anderem beauftragte er Tintoretto mit der Modernisierung einer kassettierten Holzdecke, deren Struktur über ein vatikanisches Vorbild (1494) bis zurück auf antike Dekorationsschemata verwies. Spuren floraler Verzierung auf den Rückseiten von Tintorettos Deckenbildern verraten, dass die Tafeln wiederverwendet, für Jacopos Eingriff also innerhalb des bereits existierenden Deckengerüstes gewendet wurden (Florenz 2009). Eine Revolution, deren Nachbeben noch 1642 bei Carlo Ridolfi spürbar ist: berichtet doch Tintorettos Biograph von einem angeblich durch Jacopo eingeleiteten Paradigmenwechsel in der Innendekoration – weg von floralen und hin zu figürlichen Motiven.[1]

Als Thema wurden die *Metamorphosen* des Ovid vereinbart. Die dort beschriebenen Liebschaften der Götter konnten seit dem Mittelalter auch christlich-moralisch gedeutet werden, bildeten also eine geeignete Zier für die ehelichen Wohnräume eines humanistisch geprägten *nobile*. Durchaus erbaulich ist in diesem Sinne die Geschichte des gottesfürchtigen Paares Deukalion und Pyrrha, das nach Errettung aus der von Jupiter geschickten großen Flut zu Themis, der Göttin der Gerechtigkeit, betet. Umso schockierender Tintorettos Darstellung, in der die Gestalten durch heftige Untersicht verformt erscheinen und die Gesichter unsichtbar werden. Da die Deckenhöhe im betreffenden Saal verhältnismäßig niedrig war, müssen die heftigen Hell-Dunkel-Kontraste, die illusionistische Perspektive, die aufdringliche Plastizität und vehemente Dynamik bedrohlich gewirkt haben: ein für Venedig völlig neues Seherlebnis.

Noch drastischer erscheint Tintorettos Darstellung der Semele, die (auf Betreiben einer eifersüchtigen Juno) von ihrem blitzeschleudernden Geliebten Jupiter unwillentlich verbrannt wird – und sich bei Jacopo wie auf einem Opfertisch windet. Begierig greift er die Brisanz des Sujets auf, indem er seinem jungen Auftraggeberpaar ein Emblem lodernder Ekstase und verzehrender Leidenschaft vor Augen stellt. Die elementare Wucht des Gemäldes lässt an den 1540 in Venedig erschienenen pyrotechnischen Traktat des Vanoccio Biringuccio denken, aber auch an die barocke Kunstkritik, die Tintoretto als Jupiter der Malerei und seinen Pinsel als Blitzstrahl rühmen wird.[2]

Das wichtigste Vorbild für Tintorettos Deckenausmalung war die Sala di Psiche im Palazzo del Te zu Mantua, einem von Giulio Romano konzipierten Lustschloss des Federico Gonzaga († 1540). Um 1527 hatten Giulio und sein Assistent Rinaldo Mantovano die Decke des dortigen Bankettsaals mit Darstellungen nach den *Metamorphosen* des Apuleius versehen. Der dunkle, leicht bedrohliche Zauber dieser Gemälde schlug Tintoretto nachhaltig in Bann und beeinflusste noch 1577/78 seine Deckenbilder im Kapitelsaal der Scuola Grande di San Rocco.

Spätestens um 1541 muss Tintoretto nach Mantua gelangt sein – vielleicht ausgestattet mit einer Empfehlung der Pisani. Angestachelt vom outrierten Illusionismus Giulios suchte er nach Gelegenheiten, die menschliche Gestalt in Untersicht zu studieren. So kam er auf die

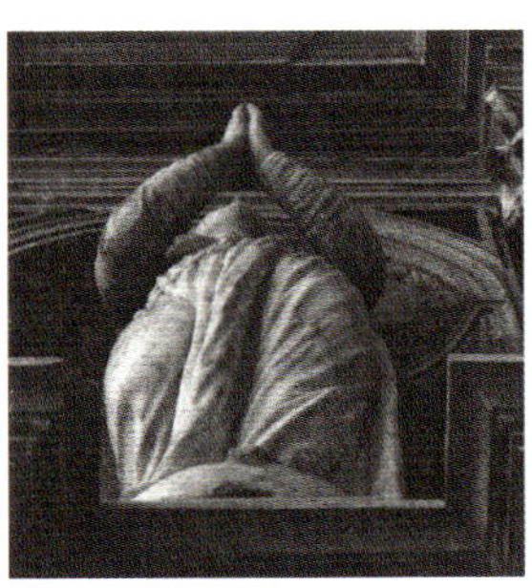

PAOLO STELLA MILANESE
DIE HOFFNUNG

(Skulptur am Grabmal des Senators Giovanni Battista Bonzio), 1525/26, weißer Marmor, 106,4 cm (Höhe inkl. Sockel), Venedig, Santi Giovanni e Paolo

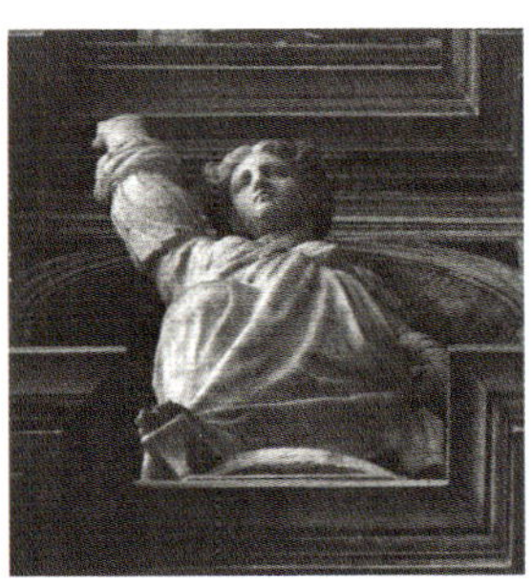

PAOLO STELLA MILANESE
DER GLAUBE

(Skulptur am Grabmal des Senators Giovanni Battista Bonzio), 1525/26, weißer Marmor, 123,5 cm (Höhe inkl. Sockel), Venedig, Santi Giovanni e Paolo

Idee, im öffentlichen Raum hoch angebrachte Skulpturen zu kopieren und als Vorlagen zu verwenden, deren gestisches Pathos bereits auf diese Perspektive berechnet war. In der Kirche Santi Giovanni e Paolo zog das Grabmal für den Senator Giovanni Battista Bonzio seinen Blick auf sich; die Marmorskulpturen hatte der Lombarde Paolo Stella 1525/26 unter dem Einfluss Tizians geschaffen. Dicht vor diesem Grabmal stehend zeichnete Tintoretto zwei der in flachen Nischen stehenden weiblichen Tugendallegorien aus der gewünschten Sicht *di sott'in sù* (Abb.). Bei der Übertragung ins Deckenbild (Kat. 10) machte er aus der betenden „Hoffnung" eine Pyrrha und aus der nach oben weisenden Allegorie des Glaubens wiederum eine Statue: die der Göttin Themis.

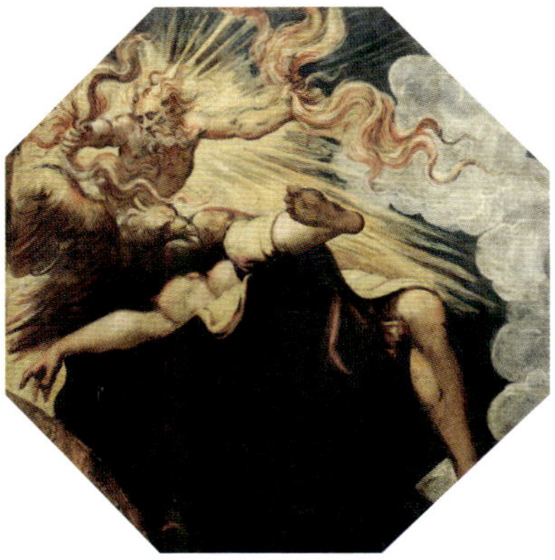

Kat. 11
☞ S. 90

1541/42
Öl auf Holz,
127 × 123 cm
Modena, Gallerie Estensi, Inv. GE 364

Mit ihrer Bewunderung für Giulio Romano standen Tintoretto und sein Auftraggeber in Venedig nicht allein. Tizian kannte den Kollegen seit langem und verarbeitete Mantuaner Eindrücke in der 1538 vollendeten „Schlacht von Spoleto".[3] Giorgio Vasari kam Anfang Dezember 1541 über Mantua nach Venedig und malte dort wenige Monate später, anlässlich der Aufführung von Pietro Aretinos *La Talanta,* illusionistische Deckenbilder. Im Sommer 1542 beklagte sich Aretino brieflich bei seinem Freund Giulio Romano darüber, dass letzterer seine venezianischen Bewunderer nicht, wie versprochen, persönlich besucht habe. Ungefähr zur selben Zeit und kurz vor der Hochzeit des Vettor Pisani versuchte dessen Paduaner Verwandter Kardinal Francesco Pisani vergeblich, Giulio Romano für einen Auftrag zu gewinnen.

Keineswegs agiert Tintoretto im Palazzo Pisani als bloßes Double für den Mantuaner Malerfürsten. Systematischer als Giulio prüft Tintoretto geradezu gewaltsam die formale Verwandlungsfähigkeit menschlicher Anatomie – und hebt das Thema der Metamorphose damit auf eine künstlerische Meta-Ebene. Die bisweilen nur schwer entzifferbaren Wirbel aus Gliedmaßen (Kat. 11) bezeugen eine neue Grundauffassung von Faltenwurf und menschlicher Figur. Enganliegende, zäh fließende Stoffe betonen die von den Zehen bis in die Fingerspitzen reichende Biegsamkeit der Gestalten. Die daraus resultierenden kontinuierlichen Ondulationen von Körperhaltung und Draperie gemahnen stark an die Kunst des emilianischen Manieristen Parmigianino. Zeichnungen und Druckgraphiken nach und von diesem Künstler zirkulierten in Venedig.[4] Vor allem aber wurde sein raffiniertes Schönheitsideal dort durch Andrea Schiavone propagiert: einen aus Dalmatien stammenden *peintre-graveur,* der die Eleganz Parmigianinos mit dem venezianischen Farbauftrag zu kombinieren suchte (Kat. 14).

Tintorettos „Metamorphosen" müssen größtes Aufsehen erregt und einen neuen Standard gesetzt haben. Das belegen nicht nur die illusionistischen Deckengemälde für Santo Spirito in Isola, die Tizian in der zweiten Hälfte des Jahres 1542 begann und frühestens im März 1543 ablieferte[5], sondern auch jene Deckenmalereien im venezianischen Kloster San Salvador, die Fermo Ghisoni (ein Schüler Giulios) Mitte 1545 ausführte.

RK

1
Ridolfi/Hadeln 1924, S. 15, Anm. 1.
2
Ridolfi/Hadeln 1924, S. 36; Boschini/Wasmer 2009, Bd. 1, S. 130–133, 272 (Anm. 3), 287 (Anm. 65).
3
Tietze-Conrat 1945, S. 208.
4
Venedig 2015, S. 177.
5
Pallucchini 1950, S. 79; Pilo 1991, S. 111; Echols 1993/1994; Echols 2007, S. 36.

JACOPO TINTORETTO

PSYCHE ERWACHT IN AMORS GARTEN

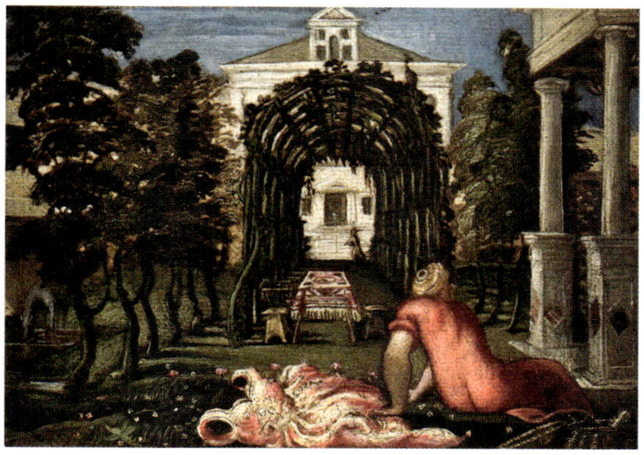

Kat. 12
☞ S. 91

1541/42
Öl auf Holz,
27 × 38 cm
Privatsammlung

PROV.
Venedig, Sammlung Italico Brass; Venedig, Privatsammlung (Courtesy of Damiano Lapiccirella)

BIBL.
Damerini 1931 (Abb. o.P.); Rossi 1977, S. 84 f.; Pallucchini/ Rossi 1982, Bd. 1, S. 21, 138 f. (Nr. 55); Azzi Visentini 1988, S. 28 f. (Vincenzo Fontana); Pilo 1991, S. 108–117; Pilo 1994, S. 121 f.; Salvadori Rizzi 1994, S. 133–136; Frank 1996, S. 235; Pilo 1996, S. 408; Weddigen 2000, S. 243, 253, 257; Echols/Ilchman 2009, S. 137 (Nr. F14)

Das kleine Bild bedeutet einen großen Schritt im Schaffen des jungen Tintoretto. Nachdem er in der „Disputa" (Kat. 6) Tiefensog hergestellt und in der „Fußwaschung" (Kat. 7) mit einem zentralen Bogenmotiv experimentiert hat, kombiniert er nun beides in einer Landschaft. Sie dient hier als Fond für die in den Deckenbildern (Kat. 10, 11) frei vor den Himmel gesetzte menschliche Figur.

Anspielungsreich bündelt Jacopo diverse Motive: Die Landschaft stellt eine Collage (Pilo 1996) aus Buchillustrationen dar. Für den belesenen Venezianer als Zitat sofort erkennbar war die tunnelförmige Laube. Sie entstammt der reich illustrierten *Hypnerotomachia Poliphili* (Venedig 1499). Das Gebäude im Hintergrund entlehnte Tintoretto einem Holzschnitt (fol. XLV recto) in den *Regole generali* von Sebastiano Serlio (Venedig 1537).[1] Mit dem 1526/27–1541 in Venedig lebenden Architekten, Architekturtheoretiker und Maler stand Tintoretto wohl in persönlichem Kontakt. So durfte er Serlios Bühnenentwurf für eine Satire mit der – hier aufgegriffenen – perspektivischen Baumreihung offenbar noch vor Drucklegung (Paris 1545) sehen.

Den Vorschlag, in der rot gekleideten Figur die alttestamentliche Susanna zu erblicken, versah Paola Rossi zu Recht mit einem Fragezeichen: Weder ist die Gestalt nackt, noch sieht man die beiden Alten. Bedenkt man den überwältigenden Eindruck der Mantuaner Sala di Psiche auf den jungen Tintoretto (Kat. 10, 11), so liegt ein anderes Thema näher: die von Zephir in den blühenden Garten Amors getragene, dort vor Erschöpfung eingeschlafene und nun erfrischt aufwachende Psyche (Apuleius, *Metamorphosen*, V 1,1–2).[2]

Zum Schutz vor dem „taufrischen" Rasen hat Psyche ihr (bei Jacopo in Sgraffitotechnik verziertes) Samtbrokatkleid als Schlafunterlage ausgebreitet. Ihre Schräghaltung, die Drehung des Körpers und das Aufstützen der Arme beschreiben eine einzige, fließende Bewegung: Die Erwachende richtet sich auf und erblickt „in der Mitte des Haines" das mit göttlicher Kunstfertigkeit errichtete Schloss Amors – hier: Serlios ionischen Palazzo. Links stellt Jacopo die nahe dem Schloss sprudelnde Quelle dar. So kann er einen Hinweis auf die Bildquelle unterbringen: Der vom Wasser trinkende Esel ist Lucius, der (verzauberte) Ich-Erzähler bei Apuleius!

Thema, Format und Bildträger lassen an die Dekoration für das Schlafzimmer eines frisch vermählten Paares denken – und damit an den Pisani-Auftrag (Kat. 10, 11). Dass Tintoretto eine bühnenmäßige Inszenierung wählt, kann nicht erstaunen. Schon zu Karneval 1524 hatte eine venezianische Truppe den Psyche-Stoff in Konstantinopel als „comedia" aufgeführt.[3] Mit der Übersetzung von Matteo Maria Boiardo (*Apuleo volgare*, Venedig 1537) stand dem Maler auch eine italienische Fassung zur Verfügung.[4] Mit archäologischer Präzision recherchiert ist das Vorbild für die Hauptfigur: Tintoretto zitiert das „Bett des Polyklet" – ein zuvor schon von Giulio Romano, später auch von Tizian verwendetes, in Kopien bekanntes antikes Relief, das angeblich erst im 17. Jahrhundert als Darstellung von Amor und Psyche erkannt wurde.[5]

RK

„BETT DES POLYKLET"
Marmorrelief nach antiker Vorlage
Rom, Palazzo Mattei

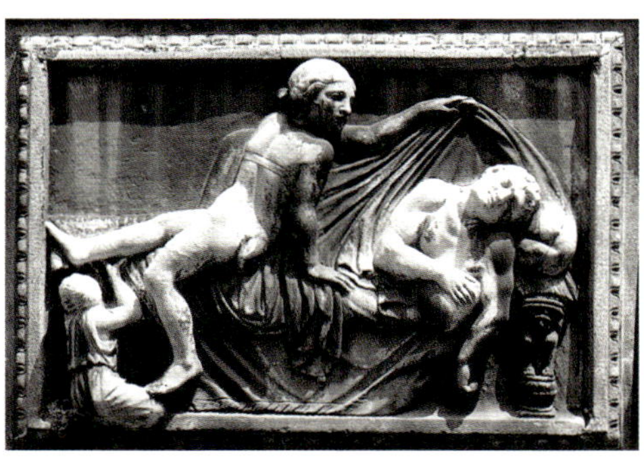

1
Als Vorlage kommt auch die deutsche Ausgabe (Antwerpen 1542, fol. 42 recto) in Frage.
2
Apuleius/Steinmann 1978, S. 16–19.
3
De Maria 1899, S. 125 f.; Tichy 1997, S. 221–225.
4
De Maria 1899, S. 46 f.; Schachter 2013.
5
Gombrich 1966, S. 126; Rosand 1975; Bober/Rubinstein 1986, S. 127; Dal Pozzolo 2008, S. 124–126.

PARIS BORDONE

DIANA UND CALLISTO

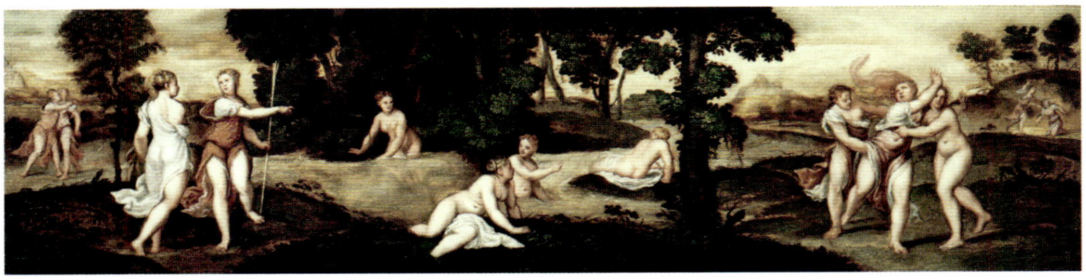

Kat. 13

☞ S. 92/93

Um 1542
Öl auf Holz,
28,5 × 110 cm
Monte-Carlo,
Galerie Maison d'Art

PROV.
Privatsammlung, Schweiz; Piero Corsini, New York

BIBL.
New York 1991, S. 36–41 (Kat. 6, Frank Dabell); Monaco 2005, S. 25–29 (Kat. 4, Frank Dabell); Donati 2014, S. 28, 123 f. (Farbtafeln LIX, LX), 334 f. (Nr. 122); Hamburg 2017, S. 174 (Kat. 26)

Wie das Bild von Andrea Schiavone (Kat. 14) zeigt auch dieses Werk die wechselvolle Geschichte der Callisto, einer arkadischen Königstochter und Nymphe aus dem Gefolge der keuschen Jagdgöttin Diana (Ovid, *Metamorphosen,* II, 442–453). Gemeinsamkeiten zwischen beiden Gemälden bestehen in den vom Windhauch verwirbelten antikischen Draperien, den über dem Schenkel geschlitzten Unter- und Obergewändern und den tonigen, abendliche Dämmerung suggerierenden Farben der Landschaft.[1] Verteilt Schiavone die Handlung auf zwei kleinere (nicht ausgestellte) und ein größeres Gemälde, so nutzt Paris Bordone das langgestreckte Querformat für eine von links nach rechts zu lesende Simultandarstellung. Dabei trennt er die von Schiavone dicht zusammengeschobenen Figurengruppen. In den Aktdarstellungen scheinen ältere Vorbilder wie Giorgione oder Jacopo Palma il Vecchio (Kat. 54) durch.

Geschickt führt unser Maler den Blick abwechselnd in die Bildtiefe und in den Vordergrund: Links hinten ist die Verführung (vielmehr Vergewaltigung) der Callisto durch Jupiter in Gestalt der Diana angedeutet. Vorne sieht man, wie Callisto von der echten Diana aufgefordert wird, sich den anderen badenden Nymphen anzuschließen. Vergeblich wendet sie dabei ihren tuschelnden Kameradinnen den Rücken zu, um ihre Schwangerschaft zu verbergen: Man ergreift die Verzweifelte und enthüllt ihren Fehltritt. In der Bildtiefe rechts kniet Callisto vor Jupiters Gemahlin Juno, die sie aus Eifersucht in eine Bärin verwandelt.

Wahrscheinlich zierte das Gemälde die Vertäfelung in einem venezianischen Prunkgemach. Zugehörig sind wohl drei weitere Tafeln mit durchgehendem landschaftlichem Horizont: eine derzeit nicht lokalisierbare, etwa gleich große „Jagd auf den kalydonischen Eber" sowie die beiden Fragmente „Vier Nymphen" (30,5 x 40,6 cm, Jacksonville, Florida, Cummer Museum) und „Jagende Diana" (27,9 x 65,4 cm, Alexander City, Alabama, Adelia M. Russell Library), die – zusammengesetzt – ein weiteres Bild derselben Breite ergeben.

Ein besonderer Reiz für den in Kunstdingen bewanderten Betrachter ergab sich durch die zitathaften Metamorphosen der Callisto, die hier in den Posen diverser berühmter Kunstfiguren auftritt. Gemahnt ihre Haltung im Vordergrund links an Tizians „Ariadne" (1520–1523, London, National Gallery), so spiegelt sie in der Enthüllungsszene rechts vorne den fliehenden Dominikanermönch aus Tizians „Petrus Martyr" von ca. 1526–1530 (Abb.). Die Callisto im Bildzentrum entspricht, wieder spiegelbildlich, Tintorettos „erwachender Psyche" (Kat. 12) – und damit ebenfalls dem antiken „Bett des Polyklet"– genau wie die badende Callisto im Stuckrelief des Giovanni da Udine von ca. 1538 (Venedig, Palazzo Grimani).[2] Möglicherweise verwendeten Tintoretto und Paris Bordone dieselbe Aktstudie. Die engen künstlerischen Beziehungen zwischen Tintoretto und dem älteren Paris Bordone sind bekannt[3] und zeigen sich auch an anderen Beispielen (Kat. 22, 48).

Ob Tizian die „Callisto"-Bilder von Schiavone und Paris Bordone sah? Seine – spätere – Darstellung des Themas (1556 bis 1559) enthält die sitzende Rückenfigur aus dem einen und die nackte, auf Callisto zeigende Diana aus dem anderen Gemälde …

RK

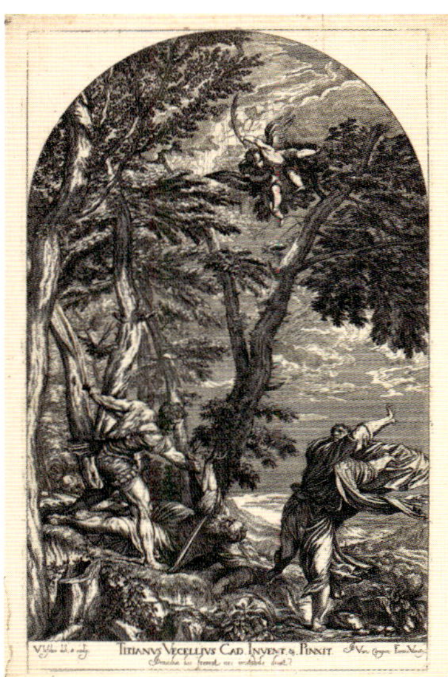

VALENTIN LEFEBVRE (NACH TIZIAN)
DER TOD DES PETRUS MARTYR

1682, seitenverkehrter Kupferstich nach dem Gemälde Tizians, 550 × 340 mm (Plattengröße) Köln, Wallraf-Richartz-Museum & Fondation Corboud, Graphische Sammlung, Inv. 36660

1
Der Holzgrund mit seinem Farbton spricht stark mit. Ob der Himmel mit blauer Smalte gemalt wurde, die ausbleichen kann (Hochmann 2015, S. 206–211), müsste eine technologische Untersuchung klären.

2
Bristot 2008, S. 68, Abb. 8.

3
Rossi 1987.

ANDREA SCHIAVONE

DIANA ENTDECKT CALLISTOS SCHWANGERSCHAFT

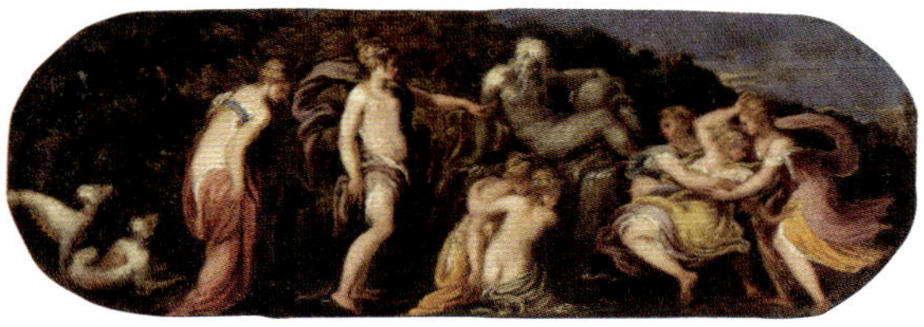

Kat. 14

S. 94 f.

Um 1549/50
Öl auf Leinwand, 18,7 × 49 cm
Amiens, Musée de Picardie, Inv. M.P. Lav. 1894-241

PROV.
Venedig, Francesco Algarotti; Venedig, Anton Maria Zanetti (?); Paris, Dominique-Vivant Denon; 1890 Schenkung der Brüder Lavard an das Musée de Picardie

BIBL.
Richardson 1980, S. 37 f., 152 (Kat. 244); London 1983, S. 206 f. (Kat. 90, David McTavish); Paris 1993, S. 538 f. (Kat. 182, Annalisa Perissi Torrini); Paris 2009, S. 332–340 (Benjamin Couilleaux); Borean 2015, S. 74; Venedig 2015, S. 240, 359 f. (Kat. IX.5, Enrico Maria Dal Pozzolo)

JACOPO TINTORETTO
ESTHER VOR AHASVERUS (oder SALOMO UND DIE KÖNIGIN VON SABA)
Öl auf Leinwand, 18 × 49,7 cm, London, The Courtauld Gallery, Seilern Bequest, P.1978.PG.457

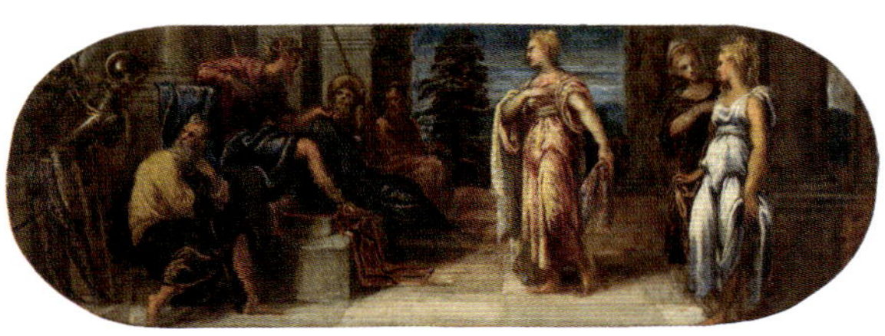

Dieses kleinformatige Werk wurde zwei anderen, quadratischen zugeordnet, die sich heute in der Londoner National Gallery befinden und ebenfalls Episoden aus der Callisto-Sage darstellen („Jupiter verführt Callisto" und „Arkas tötet seine in eine Bärin verwandelte Mutter Callisto"). Alle drei Gemälde befanden sich gleichzeitig in der Sammlung des Grafen Francesco Algarotti, wo sie erstmals am 9. September 1776 erwähnt werden.

Über die ursprüngliche Funktion der Bilder wurde viel diskutiert. Ihre Formate legen die Vermutung nahe, dass sie Teile einer später zerlegten Truhe *(cassone)* waren. Das in Amiens befindliche Werk hätte sich dann an der Vorderseite befunden, die beiden aus der National Gallery an den Seiten.

Bekanntlich schreibt Carlo Ridolfi in einer oft kommentierten Passage seiner Schiavone-Biographie, der Künstler habe für die unter den Arkaden des Markusplatzes tätigen Möbeldekorateure gearbeitet. In der Tat handelt es sich bei etlichen Schiavone zugeschriebenen Werken um kleinformatige Tafeln, die ursprünglich als Dekor von Truhen oder sonstigen Möbelstücken gedient haben könnten. Hier zeigt sich im Übrigen eine Gemeinsamkeit zwischen Schiavone und Tintoretto, denn Ridolfo zufolge soll auch der junge Jacopo die Möbeldekorateure aufgesucht haben, „um ihre Arbeitsweise *(i modi loro)* zu erlernen". Entsprechend wurde die freie Pinselschrift beider Künstler mit der dort üblichen Schnelligkeit in Zusammenhang gebracht. Allerdings sind die Bilder in Amiens und London auf Leinwand gemalt – und nicht auf Holz, wie es zu erwarten wäre, wenn sie von einem *cassone* stammten. Möglicherweise waren die Leinwände auf das Möbelstück aufgezogen, doch sind mir keine weiteren Beispiele dieser Art bekannt. Es wurde daher die Vermutung geäußert, es könne sich um Teile eines Frieses handeln.

Auffallend ist die Nähe des gezeigten Werkes zu einem heute in der Courtauld Gallery befindlichen Gemälde Tintorettos (Abb.), das im selben Format entweder „Esther vor Ahasverus" oder „Salomo und die Königin von Saba" zeigt und sich wahrscheinlich ebenfalls in der Sammlung Algarotti befand. Da auch Technik und Stil-Lage sich gleichen, könnten die Werke (wie schon vermutet wurde), Teile ein und desselben Dekors gewesen sein. Es würde sich dann um eines der wenigen auf uns gekommenen Zeugnisse der von Ridolfi kolportierten Zusammenarbeit zwischen Schiavone und Tintoretto handeln.

Als besonders erlesene Beispiele für Schiavones Kunst lassen die Bilder in Amiens und London seine Bewunderung für Parmigianino erkennen. Francis Richardson hat darauf hingewiesen, dass insbesondere die Diana-Figur sehr stark der „Persephone" in einer Radierung Schiavones ähnelt, die sich ihrerseits an einen Stich von Enea Vico nach Parmigianino aus dem Jahre 1548 anlehnt. Dieses Jahr könnte somit als Terminus post quem für das Gemälde in Amiens gelten, auch wenn – wie Richardson meint – Schiavone die Originalzeichnung Parmigianinos gesehen haben könnte.

Das Bild wurde sehr zügig ausgeführt, mit einem recht dicken, schlierenförmigen Farbauftrag, der gleichsam kalligraphisch wirkt (Richardson verwies auf Jackson Pollock). Besondere Sorgfalt wurde auf das Inkarnat verwendet. Bei manchen Lichthöhungen verwendete der Künstler Malgold, wie ein Miniaturist, der die Kostbarkeit seines Werks herausstellen möchte. Derselben Technik begegnet man bei anderen kleinformatigen Tafelbildern Schiavones wie auch bei Tintorettos „Kain und Abel" (Kat. 9) und bei der oben erwähnten „Esther vor Ahasverus" (Abb.).

MH

VENEDIG, UM 1550

MAJOLIKA-TELLER

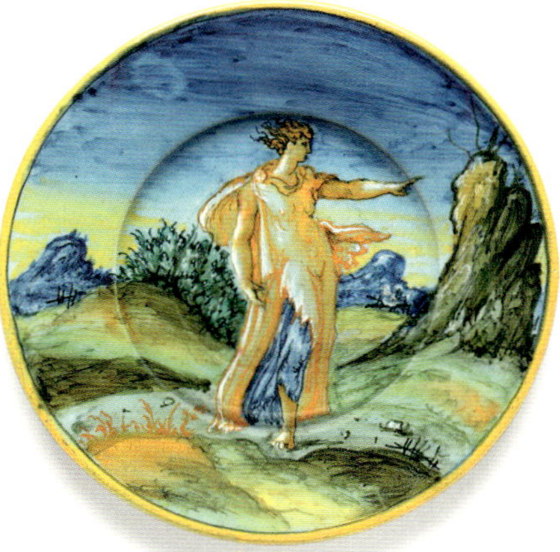

Kat. 15*
☞ S. 95

Durchmesser: 24,6 cm; Höhe: 2,6 cm Braunschweig, Herzog Anton Ulrich-Museum, Inv. 693

PROV.
Verzeichnet im Inventar H 33 des herzoglichen Kunst- und Naturalienkabinetts (1771–1806)

BIBL.
Lessmann 1979, S. 397 (Nr. 577); Alverà Bortolotto 1981, Tav. LXXXIII

Der Teller zeigt eine sehr ähnliche Figur wie das Gemälde von Andrea Schiavone (Kat. 14). Vorlage war ein Chiaroscuro-Holzschnitt nach Parmigianino (Abb.), wo diese Figur im Kreise weiterer Personen bei einer Opferung (oder bei der Selbstverstümmelung des Mucius Scaevola) zu sehen ist. In seinem Buch über die Jugend Tintorettos spricht Rodolfo Pallucchini von Schiavones „imparmisaninare“: ein Begriff, den bereits Carlo Cesare Malvasia 1678 auf diesen Maler angewandt hatte und der (in etwas abfälliger Art) die von bestimmten Künstlern praktizierte Nachahmung Parmigianinos bezeichnete. Anlässlich seiner Rezension der Tintoretto-Ausstellung von 1937 bemerkte Johannes Wilde, dass es sich um „eine allgemeine Erscheinung in der venezianischen Kunst der Jahrhundertmitte“ handele.[1] Wie der ausgestellte Majolika-Teller belegt, betrifft das Phänomen nicht allein die bildende, sondern auch die angewandte Kunst. Beide Domänen waren seinerzeit nicht separiert, ja manche Gattung angewandter Kunst rangierte im Wert deutlich höher als etwa Leinwandmalerei. In absoluten Maßen sind die Figuren bei Schiavone und auf dem Teller ungefähr gleich groß, und auch die Bildfunktion (hie: bemalte Truhe, da: bemaltes Geschirr) ist gut vergleichbar.

Die Vereinzelung der Gestalt auf dem Teller (ein verbreitetes Phänomen und eine Spezialität des anonymen Majolika-Malers, dem noch andere solche Arbeiten zugeschrieben werden) erlaubte – beispielsweise bei der Präsentation auf einer regalförmigen *credenza*[2] – die Herstellung immer neuer Zusammenhänge mit anderen figürlich geschmückten Tellern. Auch in sich wirkt die Komposition überzeugend. Geschickt hat der Maler die antikisch gewandete Frau in die Vertiefung des Tellers eingepasst, deren Rund sie mit dem ausgestreckten Arm gleichsam abzuzirkeln scheint (vgl. Kat. 28). In ähnlicher Weise berücksichtigt auch die Landschaft das Tellerprofil, wogt von links in die Vertiefung hinein und dann mit einem solchen Schwung nach rechts heraus, dass sie dort einen hohen, phantastischen Felsen ausbildet. Es scheint, als verweise die Frau auf den obersten Abschnitt dieses Felsens, der gerade noch im Widerschein des Sonnenuntergangs aufglüht.

Jüngeren Forschungen zufolge könnten die verwendeten Farbtöne vielleicht schon vor dem Brennen des Geschirrs für den Maler sichtbar gewesen sein – was die Erzielung solch atmosphärischer Effekte erleichtert hätte. Auch gab es durchaus gewisse Überschneidungen mit dem Malmaterial der Leinwandmaler und Freskanten, so dass die Läden der Pigmenthändler zu Orten der Begegnung werden konnten. Direkter Kontakt etwa zwischen Tizian und den venezianischen Majolika-Malern ist verbürgt. Zwar wurden die motivischen oder stilistischen Bezüge zwischen der venezianischen Leinwand- und Majolikamalerei bislang kaum untersucht, doch scheinen die Mal- und Zeichentechniken eines Schiavone mit der kalligraphischen Pinselführung auf dem gezeigten Teller durchaus verwandt. Ein Mastro Domenego erzielte auf seinen Majoliken durchaus bildmäßige Wirkungen, und Keramikmaler wie Jacomo da Pesaro verwendeten teils die gleichen Kupferstiche wie etwa der junge Tintoretto.[3]

RK

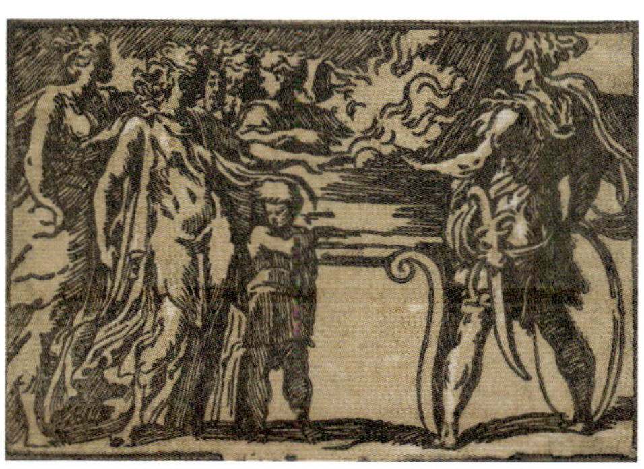

NACH PARMIGIANINO
OPFERUNGSSZENE
(oder MUCIUS SCAEVOLA?)

Chiaroscuro-Holzschnitt, 105 × 150 mm (Blatt), New York, Metropolitan Museum of Art, Inv. 2012.136.117

1
Pallucchini 1950, S. 88; Malvasia 1678, Bd. 1, S. 249 (Vita des Francesco Albani); Wilde 1938, S. 141.

2
Siehe im Hintergrund von Tintorettos „Letztem Abendmahl“, Venedig, Scuola Grande di San Rocco, und von „Christus bei Maria und Martha“ (München, Alte Pinakothek).

3
Wharton 2010; Krischel 2011 a, S. 318, 327; Sani 2016, S. 15; Krischel 2009, S. 58 f.

JACOPO TINTORETTO

SALOMO UND DIE KÖNIGIN VON SABA

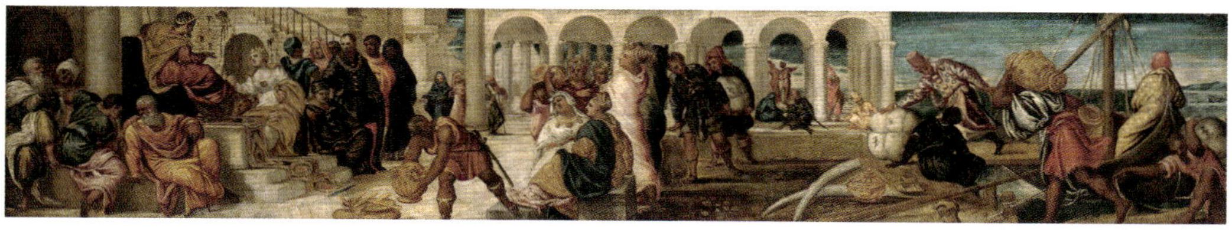

Kat. 16*

☞ S. 96 f.

Um 1544
Öl auf Fichtenholz, 29 × 157 cm
Wien, Kunsthistorisches Museum, Inv. GG 3830

PROV.
1635–1648 Sammlung des Herzogs von Buckingham; 1649 erworben; 1880 aus der Prager Burg in die Galerie

BIBL.
Hadeln 1922 b; Coletti 1943, S. 4 f.; Pallucchini 1950, S. 85; Benesch 1956, S. 100–102; Maxon 1961, S. 255; De Vecchi 1978, S. 88, Nr. 25 A; Salvadori Rizzi 1994, S. 133; Echols 1995, S. 100; Weddigen 2000, S. 255; Krischel 2000, S. 24–26; Cottrell 2001, S. 271; Echols 2007, S. 35; Madrid 2007, S. 184 (Robert Echols); Echols/Ilchman 2009, S. 137 (Nr. F7)

Auf einer – im Vergleich zur Höhe quasi panoramatischen – Breite von viereinhalb venezianischen Fuß (oder neun *quarte*) zeigt Tintoretto den Besuch der Königin von Saba bei König Salomo (1 Kön 10,1–11). Geschickt, weil unauffällig, gliedert er das schwierige Format in drei Abschnitte: Jacopo geht davon aus, dass ein Bild dieser Proportion nicht auf einen Blick überschaut werden kann, sondern nur nach und nach. Diese Erkenntnis wird ihn später befähigen, selbst sehr große und schwer überblickbare Flächen mit gut lesbaren Bildern zu versehen. Insofern bereitet das hier gezeigte Bild die ähnlich komponierte, um 1567 gemalte „Schatzmeistermadonna“ (Venedig, Gallerie dell'Accademia) vor.

Wie bei Paris Bordone (Kat. 13) wird der Blick abwechselnd in den Vordergrund und in die Bildtiefe gelenkt: Betrachtet man die Tafel in Leserichtung, so bilden Leibwache und Höflinge des Königs den Auftakt. Der perspektivisch dargestellte Thron und die Rückenfigur Salomos lenken sodann in die Bildtiefe. Der Blick schweift über die Königin, die Salomos Weisheit soeben durch Fragen auf die Probe stellt, und weitere Höflinge (darunter ein Porträt) zu der Gruppe um die Säule, die den Abschluss des ersten Bilddrittels markiert. Genau hier lenkt eine komplizierte Kunstfigur die Aufmerksamkeit wieder in den Vordergrund: ein sich bückender Mann, der aus einem Kupferstich nach Raffael stammt (Abb.).

Die Bildmitte wird von den phantasievoll gekleideten Hofdamen der Königin dominiert. Die beiden Träger weiter rechts schaffen einen Übergang zum Hintergrund, der im mittleren Bilddrittel von einer tonnengewölbten Säulenhalle ionischer Ordnung beherrscht wird. Einen vergleichbaren Hintergrundprospekt plante Tintoretto etwas später für „Christus und die Ehebrecherin“ (Kat. 21), modifizierte ihn dann aber tiefgreifend.

Im rechten Bilddrittel wird der Blick wieder in den Vordergrund gelenkt, zur Anlegestelle, wo man Waren aller Art auslädt: vielleicht nicht mehr Geschenke der Königin, sondern die von Salomos Handelspartner Hiram, König von Tyrus, herbeigeschifften Kostbarkeiten. Details wie die mit Handelszeichen versehenen Warenballen und die hier als Stillleben arrangierten Utensilien der Gondolieri (Ruder, *forcola* und Holzschaufel zum Entfernen von Wasser aus dem Boot) sah der junge Tintoretto täglich: Zwischen San Cassan und Rialto, im Herzen der frühneuzeitlichen Handelsmetropole Venedig, konzentrierten sich etwa ein halbes Dutzend Fährstationen (unter anderem für die Barken nach Chioggia, Padua, Vicenza oder Treviso), und von der Riva de l'Ogio bis zur Fondamenta del Vin gab es zahlreiche Anlegestellen, die teils bis heute die Namen der damals dort angelieferten Waren tragen. Typisch für Jacopo ist die freche kleine Provokation in der unteren rechten Bildecke, wo man dem unbehosten Lastenträger unter das Gewand schaut.

Die einst Schiavone zugeschriebene Tafel variiert ein größeres Leinwandbild Tintorettos von ca. 1539 (Château de Chenonceau) und gilt als schönstes aus einer Serie von sechs (oder sieben – siehe Kat. 25) ähnlich proportionierten Gemälden. Schon Lambert Sustris scheint das hier gezeigte Werk bewundert zu haben, wie sein „Raub der Helena“ (Turin, Galleria Sabauda) vermuten lässt. Ob es sich bei Jacopos alttestamentlichem Zyklus um Fragmente von Truhen, Teile von Orgelbrüstungen oder (wohl am ehesten) um Bilder aus einer Raumvertäfelung handelt, ist unklar. Einige der Tafeln entstanden wohl unter Mitarbeit von Jacopos frühem Weggefährten Giovanni Galizzi.

RK

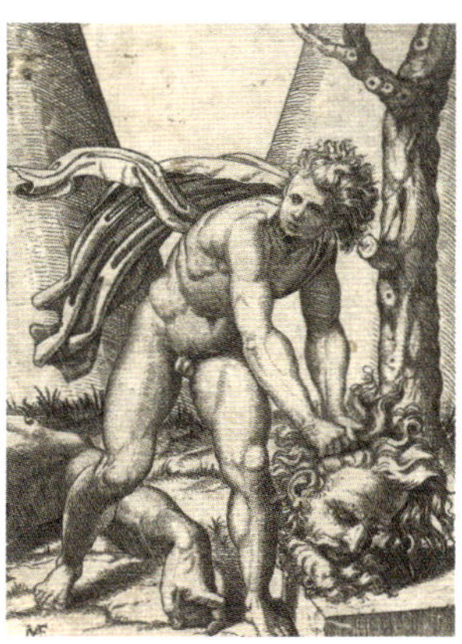

MARCANTONIO RAIMONDI (NACH RAFFAEL)
DAVID UND GOLIATH
1515/16
Kupferstich, 113 × 81 mm
Amsterdam, Rijksmuseum, Rijksprentenkabinet, Inv. RP-P-OB-11.738

JACOPO TINTORETTO UND WERKSTATT

DAS MAHL DES REICHEN PRASSERS (?)

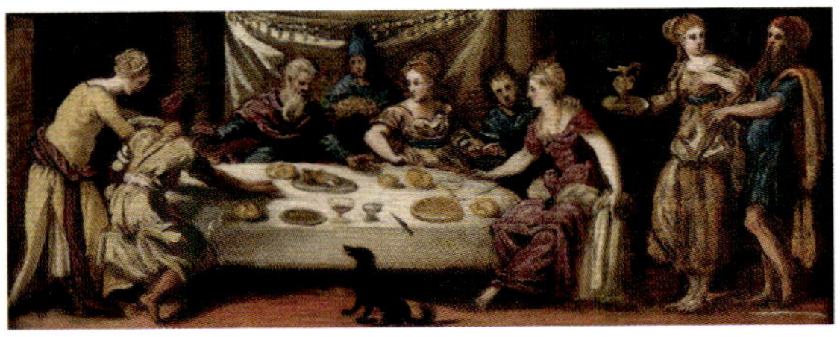

Kat. 17
S. 98

Um 1550 (?)
Öl auf Holz,
23,5 × 59,1 cm
Privatsammlung

PROV.
Sammlung Cook, Richmond; D. S. Ker, Esq.; Arcade Gallery, London; Christie's, London, 2007[1]

BIBL.
Berenson 1932, S. 50, Nr. 171 (248); Berenson 1957, Bd. 1, S. 161; Pallucchini/Rossi 1982, S. 137 (Nr. 46); Cottrell 2005, S. 141 f.; Echols/Ilchman 2009, S. 137 (Nr. F6)

Dieses kleinformatige Tafelbild wurde bereits 1932 von Bernard Berenson veröffentlicht, der bei der Zuschreibung zwischen Schiavone und Tintoretto schwankte; später wurde es von Rodolfo Pallucchini und Paola Rossi für ein Jugendwerk Jacopos gehalten und um 1543 datiert. Sie sahen es in Zusammenhang mit einer Gruppe als *cassoni* (bemalte Truhen) oder *spalliere* (Vertäfelungen) definierter Malereien und beriefen sich hierbei auf die berühmte Passage bei Ridolfi, in der er behauptet, Tintoretto habe sich in seiner Jugend mit derartigen Arbeiten befasst (vgl. Kat. 9, 12, 16). In Wirklichkeit ist diese Gruppe sehr heterogen, sowohl hinsichtlich der Entstehungszeit als auch des Stils. Robert Echols und Frederick Ilchman haben daher etliche dieser Zuschreibungen in Frage gestellt. Das gilt namentlich auch für dieses „Mahl des reichen Prassers", das sie einem anonymen Mitarbeiter Tintorettos gaben.

Es wird gemeinhin angenommen, das Werk stelle das biblische Gleichnis vom reichen Mann und dem armen Lazarus dar (Lk 16,19–31) – ein Thema, das sich im Venedig des 16. Jahrhunderts großer Beliebtheit erfreute: Wegen der enormen Zahl an Bedürftigen in der Stadt bündelten sich viele spirituelle und politische Bestrebungen in der Organisation der Armenfürsorge. Die Insel San Lazzaro (natürlich nach dem Armen des Gleichnisses benannt) beherbergte eine Vielzahl von Leprösen und anderen Kranken. Bonifacio de' Pitati und Jacopo Bassano haben das Gleichnis mehrfach gemalt, wobei die heute in der Accademia befindliche Darstellung Bonifacios die berühmteste ist. Im Vergleich mit solchen Werken sind hier allerdings deutliche Unterschiede festzustellen: Während Lazarus bei Bonifacio und Jacopo Bassano eindeutig als Bettler gezeigt wird, der sich vom Festmahl fernhält und dem Hunde die Wunden lecken, tritt er hier als Schalmeispieler in Erscheinung. Gerade wird er offenbar von der Frau, die eine Wasserkanne trägt, bei Tisch eingeführt. All dies passt kaum zum Evangelientext. Cottrell nimmt an, die Schalmei könne auf das Musikinstrument anspielen, mit dem die Leprakranken ihr Kommen ankündigen mussten; doch erscheint mir dies eher zweifelhaft. Ich bin denn auch nicht vollkommen überzeugt von der bisherigen Deutung des Bildgegenstands, wenngleich vorerst keine Alternative in Sicht ist.

Die Komposition schöpft offensichtlich aus dem Bildrepertoire des jungen Tintoretto: charakteristisch etwa die Rückenfigur links, die den Arm auf den Tisch ausstreckt und ähnlich auch im Budapester „Emmaus-Mahl" (Kat. 8) zu finden ist. Der Gesamteindruck lässt auch an das „Festmahl des Belsazar" denken, eines der kleinformatigen Tafelbilder im Zyklus des Wiener Kunsthistorischen Museums. Die Komposition mit dem Tisch in der Mitte und den beiden Frauenfiguren, die den Bildraum von den Seiten her betreten, erinnert an das „Abendmahl" in San Marcuola. Allerdings ist die malerische Ausführung in den genannten Werken deutlich brillanter als in dem hier betrachteten, wo die Figuren etwas flach und wenig körperhaft wirken. In der Tat handelt es sich daher wohl um eine Arbeit aus dem Umfeld Tintorettos, die in den 1550er Jahren einige seiner typischen Formeln und Kompositionsschemata aufgreift. Von derselben Hand könnten, so teilt mir Roland Krischel mit, „Jupiter und Semele" (Abb.), „Apoll und Marsyas" (Lowe Art Museum, Coral Gables) und die Staffagefiguren im „Liebeslabyrinth" (Kat. 3) stammen.

MH

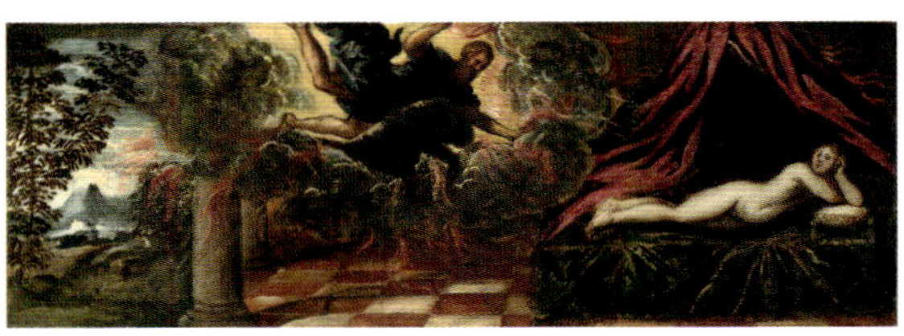

TINTORETTO-WERKSTATT
JUPITER UND SEMELE
Um 1550 (?), Öl auf Fichtenholz, 22,7 × 65,4 cm, London, The National Gallery, Inv. NG1476

1 Old Master & British Pictures, 6. Juli, Lot 220, Katalog S. 191.

JACOPO TINTORETTO UND WERKSTATT

DER MUSIKWETTSTREIT ZWISCHEN MUSEN UND PIERIDEN

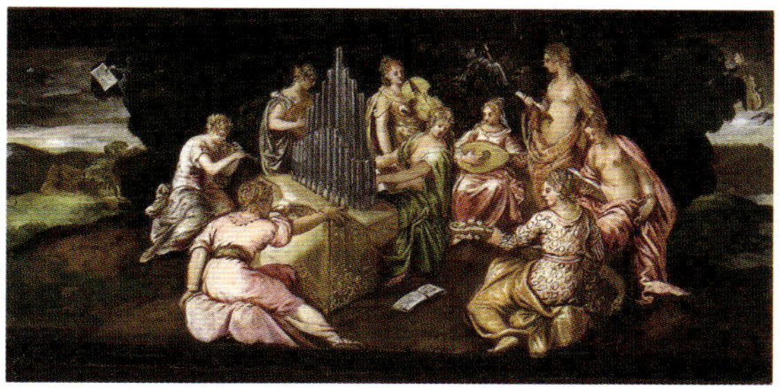

Kat. 18*
☞ S. 98 f.

Um 1555
Öl auf Holz,
46,4 × 90,5 cm
Verona, Museo di Castelvecchio, Inv. 1562-1B0102

PROV.
Verona, Casa Cossali; Verona, Casa Nodari; Verona, Sammlung Bernasconi; im Besitz des Museums seit 1871

BIBL.
Coletti 1943, S. 16; Pallucchini 1950, S. 88; De Vecchi 1978, S. 88, Nr. 24; Weddigen 1984, S. 74, 76 f., 83, 85–88; Marinelli 1996, S. 266; Echols/Ilchman 2009, S. 106–109, 138 (Nr. F21); Venedig 2015, S. 238, 358 (Kat. IX.2, Antonio Carradore)

ISEPPO RUOSA DA SALÒ
(JOSEPH SALODIENSIS)
POLYGONALES VIRGINAL
1574
158,6 (Länge) × 49,1 (Breite) cm
Boston, Museum of Fine Arts, Inv. 1981.277

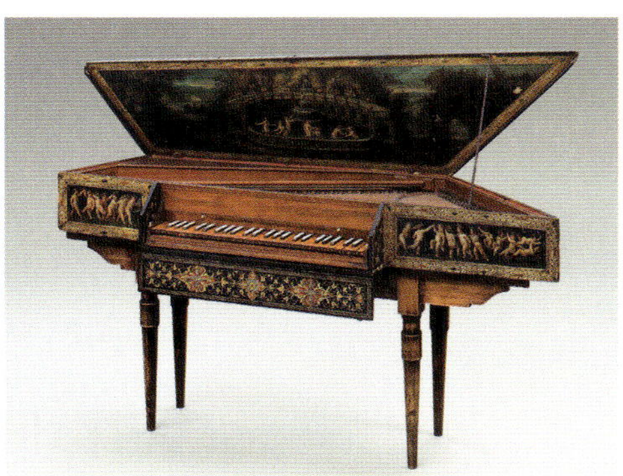

Die Tafel ist wohl der zurechtgesägte, ursprünglich trapezoide Deckel eines Cembalos oder Spinetts. Zu vergleichen wären zwei mit ähnlichen Malereien verzierte venezianische Instrumente von 1574, gebaut von Giovanni Antonio Baffo (London, Victoria and Albert Museum) und Iseppo Ruosa da Salò (Abb.). Venedig zählte im 16. Jahrhundert zu den bedeutendsten europäischen Zentren des Instrumentenbaus; seine Lauten-, Orgel- und Cembalobauer waren weithin berühmt. Die Bemalung lag in der Regel wohl bei den Möbeldekorateuren, die *casse* und *forzieri* verzierten, konnte aber auch von den eigentlichen Malern ausgeführt werden. Von Bronzino hat sich ein hinreißendes Beispiel erhalten: „Apoll und Marsyas“ in der Petersburger Eremitage.

Dass auch Tintorettos Werkstatt derlei Aufträge übernahm, erstaunt umso weniger, als der Künstler, wie die Quellen berichten, sich selbst als Amateurmusiker betätigte. Schon Vasari schrieb, dass er mit Begabung „auf verschiedenen Instrumenten“ musizierte, und Ridolfi berichtet, Jacopo habe in seiner Jugend neben der Laute andere, „bizarre“ Musikinstrumente eigener Erfindung gespielt. Borghini zufolge spielte auch Marietta, Tintorettos Lieblingstochter, Laute, Cembalo und andere Instrumente.[1] Man darf also annehmen, dass Tintoretto Beziehungen zu Cembalobauern unterhielt. Diese Tafel wurde ihm 1932 von Berenson zugeschrieben, nachdem Adolfo Venturi Andrea Schiavone vorgeschlagen hatte. Rodolfo Pallucchini nahm sie dann ins Frühwerk Jacopos auf und datierte um 1545/46; dem folgte Pierluigi de Vecchi. Zweifel meldeten hingegen Frederick Ilchman und Robert Echols an. Sie rückten die Veroneser Tafel in die Nähe anderer Bilder: eines Instrumentendeckels in Privatbesitz, eines „Nymphenkonzerts“ in Dresden (Gemäldegalerie) und eines Gemäldes in München (Kat. 63). Tatsächlich überschneiden sich diese Werke in bestimmten Figuren. Jene Muse, die im Zentrum der Veroneser Tafel die Orgel spielt, entspricht der weiblichen Aktfigur, die auf dem Dresdner Gemälde den Blasebalg hält, sowie auch einer Muse im Münchner Bild.

Echols und Ilchman sind der Ansicht, dass die genannten Werke von flämischen Arbeiten der 1560er Jahre aus der Werkstatt des Maerten de Vos angeregt, daher sämtlich erst in die 1570er Jahre zu datieren und einem Mitarbeiter Tintorettos zuzuschreiben seien. Auch wenn wir heute wissen, dass diverse angebliche Frühwerke Tintorettos wesentlich später entstanden sind, überzeugt diese Herleitung nicht. Krischel datiert das Münchener Gemälde in die Mitte der 1550er Jahre, und auch die Veroneser Tafel ist kaum so spät anzusetzen, wie Ilchman und Echols meinen. Denn sie weist unbestreitbare Ähnlichkeiten mit den kleinformatigen Wiener Werken (Kat. 16, 25) und dem „Mahl des reichen Prassers“ (Kat. 17) auf, die Ilchman und Echols selber weiterhin in die 1540er Jahre datieren. Roland Krischel macht auf die stilistische Ähnlichkeit der Veroneser Tafel mit den Deckengemälden im Prado (Kat. 57–62) aufmerksam, die seines Erachtens vom gleichen Mitarbeiter Tintorettos stammen könnten. Demnach wäre unsere Tafel ebenfalls Mitte der 1550er Jahre entstanden. Das ovidische Thema (siehe Kat. 63) ist natürlich bestens für ein Musikinstrument geeignet: Man sieht den Ausgang des Wettstreits zwischen Musen und Pieriden. Letztere sind in Elstern verwandelt und fliegen davon – im Schnabel ihre Instrumente und Notenblätter.

MH

1
Vasari/Milanesi 1881 a, S. 587; Borghini 1584, S. 558; Ridolfi/Hadeln 1924, S. 69.

KULISSENZAUBER

IN EINEM BRIEF AN SEINEN FREUND Tintoretto witzelt der venezianische Komödiant Andrea Calmo, dass „mein Mehl und Eure Hefe aufeinandertreffen" – ein Hinweis auf Zusammenarbeit und gegenseitige Inspiration. Laut Carlo Ridolfi trug Tintoretto durch Gags, Kostümentwürfe und wohl auch Special effects zu szenischen Darbietungen bei, weshalb entsprechende Aufführungen „als einzigartig gerühmt wurden und daher jeder in derlei Fällen sich an ihn wandte". Seit spätestens 1442 und bis etwa 1565 existierten in Venedig insgesamt über fünfzig *compagnie della calza:* aus jungen Patriziern bestehende Theatertruppen, deren Mitglieder an ihren farbigen Strumpfhosen *(calze)* zu erkennen waren. Zu Karneval, bei Hochzeiten und Staatsempfängen boten sie eine breite Palette an Aufführungen. Neben Komödien antiker Schriftsteller (Plautus, Terenz) und zeitgenössischer Autoren (Ruzante, Calmo, Aretino) waren auch pantomimische Darbietungen *(momarie)* gebräuchlich, die bisweilen der Reflexion oder Einübung diplomatischer Regeln und Rituale dienten. Spielorte waren Loggien, Klosterkreuzgänge und die Säle oder Innenhöfe von Adelspalästen, die zu solchen Anlässen oft aufwendig umgestaltet wurden. Berühmtheit erlangte die Aufführung von Pietro Aretinos *La Talanta* zu Karneval 1542 durch die Kompagnie *I Sempiterni*. Aus Florenz war Aretinos Freund und Landsmann Giorgio Vasari angereist, um mit Assistenten Bühne und Zuschauerraum zu dekorieren. Das Bühnenbild zeigte eine Ansicht Roms mit seinen berühmtesten Monumenten und orientierte sich an Zeichnungen des Malers und Architekten Baldassare Peruzzi. Dessen einstiger Mitarbeiter Sebastiano Serlio hatte 1526/27–1541 in Venedig gewohnt und dort wohl auch mit Tintoretto Bekanntschaft geschlossen. Regelmäßig verarbeitete der junge Tintoretto in seinen Bildkulissen die Illustrationen aus Serlios Architekturtraktaten. Die Malerin Corinne Wasmuht verglich die Perspektivräume Tintorettos vor einigen Jahren mit den virtuellen Räumen von Computerspielen.

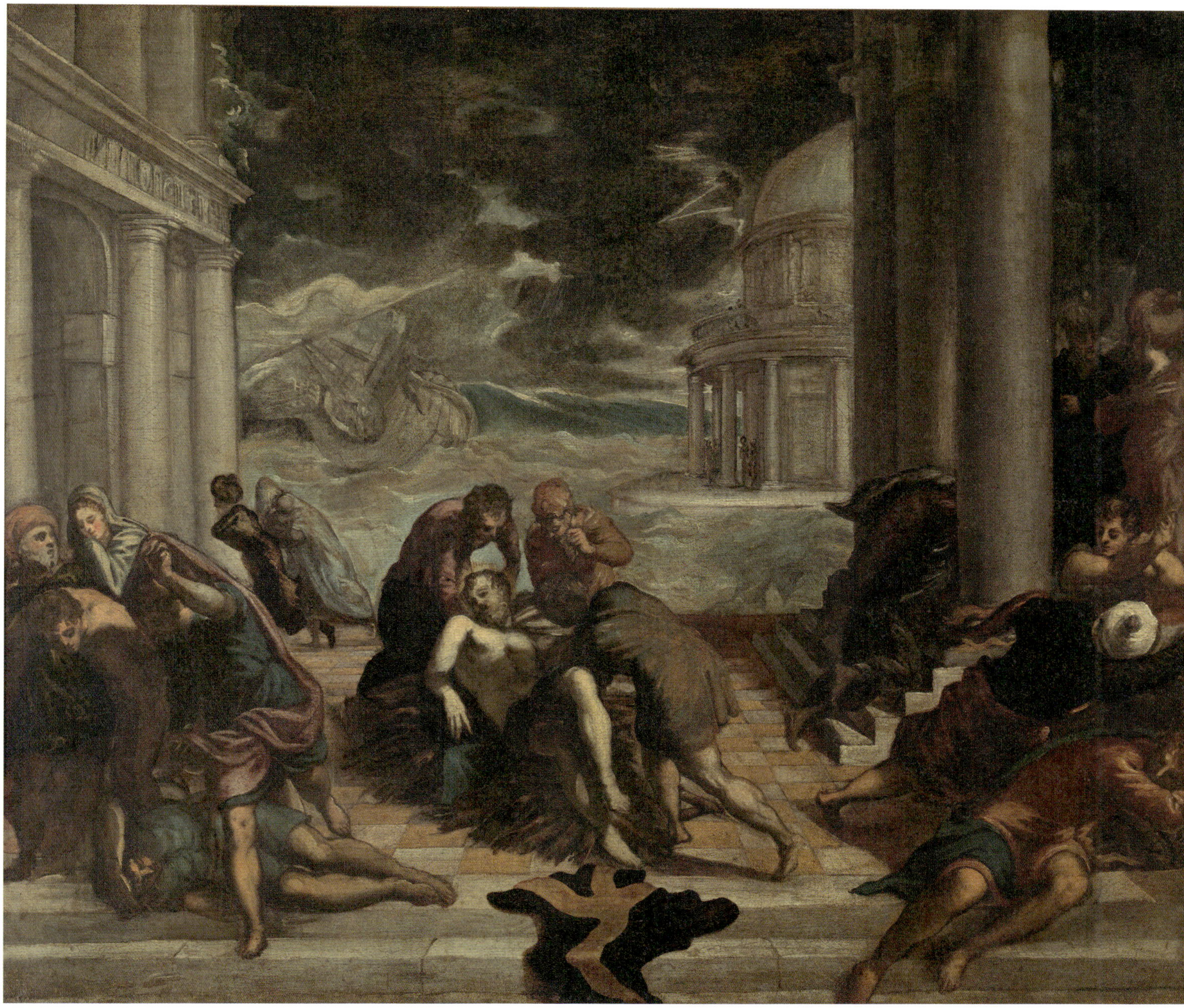

Kat. 19

JACOPO TINTORETTO
DIE BERGUNG DES
MARKUSLEICHNAMS

1545
Brüssel, Musées Royaux des Beaux-Arts

☞ S. 118

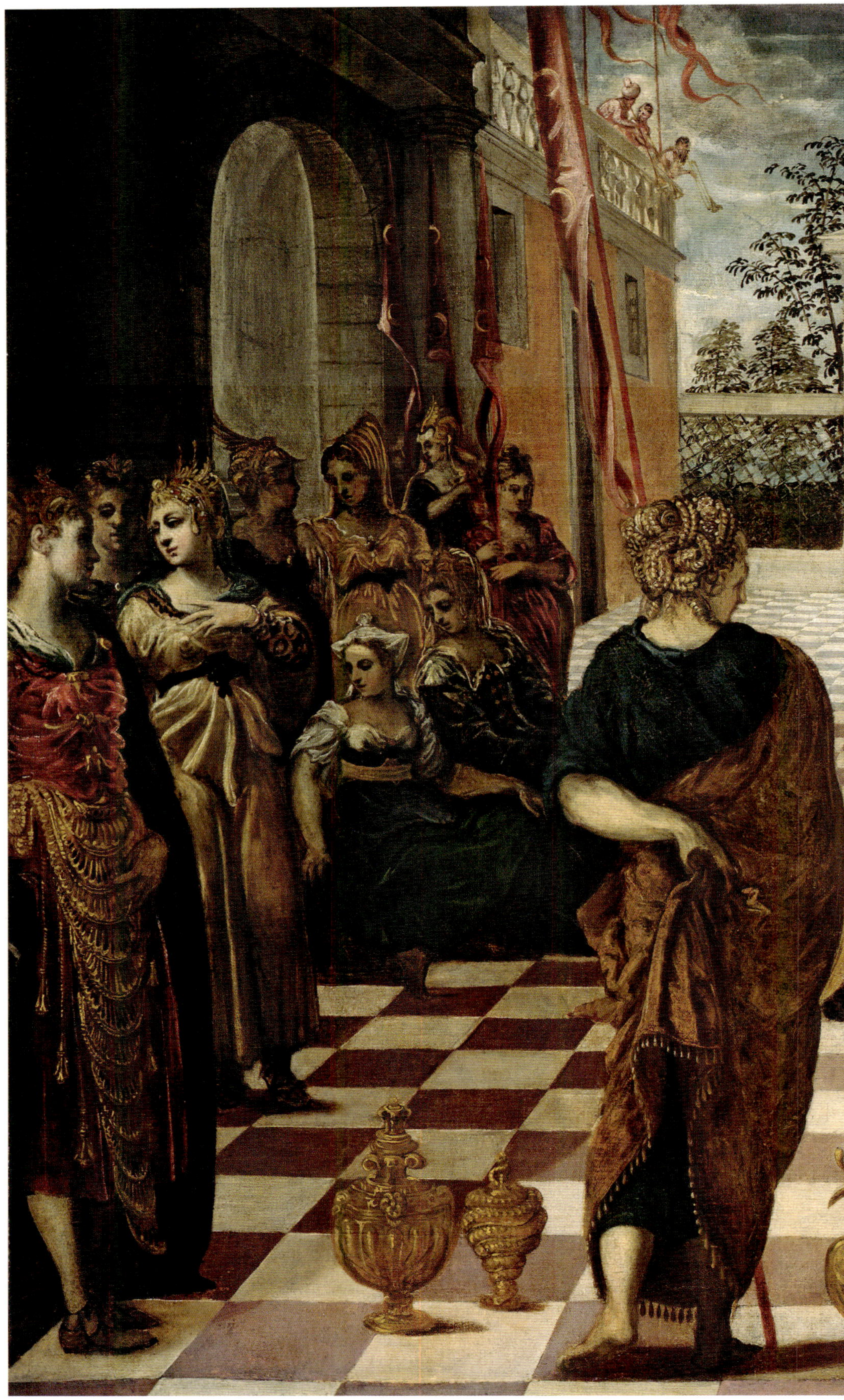

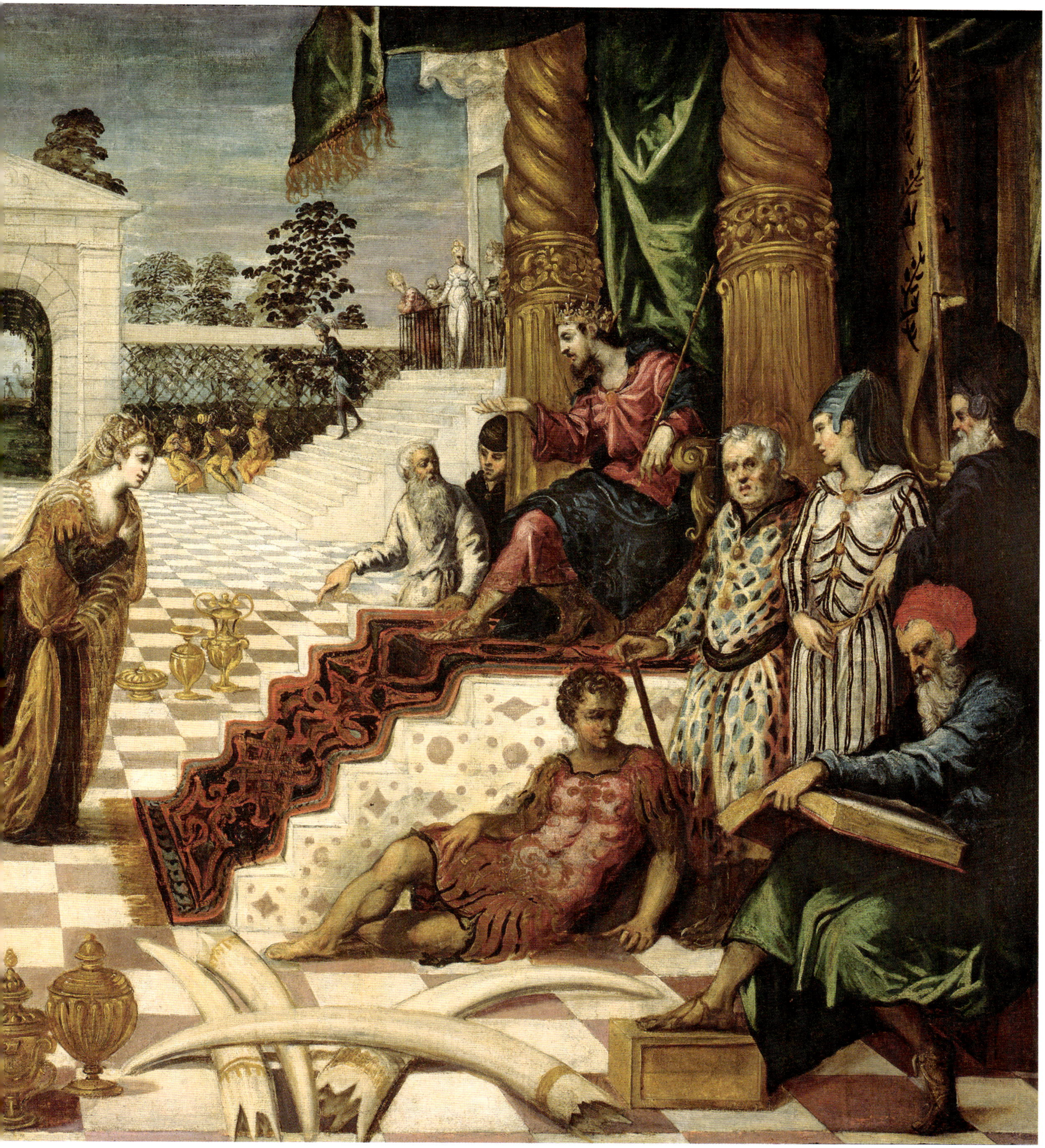

Kat. 20

JACOPO TINTORETTO
UND WERKSTATT (GIOVANNI GALIZZI)
SALOMO UND
DIE KÖNIGIN VON SABA

Um 1546–1548
Greenville, South Carolina,
Bob Jones University Museum and Gallery

☞ S. 119

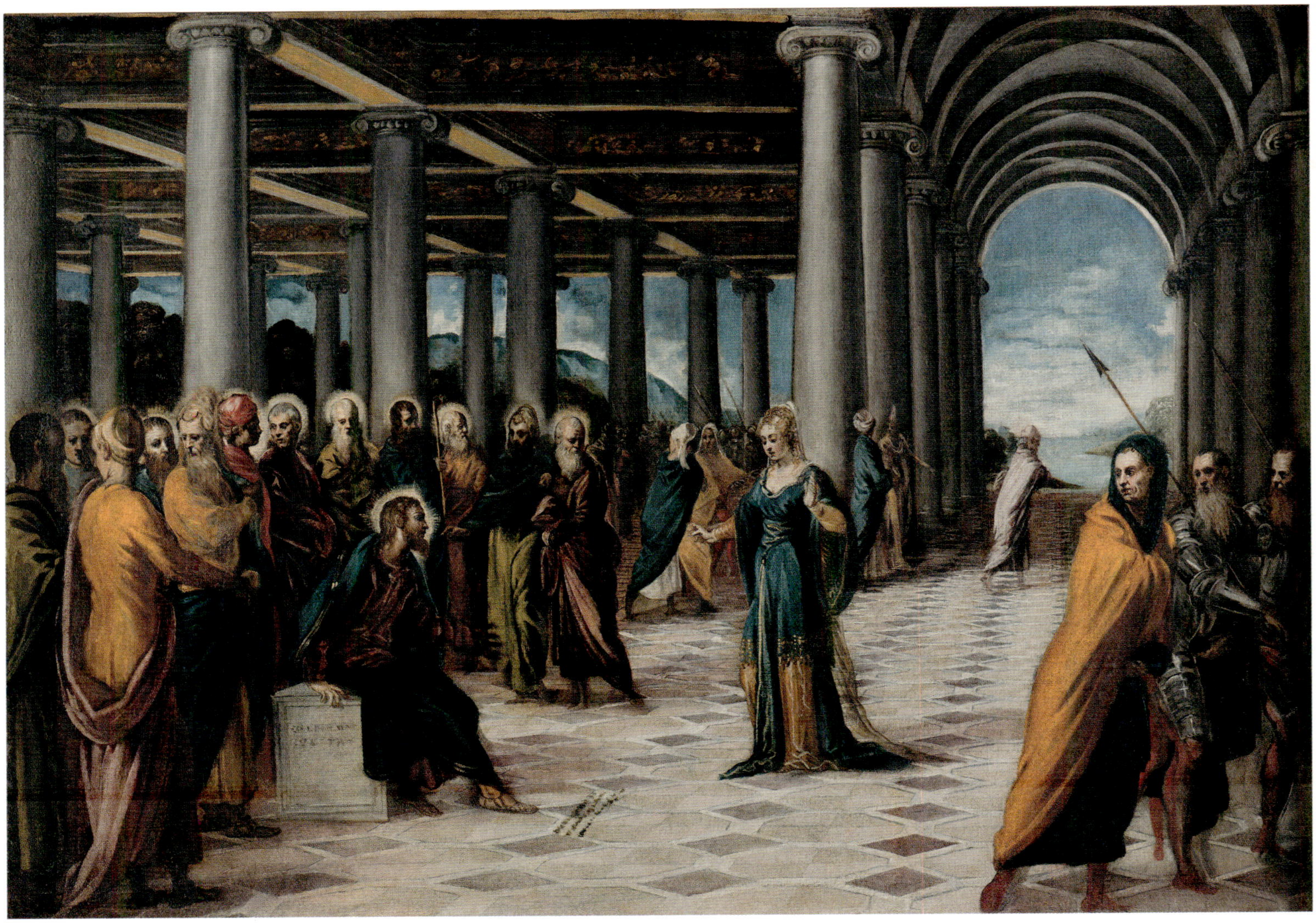

Kat. 21

JACOPO TINTORETTO UND WERKSTATT (GIOVANNI GALIZZI)

CHRISTUS UND DIE EHEBRECHERIN

Um 1547–1549
Rom, Gallerie Nazionali di Arte Antica, Palazzo Barberini

☞ S. 120

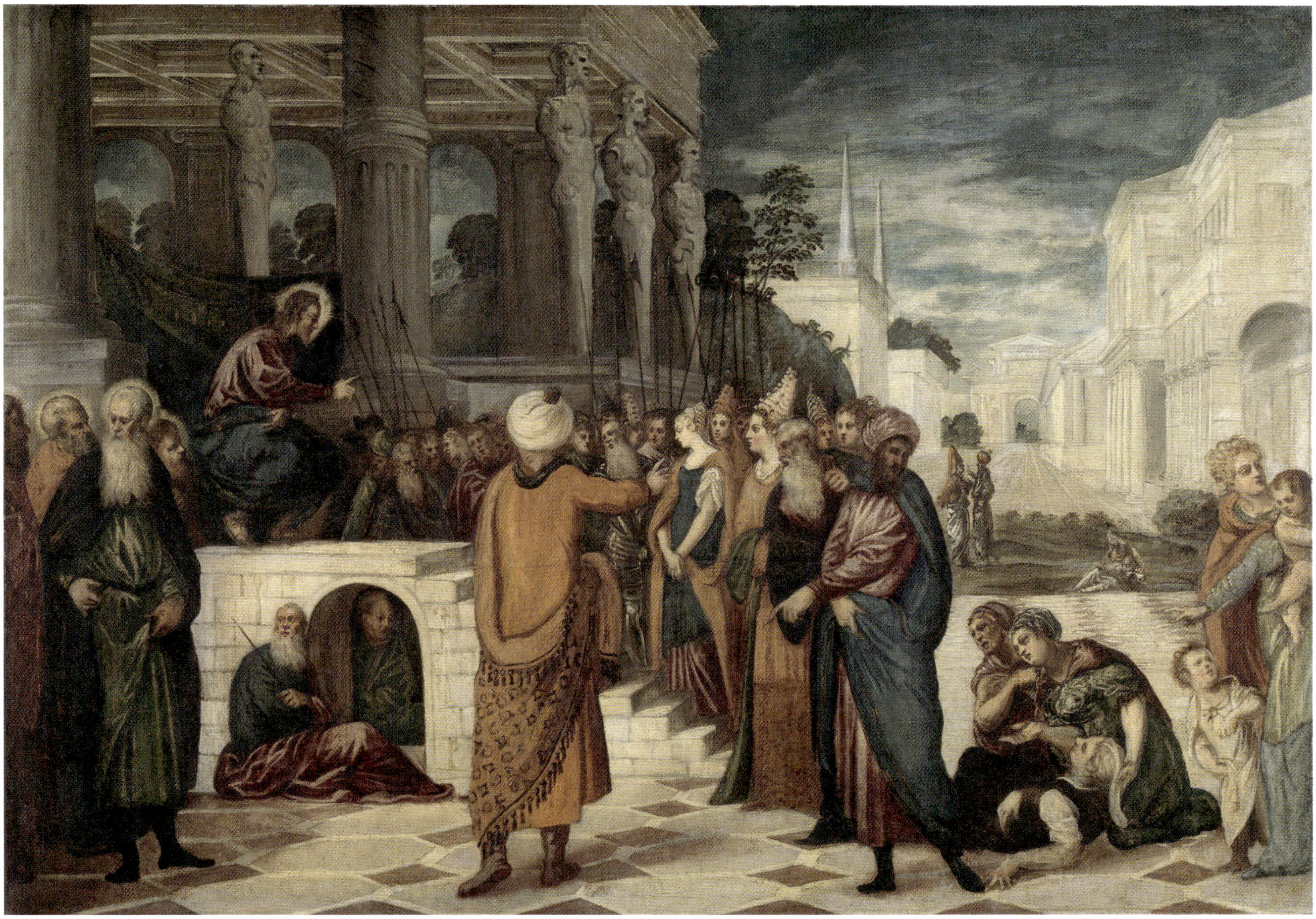

Kat. 22

JACOPO TINTORETTO UND WERKSTATT (GIOVANNI GALIZZI)

CHRISTUS UND DIE EHEBRECHERIN

Um 1547–1549

Amsterdam, Rijksmuseum

☞ S. 121

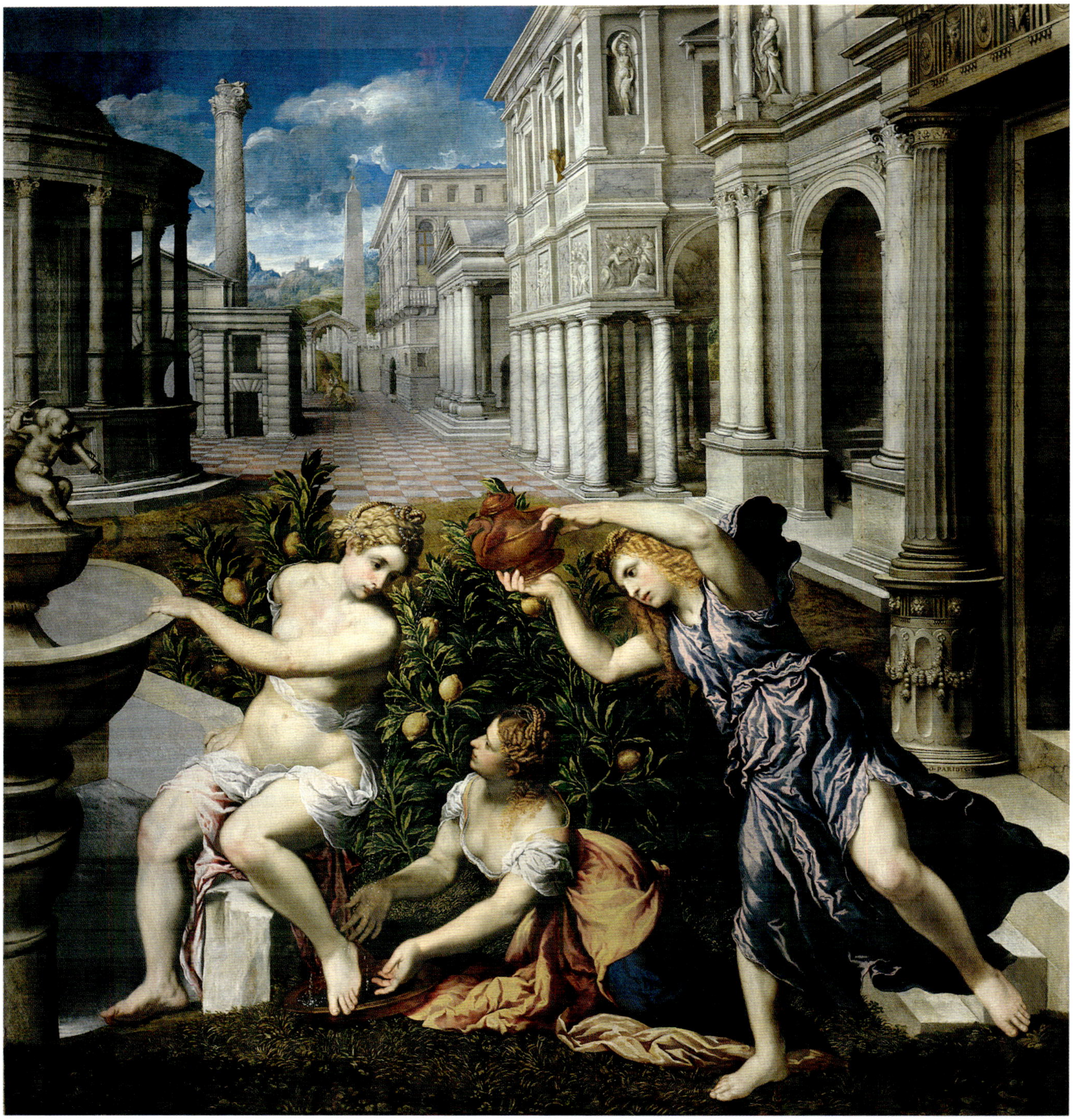

Kat. 23*

PARIS BORDONE
BATHSEBA IM BADE

Um 1547/48
Köln, Wallraf-Richartz-Museum & Fondation Corboud

☞ S. 122

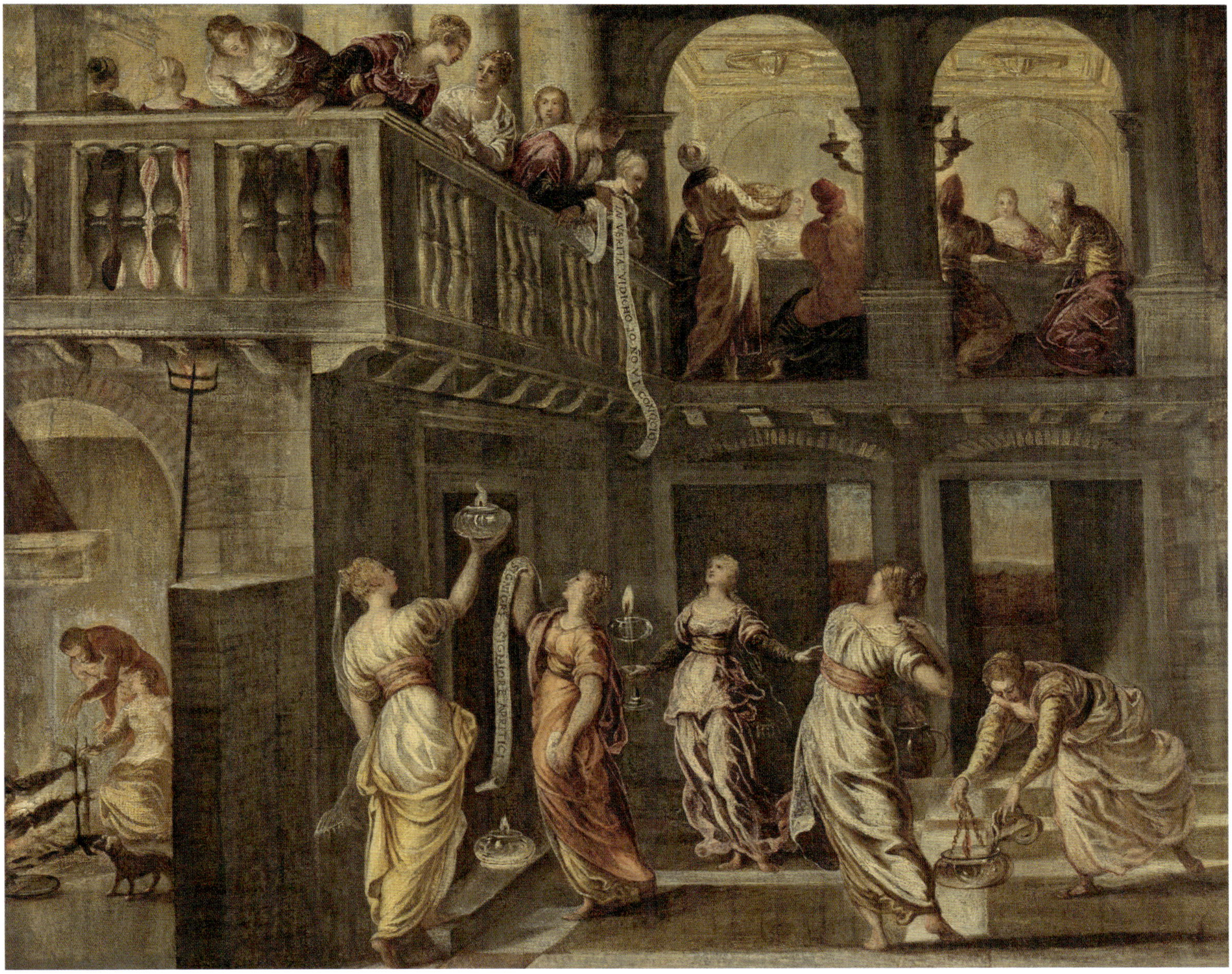

Kat. 24

JACOPO TINTORETTO
UND WERKSTATT
DIE KLUGEN UND DIE
TÖRICHTEN JUNGFRAUEN

Um 1555
Rotterdam, Museum Boijmans Van Beuningen

☞ S. 123

JACOPO TINTORETTO

DIE BERGUNG DES MARKUSLEICHNAMS

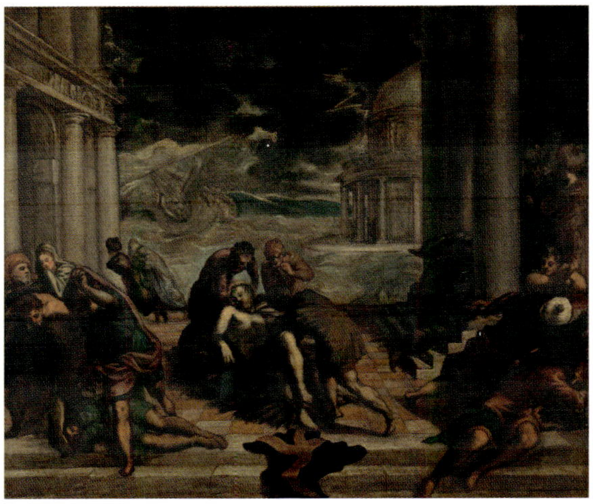

Kat. 19

☞ S. 111

1545
Öl auf Leinwand, 108,5 × 125 cm
Brüssel, Musées Royaux des Beaux-Arts, Inv. 277

PROV.
Französische königliche Sammlungen; *second envoi* der französischen Regierung (1811)

BIBL.
Hadeln 1921, S. 186–188; Wilde 1938, S. 146; Coletti 1943, S. 21 f.; Pallucchini 1950, S. 107–110; Maxon 1961, S. 256; De Vecchi 1978, S. 105, Nr. 162 a; Pallucchini/Rossi 1982, Bd. 1, S. 154 f. (Nr. 126); Pilo 1991, S. 116; Pilo 1996, S. 398–401; Krischel 1996 a, S. 66; Krischel 1996 c, S. 12 f., 15; Rearick 1996, S. 174, 178 (Anm. 16); Frank 1996, S. 235; Bohlmann 1998, S. 55 f.; Weddigen 2000, S. 115–122, 155 f., 222 f., 253 f.; Weddigen 2009, S. 157; Echols/Ilchman 2009, S. 121 (Nr. 33); Rom 2012, S. 102 (Margaret Binotto)

Nachdem der Evangelist Markus in Alexandria den Märtyrertod erlitten hat, sollen seine sterblichen Überreste verbrannt werden. Ein Unwetter ermöglicht es Christen aber, den Leichnam ihres Bischofs in Sicherheit zu bringen. Tintoretto verlegt das Geschehen in ein traumhaft verändertes Venedig: Der Scheiterhaufen befindet sich quasi am Rand der Piazzetta, wo – zwischen den Säulen der hll. Markus und Theodor *(tra Marco e Todaro)* – öffentliche Hinrichtungen und Verbrennungen stattfanden. Im Hintergrund rechts scheint der Ostzipfel von Dorsoduro sichtbar zu werden. Einen Holzschnitt aus Serlios *Terzo libro* (1540, fol. XLIII) aufgreifend platziert Jacopo dort Bramantes Tempietto – und nimmt mit dieser urbanistischen Vision den barocken Zentralbau der Salutekirche vorweg!

Ältere Forschung deutete das Gemälde als Entwurf für eines der Markus-Bilder, die Tintoretto 1562–1566 im Auftrag von Tommaso Rangone für den Kapitelsaal der Scuola Grande di San Marco anfertigte. Erst Rodolfo Pallucchini erkannte im Brüsseler Bild einen sehr frühen Vorschlag für jene Stirnwand des Saales, die der junge Tintoretto dann 1547/48 mit einer anderen Darstellung aus der Markuslegende, dem „Sklavenwunder" (Abb. S. 57), schmücken sollte.

Für eine Entstehung im Jahre 1545 sprechen mehrere Indizien: Mit der zentrifugalen Komposition griff Jacopo wohl nicht nur auf eigene Entwicklungen (Kat. 5) zurück, sondern auch auf die von Enea Vico gestochene „Bekehrung des Saulus" von Francesco Salviati, eine Graphik, die 1545 bei Aretino sogleich zu besichtigen war. Am linken Bildrand zitiert Tintoretto (in vereinfachter Form) jenen durchaus kulissenhaften Triumphbogen, den Bartolomeo Ammanati um 1545 als Gartenportal für den neuen Stadtpalast des Paduaner Rechtsgelehrten Marco Mantova Benavides errichtete. In Tintorettos Präsentationsmodell dient er als Verweis auf die Tür vom Kapitelsaal der Markusbruderschaft zur benachbarten Sala dell'Albergo. Der dort installierte „Seesturm" (jetzt Gallerie dell'Accademia) wird im Hintergrund des Brüsseler Bildes bewusst aufgerufen – als Hinweis auf die gefahrvolle Translation der Markusgebeine nach Venedig 827/28 und Schiffswunder des Markus.

Ab März 1545 war ein gewisser Marco Episcopi, 1510/11 geborener Apothekersohn, als *sindico* für zwölf Monate Vorstandsmitglied der Scuola Grande di San Marco. Offenbar protegierte er bereits seinen späteren Schwiegersohn Tintoretto. Denn auf seinen Namen spielt Jacopos Präsentationsmodell (gleichsam wie auf den eines Stifters) rebusartig an: Schon die mittig auf den Stufen abgelegte Kasel weist Markus als *episcopus* (nämlich Bischof von Alexandria) aus. Hinzu kommt die über dem Kopf des Leichnams wie durch Zufall entstehende leuchtend helle Form einer Mitra.

Nicht von ungefähr erinnert die Figurengruppe im Bildzentrum an eine Grablegung Jesu, denn als Märtyrer steht Markus in dessen Nachfolge. Allerdings zitiert Tintoretto eine ganz bestimmte „Grablegung": jenes Fresko, das Giovanni Antonio de' Sacchis, genannt Pordenone, um 1532/33 im Kreuzgang von Santo Stefano zu Venedig ausgeführt hatte und das etwas später auch von einem flämischen Maler aus Tintorettos Umkreis – vielleicht Maerten de Vos – kopiert wurde (Abb.). Als erklärter Gegenspieler Tizians war Pordenone ein wichtiges Rollenvorbild für den jungen Tintoretto.[1]

RK

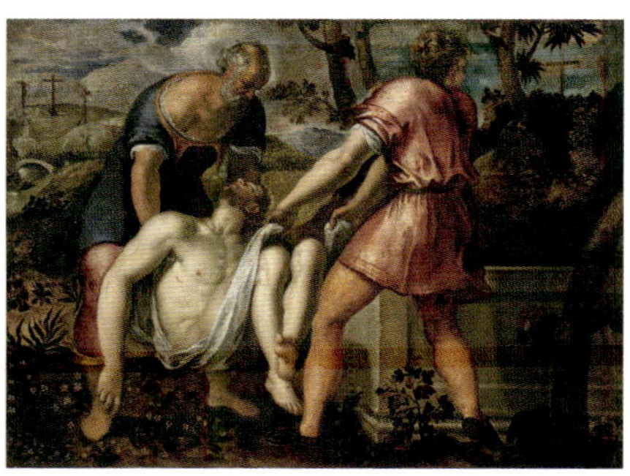

MAERTEN DE VOS (?)
NACH PORDENONE
GRABLEGUNG CHRISTI

Um 1550–1555, Öl auf Leinwand
Unbekannter Aufbewahrungsort

1
Dazu: Coletti 1943, S. 19; Pallucchini 1950, S. 25; Sartre 1957, S. 786; Nichols 1999, S. 30, 50 f.; Echols 2007, S. 32; Cassegrain 2010, S. 12–15, 30, 228–231; Ilchman 2014, S. 78–82.

JACOPO TINTORETTO UND WERKSTATT (GIOVANNI GALIZZI)

SALOMO UND DIE KÖNIGIN VON SABA

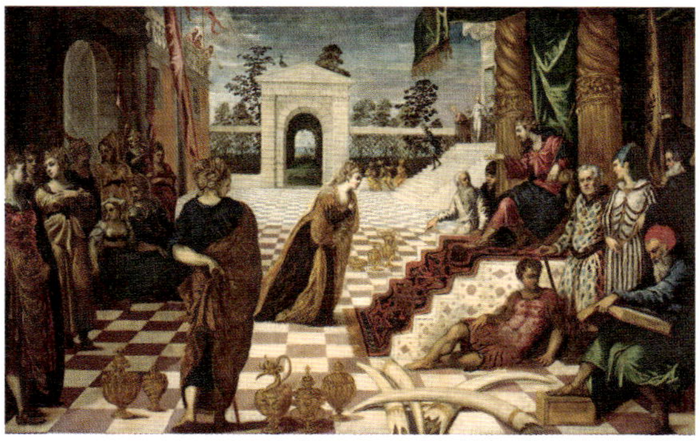

Kat. 20
☞ S. 112 f.

Um 1546–1548
Öl auf Leinwand, 150,8 × 238 cm
Greenville, South Carolina, Bob Jones University Museum and Gallery, Inv. P.52.33

PROV.
Sammlung der Brüder Émile und Isaac Pereire, Paris; bei deren Versteigerung in Paris (Francis Petit, März 1872) erworben durch Alfred Saucède (?)[1]; vom Museum erworben 1952

BIBL.
Maxon 1961, S. 254; De Vecchi 1978, S. 90, Nr. 44; Pallucchini/Rossi 1982, Bd. 1, S. 26 f., 148 f. (Nr. 105); Krischel 1994 b, S. 35–38, 42; Echols 1995, S. 81 f., 94, 100; Frank 1996, S. 236; Weddigen 2000, S. 254 , 263; Cottrell 2001, S. 260 und Abb. 6.13; Echols/Ilchman 2009, S. 147 (Nr. C49)

Als prachtvolle Theaterinszenierung bietet Tintoretto hier den Besuch der Königin von Saba bei König Salomo (1 Kön 10, 1–13) dar. Während ihre Hofdamen im Schatten des Tores verharren, schreitet die Königin ihrem Gastgeber entgegen. Sprechend und psychologisch feinsinnig ist das Spiel der Gesten. Jenseits des Thrones steht ein weißbärtiger Höfling (dessen Gestalt aus einem Kupferstich desselben Themas, wohl von Marcantonio Raimondi, entnommen wurde[2]). Mit der rechten Hand fordert er einen Kniefall, doch heißt Salomo den Gast mit huldvollem Gestus, sich aufzurichten. Geschickt wird die zwischen den beiden Protagonisten kreisende Spannung visualisiert: durch den Teppich, der hinauf zum Thron führt, und die Treppe im Hintergrund, auf der ein herabeilender Höfling den Blick zurück zur Königin lenkt.

Ausdrücklich lädt das Gemälde zu schwelgerischer Betrachtung der Details ein: von den erfindungsreichen Goldschmiedearbeiten im Vordergrund (vgl. Kat. 8) über die mit Masken verzierten Säulen und den vorm Gartenzaun sitzenden Falkner bis hin zum Orientalen mit Kamel (1 Kön 10,2) dicht beim Fluchtpunkt. Kunstkenner durften Anspielungen entziffern: Der liegende Soldat mit rotem Muskelpanzer (Vorläufer einer Figur im „Sklavenwunder" – Abb. S. 57) stellt eine Skulptur von Ammanati nach, der wohl einen Bozzetto nach Padua mitgebracht hatte (Abb.). Der hinter ihm stehende bartlose Alte wiederum hat bekanntlich den Kopf des „Vitellius" (siehe Kat. 31).

Merkwürdig ist die Darstellung der Königin. Obschon bekleidet, nimmt sie die Haltung einer Venus pudica ein. Denkt Jacopo bereits an das Thema der Ehebrecherin (Kat. 21, 22)? Es gäbe noch eine andere Erklärung: Als neue Venus wurde Caterina Cornaro charakterisiert, die – wie hier die Königin von Saba – in Venedig mit Ohrringen „a la zipriota" Furore machte. Vielleicht ist es kein Zufall, wenn die Schlüsselgesten von Salomo und seinem weißbärtigen Höfling genau so in einem Porträt Caterinas (Hannover, Landesmuseum) vorkommen.[3] Zweifellos war die Erinnerung an die 1510 verstorbene Königin von Zypern lebendig, ihre Rückkehr nach Venedig und die Übergabe der Krone an den Dogen Agostino Barbarigo 1489. Immerhin lebte noch 1548 eine ihrer Hofdamen.[4]

Wichtigste Vorlage für die Figurenkomposition ist das „Urteil Salomonis" von Bonifacio de' Pitati (Venedig, Gallerie dell'Accademia). Die Kulisse hingegen ist als Fortentwicklung des Brüsseler *modello* (Kat. 19) aufzufassen: Der Bogen links, die Treppe (mit Säulen) rechts und das Bodenmuster bleiben, doch wird der Hintergrund durch einen bildparallelen Gartenzaun mit Portal (nach: Sebastiano Serlio, *Il Terzo libro*, Venedig 1540, fol. LVI [B]) und Laubengang abgeriegelt. Klar erkennbar bereitet Tintoretto hier die Kulisse des „Sklavenwunders" (Abb. S. 57) vor. Wie bei Kat. 21 und 22 durfte, nach Abschluss des räumlich-perspektivischen Experiments, sein Mitarbeiter Giovanni Galizzi die Bildbühne bevölkern. Die salomonischen Säulen Jachin und Boas (1 Kön 7,13–22), die ähnlich auch im Amsterdamer Bild wiederkehren (Kat. 22), griff Galizzi sogleich in einer Darstellung von „Christus und Magdalena im Hause Simons des Pharisäers" (Bologna, Credito Romagnolo) auf, wo sie ein Porträt des Stifters flankieren.

RK

BARTOLOMEO AMMANATI
GISANT VOM GRABDENKMAL DES MARIO NARI

1540–1542, Marmor, 78 × 164 cm
Florenz, Museo Nazionale del Bargello, Inv. 250 Sculture

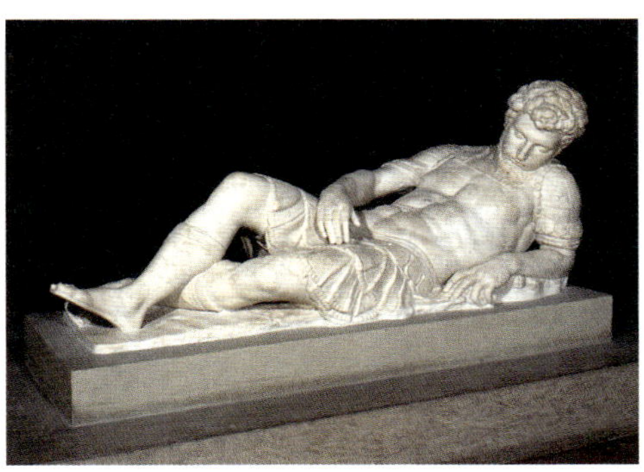

1
Galerie de MM. Pereire – Catalogue, Paris 1872, S. 66, Lot 99 (handschriftliche Glosse „Saucède" im Exemplar der John G. Johnson Collection, Philadelphia).
2
Ein Exemplar des Stichs befand sich (später) im venezianischen Atelier von Battista del Moro: Jestaz 2000, S. 298.
3
Syndicus 2013, S. 35 f. (Abb. 1); Gaier 2013, S. 98 f.; Leuker 2013, S. 178 und passim.
4
Maltezou 2013, S. 287 f.

JACOPO TINTORETTO UND WERKSTATT
(GIOVANNI GALIZZI)

CHRISTUS UND DIE EHEBRECHERIN

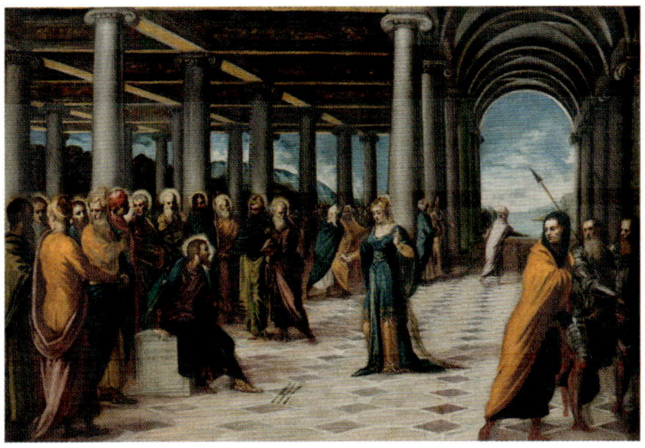

Kat. 21

☞ S. 114

Um 1547–1549
Öl auf Leinwand, 118,5 × 168 cm
Rom, Gallerie Nazionali di Arte Antica, Palazzo Barberini, Inv. 1460

PROV.
Vincenzo Zen (1642, 1648)?; Paolo del Sera (1660)?; 1666 von der Familie Nucci, Siena, an Kardinal Flavio Chigi verkauft; 1902 als Geschenk von Principe Don Mario Chigi an die Galleria Nazionale d'Arte Antica, Rom

BIBL.
Ridolfi/Hadeln 1924, S. 54; Fosca 1929, S. 53; Wilde 1938, S. 143 f.; Pallucchini 1950, S. 107 f.; Maxon 196[illegible], S. 254–256; De Vecchi 1978, S. 90, Nr. 47; Los Angeles 1979, S. 94 f., 165 (Kat. 30); Pallucchini/Rossi 1982, Bd. 1, S. 27, 30, 32, 149 f. (Nr. 109); Pilo 1991, S. 123; Florenz 1994, S. 50 (Sergio Marinelli); Echols 1995, S. 80–82, 94, 101–103; Frank 1996, S. 235; Krischel 2000, S. 26–28; Weddigen 2000, S. 10–39, 253 f. und passim; Paul 2002, S. 188; Marinelli 2007, S. 280, 282; Echols/Ilchman 2009, S. 112 (Anm. 39), 147 (Nr. C53); Engel 2012, S. 98–110

Die Thematik verweist auf das Selbstbild Venedigs als Hort von Gerechtigkeit und Toleranz.[1] Bei Joh 8,1–11 wird geschildert, wie Jesus die von Steinigung bedrohte Ehebrecherin durch ein salomonisches Urteil rettet: „Wer von euch ohne Sünde ist, werfe als erster einen Stein auf sie!" Dem Bibeltext entsprechend ist Jesus sitzend und die Sünderin (wie bei Kat. 22) nahezu „in der Mitte" dargestellt. Während die Apostel eine Art Raumschale um Jesus bilden, verlassen im Hintergrund und rechts vorne Schriftgelehrte, Pharisäer und Soldateska, „angefangen von den Ältesten", den Schauplatz ihrer Niederlage. Das Bild zeigt den Schlussdialog zwischen der Frau und Jesus, dessen Profil hier, wie in der Amsterdamer Version, an Beschreibung und Illustrationen des Lentulus-Briefes und deren bildliche Rezeption bei Tizian (Holzschnitt „Triumph Christi") gemahnt.

Anhand technologischer Untersuchungen rekonstruierte Weddigen das künstlerische Ringen um die Architektur: Als Hintergrundfolie legte Jacopo zunächst, ähnlich wie in Kat. 16, einen rundbogig geöffneten Portikus an, der an die Kulissen venezianischer Theateraufführungen erinnert[2] und dessen Spur sich noch (als Rückwand der hermengestützten Halle) im Amsterdamer Gegenstück findet. Vielleicht unter dem Eindruck von Paris Bordones „Verkündigung" (Siena, Pinacoteca Nazionale)[3] verlängerte er sodann die Gewölbetonnen bis in den Vordergrund und vergrößerte die Leinwand hierfür am oberen Rand. Schließlich behielt er nur das Gewölbe rechts bei und versah den Rest der Halle mit einer kassettierten Flachdecke. War der Boden zunächst mit einem Schachbrettmuster versehen, so entwickelte Tintoretto später einen Wechsel aus farbig geteilten Achtecken und diagonal gelegten Quadraten. Ein im Infrarot sichtbares Konstruktionsmodul im Vordergrund verrät, dass ihm dabei Sebastiano Serlios *Libro secondo* (Paris 1545, fol. 31 recto) als Vorlage diente.

Wegen auffallender Schwächen in der (weitgehend marionettenhaften) Figurenbildung wurde die Autorschaft Tintorettos verschiedentlich angezweifelt und das ganze Bild einem Nachfolger oder Mitarbeiter zugeschrieben. Dem steht aber schon die – so Pallucchini (1950) – „stupende" Protagonistin entgegen, die (ausweislich einer Röntgenaufnahme) teils nackt entworfen wurde. Ihre Haltung folgt einem Kupferstich des Hans Sebald Beham von 1547 (Abb.), wo mit derselben Gestik die Ehefrau Hiobs auftritt: eine angesichts der ‚häretischen' Überzeugungen Behams brisante Bildquelle – und vielleicht ein versteckter Hinweis für eingeweihte Betrachter, die (wie Tintoretto) mit der katholischen Reform oder der lutherischen Lehre liebäugelten.

Wie im Amsterdamer Bild ist der Fluchtpunkt stark aus der Mitte versetzt. Tintoretto bereitet hier also ein in Schrägsicht wahrgenommenes *laterale*[4] vor – offenbar die Dresdner Darstellung desselben Themas. Das Bodenmuster und den abrupten Wechsel zur Wasseroberfläche greift Tintoretto in der großen „Fußwaschung" (Abb. S. 86) auf. Nachdem die kleinere Leinwand als Experimentierfeld ausgedient hatte, wurde sie unter Jacopos Anleitung von Giovanni Galizzi[5] mit Figuren bestückt. Vielleicht wünschte sich der Käufer später ein Pendant, das Galizzi in eigener Werkstatt ausführte: den „Einzug Christi in Jerusalem" (Florenz, Galleria Palatina).

RK

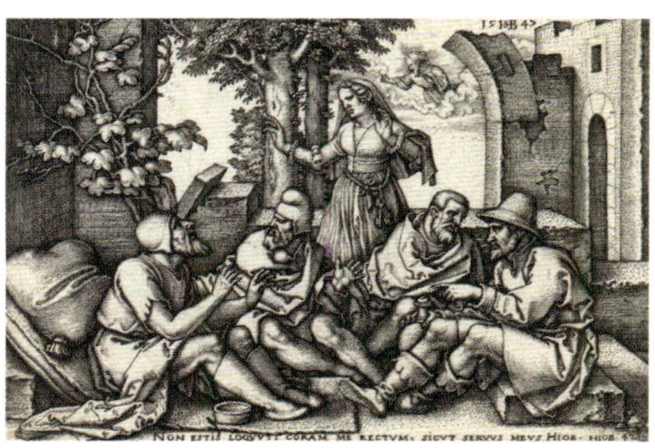

HANS SEBALD BEHAM
HIOB IM GESPRÄCH MIT SEINEN FREUNDEN
1547
Kupferstich, 70 × 106 mm
Amsterdam, Rijksmuseum, Rijksprentenkabinet, Inv. RP-P-OB-10.721

1
Schmitter 2004, S. 931.
2
Zorzi 1971, S. 34, 48 f.
3
Auf die Bedeutung des Bildes für Tintoretto wies uns dankenswerterweise Erasmus Weddigen hin.
4
Zum Begriff siehe Kat. 7.
5
Zu Jacopos frühem Mitarbeiter vgl. den Aufsatz von Krischel im vorliegenden Band.

JACOPO TINTORETTO UND WERKSTATT
(GIOVANNI GALIZZI)

CHRISTUS UND DIE EHEBRECHERIN

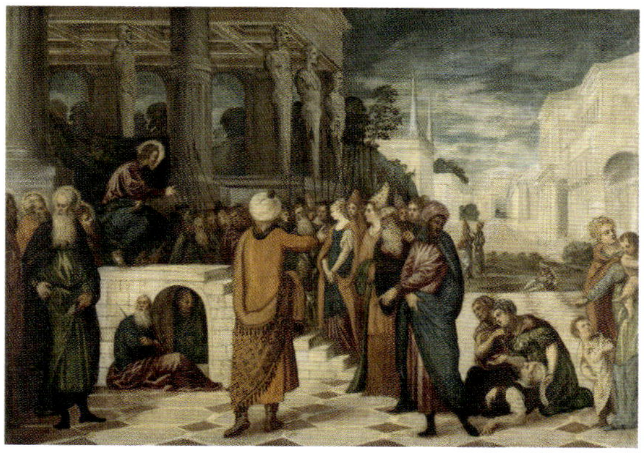

Kat. 22

☞ S. 115

Um 1547–1549
Öl auf Leinwand,
162 × 225,8 cm
Amsterdam,
Rijksmuseum,
Inv. SK-A-3439

PROV.
K. Engelhorn, Straßburg; Kunsthandlung A. S. Drey, München; dort 1920 erworben durch Edwin vom Rath, Amsterdam; mit dessen Vermächtnis 1941 ans Rijksmuseum

BIBL.
Pallucchini 1950, S. 99, 107 f.; Maxon 1961, S. 254; Gould 1962, S. 62; Forssman 1967, S. 116; De Vecchi 1972, S. 104 f.; De Vecchi 1978, S. 90 (Nr. 50); Venedig 1981, S. 153 (Kat. 43, Paola Rossi); Pallucchini/Rossi 1982, Bd. 1, S. 30, 149 (Nr. 108); Mai 1990, S. 10 f.; Boschloo/Van der Sman 1993, S. 85 f. (Kat. 82, Leo van Nijnanten), Farbtafel S. 20; Echols 1995, S. 81 f., 101–103; Frank 1996, S. 235 f.; Weddigen 2000, S. 253, 260; Echols/Ilchman 2009, S. 147 (Nr. C52)

Der prekäre Erhaltungszustand erschwert die Beurteilung dieses Gemäldes. Manche Forscher plädieren für ein Frühwerk Jacopos, andere für das spätere Werk eines Nachahmers oder Mitarbeiters. Tatsächlich entstand das Bild wohl in zwei Phasen: Zuerst entwickelte Tintoretto die Kulisse; später fügte sein Assistent Galizzi die Figuren ein.[1] Dass Jacopo dabei die Aufsicht führte, zeigt sich an der zentralen Gestalt der Ehebrecherin: Ihr leuchtendes Antlitz, das zur Brust gesenkte Kinn und die zusammengeführten Finger entsprechen exakt der Beschreibung im zweiten Buch von Aretinos *Humanità di Cristo* (1535). Wer den Text kannte, hörte die gemalte Sünderin seufzen: „… con uolto simile a quello del Sole uelato dalle nubi; col mento fitto in seno, et coi ditti contesti insieme sospirando temeua il supplitio."

Anders als bei Joh 8,8 und bei Aretino kann Jesus nicht „auf die Erde" schreiben, da er auf hohem Podest sitzt – vielleicht der salomonische, hier von den Tempelsäulen Jachin und Boas flankierte Thron der Weisheit als Hinweis auf venezianisches Selbstverständnis. Diese Diskrepanz zwischen Handlung und Kulisse verschärft sich durch die Perspektivkonstruktion: Der exzentrische Fluchtpunkt gemahnt an ein in Schrägsicht zu betrachtendes *laterale* (vgl. Kat. 21), doch wird diese Erwartung vom Figurenarrangement nicht eingelöst. Das rechte Bilddrittel kann nur mit einer aus Jacopos „Rochus im Pestspital" (1549, San Rocco) entlehnten Gruppe notdürftig gefüllt sowie durch Blick und Gestik des rotgewandeten Turbanträgers an die Hauptszene angebunden werden. Eine ähnliche Funktion erfüllt die aus Tintorettos Dresdner „Christus und die Ehebrecherin" (1548/49) stammende Rückenfigur: Sie muss per Fingerzeig die Protagonistin hervorheben.

Wie ist der Widerspruch zwischen diesen Improvisationen und der sorgfältig durchkonstruierten Architekturkulisse[2] zu erklären? Offenbar diente die Leinwand der perspektivischen Übung und dem architektonischen Experiment: Angeregt durch Paris Bordone (Kat. 23) und die von Jacopo Sansovino geleitete Erneuerung Venedigs all'antica arbeitete Tintoretto um 1547–1549 an der Entwicklung neuer, auf dramatische Weise raumhaltiger Bildkulissen. Komponierte Paris Bordone seine Tragödienkulisse aus diversen (auch serlianischen) Versatzstücken, so nahm Jacopo eine Abkürzung, indem er den 1545 publizierten Bühnenentwurf Serlios (Abb.) großenteils abzeichnete – bis hin zum Proszenium (hier: Thronsockel)! Hinzu kam die von Hermen getragene Halle, die einmal mehr (siehe Kat. 7) an Cesarianos Vitruv-Ausgabe denken lässt.

Aus Paris Bordones Gemälde abgeleitet ist die just auf Höhe der horizontalen Leinwandnaht erfolgende Unterbrechung der Architekturkulisse durch begrüntes Terrain. Im Vordergrund kehrt das Bodenmuster der römischen „Ehebrecherin" (Kat. 21) nahezu deckungsgleich wieder. Es zeigt an, welches Monumentalgemälde durch beide Bilder vorbereitet wurde: jene im Prado befindliche „Fußwaschung", deren Gültigkeit mehrere Varianten belegen. Doch auch für das „Sklavenwunder" probt Tintoretto im Amsterdamer Gemälde, wie der Thronsockel und das weibliche Double für den liegenden Sklaven zeigen. Die nach Abschluss der Monumentalbilder nicht mehr benötigte Experimentalbühne durfte Galizzi zwecks Verkauf mit einem „Lieblingsbild der Venezianer"[3] füllen: „Christus und die Ehebrecherin".

RK

Tragödienkulisse
Holzschnitt aus: Sebastiano Serlio,
Il secondo libro…, Paris 1545,
fol. 69 recto

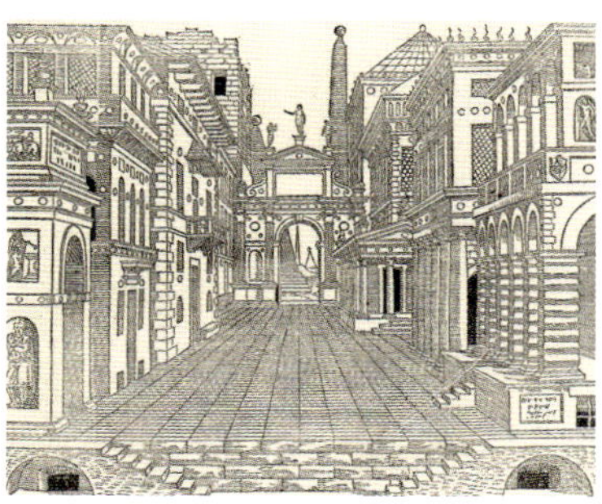

1
Vgl. den Aufsatz von Krischel im vorliegenden Band.
2
Freundliche Hinweise von Duncan Bull (E-Mail vom 18. Februar 2016).
3
Engel 2012.

PARIS BORDONE

BATHSEBA IM BADE

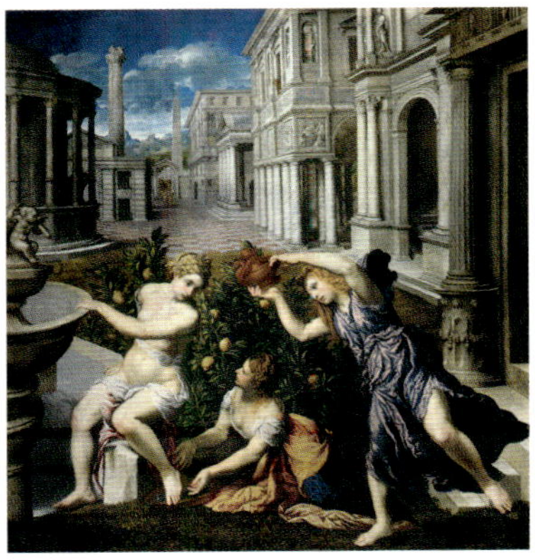

Kat. 23*

☞ S. 116

Um 1547/48
Öl auf Leinwand,
234 × 217 cm
Signiert rechts unten auf der Säulenbasis:
·O· PARIDIS ·
BORDONO
Köln, Wallraf-Richartz-Museum & Fondation Corboud, Inv. WRM 517

PROV.
Sammlung Carlo da Rhò, Mailand (Nachlassinventar 1553); in dessen Palast (1568); vielleicht 1643 erworben durch Gio. Filippo Spinola di San Luca und durch Erbschaft an dessen Sohn Francesco Maria Spinola (Nachlassinventar 1727) oder 1637 erworben durch Gio. Batta Raggi (Nachlassinventar 1658); Stefano Franzone, Genua (1766, 1780); erworben von Kardinal Joseph Fesch, Rom; bei der Versteigerung von dessen Nachlass 1843 an Peter Ferdinand Deurer; durch Erbschaft 1844 an dessen Sohn Ludwig Deurer, Mannheim; durch Erbschaft an Kgl. Bayer. Leutnant Wiedmann; vom Wallraf-Richartz-Museum erworben 1870 mit Mitteln aus dem Richartz-Fonds

BIBL.
Vasari 1881 b, S. 465; Gould 1962, S. 58 f.; Forssman 1967, S. 111–114; Klesse 1972, S. 175–177; Klesse 1973, S. 25–28; Rosand 1982, S. 150 f.; Olivato 1987; Mai 1990; Steinbüchel 1990; Mai 1993; Gregori 1998, S. 263 f. (Giorgio Fossaluzza); Arasse 1999, S. 320 f.; Krischel 2000, S. 33, 36 f.; Weddigen 2000, S. 236, 252; Cottrell 2001, S. 277; Dittrich 2002, S. 188 f.; Hochmann 2004, S. 349; Genua 2004, S. 324 (Piero Boccardo); Bonnet 2006, S. 54; Krischel 2007, S. 126; Belting 2008, S. 209–211; Donati 2014, S. 50, 147 (Farbtafel LXXXIII), 237 f. (Nr. 14); Gottdang 2017, S. 100–102

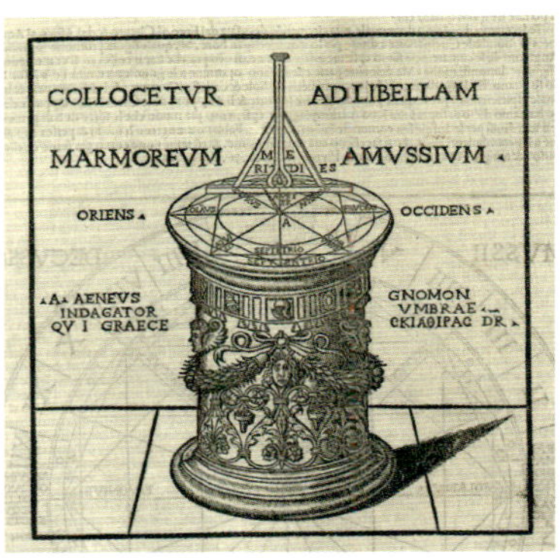

Gnomon
Holzschnitt aus: Cesare Cesariano, Di Lucio Vitruvio Pollione de architectura libri dece…, Como 1521, fol. XXV

Als er die schöne Bathseba beim Baden erblickte, verliebte sich König David und ließ sie zu einem Schäferstündchen holen. Da die folgende Schwangerschaft nicht zu verbergen war, schickte David ihren Mann Urija mit einem tückischen Befehl in den Tod und ehelichte Bathseba. Ihren gemeinsamen ersten Sohn ließ Jahwe jedoch zur Strafe sterben (2 Sam 11).

Im Prolog zu seinen Paraphrasen der Bußpsalmen Davids sagt Pietro Aretino, dass Bathseba sich dem verliebten David als Bildnis *(effigie)* und Ebenbild *(immagine)*, ja sogar als Götzenbild *(Idolo)* eingeprägt habe.[1] Entsprechend präsentiert unser Gemälde Bathseba und ihre Mägde quasi als lebende Brunnenfiguren. Die große Geste der Dienerin rechts stammt aus einem 1545 datierten Kupferstich nach Raffaels „Göttermahl" (Farnesina). Sie bildet den Auftakt für das Wasserspiel. Von den Händen der knienden Magd wird der Strahl sodann auf den Fuß der Bathseba gelenkt und von dort in die flache Metallschale. Eine saure Note erhält die kulinarische Darbietung der schönen Frauengruppe durch die Zitronenhecke.

Im Hintergrund blickt David aus einem Palastfenster. Seine marginale Bildposition erinnert an das Gemälde von Lucas Gassel (Kat. 4). Das dort dargestellte Labyrinth als Sinnbild für irregeleitete Sinne und Moral wird bei Paris Bordone ersetzt durch die verschlungene Haarpracht der künstlich blondierten Bathseba: ein „aus goldenen Locken und blonden Zöpfen gebautes Labyrinth" für Männerherzen.[2] Ob die raffinierte Frisur (ein Triumph venezianischer Schönheitspflege[3]) das Einzige ist, was David hier von ihr sehen kann?

Paris Bordone inszeniert das Bad der Bathseba als Theaterstück. Nehmen die drei Frauen den begehbaren Teil der Bühne ein, so bleiben David und der in sein Verderben reitende Urija dem flachen, ausdrücklich gemalten Hintergrundprospekt verhaftet. Die angemessen tragische, aus Tempeln und Palästen bestehende Architekturkulisse hat der Maler sorgsam kompiliert. So trifft hier der Vestatempel von Tivoli auf Zitate aus den Architekturtraktaten des Sebastiano Serlio – den *Regole generali* von 1537 (fol. VIII verso: rustiziertes Tor), dem *Terzo libro* von 1540 (foll. LVI: kleines Tor, LXIII: Obelisk, Trajanssäule) und dem *Second livre* von 1545 (foll. 35 verso, 36 recto: polygonales Brunnenbecken, 55 recto: Treppenhaus).

Der Architekturprospekt wurde auf einen 1 : 1-Karton gezeichnet und per Lochpause übertragen. In der Folge musste das Bild unten um einen Leinwandstreifen erweitert werden. Grund war das tief und groß angelegte Portal am rechten Bildrand. Der Maler signiert dort auf einer prachtvollen, erkennbar separat entworfenen Säulenbasis, die wohl nicht zufällig an den Sockel eines Gnomons erinnert (Abb.): antikes Hilfsinstrument bei der Stadtplanung.

Bevor er dieses Gemälde (wohl persönlich) an einen Mailänder Edelmann auslieferte, scheint Paris Bordone es in Venedig gezeigt zu haben. Wegweisend für Tintoretto wurde die serlianische Architekturkulisse (vgl. Kat. 22). Schiavone, dessen Stil hier – im gemalten Relief – zitiert wird, interessierte sich mehr für die Figurenkomposition.[4]

RK

1
Zuerst erschienen 1534; hier zitiert nach: Aretino 1539, fol. 5 recto. Vgl. Waddington 2006, S. 279 f., 291.

2
Vgl. Flemming 2007, S. 109–111; Ringhieri 1551, fol. 76 recto: „Ond'è che gl'aurei crini, ò le bionde trezze delle Donne, sono a cuori humani intricati, ma soauissimi Labirinti."

3
Kulturgeschichtlicher Kontext: Baschet/Feuillet de Conches 1865.

4
Venedig 2015, Kat. XI.4 (Abb. S. 258).

JACOPO TINTORETTO UND WERKSTATT

DIE KLUGEN UND DIE TÖRICHTEN JUNGFRAUEN

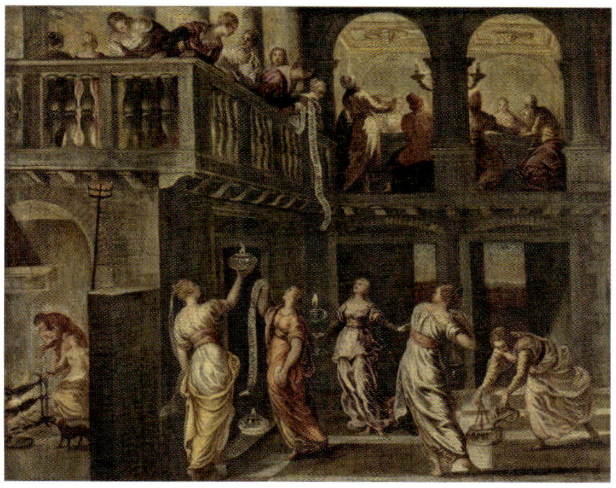

Kat. 24

S. 117

Um 1555
Öl auf Leinwand, 71,5 × 89,3 cm
Rotterdam, Museum Boijmans Van Beuningen, Inv. 2567

PROV.
Englische Privatsammlung; Christie's, London 1938; D. G. van Beuningen, Vierhouten (1939–1955); Van-Beuningen-Erben (1955–1958); vom Museum erworben mit der Sammlung Van Beuningen 1958

BIBL.
Pallucchini 1950, S. 110; Maxon 1961, S. 256; De Vecchi 1978, S. 90 f. (Nr. 54 A); Pallucchini/Rossi 1982, Bd. 1, S. 27, 149 (Nr. 106); Boschloo/van der Sman 1993, S. 92–94, (Nr. 90); Pilo 1994, S. 121 f.; Echols/Ilchman 2009, S. 147 (Nr. C50)

SÜDDEUTSCH, 1544
BELSAZARS FEST
Öl auf Holz, 154,5 × 108 cm
Schwerin, Staatliches Museum, Inv. G 722

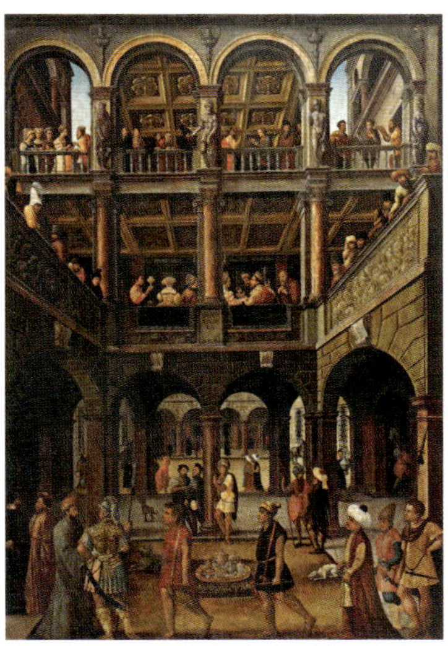

Dieses Gemälde nach dem Gleichnis bei Mt 25,1–13 ordnete Rodolfo Pallucchini einer Reihe von Werken zu (darunter die „Ehebrecherinnen" Kat. 21 und 22), die er für eine wichtige Etappe in den Anfangsjahren Tintorettos hielt. Gemeinsam ist diesen Gemälden, dass sie geringdimensionierte Figuren vor perspektivisch gesehenen Architekturhintergründen zeigen (die oft auf Illustrationen bei Serlio zurückgehen). Pallucchini setzte diese Werke um 1546 an und hielt sie für Experimente im Vorfeld der Großleinwände vom Ende der 1540er Jahre (zum Beispiel dem „Sklavenwunder" – Abb. S. 57). Basierend auf seiner Kenntnis des Theaters – Pallucchini erinnert an Jacopos Freundschaft mit dem Komödienautor Andrea Calmo –, hätten sie es Tintoretto ermöglicht, eine neue Art von Bilddramaturgie zu erarbeiten.[1]

Hingegen hat Robert Echols mehrere der genannten Werke (darunter wieder die Kat. 21 und 22) Tintoretto ab- und Galizzi zugesprochen. Er betonte dabei, dass diese Werke deutlich später als bislang zu datieren seien, nämlich in die 1560er Jahre, ans Ende von Galizzis Laufbahn. Die von Pallucchini zusammengestellte Gruppe ist in Wirklichkeit heterogen. Tatsächlich dürften einige der Gemälde in der zweiten Hälfte des 16. Jahrhunderts entstanden sein, wie dies Bernard Aikema überzeugend für das „Ecce Homo" (São Paulo, Museo de Arte) zeigen konnte.[2] Bezüglich des hier ausgestellten Bildes schlägt Roland Krischel eine Datierung um 1555 und eine Zuschreibung an Jacopo und Werkstatt zu. Dabei verweist er unter anderem auf die männliche Figur in der Küchenszene unten links, die dem Götterschmied in „Venus, Vulkan und Mars" (München, Alte Pinakothek) nachgebildet sei, einem Gemälde von ca. 1550–1555.

Die Komposition des Rotterdamer Bildes findet sich – stark abgewandelt – in einem Werk der Bearsted Collection in Upton House wieder. Beide Male ist die im Zentrum befindliche törichte Jungfrau mit ausgebreiteten Armen Tintorettos „Justitia" in der Madonna dell'Orto viel ähnlicher als der von Paola Rossi angeführten „Ehebrecherin" in Rom (Kat. 21), während die Kassettendecke der ersten Etage an die „Hochzeit zu Kana" (Venedig, Santa Maria della Salute) gemahnt: zwei Werke vom Anfang der 1560er Jahre. Auch die Beleuchtungseffekte verweisen auf eine spätere Schaffensphase des Meisters und sind in den 1540er Jahren noch nicht anzutreffen.

Das Gebäude mit dem von Loggien gesäumten Hof und dem Balkon ist eng verwandt mit dem eines süddeutschen „Festmahls des Belsazar" von 1544 (Abb.).[3] Überhaupt lässt sich feststellen, dass die Ikonographie der klugen und der törichten Jungfrauen vor allem im deutschen Sprachgebiet verbreitet war; so findet sich beispielsweise eine recht ähnliche Darstellung auf einer österreichischen Emailplakette aus der zweiten Hälfte des 16. Jahrhunderts (Boston, Museum of Fine Arts). Die auch dort anzutreffende Inszenierung auf zwei Etagen erlaubt Tintoretto eine besonders sinnfällige Umsetzung der Handlung: Gerade bitten die törichten Jungfrauen, dass man ihnen die Tür öffne, wie auf einem Spruchband zu lesen (SIGNIORE SIGNIORE APRITICI). Dem antwortet eine zweite, vom Balkon herabwehende Schriftrolle mit den Worten des Bräutigams, dass er sie nicht kenne (IN VERITA VIDICHO IO NO[N] VI CONOCIO).

MH

1
Pallucchini in Pallucchini/Rossi 1982, Bd. 1, S. 27.
2
Aikema 2017.
3
Zu jenem Gemälde: Venedig 1999, S. 352 f. (Kat. 75, Bernard Aikema).

DIE DRITTE DIMENSION

UM DIE MITTE DES 16. JAHRHUNDERTS ist der Wettstreit zwischen Malerei und Skulptur, der „Paragone", ein zentrales Thema der italienischen Kunsttheorie, das auch in Venedig hohe Wellen schlägt. Während das Schaffen Tizians durchzogen ist von Zitaten aus der antiken Skulptur, richtet Paolo Veronese – als Sohn eines Steinmetzen – seinen Blick vor allem auf die zeitgenössische Bauplastik. Sie wird bei ihm oft Teil des Bildpersonals. Für Tintoretto ist die Skulptur nicht inhaltliche oder formale Zutat, sondern Kern seiner persönlichen Kunstauffassung sowie integraler Bestandteil seiner Werkstattpraxis und seines künstlerischen Lehrbetriebs. Niemand hat dies klarer beobachtet und formuliert als John Ruskin: „Tintoretto fasst seine Figuren ganz und gar als vollplastische Statuen auf: sieht sie mit geistigem Auge von allen Seiten, trennt eine jede von der anderen durch fiktive Luft und erdachtes Licht und verkürzt, verschränkt und verknüpft sie, als seien sie Lehm in seinen Händen." Von Tintorettos Studien nach antiker und moderner Skulptur zeugen diverse Schriftquellen: Sein Sohn und Werkstattnachfolger Domenico erwähnt in seinem Testament die „rilievi del studio". Damit sind im damaligen Künstlerjargon Wachs- oder Gipsfiguren für den Ateliergebrauch gemeint. Aus dem Dokument lässt sich schließen, dass hierzu mindestens eine Replik des Laokoon-Kopfes, vermutlich mehrere Abgüsse eines angeblichen Porträts des römischen Kaisers Vitellius sowie zahlreiche ganze Figuren und auch Torsi gehörten. Tintorettos erster Biograph Carlo Ridolfi berichtet, dass der Maler keine Ausgaben scheute, um sich Gipsabgüsse antiker Marmorskulpturen und aus Florenz kleinformatige Repliken nach Michelangelos Skulpturen in der Sagrestia Nuova von San Lorenzo zu beschaffen. Diese habe er besonders intensiv studiert und beim kontrastreichen Licht einer Öllampe gezeichnet, um sich einen kraftvoll plastischen Stil anzueignen. Auch diverse Teilmodelle von Arm, Hand und Torso habe er immer wieder gezeichnet.

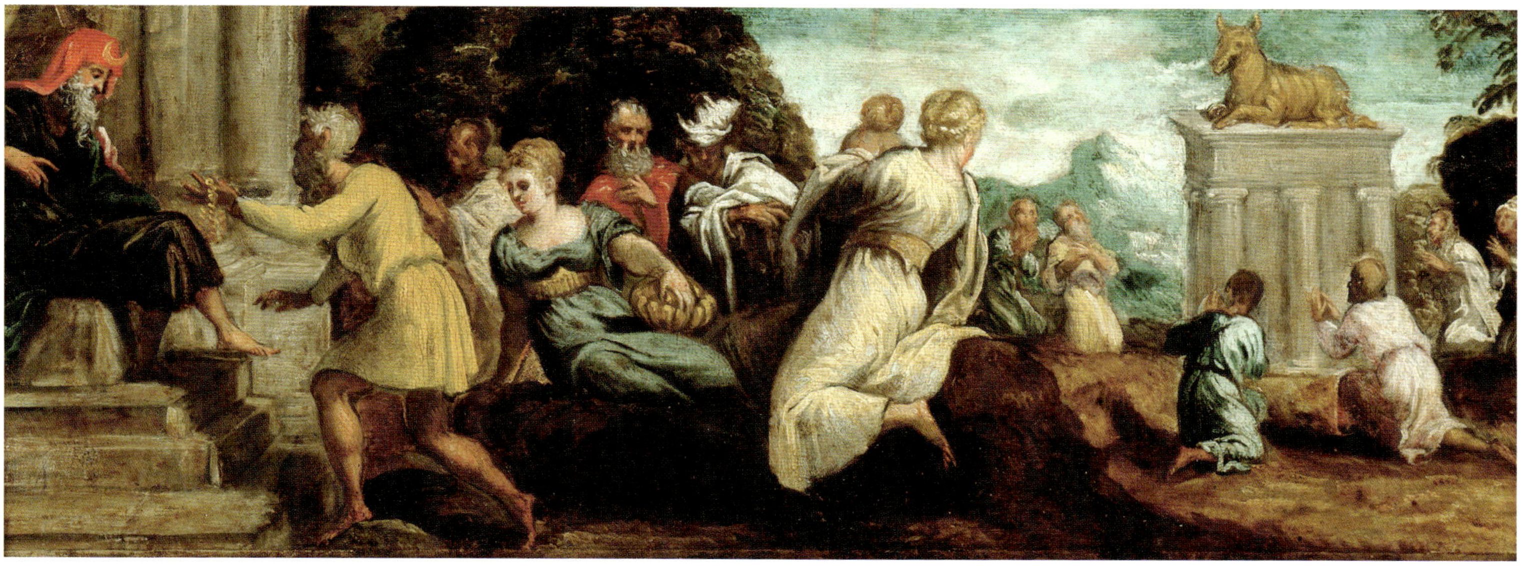

Kat. 25

TINTORETTO-WERKSTATT
(GIOVANNI GALIZZI)
DIE ANBETUNG DES
GOLDENEN KALBES

Um 1544
Wien, Kunsthistorisches Museum
☞ S. 135

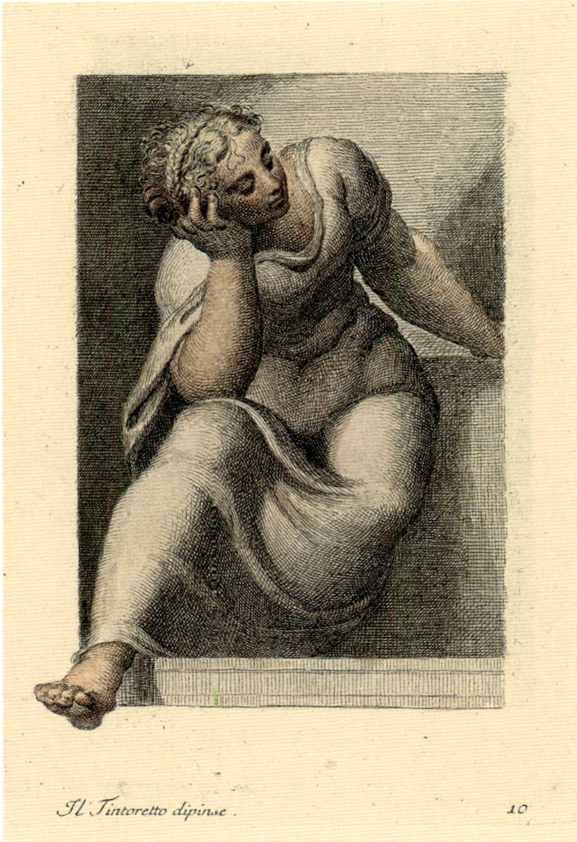
Il Tintoretto dipinse.
10

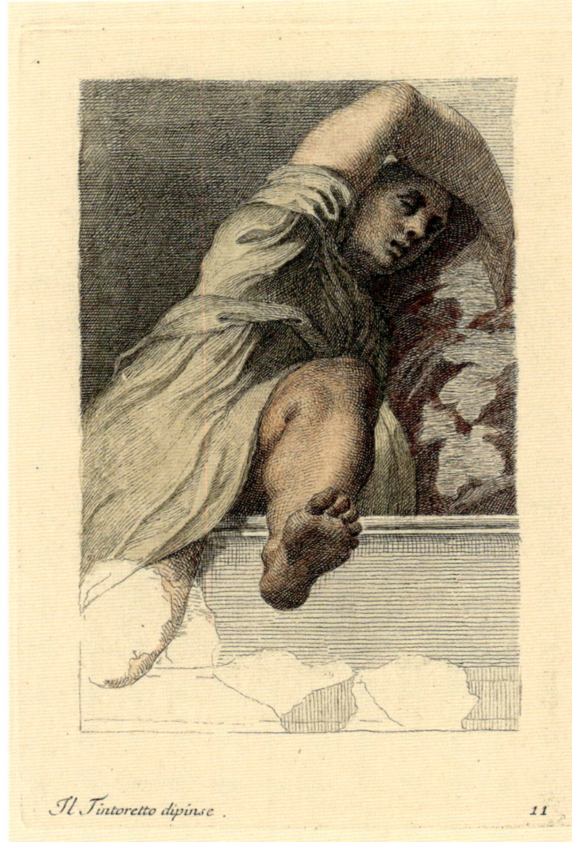
Il Tintoretto dipinse.
11

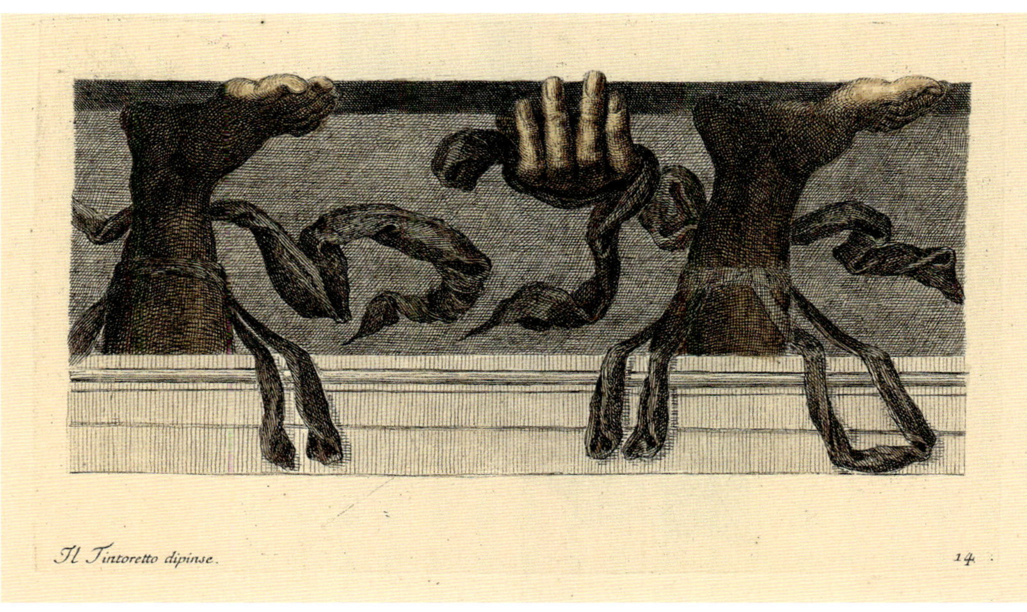
Il Tintoretto dipinse.
14

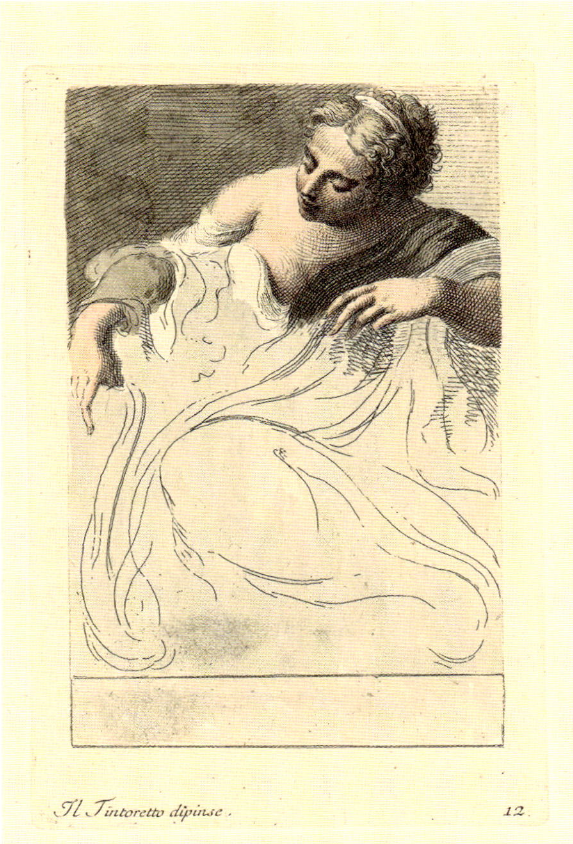

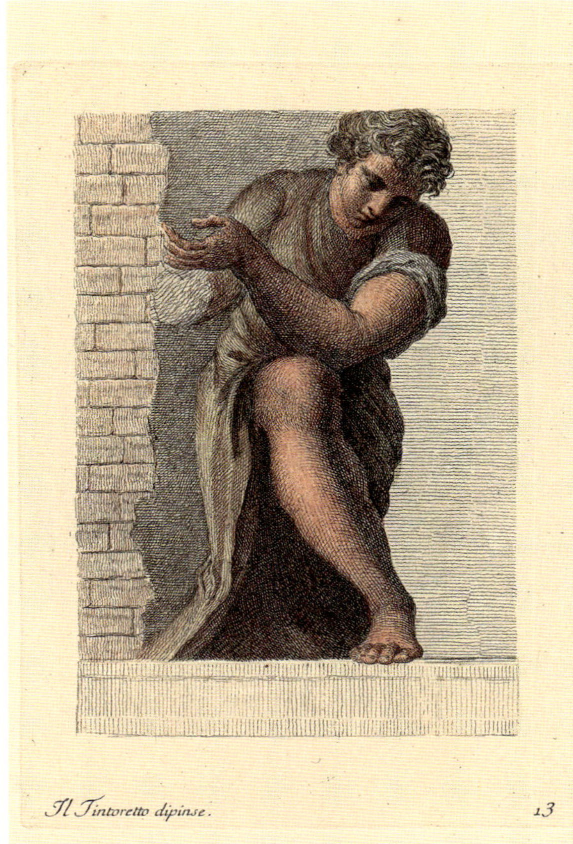

Kat. 26

JACOPO TINTORETTO
FASSADENFRESKO

1546
Venedig, Ca' Soranzo

☞ S. 136

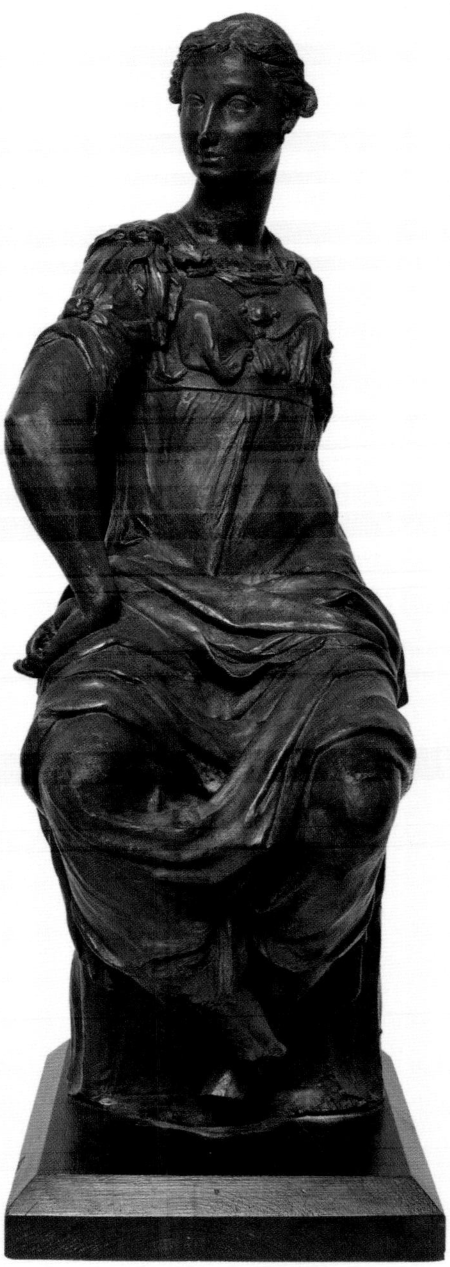

Kat. 27

BARTOLOMEO AMMANATI
WEIBLICHE ALLEGORIE
(WOHL DER WEISHEIT ODER
WISSENSCHAFT)

Um 1545
Padua, Museo di Scienze Archeologiche e d'Arte dell'Università degli Studi di Padova – Dipartimento dei Beni Culturali

☞ S. 137

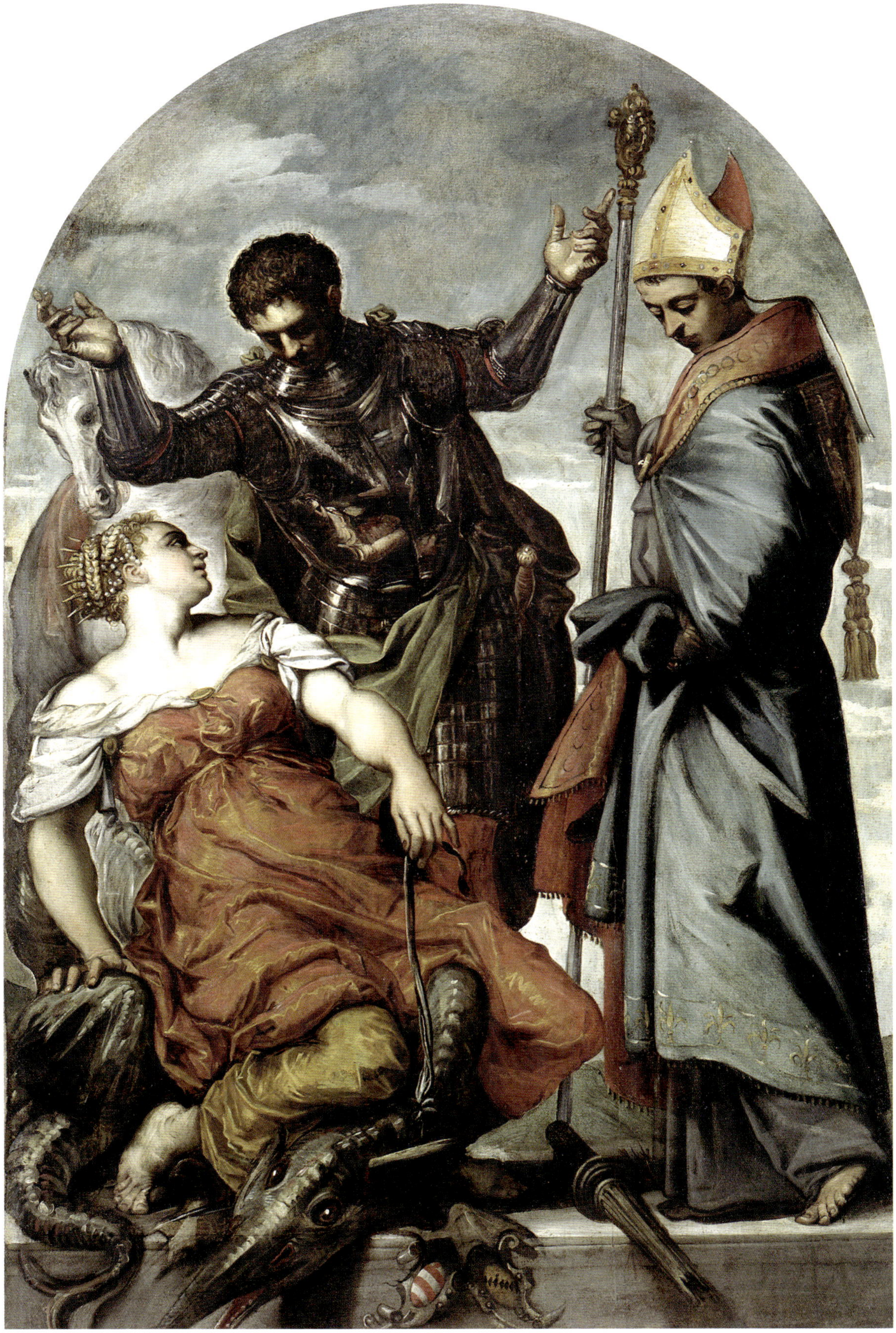

Kat. 28

JACOPO TINTORETTO
DER HL. LUDWIG,
DER HL. GEORG UND
DIE PRINZESSIN

1551

Venedig, Gallerie dell'Accademia

☞ S. 138

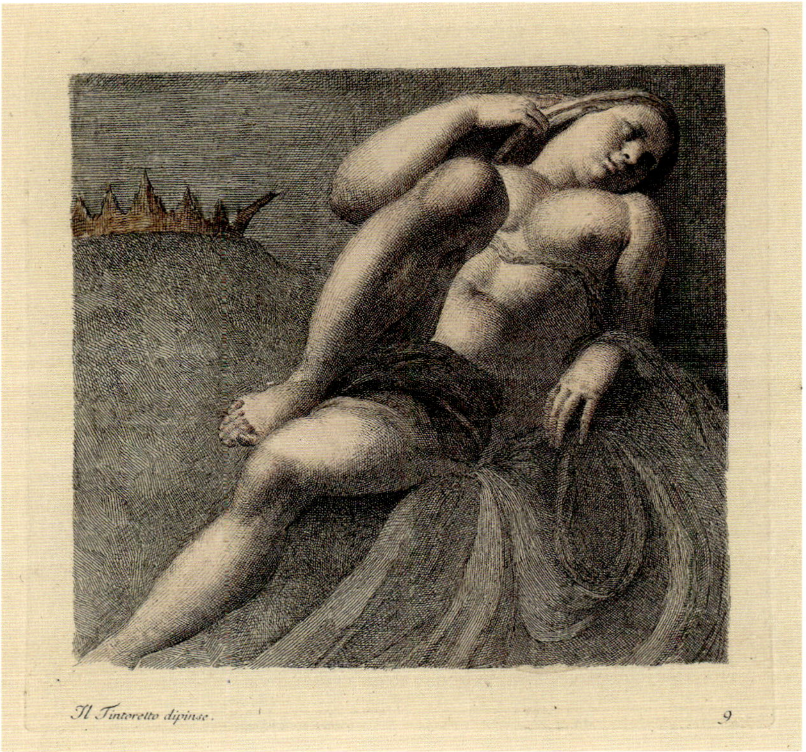

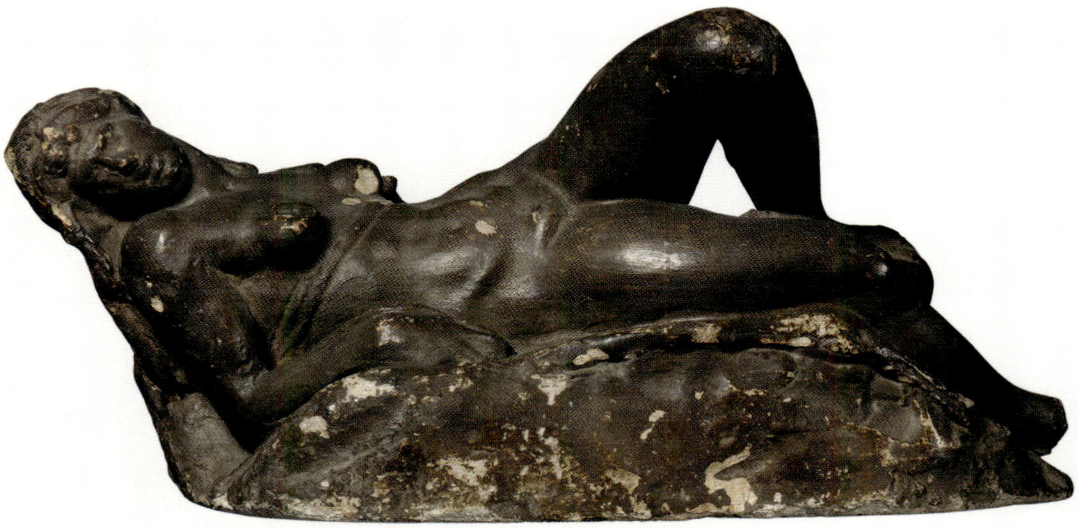

Kat. 29

JACOPO TINTORETTO
FASSADENFRESKO

Um 1551
Venedig, Ca' Gussoni

☞ S. 139

Kat. 30

UNBEKANNTER KÜNSTLER
„AURORA"
(MINIATURREPLIK NACH MICHELANGELO)

Padua, Museo di Scienze Archeologiche e d'Arte dell'Università degli Studi di Padova – Dipartimento dei Beni Culturali

☞ S. 140

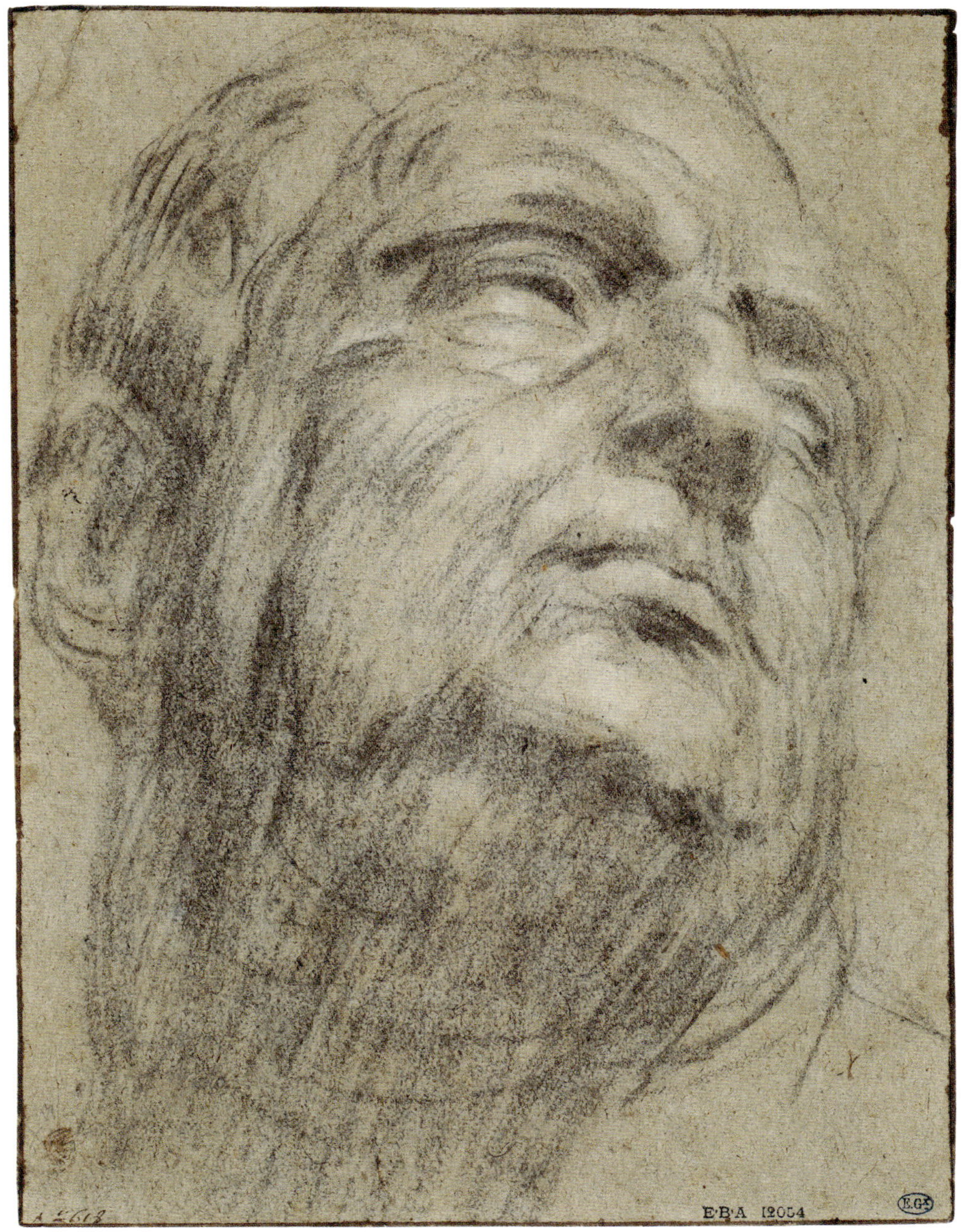

Kat. 31*

JACOPO TINTORETTO
ZEICHNUNG NACH DEM SOGENANNTEN „VITELLIUS“-KOPF

Um 1550 (?)
Paris, École nationale supérieure des beaux-arts

☞ S. 141

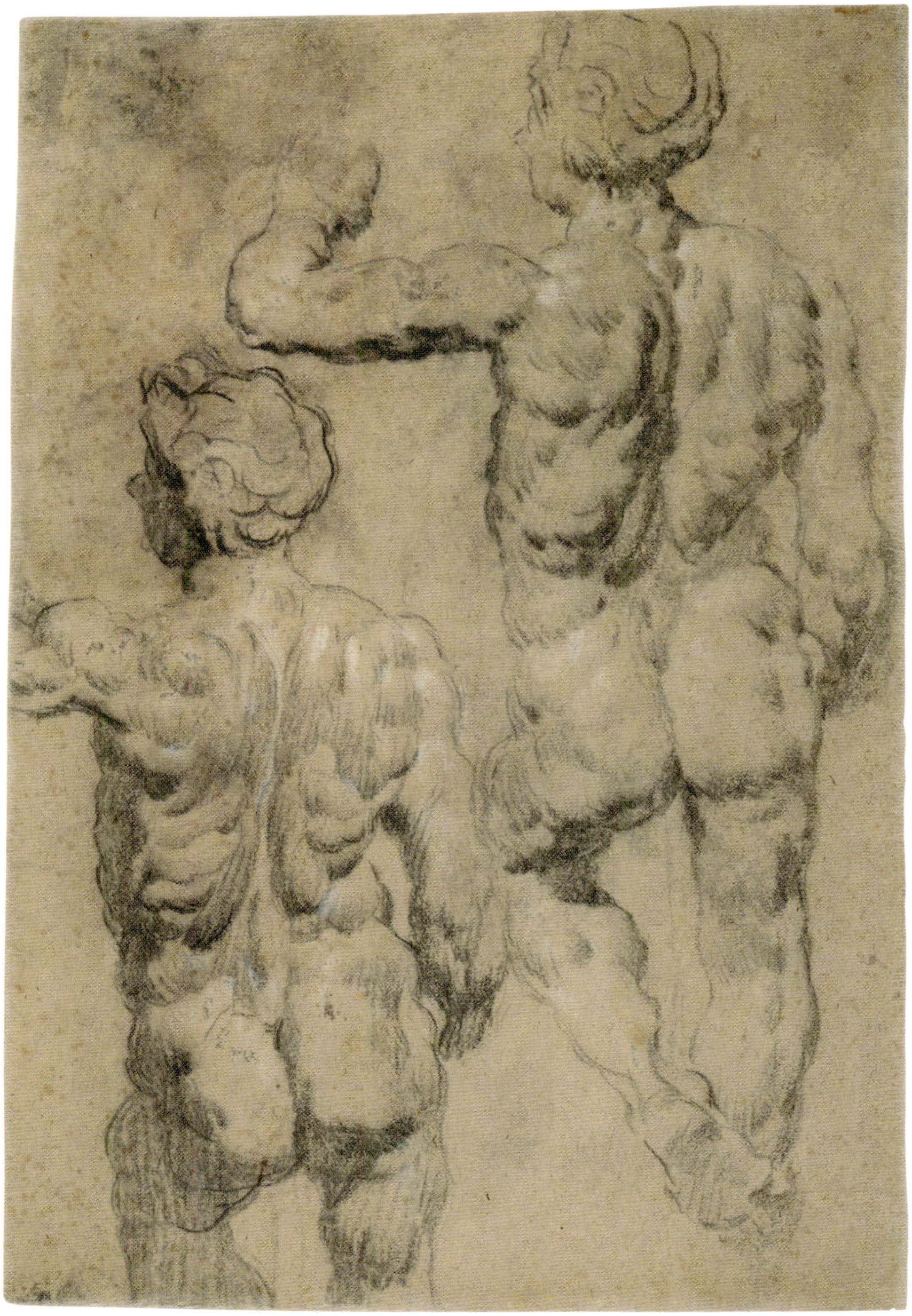

Kat. 32
JACOPO TINTORETTO
„MARS“
(STUDIE NACH EINEM WACHSMODELL VON JACOPO SANSOVINO)
Vor oder um 1551
Lausanne, Fondation Jan Krugier
☞ S. 142

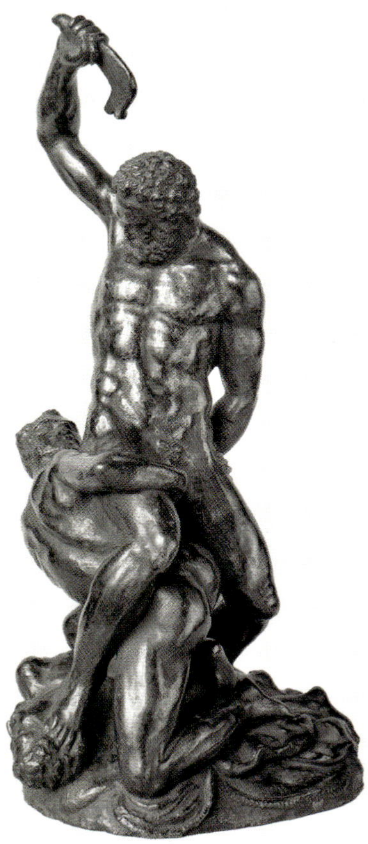

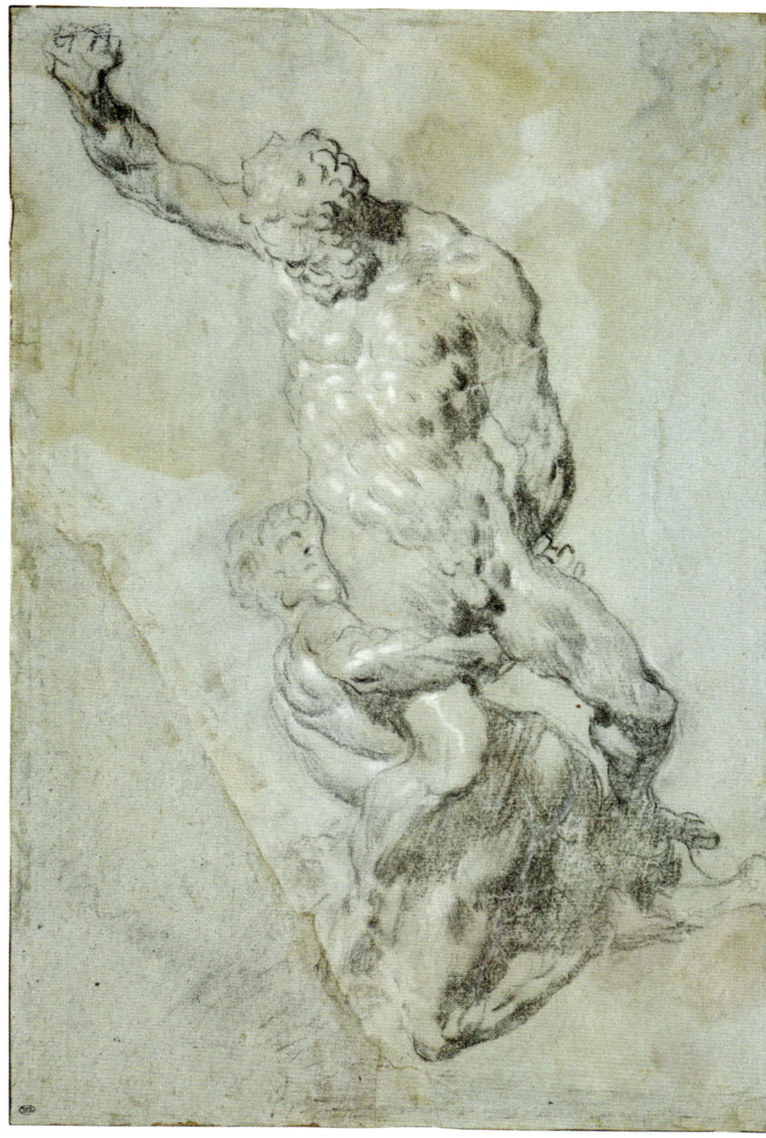

Kat. 33**

DANIELE DA VOLTERRA (?)
(NACH MICHELANGELO BUONARROTI)
SAMSON UND ZWEI PHILISTER

Um 1550–1555 (?)
Paris, Musée du Louvre
☞ S. 143

Kat. 34**

JACOPO TINTORETTO (WERKSTATT?)
(NACH DANIELE DA VOLTERRA [?])
SAMSON UND ZWEI PHILISTER

Um 1550–1555 (?)
Paris, Musée du Louvre
☞ S. 144

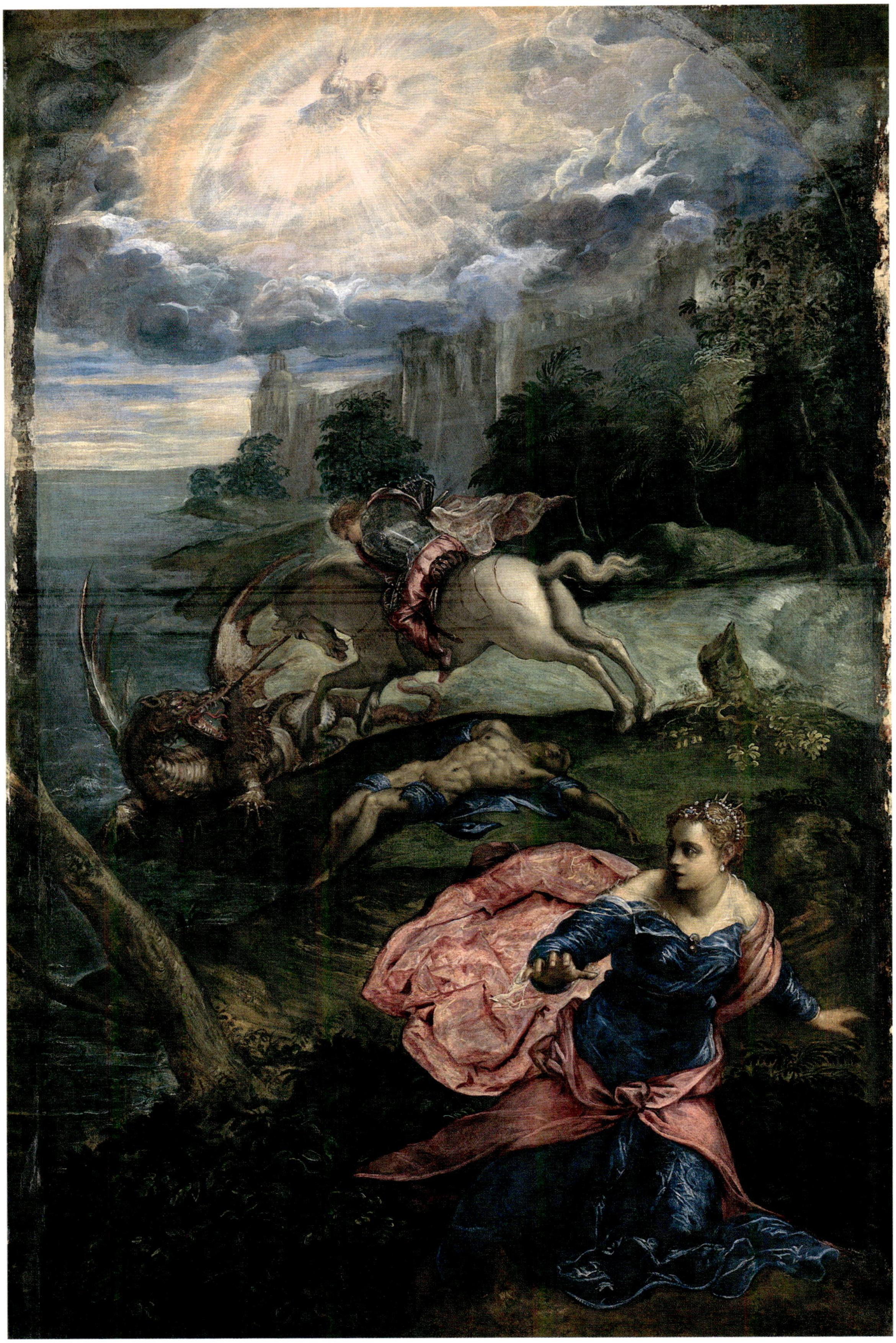

Kat. 35*

JACOPO TINTORETTO
DER KAMPF GEORGS MIT DEM DRACHEN

Um 1553
London, The National Gallery

☞ S. 145

TINTORETTO-WERKSTATT (GIOVANNI GALIZZI)

DIE ANBETUNG DES GOLDENEN KALBES

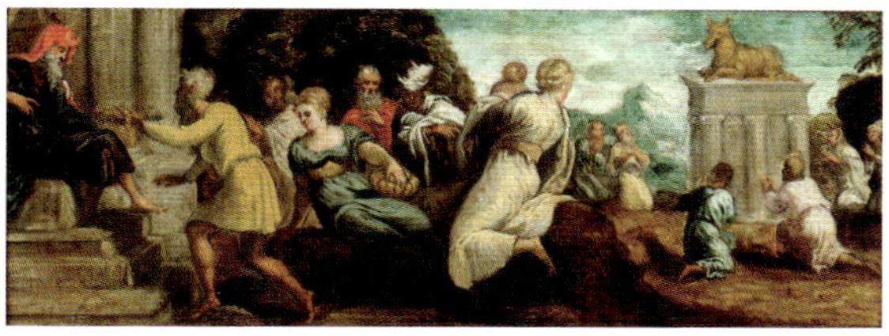

Kat. 25

☞ S. 125

Um 1544
Öl auf Holz,
29 × 76 cm
Wien,
Kunsthistorisches Museum, Inv. GG 7039

PROV.
1635–1648 Sammlung des Herzogs von Buckingham; 1648 in Antwerpen verkauft; 1649 erworben; aus der Hofburg

BIBL.
De Vecchi 1978, S. 88, Nr. 26; Pallucchini/Rossi 1982, Bd. 1, S. 138 (Kat. 54); Krischel 1994 c, S. 9; Krischel 1996 c, S. 7–14; Echols/Ilchman 2009, S. 137 (Nr. F13)

In seiner Tintoretto-Biographie berichtet Ridolfi davon, dass Jacopo am Campo Santo Stefano die Außenseite eines Kamins mit einem „San Vitale à cauallo" freskiert habe.[1] Für Kunstkenner war die Fassadendekoration durch einen besonderen Mehrwert nobilitiert: Als Vorlage für den (wohl in Untersicht) gemalten Ritterheiligen hatte nämlich das auf dem Campo Santi Giovanni e Paolo aufgestellte bronzene Standbild des Bartolomeo Colleoni von Andrea del Verrocchio gedient (Abb.).

Indirekte Bestätigung erhalten Ridolfis Worte durch die hier gezeigte Tafel. Vermutlich stammt sie aus demselben alttestamentlichen Zyklus wie Kat. 16. Dann wäre sie (wohl vor allem rechts) um insgesamt rund 80 cm beschnitten beziehungsweise mittig in zwei Bilder zerteilt worden. Vielleicht war rechts der im Zorn die Gesetzestafeln zerschmetternde Moses (2 Mos 32,19) dargestellt. Das verbleibende Bildfeld zeigt eine in sich geschlossene Komposition mit Simultandarstellung zweier Szenen: Während der am linken Bildrand thronende Aaron (durch seinen Stirnschmuck mit quasi archäologischer Genauigkeit als Priester eines altorientalischen, stiergestaltigen Mondgottes ausgewiesen) noch Goldspenden für den Guss des Idols entgegennimmt (2 Mos 32,3), betet man im Hintergrund rechts bereits das fertige Kultbild an. Besondere Aufmerksamkeit verdient sein Sockel, der sich vom Postament des „Colleoni" kaum unterscheidet. Der pferdeähnliche Kopf des Kalbes ist wohl ein augenzwinkernder Hinweis auf Colleonis Streitross, dessen auffällig spitze Ohren hier zu Hörnern umgedeutet sind.

Mit der Anspielung auf das Colleoni-Denkmal mag der wortwitzige Tintoretto populären Sprachgebrauch reflektiert haben: Da Verrocchios Reiterstandbild einst vergoldet war und der hochdotierte (also gleichfalls gewissermaßen vergoldete) Generalkapitän Colleoni für Venedig kaum ins Feld ziehen musste, wäre der Spottname „Goldenes Kalb" für sein Monument nicht unpassend erschienen. Zugleich darf in dem kleinen Bild aber auch ein Beleg für die große Bewunderung gesehen werden, die Andrea del Verrocchios epochalem Reiterstandbild und seinem von dem Venezianer Alessandro Leopardi geschaffenen Sockel entgegengebracht wurde. Die venezianische Künstlerschaft dürfte das Monument ähnlich inbrünstig verehrt haben wie die zur Anbetung niederknienden Israeliten das Goldene Kalb.

Das Goldene Kalb gilt dem jungen Tintoretto offenbar als Paradigma für Skulptur schlechthin. Schon um 1540 beschäftigen Goldkollekte und Konstruktion des Kultbildes seine Phantasie.[2] Als er um 1557 für den Chor seiner Lieblingskirche Madonna dell'Orto die „Gesetzesübergabe an Moses" malt, stellt er im unteren Bereich nicht das fertige Idol, sondern dessen Modell dar und verweist damit wieder auf den bildhauerischen Werkprozess.

Verrocchio war offenbar im April 1486 nach Venedig gezogen, um das Monument dort zu fertigzustellen. Der Guss fand jedoch erst nach seinem Tode statt. Der Gießer und Vollender des Monuments, Alessandro Leopardi, wurde im Kreuzgang der Madonna dell'Orto beigesetzt. Sicher kannte Jacopo die Grabinschrift: Sie rühmt ausdrücklich den Sockel des „Colleoni". Und im nahe gelegenen Corte del Cavallo (Wohnadresse übrigens von Paris Bordone) ist Leopardis Werkstatt bis heute toponomastisch gegenwärtig.

Bestimmte Stilmerkmale, vor allem die Form der Hände und Füße Aarons, lassen erkennen, dass das Bild unter Jacopos Aufsicht durch seinen frühen Weggefährten Giovanni Galizzi ausgeführt wurde.

RK

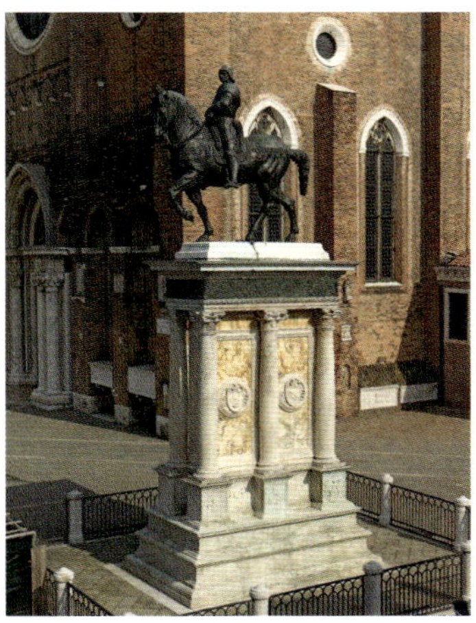

ANDREA DEL VERROCCHIO / ALESSANDRO LEOPARDI
REITERSTANDBILD DES BARTOLOMEO COLLEONI
1481–1496, Bronze, Marmor, istrischer Kalkstein, Venedig, Campo Santi Giovanni e Paolo

1
Ridolfi/Hadeln 1924, S. 42.
2
Bertini 1971.

FASSADENFRESKO

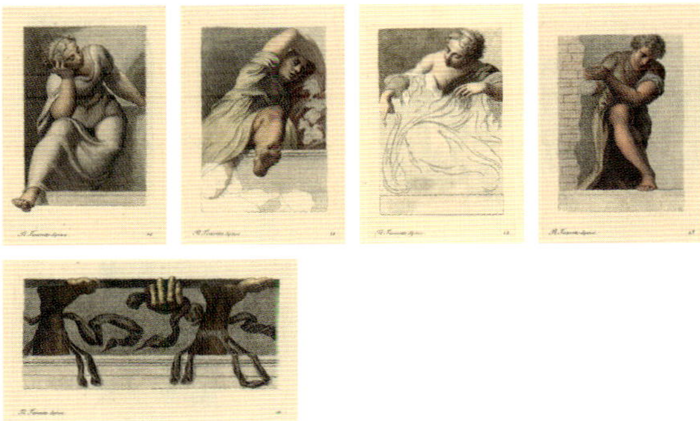

Kat. 26

☞ S. 126 f.

1546
Venedig, Ca' Soranzo (in Kupferstichen überliefert bei: Anton Maria Zanetti, Varie pitture a fresco de' principali maestri veneziani. Ora la prima volta con le stampe pubblicate, Venedig 1760)[1]

BIBL.
Ridolfi/Hadeln 1924, S. 18 f.; Pallucchini 1950, 83 f.; De Vecchi 1978, S. 89 f., Nr. 42; Pallucchini/Rossi 1982, S. 17, 134 (Nr. 17–20); Valcanover et al. 1991, S. 31 (Francesco Valcanover), 37 (Nr. 15, Antonella Dalla Pozza), 52 (Nr. 108, Antonella Dalla Pozza), 91; Gisolfi 1996, S. 112 f.; Krischel 1996 b, S. 138–140; Nichols 1999, S. 51 f.; Dunkerton 2007 b, S. 141; Echols/Ilchman 2009, S. 120 (Nr. 9–12); Hochmann 2015, S. 100

Zum Preis der Pigmente habe Tintoretto die Fassade der Ca' Soranzo am Ponte del Remedio freskiert, so berichtet sein Biograph Ridolfi. Die oft auf Bemalung angelegten venezianischen Fassaden waren optimale Werbeflächen für einen aufstrebenden Künstler. Bevor im 18. und 19. Jahrhundert zahlreiche *rii* zugeschüttet wurden, bewegte man sich in Venedig vornehmlich per Boot. Die Ca' Soranzo liegt an einer fast rechtwinkligen Kurve der äußerst wichtigen, einst viel befahrenen Wasserstraße zwischen Rialto und Dogenpalast. Fuhr man vom Finanz- und Handelszentrum der Stadt zu ihrer Machtzentrale, so fiel an der letzten Wegbiegung der Blick unweigerlich auf die Fresken Tintorettos.

Der junge Maler fächerte hier einen Katalog seines Könnens auf. Im unteren Bereich der Fassade scheint er Leonardos „Anghiari-Schlacht" gegen Tizians „Schlacht von Spoleto" ausgespielt zu haben, denn er stellte dort eine Reiterschlacht mit „wütenden Pferden" dar. Darüber war, anstelle des Gurtgesimses, ein Trompe-l'œil-Fries angebracht: bronzene Hände und Füße, die den oberen Teil des Gebäudes vom unteren abzuheben und in die Höhe zu stemmen schienen. Beides, Reiterschlacht und Fries, verwies wortspielerisch auf die seinerzeit geläufigen lateinischen Versionen des Familiennamens Soranzo, klingt doch in *Superanti(o/us)* sowohl das Obsiegen als auch das Überragen an.

Während sich zwischen den zwei Fenstern der ersten Etage ein Historienbild unbekannter Thematik befand, hatte Jacopo auf die Wandstücke neben und zwischen den drei Fenstern des obersten Stockwerks vier Einzelfiguren gemalt, die Ridolfi zufolge selbst in Malerkreisen Furore machten. Da sie vom Traufgesims etwas geschützt waren, konnten 1955 noch Reste dieser Figuren (Höhe: je 180 cm) abgenommen und ins Haus verbracht werden. Besser erkennt man sie aber auf den hier gezeigten Kupferstichen: Vermutlich handelte es sich um einen jungen Mann, der (von der rechten Gebäudeecke aus) dem Betrachter drei junge Frauen zeigte.

Die mittlere dieser drei weiblichen Figuren verdient besondere Beachtung. Offenbar konkurriert sie mit einer spektakulären Freskofigur von Jacopo Bassano, dem 1538 im Dom zu Cittadella gemalten „Samson". Auf einer Art Brüstung sitzend, ist sie in Untersicht dargestellt. Während das rechte Bein der Körperachse folgend ganz über die Brüstung hinabgestreckt ist, liegt der linke Oberschenkel auf dem Sitz auf. Der Oberkörper dreht sich nach links und das in entgegengesetzte Richtung gewandte Gesicht blickt den Betrachter an. Besonders auffällig ist der erhobene rechte Arm, der den Kopf gleichsam rahmt. Berücksichtigt man den Umstand, dass Tintoretto einmal gesehene oder gezeichnete Körpermotive oft auch seitenverkehrt in seinen Bildern verwendet (Kat. 1, 7, 9, 29), so wird deutlich, dass die komplizierte Haltung dieser Figur eine ganz bestimmte Skulptur zum Vorbild hat. Es handelt sich um einen der beiden ‚Epheben' auf dem Hauptgesims des Grabdenkmals für Marco Mantova Benavides (siehe Abb. S. 137). Tintoretto, der den kunstliebenden Paduaner Rechtsgelehrten persönlich kannte, hat die Figur dicht vor dem Grabmal stehend in Untersicht gezeichnet (Abb.), dann für das Fresko gekontert und bekleidet. An der Fassade der Ca' Soranzo befand sie sich in ähnlicher Höhe wie auf dem Benavides-Grabmal. Drei Jahre später, 1549, wird Tintoretto dieselbe bildhauerische Vorlage noch einmal verwenden, als Modell für die Figur eines Kranken in der Darstellung des „Rochus im Pestspital" (Venedig, San Rocco).

RK

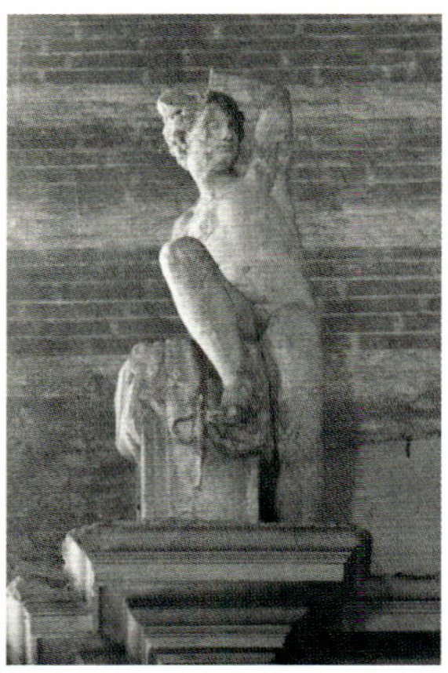

BARTOLOMEO AMMANATI
GRABDENKMAL DES MARCO MANTOVA BENAVIDES

1545/46, Padua, Eremitani-Kirche (Detail: ‚Ephebe' von der Bekrönung des Grabmals in Untersicht)

1
Hier reproduziert nach dem handkolorierten Exemplar der Bibliotheca Hertziana, Rom (Signatur: Ca-ZAN 390-3601 gr raro).

BARTOLOMEO AMMANATI

WEIBLICHE ALLEGORIE (WOHL DER WEISHEIT ODER WISSENSCHAFT)

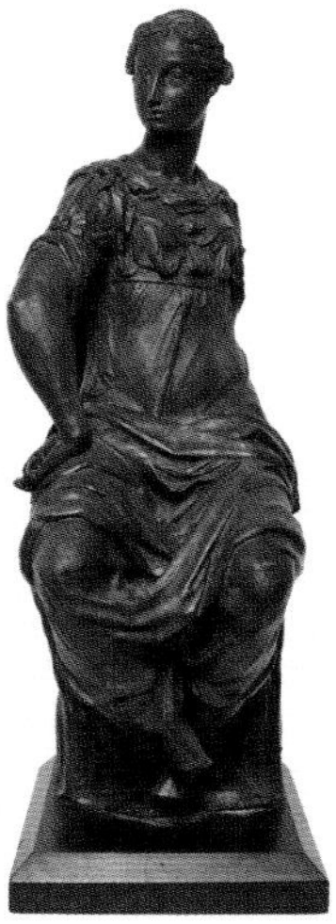

Kat. 27

☞ S. 128

Um 1545
Stuccoforte, dunkel patiniert, Höhe 60 cm, Sockel: 21,5 cm × 28 cm, Inschrift (Signatur?) auf Sockelrückseite: „Bar“
Padua, Museo di Scienze Archeologiche e d'Arte dell'Università degli Studi di Padova – Dipartimento dei Beni Culturali, Inv. 5895

PROV.
Padua, Marco Mantova Benavides († 1582); als Erbschaft zunächst an den Neffen Pietro und dann jeweils vom Vater an den Sohn: Claudio, Gaspare, Andrea Mantova Benavides († 1711); von dessen Sohn Gaspare verkauft an Antonio Vallisn(i)eri († 1730); von dessen Sohn Antonio 1737 der Paduaner Universität gestiftet

BIBL.
Favaretto 1972, S. 80; Kinney 1976, S. 117, 134, 146 f.; Trient 1999, S. 224 f. (Kat. 14, Luisa Attardi); Wardropper 2001, S. 112 f.; Favaretto/Menegazzi 2013, S. 133 f. (Nr. 115, Luisa Attardi)

Am 22. April 1541 stellte der venezianische Patrizier Girolamo Querini di Ismerio, ein Freund Pietro Bembos und Pietro Aretinos, dem jungen Tintoretto ein Empfehlungsschreiben an den berühmten Paduaner Rechtsgelehrten Marco Mantova Benavides aus.[1] Der kunstliebende Jurist ließ sich damals einen Palast nahe der Eremitani-Kirche bauen und dekorieren. Wie in Venedig war im benachbarten Padua eine *renovatio* im Gange, deren wichtigste Förderer, Marco Mantova und Alvise Cornaro, nicht nur einheimische Maler wie Gualtiero dall'Arzere beschäftigten, sondern auch junge Künstler tosko-römischer Prägung in die Universitätsstadt holten, etwa Bartolomeo Ammanati, Giuseppe Porta Salviati und Lambert Sustris.

Ob Tintoretto 1541 von Marco Mantova mit Aufträgen bedacht wurde, ist unbekannt. Wenn Jacopo im *Dialogo di Pittura* von Marco Mantovas Freund Paolo Pino in die Nähe eines Domenico Campagnola oder Stefano dall'Arzere gerückt wird, könnte sich darin des Autors Erinnerung an Begegnungen im Palazzo Benavides widerspiegeln. Den dort quasi als Membran zwischen Innenhof und Garten errichteten, von Ammanati entworfenen Triumphbogen zitiert Tintoretto im Brüsseler *modello* (Kat. 19).

Im Innenhof selbst errichtete der Florentiner Architekt und Bildhauer einen kolossalen „Herkules“ und kurz darauf in der Eremitani-Kirche ein prachtvolles Grabmonument (Abb.), das schon lange vor dem Tod des Juristen von dessen Verdienst und Ruhm künden sollte. Form und Aufstellung des Sarkophags sowie die Gliederung der darüber aufragenden Wand durch drei mit Aediculae gerahmte Nischen verweisen auf Michelangelos Medici-Kapelle als Vorbild. Michelangelesk wirken auch die beiden Epheben, die den Giebel flankieren. Tintoretto zeichnete einen davon in Untersicht, um ihn als Figur in einem Fresko zu verwenden (Kat. 26).

Doch auch die weiblichen, leicht überlebensgroßen Allegorien zu Seiten des Sarkophags faszinierten den Maler: Die rechte („Weisheit“ oder „Wissenschaft“) verwendete er in seinem Gemälde „Christus bei Maria und Martha“ (München, Alte Pinakothek), die linke („Mühsal“ oder „Arbeit“) diente ihm als Vorlage für die Prinzessin in Kat. 28 und für den Petrus auf einem Orgelflügel in der Kirche Madonna dell'Orto. Gerade diese Skulptur, an der Ammanati übrigens seine Signatur des Grabmals anbrachte, muss in Malerkreisen Furore gemacht haben. Um 1551, also zeitgleich mit Tintoretto, verwendet sie auch Paolo Veronese – als Vorlage für eine Allegorie der Selbstbeherrschung (Temperantia) in den Fresken der Villa Soranza (Castelfranco).

Das hier gezeigte, äußerst qualitätvolle Modell vereinigt Bewegungsmomente, die bei der folgenden Ausführung des Grabmals auf beide Sitzfiguren aufgeteilt wurden. Anklänge an Michelangelos „Lorenzo de' Medici“ verbinden sich mit Einflüssen Jacopo Sansovinos. Und die künstlerische Verbundenheit mit Lambert Sustris zeigt sich in der etwas phantastischen, die Anatomie elegant umfließenden Bekleidung all'antica. Überraschend ist die in den Gesichtszügen erkennbare Nähe zu den weiblichen Allegorien vom Foscari-Grabmal im Chor der Frari-Kirche – bald nach 1457 wohl geschaffen von Niccolò di Giovanni Fiorentino.[2] Offenbar strebte Ammanati eine Synthese zwischen der älteren venezianischen Grabmal-Tradition und der jüngeren Florentiner Entwicklung an. Nach ähnlichen Synthesen sucht der junge Tintoretto.

RK

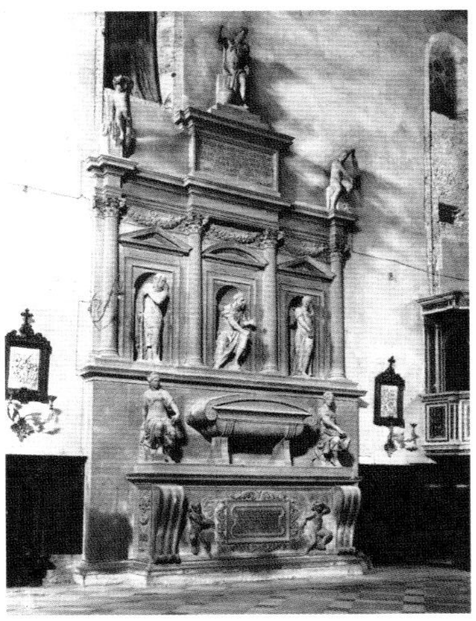

BARTOLOMEO AMMANATI
GRABDENKMAL DES MARCO MANTOVA BENAVIDES

1545/46
Padua, Eremitani-Kirche
(Zustand vor dem 11. März 1944)

1
Krischel 1996, S. 150 f. Zur Identität des Girolamo Querini vgl. jetzt Sherman 2013, S. 43 f.

2
Markham Schulz 1978, Abb. 15–22.

JACOPO TINTORETTO

DER HL. LUDWIG, DER HL. GEORG UND DIE PRINZESSIN

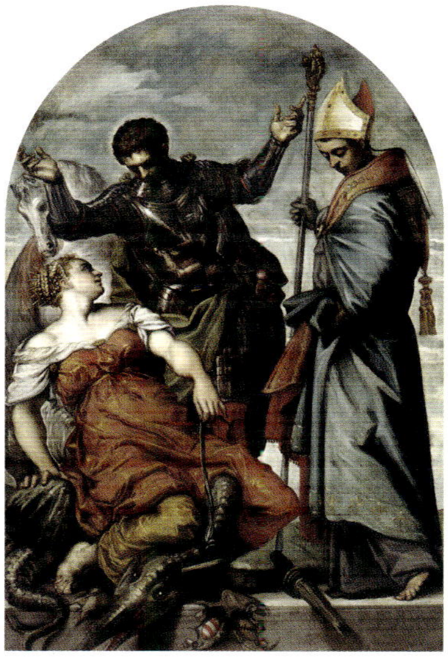

Kat. 28

☞ S. 129

1551
Öl auf Leinwand, 226 × 146 cm
Venedig, Gallerie dell'Accademia, Inv. 899

PROV.
Venedig, Palazzo dei Camerlenghi (Magistrato del Sal); ab ca. 1777: Dogenpalast (Antichiesetta); ab 1937/38: Gallerie dell'Accademia

BIBL.
Ridolfi/Hadeln 1924, S. 58; Ludwig 1902, S. 45; Wilde 1938, S. 144 f.; Coletti 1943, S. 13 f.; Pallucchini 1950, S. 92, 121, 135 f., 143; De Vecchi 1978, S. 96 f., Nr. 98; Pallucchini/Rossi 1982, Bd. 1, S. 165 f. (Nr. 162); London 1983, S. 214 (Paola Rossi); Emmrich 1988, S. 60–62; Krischel 1994 b, S. 67–69; Whitaker 1997, S. 183; Nichols 1999, S. 67; Cottrell 2000, S. 668–670, 673; Cottrell 2001, S. 165–167, 169; Dunkerton 2007, S. 147 f.; Madrid 2007, S. 254–256 (Kat. 17, R. Echols); Weddigen 2009, S. 158; Boston 2009, S. 137–139 (Frederick Ilchman), 292 (Kat. 15); Echols/Ilchman 2009, S. 122 (Nr. 59); Cassegrain 2010, S. 181/184; Grosso 2013; Ilchman 2014, S. 223–227, 233–235; Hochmann 2015, S. 290; Grosso 2015, S. 111

Zu den umfangreichsten Aufträgen, die der junge Tintoretto an sich zog, gehörte die Gemäldeausstattung des Palazzo dei Camerlenghi am Fuße der Rialto-Brücke. Das noch heute existierende Verwaltungsgebäude beherbergte Finanz- und Handelsbehörden, darunter die Kämmerei (Camerlenghi di Comun). Bis 1797 befanden sich hier fast zweihundert Bilder.

Beim verheerenden Brand im Wirtschafts- und Finanzdistrikt um Rialto (1514) war der 1488 vollendete Altbau verschont geblieben. Im Zuge der unter Andrea Gritti begonnenen *renovatio urbis* wurde 1525–1528 ein größerer Trakt angebaut. Seine Gewölbedecken gliederten die großen Bürowände in arkadenförmige Segmente. Diese Abschnitte mit klug eingepassten Bildkompositionen zu versehen und dabei sowohl für Kontinuität als auch für Abwechslung zu sorgen, war keine leichte Aufgabe. Sie war als Work in progress konzipiert: Die meist für 16 Monate gewählten adligen Beamten stifteten (oft zu zweit oder zu dritt) in Erinnerung an ihre jeweilige Amtszeit biblische Darstellungen, Bilder ihrer Namensheiligen oder später auch Amts- beziehungsweise Sukzessionsporträts.

Den Großauftrag begonnen hatte 1529 der Maler Bonifacio de' Pitati. Womöglich ging ihm dabei auch der blutjunge Tintoretto als Lehrling zur Hand. Jacopos „Emmaus-Mahl" jedenfalls (Kat. 8) gemahnt an ein „Emmaus-Mahl" Bonifacios aus diesem Zyklus. Als Bonifacio um 1550 schwer erkrankte, übergab wohl der Magistrato del Sal, das unter anderem für die Finanzierung staatlicher Dekorationsaufträge zuständige Salzsteueramt, die Aufgabe an Tintoretto. Sein Entree war das hier gezeigte Bild für einen Saal eben dieser Behörde (denselben, in dem Bonifacios „Emmaus-Mahl" angebracht war).

Offiziell erinnert dieses Gemälde an die Amtszeit der *provisores salis* Giorgio Venier (14. Mai 1550–13. September 1551) und Alvise Foscarini (2. Januar 1551–1. Mai 1552). Tintoretto nutzt diesen Vorwand, um ein Feuerwerk an Einfällen zu zünden. Ein Geniestreich ist das unerwartete Auftreten der durch Georg geretteten Prinzessin, die vom Gimmick zur Hauptfigur wird. Ihr Dekolleté spiegelt sich im Brustpanzer des Georg, so dass der Bildbetrachter den gleichen Einblick erhält wie der Ritterheilige. Die hintergründige, ins Voyeuristische gewandte Anspielung auf ein legendäres malerisches Kunststück des *Georg* von Castelfranco (Giorgione) bildet den Auftakt für einen raffinierten Wettstreit der Medien. So stellt der auf den Himmel verweisende, die obere Bildgrenze gleichsam abzirkelnde hl. Georg eine vielbewunderte griechische Bronze von ca. 300 v. Chr. nach: den 1503 aus Rhodos nach Venedig gebrachten „Betenden Knaben" (Abb.).[1] Während in der Gestalt des hl. Ludwig der Einfluss von Francesco Salviati spürbar[2] ist, wurde die Prinzessin nach dem Vorbild einer Skulptur von Bartolomeo Ammanati gestaltet (vgl. Kat. 27) – auch er Florentiner. Ähnlich wie im Londoner „Drachenkampf" (Kat. 35) konkurrieren hier also nicht nur Malerei und Plastik, sondern auch antike und moderne Skulptur miteinander. Durch eine neuartige Synthese aus toskanischer und venezianischer Kunst trägt aber Jacopo selbst den Sieg davon.

Ohne den Maler zu nennen, kritisiert Lodovico Dolce in seinem 1557 erschienenen *Dialogo della pittura intitolato l'Aretino* die „rittlings" auf dem Drachen sitzende Frauengestalt. Ob sich darin nur die Eifersucht von Dolces größtem Helden Tizian niederschlägt oder bereits gegenreformatorische Kunstzensur, bleibt offen.

RK

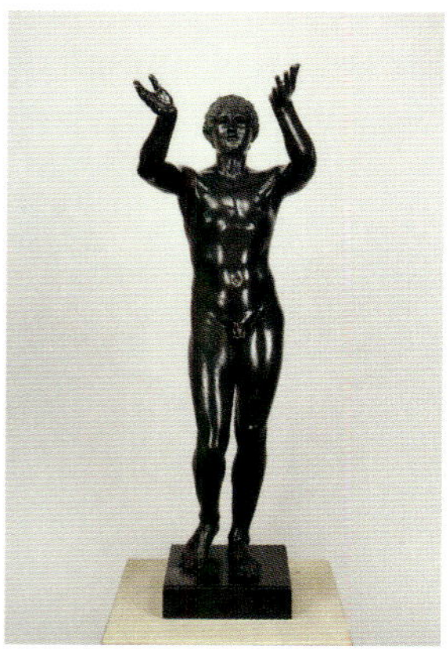

„BETENDER KNABE"

Rhodos, um 300 v. Chr.
Bronze, Höhe: 1,28 m
Berlin, Staatliche Museen Preußischer Kulturbesitz, Antikensammlung, Inv. SK 2

1
Perry 1975; Zimmer/Hackländer 1997; Grosso 2013, S. 100.

2
Grosso 2013, S. 101 f.

JACOPO TINTORETTO

FASSADENFRESKO

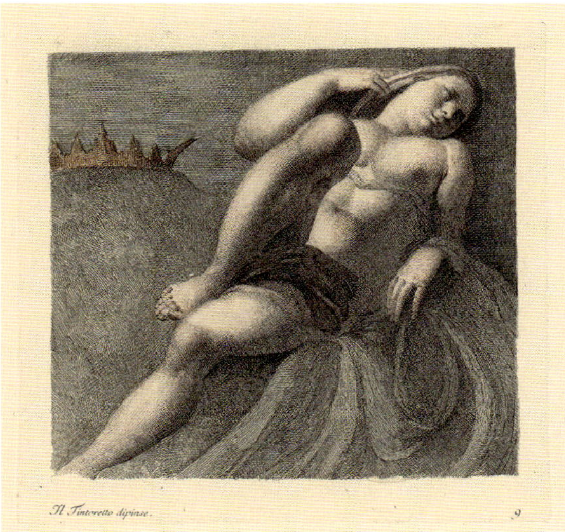

Kat. 29

☞ S. 130

Um 1551
Venedig, Ca' Gussoni (in Kupferstichen überliefert bei: Anton Maria Zanetti, Varie pitture a fresco de' principali maestri veneziani. Ora la prima volta con le stampe pubblicate, Venedig 1760)[1]

BIBL.
Ridolfi/Hadeln 1924, S. 42; Coletti 1943, S. 18 f.; Pallucchini 1950, S. 84; Coffin 1951, S. 121–123; Gallo 1960, S. 130 f.; De Vecchi 1978, S. 139; Bassi 1980, S. 410–413; Valcanover et al. 1991, S. 31 (Francesco Valcanover), 35 (Nr. 2, Antonella Dalla Pozza), 47 (Nr. 71, Antonella Dalla Pozza), 93; Krischel 1994 b, S. 61, 64; Furlan 1996, S. 23; Krischel 1996 b, S. 142 f.; Hochmann 1996; Nichols 1999, S. 52 f.; Hochmann 2004, S. 267; Echols/Ilchman 2009, S. 122 (Nr. 54); Cassegrain 2010, S. 31; Ilchman 2014, S. 214–218

FRANCESCO SALVIATI
QUELLNYMPHE (DECKENMALEREI)

1540, Venedig, Palazzo Grimani, Camerino di Apollo

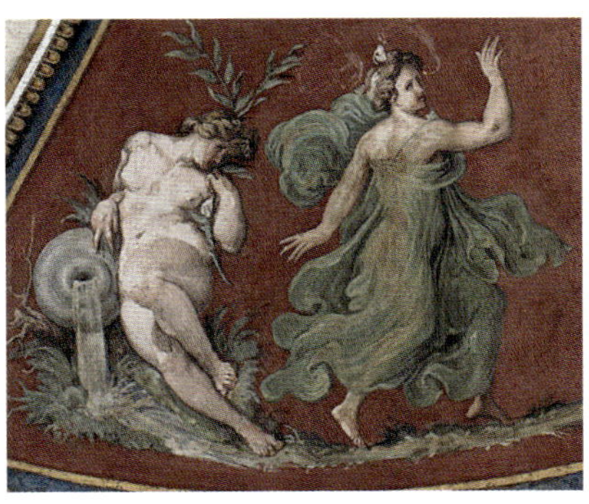

Tintorettos Fresken an der Fassade der Ca' Gussoni waren seit je berühmt. Heute sind nur noch Reste erkennbar (etwas deutlicher seit der kürzlich erfolgten Restaurierung des Gebäudes). Doch gibt es eine recht genaue Beschreibung von Ridolfi, der zufolge die Fassade außer mit „Aurora" und „Crepuscolo" nach Michelangelo (zwischen den Fenstern des Zwischengeschosses) mit „Adam und Eva" sowie „Kain und Abel" (in Höhe des ersten Geschosses) freskiert war. Letztere sind zwar völlig verschwunden, aber die beiden themengleichen Ölbilder, die Jacopo zu jener Zeit für die Scuola della Trinità schuf (Kat. 55), geben vielleicht eine Idee davon. Weiter oben befand sich ein Puttenfries, von dem noch wenige Spuren zeugen.

Krischel und der Autor erinnerten daran, dass Andrea Calmo bereits in einem 1552 veröffentlichten Brief an Marco Gussoni, den Eigentümer des Palastes, auf die Fresken anspielt. Da die Fassade 1550 erbaut wurde, müssen diese demnach um 1551 entstanden sein. Sie waren an einer besonders prestigeträchtigen Stelle platziert, an „einer der auffälligsten Stellen des Canal Grande", wie Anton Maria Zanetti schreibt.[2] Die Fresken stellen gleichsam ein öffentliches Manifest der Ambitionen des jungen Künstlers dar, vor allem seines Michelangelo-Kults.

Bekanntlich hatte Jacopo bereits in den 1540er Jahren – wahrscheinlich unter dem Einfluss von Francesco Salviati (Abb.) und Giorgio Vasari – begonnen, die Allegorien der Sagrestia Nuova von San Lorenzo zu zeichnen, die ihm durch kleine Modelle oder Repliken wie die des Marco Mantova Benavides (Kat. 30) bekannt geworden waren. Schon Anton Maria Zanetti war der enge Zusammenhang zwischen diesen Studien und den Fresken am Palazzo Gussoni klar: All diese Werke, so Zanetti, straften diejenigen Lügen, die im Gefolge Vasaris behaupteten, Tintoretto habe nicht genug gezeichnet. In diesem Zusammenhang verwies er auf die Gipsabgüsse aus Jacopos Besitz und auf die Kammer, wo dieser „tags wie nachts" studierte und die man noch Jahre nach seinem Tod besichtigen konnte. Ausdrücklich merkte Zanetti an, dass für den Kupferstich nach dem „Crepuscolo" auch eine Originalzeichnung von Tintoretto konsultiert wurde, da das Fresko Schäden aufwies.

Die von Jacopo gewählte stark verkürzte Sicht findet sich in mehreren durch Michelangelos Skulpturen angeregten Zeichnungen (Abb. S. 140), insbesondere denen des Francesco Salviati. Jacopo setzt sie auf neue und spektakuläre Weise ein, um die Fassade gleichsam zu durchstoßen, wie Pordenone dies zu tun pflegte, und um zu zeigen, wie Malerei eine Illusion von Dreidimensionalität erzeugen kann. Man muss darin wohl ein Echo des berühmten Paragone, des künstlerischen Wettstreits zwischen Skulptur und Malerei sehen, der zu jener Zeit wieder an Popularität gewann. Tintoretto beweist somit nicht nur seine Bewunderung für Michelangelo, sondern er tritt durch diese spektakuläre Inszenierung sogar in einen Wettkampf mit ihm ein. Der Eigentümer des Palastes, Marco Gussoni, war der Schwager von Zorzi Corner, dem Erbauer der gewaltigen, von Jacopo Sansovino entworfenen sogenannten Ca' Grande. Die Corner waren selbst große Bewunderer Michelangelos, und so dürfte Marco Gussoni mit Tintorettos Arbeit äußerst zufrieden gewesen sein. Gian Jacopo Fontana zufolge soll er im Hof seines Palastes weitere Fresken nach berühmten Antiken in Auftrag gegeben haben, die an Renaissancegärten der römischen Patrizier gemahnten wie den *cortile* Della Valle.

MH

1
Hier reproduziert nach dem handkolorierten Exemplar der Bibliotheca Hertziana, Rom (Signatur: Ca-ZAN 390-3601 gr raro).

2
Zanetti 1760, S. VIII.

UNBEKANNTER KÜNSTLER (WOHL PADUA, UM 1540–1550)

„AURORA" (MINIATURREPLIK NACH MICHELANGELO)

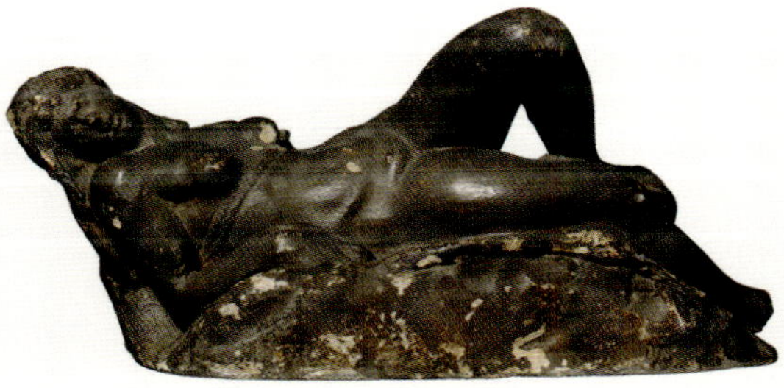

Kat. 30

☞ S. 130

Gips (massiv), farbig gefasst, Höhe: 11,5 cm, Länge: 26 cm Inschrift auf dem Sockel, in Rot: 239 (Nr. des Benavides-Inventars von 1695) Padua, Museo di Scienze Archeologiche e d'Arte dell' Università degli Studi di Padova – Dipartimento dei Beni Culturali, Inv. 5898

PROV.
Padua, Marco Mantova Benavides (†1582); als Erbschaft zunächst an den Neffen Pietro und dann jeweils vom Vater an den Sohn: Claudio, Gaspare, Andrea Mantova Benavides (†1711); von dessen Sohn Gaspare verkauft an Antonio Vallisn(i)eri (†1730); von dessen Sohn Antonio der Paduaner Universität gestiftet

BIBL.
Bettini 1940/41, S. 24; Semenzato 1956, S. 99 f.; Favaretto 1972, S. 120; Favaretto/Menegazzi 2013, S. 132 f. (Nr. 114, Luisa Attardi); Krischel 1994 b, S. 61; Krischel 1996 b, S. 142 f.; Krischel 2000, S. 20

Als Michelangelo 1534 Florenz verließ, blieben die um 1520 begonnenen, mehrfach unterbrochenen Arbeiten an der Sagrestia Nuova in San Lorenzo liegen. Die noch nicht auf den Sarkophagen montierten Marmorskulpturen der vier Tageszeiten („Aurora", „Giorno", „Crepuscolo", „Notte") lagerten dort bis 1546 auf dem Boden, wo sie von ungezählten Künstlern bestaunt und gezeichnet wurden. Auch in Venedig, wo Michelangelo sich im Herbst 1529 aufgehalten hatte, gab es große Bewunderer. 1535 schickte Giorgio Vasari Zeichnungen (wohl nach den Skulpturen der beiden Medici-Herzöge, „Giuliano" und „Lorenzo") sowie ein Wachsmodell (wohl nach dem Kopf des „Hl. Damian") an Pietro Aretino. Befeuert wurde der Michelangelo-Kult in Venedig durch den Autor Anton Francesco Doni, der 1542/43 die Medici-Kapelle mehrfach besuchte, 1543/44 in der Lagunenstadt wohnte, sich im Herbst 1547 dort endgültig niederließ – und mit Tintoretto Freundschaft schloss.

Eine Art eleganten, mit der Tradition der Dogengrabmäler gekreuzten Nachbau der Medici-Gräber setzte Bartolomeo Ammanati den Venezianern vor die Haustür, als er 1545/46 in der Eremitani-Kirche zu Padua das Grabdenkmal für Marco Mantova Benavides schuf (vgl. Kat. 27). Jacopo, der selbst nie in Florenz war, studierte das Monument genau (Kat. 26, 28). Raffaello Borghini zufolge gab er große Summen für Repliken nach den Skulpturen der Medici-Kapelle aus. Zeichnungen belegen, dass er Nachbildungen der „Tageszeiten" (vielleicht von Tribolo) kannte, noch bevor 1557 die bei Ridolfi erwähnten Kleinplastiken von Daniele da Volterra entstanden. Auch zeichnete er einen Gesichtsabguss nach Michelangelos „Giuliano de' Medici" und eine (nackte) Miniaturversion der ganzen Skulptur. Den „Crepuscolo" zitierte Jacopo 1547/48 im „Sklavenwunder" (Abb. S. 57). Kurz darauf rühmte Doni in seinem *Disegno* (Venedig 1549) vor allem die „Aurora". Tintoretto zeigte sie um 1551/52 an der Fassade der Ca' Gussoni (Kat. 29) aus erhöhtem Blickwinkel vom Fußende her. Ähnlich hatte 1540 der Florentiner Francesco Salviati die Skulptur in einem Deckenfresko des Palazzo Grimani (Abb. S. 139) dargestellt – offenbar nach einer mitgebrachten Zeichnung. Mehrere Blätter, die die „Aurora" vom Fußende her verkürzt zeigen, werden Salviati zugeschrieben, doch gibt es auch entsprechende Zeichnungen anderer Künstler. Die bei uns gezeigte Studie (Abb.) steht der Zeichnung von Bartolomeo Passarotti in Kansas City (Nelson Atkins Museum of Art) stilistisch nahe. Eine ähnliche Vorlage muss Tintoretto gespiegelt haben, um den Karton für sein Fresko anzufertigen. Vielleicht zeichnete er im Paduaner Haus des Marco Mantova, den er seit 1541 kannte, die hier ausgestellte Miniaturreplik: Mit Jacopos Fresko teilt sie die summarische Wiedergabe der Marmorskulptur und deren veränderte, mehr auf den Rücken als auf die Seite gestützte Lage. Als Zanetti noch Modelle aus Tintorettos eigener Sammlung sah, waren diese Gipse übrigens – wie Marco Mantovas „Aurora" – dunkel patiniert.[1]

RK

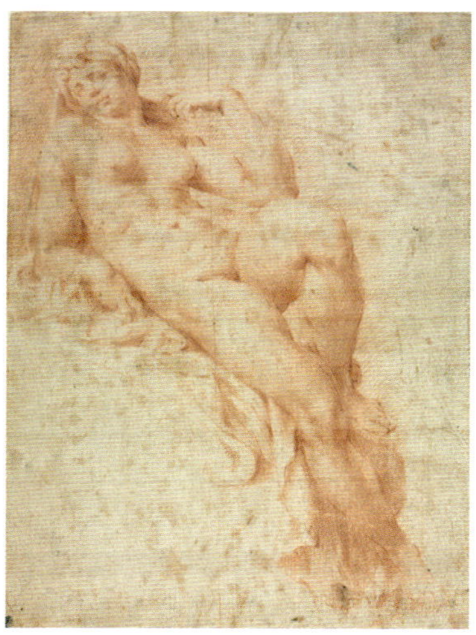

UMKREIS DES BARTOLOMEO PASSAROTTI (?)
„AURORA" (NACH MICHELANGELO)

Rötel auf Papier (Wasserzeichen: Anker im Hochoval und Stern), 312 × 228 mm, Privatbesitz

1
Borghini 1584, S. 551; Ridolfi/Hadeln 1924, S. 14 f.; Zanetti 1760, S. VIII; Pallucchini 1950, S. 32 f., 147; Coffin 1951; Virch 1956; Gilbert 1961; Krischel 1991, S. 52; Dobai 1991; Furlan 1996; Rosenberg 2000, S. 129–134, 248 f.; Hochmann 2004, S. 47, 248 f., 253–255, 262, 267, 269, 288 f., 333–340; Echols 2007, S. 33; Madrid 2007, S. 397–401 (Kat. 52–54); Olszewski 2008, S. 299 f.; Ketelsen 2011, S. 32 f. (Nr. 15, Thomas Ketelsen).

JACOPO TINTORETTO

ZEICHNUNG NACH DEM SOGENANNTEN „VITELLIUS"-KOPF

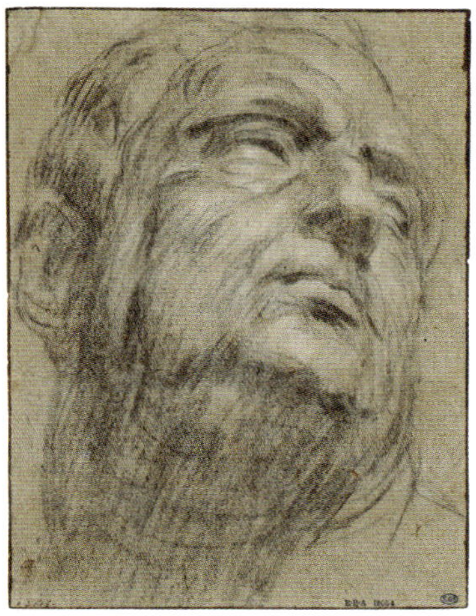

Kat. 31*

☞ S. 131

Um 1550 (?)
295 × 221 mm
Schwarze Kreide, weiß gehöht, auf grauem Papier, Einrahmung mit Feder in brauner Tusche
Unten links: A 2618, rechts unten gestempelt: E.B.A. 12054 und Sammlerstempel E.G.ˣ (E. Gatteaux)
Paris, École nationale supérieure des beaux-arts, Inv. 398

PROV.
Jacques-Edouard Gatteaux; als dessen Vermächtnis 1883 an die École des Beaux-Arts, Paris

BIBL.
Tietze/Tietze-Conrat 1970, S. 291 (Nr. 1743); Rossi 1975, S. 3, 39, 46, 51 und Abb. 2; Bailey 1977, S. 109 f.; Paris 1990, S. 32–35 (Kat. 16, Emmanuelle Brugerolles/David Guillet)

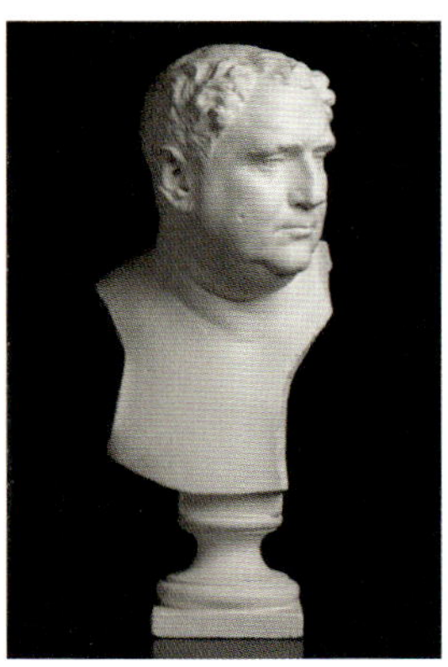

GIPSABGUSS NACH DEM „VITELLIUS" DER SAMMLUNG GRIMANI

Italien, Anfang 20. Jahrhundert
Höhe inklusive Sockel: 66 cm, Breite: 27 cm, Tiefe: 27,5 cm
Padua, Museo di Scienze Archeologiche e d'Arte dell'Università degli Studi di Padova – Dipartimento dei Beni Culturali, Inv. 7625

Im Wallraf-Richartz-Museum weckt diese Zeichnung den Genius loci: Wohl als Folge einer im Herbst 68 aufkeimenden Rebellion wurde Vitellius, erst seit kurzem Befehlshaber des römischen Heeres in Niedergermanien, am 2. Januar 69 in Köln von den Soldaten zum Kaiser ausgerufen; laut Sueton drückte man ihm dabei das aus dem Kölner Marsheiligtum entnommene Schwert des Julius Cäsar in die Hand.

Ob der markante Kopf, den man in der frühen Neuzeit für ein Porträt des Kaisers Vitellius hielt, tatsächlich der römischen Kaiserzeit entstammt oder ob es sich um eine Renaissance-Arbeit handelt, ist umstritten. Die Marmorversion aus dem Besitz von Kardinal Domenico Grimani gelangte 1523 von Rom nach Venedig, wo sie heute im Archäologischen Museum aufbewahrt wird. Von 1525 bis 1593 war sie privilegierten Künstlern im Dogenpalast zugänglich (danach – als Teil des „Statuario Pubblico" – auch einem breiteren Publikum). Es erstaunt daher nicht, dass neben Tintoretto (siehe Kat. 20) auch andere venezianische Maler, darunter Jacopo Bassano, Bonifacio de' Pitati, Andrea Schiavone und Paolo Veronese, den berühmten Kopf studierten und in ihren Gemälden verwendeten.

Mit Tintoretto und seiner Werkstatt wird eine auffallend große Gruppe von rund 25 Zeichnungen in Verbindung gebracht, die den Kopf meist blattfüllend und in Untersicht zeigen. Ab welchem Zeitpunkt Jacopo selbst einen oder sogar mehrere Gipsabgüsse besaß, ist unklar. Seine ersten Vitellius-Zeichnungen könnte er vor dem Marmor-Original, aber auch vor Abgüssen im Palazzo Gussoni oder in der Sammlung des Paduaner Rechtsgelehrten, Sammlers und Mäzens Marco Mantova Benavides angefertigt haben, den er 1541 kennenlernte.[1]

Als ideale Beleuchtung von Skulpturen bezeichnete Daniele Barbaro eine hohe Lichtquelle. Auf dem gezeigten Blatt scheint „Vitellius" sich ihr beinahe sehnsuchtsvoll zuzuwenden. Der markante Schatten unter dem Oberlid suggeriert eine Iris mit Blick nach oben, gen Himmel. Dabei verlebendigen die auf dem körnigen Papier entstehenden porösen Schattierungen die skulpturale Vorlage zusätzlich. Auffallend im Halsbereich sind die langen parallelen Strichgarben, die nicht der Skulpturoberfläche folgen, sondern dem Lichteinfallswinkel. Wie Daniele Barbaro (und später Giovanni Battista Armenini) fasst Tintoretto Schatten als Abwesenheit von Licht auf – ähnlich den Farben müssen im Schatten auch die Formen quasi „sterben".[2] Im Sinne einer ‚Ethik der Beleuchtung' verweist dieses gleichsam manichäische Chiaroscuro auf einen „Kampf des Lichtes mit dem Schatten" (Lodovico Dolce) und damit auf die Auseinandersetzung zwischen Gut und Böse auch innerhalb der menschlichen Seele: Offenbar wurde in Künstlerzirkeln das Skulpturenstudium bei Kerzenlicht nicht nur als praktische, sondern auch als philosophische Übung verstanden.

Die Zeichnung auf der Rückseite des Blattes ist deutlich schwächer und könnte von Jacopos Tochter Marietta stammen. Vielleicht musste sie sich – zur Übung – die Zeichnung des Vaters auf der Vorderseite einprägen und dann aus dem Gedächtnis reproduzieren.[3]

RK

1
Pallucchini 1950, S. 146; Rossi 1975, S. 46 f.; Hochmann 1996, S. 104; Candida 1967, S. 39–42; Favaretto 1972, S. 84; Bailey 1977, 1980; Favaretto 1990, S. 111; Krischel 1996 a, S. 140–142; Krischel 1996 b, S. 142; Krischel 2007, 117, 119; Favaretto/Menegazzi 2013, S. 93 f. (Nr. 66, Giulio Bodon).

2
Barbaro 1569, S. 176 f.; Hochmann 2015, S. 220 (Anm. 8), 237 (Anm. 74).

3
Siehe Paris 1993, S. 587 (William Roger Rearick).

JACOPO TINTORETTO

„MARS" (STUDIE NACH EINEM WACHSMODELL VON JACOPO SANSOVINO)

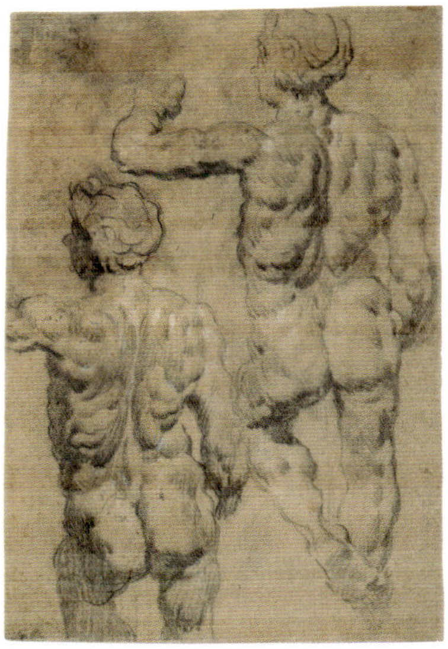

Kat. 32

S. 132

Vor oder um 1551
Schwarze und weiße Kreide auf getöntem Papier, 402 × 266 mm
Lausanne, Fondation Jan Krugier, Inv. FJK 71 (ehem. JK 3870)

PROV.
Slg. Ehepaar Dr. Victor Bloch; Versteigerung London, Sotheby's, 12. 11. 1964, Nr. 114; Privatsammlung Großbritannien

BIBL.
Weihrauch 1967, S. 463 f.; Christie's 1980, S. 44–49; Krischel 1994 c, S. 24–28; Krischel 1996 c, S. 29–35; Berlin 1999, S. 40 f. (Kat. 13, Matthias Weniger); Krischel 2000, S. 100 f.; Rearick 2001, S. 161

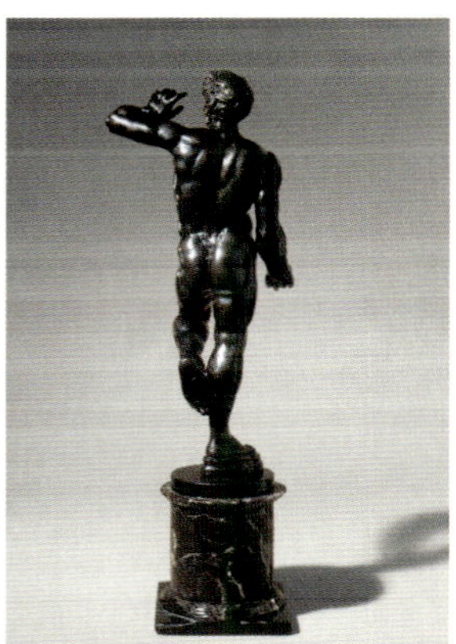

„MARS"
Venedig, 2. Hälfte 16. Jahrhundert
Bronzeguss (massiv) nach einem Modell von Jacopo Sansovino, Höhe: 45,5 cm
Unbekannter Aufbewahrungsort

Die auf Vorder- und Rückseite dieses Blattes jeweils zweimal bei wechselnder Beleuchtung gezeichnete Skulptur eines unbekleideten Mannes studierte Tintoretto auch von vorne (Rotterdam, Museum Boijmans Van Beuningen) und von der rechten Seite (Abb. S. 42). In letztgenanntem Fall taucht daneben die (armlose) Plastik einer ebenfalls nackten Frau auf. Der zwischen den Beinen der männlichen Figur erkennbare hölzerne Stützstab deutet auf einen Bozzetto aus Wachs hin, den Tintoretto quasi als anatomisches Modell benutzt. Systematisch erkundet er hier und auf einem fragmentarisch erhaltenen Blatt (Oxford, Ashmolean Museum) die Rückenmuskulatur und die je nach Beleuchtung wechselnden Ausdruckswerte der Gestalt. Von dem fragilen Modell wurde ein 45,5 cm hoher Bronzeguss gefertigt (Abb.). Jacopo legte seine Zeichnung also fast im Maßstab 1 : 1 an.

Welchem Bildhauer und welchem Projekt ist die Skulptur zuzuordnen? Merkwürdig ist ihre gewagte, weil unausgewogene Ponderation, die von ferne Rodins „Ehernes Zeitalter" vorwegnimmt: Während die linke Körperhälfte von aufstrebenden Motiven beherrscht ist (angewinkeltes Knie, erhobene Hand), wird die rechte Körperhälfte vom Thema der Schwere dominiert (Standbein, herabhängender Arm). Dieselbe, nur spiegelbildliche Asymmetrie kennzeichnet den zwischen 1540 und 1545 entstandenen bekleideten „Merkur", eine der vier Bronzestatuen in den Muschelnischen der Loggetta am Fuße des Campanile von San Marco. Der Architekt und Bildhauer Jacopo Sansovino schuf den grazilen Bau 1537 bis 1546. Einige Bozzetti für die – von ihm jeweils einzeln signierten – Bronzen verschenkte er anschließend. So erwähnt der Verleger Francesco Marcolini in einem Brief an Pietro Aretino vom 15. September 1551 einen „Mars" und eine „Minerva", die Sansovino ihm gegeben habe.

Ein „Mars" wurde in der Loggetta zwar letztlich nicht aufgestellt, man findet ihn aber auf der Zeichnung des Francisco de Holanda von 1540 nach einem frühen Projektentwurf Sansovinos. Den in eine antikische Rüstung gewandeten Kriegsgott sieht man dort links vom Eingang der Loggetta – exakt in der Haltung der von Tintoretto gezeichneten Skulptur. Rechts vom Eingang war bereits „Merkur" vorgesehen. Er blieb dort auch, nahm aber später die Körperhaltung des „Mars" an, die zu diesem Zweck gespiegelt werden musste.

Sansovinos wächserne Aktstudie für den „Mars" (später „Merkur") der Loggetta sah und studierte Tintoretto wohl bei Marcolini, mit dem er seit spätestens 1544 bekannt war. Als „raro e come mio figliolo" (außergewöhnlich und wie mein Sohn) bezeichnete ihn der Verleger gegenüber Aretino – im selben Brief, in dem er auch die Figuren Sansovinos erwähnt: Die Erinnerung an einen abendlichen Besuch Jacopos, bei dem der junge Maler die beiden Bozzetti unter kontrastreichem künstlichem Licht zeichnete, scheint ihm noch präsent gewesen zu sein. Besonders der „Mars" faszinierte Jacopo. Fast scheint es, als wehre er in der hier ausgestellten Zeichnung drohende Wolken ab. In zwei Gemälden taucht er (als musizierender Apoll) wieder auf. Ihre Zuschreibung an Tintoretto selbst und damit auch ihre Datierung sind aber nicht unumstritten.[1]

RK

1
Hadeln 1929; Pallucchini 1950, S. 34 f., 43, 94, 142, 145; Rossi 1975, S. 48 f., 55 und Abb. 6–9; Bury 1980; Pallucchini/Rossi 1982, Bd. 2, Abb. 79, 103; Boucher 1991, Bd. 1, S. 76; Morresi 2000, S. 221. Rezeptur Sansovinos für Bildhauerwachs: Lotto/Zampetti 1969, S. 3.

DANIELE DA VOLTERRA (?)
(NACH MICHELANGELO BUONARROTI)

SAMSON UND ZWEI PHILISTER

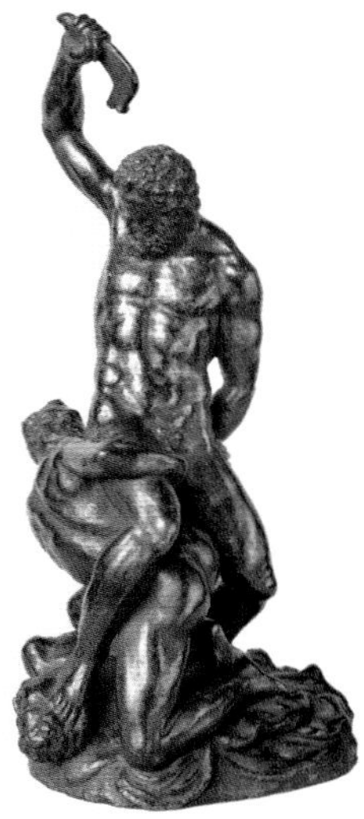

Kat. 33**

☞ S. 133

*Um 1550–1555 (?)
Patinierte Bronze, Höhe: 38,90 cm, Sockel 0,93 cm
Paris, Musée du Louvre, Département des Objets d'art, Legs Thiers, Inv. 106*

PROV.
Eugène Piot; 1864 aus der Sammlung E. Piot durch Charles Mannheim für Adolphe Thiers ersteigert; 1880 zusammen mit der Sammlung Adolphe Thiers vom Louvre erworben

BIBL.
Cat. d'objets d'art, Collection M. Eugène Piot, 25.–30. 4. 1864, Drouot, Salle 5; Thode 1908–1913, Bd. 2, S. 297–298; Brinckmann 1923–1925, Bd. 1, S. 34; Horst 1931; Weinberger 1967, Bd. 1, S. 242, Anm. 18; Schmidt 1996, S. 92–95

Neben Repliken der Skulpturen von den Medici-Gräbern (Kat. 30) zeichnete man in Tintorettos Atelier auch ein verlorenes Modell Michelangelos für einen „Samson mit zwei Philistern". Der engagierte Republikaner hatte es 1528/29 nach der Vertreibung der Medici als Gegenstück zum „David" für die Aufstellung vor dem Palazzo Vecchio in Florenz entworfen. Zur monumentalen Ausführung dieses komplizierten, dreifigurigen Samson-Modells kam es nicht, da die Medici 1530 nach Florenz zurückkehrten. Als Michelangelo 1534 für immer nach Rom zog, nahm er sein Samson-Modell in Erinnerung an das republikanische Florenz mit. Bisher hat man diesen verlorenen plastischen Entwurf, den Vasari in der Vita des Baccio Bandinelli genau beschreibt, primär mit zwei Kleinbronzen im Bargello (Inv. 286 und Inv. 99) in Verbindung gebracht, von denen vor allem erstere in einer großen Anzahl von Repliken und Varianten überliefert ist.[1] Diese Kleinbronze zeigt Samson in weit ausgreifendem Stand auf einem bereits erschlagenen Philister, der in gewundener Pose am Boden liegt. Ein zweiter Philister greift Samson an: Er schiebt sich zwischen seinen Beinen hindurch und packt sie, um ihn zu Fall zu bringen. Samson reagiert mit einem Schlag auf das Haupt des Angreifers. Die dichte Fügung der Gruppe ist beispiellos. Sie übertrifft das Nebeneinander der Laokoon-Gruppe durch ein In- und Übereinander der Figuren, die sich zur züngelnden Figura serpentinata zusammenschließen. Wie von selbst wird der Blick des Betrachters um die Gruppe herumgeführt: Vorbild schlechthin für die manieristische wie die barocke Skulptur. Kein Wunder, dass Tintoretto und viele andere Künstler von dem epochalen Modell fasziniert waren.

In Museen, Kunsthandel und Privatbesitz befinden sich zahlreiche Tintoretto-Studien nach dem „Samson" aus den unterschiedlichsten Blickwinkeln. Meist wird auf graublauem Papier (als Mittelton) die Muskulatur durch schwarze Kreide und weiße Höhungen in Licht und Schatten kraftvoll durchmodelliert. Nahezu alle Blätter, auch das hier ausgestellte, weisen beidseitig solche Zeichnungen auf.[2] Auf der Vorderseite von Kat. 34 betont der Zeichner den angestrengten Angriff des Philisters, auf der Rückseite dagegen sein angstvolles Aufblicken zum ausholenden Samson. Nach welcher Version des Michelangelo-Entwurfes haben Tintoretto und/oder seine Werkstatt hier gezeichnet?

Das Aug-in-Aug der Kontrahenten konnte Tintoretto an den erwähnten Versionen im Bargello nicht beobachten. Es muss ihm vielmehr die hier gezeigte, als Unikat nur im Louvre erhaltene Fassung (Kat. 33) bekannt gewesen sein. Sie stand bisher weder im Fokus der Tintoretto- noch in dem der Michelangelo-Forschung. Wenig wahrscheinlich ist die derzeit geltende Zuschreibung der Kleinbronze an Pierino da Vinci. Zwar soll Michelangelo, Vasari zufolge, dem hochbegabten jungen Bildhauer 1547/48 in Rom Skizzen für den „Samson" gezeigt haben; dessen eigene monumentale Samson-Skulptur für Luca Martini (Florenz, Palazzo Vecchio) verrät aber keine Berührung mit Michelangelos Bozzetto. Auch weisen seine signierten Kleinbronzen einer „Eva/Venus/Pomona" und eines „Bacchus" (Venedig, Ca' d'Oro) ganz anders geglättete Oberflächen auf.[3]

Ein früher Reflex der hier ausgestellten plastischen Samson-Gruppe findet sich aber im Fresko mit dem „Bethlehemitischen Kindermord" (Rom, Trinità dei Monti), das Michelangelos Vertrauter Daniele da Volterra mit Werkstatt um 1552/53–1556 schuf.[4] Dort dient sie als Vorlage für eine Gruppe aus Mutter, Kind und Scherge. Die große Ähnlichkeit dieser Gruppe mit der Louvre-Bronze lässt vermuten, dass Daniele bei der Anfertigung dieser Kleinbronze maßgeblich mitwirkte. Wahrscheinlich diente ein Ton-Bozzetto Michelangelos

JACOPO TINTORETTO (WERKSTATT?)
(NACH DANIELE DA VOLTERRA [?])

SAMSON UND ZWEI PHILISTER

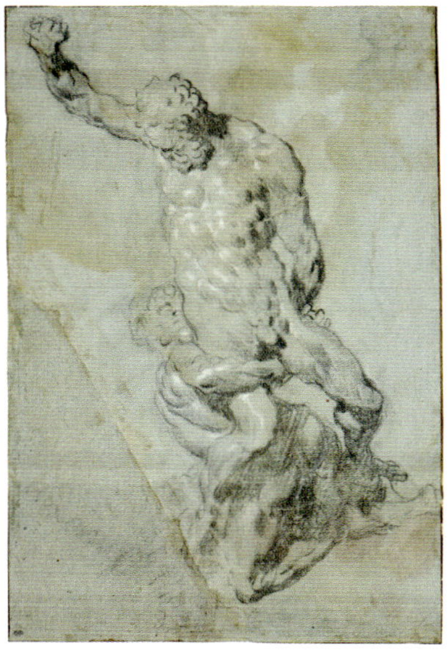

Kat. 34**
☞ S. 133

Um 1550–1555 (?)
Schwarze Kreide, Weißhöhung auf graublauem Papier, 388 × 253 mm
Paris, Musée du Louvre, Département des Arts graphiques, Inv. 5394

PROV.
Filippo Baldinucci; P. Pandolfini; R. und F. Pandolfini; F. Strozzi; vom Louvre erworben 1806

BIBL.
Inventaire Ms. Morel d'Arleux, Nr. 12561-21; Mayer 1923, S. 34; Tietze/Tietze-Conrat 1944, S. 291, Nr. 1741; Rossi 1975, S. 14, 64; Joannides/Goarin/Scheck 2003, S. 293–294, Kat. 184; Pagliano 2005, S. 200–201

als Vorlage. Vergleichbare Kooperationen Danieles mit dem betagten Michelangelo sind vielfach nachweisbar.[5] Ob Tintoretto sich gezielt um die von Daniele verantwortete Samson-Kleinplastik bemühte? Eine entsprechende mündliche Überlieferung könnte Ridolfi auf die Repliken nach den Liegefiguren der Medici-Gräber bezogen haben, die in Jacopos Zeichnungen mehr an Tribolo gemahnen. Als Mittelsmann zwischen Tintoretto und Daniele käme Giovanni della Casa in Frage, der seit 1544 mit Unterbrechungen Nuntius in Venedig war und den Michelangelo-Schüler förderte.

Offenbar zeichnete Tintoretto die im Louvre erhaltene, hier ausgestellte Skulptur nicht direkt, sondern schuf (oder bestellte) Varianten, die sich vom Original nicht unerheblich unterschieden: Man beachte an den beiden Zeichnungen (recto/verso) im Unterschied zur Kleinbronze, wie Samson den unter ihm hindurchkriechenden Philister keineswegs mit beiden Beinen einkeilt; zu groß ist dafür der Anstand zwischen seinen – fast gleich weit nach vorn gerückten – Knien.[6] Den Oberkörper lehnt er so weit zurück, dass er eher auf dem Philister zu sitzen als über ihm aufzuragen scheint. Auch reckt Samson seinen erhobenen Arm in einer Weise über den linken Kontur der Gruppe hinaus, wie dies für das Modell einer aus hochkant stehendem Block zu meißelnden Marmorskulptur undenkbar wäre.

Ein Problem eigener Art stellt die zeitliche Einordnung der Tintoretto-Zeichnungen im Louvre dar: Die intensive Auseinandersetzung Tintorettos mit den Werken Michelangelos in seiner Frühphase führte zu der Annahme, diese Studien könnten seit der Mitte der 1540er Jahre entstanden sein. Im „Sklavenwunder" von 1547/48 (Abb. S. 57) sowie in den verlorenen Fresken der Ca' Gussoni von ca. 1551 (Kat. 29) sind erste, deutliche Reflexe der Skulpturen in der Sagrestia Nuova zu verzeichnen. Andererseits legt die große Anzahl an erhaltenen Samson-Studien nahe, dass nicht nur Tintoretto selbst, sondern auch seine Werkstatt über einen längeren Zeitraum hinweg nach diesem Modell gezeichnet haben könnten.[7] Dabei spielte wohl auch der philosophische und politische Gehalt der Samson-Gruppe eine Rolle.[8]

Eine direkte Übernahme des figürlichen Motivs ist zwar bisher in den Gemälden Jacopos nicht feststellbar gewesen, doch bilden der fast kippende, unfeste Stand des Samson, seine raumgreifenden Gliedmaßen sowie die Affektgeladenheit der Gruppe Konstanten in der Kunst Tintorettos. Besonders gut vergleichbar sind die Figurengruppen in der unteren linken Ecke des Brüsseler *modello* (Kat. 19) und in der unteren rechten Ecke der für Rangone gemalten „Markuswunder" (Mailand, Brera).[9]

CEM

1
Schmidt 1996; Paris 2005, S. 28 und Abb. 30 (Kat. 14, Françoise Viatte).

2
Rossi 1975, passim.

3
Kusch-Arnhold 2008, S. 37–38, 86–91, 200–214, Kat. 14, vgl. Kat. 231–238, Kat. 17 („Eva") und 18 („Bacchus").

4
Joannides 2003, S. 294, Kat. 184.

5
Treves 2001; Echinger-Maurach 2007, S. 159–161; Echinger-Maurach 2008.

6
Aus ähnlichem Blickwinkel gezeichnet sind die Tintoretto bzw. der Werkstatt zugeschriebenen Blätter in (ehem.) Rotterdam, Museum Boijmans Van Beuningen, Inv. I 224 (Verbleib unbekannt), in Oxford, Christ Church, Inv. 0360 (Rossi 1975, Abb. 34, 35) und im Graphischen Kabinett der Uffizien, Inv. 15002 F (Ferri 1903, S. 66).

7
Whitaker 1997, S. 179–184.

8
Krischel 2007, S. 120.

9
Ebd.

JACOPO TINTORETTO

DER KAMPF GEORGS MIT DEM DRACHEN

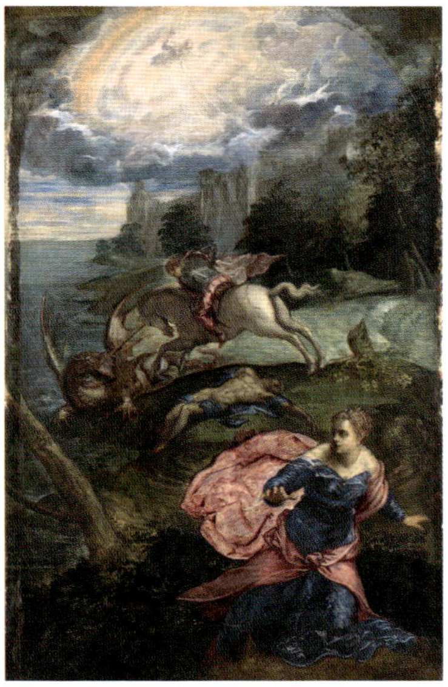

Kat. 35*

☞ S. 134

Um 1553
Öl auf Leinwand, 158,3 × 100,5 cm
London, The National Gallery, Holwell Carr Bequest, 1931, Inv. NG 16

PROV.
Vermutlich von Pietro Correr, Venedig (1648), über Giacomo (1660) und Antonio an Vettore Correr; um 1762: „Monsieur Dublin“ (?); 1764 verkauft in London bei Prestage's; vor 1815: Richard Westall (?); spätestens ab 1821: Reverend W. Holwell Carr; als dessen Legat 1831 an die National Gallery, London

BIBL.
Ridolfi/Hadeln 1924, S. 54; Boschini/Pallucchini 1966, S. 329 f. (362 f.); Coletti 1943, S. 17; Pallucchini 1950, S. 153; Sartre 1966; De Vecchi 1978, S. 100, Nr. 127; Plesters 1979, S. 3–11; Plesters 1980, S. 32–36; Sartre 1981 b; Pallucchini/Rossi 1982, Bd. 1, S. 53, 175 (Nr. 206); Emmrich 1988, S. 79–81; Krischel 1994 c, S. 19–22; Krischel 1996 c, S. 22–25; Krischel 2000, S. 97, 99; Hollander 2002, S. 50 f.; Krischel 2007, S. 121–123; Dunkerton 2007 a; Dunkerton 2007 b, S. 144–147; Madrid 2007, S. 270–274 (Kat. 26, R. Echols/F. Ilchman); Penny 2008, S. 142–153; Weddigen 2009, S. 156; Borean 2009, S. 206 f.; Echols/Ilchman 2009, S. 122 (Nr. 62); Cassegrain 2010, S. 155 f., 164 f.; Rom 2012, S. 86–89 (Kat. 5, Margaret Binotto); Grosso 2013, S. 103; Ilchman 2014, S. 235–237; Hochmann 2015, S. 86 f., 89, 116, 125, 204

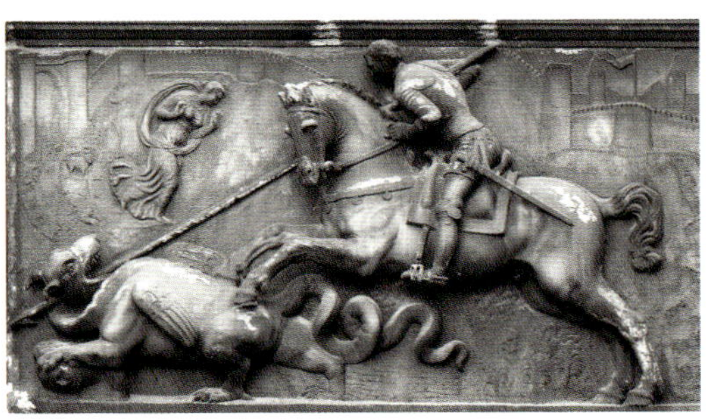

PIETRO DA SALÒ
DER KAMPF GEORGS MIT DEM DRACHEN
1551/52, Fassadenrelief Scuola di San Giorgio degli Schiavoni, Venedig

Fein gewebte Leinwand, kostbare Pigmente (darunter Ultramarin), sorgfältigste zeichnerische Planung und miniaturhafte malerische Ausführung machen dieses Gemälde zur Preziose. Vermutlich diente es als Altarbild in der Privatkapelle eines venezianischen Adelspalastes. Religiöse Andacht und Kunstgenuss dürften bei seiner Betrachtung Hand in Hand gegangen sein – ähnlich wie beim Gebrauch illuminierter Stundenbücher.

Zur Entstehungszeit des Bildes kamen Zweifel an der hier dargestellten Heiligenlegende auf[1]; dem trägt Tintoretto in doppelter Weise Rechnung: So lässt er zum einen (in verblüffend naturalistischer Aureole) Gottvater selbst als die entscheidende Macht auftreten. Zum anderen bricht er die Kraft des Ritterheiligen, indem er ihn optisch von seiner Waffe trennt: Entgegen Turniergepflogenheiten führt Georg die Lanze auf der rechten Seite, parallel zum Pferd, so dass sie großenteils unsichtbar wird. Jean-Paul Sartre hat das bemerkt und kommentiert.[2] Zu Recht vermutet er, Jacopo wolle sich von der berühmten älteren Darstellung des Drachenkampfes durch Carpaccio (Venedig, Scuola di San Giorgio degli Schiavoni) absetzen. Diese Emanzipation gelingt Tintoretto mit Hilfe eines moderneren Kunstwerkes – und eines anderen Mediums: Als Inspirationsquelle diente ihm ein 1551/52 entstandenes Fassadenrelief des Sansovino-Schülers Pietro da Salò (Abb.). Im Vergleich zu dieser Vorlage kürzt Jacopo das hintere Ende der Waffe und senkt den Kopf des Pferdes. Dadurch scheint bei ihm nicht der Ritter zuzustoßen, sondern dessen Pferd – und zwar als Einhorn! Das Einhorn galt als wichtiges Christussymbol; Tintoretto unterstreicht mit seinem Vexierbild also die Bedeutung von Glaubensstärke und Gottvertrauen für den Sieg über das Böse.

Vor dem Hintergrund des Wettstreits zwischen Malerei und Skulptur (Paragone) fällt die sehr plastische Modellierung der Leiche auf, für die sich eine separate Vorzeichnung (Paris, Louvre) erhalten hat. Technologische Untersuchungen belegen, dass zunächst ein Drachenopfer mit anderer Körperhaltung im Vordergrund links platziert war – eine Figur, die man aus Jacopos „Christus und die Ehebrecherin“ (Dresden, Gemäldegalerie) kennt. Durch Verlagerung des Toten in die mittlere Bildtiefe schuf Jacopo eine Verbindung zwischen Kampfszene und Prinzessin. Zugleich aber potenzierte er den Paragone: Denn gewisse Betrachter dürften angesichts der Körperhaltung dieser Leiche an den „Gefallenen Galater“, eine römische Marmorskulptur aus der Sammlung Grimani (jetzt: Venedig, Museo Archeologico), gedacht haben. Insofern treten auch hier (wie in Kat. 28) antike und moderne Skulptur in einen Wettstreit.

Ob das Versteckspiel mit der Lanze und die Anspielungen auf den Paragone die Aufmerksamkeit des Betrachters schärfen und ihn zu einer verborgenen Sinnschicht des Gemäldes hinführen sollten? In der Forschung bislang undiskutiert blieben bestimmte seltsame Details: der gefällte, an den Wurzeln aber frisch ausschlagende Baum (Hiob 14,7–9), der nach der Prinzessin ausgestreckte Arm des Toten und die Kleidung der Dame selbst. Blau und Rot sind die Gewandfarben des venezianischen Stadtheiligen Markus: Sollte die Prinzessin zugleich eine Venezia darstellen? Vor dem Hintergrund des von Jacopo aufmerksam verfolgten Ringens um Reform und Reformation, Heiligenkult und Rechtfertigung scheint es, als wohne sie, quasi als Siegespreis, einem lebensgefährlichen, aber (noch) nicht hoffnungslosen Glaubens-Kampf bei …

RK

1
Penny 2008, S. 148.
2
Sartre 1966, S. 40 f., 49 f.

TINTORETTO UND SEIN DOUBLE

EIN AUFSATZ des amerikanischen Kunsthistorikers Robert Echols erschütterte 1995 die Tintoretto-Forschung. Der Autor strich zahlreiche Werke aus dem Œuvre des jungen Tintoretto und ordnete sie einem fast unbekannten, aus der Nähe von Bergamo stammenden Maler zu: Giovanni Galizzi. Zwei signierte Altarbilder dieses Malers von 1543 und 1547 (Kat. 37) stehen dem jungen Tintoretto in der Tat stilistisch nahe. Heute ist die wissenschaftliche Diskussion um das Genie Tintoretto und den Handwerker Giovanni Galizzi noch immer nicht abgeschlossen, befindet sich der ‚Umbau' von Jacopos Frühwerk weiter im Gange. Wir vermuten, dass der Teenager Tintoretto den vielleicht etwas älteren Galizzi in der Großwerkstatt von Bonifacio de' Pitati kennen lernte. Dort könnten beide zusammen an religiösen Bildern gearbeitet haben. Um 1544, als der mittlerweile selbständige Tintoretto seine Produktion ausweitete, gründete er wohl eine Geschäftspartnerschaft mit Galizzi. Leider fehlen dazu jegliche Archivalien. Womöglich teilte man sich Jacopos Atelier im Sprengel von San Cassan. Nach seinem Umzug in die Nähe der Kirche Madonna dell'Orto kooperierte Tintoretto zunächst weiterhin mit Galizzi. Erst um 1554 trennten sich ihre Wege und Jacopo warb andere (manchmal aus den Niederlanden stammende) Assistenten an. Offenbar startete Galizzi in eigener Werkstatt eine Produktion von Tintoretto-Plagiaten. Ob dies Grund oder Folge der Trennung war, bleibt unklar. Wie schwierig die Grenzziehung zwischen den Werken beider Maler ist, zeigen hier mehrere Madonnendarstellungen. Auch in anderen Kapiteln der Ausstellung findet man Galizzis Spuren. Teils arbeitete er nach Zeichnungen Tintorettos, teils malten beide am selben Bild. Manchmal ließ Jacopo eigene, unfertige Gemälde später durch Galizzi vollenden. In anderen Fällen verwendete Giovanni Pausen, die er vielleicht sogar heimlich von Tintorettos Kompositionen gemacht hatte.

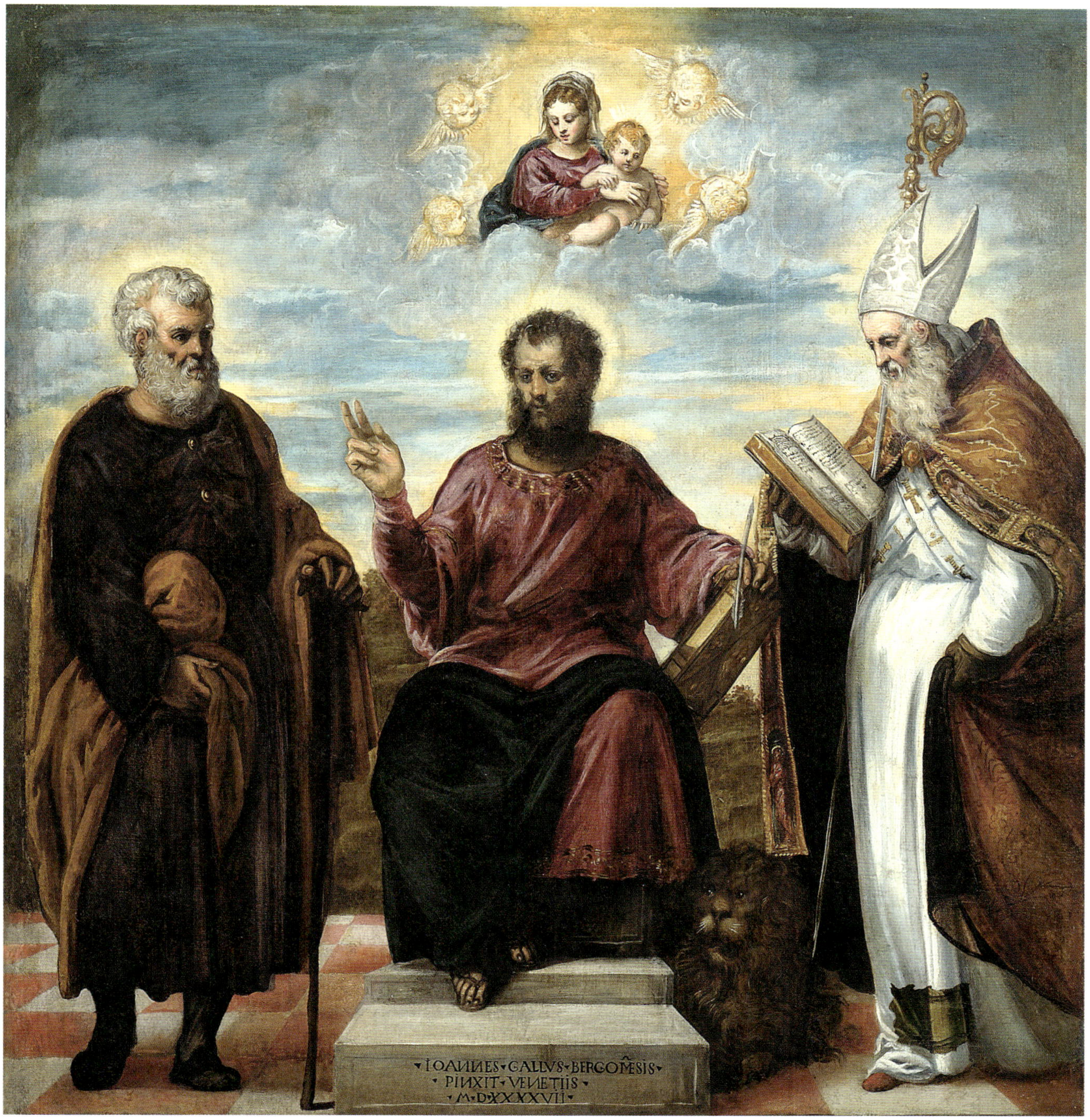

Kat. 37

GIOVANNI GALIZZI
DER HL. MARKUS
THRONEND ZWISCHEN
DEN HLL. JAKOBUS
UND PATRICK

1547
Vertova, Museum von
Santa Maria Assunta

☞ S. 154

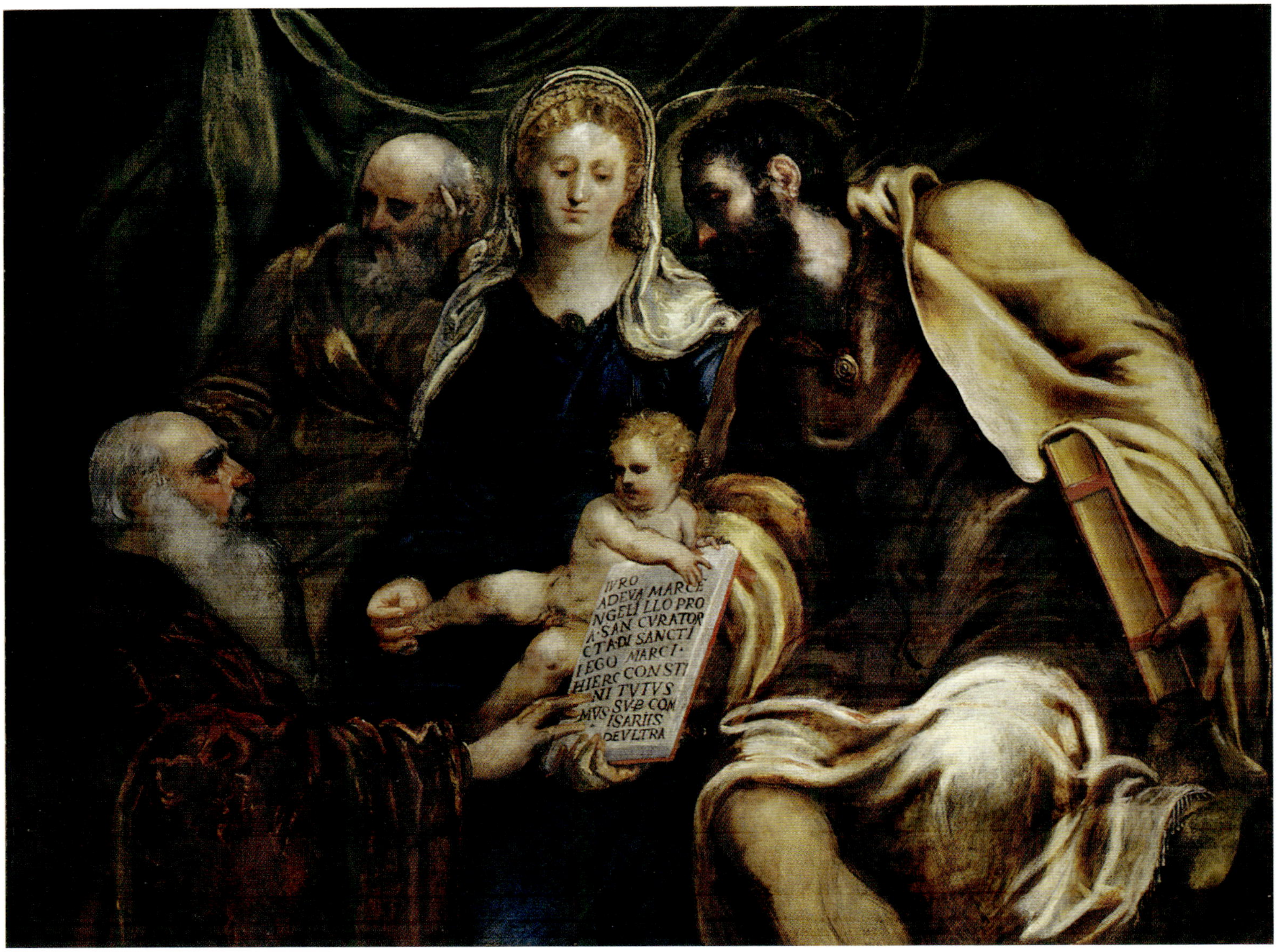

Kat. 36

JACOPO TINTORETTO
UND WERKSTATT
SACRA
CONVERSAZIONE
MARCELLO

Um 1547 (?)
Privatsammlung

☞ S. 153

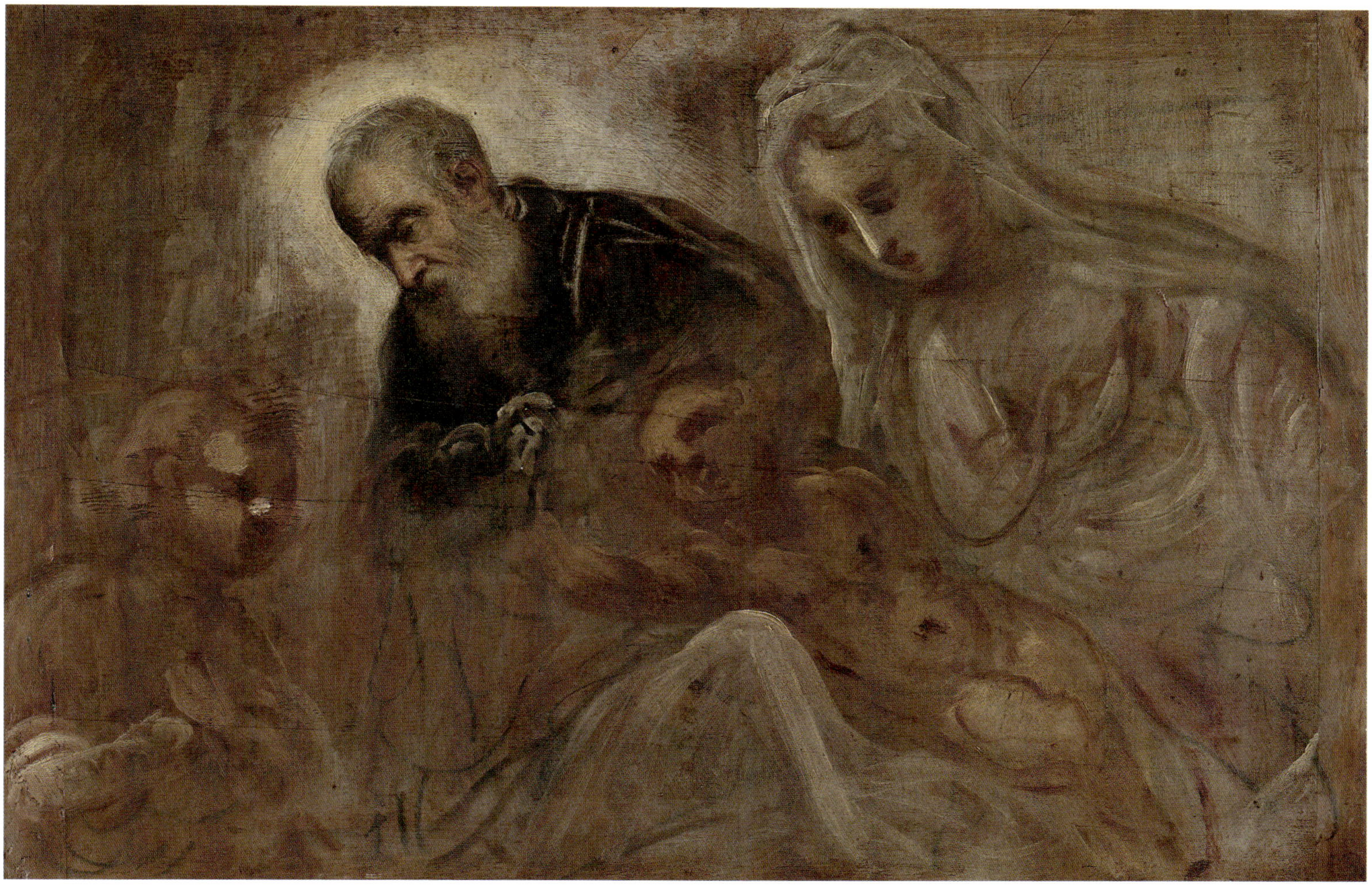

Kat. 38

JACOPO TINTORETTO
DIE HEILIGE FAMILIE MIT DEM JOHANNESKNABEN

Um 1550
New Haven, Yale University Art Gallery

☞ S. 155

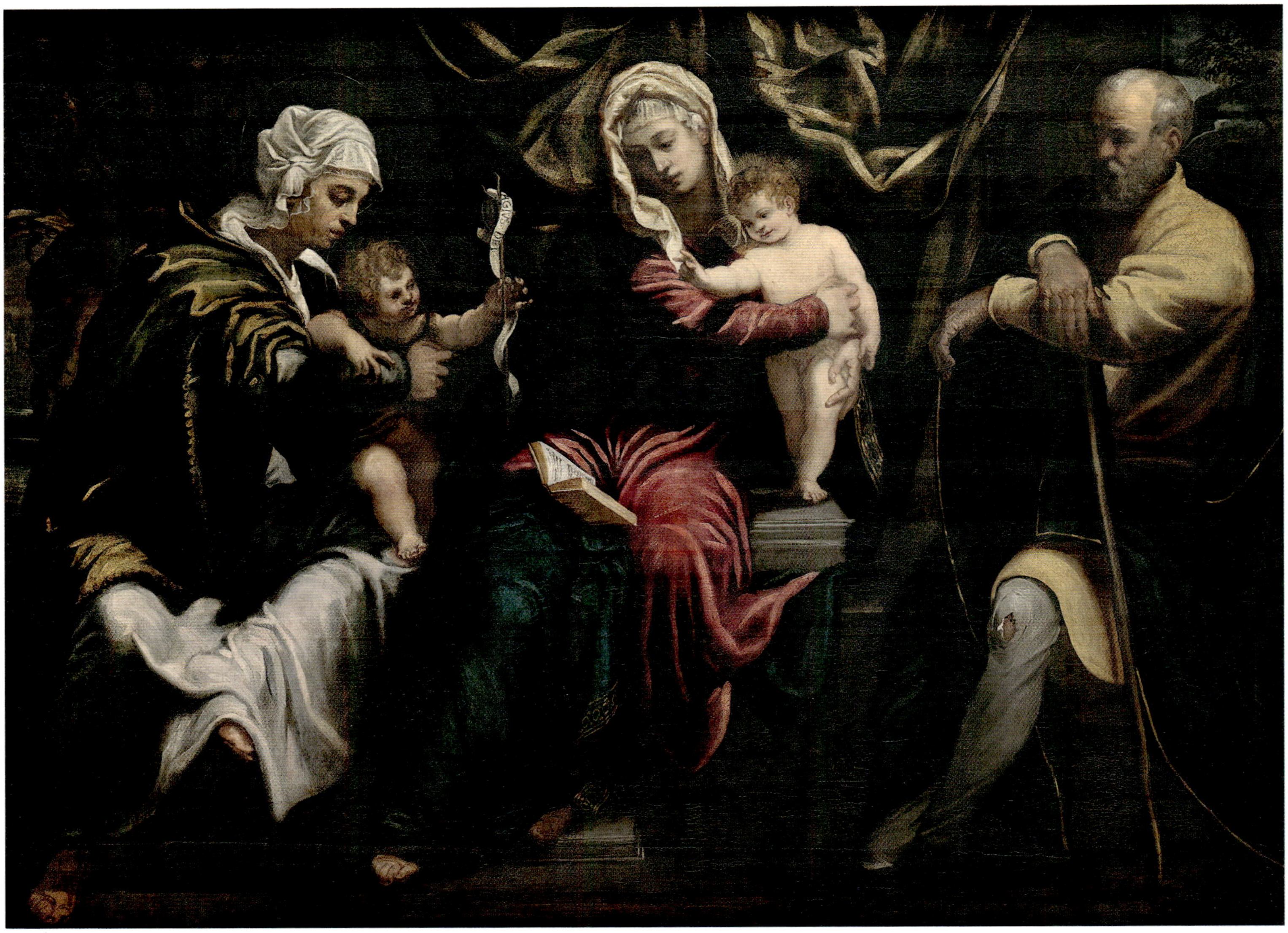

Kat. 41

JACOPO TINTORETTO UND WERKSTATT (GIOVANNI GALIZZI)
DIE HEILIGE FAMILIE MIT DER HL. ELISABETH UND DEM JOHANNESKNABEN

Um 1543 und um 1550–1555
Köln, Wallraf-Richartz-Museum & Fondation Corboud

☞ S. 158

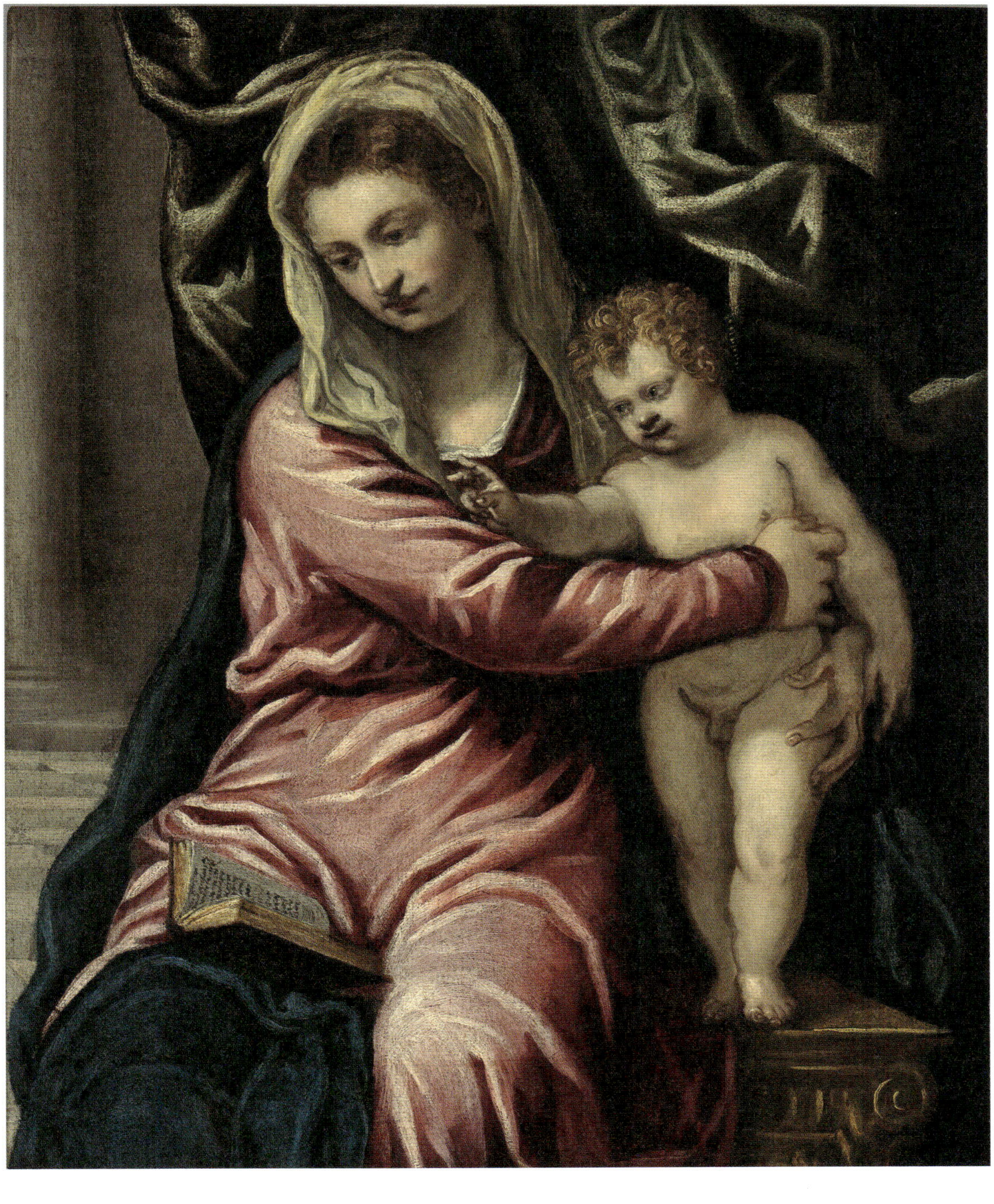

Kat. 42

TINTORETTO-WERKSTATT
(GIOVANNI GALIZZI?)
MADONNA MIT KIND

Um 1550–1555
Rotterdam, Museum Boijmans Van Beuningen

☞ S. 159

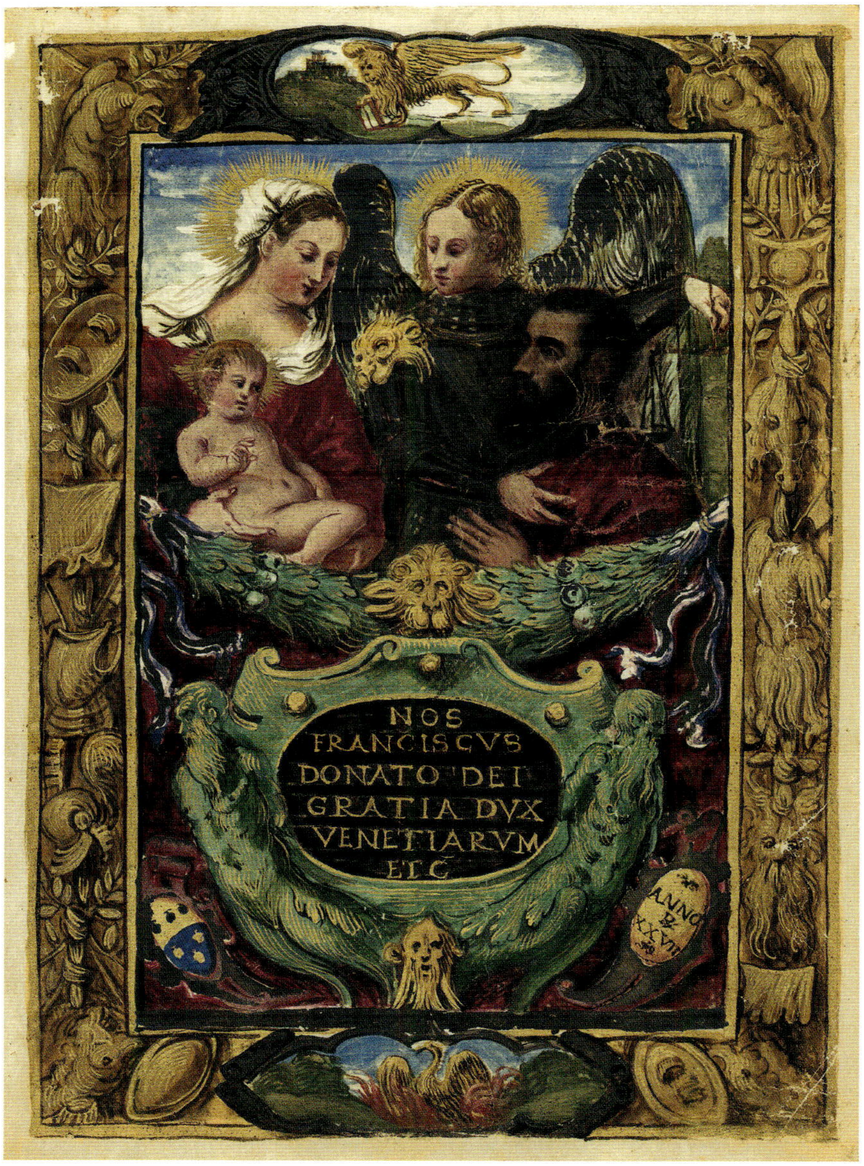

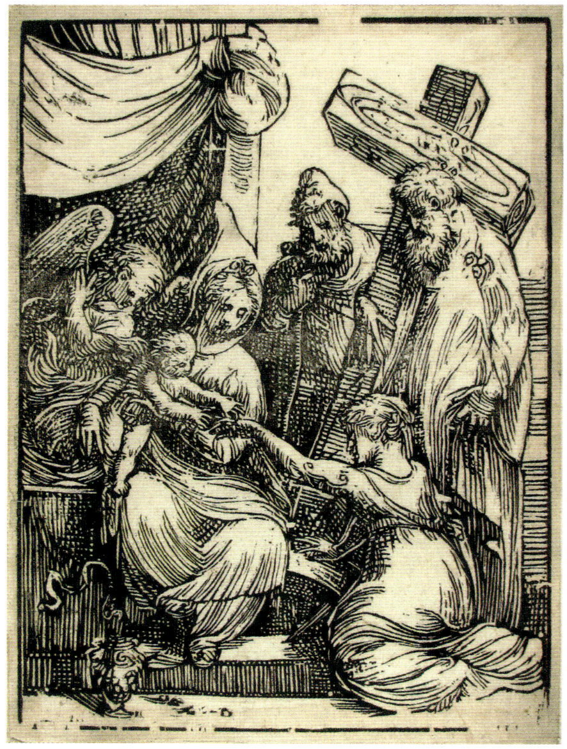

Kat. 39

TINTORETTO-WERKSTATT
(GIOVANNI GALIZZI)
ERNENNUNGSURKUNDE
FÜR MICHELE MEMMO ALS
GOUVERNEUR VON CITTADELLA

1551
Hamburger Kunsthalle, Kupferstichkabinett

☞ S. 156

Kat. 40*

ANDREA SCHIAVONE
MYSTISCHE VERMÄHLUNG
DER HL. KATHARINA

Um 1550
Köln, Wallraf-Richartz-Museum & Fondation Corboud, Graphische Sammlung

☞ S. 157

JACOPO TINTORETTO UND WERKSTATT

SACRA CONVERSAZIONE MARCELLO

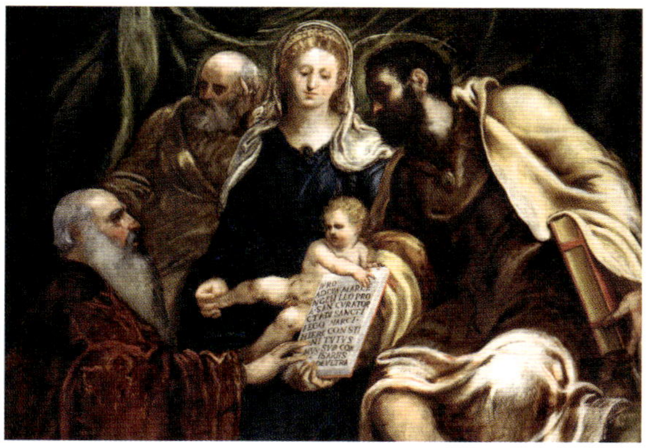

Kat. 36

☞ S. 148

Um 1547 (?)
Öl auf Leinwand, 148 × 193 cm
Privatsammlung
Inschrift linke Seite: IVRO/AD EVA/NGELI/A· SAN/CTA· DE/I EGO/HIERO/NI/MUS/· Rechte Seite: MARCE/LLO PRO/CURATOR/SANCTI/MARCI·/CONSTI/TVTVS/SUP[ER] COM/ISARIIS/DE VLTRA

PROV.
Englische Privatsammlung; Böhler, München; Luzern, Kunsthandel A.G. (Fritz Steinmeyer); Privatsammlung; Mailand, Galleria Bosoni

BIBL.
Bercken 1942, S. 114 (Nr. 181); Pallucchini 1950, S. 71 f., 115; De Vecchi 1978, S. 85 (Nr. 3); Pallucchini/Rossi 1982, Bd. 1, S. 14, 131 f. (Nr. 6); Pilo 1994, S. 116; Salvadori Rizzi 1994, S. 129 f.; Rearick 1995, S. 56; Mancini 2003, S. 184–186; Madrid 2007, S. 100 (Miguel Falomir), 182 (Robert Echols); Dal Pozzolo 2008, S. 174; Echols/Ilchman 2009, S. 120 (Nr. 1); Hochmann 2017, S. 9, 11; Rossi 2017, S. 19, 21

Das Gemälde wurde Tintoretto erstmals 1942 von Erich von der Bercken zugeschrieben, der es in die erste Hälfte der 1550er Jahre datierte. Pallucchini hingegen betrachtete es als eines der frühesten Werke Jacopos. Er sah einen Zusammenhang mit der Wahl des Girolamo Marcello zum Prokurator *de Ultra* von San Marco im Juni 1537 (nach Zahlung einer Summe von 15 000 Dukaten) und vermutete eine Entstehung des Bildes kurz danach. Tatsächlich steht diese Amtsweihe im Zentrum der Darstellung: Der Prokurator kniet vor der Jungfrau mit Kind und dem hl. Markus und legt den Eid auf das Evangelium ab. Diese Ikonographie stammt aus den Miniaturen, mit denen die *promissioni* geschmückt waren, jene Dokumente, in denen die Pflichten der venezianischen Beamten aufgeschrieben wurden. Wie im Fall von Kat. 9 hat man auch hier einen starken Einfluss Pordenones auf den jungen Tintoretto erkennen wollen, namentlich in der raumgreifenden Figur des hl. Markus mit seiner dynamischen und instabilen Körperhaltung. Die sehr frühe Datierung Pallucchinis wurde in der Folge allgemein akzeptiert, und noch Echols/Ilchman führen das Werk als Nr. 1 ihres revidierten Werkverzeichnisses.

2015 hat Paola Rossi auf dem Kongress zu Tintorettos Jugendwerk den Girolamo Marcello neu beleuchtet und dabei die frühe Datierung bekräftigt, während ich für mein Teil Zweifel daran geäußert habe. Paola Rossi selbst hatte das Werk mit jener Miniatur verglichen, die Girolamos *promissione* schmückt (Abb.). Darauf erscheint Girolamo jedoch nicht nur „etwas jünger" als in dem Tintoretto zugeschriebenen Gemälde (wie Paola Rossi schreibt); vielmehr dürfte er sogar rund ein Jahrzehnt jünger dargestellt sein: Sein Bart ist erst leicht ergraut und kürzer, das Gesicht voller. Zwar verwendet – wie Mirella Levi d'Ancona bemerkte – der Miniaturist eine Standardkomposition, wie man sie in der *promissione* des Girolamo Bragadin (Venedig, Biblioteca Marciana) findet, aber die Gesichter der beiden Prokuratoren tragen durchaus individuelle Züge.[1] Das offensichtliche Alter des Girolamo Marcello im Manuskript des Musée Marmottan stimmt im Übrigen viel eher mit seinem Alter um die sechzig Jahre zum Zeitpunkt der Wahl überein (wenn man der Genealogie des Barbaro glaubt, muss er etwa 1476 geboren sein). Demgegenüber erscheint er in dem Tintoretto zugeschriebenen Werk als Greis, was uns zu der Annahme führt, dass es etwa ein Jahrzehnt später entstanden sein muss. Wie steht es in diesem Fall aber mit der Zuschreibung an Tintoretto? Zwar könnte der hl. Markus, die gelungenste Figur, tatsächlich von Jacopo Ende der 1540er Jahre gemalt worden sein (er erinnert viel stärker an den Stil des „Abendmahls" in San Marcuola als an den der „Sacra Conversazione Molin" – Abb. S. 20), aber der Rest überzeugt weniger: Der Komposition mangelt es an Zusammenhalt; auch erscheinen der hl. Hieronymus im Hintergrund wie auch das Jesuskind wenig gelungen – was freilich am Erhaltungszustand liegen mag. Die Jungfrau Maria erinnert mit ihren um den Kopf gelegten Zöpfen eher an die Frauenfiguren aus Tintorettos Anfangsjahren (zum Beispiel die Gottesmutter in der „Sacra Conversazione Molin" oder bestimmte Figuren in den Pisani-Deckenbildern). Man darf daher wohl von einer Werkstattarbeit der späten 1540er Jahre ausgehen, bei der vielleicht Tintoretto selbst bei der Figur des hl. Markus und beim Porträt des Auftraggebers Hand angelegt hat.

MH

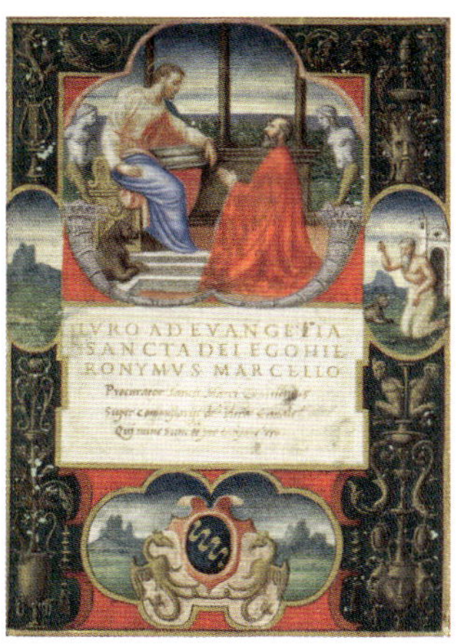

VENEDIG, 1537

Promissione des Girolamo Marcello als Procuratore de Ultra, Gouache auf Pergament, 21,5 × 15,3 cm, Paris, Musée Marmottan Monet, Inv. M 6068

1 Levi d'Ancona 1956, S. 36, Abb. 27.

GIOVANNI GALIZZI

DER HL. MARKUS THRONEND ZWISCHEN DEN HLL. JAKOBUS UND PATRICK

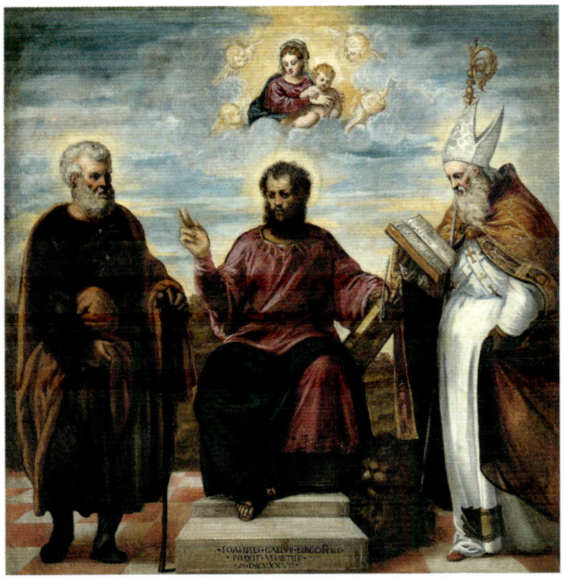

Kat. 37

☞ S. 147

1547
Öl auf Leinwand, 140 × 140 cm
Vertova, Museum von Santa Maria Assunta
Inschrift: · IOANNES · GALLVS · BERGOME[N]SIS · / · PINXIT · VENETIIS · / · M·D·XXXXVII ·

BIBL.
Ludwig 1903, S. 8; Heinemann 1962, Bd. 1, S. 160 (Nr. 470 bis); Della Chiesa/Baccheschi 1976, S. 3 f.; Echols 1995, S. 74–77, 100; Cottrell 2001, S. 258 und Abb. 6.11; Guida Conte 2014, S. 146, 149, 155 f.; Hochmann 2017, S. 11, 14–16.

Seit Robert Echols vorschlug, eine Reihe dem jungen Jacopo zugeschriebener Werke Giovanni Galizzi zu geben, steht dieser wenig bekannte Künstler im Zentrum einer Kontroverse um Tintorettos Werkverzeichnis. Man weiß wenig über ihn: Aus Santa Croce in der Nähe von Bergamo gebürtig, ließ er sich in Venedig nieder, wo er sich kurz nach 1530 in die Malergilde einschrieb. Er war lange im Sprengel San Lio ansässig, investierte ab den 1550er Jahren sein Geld in mehrere Handelsunternehmungen *(compagnie di mercanzie)* und starb im Jahr 1565. Zwei signierte Werke sind von ihm bekannt: das Polyptychon für Santa Maria Nascente sul monte in Sombreno von 1543, dessen Fragmente sich heute in der Accademia Carrara in Bergamo, der Sammlung Agliardi ebenda und der Kirche von Sombreno befinden, und die hier gezeigte Pala (Altarbild) von Vertova aus dem Jahr 1547.

Wie bereits Roberto Longhi erkannte, lassen diese Retabel auf eine enge Verbindung zu Tintoretto schließen, mit dem Giovanni zweifellos schon sehr früh zusammenarbeitete. Dies könnte der Grund dafür sein, dass die einzigen erhaltenen signierten Werke für die Gegend um Bergamo bestimmt waren: Es ist zu vermuten, dass Tintoretto ihm die Möglichkeit gab, außerhalb Venedigs unter seinem eigenen Namen zu arbeiten (ähnlich verhält es sich mit einigen Mitarbeitern von Tizian). Jedenfalls weist die Pala von Vertova offensichtliche Gemeinsamkeiten mit Werken auf, die dem jungen Jacopo zugeschrieben wurden. Zugleich zeigt sie die Qualitäten Galizzis, der – anders als oft behauptet (selbst Robert Echols bezeichnet ihn als „a painter with little talent“) – kein mittelmäßiger Künstler war. Zwar erscheinen die Komposition simpel, die Haltung der Figuren ungeschickt und der hl. Markus im Verhältnis zu den beiden ihn rahmenden Heiligen etwas zu klein geraten, aber die Ausführung im Einzelnen ist brillant mit ihren kleinen Impasti und dem vibrierenden Pinselstrich, mit dem vor allem das Inkarnat und die Lichtreflexe auf den Stoffen gestaltet wurden.

Giovanni hat die Vorliebe für eine freie und rasche Malweise, die sich seinerzeit in Venedig ausbreitete, perfekt assimiliert: Besonders der hl. Patrick fällt auf mit seinen in die frische Farbe geritzten Gesichtsfalten, den weißen Strähnen von Bart und Haupthaar und den blitzartigen Höhungen auf der Cappa.

Bei aufmerksamer Betrachtung des Werkes kann man Echols’ Hypothesen nachvollziehen, auch wenn die Liste seiner Zuschreibungen nicht völlig kohärent scheint. Ja, man fragt sich, ob nicht sogar noch weitere, nach wie vor dem Tintoretto zugeschriebene Werke eigentlich ebenfalls Galizzi gegeben werden sollten. Dies gilt insbesondere für die „Sacra Conversazione“ in Köln (Kat. 41), die Krischel ihm hier denn auch zuschreibt: Man vergleiche etwa den Kölner hl. Joseph mit dem hl. Jakobus von Vertova. Möglicherweise gilt es aber auch für das „Midasurteil“ in Hartford, das gemeinhin als entscheidende Etappe in Tintorettos Jugendwerk gesehen und meist – ohne triftigen Grund – mit dem 1544/45 ausgeführten Deckengemälde für Aretino identifiziert wird. Meines Erachtens sprechen die offensichtlichen stilistischen Bezüge zwischen diesem Werk und der Pala in Vertova (vgl. das Gesicht der Athene mit dem der Madonna) dafür, es ebenfalls Galizzi zuzuschreiben. Auch wenn in dieser Frage das letzte Wort noch längst nicht gesprochen ist, haben Echols’ Ideen unser Bild vom jungen Tintoretto also erheblich verändert.

MH

JACOPO TINTORETTO

DIE HEILIGE FAMILIE MIT DEM JOHANNESKNABEN

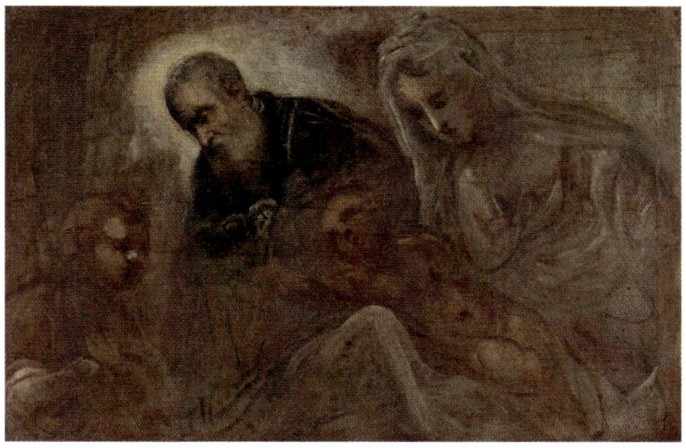

Kat. 38

S. 149

Um 1550
Öl auf Nussbaumholz,
45,5 × 69 cm
New Haven, Yale University Art Gallery, Maitland F. Griggs, B.A. 1896, Fund and Leonard C. Hanna, Jr., Class of 1913, Fund, and courtesy of Marco Grassi, Inv. 2015.138.1

PROV.
Privatsammlung, Bergamo (1982); Grassi Studio, New York (2015)

BIBL.
Pallucchini/Rossi 1982, Bd. 1, S. 158 (Nr. 135); Krischel 1991, S. 106 f. (Anm. 35); Maastricht 2015, S. 56–59 (Kat. 7, Mauro Lucco); Hochmann 2015, S. 88; Krischel 2017 b

Infrarotreflektogramm des Gemäldes

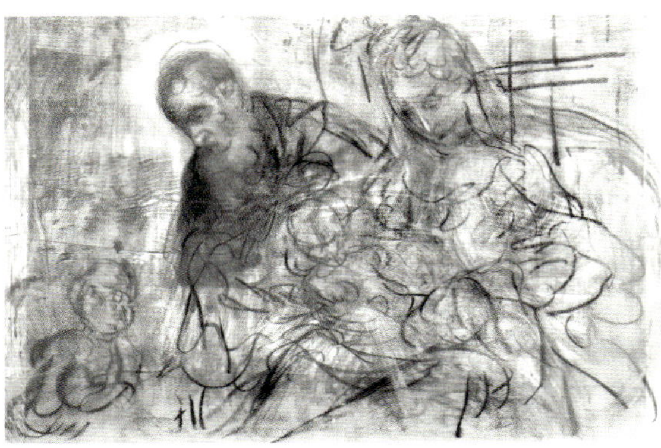

Wie stark in Venedig nicht nur die tägliche Fortbewegung, sondern auch der Malakt vom Gleiten und Fließen bestimmt sein konnte, belegt dieses Werk. Was zunächst wie ein unvollendetes Gemälde aussieht, entpuppt sich bei genauer Analyse als eine der ältesten erhaltenen Ölskizzen. Den hölzernen Malgrund, ein zusammengestückeltes, verwölbtes und durch Kratzer verletztes Brett, scheint Jacopo bei einem Möbelmacher geschenkt bekommen zu haben. Als Bildträger für ein anspruchsvolles religiöses Gemälde ist diese Tafel ungeeignet. Tintoretto nutzt sie, um auf dem harten, glatten Holzgrund rasch und reibungslos, so flüssig und so transparent wie möglich skizzieren zu können: ein auf Peter Paul Rubens vorausweisendes Präsentations- und Schaustück fluider Ästhetik, das dem potenziellen Auftraggeber nicht nur eine Idee von der Komposition geben, sondern ihn auch verblüffen und beeindrucken sollte.

Man möchte diese Tafel als ein prozessuales Werk bezeichnen, denn die Bildgewinnung selbst ist hier das Thema. Mit dem bis in die ergrauten Wimpern extrem fein ausgearbeiteten, wie durch eine Aureole hervorgehobenen Josephskopf (vielleicht ein Porträt des erhofften Auftraggebers) taucht aus dem Strudel der Malerei zugleich auch das mimetische Können des Künstlers auf, enthüllt sich sein Ingenium. Künstlerischer Exhibitionismus komplementiert den Voyeurismus des frühen Kennertums – exemplarisch belegt in den Briefen Pietro Aretinos, etwa an den jungen Tintoretto.

Die von Jacopo auf performative Weise thematisierte *Bild*werdung entspricht hier (im Sinne von Joh 1,14) der *Fleisch*werdung des Wortes. Epiphanie gerät zur Enthüllung und Offenbarung der Malkunst selbst. Im Infrarotreflektogramm (Abb.) wird denn auch erkennbar, dass Jacopos blitzschnelle Unterzeichnung eine elegant erhobene linke Hand Mariens vorsah: Offenbar sollte sie ein schleierartiges Tuch beiseite ziehen und dadurch das Christuskind enthüllen – ein symbolträchtiger Gestus, den Tintoretto vielleicht den Madonnen seines Kollegen Polidoro da Lanciano abgeschaut hatte.[1]

Was man sonst nur als Untermalung *(abbozzo)* kannte, lässt Tintoretto hier unbedeckt von weiteren Malschichten stehen – und trägt damit zur Genese einer neuen Bildgattung bei. Nicht zufällig wird ungefähr zur Entstehungszeit dieses Werkes der Begriff *schizzo* erstmals greifbar: als Terminus technicus *venezianischer* Maler und durch den 1548 in *Venedig* gedruckten *Dialogo di Pittura* des Paolo Pino![2] Gemeint ist eine nicht nur konturierende, sondern auch bereits plastische, farblich wohl (wie hier) stark reduzierte Durchformung der Bildgegenstände in Hell und Dunkel. Die – von Tintoretto später künstlerisch beratene – griechische Gemeinde Venedigs und vor allem die äußerst flink, bei Bedarf sogar fünf Bilder pro Tag und Künstler[3] produzierenden kretischen Madonnenmaler könnten an dieser Begriffsbildung Anteil gehabt haben: *skiazein* (verschatten) nennt der älteste erhaltene, von Ulrich Fugger zwischen 1550 und 1570 in Padua oder Venedig erworbene Text zur byzantinischen Maltechnik die Phase vor Auftrag der Farben.[4] Und von demselben Wort leitete schon Carolus Tuinman den Begriff ‚Skizze' ab![5]

RK

1
Vgl. Mancini 2001, Abb. 25, 35, 39, 41, 42, 43, 54, 69, 74 und (für die Handhaltung selbst) Tafel XII.

2
Pino/Barocchi 1960, S. 114. Vgl. auch Grassi/Pepe 1978, Bd. 2, S. 510 f. (sub voce „Schizzo, Schizzi").

3
Hochmann 2015, S. 39.

4
Parpulov/Dolgikh/Cowe 2010, S. 202 (mit fragwürdiger Deutung, S. 215).

5
Tuinman 1722, S. 501 (sub voce „schets").

TINTORETTO-WERKSTATT (GIOVANNI GALIZZI)

ERNENNUNGSURKUNDE FÜR MICHELE MEMMO ALS GOUVERNEUR VON CITTADELLA

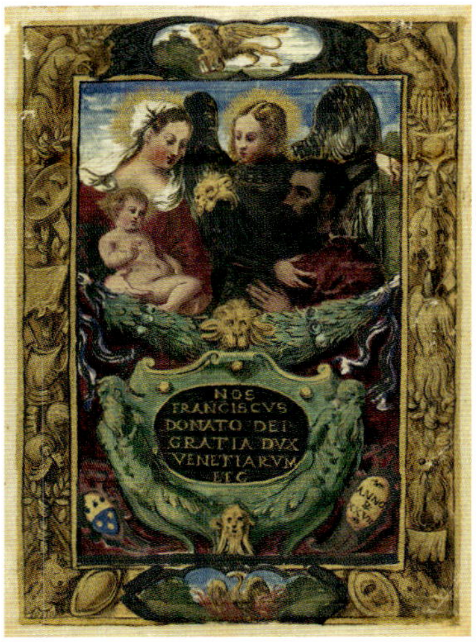

Kat. 39

S. 152

1551
Gouache, mit Malgold und Silbertusche auf Pergament,
235 × 170 mm (Blatt)
Inschrift: NOS / FRANCISCVS / DONATO DEI / GRATIA DVX / VENETIARVM / ETC
Unten rechts: ANNO R[?] XXVII
Hamburger Kunsthalle, Kupferstichkabinett, Inv. 21591

PROV.
Georg Ernst Harzen, Hamburg; Legat Harzen 1863 an die „Städtische Gallerie" Hamburg; 1868 der Stadt übereignet für die 1869 eröffnete Kunsthalle

BIBL.
Unveröffentlicht (vgl. aber den ausführlichen Eintrag von David Klemm in der Datenbank der Hamburger Kunsthalle, http://www.hamburger-kunsthalle.de/sammlung-online)

Zahllose Gouverneursämter hatte die Serenissima mit ihren weitreichenden Besitzungen zu vergeben. Da die Amtszeiten der Patrizier auf zwölf bis 36 Monate begrenzt waren, fanden wöchentlich Wahlen im Maggior Consiglio statt, protokolliert vom Segretario alle voci. Zwischen dem 15. Jahrhundert und 1797 entstanden so Tausende von Ernennungsurkunden *(commissioni)*, außerdem *promissioni* für die Dogen und *giuramenti* für die Prokuratoren. In den Archiven der venezianischen Adligen wurden die mehrseitigen, in Leder oder Samt gebundenen Dokumente zum Unterpfand für Rang und Bedeutung einzelner Verwandter wie auch der Familie insgesamt.[1]

Am 24. Juni 1551 wurde Michele Memmo q. Silvestro für die Zeit vom 21. September desselben Jahres bis zum 4. Januar 1553 zum *podestà* von Cittadella gewählt.[2] Das hier gezeigte Pergament stammt aus seiner Ernennungsurkunde. Der rückseitig beginnende Text betrifft Amtsdauer, Salär und die Bewilligung eines Sekretärs *(cancellarius)*. Die Vorderseite wird von einem hochrechteckigen Bildfeld dominiert, das mit goldenen Trophäen all'antica (nach dem Vorbild neuester Kupferstiche von Enea Vico) gerahmt ist. Dem Land und See beherrschenden Markuslöwen oben ist unten ein Phönix gegenübergestellt: altes Symbol für die ewige Erneuerungskraft Venedigs. Ein Feston mit goldener Löwenmaske teilt das Bildfeld in zwei Hälften. Die von dem Löwen gehaltene Kartusche mit Tritonen (vgl. den Petrus-Stuhl in Kat. 7) nennt den Namen des amtierenden Dogen, Francesco Donà. In den unteren Ecken sind Wappen (vgl. Abb.) und Alter Memmos angebracht. Der mit rotem Lack, einem Nebenprodukt des Färbe- und Textilhandwerks, gemalte Hintergrund wurde oberhalb des Festons fortgesetzt und dient dort just als Gewandfarbe für Maria und Michele Memmo. Dessen ihn empfehlender Namenspatron, der Erzengel Michael, ist so auf den Lack gemalt, dass die rote Farbe stellenweise durchschimmert und Spiegelungen der Nachbarfiguren auf dem Armzeug suggeriert (vgl. Kat. 28).[3] Auffallend ist die Körperhaltung des Jesusknaben: Sie erinnert an Tizians „Danae Farnese". 2005 schlug Giuseppe Pavanello einen Künstler aus dem Umkreis Tintorettos als Autor dieser Buchmalerei vor. Der Stilvergleich mit den von Echols 1995 zusammengestellten Werken ermöglicht es, das Werk dem Tintoretto-Assistenten Giovanni Galizzi zuzuschreiben, der bislang als Buchmaler nicht greifbar war.

Carlo Ridolfi berichtet, dass der junge Tintoretto auf eigene Initiative Fresken am Uhrturm von Cittadella ausführte[4] – undenkbar ohne Unterstützung des örtlichen Gouverneurs. Da die gewählten Amtsträger starken Einfluss auf Vergabe und Gestaltung ihrer Dokumente nahmen und (außer den Prokuratoren) vielleicht auch selbst dafür zahlten[5], darf vermutet werden, dass Memmo die Kunst Tintorettos schätzte. Vielleicht lieferte Jacopo die Miniatur gratis, um sich das Wohlwollen des künftigen *podestà* von Cittadella zu sichern und dort freie Bahn für sein Fresko-Projekt zu haben.

RK

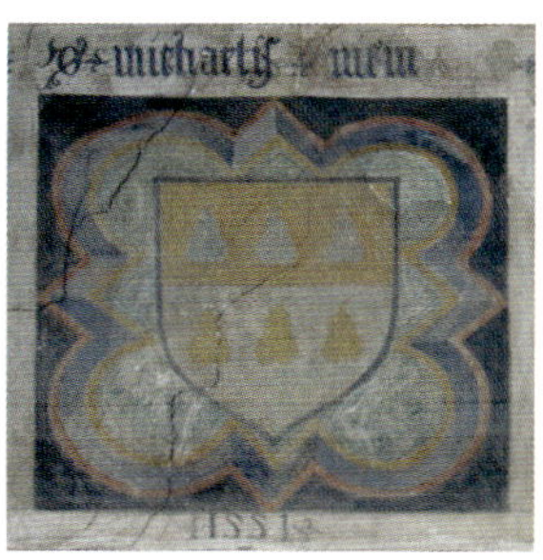

WAPPEN DES MICHELE MEMMO

Wandmalerei, Cittadella, Municipio (Vorhalle)

1
Szépe 2005, S. 441. Vgl. auch Szépe 2009 und Szépe 2013.

2
Freundliche Auskünfte von Claudia Salmini (E-Mail vom 24. Januar 2017). Eine von den Akten des Segretario alle voci leicht abweichende Amtszeit (9. Oktober 1551–23. Januar 1553) ermittelte Luigi Sangiovanni, Cittadella (E-Mail von Laura Pavan, 6. Mai 2016).

3
Leider sind Teile der Rüstung und die Flügel des Engels wie auch alle anderen mit Silbertusche ausgeführten Partien korrodiert.

4
Ridolfi/Hadeln 1924, S. 15.

5
Freundliche Mitteilung von Helena Szépe per E-Mail vom 6. Januar 2017.

ANDREA SCHIAVONE

MYSTISCHE VERMÄHLUNG DER HL. KATHARINA

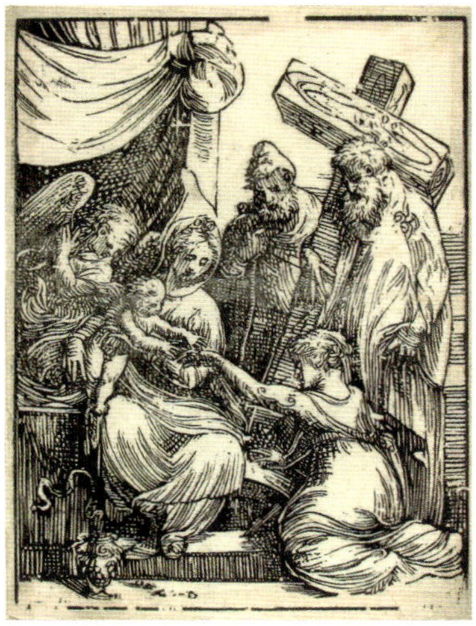

Kat. 40*

S. 152

Um 1550
Holzschnitt,
318 × 238 mm
(Blatt),
308 × 228 mm
(Darstellung)
Köln, Wallraf-Richartz-Museum & Fondation Corboud, Graphische Sammlung, Inv. 34359

PROV.
Alter Bestand

BIBL.
Passavant 1864, S. 236 (Nr. 64); Karpinski 1976, S. 272 (Abb. 11); Rosand/Muraro 1976, S. 294 f. (Nr. 93); Vicenza 1976, S. 149 f. (Nr. 101); Karpinski 1977, S. 638; Richardson 1980, S. 105 f., 108 (Nr. 132); Landau 1983, S. 344 (Nr. P48); Matile 2003, S. 75 (Nr. 21); Callegari 2004/05, S. 525–527 (Nr. 117); Callegari 2005, S. 132; Callegari 2005–2006, S. 174 f. (Nr. XLIII), S. 236 (Abb.); dell'Antonio 2010, S. 297; Venedig 2015, S. 275, 383 f. (Kat. XIV.2, Chiara Callegari, mit Bibliographie)

Die „Mystische Vermählung" wird aufgrund ihrer hohen graphischen Qualität als eigenhändige Arbeit des Andrea Schiavone angesehen.[1] Indirekt bestätigt wird dies durch die alte Zuschreibung an den im Medium des Chiaroscuro-Holzschnitts tätigen Niccolò Vicentino auf der Rückseite eines Exemplars in Privatbesitz (Venedig 2015): Tatsächlich zeichnet sich beider Graphik durch einen betont malerischen Zug aus, wie er bei Schiavone selbst im Schwarzweiß des von nur einem Stock gedruckten Kölner Blattes zum Ausdruck kommt.

Neben der Berliner „Dornenkrönung" (einziges Exemplar) sind Schiavone noch die sieben „Philosophen" der 1550 in Venedig erschienenen zweiten Auflage von Francesco Marcolinis *Sorti* zuzuschreiben (Callegari 2005; 2015). Durch Stilvergleich ermöglichen sie eine Datierung auch der „Mystischen Vermählung" um 1550. Offenbar eignete Schiavone sich die Technik des Holzschnitts in verhältnismäßig kurzer Zeit an – und nutzte dabei die Druckerpresse Marcolinis. Das wiedererwachte Interesse an einem für Einzeldrucke damals bereits aus der Mode gekommenen Medium mag durch das Erscheinen von Tizians monumentalem Holzschnitt „Der Untergang Pharaos im Roten Meer" (1549) befördert worden sein.

Mit der Gottesmutter im Kreise mehrerer Heiliger spielt Schiavone hier eines seiner Lieblingsthemen durch. Grundsätzlich schöpft unser Wahlvenezianer ikonographisch aus vielerlei Quellen, die er eigenwillig kombiniert – ohne dass die Nachverfolgung solcher Einflüsse wesentlich zur Datierung einzelner Werke beitrüge, gehen doch Übernahme und Weiterentwicklung bei Schiavone Hand in Hand. Darum fällt es auch bei diesem Holzschnitt nicht leicht, das Geflecht von Mustern und Anregungen zu entwirren und diese zeitlich und stilistisch eindeutig zu gewichten. Macht sich in den gelängten Figuren der Einfluss Parmigianinos bemerkbar, so gemahnen bestimmte Motive – darunter der im Hintergrund geraffte Vorhang – an die Kölner „Sacra Conversazione" (Kat. 41) und die Rotterdamer „Muttergottes mit Kind" (Kat. 42), zwei ehedem Tintoretto, hier nun aber Giovanni Galizzi zugeschriebene Werke. Wie diese beiden Gemälde enthält auch Schiavones Holzschnitt Anklänge an Jacopo Sansovinos „Madonna della Loggetta" (Abb.). Bruce Boucher, der die beiden Gemälde noch als Frühwerke Tintorettos vom Beginn der 1540er Jahre ansah, liefern sie den Terminus ante quem für Sansovinos Madonna; diese datierte er in die späten 1530er Jahre. Schiavone, Weggefährte des jungen Tintoretto, zollt Sansovinos Loggetta auch in einer gemalten „Sacra Conversazione" (Rom, Britische Botschaft) Tribut. Dort wird, wie in Jacopos „Sklavenwunder" (Abb. S. 57), die Fassade des Baus zitiert. Schiavones Bezugnahme auf den großen Architekten und Bildhauer bleibt übrigens nicht auf rein formale Anleihen beschränkt. Das zeigt sich darin, dass – über die letztlich äußerliche Verwandtschaft der Haltung des Jesusknaben in Sansovinos Skulptur und auf Schiavones Holzschnitt hinaus – beide Werke von derselben Gefühlsintensität durchdrungen sind: ein für das religiöse Œuvre des Dalmatiners insgesamt kennzeichnendes Merkmal. Letztlich hat wohl sogar die reduzierte, im Licht-und-Schatten-Spiel jedoch ebenso kontrastreiche wie nuancierte Farbigkeit der vergoldeten (beim Einsturz des Glockenturms im Jahr 1902 schwer beschädigten) Terrakotta von Sansovino ihren Widerhall im ‚Kolorismus' von Schiavones Holzschnitt gefunden.

CC

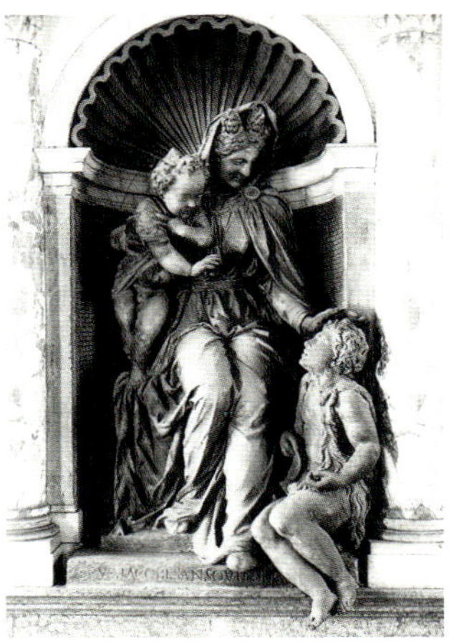

JACOPO SANSOVINO
MUTTERGOTTES MIT KIND UND JOHANNESKNABE (MADONNA DELLA LOGGETTA)

Ende der 1530er Jahre,
Terrakotta, Venedig,
Piazza San Marco, Loggetta

1
Rosand und Muraro nennen das Werk „by far the most striking of Schiavone's woodcuts".

JACOPO TINTORETTO UND WERKSTATT (GIOVANNI GALIZZI)

DIE HEILIGE FAMILIE MIT DER HL. ELISABETH UND DEM JOHANNESKNABEN

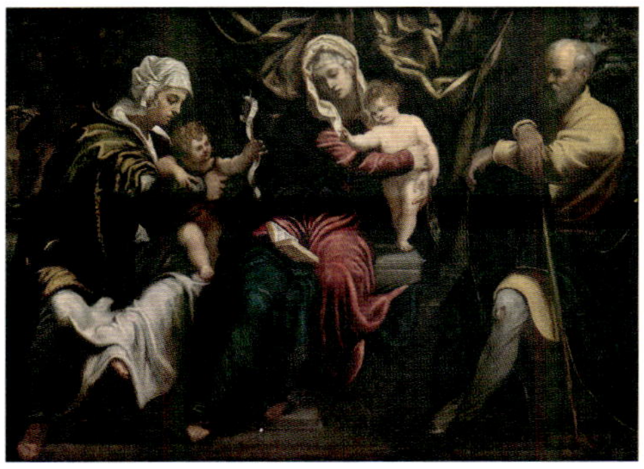

Kat. 41

☞ S. 150

Um 1543 und um 1550–1555
Öl auf Leinwand, 123,5 × 167 cm
Köln, Wallraf-Richartz-Museum & Fondation Corboud, Inv. Dep. 331
Inschrift auf dem Spruchband am Kreuzstab des Johannesknaben: ECCE AGIVS [!] DEI

PROV.
Kunsthandel, Venedig (?); Sammlung Paul Cassirer, Berlin; Sammlung Charles Albert de Burlet, Berlin (1922); englischer Kunsthandel (1925/26); durch Dr. Fritz Blüthgen, Berlin/Wuppertal-Elberfeld, für 3000 brit. Pfund erworben; von Blüthgen (nach Verhandlungen ab 1937) am 20. August 1939 für RM 36 900,– an Karl Haberstock und von diesem am selben Tag für RM 62 000,– an die Reichskanzlei verkauft; von Hans Posse für das geplante „Führermuseum“ in Linz ausgewählt (Linzer Nr. 826); Central Collecting Point München (1945); Bundesschatzministerium, verwaltet durch die Oberfinanzdirektion, München, seit 2006 durch das Bundesamt für zentrale Dienste und offene Vermögensfragen; seit 1968 als Leihgabe der Bundesrepublik Deutschland im Wallraf-Richartz-Museum

BIBL.
Hadeln 1922 a, S. 278, 287; Bercken 1942, S. 39, 105; Pallucchini 1950, S. 44, 76 f., 154 (Anm. 21); Hüttinger 1960, S. 274 f.; Klesse 1973, S. 127 f.; De Vecchi 1978, S. 86, Nr. 9 a; Pallucchini/Rossi 1982, Bd. 1, S. 16, 133 (Kat. 12); Ruggeri 1992, 170 f.; Salvadori Rizzi 1994, S. 130; Boucher 1996, S. 241; Cottrell 1997, S. 24; Cottrell 2001, S. 256; Marinelli 2002, S. 118 f.; Hochmann 2004, S. 341 f.; Schwarz 2004, S. 119, 253 ; Echols/Ilchman 2009, S. 120 (Nr. 7); Hochmann 2017, S. 15

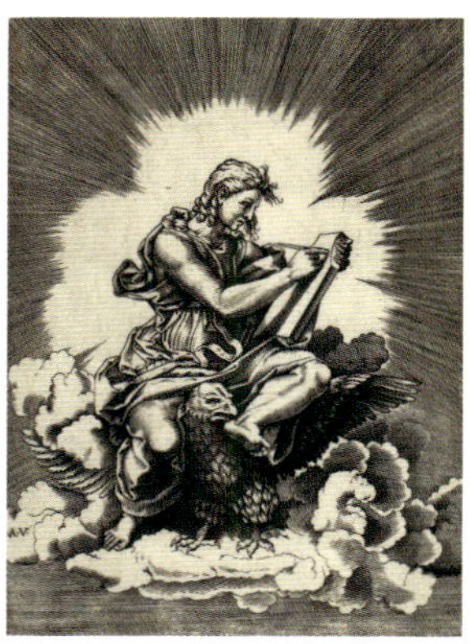

KOPIE EINES KUPFERSTICHS VON AGOSTINO VENEZIANO NACH GIULIO ROMANO
DER HL. JOHANNES

Kupferstich, 246 × 176 mm (Blatt), Köln, Wallraf-Richartz-Museum & Fondation Corboud, Graphische Sammlung, Inv. 17703

Das Gemälde wird in der Forschung kontrovers diskutiert. Der Einordnung als eigenhändige, 1540 oder bald danach entstandene Arbeit Jacopos steht die Vermutung gegenüber, es handele sich um das spätere Werk eines Tintoretto-Sohnes.

Mit Recht wurde die Nähe der Madonnenfigur zu Sansovinos „Madonna della Loggetta“ (Abb. S. 157) hervorgehoben. Wie Cottrell feststellte, kann unsere Madonna aber auch aus Bildern von Bonifacio de' Pitati abgeleitet werden – namentlich einem Werk in Euston Hall (Suffolk). Eine jüngst in der Abteilung Kunsttechnologie und Restaurierung des Wallraf-Richartz-Museums angefertigte Röntgenaufnahme bestätigt diese Herleitung. Sie zeigt, dass die Figur des Christuskindes ursprünglich höher angelegt war und damit Bonifacios „Sacra Conversazione“ näher stand als der Skulptur von Sansovino. Den Gepflogenheiten Bonifacios entspricht auch die Verwendung von Druckgraphik: Als Vorlage für die Körperhaltung der Elisabeth diente eine von Giulio Romano entworfene und in Kupferstichen verbreitete Figur des Evangelisten Johannes (Abb.).

Deuten diese Beobachtungen auf ein Frühwerk Tintorettos hin, so ergeben sich bei genauerer Betrachtung erhebliche Zweifel an einer derartigen Zuschreibung und Datierung. Die pseudo-spontane Malweise, vor allem die gleichsam frei schwebenden Lichtstege der Draperien sprechen gegen eine Ausführung des Gemäldes durch Jacopo selber. Auch die runzligen Hände des Joseph und vor allem das anekdotische Detail der am linken Knie zerschlissenen Beinkleider passen nicht zum jungen Tintoretto. Irritierend ist die verballhornte Inschrift, die an einen ähnlichen Lapsus bei Stefano Cernotto[1] (und an die retrograden Buchstaben bei Galizzi – Kat. 37) denken lässt. Doch ergibt sie einen merkwürdigen Sinn …

Folgendes Szenario erscheint denkbar: Jacopo legte das Gemälde um 1543 an, vielleicht als Subunternehmer Bonifacios. Aus unbekannten Gründen blieb das Bild unvollendet und machte – wie das ebenfalls erst später vollendete „Liebeslabyrinth“ (Kat. 3) – den Atelier-Umzug von San Cassan zur Madonna dell'Orto mit. Als Bonifacio Anfang der 1550er Jahre aus gesundheitlichen Gründen seine Kundschaft nicht mehr bedienen konnte und Tintoretto ihn künstlerisch beerbte (Kat. 28), wurde der *abbozzo* wieder hervorgeholt. Für den Verkauf musste nun, wie der Stilvergleich mit den von Echols 1995 zusammengestellten Werken zeigt, Giovanni Galizzi das Bild vollenden. Jacopo selbst fügte die Inschrift ein, deren Wortspiel (AGIVS statt AGNVS) vielleicht nicht nur auf Bequemlichkeit *(agio)* oder Geborgenheit des von der Passion noch weit entfernten Jesusknaben anspielt, sondern auch auf eine gewisse Behäbigkeit der mittlerweile recht altmodischen Komposition und ihres Abnehmers.

Der Verdacht drängt sich auf, dass Galizzi unbemerkt eine Pause von unserem Gemälde anfertigte und die Komposition mit Hilfe der eigenen Werkstatt wiederholte. So erklären sich womöglich bestimmte originalgroße Varianten wie das einst in Casteggio befindliche und das 2002 von Marinelli vorgestellte Bild.[2] Vielleicht ließ Galizzi die Madonna sogar von jenen griechischen Schnell- und Vielmalern reproduzieren, mit deren spätbyzantinischen Werken er Anfang der 1560er Jahre nachweislich handelte. Darauf deutet eine Ikone im Museo Correr zu Venedig (Inv. 469) hin, deren Madonnendarstellung vom Kölner Gemälde abhängig ist.[3]

RK

1
Lucco 2016, Abb. 1.
2
Pallucchini/Rossi 1982, Bd. 1, S. 133 (Nr. 13); Marinelli 2002.
3
Krischel 1996 c, S. 37, 40 f., 53 (Anm. 97).

TINTORETTO-WERKSTATT (GIOVANNI GALIZZI?)

MADONNA MIT KIND

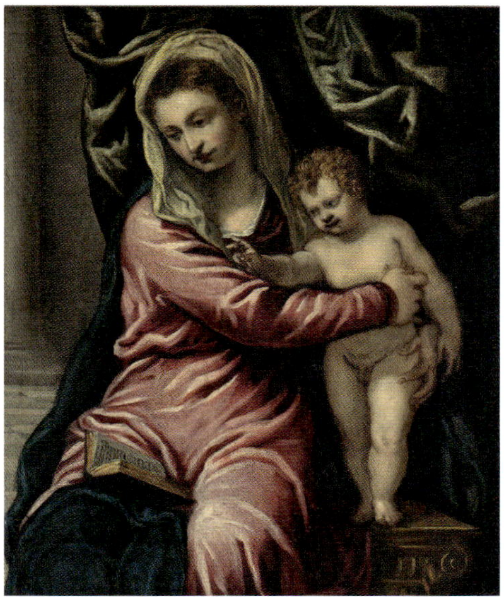

Kat. 42

☞ S. 151

Um 1550–1555
Öl auf Leinwand, 104 × 86,5 cm
Rotterdam, Museum Boijmans Van Beuningen, Inv. 2564

PROV.
Wien, Sammlung Auspitz; Otterlo, Sammlung Van Beuningen

BIBL.
Hadeln 1922 a, S. 278, Anm. 4; Pallucchini 1950, S. 44, 76 f.; De Vecchi 1978, S. 86 f., Nr. 10; Boucher 1991, Bd. 2, S. 326 f.; Salvadori Rizzi 1994, S. 130; Krischel 1994 c, S. 30 f.; Boucher 1996, S. 241; Krischel 1996 c, S. 37, 40 f.; Whitaker 1997, S. 184; Echols/Ilchman 2009, S. 120 (Nr. 6)

Das Rotterdamer Gemälde galt schon sehr früh als Werk des jungen Tintoretto. Es wurde erstmals von Erich von der Bercken und August Mayer publiziert, die von einer Entstehung vor 1548 ausgingen. Hadeln sah in dem Bild eine reduzierte Wiederholung der Kölner „Sacra Conversazione“ (Kat. 41). Neben Varianten in der Sammlung Barbaro Curtis, Venedig, und in Schweizer Privatbesitz (Hüttinger 1960) ist auch eine „Immaculata“ in Hampton Court zu nennen, auf die mich Roland Krischel aufmerksam macht (Abb.).

Pallucchini hielt diese Madonna für eines der frühesten erhaltenen Werke Jacopos und datierte sie auf den Beginn der 1540er Jahre. Echols und Ilchman erhalten diese Zuschreibung und die sehr frühe Datierung in ihrem revidierten Werkverzeichnis aufrecht. Gleichwohl erscheint das Werk problematisch, zumindest mit der vorgeschlagenen Datierung. Es müsste dann nämlich zur gleichen Zeit entstanden sein wie die „Sacra Conversazione Molin“ (Abb. S. 20), was schlechterdings unmöglich ist. So ist in diesen beiden Werken etwa das Antlitz der Jungfrau gänzlich verschieden aufgefasst: In der „Sacra Conversazione“ zeugt es von einer noch etwas unbeholfenen Hand, während die Jungfrau des Rotterdamer Museums an Frauentypen denken lässt, die man in wesentlich späteren Werken antrifft (zum Beispiel um 1551/52 bei der Eva im „Sündenfall“, Kat. 55). Der Rotterdamer Jesusknabe wiederum weist eine enge Verwandtschaft mit den Jesusknaben eines Giovanni Galizzi auf (siehe vor allem die Pala von Sombreno). Auch die von Krischel hier vorgenommene Zuschreibung der Kölner „Sacra Conversazione“ an Galizzi spricht m. E. dafür, im Rotterdamer Gemälde eine Arbeit aus Tintorettos Werkstatt zu Beginn der 1550er Jahre zu sehen.

Selbst wenn sie mit Sicherheit kein eigenhändiges Werk ist, lässt diese Madonna (wie Bruce Boucher sah) Tintorettos Interesse an der Bildhauerkunst des Jacopo Sansovino erkennen, von dem bereits Raffaello Borghini 1584 in seinem *Riposo* spricht. Tintoretto war mit dem Bildhauer befreundet, was er selbst mit der Signatur auf einem Porträt Sansovinos aus den 1540er Jahren (Abb. S. 54) bezeugt. Wir wissen, dass das „Sklavenwunder“ (Abb. S. 57) auf Sansovinos Bronzereliefs für die Chorkanzeln des Markusdomes zurückgreift. Auch zeichnete Jacopo mehrfach Sansovinos *modello* für den „Mars/Merkur“ der Loggetta (Kat. 32; Abb. S. 42). Andere Werke aus Tintorettos Umfeld wiederum sind von Sansovinos „Madonna della Loggetta“ (Abb. S. 157) inspiriert. Deren Einfluss kreuzt sich in der Rotterdamer „Madonna“ mit dem eines weiteren Sansovino-Werkes, der „Sacra Conversazione“ in Berlin (Bode-Museum).

Durch Vermittlung Sansovinos also zeigt die hier ausgestellte Bildkomposition die neuen plastischen Errungenschaften der florentinischen und römischen Skulptur in voller Ausprägung, beispielsweise die Torsion des Madonnenkörpers und die ihn modellierende Draperie. Wenn dieses Motiv mehrfach in Tintorettos Werkstatt aufgegriffen wurde, so entspricht das einer Reproduktionspraxis, die bereits in den *botteghe* des 15. Jahrhunderts gebräuchlich war – in Venedig wie andernorts. Man mag daher vermuten, dass Tintoretto um 1550 bereits mehrere Mitarbeiter damit befasste, Repliken seiner Bilderfindungen (insbesondere von Madonnen) herzustellen, um sie in seiner Werkstatt zu verkaufen, wie dies zuvor schon Giovanni Bellini getan hatte.

MH

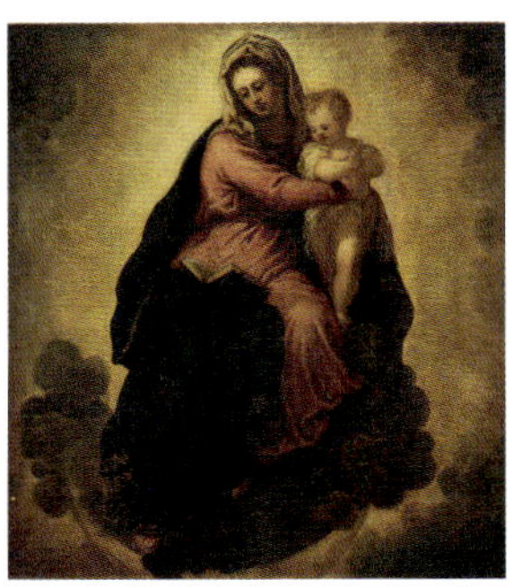

TINTORETTO-WERKSTATT
IMMACULATA
Um 1550–1555, Öl auf Leinwand, 89,2 × 80,1 cm
The Royal Collection/HM Queen Elizabeth II, Hampton Court, Inv. RCIN 402588

BLICKENDE BILDER

WICHTIGSTER VENEZIANISCHER Bildnismaler der Hochrenaissance war zweifellos Tizian. Jacopos Porträtkunst verrät einen deutlichen Einfluss des Älteren, vor allem im Frühwerk, wo Farbigkeit, Lichtregie, Requisiten und die Haltung der Dargestellten oft an Tizian erinnern. Während Tizian seine wichtigsten Porträtkunden im italienischen und europäischen Adel fand, konzentrierte sich Tintoretto auf seine Heimatstadt Venedig. Ritrar, so teilt das Wörterbuch des venezianischen Dialekts von Giuseppe Boerio uns mit, heißt nicht nur porträtieren, sondern auch profitieren. Für Tintoretto gilt das in besonderer Weise. Um an prominenten Orten eindrucksvolle Darstellungen aus Sagen, Bibel und Legenden platzieren zu können, gewährte er ruinöse Preisnachlässe, die ihm viele Feinde schufen. Im Gegenzug waren es vor allem die Sorgen um soziales Netzwerk und Lebensunterhalt, die Tintoretto zur Porträtmalerei trieben. Die in dieser Gattung herrschenden Konventionen dürften dem für seine Originalität und seinen Witz berühmten Maler ebenso zuwider gewesen sein wie die Eitelkeiten der Auftraggeber. Von der protzigen venezianischen Mode, die staatlicherseits immer wieder – zum Beispiel durch eine Deklarationspflicht für Perlen – zur Ordnung gerufen werden musste, wollte Tintoretto nichts wissen. Kaum erstaunlich also, dass er auf dem Gebiet der Bildnismalerei schon früh mit stilistisch anpassungsfähigen Partnern kooperierte. Besonders eilige Auftraggeber, beispielsweise durchreisende Fürsten oder vielbeschäftigte Staatsbeamte, posierten ohnehin nur für eine rasche Kopfskizze. Diese wurde anschließend von der Werkstatt zu einem kompletten Porträt ausgearbeitet und ergänzt. Machte Jacopo sich selbst an die Arbeit, so entstanden (wie man hier sieht) sensible, intensive und malerisch virtuose Bildnisse – quasi seelische Röntgenaufnahmen. Viele anonyme Porträts stellen wohl Freunde oder Förderer aus dem Umkreis Tintorettos dar, darunter auch Künstlerkollegen, Schriftsteller und Musiker.

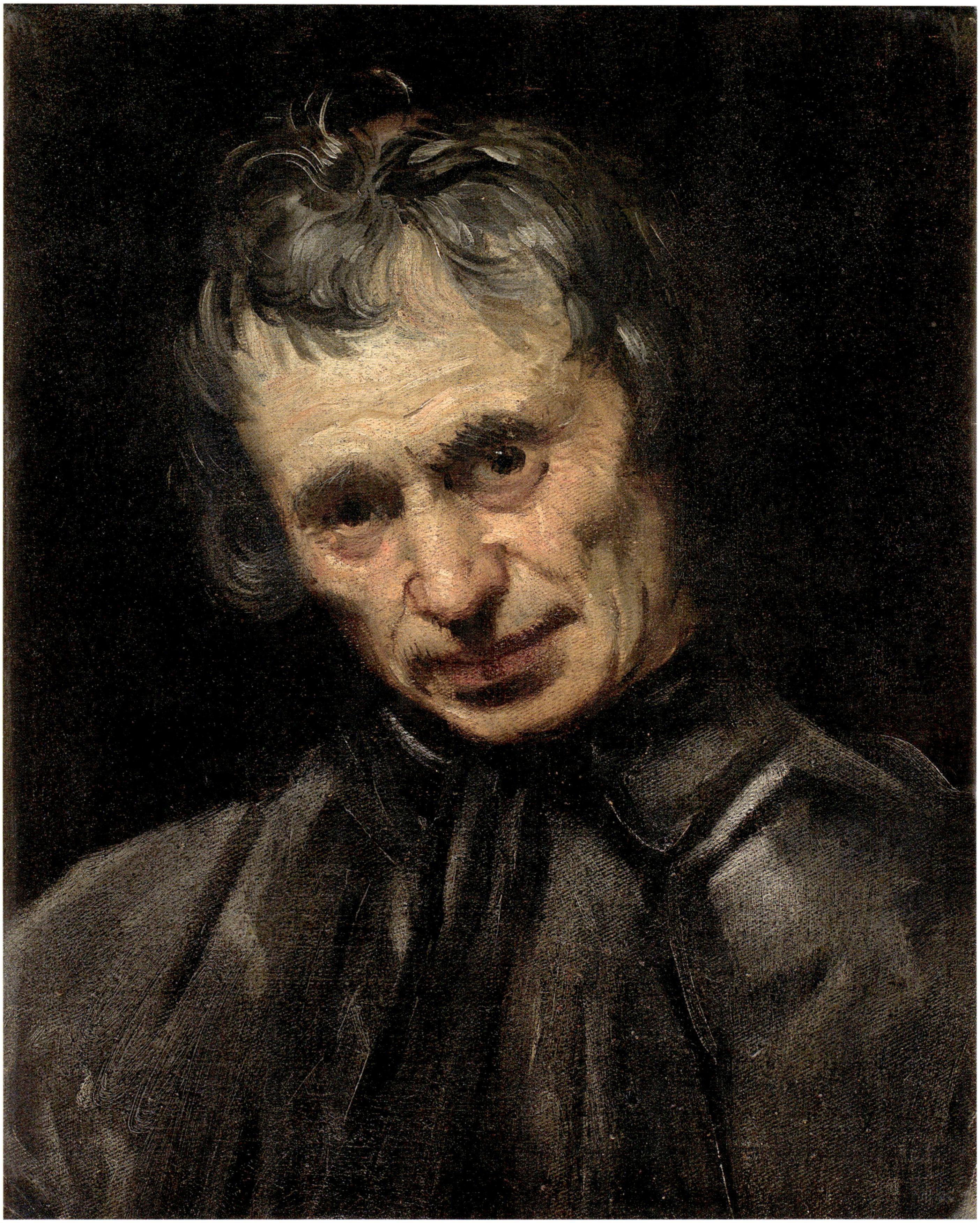

Kat. 49

JACOPO TINTORETTO
PORTRÄT EINES MANNES
(ANDREA CALMO?)

Um 1547/48 oder um 1557
Florenz, Galleria Palatina,
Palazzo Pitti

☞ S. 177

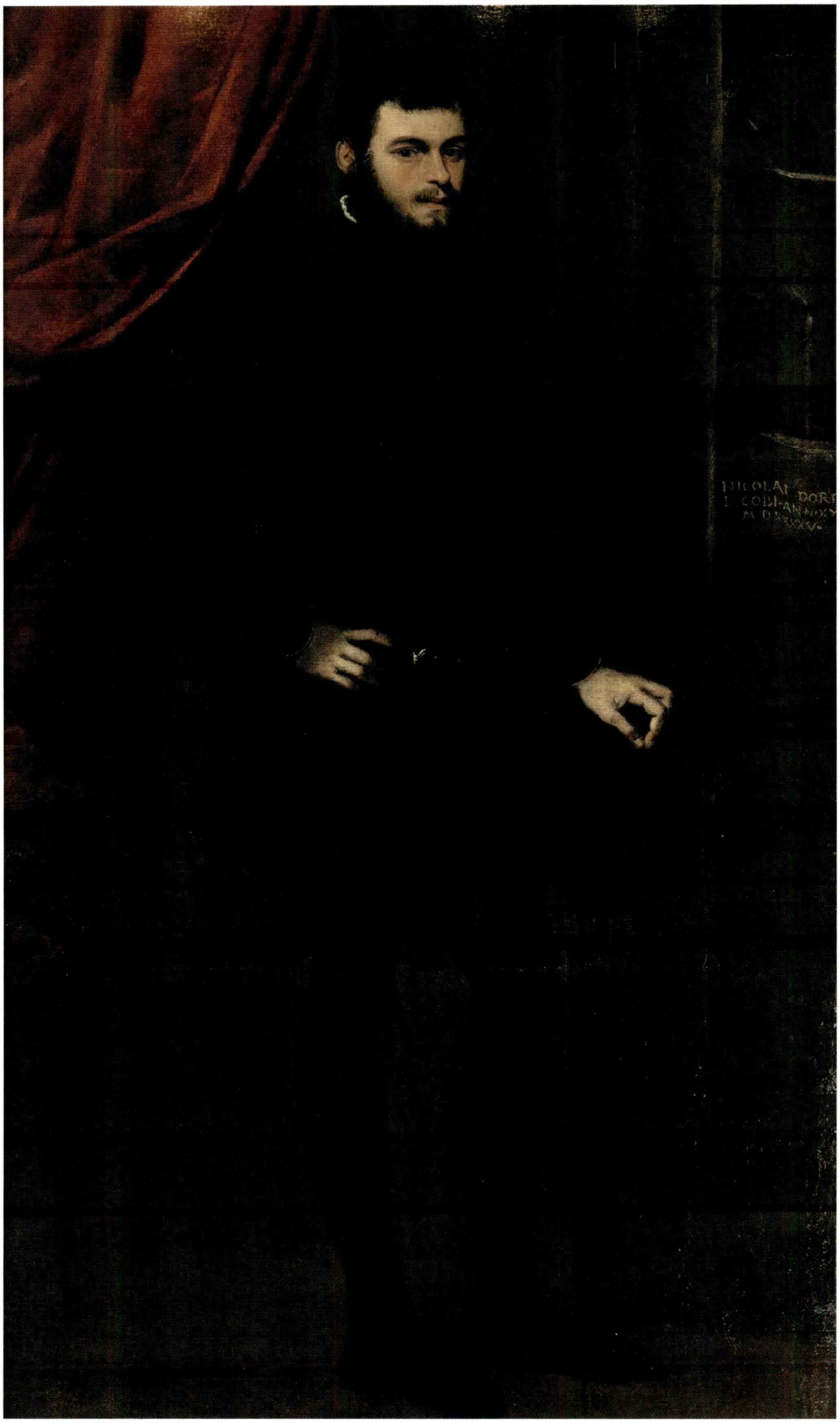

Kat. 44

JACOPO TINTORETTO

PORTRÄT
DES NICOLÒ DORIA

1545

Privatsammlung

☞ S. 172

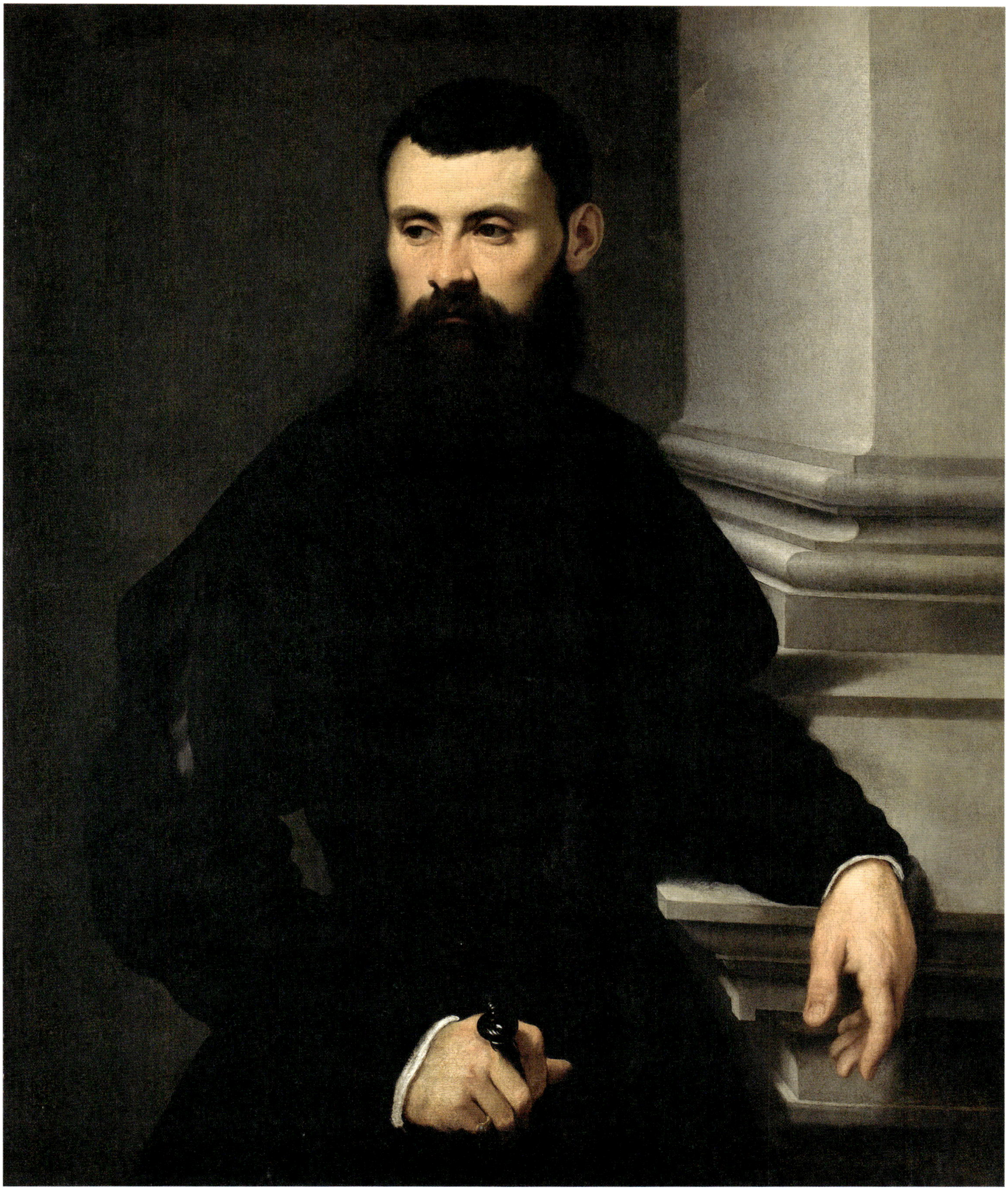

Kat. 43**

JOHANN STEPHAN VON CALCAR
(ZUGESCHRIEBEN)
PORTRÄT EINES EDELMANNES

Um 1540
Paris, Musée du Louvre

☞ S. 171

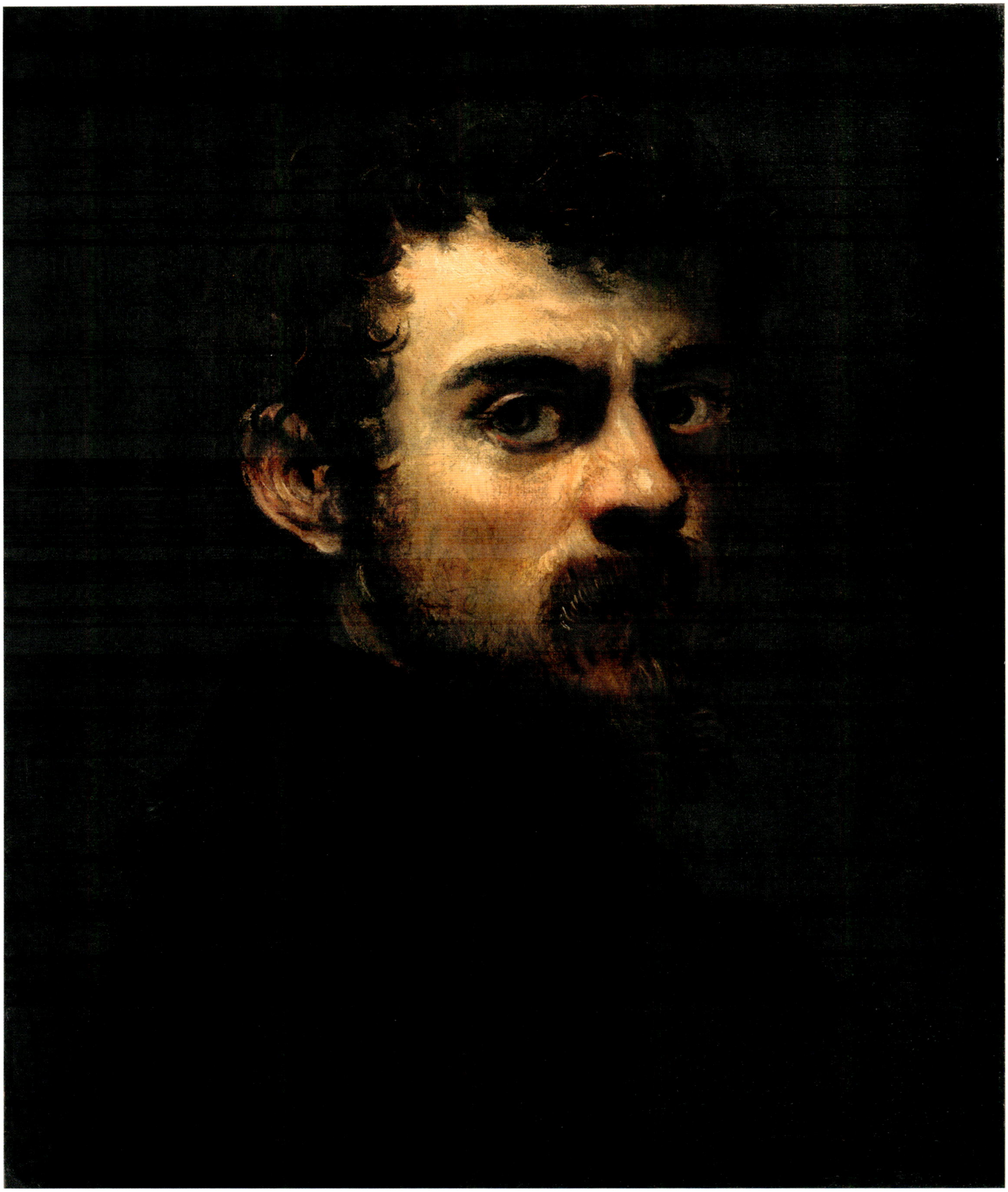

Kat. 48

JACOPO TINTORETTO
SELBSTPORTRÄT

Um 1547
Philadelphia Museum of Art,
Gift of Marion R. Ascoli and
The Marion R. and Max Ascoli Fund
in honor of Lessing Rosenwald, 1983

☞ S. 176

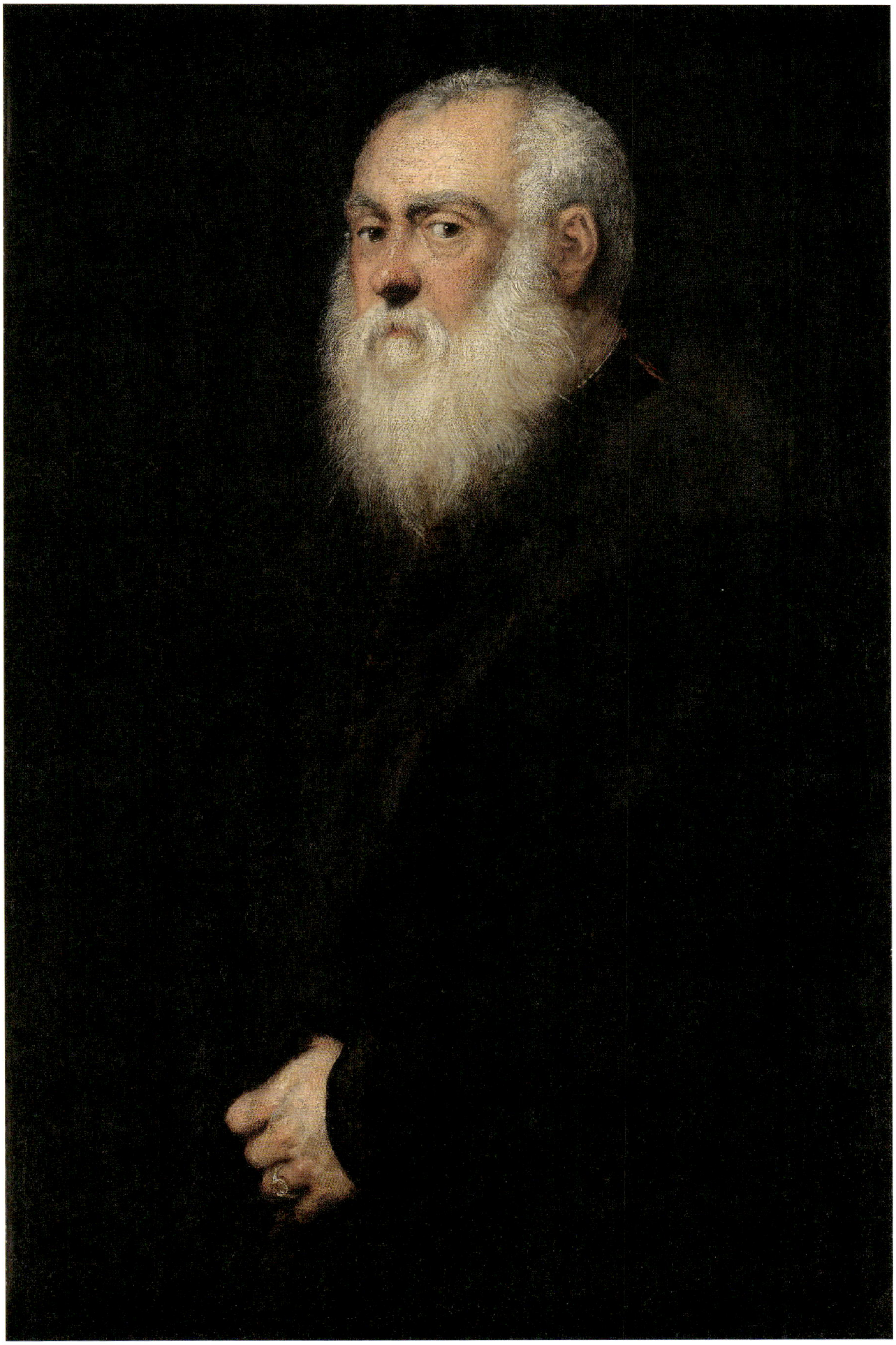

Kat. 45

JACOPO TINTORETTO
PORTRÄT EINES
WEISSBÄRTIGEN MANNES

Um 1545
Wien, Kunsthistorisches Museum

☞ S. 173

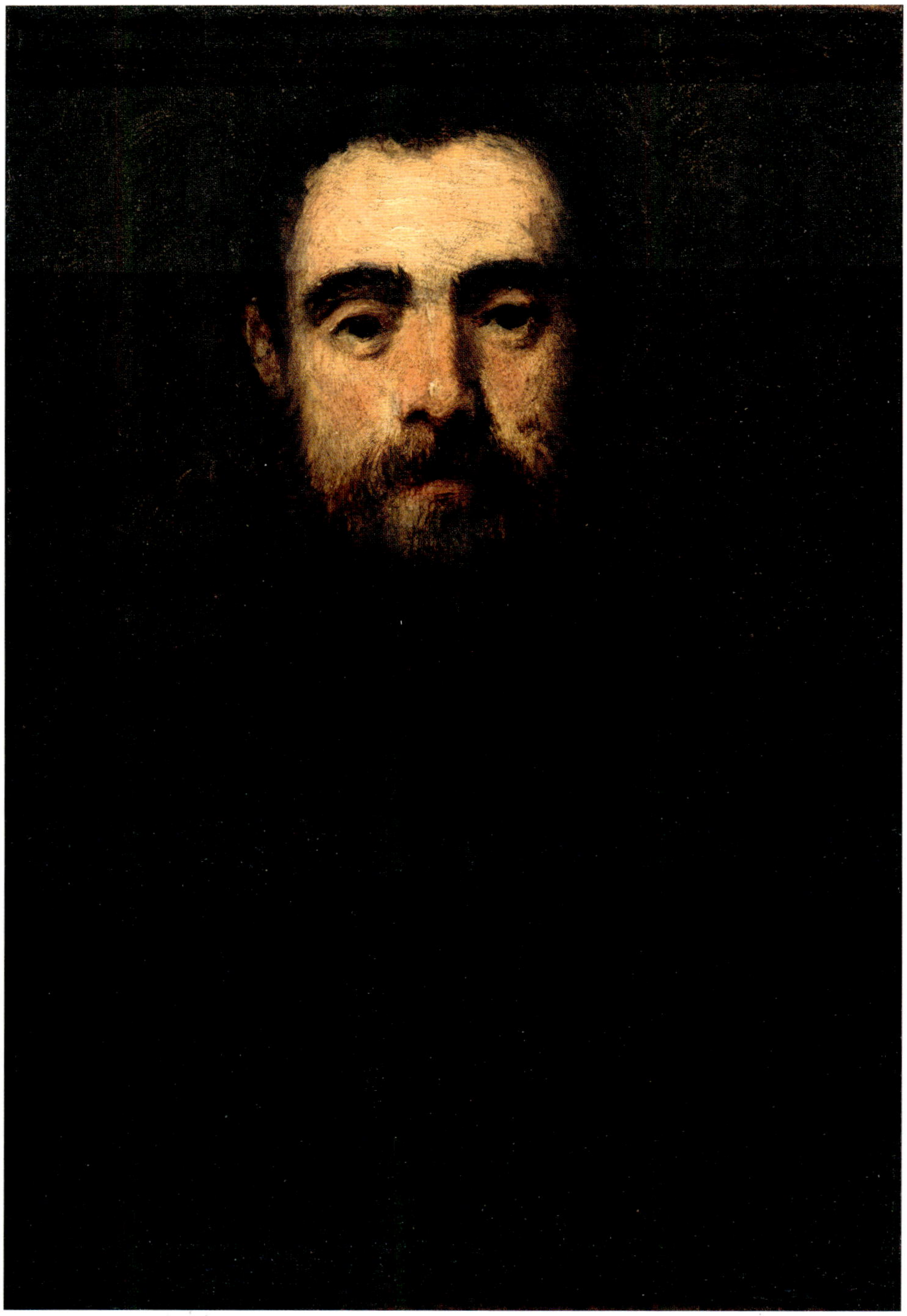

Kat. 46

JACOPO TINTORETTO
PORTRÄT EINES
39-JÄHRIGEN MANNES

1546
Florenz, Gallerie degli Uffizi

☞ S. 174

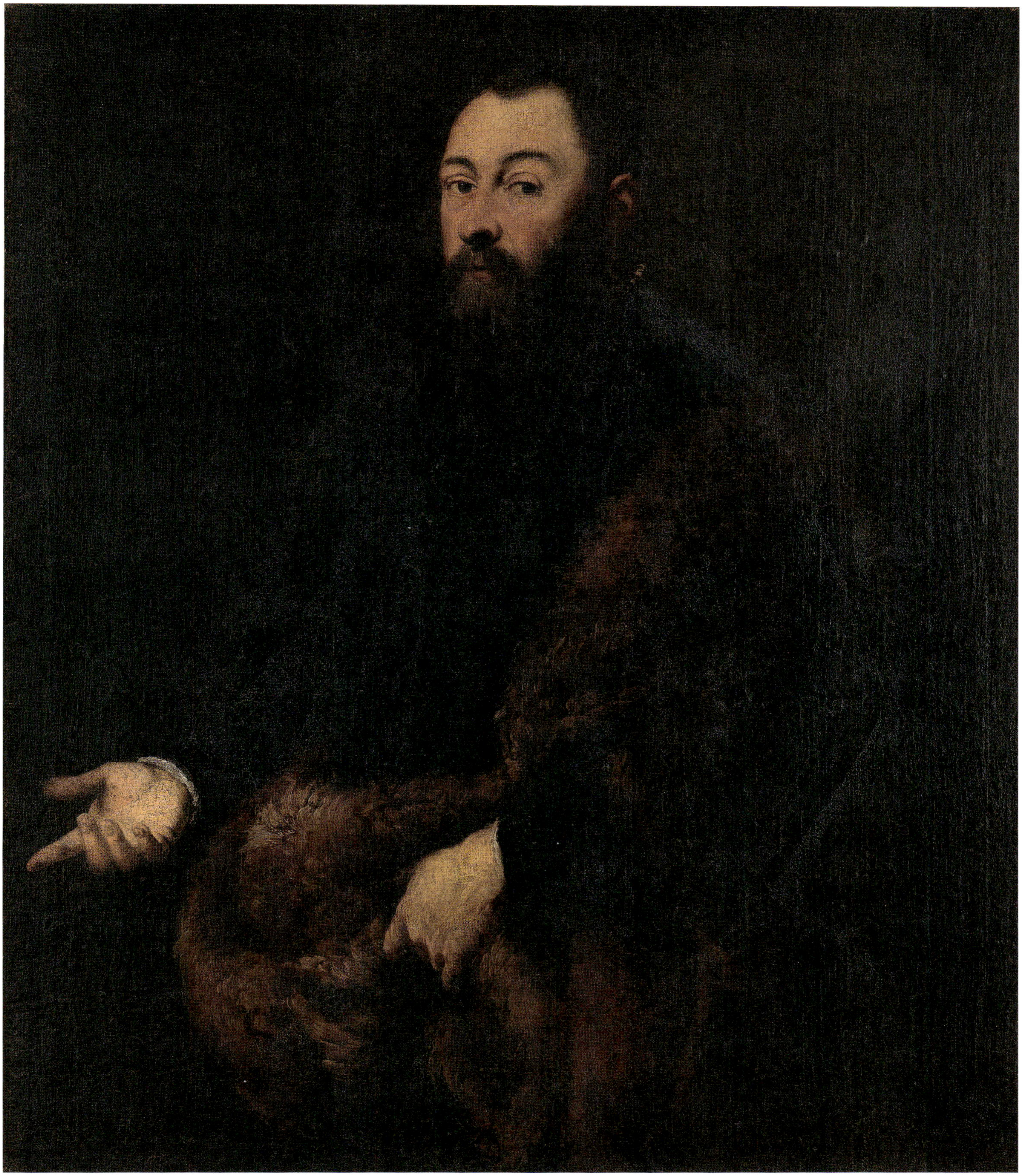

Kat. 52

JACOPO TINTORETTO
PORTRÄT DES
ALVISE MOCENIGO

Um 1553 (?)
Florenz, Uffizien, Sammlung
Contini Bonacossi

☞ S. 180

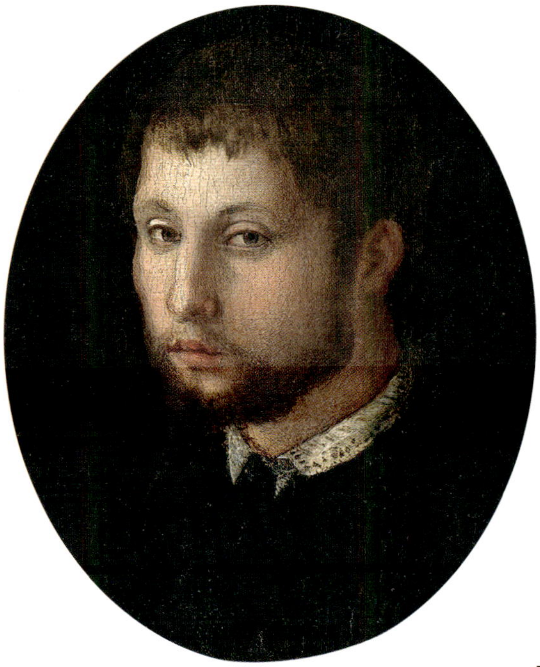

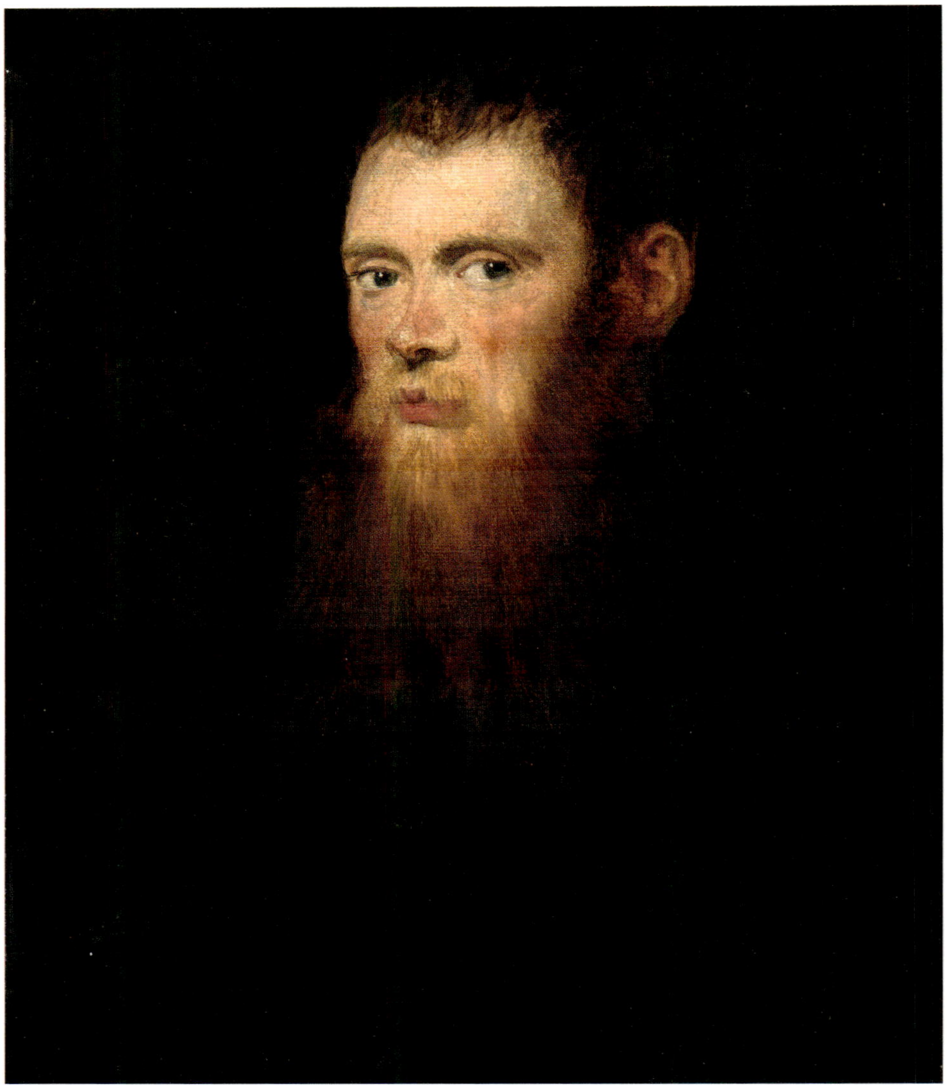

Kat. 47*

FRANCESCO SALVIATI
BILDNIS EINES MANNES

Um 1545
Köln, Wallraf-Richartz-Museum & Fondation Corboud

☞ S. 175

Kat. 50**

JACOPO TINTORETTO
BILDNIS EINES MANNES (LORENZO SORANZO?)

1547
Musée d'arts de Nantes

☞ S. 178

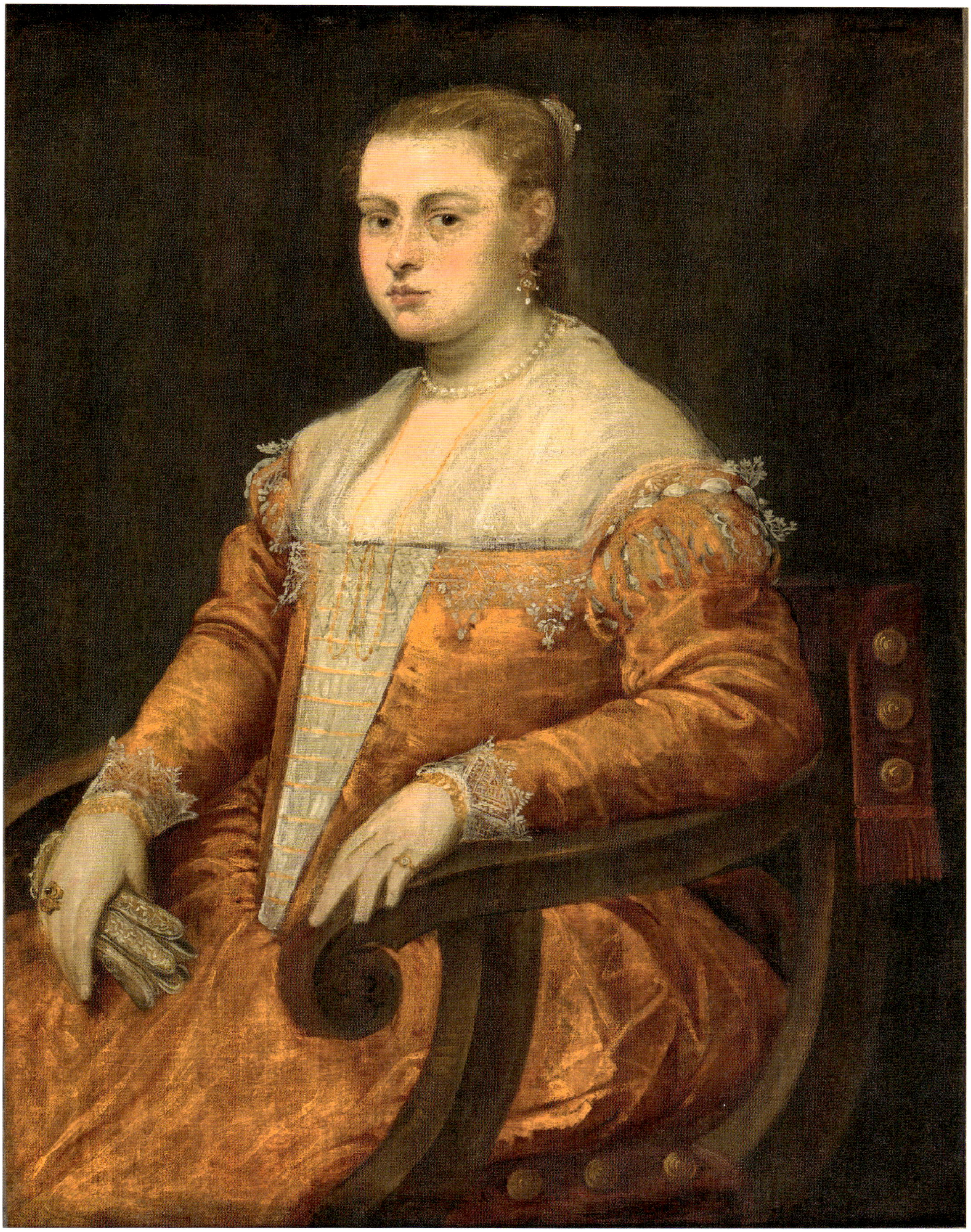

Kat. 51

JACOPO TINTORETTO

BILDNIS EINER JUNGEN DAME IM LEHNSTUHL

Um 1553

Amersfoort, Rijksdienst voor het Cultureel Erfgoed

☞ S. 179

Kat. 53

JACOPO TINTORETTO
PORTRÄT DES
MARCO GIUSTIGNAN

1559 (?)
Worms, Museum Heylshof – Stiftung Kunsthaus Heylshof

☞ S. 181

JOHANN STEPHAN VON CALCAR
(ZUGESCHRIEBEN)

PORTRÄT EINES EDELMANNES

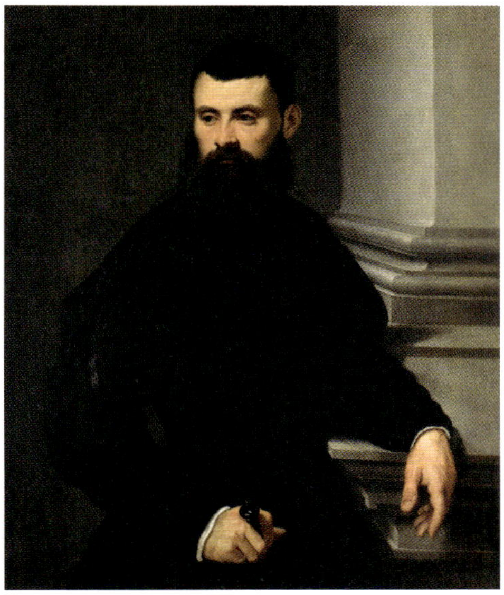

Kat. 43**
☞ S. 163

Um 1540
Öl auf Leinwand,
99 × 83 cm
Paris, Musée du Louvre, Inv. 758

PROV.
Sammlung Everhard Jabach, Paris; 1662 erworben von Ludwig XIV.

BIBL.
Tarral 1850, S. 25 (Calcar); Crowe/Cavalcasselle 1877, Bd. 2, S. 459 (Pordenone); Fischel 1907, Abb. 85 (Tizian); Osmaston 1915, Bd. 2, S. 194; Hautecœur 1926, S. 120, Nr. 1593 (Tizian); Wilde 1930, S. 256 (Tintoretto); Suida 1934, S. 12 f., Abb. 16 (Calcar); Bercken 1942, S. 120, Nr. 282 a (Tintoretto); Palluchini 1950, S. 117, 159, Anm. 97 (Tintoretto); Berenson 1958, Bd. 1, S. 190 (Tizian); Arslan 1960, S. 20 (Pordenone); Valcanover 1960, Nr. 616; Wethey 1971, S. 173, x-72 (Calcar?); Béguin/De Vecchi 1971, S. 89, Nr. 39 (Tintoretto); Brejon de Lavergnée 1987, S. 60, 126 f., Nr. 49; Rossi 1990, S. 28 f., S. 97, Nr. 106 (Tintoretto); Ausserhofer 1992, S. 23, Anm. 63 (Calcar); Le Pas de Sécheval 1993, S. 19; Habert 1994, S. 360, 369 f. (Calcar); Habert 1999, S. 73, 80 (Calcar); Michel 1999, S. 115; Foucart-Walter 2007, S. 103 (Jean Habert)

Lange Zeit lag die Provenienz dieses Porträts vor dem Erwerb durch Ludwig XIV. im Dunkeln. Laut einer von Arnauld Brejon de Lavergnée bestrittenen Überlieferung unbekannten Ursprungs soll Kardinal Mazarin das Bildnis in Rom von der Familie Sannesio gekauft haben. Heute wird davon ausgegangen, dass der König es 1662 von Everhard IV. Jabach erwarb, einem in Paris ansässigen Kölner Bankier und berühmten Sammler. Dieser Umstand spielt bei der Frage der Zuschreibung eine gewisse Rolle. Jabach besaß nämlich ein weiteres Porträt, das zum gleichen Zeitpunkt in die königliche Sammlung überging und zahlreiche formale Ähnlichkeiten aufweist: Gemeint ist das „Porträt des Melchior von Brauweiler", ein gesichertes Werk des Johann Stephan von Calcar (Abb.). Dieser aus Kalkar bei Kleve stammende Wahlvenezianer, der um 1546 in Neapel starb, findet sich bei Marcantonio Michiel unter dem Namen „Stephano, discipulo de Titiano" und bei Vasari als „Giovanni di Calker pittore fiammingo". Die Zuschreibungen beider Werke überschnitten sich in der Vergangenheit mehrfach: In beiden Fällen wurde sowohl Tizian als auch Tintoretto angenommen, und heute eben Stephan von Calcar. Was Kat. 43 betrifft, so ist hier jedoch Vorsicht geboten, wurde das Werk doch noch 2007 vom Katalog der italienischen Malerei im Louvre als Werk Tintorettos geführt.

Im Zuge der 1990 vorgenommenen Restaurierung zeigte sich, dass das ursprüngliche Format kleiner war und ein auf dem Pfeiler befindliches Wappen entfernt wurde; zudem traten die Klarheit der Konturen und eine gewisse Kälte stärker zutage, was die Zuschreibung an Tintoretto unwahrscheinlich macht. Hingegen sind die Ähnlichkeiten mit dem „Melchior von Brauweiler" stärker hervorgetreten und lassen Stephan von Calcar als Urheber plausibel erscheinen – eine Zuschreibung, die bereits 1850 von Claude Tarral vorgenommen und 1992 von Marta Ausserhofer in ihrer umsichtigen Studie bekräftigt wurde. Überdies ähnelt das Gemälde in Komposition und Machart sehr stark einem weiteren Stephan von Calcar zugeschriebenen Bildnis, das einen Musiker in orientalischer Tracht mit den Attributen des Königs David zeigt (Rom, Galleria Spada). Zwei Details hinterlassen geradezu einen formelhaften Eindruck: der Sockel des Pfeilers rechts und die dort locker herabhängende linke Hand des Dargestellten.

Obgleich zwischen Tintoretto und dem 1499 geborenen Johann Stephan von Calcar nahezu eine Generation liegt, ist doch beiden Künstlern in den 1540er Jahren eine auf Tizian zurückgehende Modelltreue beim Porträt und eine gewisse Vorliebe für die von Salviati nach Venedig gebrachten Manierismen gemein. Diese Affinitäten lassen das Zögern bei der Zuschreibung von Kat. 43 verständlich erscheinen, atmet dieses Porträt doch eine ähnliche Gestimmtheit wie Tintorettos erste datierte Bildnisse, zum Beispiel das Porträt eines Jünglings von 1545 (Royal Collection Trust, RCIN 402845) oder das im selben Jahr entstandene Porträt des Nicolò Doria (Kat. 44).

CM

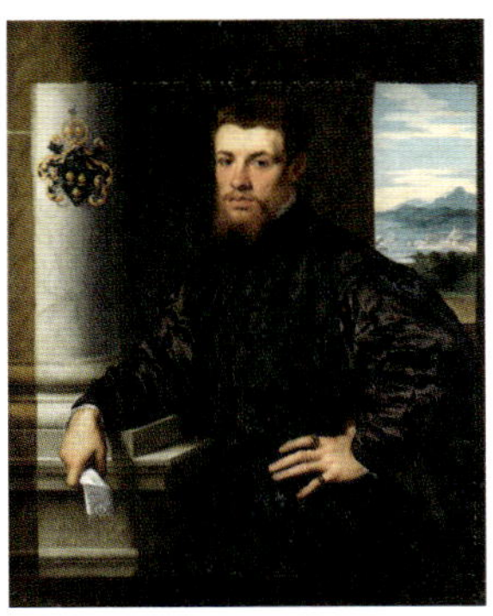

JOHANN STEPHAN VON CALCAR
PORTRÄT DES MELCHIOR VON BRAUWEILER
Um 1540
Öl auf Leinwand, 109 × 88,5 cm (inkl. Anstückungen)
Paris, Musée du Louvre, Inv. 134

JACOPO TINTORETTO

PORTRÄT DES NICOLÒ DORIA

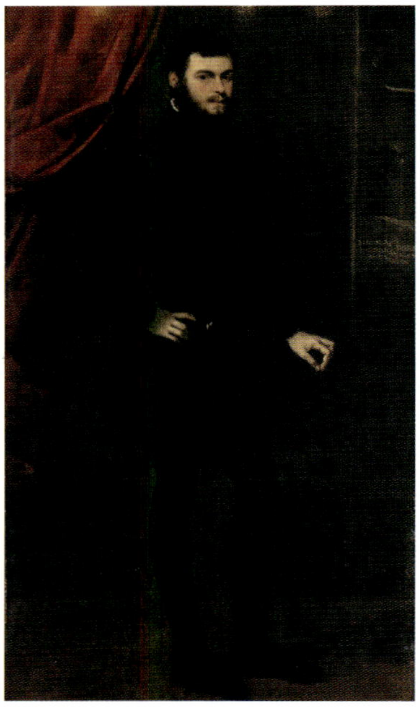

Kat. 44

☚ S. 162

1545
Öl auf Leinwand, 193 × 114,9 cm
Privatsammlung

PROV.
(Vermutlich) Genua, Giovanni Carlo Doria (Neffe des Porträtierten, † 1625); durch Erbschaft an dessen Bruder Marcantonio Doria († 1651); durch Erbschaft an dessen Sohn Giovanni Francesco Doria († 1653); um 1830: Giuseppe Finetti, Mailand; Algernon Eustace Hugh Heber-Percy (* 1944), Hodnet Hall, Shropshire; Christie's, London, 24. 11. 1967; dort ersteigert durch J. Lewis; Christie's, New York, 30. 1. 2013; Robert Zellinger de Balkany, Paris († 2015); Sotheby's, Paris, 20. 9. 2016

BIBL.
Rossi 1974, S. 21, 25, 110; Pallucchini/Rossi 1982, S. 37, 125, 134, 236; Venedig 1994, S. 13, 167; Boccardo 1994, S. 81f.; Polleroß 1995, S. 35; Rearick 1995, S. 55; Boccardo 1997, S. 34 f.; Nichols 1999, S. 6, 39; Krischel 2000, S. 78; Genua 2004, S. 198 f. (Kat. 25, Piero Boccardo); Falomir 2007 b, S. 96, 100; Madrid 2007, S. 96, 100, 278–280 (Miguel Falomir)

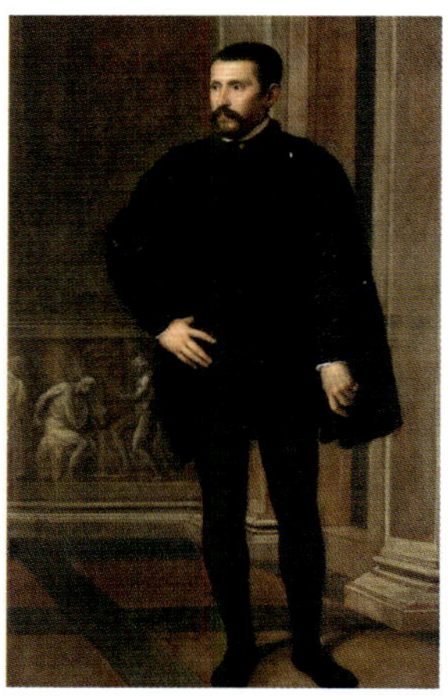

TIZIAN
PORTRÄT DES DIEGO HURTADO DE MENDOZA
1541
Öl auf Leinwand, 179 × 114 cm, Florenz, Galleria Palatina, Palazzo Pitti, Inv. 215

Schon der junge Tintoretto ist mit Porträts in den Sammlungen mächtiger Genueser Familien vertreten. Um diese Bildnisse anzufertigen, musste der Venezianer nicht in die ferne Konkurrenzstadt reisen, denn im nahen Chioggia hatten sich Zweige vornehmer genuesischer Geschlechter wie etwa der Bonivento, der Cibo, der Gandolfo und der Doria niedergelassen, die oft genug Besuch aus Genua erhielten.[1] Der als Kaufmann und Diplomat tätige Giacomo Doria residierte 1529–1541 in Venedig und ließ sich seinerzeit von Tizian porträtieren (Oxford, Ashmolean Museum). Das hier gezeigte Gemälde ist ein Konterfei seines Sohnes Nicolò (ca. 1525–1592), der später, für die Amtsperiode 1579–1581, zum Dogen von Genua gewählt werden sollte. Name (und Vater) des Porträtierten, sein Alter und das Entstehungsdatum des Bildes sind inschriftlich vermerkt: NICOLAI DORIA / IACOBI · ANN · XX / M DXXXXV ·

Das ganzfigurige lebensgroße Porträt stellt eine Rarität im Œuvre Tintorettos dar; vielleicht handelt es sich hier um seinen ersten Versuch in dieser Bildnisgattung. Über deren Entstehung wird heftig diskutiert. Eine wichtige Rolle spielte Jakob Seiseneggers Porträt Kaiser Karls V. (Wien, Kunsthistorisches Museum), das 1533, kurz nach seiner Entstehung, von Tizian offenbar kopiert wurde (Madrid, Prado). Als mögliches Vorbild für Tintorettos „Nicolò Doria" gilt Tizians ganzfiguriges Porträt des spanischen Botschafters in Venedig, Don Diego Hurtado de Mendoza (Abb.). Die dort recht ausführlich dargestellten Pilaster reduzieren sich bei Tintoretto zu einem Mauerstück mit rustizierter Halbsäule. Kompositorisches Gegengewicht ist der gemalte Bildvorhang: ein Trompe-l'œil, das die Realitätsebenen verwischt und die unmittelbare physische Präsenz des Porträtierten dadurch auf seltsame Art verstärkt.

Wenn sich Giacomo Doria von Tizian und sein Sohn Nicolò Doria von Tintoretto porträtieren ließen, so denkt man an einen Parallelfall: Tizians Porträt des Kunsthändlers Jacopo Strada (Wien, Kunsthistorisches Museum) und das aus der Tintoretto-Werkstatt stammende Bildnis von Strada junior (Amsterdam, Rijksmuseum). Wie Komposition und Bildmaße verraten, waren diese beiden Gemälde ausdrücklich als Gegenstücke und Sukzessionsporträts gedacht, und zwar in doppeltem Sinne: Der älteren und der jüngeren Auftraggebergeneration entsprachen die ältere und die jüngere venezianische Malergeneration. Ob die Doria ein ähnliches Konzept verfolgten, ist aber fraglich, denn die Porträts von Giacomo und Nicolò korrespondieren weder kompositorisch noch im Format. Bemerkenswerterweise ist das hier ausgestellte Gemälde auch nicht signiert. Im Testament von 1651 bezeichnete Marcantonio Doria es als Porträt „des verstorbenen Durchlauchtigen Nicolò Doria, Onkel väterlicherseits, in jugendlichem Alter, von der Hand des Tizian" („del quondam Illustrissimo Nicolò Doria, zio paterno, quando era giovane per mano del Tiziano").[2] Und noch 1994 sprach Boccardo das (damals nicht lokalisierbare) Porträt als Werk des Cadoriners an. Möglicherweise wurde das Gemälde tatsächlich bei Tizian in Auftrag gegeben und erworben, aber von Tintoretto als Subunternehmer ausgeführt. Ähnliches ist für das Porträt des Vincenzo Cappello (Washington, National Gallery, Abb. S. 173) denkbar.[3] Vielleicht arbeitete Jacopo um 1540–1545 sporadisch als Porträtist für Tizian …

RK

1
Pellegrini 1903, S. 268.
2
Genua 2004, S. 198.
3
Siehe den Aufsatz von Krischel im vorliegenden Band.

JACOPO TINTORETTO

PORTRÄT EINES WEISSBÄRTIGEN MANNES

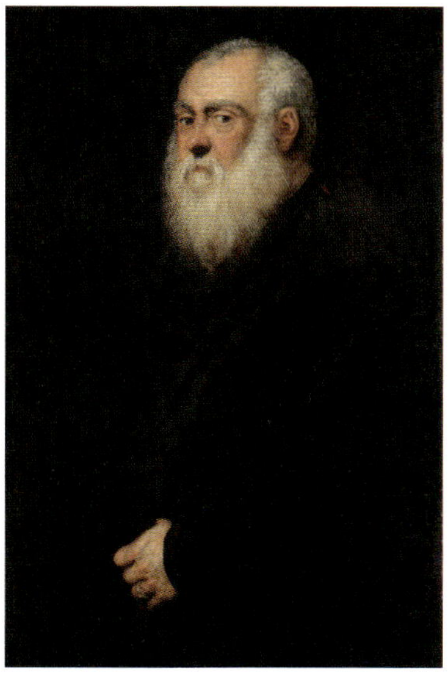

Kat. 45

☞ S. 165

Um 1545
Öl auf Leinwand,
92,4 × 59,5 cm
Wien, Kunst-historisches Museum,
Inv. GG 25

PROV.
James Hamilton, 1st Duke of Hamilton (1643)?; Erzherzog Leopold Wilhelm, Brüssel/Wien (vor 1651 und bis 1662); Leopold I., Wien (1662–1705)

BIBL.
Wilde 1938, S. 153; Rossi 1974, S. 62, 74, 129 f.; Venedig 1994, S. 140 f. (Kat. 31, Paola Rossi); Wien 1996, S. 170 f. (Kat. 35, Friederike Rollé); Rom 2012, S. 178 f. (Kat. 28, Luisa Attardi); Krischel 2012 b, S. 111

Er sei „jung an Jahren und alt an Überlegung" („zouene d'etae, e uecchio de consideration"), so charakterisiert brieflich sein Freund Andrea Calmo den knapp dreißigjährigen Tintoretto. Greifbar wird die frühreife Weisheit des jungen Malers im „Liebeslabyrinth" (Kat. 3), einer tiefgründigen Allegorie auf das menschliche Leben. Dieselbe Nachdenklichkeit befähigte Jacopo schon früh zu Höchstleistungen auf dem Gebiet des Altersporträts.

Das hier gezeigte, an den Seiten wohl etwas beschnittene Bildnis wurde bislang meist relativ spät, um oder sogar nach 1570, datiert. Bestimmte Indizien deuten aber auf eine viel frühere Entstehung hin. Bezeichnend ist – vor allem bei der in den langen Pelzkragen fassenden beringten Hand – die Nähe zur Malerei Tizians. Hinsichtlich der Durchbildung des Kopfes und gerade auch des subtil wiedergegebenen weißen Bartes besteht eine enge Verwandtschaft mit jenem um 1540 entstandenen Porträt des Vincenzo Cappello (Washington, National Gallery), das bis in jüngste Zeit zwischen Tizian und Tintoretto hin- und hergeschoben wird (Abb.).[1] Die im Wiener Bildnis für das Gesicht gewählte Dreiviertelansicht entspricht einer Standardlösung im porträtistischen Œuvre Tintorettos (vgl. Kat. 44, 48, 50–53). Erheblich seltener aber kommt es bei ihm vor, dass hinter dem gezeigten Ohr noch ein großer Abschnitt des Hinterkopfes sichtbar wird – so als bilde sich der Kopf gleichsam wie ein Rollsiegel auf der Leinwand ab. Ansatzweise ist dies im Sansovino-Porträt von etwa 1544/45 (Abb. S. 54) zu beobachten und noch deutlicher im 1545 datierten, einst Tizian zugeschriebenen „Bildnis eines zwanzigjährigen Mannes" (Royal Collection Trust, RCIN 402845). Auch die (auf das Antlitz fokussierte) Lichtregie und infolgedessen sogar die Schattenbildung unterhalb der Nase verbinden das Wiener Porträt mit dem Gemälde der Royal Collection.

Emotional wirkende Details, etwa die ungewöhnlich markante Darstellung der Tränenflüssigkeit und die anrührende, ebenso ungeschönte wie liebevolle Wiedergabe des im Schlaf verlegenen und zerdrückten Haarbüschels oberhalb des Ohres, verleihen dem Wiener Bildnis eine intime Aura, die – mit aller gebotenen Vorsicht – auf eine recht enge persönliche Beziehung zwischen Maler und Porträtiertem schließen lässt. Datiert man unser Bild (wie schon vor geraumer Zeit erwogen[2]) um 1545, so ergibt sich eine durchaus verlockende Perspektive für die Identifikation des „Weißbärtigen Mannes". Während die gerade, an der Spitze leicht kugelige Nase an Tintorettos frühes Selbstporträt (Kat. 48) erinnert, kehrt der vom weißen Schnurrbart überwucherte Mund im späten Selbstbildnis des Malers (Paris, Louvre) wieder. Ob es sich um ein Konterfei von Tintorettos Vater Battista Robusti handelt? Wäre der „sopra il ponte de San Cassan" nachweisbare Färber Battista de Jacopo des Malers Vater, so könnte dieser gegen Ende 1550 oder bald danach gestorben sein.[3] Unser Bild würde ihn dann fünf bis sechs Jahre vor seinem Tod zeigen.

Der besonderen Intensität (und Rätselhaftigkeit) dieses Porträts erwies 1985 Thomas Bernhard in seiner „Komödie" *Alte Meister* eine berühmte literarische Hommage. „Über dreißig Jahre schaue ich das Bild an und es ist mir immer noch möglich, es anzuschauen", so heißt es dort, „kein anderes Bild hätte ich über dreißig Jahre lang anschauen können."[4]

RK

1 Vgl. den Aufsatz von Krischel im vorliegenden Band.
2 Krischel 2000, S. 87.
3 Mazzucco 2009, S. 58.
4 Siehe dazu Ferino-Pagden 1994, S. VI–VIII.

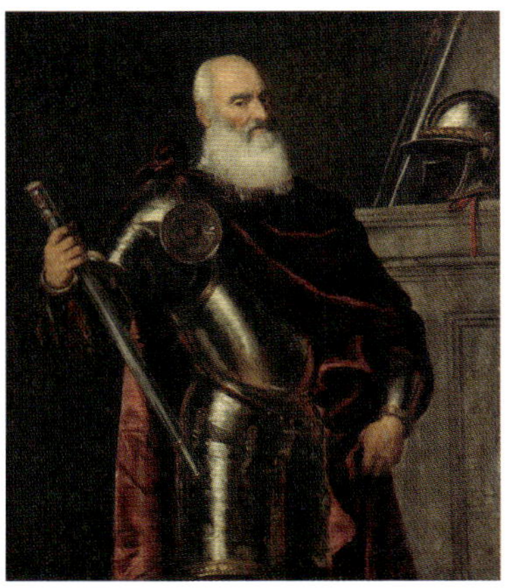

JACOPO TINTORETTO (FÜR TIZIAN)?
PORTRÄT DES VINCENZO CAPPELLO

Um 1540, Öl auf Leinwand, 141 × 118,1 cm, Washington, National Gallery, Samuel H. Kress Collection, Inv. 1957.14.3

JACOPO TINTORETTO

PORTRÄT EINES 39-JÄHRIGEN MANNES

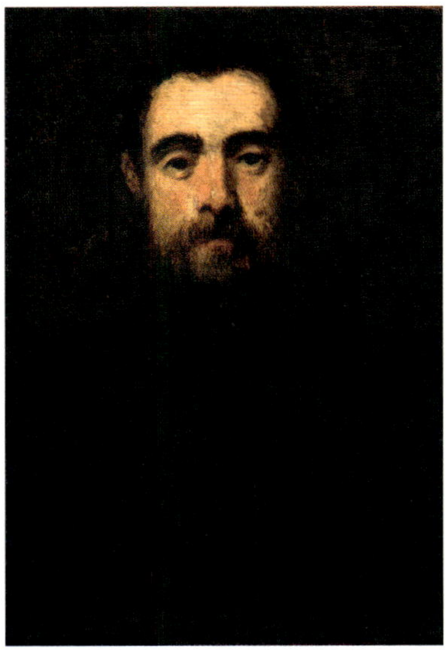

Kat. 46

☞ S. 166

1546
Öl auf Pappelholz, 29 × 22 cm
Florenz, Gallerie degli Uffizi, Inv. 1890, Nr. 1387
Inschrift: M.D.XLVI AET. XXXIX / IAC. FEC.

PROV.
Venedig, Marco Crasso (?); im Mai 1671 von Paolo del Sera für Kardinal Leopoldo de' Medici bei Alvise Crasso (Venedig) erworben; Palazzo Pitti; seit 1798 Uffizien

BIBL.
Pallucchini 1950, S. 117, 159 (Anm. 99); Rossi 1974, S. 24, 105; De Vecchi 1978, S. 89 (Nr. 41); Fileti Mazza 1987, S. 318 f.; Marinelli 1994, S. 26; Chiarini 1994, S. 32 f.; Florenz Jacopos 1994, S. 54 (Kat. 7, Sergio Marinelli); Marinelli 2002, S. 122

Verblüffend ist die nachgerade magische Effizienz, mit der Jacopo diesen Mann aus dem Dunkeln ins Licht treten und damit auf der Bildfläche Gestalt gewinnen lässt. Mit seiner inschriftlichen Datierung stellt das Gemälde einen wichtigen Fixpunkt in der Porträtmalerei des jungen Tintoretto dar. Ungewöhnlich sind der hölzerne Bildträger, das kleine Format sowie auch die frontale, symmetrische Darstellung des Porträtierten. Die Bildkomposition deutet bereits voraus auf das späte Selbstbildnis Tintorettos im Pariser Louvre. Es scheint daher verständlich, wenn die Tafel beim Erwerb durch Leopoldo de' Medici als Selbstporträt des Künstlers galt. Dem steht aber, wie schon Pallucchini 1950 bemerkt, die Inschrift entgegen, derzufolge die dargestellte Person 1546 ein Alter von 39 Jahren hatte, demnach also wohl 1507 geboren wurde.

Aufgrund des intimen Bildformats und der Darstellung ‚in Maestà' sprach Sergio Marinelli von der „Ikone" einer dem Maler nahestehenden Person. Da (anders als bei Kat. 45) keine Familienähnlichkeit festzustellen ist, scheint es sinnvoll, im Freundes- und Kollegenkreis Tintorettos Ausschau zu halten. In Frage käme Jacopos früher Weggefährte Giovanni Galizzi, den er um die Mitte der 1530er Jahre im Atelier des Bonifacio de' Pitati kennen gelernt haben könnte und mit dem er spätestens ab etwa 1544 bestimmte Aufträge, ja vielleicht sogar sein erstes Atelier teilte.[1]

Mit ihren bescheidenen Dimensionen ist diese Tafel von Salviatis Miniaturporträt (Kat. 47) nicht weit entfernt. Ähnlich kleinformatige Bildnisse schmuggelte Tintoretto bisweilen auch in seine Historienbilder. So enthält etwa das um 1550 gemalte „Wunder des hl. Augustinus" (Vicenza, Musei Civici, Pinacoteca di Palazzo Chiericati) in mittlerer Bildtiefe (unterhalb des rechten Kirchturmes) das nur etwa sieben Zentimeter hohe Miniaturporträt eines weißbärtigen Patriarchen aus der Auftraggeberfamilie Porto Godi.[2] Sein erster Biograph Carlo Ridolfi nennt Tintoretto einen – im Einzelfall – „fleißigen Miniaturisten" („diligente miniatore").[3] Davon zeugen, neben den botanisch genau bestimmbaren Pflanzen in der Bamberger „Himmelfahrt Mariens" beispielsweise, auch ganze, besonders fein gemalte Bilder, wie etwa die Wiener Tafel „Salomo und die Königin von Saba" (Kat. 16) oder der „Kampf Georgs mit dem Drachen" (Kat. 35). Zu Recht allerdings wies Marinelli darauf hin, dass Jacopo beim hier gezeigten Männerbildnis dem kleinen Format gerade nicht durch eine miniaturhaft feine Malerei entspricht, sondern im Gegenteil eher skizzenhaft vorgeht und bestimmte Formen (etwa die Partien unterhalb der Augenbrauen) ebenso souverän wie prägnant vereinfacht. Dennoch handele es sich nicht um den Entwurf für ein größeres Bild, sondern eher um die Miniaturausgabe eines solchen.

Beim Empfänger und Betrachter des Bildes setzte die auf so kleinem Format (und auf glattem, hartem Holz) unerwartet skizzenhafte Malweise eine gewisse optische Bildung und Wertschätzung des Non-finito voraus. Vielleicht wollte Tintoretto dem Porträtierten nicht nur dessen Konterfei, sondern zugleich auch ein Beispiel seiner (Jacopos) Kunst, genauer gesagt: seiner ebenso raschen wie treffsicheren Pinselführung, überreichen. Das könnte für ein Geschenk unter Künstlern sprechen (siehe oben).

RK

1
Vgl. den Aufsatz von Krischel im vorliegenden Band.
2
Krischel 2000, S. 41.
3
Ridolfi/Hadeln 1924, S. 42.

FRANCESCO SALVIATI

BILDNIS EINES MANNES

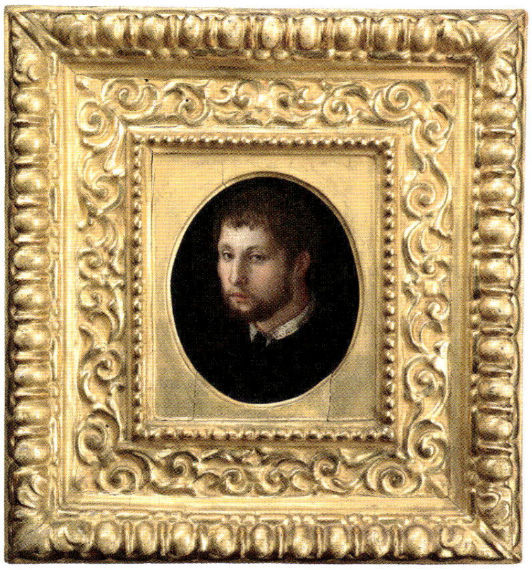

Kat. 47*

S. 168

Um 1545
Öl auf Pappelholz, 15,8 × 12,7 cm (mit Rahmen: 38 × 34,5 cm)
Köln, Wallraf-Richartz-Museum & Fondation Corboud, Inv. WRM 3651

PROV.
Graf Giovanni Battista Negroni, Rom (Inventar 1737)?; S.K.H. Prinz Joseph Clemens von Bayern († 1990); Klaus Nottbohm († 2005); erworben 2010 beim Kunstauktionshaus Schloss Ahlden[1]

BIBL.
Unpubliziert

Bei einer Auktion 2010 galt dieses Bild als Werk eines „italienische(n) Maler(s) aus dem Umkreis von Tizian".[1] Einige Merkmale scheinen diese Einordnung zu stützen: die farbliche Reduzierung, das Hervortreten des Kopfes aus dem Schatten, die diffuse und dadurch atmosphärische Hell-Dunkel-Modellierung, die vibrierende Kontur der Wange. Mit Tintorettos Selbstbildnis (Kat. 48) teilt unsere Miniatur die physische Präsenz des Porträtierten und die psychologische Zuspitzung, aber auch Details wie die scharfe Beleuchtung des oberen Augenlids. Eher ungewöhnlich für die venezianische Porträtmalerei sind hingegen das leicht kalkige Inkarnat, die betont antikische, skulptural aufgefasste Nase sowie der kalte, etwas lauernde Blick, der dem Dargestellten die Aura eines Höflings verleiht.

Die besten Vergleichsbeispiele finden sich denn auch in der Florentiner Malerei, nicht allerdings bei den fast durchweg schwächeren Miniaturen aus der Sammlung von Leopoldo de' Medici (Florenz, Uffizien), sondern in größeren Tafelbildern. Kopfhaltung, Beleuchtung und Spitzenkragen lassen an das um 1545 entstandene „Porträt eines Edelmannes mit Brief in den Händen" von Michele di Ridolfo del Ghirlandaio (Florenz, Uffizien) denken. Doch ist die Malerei dort härter und die psychologische Einfühlung geringer, sind die Gesichtszüge steifer und weniger lebendig. Äußerst nahe kommen wir unserem Bild mit einem posthumen Idealporträt des Giovanni dalle Bande Nere, ausgeführt zwischen 1546 und 1548 von Francesco de' Rossi, genannt Salviati (Abb.): Nicht nur Kopfwendung und Beleuchtung sind gleich, sondern vor allem auch der breite, senkrecht gegebene Nasenrücken und sogar das auffallend kleine, im Schatten rötlich glühende Ohr.

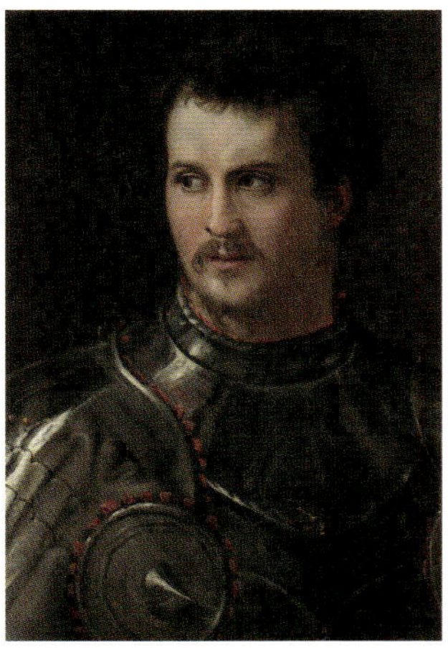

FRANCESCO SALVIATI
POSTHUMES PORTRÄT DES GIOVANNI DE' MEDICI (GENANNT: GIOVANNI DALLE BANDE NERE)

Um 1546–1548
Öl auf Pappelholz, 65 × 45 cm
Florenz, Galleria Palatina, Palazzo Pitti, Inv. 5195

Schon Detlev von Hadeln wies in seinen Studien zum jungen Tintoretto auf die Ankunft Salviatis in Venedig Mitte 1539 hin. Während seines (wohl bis Anfang 1541 dauernden) Aufenthalts führte er Deckenmalereien im Palazzo Grimani, eine „Beweinung Christi" für die venezianische Kirche Corpus Domini sowie ein Altarbild für Santa Cristina in Bologna aus. Außerdem entstanden Buchmalereien und Vorlagen zu Holzschnitt-Illustrationen für Aretinos *Vita di Maria Vergine*. Hatte Pallucchini dem Venedig-Aufenthalt Salviatis sehr große Bedeutung für die Verbreitung der zentralitalienischen *maniera* in der Lagunenstadt zugemessen, so wird dies inzwischen differenzierter gesehen.[2] Einflüsse des Florentiners auf Schiavone und Tintoretto sind unzweifelhaft vorhanden (Kat. 6, 7, 19, 28, 29), doch erkennt man mehr und mehr auch venezianische Elemente im Werk Salviatis.[3] Dessen Bildnismalerei ist nach dem Venedig-Aufenthalt von stärkerer psychologischer Durchdringung, raffinierterer Lichtregie und weicherer Farbmodellierung der Gesichter geprägt[4] – eben jenen Merkmalen, die zur Einordnung unseres Miniaturporträts in den Tizian-Umkreis führten (siehe oben).

Wie technologische Untersuchungen zeigen, war für die dargestellte Person ursprünglich eine Kappe vorgesehen. Leider wurden handbeschriftete Zettelchen auf der Rückseite von Bild und Rahmen zu einem unbekannten Zeitpunkt entfernt. Immerhin haben sich Bruchstücke zweier Siegel der Familie Negroni erhalten, mit denen das Porträt (wohl um 1700) in einem originalen Cinquecento-Rahmen fixiert wurde.

RK

1
Schloss Ahlden 2010, S. 385 (Lot 1427).

2
Hadeln 1922 a, S. 206, Anm. 2; Pallucchini 1950, S. 36–38; Paris 1998, S. 58 f., 120, 124 (Michel Hochmann); Hochmann 2004, S. 255–268.

3
Pallucchini 1950, S. 37, 115; Hochmann 2004, S. 283.

4
Geremicca 2015, S. 10 f.

JACOPO TINTORETTO

SELBSTPORTRÄT

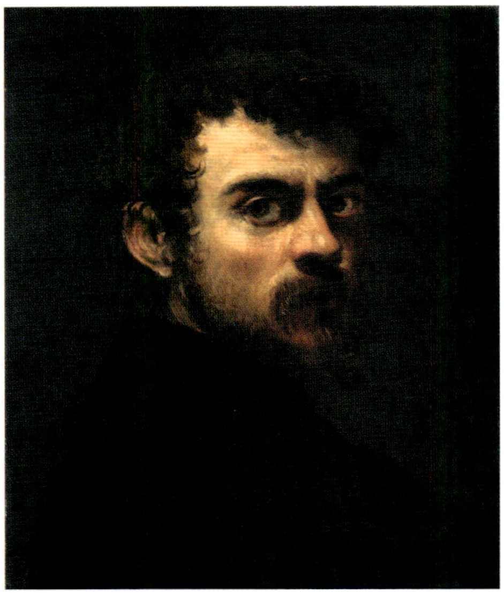

Kat. 48
☞ S. 164

Um 1547
Öl auf Leinwand,
46,3 × 38,1 cm
(ohne Anstückung: 40 × 33 cm)
Philadelphia Museum of Art, Inv. 1983-190-1
Gift of Marion R. Ascoli and The Marion R. and Max Ascoli Fund in honor of Lessing Rosenwald, 1983

PROV.
Alessandro Vittoria, Venedig (?); Sammlung Manfrin, Venedig; Charles Eliot Norton, Boston (1896); Misses Norton (1908 bis mindestens 1939); Wildenstein & Co., New York (1948); Max Ascoli, New York; dessen Ehefrau Marion R. Ascoli; 1983 als Geschenk von Marion R. Ascoli an das Philadelphia Museum of Art

BIBL.
Pallucchini 1950, S. 116–118, 122; Rossi 1974, S. 24, 117 f.; De Vecchi 1978, S. 91 f., Nr. 62 b; Los Angeles 1979, S. 96 f., 165 (Kat. 31); Paris 1993, S. 543 f. (Kat. 191, Giovanna Nepi Scirè), Venedig 1994, S. 80 f.; Krischel 1994 d; Rearick 1995, S. 52; Krischel 1996 a, S. 65; Nichols 1999, S. 21 f.; Krischel 2000, S. 6 f.; Mancini 2003, S. 184; Madrid 2007, S. 209–211 (Kat. 7, M. Falomir); Boston 2009, S. 120 (Robert Echols/ Frederick Ilchman), 291 (Kat. 9); Cassegrain 2010, S. 102–113; Ilchman 2014, S. 7–49, 57; Hochmann 2015, S. 290

Wie plötzlich berufen wendet sich der junge Tintoretto mit geweiteten Augen zum Betrachter um. Inmitten unbändigen Haares ist sein musikalisches Ohr wie ein Schalltrichter geöffnet, Aufträge erlauschend und Intrigen witternd. Seine von seitlichem Lichteinfall erhellte Stirn und die von innen strahlenden Augen signalisieren Inspiration, künstlerisches Sendungsbewusstsein und Vertrauen in das eigene frühreife Können. Doch ist in der sorgenvoll gerunzelten Stirn und im leisen Schrecken des ganz verschatteten linken Auges auch eine Ahnung von künftigen Turbulenzen spürbar. Die leichte Asymmetrie in Ausdruck und Stimmung wird betont durch eine kontrastreiche Beleuchtung. Wie in manchen Zeichnungen Jacopos (Kat. 31) erscheint sie als Medium philosophischer Spekulation: Licht und Schatten gewinnen existenzielle Bedeutung; sie verweisen auf Tag und Nacht[1], Anonymität und Ruhm, Glanz und Elend, Melancholie und Frohsinn.

Als durchaus programmatisch ist die Malweise aufzufassen, die Tintoretto hier an sich selbst erprobt und vorführt: Wie gemeißelt wirken die kurzen, kraftvollen Pinselstriche im Bereich der Stirn. Ihre diagonale Anlage erinnert mehr an die Schraffuren einer Graphik als an fein vertreibende Ölmalerei, wie man sie seinerzeit gerade in der Gesichtsdarstellung erwartete. Nicht geduldiges Handwerk, sondern eine geistreich zupackende Kunst wird hier propagiert. Seine extrem rasche Auffassungsgabe steht Jacopo buchstäblich ins Gesicht geschrieben!

Kompositorisch, beleuchtungstechnisch und stimmungsmäßig wurzelt unser Bild in einer älteren venezianischen Tradition. Genannt wurde Giorgiones um 1508 entstandenes „Selbstbildnis als David" (Braunschweig, Herzog Anton Ulrich-Museum). Die einfache, keilförmige Silhouette der farblich stark reduzierten Büste aber verbindet Jacopos Selbstporträt sehr eng auch mit dem zwischen 1525 und 1530 datierten „Porträt eines Edelmannes" von Paris Bordone (Abb.). Zu erwägen wäre, ob es sich dabei ebenfalls um ein Selbstbildnis handelt.

Tintorettos Gemälde ist kleiner als diese Vorbilder; Selbstvergewisserung, nicht Repräsentation war angestrebt. Die Röntgenaufnahme zeigt – ringsum angeschnittene – Spuren einer anderen Komposition, darunter Faltenwürfe und eine (skizzierte) Hand.[2] Als Bildträger diente also der Ausschnitt aus einem größeren, verworfenen Gemälde. Das mit dem Selbstbildnis übermalte Leinwandfragment war kleiner als die heutige Bildoberfläche und zunächst nur provisorisch fixiert: mit Schnüren auf einen größeren Arbeitsrahmen gespannt („Holländische Spannmethode") oder flach auf eine Holztafel genagelt.[3] Dann wurde es mit Streifen feinerer Leinwand ringsherum erweitert und neu aufgespannt. Erst auf das solchermaßen vergrößerte Bild bezieht sich die Kopie in London (Victoria & Albert Museum).

Als spätes Pendant zum hier gezeigten Selbstporträt gab es ein (verlorenes) Selbstporträt des alten Tintoretto. Es liegt einem posthumen Konterfei des Malers zugrunde, das zwei seiner Töchter in ein Antependium für ihr Kloster Sant'Anna einstickten[4], und diente als Vorlage für den Holzschnitt in Ridolfis Tintoretto-Biographie von 1642.

RK

1
Melothesische Zuordnung des Monds zum linken und der Sonne zum rechten Auge: Hall 2008, S. 75 f.

2
Wir danken Chris Atkins, Terry Lignelli und Tobias Nagel für die gemeinsame Diskussion der Röntgenaufnahme.

3
Ähnlicher Befund: Wald 1992 und Wien 1996, S. 167 („Lorenzo Soranzo").

4
Abbildung: Krischel 1994 b, S. 6.

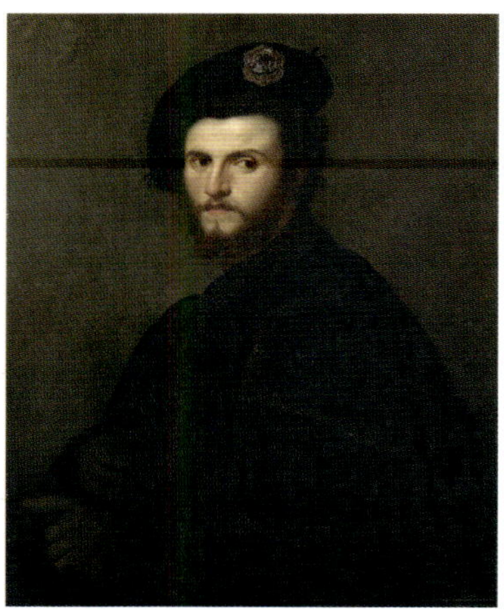

PARIS BORDONE
PORTRÄT EINES EDELMANNES (SELBSTPORTRÄT?)
Um 1525–1530,
Öl auf Leinwand,
82,2 × 67 cm
Toronto, Art Gallery of Ontario, Inv. 890

JACOPO TINTORETTO

PORTRÄT EINES MANNES (ANDREA CALMO?)

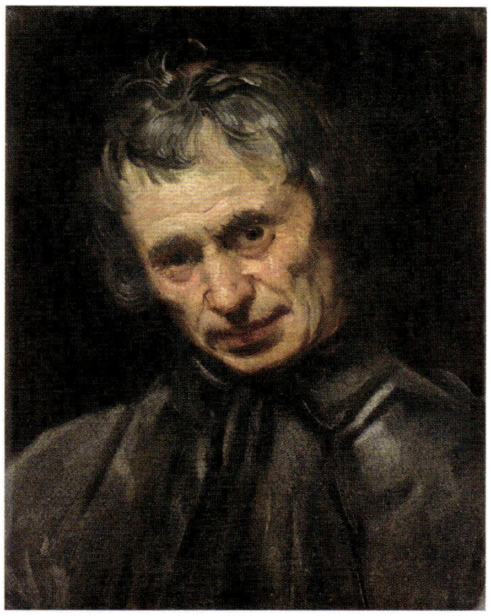

Kat. 49

☞ S. 161

Um 1547/48 oder um 1557
Öl auf Leinwand, 46,7 × 37,2 cm
Florenz, Galleria Palatina, Palazzo Pitti, Inv. 1912 Nr. 166

PROV.
Palazzo Pitti, Galleria Palatina e Appartamenti

BIBL.
Posner 1971, Bd. 2, S. 26 f. (Kat. 60); Florenz 1975, S. 23 f. (Nr. 16); Chiarini/Padovani 2003, S. 112 (Nr. 160, Marco Chiarini)

Die kompromisslose, fast beängstigende Intensität dieses Porträts wirkt außerordentlich modern: Man fühlt sich erinnert an jene Bildnisse von „Monomanen", die Théodore Géricault um 1820 (angeblich auf Wunsch eines leitenden Arztes der Pariser Salpêtrière) anfertigte. Seinerzeit reproduzierte Giovanni Paolo Lasinio das hier gezeigte Porträt in einer Radierung als angebliches Werk des frühbarocken Bologneser Malers Annibale Carracci (1560–1609).[1] Donald Posner bekräftigte diese Zuschreibung und datierte um 1590–1592. Allerdings sah er auch bereits eine „Abhängigkeit" von der Porträtmalerei des Tintoretto und des Jacopo Bassano.

Auf den ersten Blick scheinen tatsächlich gewisse Ähnlichkeiten mit Werken von Annibale Carracci zu bestehen: Der ungeschönte Realismus des Florentiner Bildnisses erinnert an die „Bohnenesser" (Rom, Galleria Colonna); die skizzenhafte Faktur und schelmenhafte Aura gemahnen an den „Kopf eines Lachenden" (Rom, Galleria Borghese); die mimische Expressivität und die daraus resultierende starke Emotionalität lassen an das Porträt des Giovanni Battista Agucchi (York, City Gallery) denken, das Silvia Ginzburg dem Annibale Carracci zuschrieb.[2] Allerdings gibt es im Œuvre dieses Künstlers kein einziges Werk, das sich dem Florentiner Bildnis hinsichtlich Komposition, Lichtregie und Pinselduktus auf überzeugende Weise zur Seite stellen ließe.

Perfekt hingegen fügt sich das Gemälde ins Schaffen des jungen Tintoretto ein. Sein Format entspricht den aktuellen Maßen des Selbstporträts in Philadelphia (Kat. 48). Dort und in vielen anderen Bildnissen Jacopos (Kat. 46, 50, 52) finden sich sowohl der heftige Hell-Dunkel-Kontrast als auch das Hervortreten des Kopfes aus dem Schatten. Die skizzenhafte, an Tempera oder Fresko erinnernde Malweise entspricht der Pinselführung im „Sklavenwunder" (Abb. S. 57), findet sich aber auch noch zehn Jahre später bei den „Evangelisten" für Santa Maria del Giglio. Vergleichbar ist eine Kopfskizze Tintorettos in Hampton Court (Abb.), die vielleicht in Vorbereitung auf ein größeres Sitzporträt (New York, Metropolitan Museum of Art, Inv. 41.100.12) entstand.

Dass auch das Florentiner Bild als Vorstufe zu einem formelleren Konterfei diente, darf bezweifelt werden. Bei aller Reduktion in Format und Aufwand ist doch eine perfekt durchdachte Inszenierung zu beobachten: Aus leicht vorgebeugter Haltung blickt der Porträtierte von unten auf – mit einem lauernden Blick, den die winzige Lichthöhung der Pupille ins Stechende steigert. Zusammen mit den deutlich ausgeprägten Lachfalten in den Augenwinkeln lassen Körperhaltung und mimischer Ausdruck an einen Komödianten denken, der Applaus entgegennimmt. Ob es sich um den 1510 geborenen Andrea Calmo handelt? Dann gälte die spätere Datierung.

Übrigens ist keineswegs ausgeschlossen, dass Annibale Carracci dieses oder ähnliche Bildnisse Tintorettos kannte. Sein Bruder Agostino Carracci fertigte hervorragende Kupferstiche nach Gemälden Tintorettos – und Annibale selbst persiflierte in einer Zeichnung Jacopos „Verkündigung" (Venedig, Scuola Grande di San Rocco).[3] Sein ambivalentes, zwischen Bewunderung und Kritik schwankendes Verhältnis zu Jacopos Malerei ist durch ein berühmtes Zitat überliefert: „Ich habe gesehen, wie Tintoretto bald ebenbürtig dem Tizian und bald schwächer als Tintoretto ist."[4]

RK

JACOPO TINTORETTO
PORTRÄTSTUDIE

Um 1550–1560, Öl auf Leinwand (auf Holz aufgezogen), 39,5 × 34,5 cm
The Royal Collection/HM Queen Elizabeth II, Hampton Court, Inv. RCIN 402994

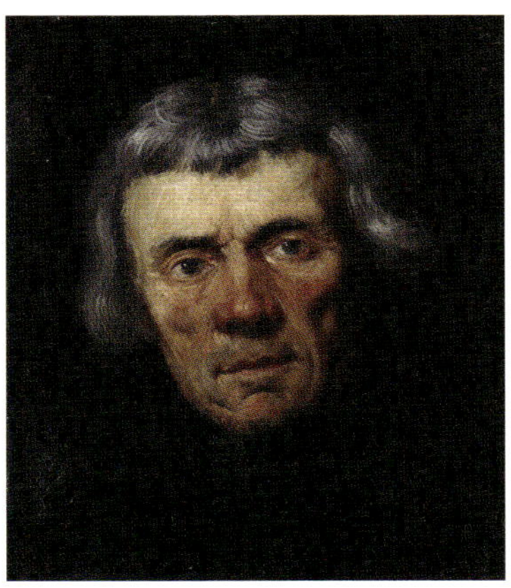

1
Für eine weitere, gezeichnete Kopie vgl. Orliac 1939, S. 76.

2
Ginzburg 1994.

3
Simons 2011, S. 28 f.; Krischel 2013, S. 113–115.

4
Bellori/Borea 1976, S. 36.

JACOPO TINTORETTO

BILDNIS EINES MANNES (LORENZO SORANZO?)

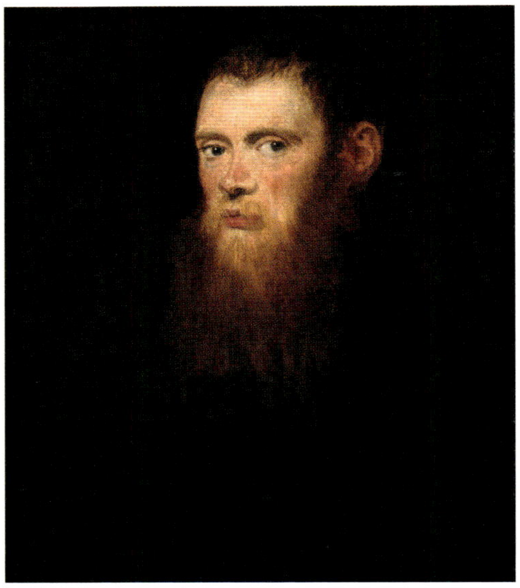

Kat. 50**

☞ S. 168

1547
Öl auf Leinwand, 63,5 × 51 cm
Nantes, Musée d'arts de Nantes, Inv. 170

PROV.
Clisson, Sammlung Cacault; 1810 von der Stadt Nantes für das Museum erworben

BIBL.
Berenson 1932, S. 562; Palluchini 1951, S. 111 f.; Beguin/De Vecchi 1971, S. 97, Nr. 101; Rossi 1974, S. 37, 116; Paris 1993, S. 602 (Giovanna Nepi Sciré); Sarrazin 1994, S. 120 f., Nr. 39; Venedig 1994, S. 104–107 (Paola Rossi); Madrid 2007, S. 269, Anm. 12; Quimper/Rennes 2013, S. 54 f. (Adeline Collange-Perugi)

Zu Beginn des 19. Jahrhunderts befand sich das Bildnis im Museum der Brüder Cacault in Clisson, wo es als Werk Tizians galt. Nachdem die Stadt Nantes die Sammlung Cacault 1810 erworben hatte, dauerte es nicht lange, bis die Zuschreibung an Tintoretto in der Literatur auftauchte, um sich dann im Gefolge der großen Bestandsaufnahmen Bernard Berensons im 20. Jahrhundert durchzusetzen.

Aufgrund einer Ähnlichkeit mit der durch ein anderes Werk Tintorettos (Wien, Kunsthistorisches Museum) bekannten Physiognomie des Lorenzo Soranzo schlug Rodolfo Pallucchini 1951 vor, den auf dem Nanteser Gemälde Dargestellten mit diesem zu identifizieren. Die Soranzo waren eine alteingesessene, hoch angesehene venezianische Familie, die der Serenissima im 14. Jahrhundert einen Dogen geschenkt hatte und deren Mitglieder auch im 16. Jahrhundert noch bedeutende öffentliche Ämter bekleideten. Bei dem auf dem Wiener Bild vermerkten Datum 1553 handelt es sich übrigens um eben jenes Jahr, in welchem dem damals 35-jährigen Lorenzo Soranzo das Amt des *Camerlengo di Comun* übertragen wurde. Pallucchini sah in dem hier ausgestellten Gemälde sogar eine Studie nach dem Leben, die als Vorlage für das (jetzt eben in Wien befindliche) offizielle Bildnis gedient haben könnte. Diese Hypothese wurde von Paola Rossi aufgegriffen und fand breite Zustimmung unter den Kunsthistorikern – mit Ausnahme von Giovanna Nepi Sciré, die 1993 zu Recht darauf hinwies, dass sich die dargestellten Personen hinsichtlich Alter und Physiognomie unterscheiden. Betrachtet man bestimmte Details des Bildnisses aus Nantes genauer, so kommen in der Tat Zweifel auf: Die Gesichtsform im Ganzen ist hier schmaler, der Teint hell mit Rötungen auf Wangen und Nase, die Zeichnung der Brauenbögen, des Nasenrückens verschieden, der Bart andersfarbig und mit dem dunkleren Kopfhaar kontrastierend. Tatsächlich wurde dieses Werk zuweilen auch als „Bildnis eines Mannes mit blondem Bart" („Portrait d'homme à la barbe blonde") betitelt. Darf man also auch weiterhin den Dargestellten in der Familie Soranzo suchen? Immerhin hat Jacopo zu Beginn seiner Laufbahn mehrere Konterfeis für diese Familie ausgeführt, darunter auch ein – im Tintoretto-Œuvre äußerst rares – Gruppenporträt (Mailand, Castello Sforzesco), auf dem gleich mehrere männliche Gesichter gewisse Ähnlichkeiten mit der hier dargestellten Person aufweisen.

Mag auch die Identität des Dargestellten fraglich sein – die malerische Qualität des Porträts ist unbestreitbar. Pallucchinis Einschätzung, dieses Bildnis von großer Schlichtheit sei das Ergebnis einer Studie nach dem Leben, ist nach wie vor ein interessanter und vielversprechender Ansatz. In der Tat schlagen die Menschlichkeit dieses aus dunklem Hintergrund hervortretenden Antlitzes und die Präsenz seines offenen Blicks den Betrachter unmittelbar und unausweichlich in ihren Bann. Überdies fügt sich das Werk perfekt in Produktion und Stil des jungen Tintoretto. Anhand eines Vergleichs mit dem in Komposition und Ausdruck eng verwandten, inschriftlich für 1547 gesicherten Männerporträt in Otterlo (Abb.) schlägt Roland Krischel vor, das hier gezeigte Werk ins gleiche Jahr zu datieren.[1] Es bezeugt Tintorettos frühe Meisterschaft in der Kunst der Bildnismalerei und weist ihn als würdigen Erben Tizians auf diesem Gebiet aus.

CM

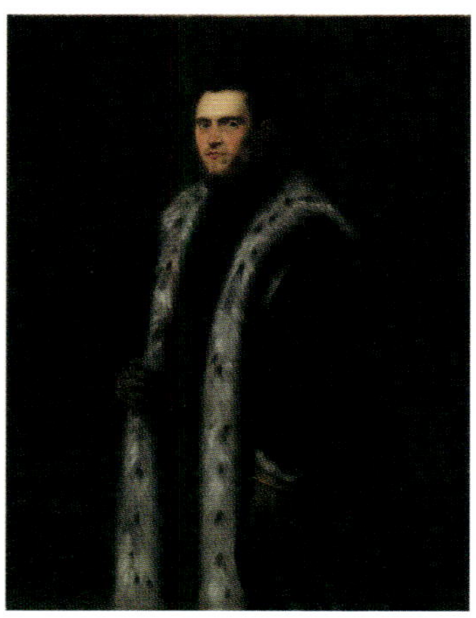

JACOPO TINTORETTO
BILDNIS EINES 26-JÄHRIGEN MANNES
1547, Öl auf Leinwand, 130 × 97 cm, Otterlo, Kröller-Müller Museum

1 Brief an das Musée d'Art de Nantes, 22. April 2016.

JACOPO TINTORETTO

BILDNIS EINER JUNGEN DAME IM LEHNSTUHL

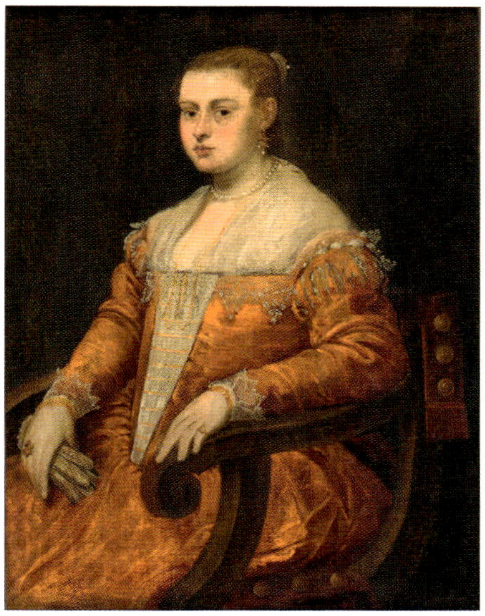

Kat. 51

☞ S. 169

Um 1553
Öl auf Leinwand, 102,5 × 78,5 cm
Amersfoort, Rijksdienst voor het Cultureel Erfgoed, NK 1639 (als Depositum im Stedelijk Museum Het Catharina Gasthuis, Gouda)

PROV.
Kunsthandel Rom, Jandolo; 1902 Slg. Wulff, Burg Brandenstein/Hessen; ab 1925 Slg. Otto Lanz (gest. 1935), Amsterdam; 1935–1941 Erben Lanz, als Depositum im Rijksmuseum Amsterdam; 1941–1945 Deutsches Reich (von Posse für Hitlers Museum in Linz erworben); 1945/46 Stichting Nederlands Kunstbezit, Nr. 675; ab 1947 Den Haag, Rijksdienst Beeldende Kunst, NK 1639

BIBL.
Bercken 1942, S. 103, Nr. 6, Abb. 312; Pallucchini 1950, S. 139, 142, 164; Rossi 1974, S. 39, 41, 95, Abb. 83; De Vecchi 1978, S. 95 (Nr. 92); Boschloo/van der Sman 1993, S. 91, Nr. 88; Schwarz 2004, S. 131, VII/48

Das Porträt wurde erstmals 1903 von Henry Thode (mündlich) als eigenhändiges Werk Tintorettos angesprochen und 1924 von Erich von der Bercken als solches publiziert. Namhafte Kenner und Gelehrte, darunter Berenson, Friedländer, Gronau, Pallucchini und Rossi, folgten dieser Einschätzung. Kontrovers wurde hingegen die Datierung diskutiert, die zwischen 1547 und 1554 schwankt. In diesem Zusammenhang kann jetzt auf die geradezu verblüffende Ähnlichkeit zwischen der linken Hand der jungen Dame und der linken Hand des 1553 datierten „Lorenzo Soranzo“ im Wiener Kunsthistorischen Museum hingewiesen werden.

Während Tintoretto ab etwa Mitte der 1540er Jahre meist kleinformatige *mezzobusto*-Porträts vor neutralem Hintergrund schuf, veränderte sich – analog zu Erfolg und stetig wachsendem Selbstbewusstsein des jungen Malers – das Format. Zeugen schon frühe halb- und ganzfigurige Bildnisse von 1545/46 vom experimentellen Dialog mit Tizian (Kat. 44, 45), so wird in den 1550er Jahren die „Titian formula“ (Ilchman) bestimmend für eine homogene Gruppe meist männlicher Bildnisse. Das große Vorbild klingt auch in der Inszenierung der „Dame im Lehnstuhl“ an. Offenbar kannte Tintoretto das 1536/37 von Tizian geschaffene „Porträt der Eleonora Gonzaga, Herzogin von Urbino“ (Florenz, Galleria degli Uffizi), wenn nicht aus eigener Anschauung, so wohl vom Hörensagen: etwa durch Pietro Aretino, der Anfang der 1550er Jahre ebenso wie Jacopo Sansovino und Anton Francesco Doni zum Kreise jener einflussreichen Persönlichkeiten gehörte, die von Tintoretto porträtiert wurden und diesem neue gesellschaftliche Kontakte erschlossen.

Goldkette, Perlenschmuck und Habitus weisen die junge Dame als Angehörige des venezianischen Patriziats aus. Ihr leuchtendes Seidengewand – im Bereich des von einem transparenten Schleier züchtig verhüllten Dekolletés und der Ärmel mit weißen Spitzen besetzt, im Schulterbereich mit dezent geschlitzten Puffärmeln ausgestattet – reflektiert den 1550–1555 in Kreisen junger Venezianerinnen üblichen Kleiderluxus (Abb.). Die Wendung der Porträtierten deutet darauf hin, dass dieses Konterfei ursprünglich ein links davon präsentiertes männliches Pendant hatte. Über ihre Funktion als Standesattribut hinaus haben womöglich auch die goldbestickten Handschuhe Verweischarakter, insofern als diese im gemalten Porträt bekanntlich eine rechtssymbolische Handlung (Hochzeitsgabe) dokumentieren oder ein Treugelöbnis memorieren konnten.

Eine weitere Besonderheit des Porträts ist der kraftvolle Zusammenklang der Farben vor dunklem Hintergrund. Der daraus resultierenden Nähe und Präsenz verschließen sich allerdings Körpersprache und Antlitz der jungen Frau. Durchdrungen von gesellschaftlich auferlegter Disziplin und Zurückhaltung verharrt diese unbewegt in dem großen Lehnstuhl, dessen Armlehne eine weitere Barriere zwischen ihr und dem Betrachter bildet. In ihrem Anspruch auf Repräsentation und Memoria steht die Unbekannte den ihrerseits zwischen Nähe und Distanz changierenden jungen Frauen der „Soranzo-Familie“ (Mailand, Castello Sforzesco) nahe. Jenes um 1550 von Mitarbeitern der Tintoretto-Werkstatt ausgeführte Gruppenbild schärft allerdings auch den Blick für die Qualitäten der „Dame im Lehnstuhl“. So bezeugt die Textur des Gewandes nicht nur Jacopo Tintorettos notorisches Gespür für die malerische Differenzierung von Stoffen, sondern auch die ihm eigene malerische *prestezza* (Schnelligkeit).

AP

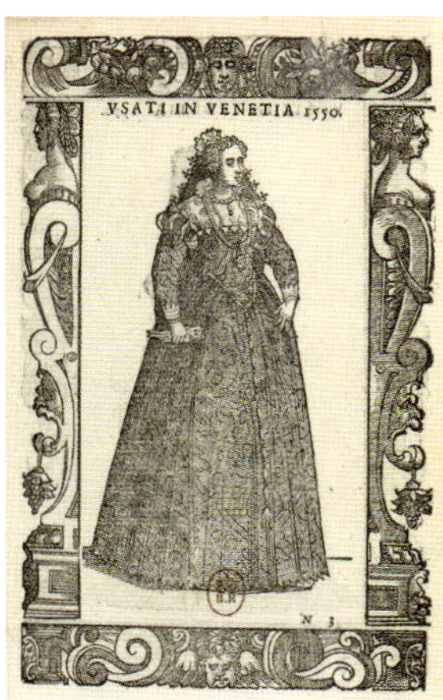

VENEZIANISCHE DAMENMODE 1550

Holzschnitt von Cristoforo Chrieger, aus: Cesare Vecellio, Habiti antichi et moderni, Venedig 1598, fol. 99 recto („vsati in Venetia 1550“)

JACOPO TINTORETTO

PORTRÄT DES ALVISE MOCENIGO

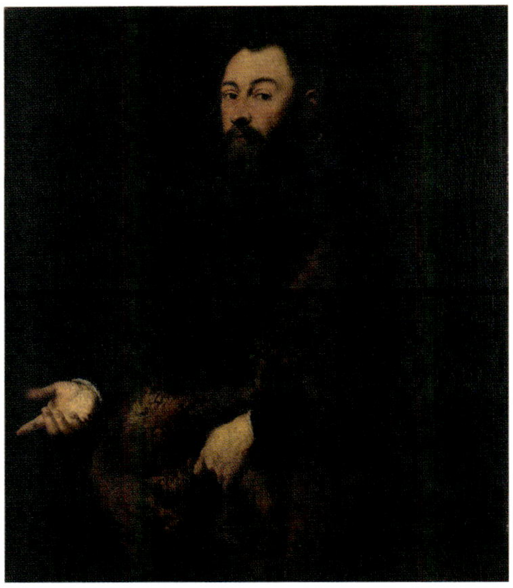

Kat. 52

☞ S. 167

Um 1553 (?)
Öl auf Leinwand, 110 × 91,5 cm
Florenz, Uffizien, Sammlung Contini Bonacossi, Inv. C.B.33

PROV.
Sammlung Paolini, Rom; 1974 mit dem Vermächtnis Contini Bonacossi an die Uffizien

BIBL.
Coletti 1940, S. 8; Bercken 1942, S. 111, Nr. 127; Pallucchini 1950, S. 144; De Vecchi 1978, S. 97, Nr. 104; Rossi 1990, Nr. 43, S. 91; Rossi 1994, S. 21

Über die Datierung dieses Bildnisses gehen die Ansichten auseinander: Coletti hielt es für ein vor 1548 entstandenes Jugendwerk, Erich von der Bercken zufolge entstand es zwischen 1547 und 1554, und Pallucchini ordnete es in seiner *Giovinezza del Tintoretto* einer Gruppe von Porträts zu, für die er eine Entstehung um 1553 annahm; dabei stützte er sich auf ihre Gemeinsamkeiten mit dem Bildnis des Lorenzo Soranzo im Kunsthistorischen Museum, das dieses Datum trägt (ihm schlossen sich später Paola Rossi und Pierluigi de Vecchi an). Seltsamerweise wurde bislang nicht erkannt, dass es sich bei dem Dargestellten um den am 15. Mai 1570 zum Dogen gewählten Alvise Mocenigo handelt. Der Vergleich mit den bekannten Porträts des Dogen in Berlin und in der Accademia (Abb.) lässt jedoch keinen Zweifel zu. Kopf, Ausdruck und Pose sind einander so ähnlich, dass man sich fragen kann, ob Tintoretto nicht, wie auch in anderen Fällen, eine Pause vom Kopf des Florentiner Gemäldes aufbewahrt und später wiederverwendet hat.

Theoretisch könnte die Identifizierung des Dargestellten bei der Datierung des Werkes helfen; es ist nämlich bekannt, dass Alvise am 26. Oktober 1507 geboren wurde. Nur ist es leider immer schwierig, das Alter von Porträtierten genau zu bestimmen. Das Modell erscheint hier jünger als auf dem in der Accademia befindlichen Bild, aber um wieviel? Bart und Kopfhaar sind noch nicht ergraut, das Gesicht noch nicht von tiefen Falten gezeichnet, doch ist Alvise hier vierzig, fünfundvierzig oder fünfzig Jahre alt? Jedenfalls lässt sich sagen, dass sein offensichtliches Alter der gemeinhin aus stilistischen Gründen vorgeschlagenen Datierung um 1553 nicht widerspricht. Die glänzende Karriere des Alvise hilft in dieser Frage auch nicht weiter. Bekannt ist, dass er Venedig mehrfach verließ: zwischen 1546 und 1548, als er Botschafter am Hofe Karls V. war, der ihn in den Rang eines Pfalzgrafen erhob, dann von 1552 bis 1554, als er in Crema als *podestà* wirkte, und schließlich von 1558 bis 1560, als er Botschafter beim Heiligen Stuhl war (um nur die Zeitspanne zu betrachten, in der das Werk entstanden sein muss).[1]

Paola Rossi bemerkte, der Dargestellte trete gewissermaßen in einen Dialog mit dem Betrachter, und dies zeige sich in der rhetorischen Geste der rechten Hand, die an Tizian gemahne (Bildnis des Pietro Bembo, National Gallery, Washington). Man könnte darin auch eine diskrete Anspielung auf die diplomatischen Fähigkeiten Alvises sehen, aber das mag etwas weit hergeholt sein. Unbekannt ist auch, ob der üppige Pelz, in den er sich hier hüllt, für ihn eine besondere Bedeutung besaß. Wie dem auch sei, dieses Porträt bestätigt, dass es Tintoretto bereits zu Beginn der 1550er Jahre gelungen war, in Beziehung zu einigen der vornehmsten Mitglieder des venezianischen Patriziats zu treten, die ihn als Bildnismaler schätzten. Alvise Mocenigo hatte sogar eine regelrechte Vorliebe für Jacopo, die sich nicht nur im Auftrag für sein Porträt als Doge zeigte: Er vertraute ihm auch den Karton für das Antependium an, das er nach seiner Wahl in dieses Amt für den Markusdom weben lassen musste, ferner sein Votivbild für den Dogenpalast (Skizze im Metropolitan Museum, New York) und schließlich ein Familienporträt (National Gallery, Washington).

MH

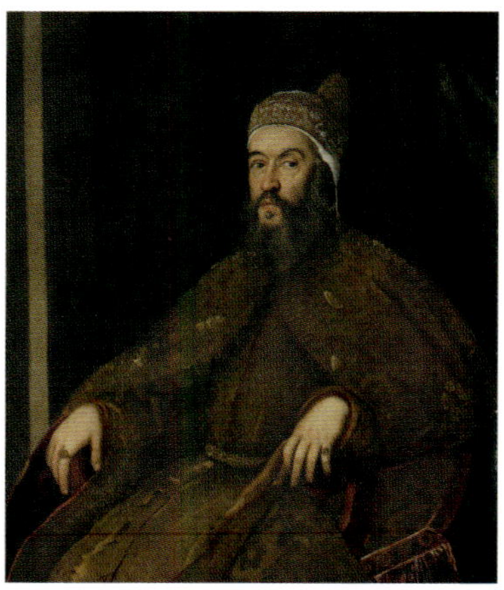

JACOPO TINTORETTO
PORTRÄT DES ALVISE MOCENIGO ALS DOGE
1570 (?), Öl auf Leinwand, 116 × 97 cm, Venedig, Gallerie dell'Accademia, Inv. 233

1 Vgl. hierzu die biographische Notiz von Giuseppe Gullino im *Dizionario biografico degli italiani*, http://www.treccani.it/biografie/, ad vocem.

JACOPO TINTORETTO

PORTRÄT DES MARCO GIUSTIGNAN

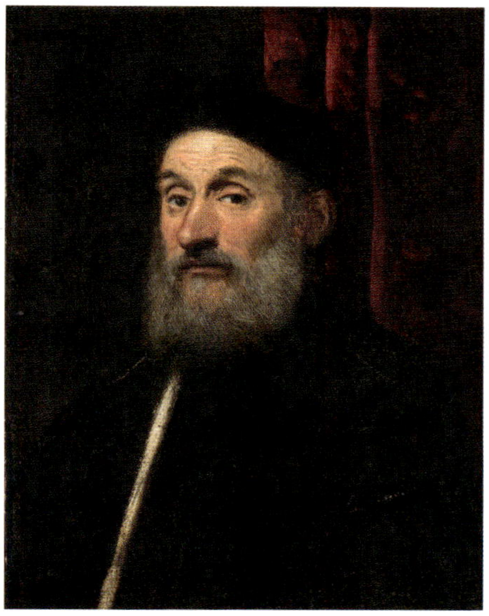

Kat. 53

☞ S. 170

1559 (?)
Öl auf Leinwand, 64,8 × 51,2 cm
Worms, Museum Heylshof – Stiftung Kunsthaus Heylshof, Inv. 10

PROV.
Sammlung Cornelius Wilhelm und Sophie von Heyl zu Herrnsheim (erworben vor 1887)

BIBL.
Swarzenski o. J., S. 6 (Kat. 10); Führer 1930, S. 24; Führer 1939, S. 28; Villinger 1977, S. 18; Schenkluhn 1992, S. 91 (Kat. 7, Anna Gianella)

Die Bildnisse, mit denen Tintoretto die venezianische Gerontokratie beliefert, sind von Effizienz und Sensibilität geprägt. Dieses wenig bekannte (jüngst aber in einem Kunstkrimi[1] gewürdigte) Werk ist ein vorzügliches Beispiel dafür. In dem kleinen, farblich stark reduzierten Bild erscheint der mit schwarzer *toga* und *berretta* bekleidete Adlige wie eine lebende Porträtbüste. Seine aufrechte Haltung wird durch die vertikale Teilung des Bildhintergrundes und den straffen weißen Pelz betont, der die vordere Öffnung des Gewandes markiert. Minimale Koordinaten für die Ausdehnung des Oberkörpers im Raum liefern die Nähte des winterlichen Gewandes auf den Schultern und am linken Ärmelansatz, wo das weiße Pelzfutter kaum merklich aufblitzt. Der äußerst ökonomisch, zweifellos aus dem Gedächtnis gemalte rote Samtvorhang erinnert hinsichtlich des Pinselduktus an entsprechende Details im Gemäldezyklus des Prado (Kat. 60). Er verleiht dem Konterfei zeremoniellen Charakter und verweist auf jene Bildvorhänge, mit deren Hilfe religiöse und profane Gemälde, darunter auch Porträts, geschützt und inszeniert wurden. Abgesehen von der wirkungsvollen Lichtregie offenbart sich die hohe Qualität des Bildes besonders im fein gemalten Bart und an der Schläfe, wo durch eine dünne Haut die Arterie sichtbar wird.

Lässt sich der Dargestellte identifizieren? Sehr charakteristisch sind, neben der langen Nase, die recht schweren, auffallend groß in Erscheinung tretenden oberen Augenlider sowie die steil gewölbten, wie in dauerhaftem Erstaunen nach oben gezogenen Augenbrauen. Nur ein weiteres Mal noch begegnen diese physiognomischen Merkmale im Werk Tintorettos: an dritter Stelle von links in einem großen, um 1550 von verschiedenen Mitarbeitern ausgeführten Familienporträt der Soranzo von San Polo (Mailand, Castello Sforzesco – Abb.).[2] Der betreffende Kopf wurde, wie ein Stilvergleich mit den bei Robert Echols 1995 zusammengestellten Werken zeigt, von Tintorettos zeitweiligem Assistenten Giovanni Galizzi gemalt. Da er sich seiner Aufgabe deutlich besser entledigte als andere an diesem Gruppenporträt beteiligte Kollegen, kann man das Konterfei gut mit dem Wormser Porträt vergleichen: Ganz offensichtlich handelt es sich um dieselbe Person, deren zunächst, im Mailänder Bild, noch rötlicher Bart im Wormser Porträt nunmehr ergraut ist.

Da man weiß, wer der Mann im Soranzo-Familienporträt ist, darf dieser Name auf das Wormser Bildnis übertragen werden: Es handelt sich um Marco di Antonio di Francesco Giustignan (auch Zustignan oder Iustinian), geboren am 26. Januar 1509 und gestorben am 9. November 1577. Aus seiner 1539 mit Cecilia di Francesco Soranzo geschlossenen Ehe gingen drei Söhne (Antonio, Giacomo, Francesco) und eine Tochter (Betta) hervor.[3] Über die offenbar eher bescheidene Ämterkarriere dieses Adligen weiß man nur wenig. Am 17. April 1559 scheint er als *provveditore* in das zwölfköpfige Collegio delle Beccarie (eine wichtige, für Fleischversorgung und Schlachthöfe Venedigs zuständige Gewerbeaufsicht) gewählt worden zu sein.[4] Vielleicht entstand das offiziös anmutende Bildnis aus diesem Anlass.

RK

1
Helmut Orpel, Tintorettos Geheimnis. Ein Kunstkrimi aus Worms, Worms 2015.

2
Pallucchini 1950, S. 137–139; Venedig 1994, S. 90–95 (Kat. 8, 9, 10; Paola Rossi); La Costa 2017.

3
Freundliche Mitteilung von Isabella La Costa (E-Mails vom 20. und 22. April 2016).

4
Freundliche Mitteilung von Claudia Salmini (E-Mail vom 30. Januar 2017). Zu diesem Amt: Da Mosto 1937, S. 164.

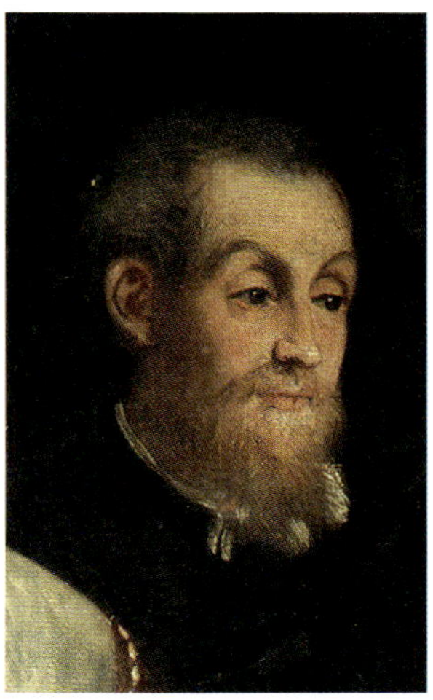

TINTORETTO-WERKSTATT (GIOVANNI GALIZZI)
PORTRÄT DES MARCO GIUSTIGNAN

Um 1550, Öl auf Leinwand
Detail aus dem Soranzo-Familienporträt, Mailand, Castello Sforzesco

FEMMES FATALES

FRAUEN SPIELEN IM WERK TINTORETTOS eine ganz besondere Rolle. Die Einfühlsamkeit, Intensität und Beharrlichkeit, mit der er Grundsituationen weiblicher Existenz auszuloten sucht, sind seinerzeit einzigartig. Er malt Verführerinnen und Opfer sexualisierter Gewalt, zeigt Mägde und Musen, Prinzessinnen und Prostituierte. Anders als die venezianische Armenfürsorge, die auf die Vermeidung unehelicher Schwangerschaften abzielt, richtet er seinen Blick auch auf ledige Mütter – und Ammen. Waren Frauen im Venedig des 16. Jahrhunderts von den zahlreichen Laienbruderschaften ausgeschlossen, so lässt Tintoretto sie in seinen religiösen Gemälden ausdrücklich am Bildgeschehen partizipieren: als Geberinnen und Empfängerinnen spiritueller und materieller Nahrung wie auch als Zeuginnen der Heilsgeschichte. Von 1551 bis 1556 ist der (oft lebensgroße) weibliche Akt eines der Hauptthemen Tintorettos. Neben der „Eva" des Genesiszyklus, „Susanna" und „Potiphars Weib" in den Deckenbildern des Prado sowie den Münchner „Musen" (Kat. 55, 57, 61, 63) stammen noch weitere ähnliche Bilder in Wien, Paris, München und Dresden aus dieser Werkphase. Ob der damals noch immer unverheiratete Jacopo in einigen dieser Bilder seiner (angeblich deutschen) Geliebten – und Mutter seiner Lieblingstochter Marietta – ein Denkmal gesetzt hat? Eine Rolle spielte vermutlich auch die Konkurrenz mit Tizian, der seinerzeit an den „Poesie" für Philipp II. von Spanien arbeitete: mythologischen Bildern voller weiblicher Akte. Fast scheint es, als habe Tintoretto sich mit dieser Thematik nicht ganz wohl gefühlt, denn anders als bei Tizian trifft man sie bei ihm nur in einer sehr begrenzten Werkphase an. Ihr Ende und Gegengewicht findet diese Phase im „Jüngsten Gericht", das Tintoretto um 1556–1558 für den Chor der Klosterkirche Madonna dell'Orto malt. Stilistisch sind Tintorettos Aktdarstellungen äußerst heterogen. Zwischen 1550 und 1555 lernt er wohl mehrere neue Assistenten, teils flämischer Herkunft, an.

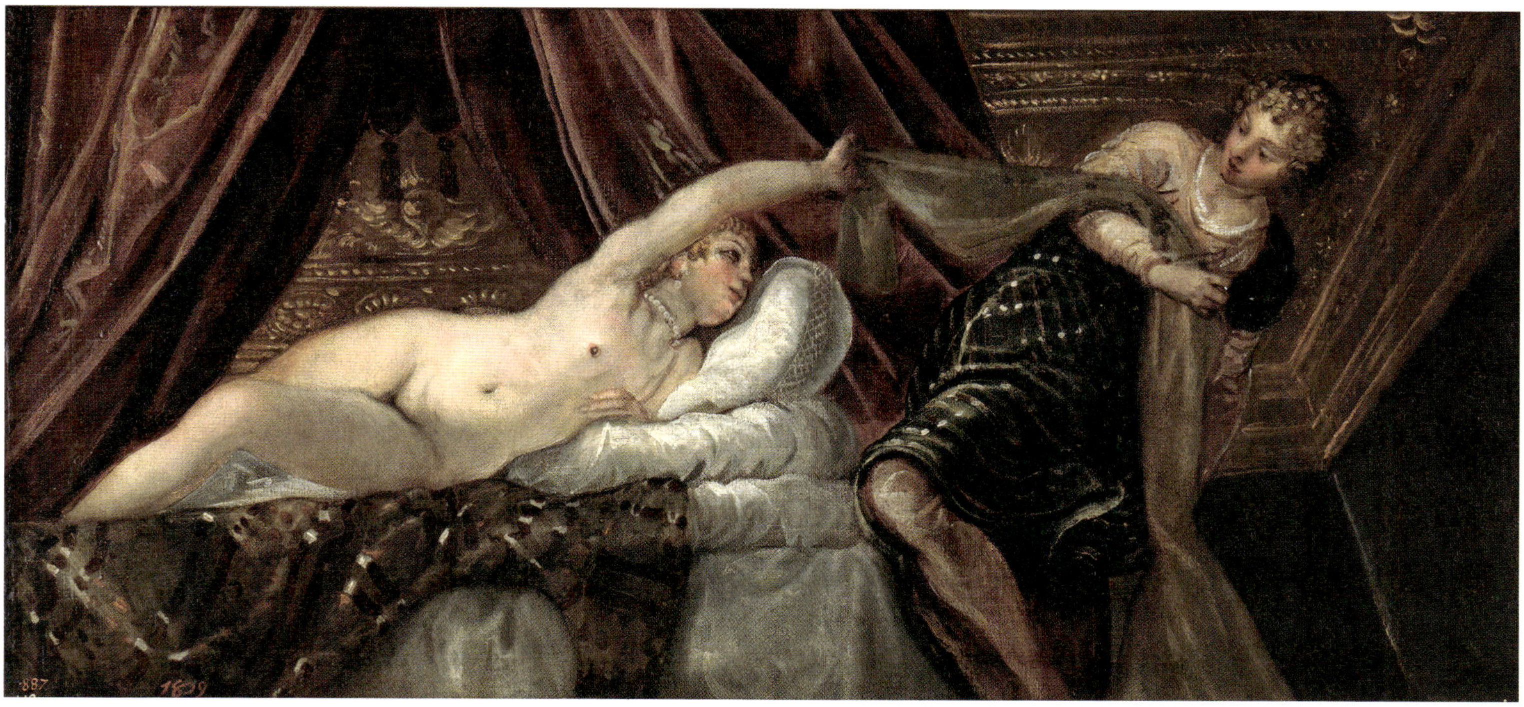

Kat. 61*

JACOPO TINTORETTO
JOSEPH UND
POTIPHARS WEIB

Madrid, Museo Nacional del Prado

☞ S. 197 f.

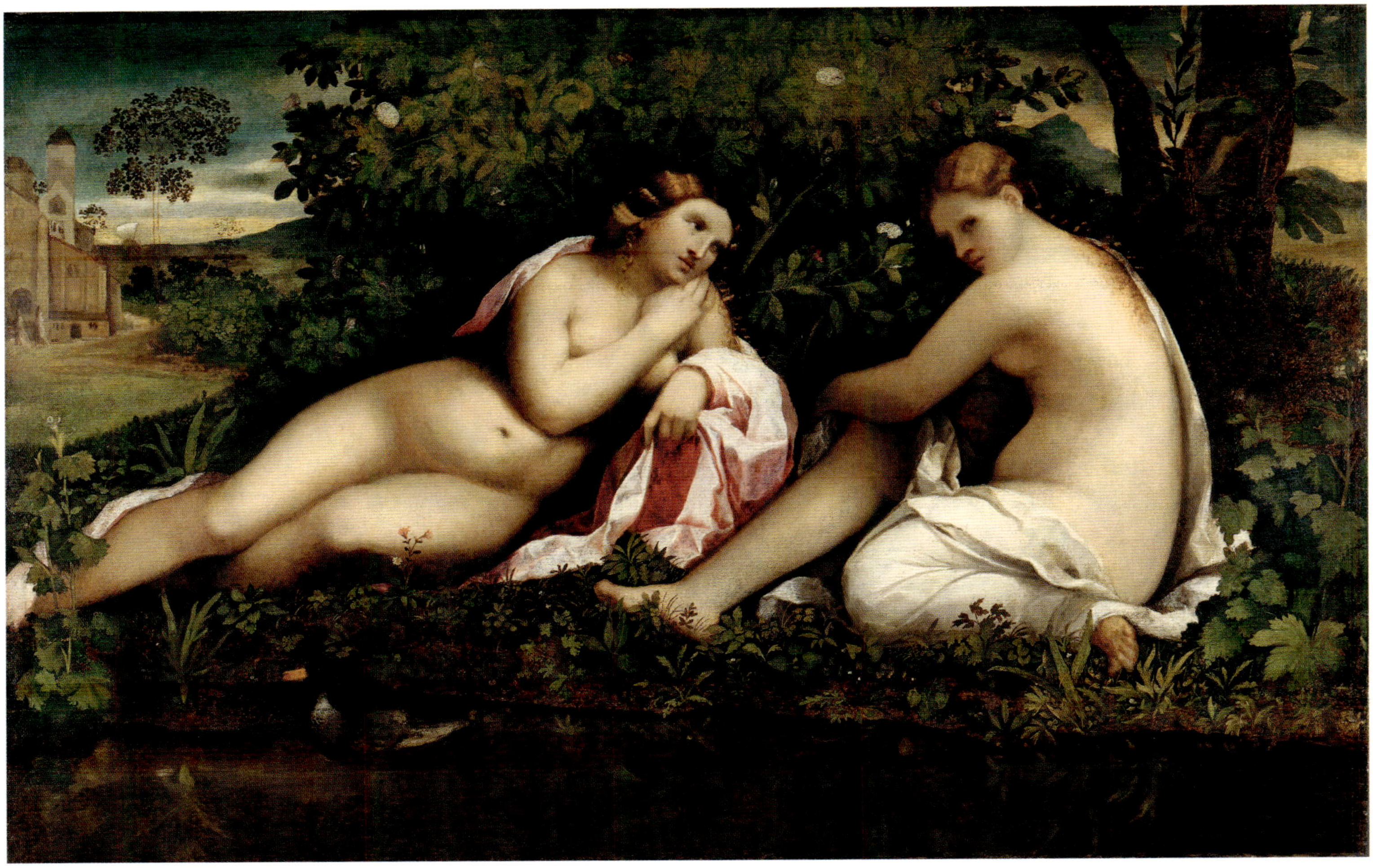

Kat. 54*

JACOPO PALMA IL VECCHIO
ZWEI RUHENDE NYMPHEN (JUPITER IN GESTALT DER DIANA UND CALLISTO?)

Um 1510–1515
Frankfurt am Main, Städel Museum

☞ S. 194

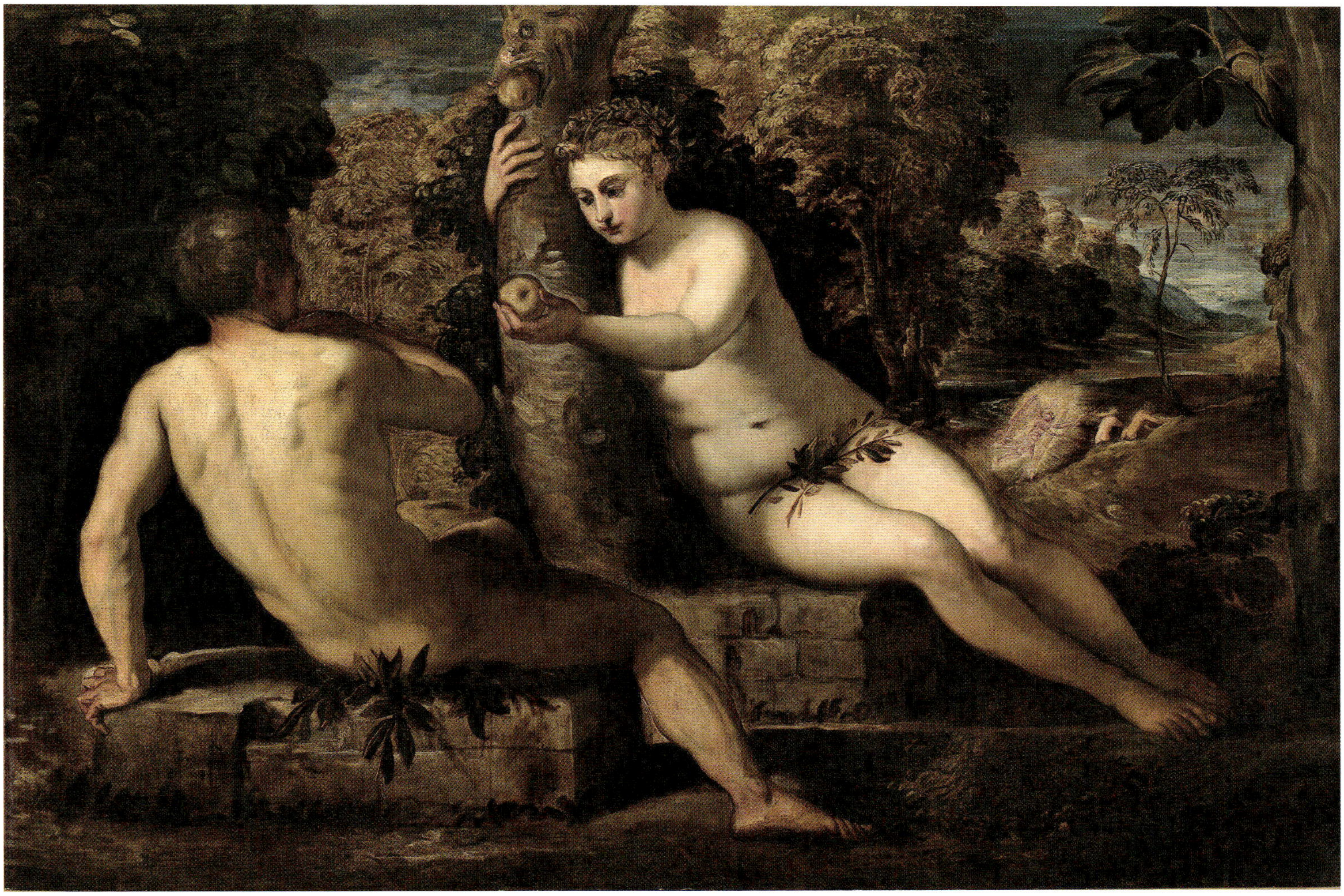

Kat. 55

JACOPO TINTORETTO
DER SÜNDENFALL

Um 1551/52
Venedig, Gallerie dell'Accademia

☞ S. 195

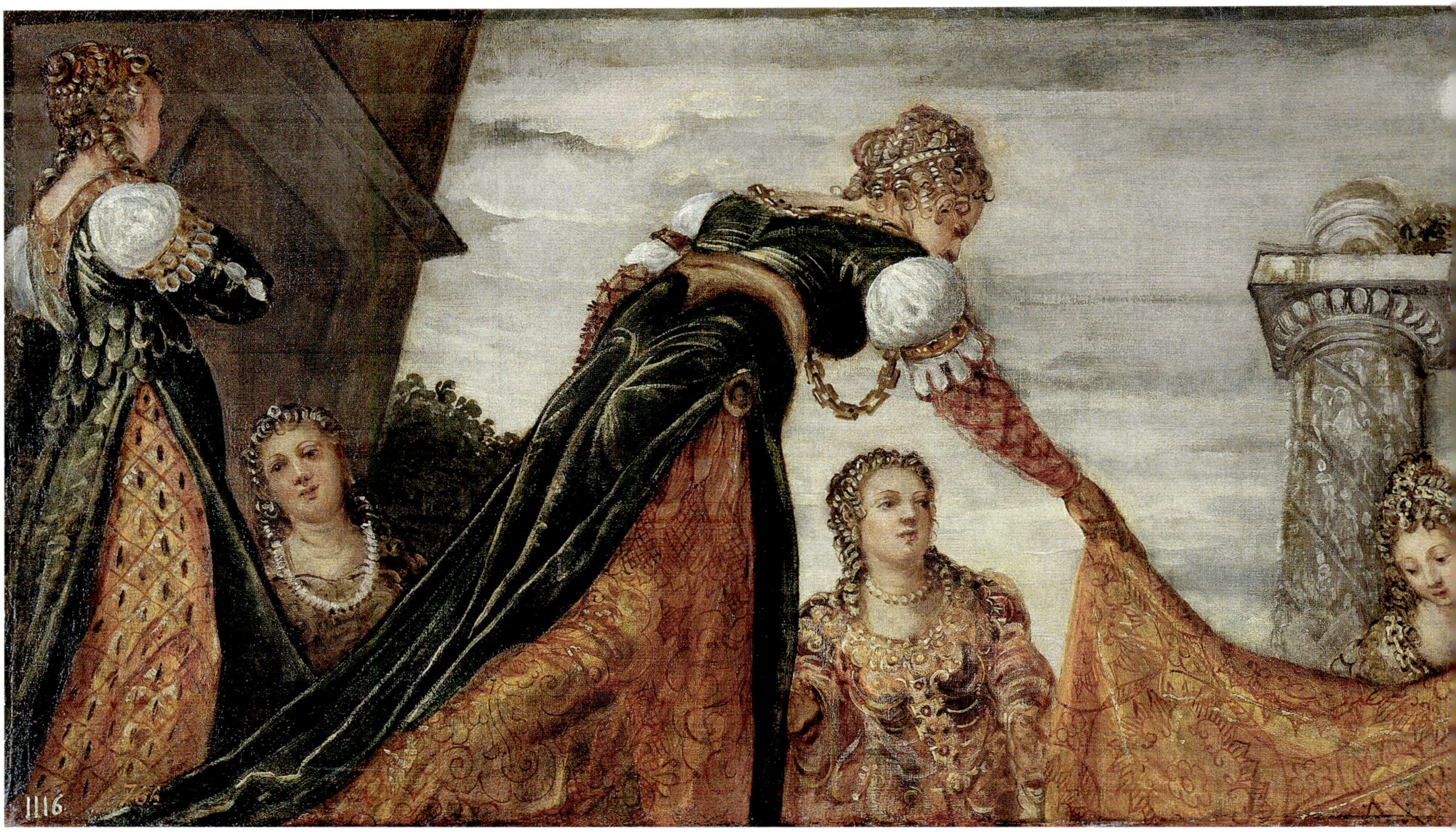
1116

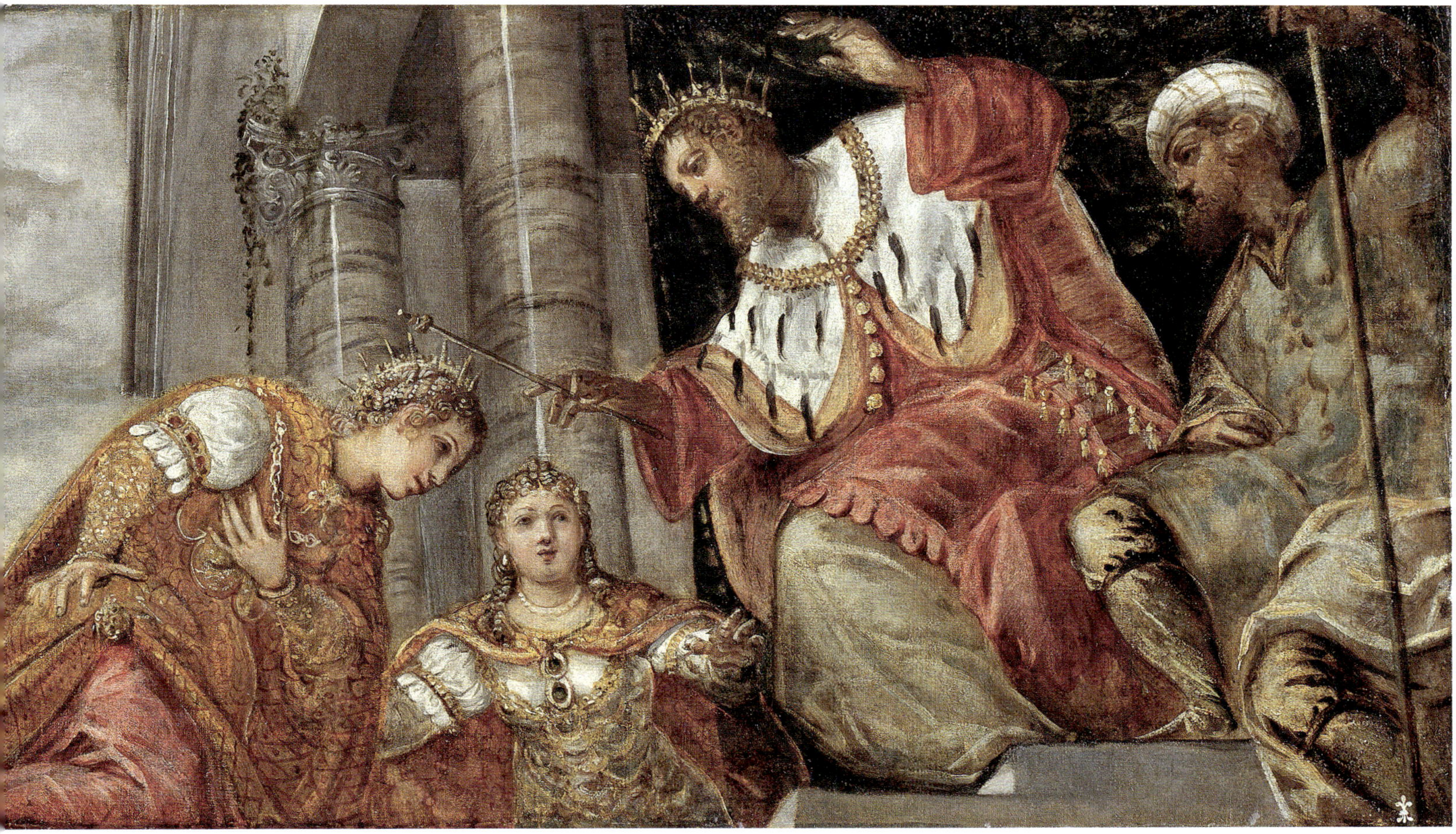

Kat. 58**

JACOPO TINTORETTO
UND WERKSTATT
ESTHER
VOR AHASVERUS

Madrid, Museo Nacional del Prado

☞ S. 197 f.

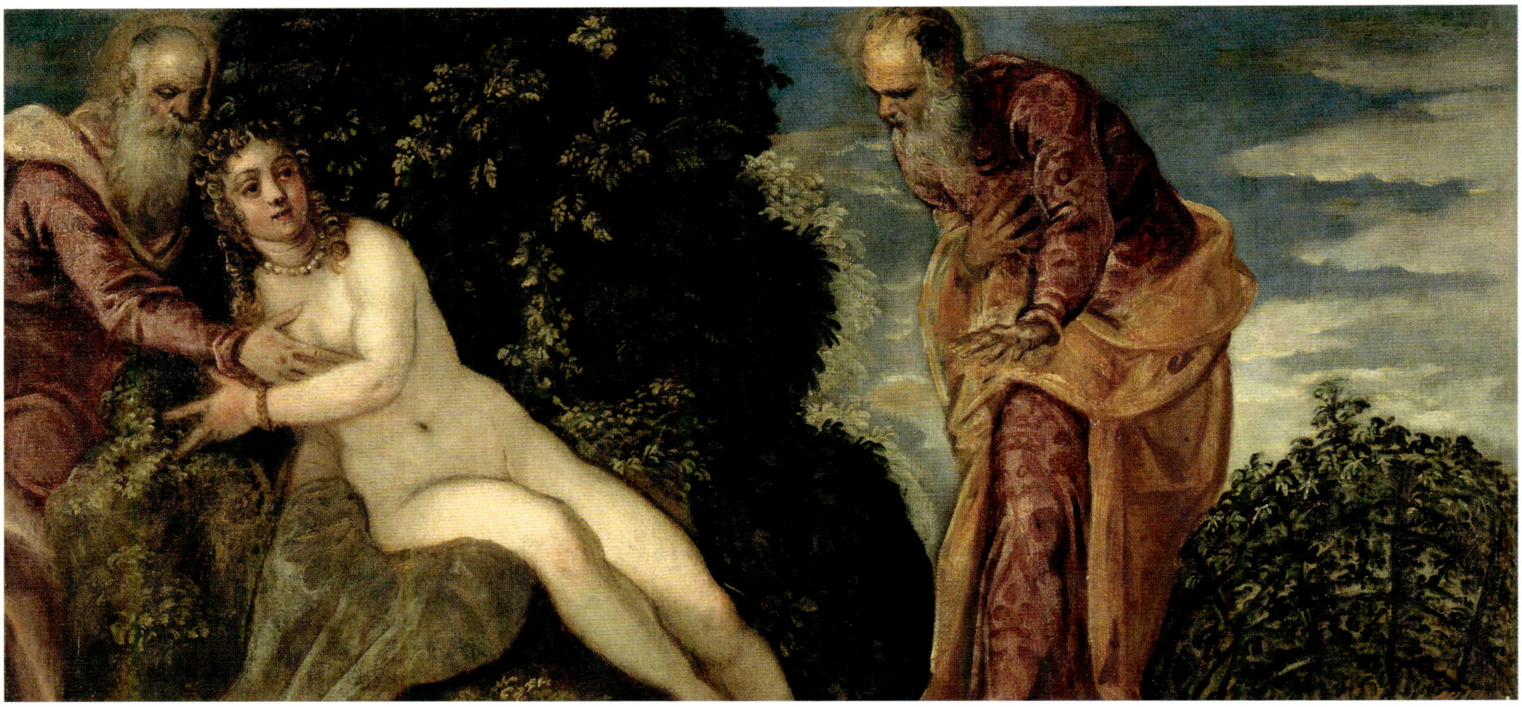

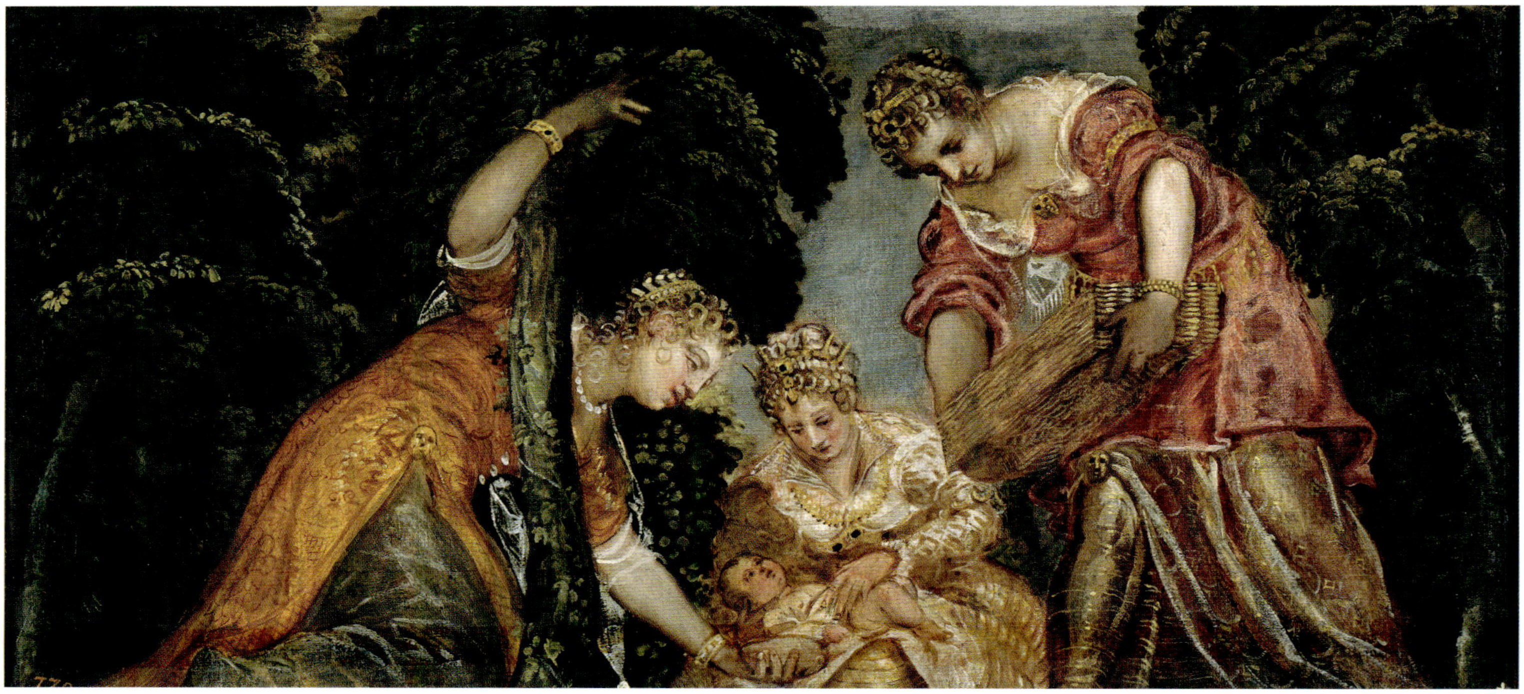

Kat. 57**

JACOPO TINTORETTO
UND WERKSTATT
SUSANNA
UND DIE ALTEN

Madrid, Museo Nacional del Prado

☞ S. 197 f.

Kat. 62*

JACOPO TINTORETTO
UND WERKSTATT
DIE AUFFINDUNG
DES MOSESKNABEN

Madrid, Museo Nacional del Prado

☞ S. S. 197 f.

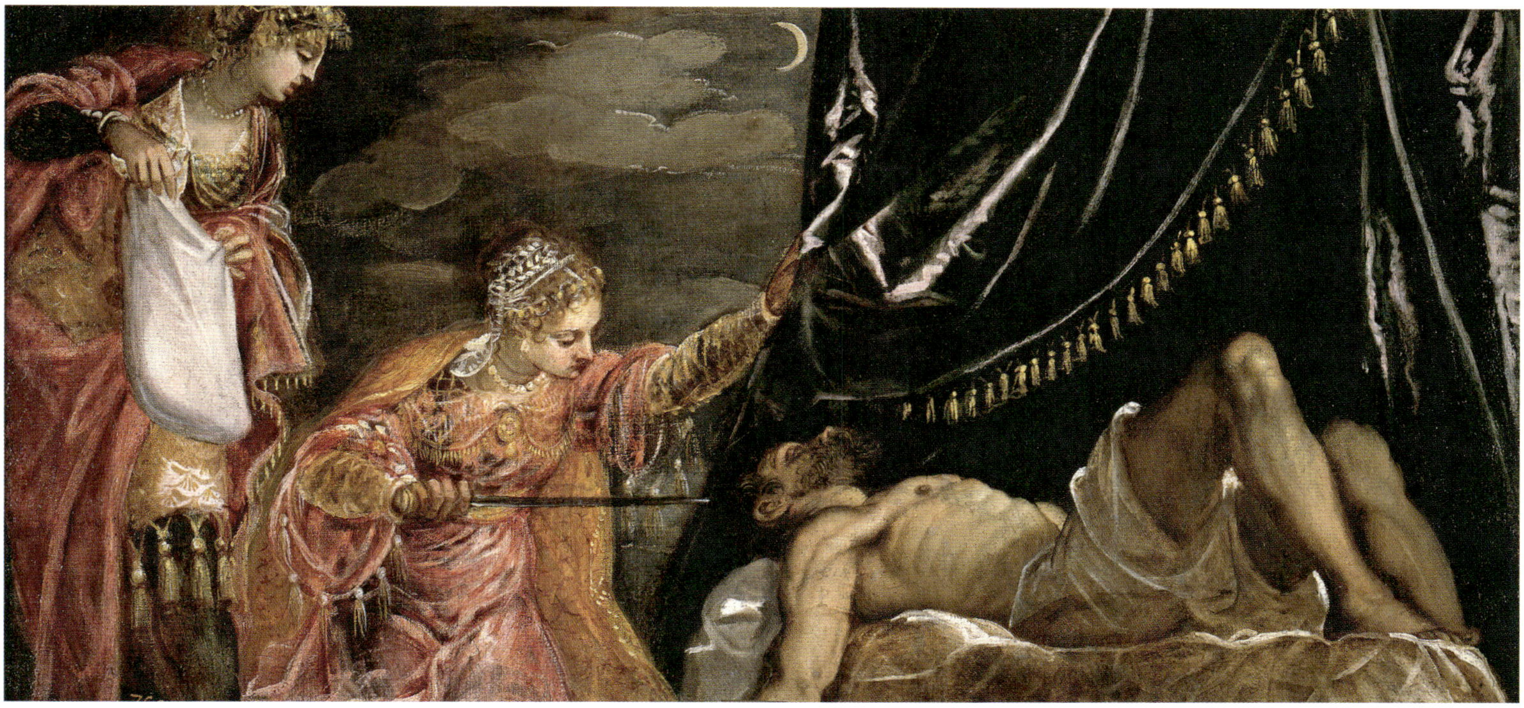

Kat. 59**

JACOPO TINTORETTO
UND WERKSTATT
JUDITH
UND HOLOFERNES

Madrid, Museo Nacional del Prado

☞ S. 197 f.

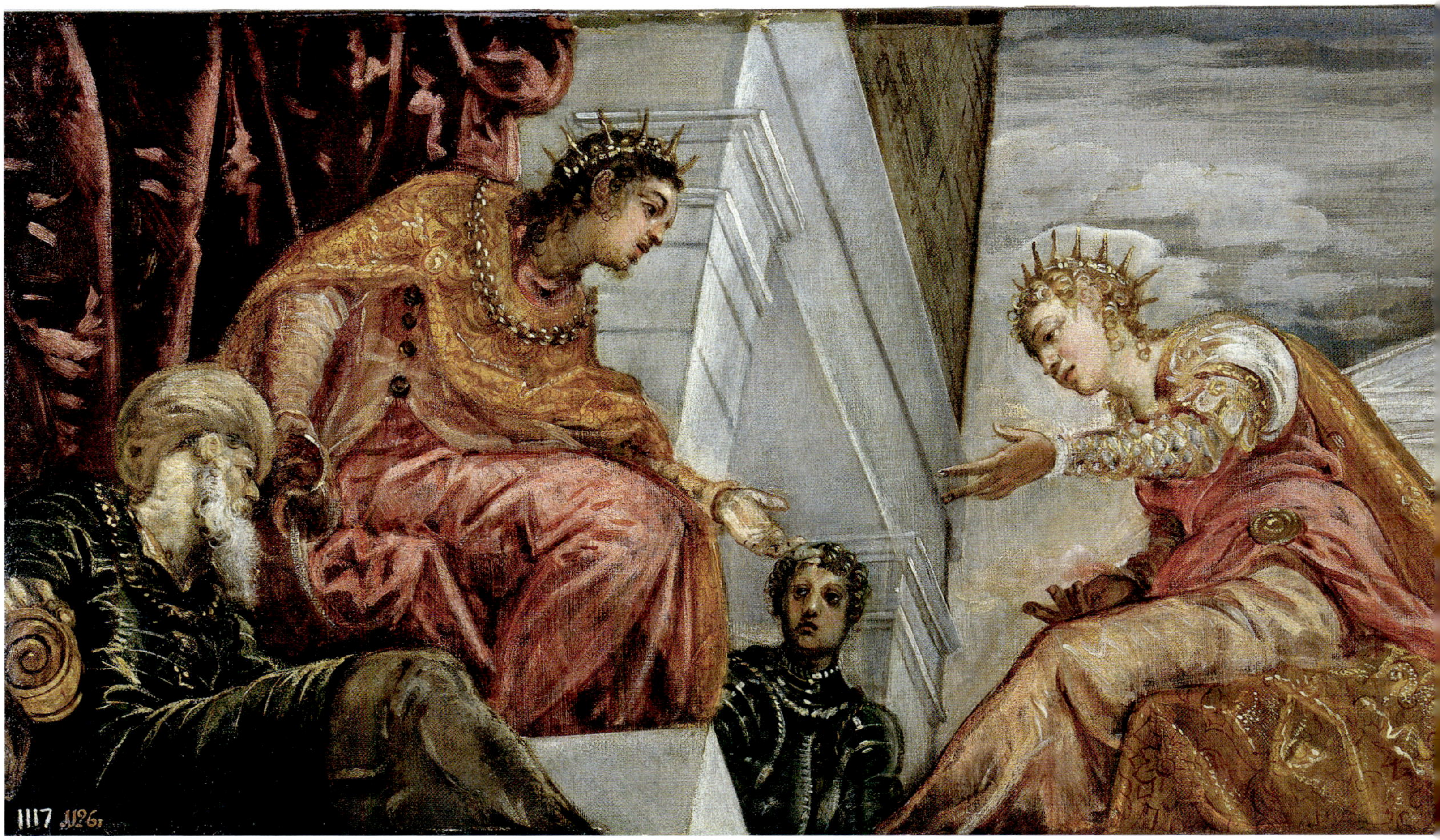
1117

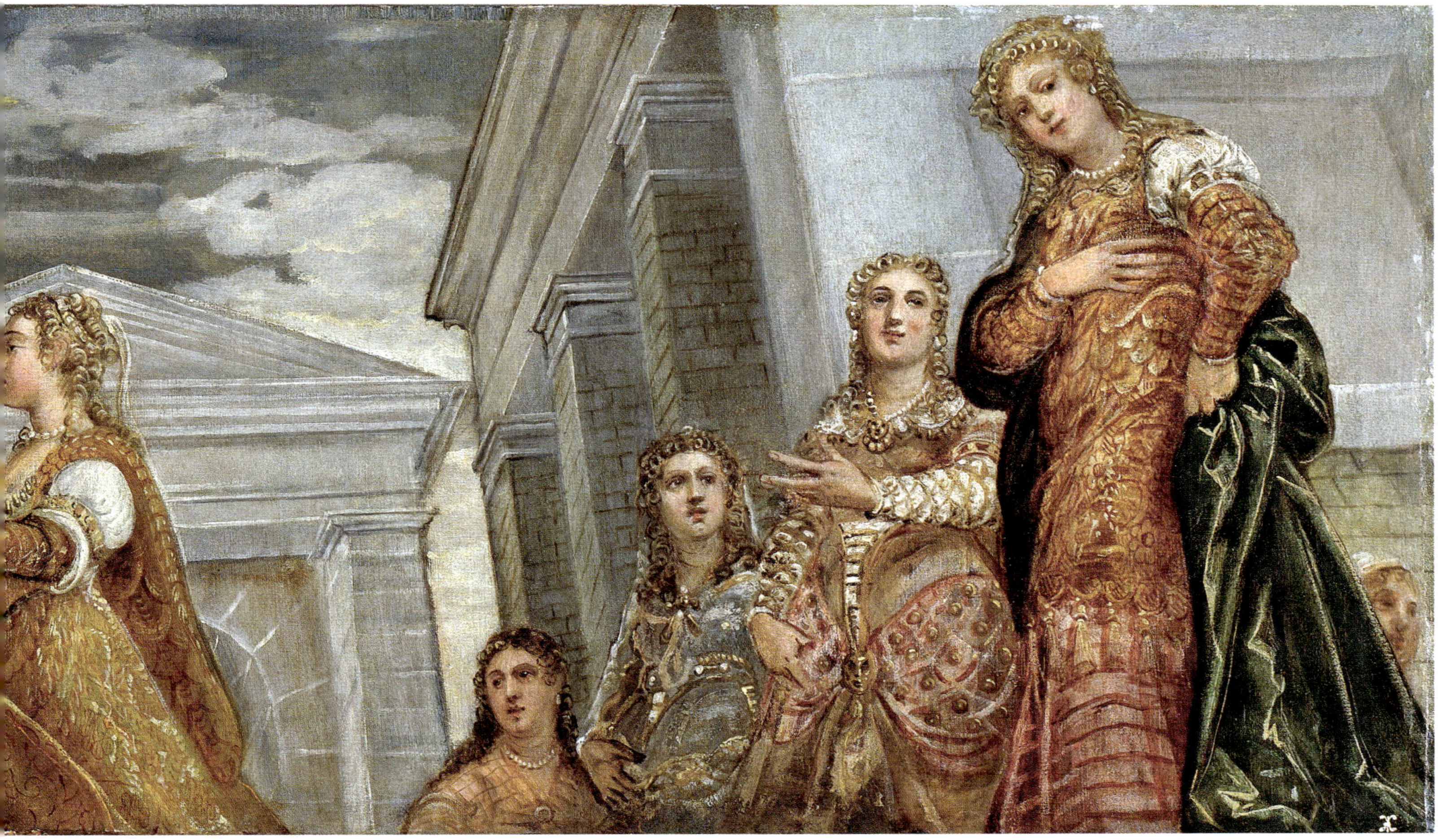

Kat. 60*

JACOPO TINTORETTO
UND WERKSTATT
SALOMO UND DIE
KÖNIGIN VON SABA

*Madrid, Museo Nacional
del Prado*

☞ S. 197 f.

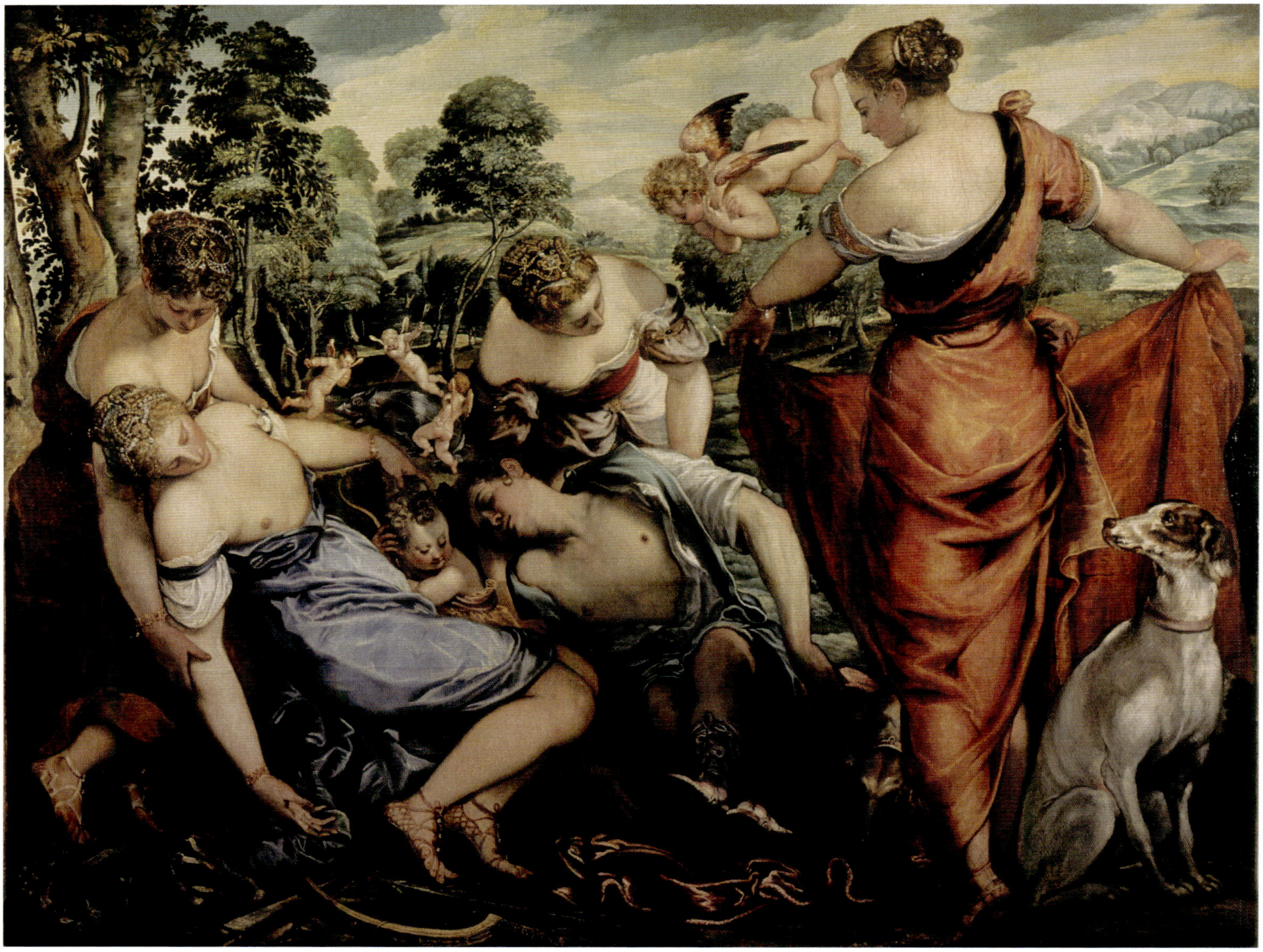

Kat. 56**

IN TINTORETTOS
WERKSTATT TÄTIGER
NORDALPINER KÜNSTLER
DER TOD DES ADONIS

Um 1550–1555 (1552/53?)
Paris, Musée du Louvre

☞ S. 196

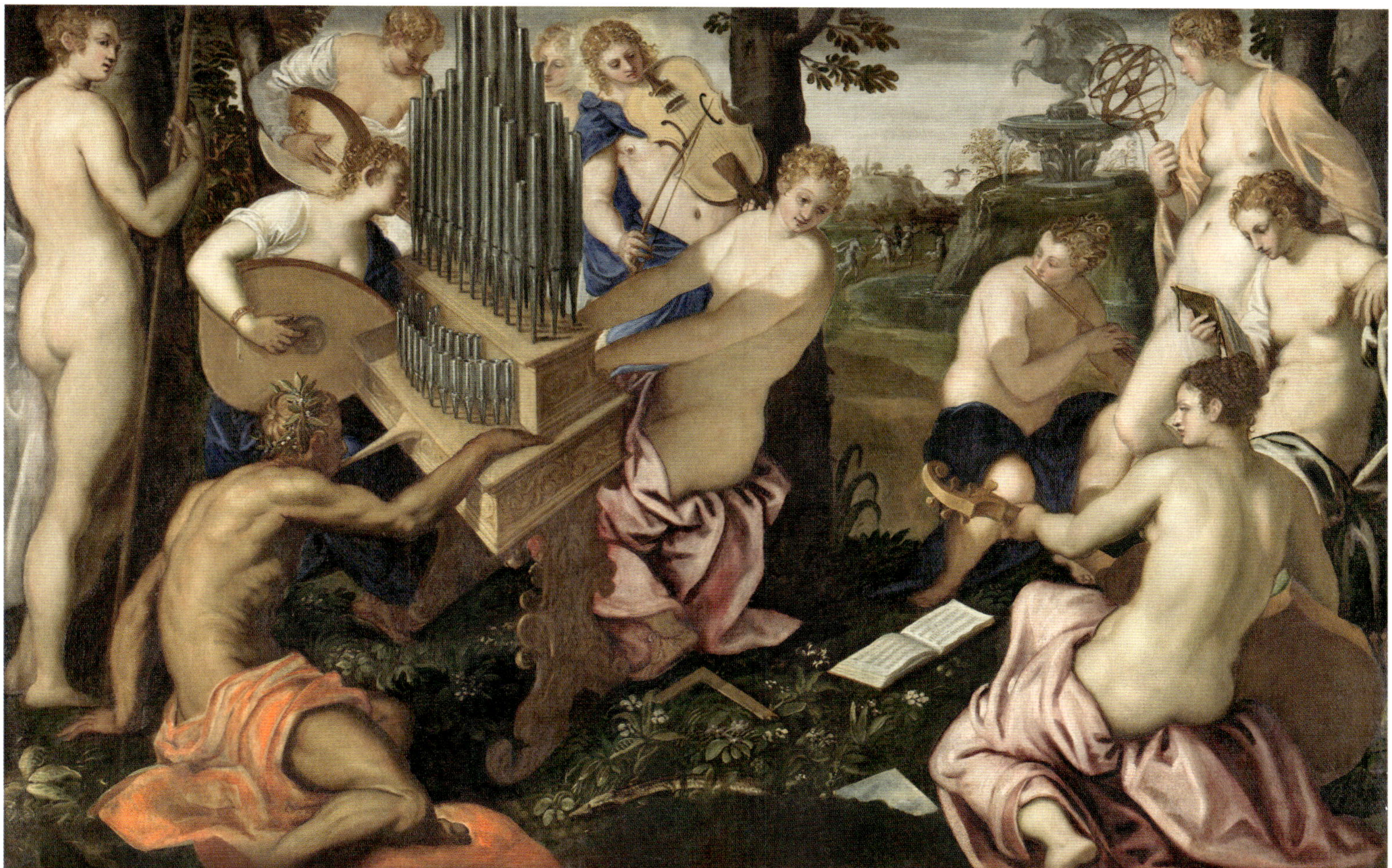

Kat. 63

JACOPO TINTORETTO
(WERKSTATT)
MUSENKONZERT

Um 1555
München, Bayerische
Staatsgemäldesammlungen

☞ S. 199

JACOPO PALMA IL VECCHIO

ZWEI RUHENDE NYMPHEN (JUPITER IN GESTALT DER DIANA UND CALLISTO?)

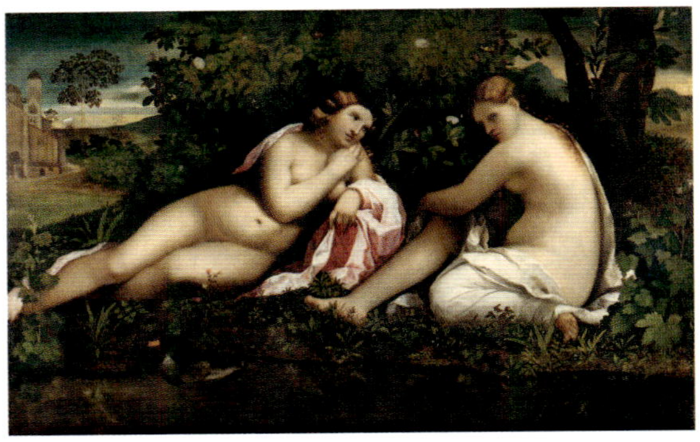

Kat. 54*

S. 184

Um 1510–1515
Öl auf Pappelholz,
98,3 × 152,4 cm
Frankfurt am Main,
Städel Museum,
Inv. 1417

PROV.
Englische Privatsammlung; 1907 vom Londoner Kunsthändler Dowdeswell and Dowdeswell mit Mitteln der Carl Schaub-Stiftung für das Städelsche Kunstinstitut erworben

BIBL.
Phillips 1907; Swarzenski 1908; Spahn 1932, S. 39–43; Mariacher 1968, S. 47, Nr. 6; Settis 1982, S. 160 f.; Rylands 1992, S. 102, 103 f., 176 f., Nr. 34; Krischel 1994 b, S. 52; Rapp 1998, S. 46 mit Anm. 25; Sander 2004, S. 206–216 (mit älterer Lit.); Attardi 2015, S. 95; Bergamo 2015, S. 336 (Kat. 8); Madrid 2017, S. 138, 157 (Kat. 34)

In einer arkadischen Landschaft lagern zwei Nymphen von praller Leiblichkeit. Die eine Aktfigur liegt mit ausgestreckten Beinen und stützt sich mit dem linken Arm auf eine kleine Erhebung, die ein rosafarbenes Tuch verhüllt – ein kräftiger Farbakzent genau in der Mitte des Bildes. Mit dem rechten Arm greift sie zur Schulter, wie um die Brüste zu bedecken. Ihr Haupt mit den rötlichen, sorgsam gewellten Haaren wendet die Nymphe ihrer Gefährtin zu und blickt sie sehnsuchtsvoll an. So lenkt sie das Augenmerk des (männlichen) Betrachters, der zuerst ihre schwellenden Körperformen erkundet hat, auf die rechte Aktfigur. Sich über die Schulter umwendend, erwidert die zweite Nymphe nicht etwa den Blick der Gefährtin, sondern den des Betrachters, den sie aus dem Augenwinkel mustert. In komplex verschränkter Pose sitzt sie auf dem Boden, das eine Bein untergeschlagen, das andere leicht angewinkelt, und stützt den linken Arm auf das rechte Knie. Ein weißes Tuch betont die schönlinige Kontur ihres Rückens. Von der Welt des Betrachters trennt beide ein bildparalleler Bachlauf, auf dem links ein Erpel schwimmt. Das Ufer ist mit allerlei geradezu miniaturistisch gemalten Pflanzen bewachsen. Hinterfangen werden die Nymphen von einem üppig grünenden Rosenstrauch und einem Baum. Links öffnet sich ein Landschaftsausblick mit Siedlung, zwei kleinen Figuren und dem Meer, auf dem ein Schiff segelt.

So entwirft Palma il Vecchio hier die an der bukolischen Dichtung der Antike geschulte Vision einer arkadischen Welt, die von Harmonie beseelt und gleichzeitig von erotischer Spannung durchdrungen ist. Auf raffinierte Weise ambivalent erscheint die Einbeziehung des Betrachters, der die Akte ganz nahe vor sich sieht und doch durch das Gewässer von ihnen getrennt bleibt, dessen Blick erwidert und zugleich als voyeuristisch entlarvt wird. Teile der Forschung erkennen im Frankfurter Bild die bei Ovid (*Metamorphosen*, II, 401–532) geschilderte Verführung der Nymphe Callisto durch Jupiter in Gestalt der Diana[1], doch wäre eine solche Lesart allenfalls als ein Assoziationsangebot für den Betrachter zu verstehen.

Mit Recht wird die (durch retuschierte Fehlstellen und Verputzungen beeinträchtigte) Tafel dem giorgionesk geprägten Frühwerk des Palma il Vecchio zugewiesen.[2] In der Haltung der rechten Nymphe zitiert er die Frau in Giorgiones berühmter „Tempesta“ (um 1508; Venedig, Gallerie dell'Accademia). Für die massige Körperlichkeit der Figuren und den Landschaftshintergrund dürfte sich der Maler überdies an Giulio Campagnolas Kupferstich eines liegenden weiblichen Aktes orientiert haben.[3] Die Wiener „Susanna“ (Abb.) und mehrere hier ausgestellte Werke (Kat. 55, 61) deuten darauf hin, dass Tintoretto unser Bild kannte und bisweilen ganz bewusst an die Aktmalerei des Palma – als Alternative zu derjenigen Tizians – anknüpfte.[4]

BE

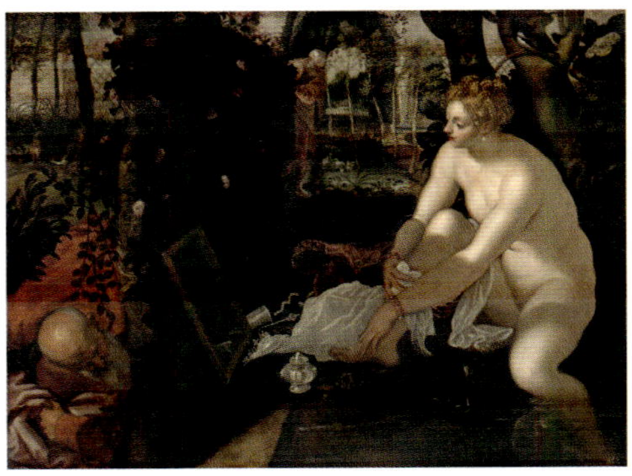

JACOPO TINTORETTO
SUSANNA UND DIE ALTEN
Um 1555, Öl auf Leinwand, 146,6 × 193,6 cm, Wien, Kunsthistorisches Museum, Inv. GG 1530

1
Swarzenski 1908; Settis 1982, S. 160 f. Kritisch dazu Rylands 1992, S. 176 f., Nr. 34; Attardi 2015, S. 95. Rapp 1998, S. 46 mit Anm. 25, deutete das Bild, ausgehend von dem Erpel, der an die Stelle von Jupiters Adler getreten sei, als „erotische Satire“.

2
Forschungsgeschichte: Sander 2004, S. 206–212. Stilistisch verwandte Werke Palmas: Rylands 1992, Kat. 6, 9, 10, 35. Nur Lucco 1994, S. 33, schrieb das Bild Giovanni Cariani zu.

3
So erstmals Rylands 1992, S. 176 f., Nr. 34. Zum Kupferstich: Paris 1993, S. 471, Kat. 126 (Konrad Oberhuber).

4
Hinweis von Roland Krischel.

JACOPO TINTORETTO

DER SÜNDENFALL

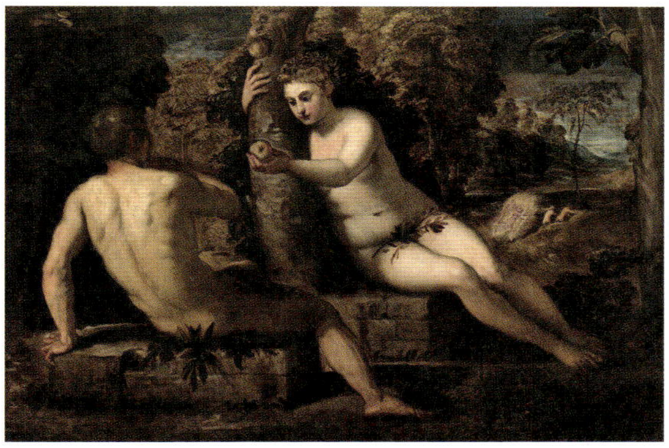

Kat. 55

☛ S. 185

Um 1551/52
Öl auf Leinwand, 150 × 220 cm
Venedig, Gallerie dell'Accademia, Inv. 43

PROV.
Scuola della Trinità (Sala dell'Albergo); als Säkularisationsgut 1812 in die Gallerie dell'Accademia verbracht

BIBL.
Borghini 1584, S. 552; Ridolfi/Hadeln 1924, S. 18, 71; Hadeln 1911 c, S. 136–139; Wilde 1938, S. 143; Coletti 1943, S. 10 f.; Pallucchini 1950, S. 131; De Vecchi 1978, S. 95, Nr. 82 C; Los Angeles 1979, S. 98 f., 165 (Kat. 32); Pallucchini/Rossi 1982, Bd. 1, S. 43, 162 (Kat. 151); Emmrich 1988, S. 51 f.; Krischel 1994 b, S. 47–50; Nichols 1999, S. 93 f.; Krischel 2000, S. 42–45; Echols/Ilchman 2009, S. 122 (Nr. 57); Cassegrain 2010, S. 184; Ilchman 2014, S. 218–220

Nachdem er bis dato nur große Einzelbilder für venezianische Laienbruderschaften gemalt hatte, konnte Tintoretto sich 1550 erstmals einen mehrteiligen Auftrag dieser Art sichern. 1547 hatte sein Kollege Francesco Torbido einen Bilderzyklus für den Vorstandssaal der Scuola della Trinità begonnen (deren damaliges Versammlungsgebäude später der Kirche Santa Maria della Salute weichen musste). Ob man mit Torbidos Gemälden unzufrieden war, Jacopo ein günstigeres Angebot vorlegte oder sein Freund Andrea Calmo, Mitglied der Scuola della Trinità[1], für eine Neuvergabe sorgte, wissen wir nicht. Jedenfalls lieferte Tintoretto bis 1553 fünf Darstellungen aus der Genesis – neben der hier gezeigten die „Erschaffung der Tiere" (Venedig, Accademia), die „Erschaffung von Adam und Eva" (verschollen), die „Warnung vor der verbotenen Frucht" (Florenz, Uffizien) und „Kain erschlägt Abel" (Venedig, Accademia).

Der ursprünglich rund 45 cm breitere (vor allem links beschnittene) „Sündenfall" gehört zu den besten Aktdarstellungen der venezianischen Malerei überhaupt. Bereits Tintorettos Biograph Ridolfi zählt das Bild unter jene Hauptwerke des Malers, die jeweils allein schon seinen Ruhm begründen könnten. Reflexe des Gemäldes sind bis hin zum venezianischen Rokokomaler Giambattista Tiepolo spürbar, und noch im 19. Jahrhundert wird es eifrig kopiert (etwa von den französischen Malern Paul Baudry und Jean-Jacques Henner).

Strahlend heben sich die nackten Leiber des ersten Elternpaares von einer fast monochrom wirkenden, in lauter Braun- und Grüntönen gemalten Landschaft ab. Beide sitzen auf steinernen Sockeln, die vielleicht vorausdeuten auf die Opferaltäre Kains und Abels. Blondierte und mit Zweiglein aufgesteckte Haare kennzeichnen eine kokette, wie die personifizierte Versuchung an den Baum der Erkenntnis geschmiegte Eva. Vom Stamm kaum zu unterscheiden, stößt, mit einem goldenen Apfel im Maul, die rotkiemige Schlange herab. Ihre Bewegungsrichtung setzt sich im rechten, um den Baum geschlungenen Arm Evas fort und mündet in deren linker Hand. Erschrocken weicht Adam vor der dargebotenen Frucht zurück, die Rechte verlegen zögernd ans Kinn geführt; im nächsten Moment wird er rasch zugreifen. Als Folge zeigt der Landschaftshintergrund rechts bereits die Vertreibung durch den (als Lichterscheinung aufgefassten) Engel.

Evas insgesamt blassere Haut ist an Wangen und Händen, am Dekolleté und an den Knien mit rosigen Schimmern belebt. Subtil differenziert Jacopo zwischen der *morbidezza* (Weichheit) von Evas diffus schattierter Bauchpartie und der alabasternen Festigkeit ihrer Knie. So weit geht Jacopos Naturalismus, dass er den sonnengebräunten Nacken Adams vom weißen Rücken absetzt: ein gewagtes Detail, das Adam ausgezogen (statt bloß nackt) erscheinen lässt und die historische Authentizität der Darstellung geistreich unterwandert. In Venedig, Hochburg der Farbvirtuosen, galt eine differenzierte Wiedergabe des Teints als Summum der Malkunst. 1549, kurz vor Entstehung des Genesiszyklus, hatte Tintorettos Freund Anton Francesco Doni die Erschaffung Adams durch Gott als Urbild des malerischen Schöpfungsaktes bezeichnet.[2] Ein anderer Ursprungsmythos verband die Malerei mit der Figur des Narziss.[3] Indem er Parmigianinos „Narziss" als Vorlage für seinen Adam wählt (Abb.), scheint Tintoretto beide Gedanken verknüpfen zu wollen.

RK

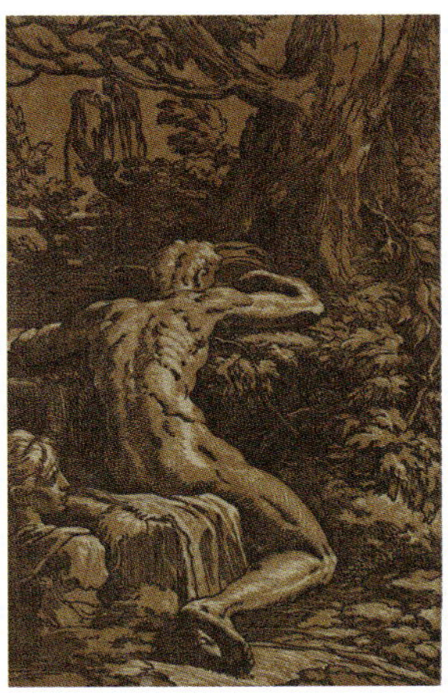

ANTONIO FANTUZZI DA TRENTO (NACH PARMIGIANINO)
NARZISS UND ECHO
2. Viertel 16. Jahrhundert
Chiaroscuro-Holzschnitt (von zwei Platten), 283 × 176 mm
Köln, Wallraf-Richartz-Museum & Fondation Corboud, Inv. 3744

1
Mündliche Mitteilung von Marsel Grosso, 29. Mai 2015.
2
Doni/Pepe 1970, S. 30; Bohde 2007, S. 50.
3
Kruse 1999.

IN TINTORETTOS WERKSTATT TÄTIGER NORDALPINER KÜNSTLER

DER TOD DES ADONIS

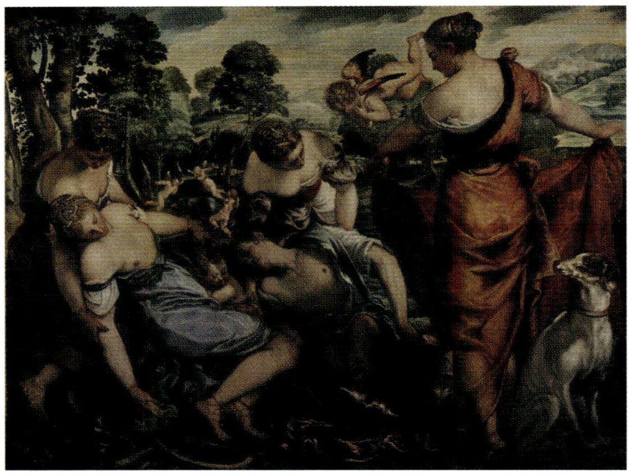

Kat. 56**

☞ S. 192

Um 1550–1555 (1552/53?)
Öl auf Leinwand, 155 × 199 cm
Paris, Musée du Louvre, Inv. 1759

PROV.
Louis II Phélypeaux de La Vrillière; sein Sohn Balthazar; sein Enkel Louis, Paris; 1705 erworben von Louis Raulin Rouillé, Paris; 1713 erworben vom Comte de Toulouse, Paris; sein Sohn, Duc de Penthièvre, Châteauneuf-sur-Loire, 1737; 1794 während der Revolution beschlagnahmt; 1799 in den Louvre gelangt

BIBL.
Benesch 1956, S. 97f.; Padua 1991, S. 186 (Vittoria Romani); Habert (1994) 2000; Meijer 1999, S. 141 f., Kat. 159; Habert 2007, S. 117; Padua 2016; Krischel (mündliche Mitteilung)

Dargestellt ist der Augenblick, da Venus im Kreise ihrer Gefährtinnen beim Anblick des auf der Jagd von einem wilden Eber getöteten Adonis das Bewusstsein verliert und neben ihm zu Boden sinkt. Aus der Schilderung in Ovids *Metamorphosen* (X, 722 f.) übernimmt der Maler vor allem ein Detail, nämlich den von ihr in einer Geste der Verzweiflung entblößten Busen der Göttin. Hingegen sind die Gefährtinnen eine Erfindung, die dem Text des antiken Autors hinzugefügt wurde. Auf diese Weise steigert der Künstler das Pathos der Szene und gestaltet gleichsam – ganz im Sinne des in der Renaissance üblichen Synkretismus – eine profane Pietà.

Der unleugbare Charme des Werkes und seine malerischen Qualitäten können leicht vergessen machen, welche Probleme seine Zuschreibung verursacht hat. Darüber berichtete Jean Habert 1994 anlässlich der Ausstellung des frisch restaurierten Werks. Sei es Tintoretto, der Bayer Christoph Schwarz oder der Flame Lambert Sustris – keine der bislang vorgelegten Hypothesen konnte wirklich überzeugen. Gleichwohl scheinen die Kunsthistoriker zumindest darin übereinzustimmen, dass dieser „Tod des Adonis" ein venezianisches Werk mit nordalpinem Flair ist und somit einen Beleg für die damaligen Beziehungen zwischen den Malern der Serenissima und ihren dort weilenden ausländischen Kollegen darstellt. Es wurde sogar (etwa von Otto Benesch oder in jüngster Zeit von Bert W. Meijer) die Ansicht geäußert, es handle sich um eine Zusammenarbeit mehrerer Hände – einer flämischen für die Landschaft und einer venezianischen für die Figuren, was einer gängigen Praxis entspräche, die insbesondere für Tizians und für Tintorettos Werkstatt belegt ist.

Es lassen sich verschiedene Einflüsse ausmachen: Die Farbwahl erinnert an Veronese, die Form mancher Draperien an Paris Bordone und das Motiv des Hundes an Bassano. Doch lassen die kühne Zentrierung auf zwei stark verkürzt dargestellte Körper und die sprechende Parallele zwischen den gleichermaßen diagonal gelegten Leibern der Liebenden klar die Abhängigkeit von Tintoretto erkennen.

Neue Erkenntnisse über den Einfluss des Meisters auf die Komposition wurden 1968 gewonnen, als den Paduaner Museen ein Zyklus von acht Leinwandgemälden vermacht wurde, die – bei aller Bescheidenheit in der Ausführung – eine enge Verbindung zu Tintoretto zeigen: Zahlreiche Anleihen bei seinen Werken aus den Jahren 1550–1555 fügen sich in ihnen auf erstaunliche Weise patchworkartig zusammen, wobei es jedoch schwerfällt, einen eigenhändigen Beitrag Tintorettos zu erkennen. Zwei dieser Werke zeigen ähnliche Motive wie das Bild im Louvre: eine Darstellung des Adonis-Todes (Abb.) übernimmt die drei rechten Figuren, während in einer Szene mit Jupiter und Semele die Frauengestalt recht unpassend der ohnmächtigen Venus nachgebildet ist.

Die eingehendste Analyse des Paduaner Zyklus verdanken wir Vittoria Romani (1991). Sie kam zu dem Schluss, er sei das Werk eines Tintoretto-Nachahmers und wohl vom selben Vorbild Tintorettos angeregt wie der von anderer Hand stammende „Tod des Adonis" im Louvre. Demgegenüber bringt Krischel Tintorettos Werkstatt ins Gespräch, wo seine Mitarbeiter anhand einzelner Figurenzeichnungen bekanntlich ganze Werke zu komponieren hatten. Dies würde allerdings auch bedeuten, dass der Meister seinen Assistenten einen gewissen stilistischen Spielraum ließ, unterscheidet sich der „Tod des Adonis" doch recht deutlich von seinem eigenen Schaffen in den Jahren 1550 bis 1555.

CM

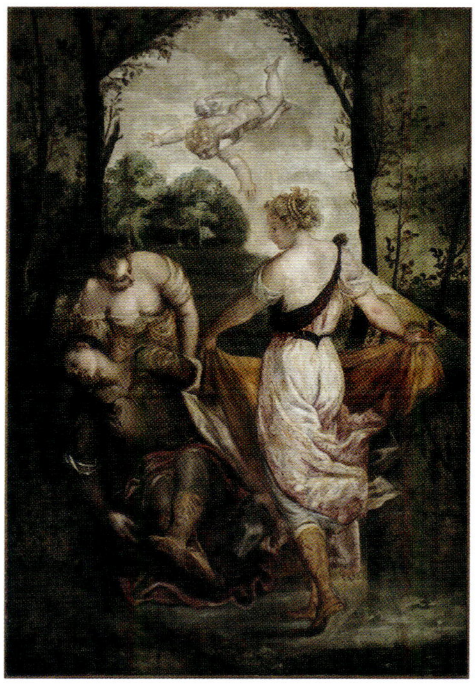

TINTORETTO-NACHAHMER (ODER -WERKSTATT)
DER TOD DES ADONIS
Um 1552/53 (?)
Öl auf Leinwand, 198 × 133 cm
Padua, Musei Civici, Inv. 2812

JACOPO TINTORETTO UND WERKSTATT

SECHS ALTTESTAMENTLICHE SZENEN

Kat. 57–62
☞ S. 183, 186–191
Um 1554/55

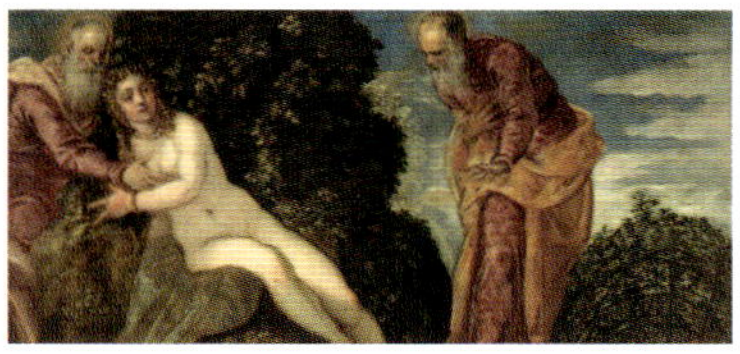

Kat. 57**
SUSANNA UND DIE ALTEN
Öl auf Leinwand, 58 × 116 cm
Madrid, Museo Nacional del Prado, Inv. P 386

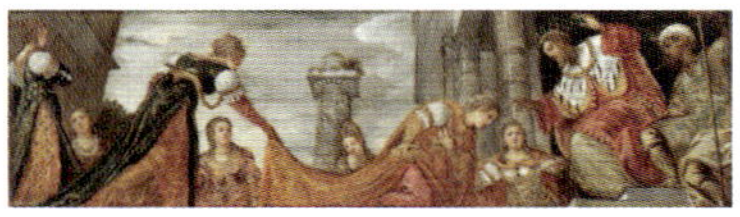

Kat. 58**
ESTHER VOR AHASVERUS
Öl auf Leinwand, 59 × 203 cm
Madrid, Museo Nacional del Prado, Inv. P 388

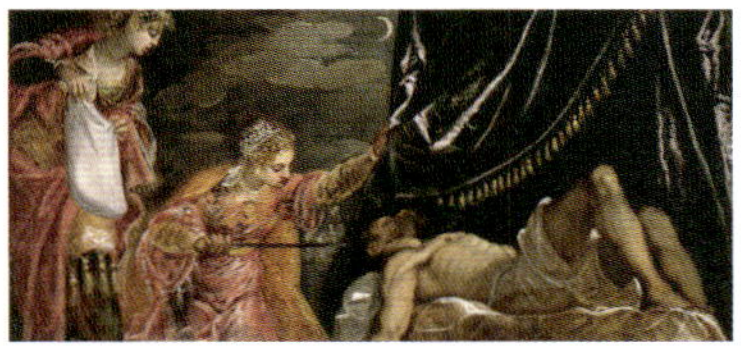

Kat. 59**
JUDITH UND HOLOFERNES
Öl auf Leinwand, 58 × 119 cm
Madrid, Museo Nacional del Prado, Inv. P 389

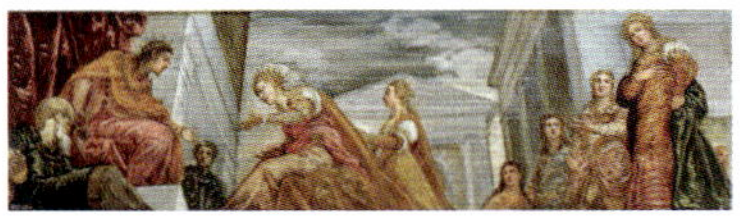

Kat. 60*
SALOMO UND DIE KÖNIGIN VON SABA
Öl auf Leinwand, 58 × 205 cm
Madrid, Museo Nacional del Prado, Inv. P 394

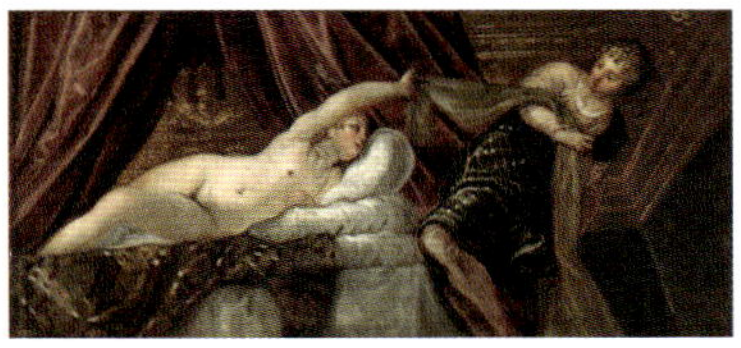

Kat. 61*
JOSEPH UND POTIPHARS WEIB
Öl auf Leinwand, 54 × 117 cm
Madrid, Museo Nacional del Prado, Inv. P 395

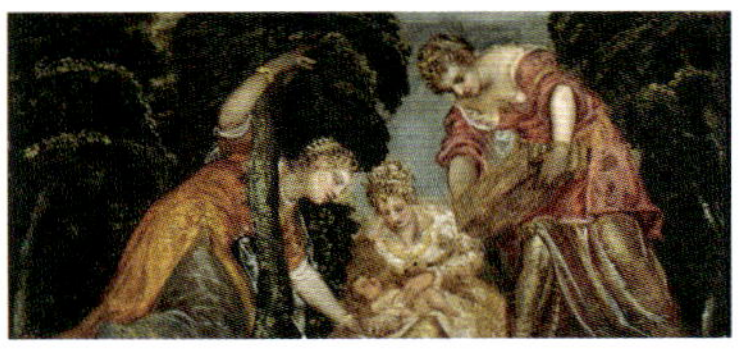

Kat. 62*
DIE AUFFINDUNG DES MOSESKNABEN
Öl auf Leinwand, 56 × 119 cm
Madrid, Museo Nacional del Prado, Inv. P 396

Wie Antonio Palomino 1724 mitteilt, brachte Diego Velázquez, Hofmaler Philipps IV. von Spanien, 1651 aus Italien alttestamentliche Deckenbilder Tintorettos mit – darunter als Hauptbild ein Oval. Die Forschung identifiziert jenes Ensemble mit den sechs hier gezeigten Gemälden und der „Reinigung der midianitischen Jungfrauen" (Abb. 1). Alle sieben Bilder wurden – zunächst im Alcázar zu Madrid, später dann im Schloss La Granja – zusammen als Deckenbilder angebracht. In jüngerer Zeit bezweifelte man allerdings nicht nur die ursprüngliche Zugehörigkeit des Ovals zu den sechs Querrechtecken, sondern auch die Funktion der letzteren als Deckenbilder. Anlässlich der Tintoretto-Ausstellung im Prado 2007 wurde eine leicht gekippte Aufhängung der sechs Gemälde (gleichsam im Übergang von der Wand zur Decke) vorgeschlagen, doch ist auch eine vollkommen lotrechte, friesartige Anbringung im obersten Wandabschnitt eines Raumes denkbar.

Für eine ursprüngliche Zusammengehörigkeit der eckigen Bilder mit dem Oval sprechen die signifikanten Übereinstimmungen in Dimension, Stil, Datierung und Thematik: Markierte das Oval (als unbestrittenes Deckenbild) die Längsachse des betreffenden Saales, so lassen sich die übrigen Gemälde – ob nun als Deckenbilder oder Wandfries – mühelos darum gruppieren: Die beiden besonders langen Bilder wären demnach den Schmalseiten des Raumes, die vier kürzeren je paarweise den Längswänden zugeordnet gewesen. Die weiblichen Akte in mittlerer Bildhöhe des Ovals (Abb. 1), die perspektivische Darstellung der bekleideten Frau dazwischen, ihr gestreiftes Kleid und das Blattwerk des hinter ihr aufragenden Baums gehen motivisch wie stilistisch mit den querrechteckigen Gemälden perfekt überein. Die im Vordergrund sich bückende midianitische Jungfrau schließt mit ihrem in Aufsicht gegebenen Kopf unmittelbar an die Engel der um 1555 entstandenen „Himmelfahrt Mariens" (Bamberg, Obere Pfarrkirche) an, mit denen sie auch den Haarschmuck aus Perlenketten teilt. Der leere Kupferkessel im Oval links unten gemahnt an die „Johannesgeburt" von ca. 1554 (St. Petersburg, Eremitage), deren holzgeschnitztes Bett wiederum mit der Schlafzimmerdecke von „Potiphars Weib" (Kat. 61) eng verwandt ist. Getrost kann das Oval also in die gleiche Zeit und die gleichen Werkstattzusammenhänge wie die querrechteckigen Bilder eingeordnet werden.

Genau wie die rechteckigen Bilder hat auch das Oval Frauenfiguren des Alten Testaments zum Gegenstand. Steht bei den erstgenannten Gemälden jeweils *eine* (listige, tugendhafte oder verführerische) Frau im Zentrum des Geschehens, so behandelt das ovale Mittelbild – gleichsam als Steigerung dieses Konzepts – ein *kollektives* weibliches Schicksal. Auch ein enger inhaltlicher Zusammenhang zwischen den sieben Bildern ist damit gegeben. Ungleich bedeutsamer als die politischen, religiösen oder theologischen Facetten der dargestellten Begebenheiten erscheint der besondere Mut, der die alttestamentlichen Frauen, ob als Subjekt oder Objekt des Geschehens, auszeichnet und der den gemeinsamen Nenner des Gesamtzyklus bildet.

Auffallend ist die durch reichliche Aktmalerei betonte sexuelle Konnotation nicht nur der zentralen Bildhandlung (Num 31,18–20), sondern auch mancher der hier ausgestellten rahmenden Szenen. Dass die teils ausdrücklich erotischen Gemälde keinem kirchlichen Kontext entstammen können, ist offensichtlich. Gegen einen hochzeitlichen Anlass oder eheliche Räume als Anbringungsort sprechen die Dominanz der Frauenfiguren und eine gewisse, durchaus heikle, moralische Ambivalenz – etwa der Susannen-Darstellung (Kat. 57). Besonders verstörend erscheint die

PROV.
Durch Diego Velázquez bei seiner zweiten Italienreise 1649–1651 in Venedig erworben für Philipp IV.; Real Alcázar, Madrid (1686, 1700); Schloss La Granja de San Ildefonso bei Segovia (1746, 1766, 1774, 1794, 1814–1818); Museo Nacional del Prado

BIBL.
Fosca 1929, S. 55 f.; Coletti 1943, S. 15 f.; Pallucchini 1950, S. 90–92; Maxon 1961, S. 254; Schulz 1968, S. 125 f. (Nr. 60); De Vecchi 1978, S. 98 f., Nr. 116 A–F; Los Angeles 1979, S. 102 f., 166 (Kat. 34); Venedig 1981, S. 156 f. (Kat. 45, 46, Paola Rossi); Pallucchini/Rossi 1982, S. 50, 171 f. (Nrn. 182–187); London 1983, S. 215 (Paola Rossi); Museo del Prado 1990, S. 214–216, 311, 502, 505 (Nr. 760, 766, 770, 1126, 1887, 1898); Pilo 1991, S. 123; Barcelona 1997, S. 102 f., 148 f. (Kat. 15, 29, 30); Weddigen 2000, S. 221 f., 231, 254 f., 263; Madrid 2007, S. 258–265 (Kat. 19–24; R. Echols); Echols/Ilchman 2009, S. 138 (Nr. F22–F27); González Mozo 2009, passim; Rom 2012, S. 92 f. (Kat. 7, Margaret Binotto)

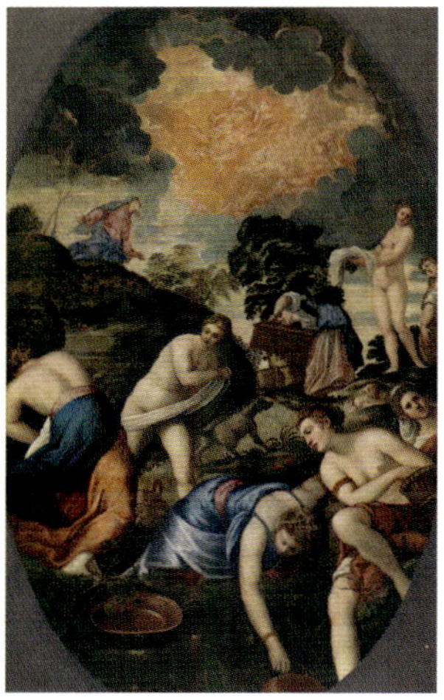

Abb. 1
JACOPO TINTORETTO UND WERKSTATT
DIE REINIGUNG DER MIDIANITISCHEN JUNGFRAUEN
Um 1554/55
Öl auf Leinwand, 301 × 185 cm
Madrid, Museo Nacional del Prado, Inv. P 393

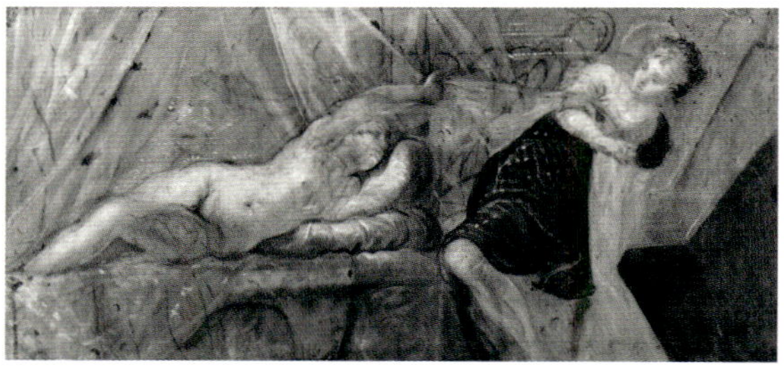

Abb. 2
Infrarotreflektogramm von „Joseph und Potiphars Weib"

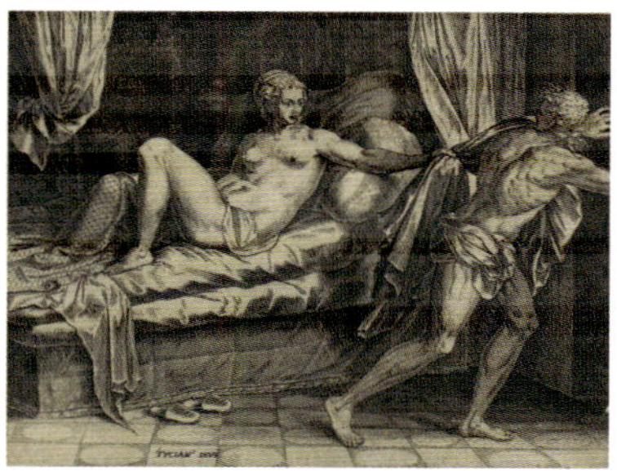

Abb. 3
CORNELIS CORT (NACH TIZIAN)
JOSEPH UND POTIPHARS WEIB
Um 1560–1565, Kupferstich, 201 × 258–263 mm (Blatt)
Köln, Wallraf-Richartz-Museum & Fondation Corboud, Graphische Sammlung, Inv. 34345

im ovalen Mittelbild religiös überhöhte Versklavung der midianitischen Jungfrauen. Sollte dieser Zyklus aus einer *scoleta de donne* (kleines Bordell) oder den Gemächern einer *cortegiana onesta* stammen? Wie üppig die Wohnungen mancher venezianischer Kurtisanen ausgestattet waren, lassen Dekrete erahnen, die diesen Luxus (vor allem durch Verbot besonders kostbarer Textilien) einzudämmen suchten.[1] Vielleicht stellten gemalte Dekorationen eine Möglichkeit dar, derlei Restriktionen zu umgehen. Das könnte den ausgesprochen dekorativen Stil der sechs Leinwandbilder erklären, den man sonst nur im Spinettdeckel aus Verona (Kat. 18) wiederfindet.

Offenbar kooperierte Jacopo bei der Ausführung dieser Gemälde, ähnlich wie schon bei den sogenannten Wiener *cassoni* (Kat. 16, 25), mit mindestens einem Assistenten. Qualitativ herausragend ist, neben der dramatischen Nachtszene „Judith und Holofernes", vor allem „Joseph und Potiphars Weib": ein Gemälde, das François Fosca an Eugène Delacroix denken ließ und Luigi Coletti an Gustav Klimt. Wie sorgfältig Tintoretto nach der richtigen Haltung für Joseph suchte, zeigt sich im Infrarotreflektogramm, wo die nebeneinander erscheinenden Skizzen für diese Figur auf beinahe filmische Art deren Fluchtbewegung abbilden (Abb. 2).[2] Geschickt reflektiert Jacopo seine Ausstattungsaufgabe, indem er die reichverzierte Holzdecke im Schlafgemach von Potiphars Weib sichtbar werden lässt. Einzelne Elemente des vergoldeten Schnitzwerks nutzt er, um Kontur und Ausstrahlung des weiblichen Aktes zu betonen, dessen Fluidum dem der „Eva" (Kat. 55) in nichts nachsteht.

Bislang unerkannt blieb der Zusammenhang mit einer Komposition Tizians, die als Kupferstich überliefert ist und dieselbe Szene aus der Josephsgeschichte zeigt (Abb. 3). Zweifellos ging diese Darstellung Tintorettos Gemälde voraus, denn der weibliche Akt verdankt sich Tizians eigener Behandlung des „Danae"-Themas[3], das ihn Anfang bis Mitte der 1550er Jahre erneut beschäftigte. Das dort anklingende Motiv der käuflichen Liebe schwingt (als Versuchung) auch im verlorenen Tizian-Gemälde wieder mit. Einen entsprechenden, deutlichen Hinweis gibt das im Kupferstich getreu reproduzierte Netzmuster auf der Bettwäsche von Potiphars Weib: Es gemahnt an die 1550 in Lyon erschienene Ausgabe von Andrea Alciatos *Emblemata*, wo unter dem Lemma „In amatores meretricum" ein Fischer in Ziegenhaut als Kurtisane auftritt, um mit einem Netz Fische (sprich: Liebhaber) zu fangen.

Räumliche Disposition, Figurenanordnung, aber auch Details wie der Bettvorhang lassen erkennen, wie bewusst Tintoretto mit Tizian in Konkurrenz tritt. Er übertrumpft ihn durch eine neue, psychologisch plausiblere Dynamik. Dazu tragen vor allem die spannungsvoll gedrehte Körperhaltung der Frau Potiphars und ihr weit über den eigenen Kopf hinausgreifender Gestus bei. Nicht nur Tizian wird sich (im „Raub der Europa", Boston, Isabella Stewart Gardner Museum) an diesen Gestus erinnern, sondern noch Jacopo Palma il Giovane beim Malen seiner „Venus in der Schmiede des Vulkan" (Kassel, Gemäldegalerie).

RK

1
Larivaille 1989, S. 92; Scarabello 2008, S. 93, dort auch (S. 33, 96) zum Begriff der *scuola* (oder *scoleta*) *di donne*.
2
González Mozo 2009, S. 174 f.
3
Tietze-Conrat 1956, S. 82. Mit dem Kupferstich zu vergleichen ist besonders die aktuell wissenschaftlich heiß umkämpfte „Danae" in Apsley House, London.

MUSENKONZERT

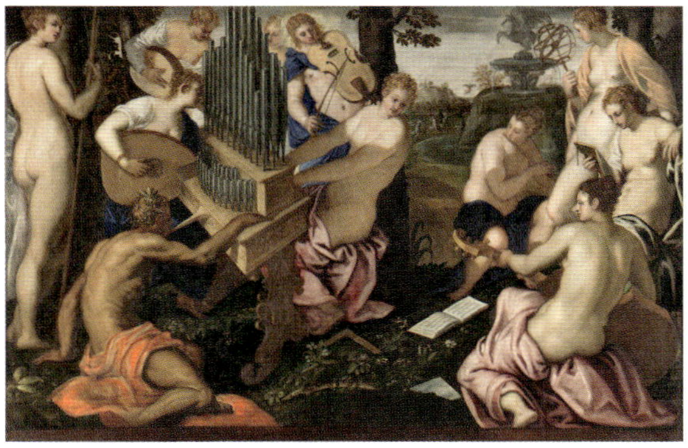

Kat. 63
☞ S. 193

Um 1555
Öl auf Leinwand, 169,5 × 255,5 cm
München, Bayerische Staatsgemäldesammlungen, Inv. 5192 (als Dauerleihgabe im Bayerischen Nationalmuseum)

PROV.
Schloss Schleißheim (1761, 1765, 1771); Königliche Galerie, Augsburg (um 1805–1818, 1822)

BIBL.
Weddigen 1984, S. 77, 86–89, 98, 104; Echols/Ilchman 2009, S. 108 f.

Wie Kat. 18 zeigt dieses Gemälde die siegreichen Musen beim Konzert. Die im musikalischen Wettstreit unterlegenen, in Elstern verwandelten Pieriden (Ovid, *Metamorphosen*, V, 662–678) werden hier aber nicht zu den Seiten davonfliegend dargestellt, sondern im Bildhintergrund – als antikisch gewandete, im Fliehen mutierende Figuren. Der phantastische Brunnen will als Ortsangabe entschlüsselt werden: Die bekrönende Skulptur eines geflügelten Pferdes markiert die von Pegasus geschlagene Quelle Hippokrene. Sieht man am Horizont den Gipfel des Helikon, so bildet der Quellhain die vordere Bildbühne.

Nahsichtig präsentiert füllen die neun Musen und ihre beiden männlichen Begleiter den Vordergrund bis an die Bildgrenzen aus: eine typisch tintoretteske, auf bildsprengende Wirkung bedachte Cadrage. Gravitationszentrum ist die orgelspielende Muse (Polyhymnia?) mit dem Winkelmaß der Geometrie zu ihren Füßen. Ihr Tischpositiv wird, in ganz ungewöhnlicher Weise, mundbeblasen – vielleicht durch Zephir (oder Äolus). Durch kostbares Blau hervorgehoben erscheint hinter ihr Apollo Musagetes, mit Rundbogen auf einer Lira da braccio (5 + 2 Saiten) spielend. Während drei weitere Musen (zwei davon mit unterschiedlich großen Lauten) die Orgel einrahmen, schließt eine kokett sich umblickende Gefährtin mit Flöte und Taktstab die Bildkomposition nach links ab. Jenseits der zum Hintergrund und zu den Pieriden führenden Bildschneise finden sich vier weitere Musen: eine Bassgambenspielerin, eine Querflöte (Euterpe?), Urania mit Armillarsphäre sowie eine Sängerin mit Notenbuch.[1]

Die Nähe zum Instrumentendeckel (Kat. 18) ist offensichtlich. Dessen kompositorische und malerische Überlegenheit lässt das Leinwandbild als vergrößertes Nachfolgewerk erscheinen. Ist das kleinere Bild stilistisch engstens mit dem Zyklus im Prado (Kat. 57–62) zu verbinden, so gemahnen die Aktdarstellungen der größeren Version an die „Befreiung der Arsinoe“ (Dresden, Gemäldegalerie) und an die „Susanna“ (Wien, Kunsthistorisches Museum, Abb. S. 194). Beide „Musenkonzerte“ dürften somit um 1555 entstanden sein. Offenbar arbeitete die für das Täfelchen in Verona (und großenteils für den Prado-Zyklus) verantwortliche Malerhand stellenweise auch auf der Leinwand, etwa an den Köpfen der Bassgambenspielerin, der Orgelspielerin und der ihr gegenüber sitzenden Muse mit der großen Laute. Motivik, Komposition und Bildfunktion verbinden die beiden Bilder mit einem weiteren Cembalo- oder Spinettdeckel (ehemals in Neuilly), der aber vielleicht erst später entstanden ist.[2]

Auffallend sind die Verluste am unteren Rand des Leinwandgemäldes, der überdies auch eine bogenförmige Fehlstelle von ca. 80 cm in der Mitte aufweist. Das deutet, zusammen mit der etwas plakativen Malerei, auf eine besondere Bildfunktion – vielleicht als Sopraporte – hin: Ob wir es mit dem Fragment eines ephemeren Festschmucks zu tun haben? Auch an ein Reklamebild oder eine Ladendekoration für eine der großen venezianischen Musikalienhandlungen wäre zu denken. Beispielsweise könnte der frisch grünende Baum im Bildzentrum auf die vom Lautenmacher Rigo (II) Tieffenbrucker in der Calle dei Stagneri gegründete Bottega *all'Albero verde*[3] verweisen.

RK

1
Vgl. den Eintrag zum Bild im Répertoire International d'Iconographie Musicale (www.ridim-deutschland.de), Objekt Nr. 10391.

2
Pallucchini/Rossi 1982, S. 148, Nr. 103; Weddigen 1984, S. 74, 83–85; Slim 1987, S. 68; Christie's 1993, Lot 138. Vgl. jetzt auch Dorotheum 2017, Lot 26!

3
Pio 2011, S. 312–318.

JORGE R. POMBO

VARIATION ON TINTORETTO'S „THE MIRACLE OF SAINT MARK FREEING THE SLAVE" (II/IV)

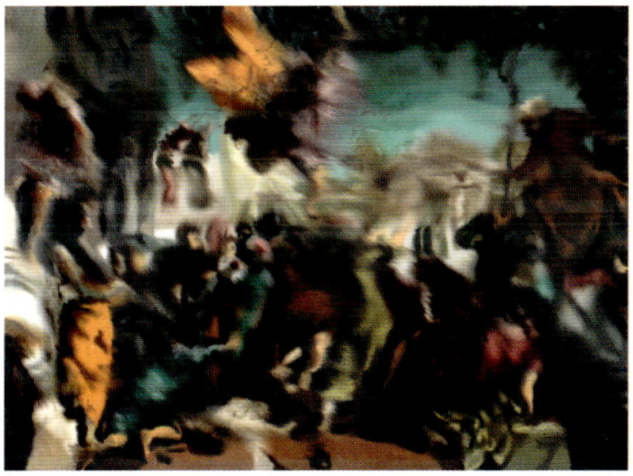

Kat. 64*

S. 201 ☞

2013
Öl auf Leinwand,
410 × 541 cm
Besitz des Künstlers

BIBL.
Venedig 2013;
Pombo 2016

„Tintoretto war vielleicht der amerikanischste der venezianischen Maler", sagt der 1973 in Barcelona geborene Jorge Pombo in einem Gespräch mit seinem Künstlerkollegen Manel Lledós und meint damit den ausgesprochen kompetitiven Charakter des Künstlers.[1] Epochen und Kontinente überspringend bringt das Bonmot die besondere, paradoxe Qualität von Tintorettos Malerei perfekt auf den Punkt: zeitlose Modernität. Bester Beleg dafür ist das nicht abreißende Echo des „Sklavenwunders" (Venedig, Gallerie dell'Accademia, Abb. S. 57). Die Rezeption des Bildes beginnt mit einer kongenialen brieflichen Bildbeschreibung Pietro Aretinos und umfasst dann unter anderem graphische Hommagen Rembrandts und Fragonards, kleinformatige Kopien von Samuel Morse und Mariano Fortuny, philosophische Betrachtungen Jean-Paul Sartres und eine (pessimistische, den zerstückelten Sklaven zeigende) Variante von Enzo Cucchi.[2]

Nach zahlreichen vorbereitenden Detailstudien schuf Jorge Pompo vier originalgroße ‚Kopien' des „Sklavenwunders", die er mit Lösungsmittel verschwimmen ließ und teils auch mit der Rakel verwischte: Techniken, die er zuvor bereits auf andere Altmeister wie etwa Delacroix angewandt hatte. Aus seiner Bewunderung für Gerhard Richter macht Pombo keinen Hehl. Dessen 1973 entstandene „Verkündigung nach Tizian" (Washington, Hirshhorn Museum and Sculpture Garden) ist zweifellos ein wichtiger Vorläufer. Doch klingen in Pombos Tintoretto-Hommagen noch weitere Motive an: Jacopos narrative, protofilmische Dynamik, seine performative Malweise und last, not least eine typisch venezianische Ästhetik des Instabilen und Liquiden (Kat. 38).

Tintoretto malte das „Sklavenwunder" wohl schon 1547 für die Stirnwand des Kapitelsaals der Scuola Grande di San Marco. Anders als noch 1545 vorgeschlagen (Kat. 19), stellte er nicht die Bergung des Markusleichnams dar, sondern die Legende vom provenzalischen Sklaven, den sein heidnischer Herr zur Strafe für eine Pilgerreise ans Markusgrab in Venedig verstümmeln lassen will: Auf wunderbare Weise prallt ein Marterwerkzeug nach dem anderen ab, bis auch der grausame Herr sich bekehrt.[3] In einer Tour de force sondergleichen gelang es Tintoretto, zugleich ein lebensechtes, packend erzähltes Spektakel und ein zitatengespicktes Kompendium moderner Malerei zu liefern – ein Gemälde, das von den unterschiedlichsten Betrachtern auf verschiedenste Art gelesen werden konnte: beispielsweise als künstlerisches Manifest und/oder als Reaktion auf die 1547 dramatisch sich verschärfende Inquisition.[4]

Jacopos stolze Signatur als ausgewachsener TENTOR markierte einen biographischen Einschnitt sowie auch einen Epochen- und Machtwechsel in der venezianischen Malerei. Dass ihm nicht nur persönlich – ob dieses überehrgeizigen Gemäldes – Ungemach drohte, sondern (mit der Gegenreformation) eine viel katastrophalere Verdüsterung aufzog, spürte Jacopo offenbar recht genau. Darauf lässt eine bislang unbeachtete Bildquelle schließen, die in das „Sklavenwunder" einfloss: Rosso Fiorentinos „Pandora öffnet ihre Büchse" (Abb.).[5]

RK

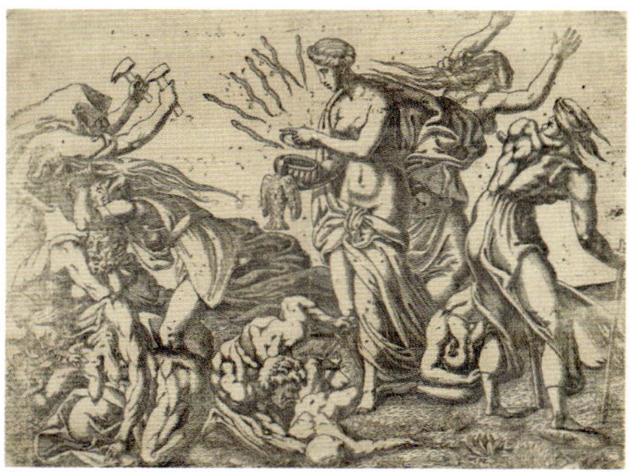

ANTONIO FANTUZZI
DA TRENTO
(NACH ROSSO FIORENTINO)
PANDORA ÖFFNET
IHRE BÜCHSE

Um 1542/43
Radierung, 220 × 282 mm
(in der Höhe beschnitten),
London, British Museum,
Inv. 1874,0808.465

1
Venedig 2013, S. 57.

2
Sartre 1981 a, S. 171–177. Krischel 1991, S. 99 f., 144–150; Krischel 1994 a, S. 62–68. Tintoretto-Rezeption im 20. Jahrhundert: Krischel 2011 b. Cucchi: Aachen 1997, S. 75.

3
Pallucchini 1950, S. 111–115; Krischel 1991; Krischel 1994 a; Weddigen 2000, S. 46–114 und im vorliegenden Band; Rom 2012, S. 76–81 (Kat. 2, Margaret Binotto); Ilchman 2014, S. 131–193.

4
Vgl. Santosuosso 1973.

5
Vgl. die Zeichnung in der Ecole Nationale Supérieure des Beaux-Arts, Paris, Inv. EBA 341.

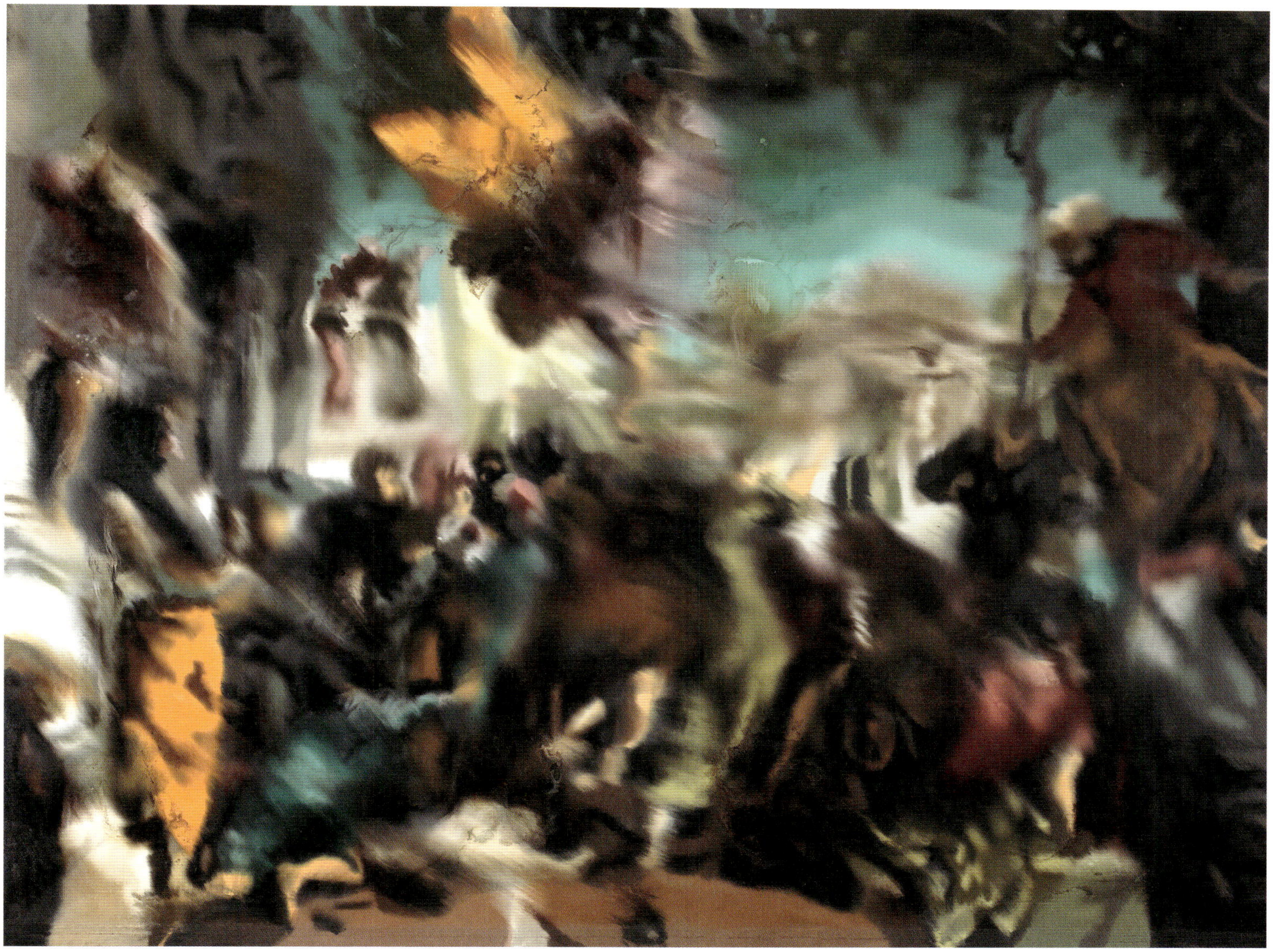

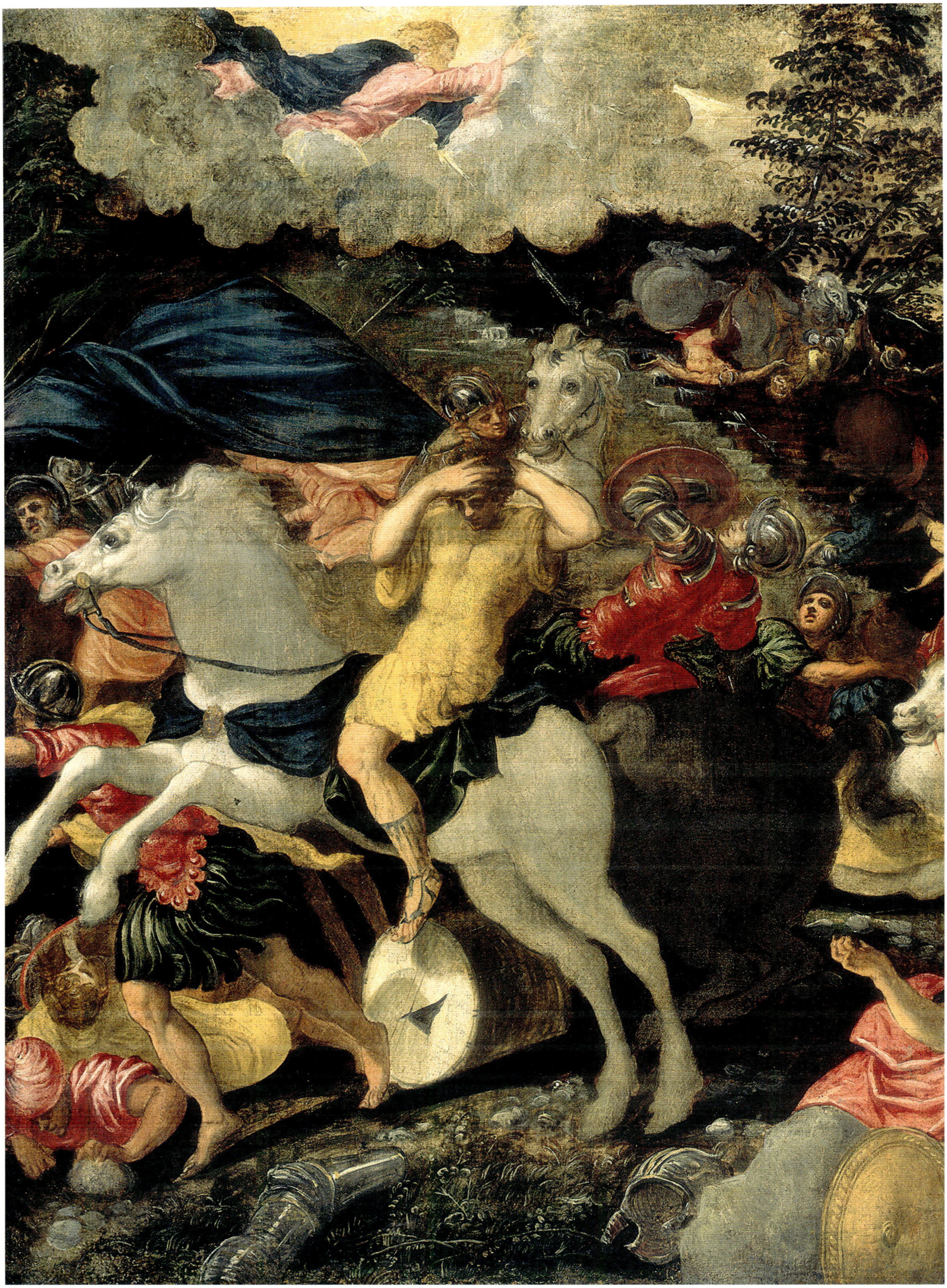

ANHANG

LITERATURVERZEICHNIS

Um den Zugang zur rezenten Tintoretto-Forschung zu erleichtern, nennt diese Auswahlbibliographie neben den im vorliegenden Band zitierten Titeln noch einige weitere Publikationen (etwa auch zum späteren Werk Tintorettos), die keine Aufnahme in die jüngsten Literaturverzeichnisse zum Künstler (Madrid 2007, S. 451–464; Rom 2012, S. 233–251) fanden oder erst nach deren Drucklegung erschienen. Die entsprechenden Kurztitel wurden mit einem Asterisk (*) versehen. Ausstellungskataloge sind alphabetisch nach Orten sortiert an den Schluss gestellt.

A

ABRAM 2013
Sara Abram, La *Crocifissione* di Tintoretto. L'intervento sul dipinto dei Musei Civici di Padova. Atti della giornata di studi (Venaria Reale, 11 ottobre 2012), Turin 2013

ACCORNERO 2013
Chiara Accornero, Pietro Liberi cavaliere e fenice dei pittori, Treviso 2013

ADORNI-BRACCESI/RAGAGLI 2004
Simonetta Adorni-Braccesi/Simone Ragagli, sub voce „Lando, Ortensio", in: Dizionario Biografico degli Italiani, Bd. 63, Rom 2004, S. 451–459

AIKEMA 2017
Bernard Aikema, L'*Ecce Homo* di San Paolo e la bottega tintorettiana negli anni sessanta, in: Cassegrain et al. 2017, S. 158–169

AINSWORTH 1998
Maryan W. Ainsworth, An Unfinished Landscape Painting Attributed to the Master LC and Sixteenth-Century Workshop Practice, in: Norman E. Muller/Betsy J. Rosasco/James H. Marrow (Hrsg.), Herri Met De Bles. Studies and Explorations of the World Landscape Tradition, Turnhout 1998, S. 117–127

ALBERTI 2015
Francesca Alberti, La peinture facétieuse. Du rire sacré de Corrège aux fables burlesques de Tintoret, o. O. (Arles) 2015

ALVERÀ BORTOLOTTO 1981
Angelica Alverà Bortolotto, Storia della ceramica a Venezia dagli albori alla fine della Repubblica, Florenz 1981

AMBROSINI 1999
Federica Ambrosini, Storie di patrizi e di eresia nella Venezia del '500, Mailand 1999

ANDERSON 2015
Christina M. Anderson, The Flemish Merchant of Venice. Daniel Nijs and the Sale of the Gonzaga Art Collection, New Haven/London 2015

APULEIUS/STEINMANN 1978
Apuleius, Das Märchen von Amor und Psyche. Lateinisch/Deutsch. Übers. und hrsg. von Kurt Steinmann, Stuttgart 1978

ARCANGELI 1955
Francesco Arcangeli, La „Disputa" del Tintoretto a Milano, in: Paragone 61, 1955, S. 21–35

ARASSE 1999
Daniel Arasse, L'Annonciation italienne. Une histoire de perspective, Paris 1999

ARETINO 1539
Pietro Aretino, I sette salmi de la penitentia di David, Venedig 1539

ARETINO/CAMESASCA 1957
Pietro Aretino, Lettere sull'arte, hrsg. von Ettore Camesasca, Bd. 2, Mailand 1957

ARETINO 1988
L'Arétin, Lettres de l'Arétin (1492–1556), Paris 1988

ARETINO/PROCACCIOLI 1999–2002
Pietro Aretino, Lettere, hrsg. von Paolo Procaccioli (Edizione Nazionale delle opere di Pietro Aretino), I–VI, Rom 1999–2002

ARMENINI 1587
Giovanni Battista Armenini, De' veri precetti della pittura libri tre, Ravenna 1587 (Reprint: Hildesheim/New York 1971)

ARSLAN 1960
Edoardo Arslan, Le pitture del Duomo di Milano, Milan 1960

ATTARDI 2015
Luisa Attardi, Il periodo giorgionesco, l'allegoria e la storia sacra. Le „Due ninfe in un paesaggio" di Francoforte. Il „Cristo e l'Adultera" di San Pietroburgo, in: Bergamo 2015, S. 90–105

AURENHAMMER 1996
Hans Aurenhammer, Dall'„Impressionismo" al „Manierismo espressionistico": Tintoretto nel pensiero della scuola viennese di storia dell'arte (Max Dvořák), in: Rossi/Puppi 1996, S. 47–54

AUSSERHOFER 1992
Marta Ausserhofer, Johann Stephan von Calcar – Das Porträt des Melchior von Brauweiler von 1540 (Kunst in Kalkar, 1), Kleve 1992

AZZI VISENTINI 1988
Margherita Azzi Visentini (Hrsg.), Il giardino veneto. Storia e conservazione, Mailand 1988

B

BAILEY 1977
Stephen Bailey, Metamorphoses of the Grimani „Vitellius", in: The J. Paul Getty Museum Journal 5, 1977, S. 105–122

BAILEY 1980
Stephen Bailey, Metamorphoses of the Grimani „Vitellius." Addenda and Corrigenda, in: The J. Paul Getty Museum Journal 8, 1980, S. 207 f.

BARBARO 1569
Daniele Barbaro, La pratica della perspettiva, Venedig 1569

BASCHET/FEUILLET DE CONCHES 1865
Armand Baschet/Félix Sébastien Feuillet de Conches, Les femmes blondes selon les peintres de l'école de Venise, Paris 1865

BASSI 1980
Elena Bassi, Palazzi di Venezia, Venedig [3]1980

BÉGUIN/DE VECCHI 1971
Sylvie Béguin/Pierluigi de Vecchi, Tout l'œuvre peint de Tintoret, Paris 1971

BELLAVITIS 2004
Anna Bellavitis, „Ars mechanica" e gerarchie sociali a Venezia tra XVI e XVII secolo, in: Mathieu Arnoux/Pierre Monnet (Hrsg.), Le technicien dans la cité en Europe occidentale, 1250–1650 (= Collection de l'École Française de Rome, 325), Rom 2004, S. 161–179

BELLORI/BOREA 1976
Giovan Pietro Bellori, Le vite de' pittori scultori e architetti moderni, hrsg. von Evelina Borea, Turin 1976

BELTING 2008
Hans Belting, Florenz und Bagdad. Eine westöstliche Geschichte des Blicks, München 2008

BENESCH 1956
Otto Benesch, Some unknown early works by Tintoretto, in: Arte Veneta 10, 1956, S. 95–103

BENSI 1983–85
Paolo Bensi, „Per l'arte": materiali e procedimenti pittorici nell'opera di Lorenzo Lotto, in: Studi di storia delle arti 5, 1983–85, S. 63–111
BENVENUTI 1992
Feliciano Benvenuti, Il Tintoretto e la religiosità della civiltà veneziana del Cinquecento, in: ARTE|Documento| 6, 1992, S. 151–168
BERCKEN 1942
Erich von der Bercken, Die Gemälde des Jacopo Tintoretto, München 1942
BERCKEN/MAYER 1923
Erich von der Bercken/August L. Mayer, Jacopo Tintoretto, 2 Bde., München 1923
BERENSON 1932
Bernard Berenson, Italian pictures of the Renaissance: a list of the principal artists and their works, with an index of place, Oxford 1932
BERENSON 1957
Bernard Berenson, Italian Pictures of the Renaissance. Venetian School, 2 Bde., London 1957
BERENSON 1958
Bernard Berenson, Pitture italiane del Rinascimento. Elenco dei principali artisti e delle loro opere con un indice dei luoghi. La scuola veneta, 2 Bde., London 1958
BERLINER 1920
Rudolf Berliner, Die Tätigkeit Tintorettos in der Scuola di San Rocco, in: Kunstchronik und Kunstmarkt 55, 1920, S. 468–473 und S. 492–497
BERTINI 1971
Aldo Bertini, Un'ignorata opera giovanile del Tintoretto: „L'erezione del vitello d'oro", in: Arte Veneta 25, 1971, S. 258–261
BERTLING BIAGGINI 1999
Claudia Bertling Biaggini, Il Pordenone – Pictor Modernus, Zürich u. a. 1999
BERTONI 1973
Gino Bertoni, Venezia nell'età della controriforma, Mailand 1973
BETTINI 1940/41
Sergio Bettini, Note sui soggiorni veneti di Bartolomeo Ammannati, in: Le Arti 3, 1940/41, S. 20–27
*BIFERALI 2011
Fabrizio Biferali, Il tema della carità nella pittura di Iacopo Tintoretto, in: Studi Veneziani N.F. 62, 2011, S. 155–204
*BIFERALI 2012
Fabrizio Biferali, Tiziano e Tintoretto colleghi e rivali nell'autunno del Rinascimento veneziano, in: Studi Veneziani N.F. 66, 2012, S. 61–120
BOBER/RUBINSTEIN 1986
Phyllis Pray Bober/Ruth Rubinstein, Renaissance Artists & Antique Sculpture. A Handbook of Sources, London/Oxford 1986
BOCCARDO 1994
Piero Boccardo, Ritratti di Genovesi di Rubens e di Van Dyck: Contesto ed identificazioni, in: Studies in the History of Art 46, 1994 (Symposium Papers 26: Van Dyck 350), S. 77–102
BOCCARDO 1997
Piero Boccardo, Ritratti di collezionisti e committenti, in: Genua 1997, S. 29–58
*BODART 2013
Diane H. Bodart, Tintoretto e il ritratto di Luigi Groto, detto il Cieco d'Adria, in: Renaissance Studies in Honor of Joseph Connors (Villa I Tatti, 29), Cambridge/Mass. 2013, S. 401–408
BOERIO 1856
Giuseppe Boerio, Dizionario del Dialetto Veneziano, Venedig [2]1856 (Reprint: Mailand 1971)
BOHDE 2007
Daniela Bohde, „Le tinte delle carni" – Zur Begrifflichkeit für Haut und Fleisch in italienischen Kunsttraktaten des 15. bis 17. Jahrhunderts, in: Daniela Bohde/Mechthild Fend (Hrsg.), Weder Haut noch Fleisch – Das Inkarnat in der Kunstgeschichte, Berlin 2007, S. 41–63
BOHLMANN 1998
Carolin Bohlmann, Tintorettos Maltechnik. Zur Dialektik von Theorie und Praxis (Beiträge zur Kunstwissenschaft, 73), Diss. TU Berlin 1996, München 1998
BOLAFFI 1974
Dizionario Enciclopedico Bolaffi dei pittori e incisori italiani dal XI al XX secolo, Bd. 5, Turin 1974
BONNET 2006
Jacques Bonnet, Die Badende. Voyeurismus in der abendländischen Kunst, Berlin 2006
BOREAN 2009
Linda Borean, Jacopo Tintoretto nelle collezioni veneziane del Sei e Settecento, in: Falomir 2009, S. 202–208
BOREAN 2015
Linda Borean, Andrea Schiavone tra collezionismo e mercato (XVI–XVIII secolo), in: Venedig 2015, S. 67–76
BORGHINI 1584
Raffaello Borghini, Il Riposo, Florenz 1584 (Reprint: Hildesheim 1969)
BOSCHINI/PALLUCCHINI 1966
Marco Boschini, La Carta del Navegar Pitoresco, hrsg. von Anna Pallucchini (Civiltà Veneziana – Fonti e testi, VII), Venedig/Rom 1966
BOSCHINI/WASMER 2009
Marco Boschini, Breve Instruzione. Eine stilkritische Einführung in Le ricche minere della pittura veneziana, Venedig 1674. Italienisch-deutsche Edition von Marc-Joachim Wasmer, Diss. Bern 1994, 2 Bde., Bern 2009
BOSCHLOO 2008
Anton W. A. Boschloo, The Limits of Artistic Freedom. Criticism of art in Italy from 1500 to 1800, Leiden 2008
BOSCHLOO/VAN DER SMAN 1993
Anton W. A. Boschloo/Gert Jan J. van der Sman, Italian Paintings from the Sixteenth Century in Dutch Public Collections, Florenz 1993
BOTTARI/TICOZZI 1822
Giovanni Bottari/Stefano Ticozzi, Raccolta di lettere sulla pittura, scultura ed architettura, Mailand 1822
BOUCHER 1976
Bruce Boucher, Jacopo Sansovino and the Choir of St Mark's, in: The Burlington Magazine 118, 1976, S. 552–566
BOUCHER 1991
Bruce Boucher, The Sculpture of Jacopo Sansovino, 2 Bde., New Haven/London 1991
BOUCHER 1996
Bruce Boucher, *Artes cognatae*: The relationship between painting and sculpture in the time of Tintoretto, in: Rossi/Puppi 1996, S. 241–246
BRANDENBURGER/NALEBUFF 2008
Adam M. Brandenburger/Barry J. Nalebuff, Coopetition – Kooperativ konkurrieren. Mit der Spieltheorie zum Geschäftserfolg, Eschborn [2]2008
BREJON DE LAVERGNÉE 1987
Arnauld Brejon de Lavergnée, L'inventaire Le Brun de 1683. La collection des tableaux de Louis XIV, Paris 1987
BRINCKMANN 1923–1925
Albert Erich Brinckmann, Barock-Bozzetti, 4 Bde., Frankfurt a. M. 1923–1925
BRISTOT 2008
Annalisa Bristot, „Saloni, portici e stanze splendidamente ornati", in: dies. (Hrsg.), Palazzo Grimani a Santa Maria Formosa. Storia, arte, restauri, Verona 2008, S. 61–125
*BROOKE 2008
Caroline Brooke, The re-use of drawings in the workshop of Jacopo Tintoretto, in: The Burlington Magazine 150, 2008, S. 677–680
*BRUNNER 2000
Michael Brunner, An Unknown Figure Study by Tintoretto, in: Master Drawings 38, 2000, S. 55–57
*BULL 2009
Duncan Bull, A double-portrait attributable to Marietta Tintoretto, in: The Burlington Magazine 151, 2009, S. 678–681
BURY 1980
John Bernard Bury, The Loggetta in 1540, in: The Burlington Magazine 122, 1980, S. 629–633, 635

C

CAIRNS 1966
Christopher Cairns, A Distinguished Correspondent of Pietro Aretino – Some Identifications, in: Renaissance News 19, 1966, S. 193–205
CALABI/MORACHIELLO 1984
Donatella Calabi/Paolo Morachiello, Rialto, 1514–1538: gli anni della ricostruzione, in: Tafuri 1984, S. 291–334
CALLEGARI 2004/05
Chiara Callegari, Andrea Schiavone incisore, Diss., Università degli Studi di Udine, XVII ciclo, anno accademico 2004/05
CALLEGARI 2005
Chiara Callegari, Per Pietro Aretino iconografo e Andrea Schiavone silografo, in: dies. (Hrsg.), Gli affanni del collezionista. Studi di Storia dell'arte in memoria di Feliciano Benvenuti, Padua 2005, S. 95–132
CALLEGARI 2005/06
Chiara Callegari, Le stampe di Andrea Schiavone della collezione di Georg Baselitz, tesi di specializzazione in Storia dell'Arte, Università degli Studi di Udine, anno accademico 2005/06
CALMO/BELLONI 2003
Andrea Calmo, Le Bizzarre, faconde et ingegnose rime pescatorie, hrsg. von Gino Belloni, Venedig 2003
CALMO/ROSSI 1888
Andrea Calmo, Le lettere di Messer Andrea Calmo, hrsg. von Vittorio Rossi, Turin 1888

CALVILLO 2000
Elena Calvillo, Romanità and Grazia: Giulio Clovio's Pauline Frontispieces for Marino Grimani, in: The Art Bulletin 82, 2000, S. 280–297
CAMPOS 1937
Elsa Campos, I consorzi di bonifica nella Repubblica veneta, Padua 1937
CANATO/PASQUALINI CANATO 2015
Mario Canato/Maria Teresa Pasqualini Canato, I Molin al traghetto della Maddalena e il loro palazzo, Venezia 2015
CANDIDA 1967
Bianca Candida, I calchi rinascimentali della collezione Mantova Benavides nel Museo del Liviano a Padova (Pubblicazioni dell'Istituto di Archeologia dell' Università di Padova, 2), Padua 1967
*CARROLL CONSAVARI 2012
Elizabeth Carroll Consavari, Tintoretto's Holy Hermits at the Scuola Grande di San Rocco, in: Michelle A. Erhardt/Amy M. Morris (Hrsg.), Mary Magdalene, Iconographic Studies from the Middle Ages to the Baroque (Studies in Religion and the Arts, 7), Leiden/Boston 2012, S. 135–160
*CASSEGRAIN 2008
Guillaume Cassegrain, Tintoret et ses doubles, in: Revue de l'Art 160, 2008, S. 45–54
CASSEGRAIN 2010
Guillaume Cassegrain, Tintoret, Paris 2010
*CASSEGRAIN 2015
Guillaume Cassegrain, La coulure. Histoire de la peinture en mouvement XIe –XXIe siècles, Paris 2015
CASSEGRAIN 2017
Guillaume Cassegrain, Michel-Ange, portraits d'encre, Paris 2017
CASSEGRAIN ET AL. 2017
Guillaume Cassegrain/Augusto Gentili/Michel Hochmann/Valentina Sapienza (Hrsg.), La giovinezza di Tintoretto (Atti del convegno internazionale di studi, Venezia, Fondazione Cini, 28–29 maggio 2015), Venedig 2017
CECCHINI 2000
Isabella Cecchini, Quadri e commercio a Venezia durante il Seicento. Uno studio sul mercato dell'arte, Venedig 2000
*CERASUOLO 2014
Angela Cerasuolo, Diligenza e Prestezza. La tecnica nella pittura e nella letteratura artistica del Cinquecento, Florenz 2014
CHAUVARD 2005
Jean François Chauvard, La circulation des biens à Venise: stratégies patrimoniales et marché immobilier (1600–1750), Rom 2005
CHECA CREMADES 2004
Fernando Checa Cremades, El Marqués del Carpio (1629–1687) y la pintura veneciana del Renacimiento. Negociaciones de Antonio Saurer, in: Anales de Historia del Arte 14, 2004, S. 193–212
CHIARINI 1988
Marco Chiarini, Grenoble – Musée de peinture et de sculpture: Tableaux italiens. Catalogue raisonné de la collection de peinture italienne XIVe–XIXe siècles, Grenoble 1988
CHIARINI 1994
Marco Chiarini, Jacopo Tintoretto: il grande collezionismo mediceo, in: Florenz 1994, S. 29–39
CHIARINI/PADOVANI 2003
Marco Chiarini/Serena Padovani (Hrsg.), La Galleria Palatina e gli Appartamenti Reali di Palazzo Pitti, Bd. 2: Catalogo dei dipinti, Florenz 2003
*CHRISTIANSEN 2006
Keith Christiansen, Tintoretto's „Christ mocked", in: The Burlington Magazine 148, 2006, S. 767–771
CHRISTIE'S 1980
Highly important bronzes, wood-carvings and other works of art, Auktionskatalog, Christie's, London, 25. Juni 1980
CHRISTIE'S 1993
Important Old Master Paintings, Auktionskatalog, Christie's, New York, 14. Januar 1993
CICOGNA 1830
Emanuele Antonio Cicogna, Delle Iscrizioni veneziane, III, Venedig 1830
*COCCHIARA 2006
Francesca Cocchiara, La Presentazione di Gesù al Tempio e Purificazione di Maria di Jacopo Tintoretto ai Carmini. Lettura per frammenti di una pala e di un contesto, in: Venezia Cinquecento 31, 2006, S. 189–272
COFFIN 1951
David R. Coffin, Tintoretto and the Medici Tombs, in: The Art Bulletin 33, 1951, S. 119–125
COLETTI 1940
Luigi Coletti, Il Tintoretto, Bergamo 1940
COLETTI 1941
Luigi Coletti, La crisi manieristica nella pittura veneziana, in: Convivium 13, 1941, S. 109–126
COLETTI 1943
Luigi Coletti, Tintoretto. Mit 144 Bildern und 2 Farbtafeln, Hamburg/Rom 1943
COMPAGNON 1980
Antoine Compagnon, Nous, Michel de Montaigne, Paris 1980
*CORSATO 2014
Carlo Corsato, Authenticité et auctorialité à Venise au XVIe siècle. Sources littéraires et pratiques artistiques, in: Charlotte Guichard (Hrsg.), De l'authenticité. Une histoire des valeurs de l'art (XVIé–XXe siècle), Paris 2014, S. 21–44
COSTANTINI 1987
Massimo Costantini, L'albero della libertà economica. Il processo di scioglimento delle corporazioni veneziane, Venezia 1987
COTTRELL 1997
Philip Cottrell, Bonifacio Veronese and the young Tintoretto, in: Inferno (St. Andrews Journal of Art History) 4, 1997, S. 17–36
COTTRELL 2000
Philip Cottrell, Corporate Colors: Bonifacio and Tintoretto at the Palazzo dei Camerlenghi in Venice, in: The Art Bulletin 82, 2000, S. 658–678
COTTRELL 2001
Philipp Cottrell, Bonifacio's Enterprise: Bonifacio de' Pitati and Venetian Painting, PhD Diss., University of St. Andrews 2001, http://hdl.handle.net/10023/2751
COTTRELL 2005
Philip Cottrell, Vice, Vagrancy and Villa Culture: Bonfacio de' Pitati's *Dives and Lazarus* in its Venetian Context, in: artibus et historiae 51, 2005, S. 131–150
COTTRELL 2009
Philip Cottrell, Painters in Practice: Tintoretto, Bassano and the Studio of Bonifacio de' Pitati, in: Falomir 2009, S. 50–57
COWAN 2007
Alexander Cowan, „Not carrying out the vile and mechanical arts": touch as a measure of social distinction in early modern Venice, in: Alexander Cowan/Jill Steward (Hrsg.), The City and the Senses. Urban Culture Since 1500, Aldershot 2007, S. 39–59
CROSATO 2001/2002
Alessandra Crosato, La chiesa di San Giovanni Battista in Meduna di Livenza e l'Ultima Cena di Jacopo Tintoretto, tesi di laurea in Storia delle Arti e Conservazione dei Beni artistici, Università Ca' Foscari Venezia, relatore prof. Augusto Gentili, A.A. 2001/2002
CROWE/CAVALCASELLE 1877
Joseph A. Crowe & Giovanni Battista Cavalcaselle, Titian: his life and times with some account of his family, 2 Bde., London 1877

D

DA MOSTO 1937
Andrea Da Mosto, L'Archivio di stato di Venezia. Indice generale, storico, descrittivo ed analitico, Bd. 1, Rom 1937
DA SILVA 1973
Jose-Gentil Da Silva, La dépréciation monetaire en Italie du nord au XVII siècle: le cas de Venise, in: Studi Veneziani 15, 1973, S. 328–329
DAL POZZOLO 2008
Enrico Maria Dal Pozzolo, Colori d'amore. Parole, gesti e carezze nella pittura veneziana del Cinquecento, Treviso 2008
DAMERINI 1931
Gino Damerini, Giardini di Venezia, Bologna 1931
*DEBENEDETTI 2013
Ana Debenedetti, A recently identified painting by Tintoretto in the Victoria and Albert Museum, in: The Burlington Magazine 155, 2013, S. 19–24
DE MARIA 1899
Ugo De Maria, La favola di Amore e Psiche nella letteratura e nell'arte italiana – con appendice di cose inedite, Bologna 1899
DERRIDA 1986
Jacques Derrida, Signéponge, Paris 1986
DE VECCHI 1972
Pierluigi De Vecchi, Invenzioni sceniche e iconografia del miracolo nella pittura di Jacopo Tintoretto, in: L'Arte 17, 1972, S. 101–132
DE VECCHI 1978
Pierluigi De Vecchi, L'opera completa del Tintoretto, Mailand 1978
*DEL TORRE SCHEUCH 2012
Francesca Del Torre Scheuch, Volti veneziani. I ritratti di Jacopo Tintoretto, in: Rom 2012, S. 157–163
DELL'ANTONIO 2010
Sara dell'Antonio, Per Andrea Schiavone disegnatore, in: Vittoria Romani (Hrsg.), Studi sul disegno padano del Rinascimento, Verona 2010, S. 225–320
DELLA CHIESA/BACCHESCHI 1976
Bruno Della Chiesa/Edi Baccheschi, I pittori da Santa Croce, in: I pittori bergamaschi dal XIII al XIX secolo. Il Cinquecento II, Bergamo 1976

DITTRICH 2002
Sigrid und Lothar Dittrich, Tiersinnzeichen in Bildthemen mit Bathseba, in: Niederdeutsche Beiträge zur Kunstgeschichte 41, 2002, S. 173–195

DOBAI 1991
Katharina Dobai, Studien zu Tintoretto und die florentinische Skulptur der Michelangelo-Nachfolge (Europäische Hochschulschriften, Reihe 28: Kunstgeschichte, 120), Bern 1991

DOLCE 1557
Lodovico Dolce, Dialogo della pittura intitolato l'Aretino, Venedig 1557

DONATI 2014
Andrea Donati, Paris Bordone – Catalogo ragionato, o. O. u. J. (Soncino 2014)

DONI 1552
Anton Francesco Doni, Tre libri di lettere, Venedig 1552

DONI 1553
Anton Francesco Doni, Rime del Burchiello, Venedig 1553

DONI/PEPE 1970
Anton Francesco Doni, Disegno. Fac simile della edizione del 1549 di Venezia. Con una appendice di altri scritti del Doni riguardanti le arti figurative. Introduzione e commento critico a cura di Mario Pepe, Mailand 1970

DOROTHEUM 2017
Old Master Paintings, Part I, Auktionskatalog, Dorotheum, Wien, 25. April 2017

DREYER 2000
Peter Dreyer, Die Zeichnungen zum Gonzaga-Zyklus, in: München 2000, S. 151–165

DUNKERTON 2007 A
Jill Dunkerton, Tintoretto's Underdrawing for Saint George and the Dragon, in: National Gallery Technical Bulletin 28, 2007, S. 26–35

DUNKERTON 2007 B
Jill Dunkerton, Tintoretto's Painting Technique, in: Madrid 2007, S. 139–158

DVOŘÁK 1927–1929
Max Dvořák, Geschichte der Italienischen Kunst im Zeitalter der Renaissance, 2 Bde., München 1927–1929

E

ECHINGER-MAURACH 2007
Claudia Echinger-Maurach, Michelangelos späte Entwürfe für Nischenfiguren in San Pietro in Montorio und St. Peter, in: Nicole Riegel/Damian Dombrowski (Hrsg.), Architektur und Figur. Das Zusammenspiel der Künste. Festschrift für Stefan Kummer zum 60. Geburtstag, München/Berlin 2007, S. 156–171

ECHINGER-MAURACH 2008
Claudia Echinger-Maurach, Michelangelos und Daniele da Volterras Reiterdenkmal für König Heinrich II. von Frankreich, in: Joachim Poeschke/Thomas Weigel/Britta Kusch-Arnhold (Hrsg.), Praemium Virtutis III. Reiterstandbilder von der Antike bis zum Klassizismus, Münster 2008, S. 235–267

ECHOLS 1993/1994
Robert Echols, Titian's Venetian *Soffitti*: Sources and Transformations, in: Joseph Manca (Hrsg.), Titian 500 (Studies in the History of Art 45), Washington 1993/1994, S. 29–49

ECHOLS 1995
Robert Echols, Giovanni Galizzi and the Problem of the Young Tintoretto, in: artibus et historiae 31, 1995, S. 69–110

ECHOLS 1996
Robert Echols, Tintoretto, „Christ at the Sea of Galilee", and the Unknown Later Career of Lambert Sustris, in: Venezia Cinquecento 12, 1996, S. 93–149

ECHOLS 2007
Robert Echols, Tintoretto the Painter, in: Madrid 2007, S. 25–62

ECHOLS/ILCHMAN 2009
Robert Echols/Frederick Ilchman, Towards a new Tintoretto Catalogue, with a Checklist of revised Attributions and a new Chronology, in: Falomir 2009, S. 91–150

EMMRICH 1988
Irma Emmrich, Tintoretto – Die Welt seiner Bilder, Leipzig 1988

ENGEL 2012
Sabine Engel, Das Lieblingsbild der Venezianer. *Christus und die Ehebrecherin* in Kirche, Kunst und Staat des 16. Jahrhunderts (Studi – Schriftenreihe des Deutschen Studienzentrums in Venedig N.F. 6), Berlin 2012, S. 98–110

F

FALOMIR 2007 A
Miguel Falomir, Jacopo Comin, alias Robusti, alias Tintoretto: An Exhibition and Catalogue, in: Madrid 2007, S. 17–24

FALOMIR 2007 B
Miguel Falomir, Tintoretto's Portraiture, in: Madrid 2007, S. 95–114

FALOMIR 2007 C
Miguel Falomir, Tintoretto and Spain: From El Greco to Velázquez, in: Madrid 2007, S. 159–177

FALOMIR 2009
Miguel Falomir (Hrsg.), Jacopo Tintoretto. Actas del Congreso internacional Jacopo Tintoretto/Proceedings of the International Symposium Jacopo Tintoretto, Madrid, Museo Nacional del Prado, 26 y 27 de febrero de 2007, Madrid 2009

FARA 2007
Giovanni Maria Fara, Gabinetto Disegni e Stampe degli Uffizi – Inventario generale delle stampe I: Albrecht Dürer – Originali, copie, derivazioni, Florenz 2007

FAVARETTO 1972
Irene Favaretto (Hrsg.), Andrea Mantova Benavides, Inventario delle antichità di casa Mantova Benavides – 1695, in: Bollettino del Museo Civico di Padova 61, 1972, S. 34–164

FAVARETTO/MENEGAZZI 2013
Irene Favaretto/Alessandra Menegazzi (Hrsg.), Un museo di antichità nella Padova del Cinquecento: La raccolta di Marco Mantova Benavides all'Università di Padova – Museo di Scienze Archeologiche e d'Arte, Rom 2013

FAVARO 1975
Elena Favaro, L'arte dei pittori in Venezia e i suoi statuti, Florenz 1975

FERINO-PAGDEN 1994
Sylvia Ferino-Pagden, Zur Ausstellung in Wien: Tintoretto und der *Weißbärtige Mann* im „Bordone-Saal", in: Wien 1994, S. I–XIII

FERRI 1903
Pasquale Nerino Ferri, A proposito di un bronzo di Daniele da Volterra, in: Miscellanea d'arte 1, 1903, S. 64–66

FILETI MAZZA 1987
Miriam Fileti Mazza (Hrsg.), Archivio del collezionismo mediceo – Il cardinal Leopoldo, vol. I: Rapporti con il mercato veneto, tomo I: Archivio elettronico del Carteggio, Mailand/Neapel 1987

FISCHEL 1907
Oskar Fischel, Tizian – des Meisters Gemälde, Stuttgart 1907

FLEMMING 2007
Victoria v. Flemming, Liebeslabyrinthe. Zu den Metamorphosen einer Metapher, in: Hans Richard Brittnacher/Rolf-Peter Janz (Hrsg.), Labyrinth und Spiel. Umdeutungen eines Mythos, Göttingen 2007, S. 75–112

FORSSMAN 1967
Erik Forssman, Über Architekturen in der venezianischen Malerei des Cinquecento, in: Wallraf-Richartz-Jahrbuch 29, 1967, S. 105–139

FOSCA 1929
François Fosca, Tintoret, Paris 1929

FOSCARI 2012
Antonio Foscari, Le metamorfosi per Vettor Pisani, in: Rom 2012, S. 135–139

FOUCART-WALTER 2007
Élisabeth Foucart-Walter (Hrsg.), Catalogue des peintures italiennes du Musée du Louvre : catalogue sommaire, Paris 2007

FRANK 1996
Martina Frank, Architetture nelle opere di Jacopo Tintoretto, in: Rossi/Puppi 1996, S. 235–239

FÜHRER 1930
Führer durch die Kunstsammlungen im Heylshof zu Worms, o. O. 1930

FÜHRER 1939
Führer durch den Heylshof seine Örtlichkeit und seine Sammlungen, o. O. 1939

*FUMO/CHINELLATO 2010
Grazia Fumo/Dino Chinellato (Hrsg.), Tintoretto svelato. Il soffitto della Sala dell'Albergo nella Scuola Grande di San Rocco. Storia, ricerche, restauri, Mailand 2010

FURLAN 1996
Caterina Furlan, La „fortuna" di Michelangelo a Venezia nella prima metà del Cinquecento, in: Rossi/Puppi 1996, S. 19–25

G

GAIER 2013
Martin Gaier, Falconetto – Palladio – Contin. Tentativi di erigere un monumento alla regina nella Repubblica di Venezia, in: Candida Syndicus/Sabine Rogge (Hrsg.), Caterina Cornaro – Last Queen of Cyprus and Daughter of Venice/Ultima regina di Cipro e figlia di Venezia (Schriften des Instituts für Interdisziplinäre Zypern-Studien, 9), Münster u. a. 2013, S. 81–108

GALLO 1941
Rodolfo Gallo, La famiglia di Jacopo Tintoretto, in: Ateneo Veneto 128, 1941, S. 73–92

GALLO 1960
Rodolfo Gallo, Michele Sanmicheli a Venezia, in: Michele Sanmicheli. Studi raccolti dall'Accademia di agricoltura scienze e lettere di Verona per la celebrazione del IV centenario della morte, Verona 1960, S. 95–160
*GELAO 2010
Clara Gelao (Hrsg.), Il Tintoretto ritrovato (della Pinacoteca Provinciale di Bari) – storia, arte, restauro, Venezia 2010
GENTILI 1985
Augusto Gentili, I giardini di contemplazione – Lorenzo Lotto, 1503/1512, Rom 1985
*GENTILI 2009
Augusto Gentili (Hrsg.), La bilancia dell'arcangelo. Vedere i dettagli nella pittura veneziana del Cinquecento, Rom 2009, S. 215–243
GENTILI 2012
Augusto Gentili, Tintoretto. Ritratti, miti, storie, Beilage zu „Art e dossier", 2012
GEREMICCA 2015
Antonio Geremicca, Francesco Salviati tra Roma e Venezia (andata e ritorno), un avvio, in: ders. (Hrsg.), Francesco Salviati „spirito veramente pellegrino ed eletto", Rom 2015, S. 9–14
GILBERT 1961
Creighton E. Gilbert, Tintoretto and Michelangelo's „St Damian", in: The Burlington Magazine 103, 1961, S. 16–20
GINZBURG 1994
Silvia Ginzburg, The portrait of Agucchi at York reconsidered, in: The Burlington Magazine 136, 1994, S. 4–14
GISOLFI 1996
Diana Gisolfi, Tintoretto e le facciate affrescate di Venezia, in: Rossi/Puppi 1996, S. 111–114
GOLDEN 2004
Andrea Golden, Creating and Re-creating: The Practice of Replication in the Workshop of Giovanni Bellini, in: Ronda Kasl (Hrsg.), Giovanni Bellini and the Art of Devotion, Indianapolis 2004, S. 100–108
GOMBRICH 1966
Ernst H. Gombrich, Norm and Form. Studies in the art of the Renaissance, London 1966
GONZÁLEZ MOZO 2009
Ana González Mozo, El concepto de dibujo en Jacopo Tintoretto. Análisis de los recursos técnicos utilizados en algunos cuadros del Museo Nacional del Prado, in: Falomir 2009, S. 165–177
GOTTDANG 2017
Andrea Gottdang, „La sottil'arte della perspettiva". Paris Bordones Architekturdarstellungen, in: Hamburg 2017, S. 86–103
GOULD 1962
Cecil Gould, Sebastiano Serlio and Venetian Painting, in: Journal of the Warburg and Courtauld Institutes 25, 1962, S. 56–64
GRASSI/PEPE 1978
Luigi Grassi/Mario Pepe (Hrsg.), Dizionario della critica d'arte, 2 Bde., Turin 1978
GREGORI 1998
Mina Gregori (Hrsg.), Pittura a Milano. Rinascimento e Manierismo, Mailand 1998
GROSSO 2013
Marsel Grosso, „A cavallo del serpente". Intorno alle prime tele di Tintoretto ai Camerlenghi, in: Studi di Memofonte 10, 2013, S. 89–140
GROSSO 2015
Marsel Grosso, „Ancora Francesco": fonti salviatesche per l'*Andromeda e Perseo* di Tiziano, in: Antonio Geremicca (Hrsg.), Francesco Salviati „spirito veramente pellegrino ed eletto", Rom 2015, S. 107–117
GUIDA CONTE 2014
Michele Guida Conte, Giovanni Galizzi pittore: nuove prospettive per delineare il suo percorso artistico, in: Bergomum. Bollettino della Biblioteca Civica Angelo Mai di Bergamo 108, 2014, S. 145–165
GULLINO 1998
Giuseppe Gullino, Venezia e le campagne, in: Storia di Venezia dalle origini alla caduta della Serenissima – VIII: L'ultima fase della Serenissima, Rom 1998, S. 655–656
GULLINO 2010
Giuseppe Gullino, Storia della Repubblica Veneta, Brescia 2010

H

HABERT 1994
Jean Habert, Calcar au Louvre, in: Hommage à Michel Laclotte. Études sur la peinture du Moyen-Âge et de la Renaissance, Mailand 1994, S. 357–373
HABERT (1994) 2000
Jean Habert, „La Mort d'Adonis" de l'école vénitienne du XVIe siècle. Un problème d'attribution, in: Le tableau du mois, n°7, juin 1994, 2000, S. 35–38
HABERT 1999
Jean Habert, Le portrait de Melchior von Brauweiler par Calcar (vers 1510–vers 1546). Les leçons d'une restauration, in: Revue du Louvre 3, 1999, S. 70–82
HADELN 1911 A
Detlev von Hadeln, Beiträge zur Geschichte des Dogenpalastes, in: Jahrbuch der Königlich Preußischen Kunstsammlungen 32, 1911, S. 1–33
HADELN 1911 B
Detlev von Hadeln, Beiträge zur Tintorettoforschung, in: Jahrbuch der Königlich Preußischen Kunstsammlungen 32, 1911, S. 53–58
HADELN 1911 C
Detlev von Hadeln, Tintoretto, in: Wilhelm Bode/Georg Gronau (Hrsg.), Archivalische Beiträge zur Geschichte der venezianischen Kunst aus dem Nachlass Gustav Ludwigs, Berlin 1911, S. 124–131
HADELN 1921
Detlev von Hadeln, Zeichnungen des Tintoretto, in: Jahrbuch der Preußischen Kunstsammlungen 42, 1921, S. 82–103, 169–189
HADELN 1922 A
Detlev von Hadeln, Early Works by Tintoretto (I+II), in: The Burlington Magazine 41, 1922, S. 206–217, 278–288
HADELN 1922 B
Detlev von Hadeln, Tintoretto als Cassone-Maler, in: Zeitschrift für bildende Kunst N.F. 33, 1922, S. 27–36
HADELN 1922 C
Detlev von Hadeln, Zeichnungen des Giacomo Tintoretto, Berlin 1922
HADELN 1926
Detlev von Hadeln, Some Paintings and Drawings by Tintoretto, in: The Burlington Magazine 48, 1926, S. 115 f.
HADELN 1928
Detlev von Hadeln, Jacopo Molino, in: The Burlington Magazine 53, 1928, S. 226 f., 231.
HADELN 1929
Detlev von Hadeln, Zwei Zeichnungen Tintorettos, in: Pantheon 4, 1929, S. 421 f.
HALL 2008
James Hall, The Sinister Side. How left-right Symbolism shaped Western Art, Oxford/New York 2008
*HALL 2011
Marcia B. Hall, The sacred image in the age of art. Titian, Tintoretto, Barocci, El Greco, Caravaggio, New Haven/London 2011
*HAMMOND 2013
Joseph Hammond, Tintoretto and the Presentation of Christ: The Altar of the Purification in Santa Maria dei Carmini, Venice, in: artibus et historiae 68, 2013, S. 203–217
HAUSER 1964
Arnold Hauser, Der Manierismus, München 1964
HAUSER 1965
Arnold Hauser, Il Manierismo, Turin 1965
HAUTECŒUR 1926
Louis Hautecœur, Catalogue des peintures exposées dans les galeries, II: École italienne et école espagnole, Paris 1926
HEINEMANN 1962
Fritz Heinemann, Giovanni Bellini e i Belliniani, Venezia 1962
HERRMANN 2017
Sabine Herrmann, Tomaso Rangone, Arzt, Astrologe und Mäzen im Italien der Renaissance, Göttingen 2017
HETZER 1935
Theodor Hetzer, Tizian. Geschichte seiner Farbe, Frankfurt 1935
HILLS 1993
Paul Hills, Tintoretto's Marketing, in: Bernd Roeck/Klaus Bergdolt/Andrew John Martin (Hrsg.), Venedig und Oberdeutschland in der Renaissance. Beziehungen zwischen Kunst und Wirtschaft, Sigmaringen 1993, S. 107–120
HOCHMANN 1992
Michel Hochmann, Peintres et commanditaires à Venise (1540–1628) (Collection de l'École Française de Rome, 155), Paris 1992
HOCHMANN 1996
Michel Hochmann, Tintoret au Palais Gussoni, in: Rossi/Puppi 1996, S. 101–107
HOCHMANN 2004
Michel Hochmann, Venise et Rome 1500–1600. Deux écoles de peinture et leurs échanges, Genf 2004
HOCHMANN 2005
Michel Hochmann, Quelques réflexions sur les collections de peinture à Venise dans la première moitié du XVIe siècle, in: Bernard Aikema/Rosella Lauber/Max Seidel (Hrsg.), Il collezionismo a Venezia e nel Veneto ai tempi della Serenissima, Venedig 2005, S. 117–134
HOCHMANN 2015
Michel Hochmann, Colorito. La technique des peintres vénitiens à la Renaissance, Turnhout 2015

HOCHMANN 2016
Michel Hochmann, A Visit to Titian's Studio, in: The Burlington Magazine 148, 2016, S. 692–701

HOCHMANN 2017
Michel Hochmann, La giovinezza del Tintoretto: qualche riflessione sullo stato della questione, in: Cassegrain et al. 2017, S. 2–17
HOLLANDER 2002
Anne Hollander, Fabric of Vision. Dress and Drapery in Painting, London 2002
HORST 1931
Carl Horst, Der Simson und die Philister im Louvre, in: Marburger Jahrbuch für Kunstwissenschaft 6, 1931, S. 77–82
HÜTTINGER 1960
Eduard Hüttinger, Zu einem unbekannten Frühwerk von Tintoretto, in: Pantheon 18, 1960, S. 272–276

I/J

ILCHMAN 2014
Frederick Ilchman, Jacopo Tintoretto in Process: The Making of a Venetian Master, 1540–1560, PhD diss., Columbia University 2014 [URL: http://dx.doi.org/10.7916/D8T151TW]
*JACOPO TINTORETTO 2011
Jacopo Tintoretto [1518–1594] – A Discussion from a Contemporary Perspective, in: ILLUMI*nations*, catalogo della 54. Biennale di Venezia, Venedig 2011, S. 64–79
JESTAZ 2000
Bertrand Jestaz, Un fonds d'atelier de Battista del Moro (1573), in: Mitteilungen des Kunsthistorischen Institutes in Florenz 44, 2000, S. 292–305
JOANNIDES/GOARIN/SCHECK 2003
Paul Joannides/Véronique Goarin/Catherine Scheck, Michel-Ange. Élevès et copistes (Musée du Louvre, Musée d'Orsay, Département des Arts Graphiques, Inventaire général des dessins italiens, VI), Paris 2003

K

KARPINSKI 1976
Caroline Karpinski, Some Woodcuts after Early Designs of Titian, in: Zeitschrift für Kunstgeschichte 39, 1976, S. 259–274
KARPINSKI 1977
Caroline Karpinski, Rezension zu: Rosand/Muraro 1976, in: The Art Bulletin 59, 1977, S. 637–641
KERN 1995
Hermann Kern, Labyrinthe – Erscheinungsformen und Deutungen. 5000 Jahre Gegenwart eines Urbildes, München [3]1995
KETELSEN 2011
Thomas Ketelsen (Hrsg.), Vasari 500. Italienische Meisterzeichnungen von Leonardo, Raffael & Co (Der un-/gewisse Blick, Heft 5), Katalog zur gleichnamigen Präsentation des Graphischen Kabinetts, Wallraf-Richartz-Museums & Fondation Corboud, 19. 8.–20. 11. 2011, Köln [2]2011
*KIELY 2013
Robert Kiely, Henry James, Tintoretto's San Cassiano Crucifixion, and a Note on The American Scene, in: Renaissance Studies in Honor of Joseph Connors (Villa I Tatti, 29), Cambridge/Mass. 2013, S. 409–420
KINNEY 1976
Peter Kinney, The early sculpture of Bartolomeo Ammanati, New York/London 1976
KLESSE 1972
Brigitte Klesse, Studien zu italienischen und französischen Gemälden des Wallraf-Richartz-Museums, in: Wallraf-Richartz-Jahrbuch 34, 1972, S. 175–262
KLESSE 1973
Brigitte Klesse, Katalog der italienischen, französischen und spanischen Gemälde bis 1800 im Wallraf-Richartz-Museum (Kataloge des Wallraf-Richartz-Museums VI), Köln 1973
KÖSTER 2008
Gabriele Köster, Künstler und ihre Brüder. Maler, Bildhauer und Architekten in den venezianischen Scuole Grandi (bis ca. 1600) (= Berliner Schriften zur Kunst, 22), Berlin 2008
KRISCHEL 1991
Roland Krischel, Jacopo Tintorettos *Sklavenwunder* (Beiträge zur Kunstwissenschaft, 40), Diss. Köln, München 1991
KRISCHEL 1992
Roland Krischel, Andrea Calmos Brief an Jacopo Tintoretto, in: Wolfenbütteler Renaissance-Mitteilungen 16, 1992, S. 8–19
KRISCHEL 1993
Roland Krischel, *L'armamento di Amore*: un'opera giovanile di Jacopo Tintoretto, in: Venezia Cinquecento 5, 1993, S. 79–96
KRISCHEL 1994 A
Roland Krischel, Das Sklavenwunder – Bildwelt und Weltbild (Fischer „kunststück"), Frankfurt a. M. 1994
KRISCHEL 1994 B
Roland Krischel, Tintoretto (rororo-Monographie), Reinbek bei Hamburg 1994
KRISCHEL 1994 C
Roland Krischel, Tintoretto und die Skulptur der Renaissance in Venedig, Weimar 1994
KRISCHEL 1994 D
Roland Krischel, Tintorettos tägliches Brot – Zur Ritratti-Ausstellung in Venedig, in: Neue Zürcher Zeitung, 28. 4. 1994
KRISCHEL 1996 A
Roland Krischel, Jacopo Tintoretto – Una biografia da rintracciare, in: Rossi/Puppi 1996, S. 65–69
KRISCHEL 1996 B
Roland Krischel, Reiseerfahrungen des Jacopo Tintoretto, in: Wallraf-Richartz-Jahrbuch 57, 1996, S. 133–159
KRISCHEL 1996 C
Roland Krischel, Tintoretto e la scultura veneziana, in: Venezia Cinquecento 12, 1996, S. 5–54
KRISCHEL 1997
Roland Krischel, Ein unbekanntes Dogenporträt des Jacopo Tintoretto, in: Wallraf-Richartz-Jahrbuch 58, 1997, S. 73–80
KRISCHEL 2000
Roland Krischel, Tintoretto, Köln 2000
KRISCHEL 2006
Roland Krischel, Jacopo Tintoretto – Il miracolo dello schiavo, Modena 2006
KRISCHEL 2007
Roland Krischel, Tintoretto and the Sister Arts, in: Madrid 2007, S. 115–138
KRISCHEL 2009
Roland Krischel, Jacopo Tintoretto and Giulio Romano, in: Falomir 2009, S. 58–65
KRISCHEL 2011 A
Roland Krischel, The Venetian Pigment Trade in the Sixteenth Century, in: Gerhard Wolf/Joseph Connors/Louis A. Waldman (Hrsg.), Colors Between Two Worlds. The *Florentine Codex* of Bernardino de Sahagún (Villa I Tatti – The Harvard University Center for Italian Renaissance Studies, 28), Florenz 2011, S. 317–332
KRISCHEL 2011 B
Roland Krischel, Spannung zwischen Himmel und Erde – Jacopo Tintoretto als Spezialgast und historischer Fluchtpunkt der 54. Biennale von Venedig, in: Neue Zürcher Zeitung, 25. 6. 2011
KRISCHEL 2012 A
Roland Krischel, Tintoretto religioso, in: Rom 2012, S. 49–57
KRISCHEL 2012 B
Porträt eines Diplomaten. Jacopo Tintorettos *Bildnis des Paolo Tiepolo*, in: Wallraf-Richartz-Jahrbuch 73, 2012, S. 107–158
KRISCHEL 2013
Roland Krischel, Bilder von Gewicht – Tintoretto und die Gesetze der Schwerkraft, in: David Young Kim (Hrsg.), Matters of Weight. Force, Gravity, and Aesthetics in the Early Modern Period, Emsdetten/Berlin 2013, S. 111–128
KRISCHEL 2016
Roland Krischel, Antwerpen in Köln. Das Altarbild der Kreuzbrüder, in: Ein vergessenes Meisterwerk. Das Antwerpener Altarbild der Kölner Kreuzbrüder, Ausstellungskatalog, Wallraf-Richartz-Museum & Fondation Corboud, Köln, 18. 3. –12. 6. 2016, Köln 2016, S. 8–87
KRISCHEL 2017 A
Roland Krischel, Tintoretto's *Pleasure Garden with a Maze*: an Allegory of Human Life, in: Cassegrain et al. 2017, S. 84–95
KRISCHEL 2017 B
Roland Krischel, Revelationen. Steuerung des Sehens im Venedig der Renaissance, in: Barbara Kuhn/Robert Fajen (Hrsg.), La città dell'occhio. Dimensioni del visivo nella pittura e letteratura veneziane del Settecento : rappresentazione – manipolazione – creazione. Atti del convegno internazionale, Venezia, Centro Tedesco di Studi Veneziani, 16.–18. Aprile 2015, Rom 2017 (voraussichtlich)
KRUSE 1999
Christiane Kruse, Selbsterkenntnis als Medienerkenntnis. Narziß an der Quelle bei Alberti und Caravaggio, in: Marburger Jahrbuch für Kunstwissenschaft 26, 1999, S. 99–116
KUSCH-ARNHOLD 2008
Britta Kusch-Arnhold, Pierino da Vinci, Münster 2008

L

LA COSTA 2017
Isabella La Costa, Uno per tutti, tutti per uno. Il Ritratto della famiglia Soranzo di San Polo di Tintoretto: un'opera giovanile da riconsiderare, in: Cassegrain et al. 2017, S. 170–181

LACCHIA/SCHIAVI 2001
Cinzia Lacchia/Alessia Schiavi, Museo Borgogna. Storia e collezioni, Cologno Monzese 2001
LANDAU 1983
David Landau, Printmaking in Venice and Veneto, in: London 1983, S. 303–354
LANDO 1552
Ortensio Lando, Sette Libri de Cathaloghi a' varie cose appartenenti, non solo antiche, ma anche moderne: opera utile molto alla historia, et da cui prender si po materia di favellare d'ogni proposito che ci occorra, Venedig 1552
LARCHER CROSATO 1988
Luciana Larcher Crosato, I piaceri della villa nel Pozzoserrato, in: Stefania Mason Rinaldi/Domenico Luciani (Hrsg.), Toeput a Treviso. Ludovico Pozzoserrato, Lodewijk Toeput, pittore neerlandese nella civiltà veneta del tardo Cinquecento, Atti del Seminario, Treviso, 6–7 novembre 1987, Asolo 1988, S. 71–77
LARIVAILLE 1989
Paul Larivaille, La vita quotidiana delle cortigiane nell'Italia del Rinascimento – Roma e Venezia nei secoli XV e XVI, Mailand [3]1989
LAW 1900
Ernest Law, The New Historical Guide to the Royal Palace and Gardens of Hampton Court..., London 1900
LE PAS DE SÉCHEVAL 1993
Anne Le Pas de Sécheval, Aux origines de la collection Mazarin: l'acquisition de la collection romaine du duc Sannesio (1642–1644), in: Journal of the History of Collections 5, 1993, S. 13–21
LESSMANN 1979
Johanna Lessmann, Herzog Anton Ulrich-Museum Braunschweig. Italienische Majolika. Katalog der Sammlung, Braunschweig 1979
LEUKER 2013
Tobias Leuker, La Venere di casa Cornelia. Giovanni d'Arezzo e le sue poesie per Caterina Cornaro, in: Candida Syndicus/Sabine Rogge (Hrsg.), Caterina Cornaro – Last Queen of Cyprus and Daughter of Venice/Ultima regina di Cipro e figlia di Venezia (Schriften des Instituts für Interdisziplinäre Zypern-Studien, 9), Münster u. a. 2013, S. 161–186
LEVI D'ANCONA 1956
Mirella Levi d'Ancona, Miniature venete nella collezione Wildenstein, in: Arte Veneta 10, 1956, S. 25–36
LOH 2009
Maria H. Loh, „Huomini della nostra età“: Tintoretto's Preposterous Modernity, in: Falomir 2009, S. 188–195
LONGHI 1946
Roberto Longhi, Viatico per *Cinque secoli di pittura veneziana*, Florenz 1946
LONGHI 1995
Roberto Longhi, Venezianische Malerei, Berlin 1995 (dt. Übers. von Longhi 1946)
LORENZI 1868
Giambattista Lorenzi, Monumenti per servire alla storia del Palazzo Ducale di Venezia, Venedig 1868
LOTTO/GRIMALDI/SORDI 2003
Lorenzo Lotto, Libro di spese diverse, hrsg. von Floriano Grimaldi und Katy Sordi, Loreto 2003
LOTTO/ZAMPETTI 1969
Lorenzo Lotto, Il „Libro di spese diverse“ con aggiunta di lettere e d'altri documenti, hrsg. von Pietro Zampetti (Civiltà Veneziana – Fonti e testi, IX), Venedig/Rom 1969
LUCCHI 2009
Piero Lucchi, Nuove tessere veneziane per la vita perduta di Francesco Marcolini, in: Paolo Procaccioli/Paolo Temeroli/Vanni Tesei (Hrsg.), Un giardino per le arti: „Francesco Marcolino da Forlì“ – La vita, l'opera, il catalogo, Atti del Convegno internazionale di studi, Forlì, 11–13 ottobre 2007, Bologna 2009, S. 73–96
LUCCO 1994
Mauro Lucco, Rezension zu: Rylands 1992, in: The Burlington Magazine 136, 1994, S. 32 f.
LUCCO 2016
Mauro Lucco, Ancora su Stefano Cernotto, in: artibus et historiae 74, 2016, S. 177–193
LÜDEMANN 2016
Peter Lüdemann, Tiziano – Le botteghe e la grafica, Florenz 2016
LUDWIG 1902
Gustav Ludwig, Bonifazio di Pitati da Verona, eine archivalische Untersuchung – III: Die Datierung der aus Bonifazios Werkstatt stammenden Bilder, in: Jahrbuch der Königlich Preussischen Kunstsammlungen 23, 1902, S. 36–66
LUDWIG 1903
Gustav Ludwig, Archivalische Beiträge zur Geschichte der venezianischen Malerei, in: Jahrbuch der Königlich Preussischen Kunstsammlungen 24, 1903, Beiheft, S. 1–109
LUKEHART 1987
Peter M. Lukehart, Contending ideals. The nobility of G. B. Paggi and the nobility of painting, PhD Diss., Ann Arbor 1987
LUZIO 1890
Alessandro Luzio, Fasti gonzagheschi dipinti dal Tintoretto, in: Archivio storico dell'arte 3, 1890, S. 397–400
LUZIO 1913
Alessandro Luzio, La Galleria dei Gonzaga venduta all'Inghilterra nel 1627–28, Mailand 1913 (Reprint: Rom 1974)

M

MAI 1990
Ekkehard Mai, Paris Bordone: Bathseba im Bade – oder die Moral der Kunst, in: Kölner Museums-Bulletin 4/1990, S. 4–11
MAI 1993
Ekkehard Mai, Paris Bordone 1500–1571. Motiv und Bedeutung – Architektur und Perspektive im Bild, Köln 1993
MALTEZOU 2013
Chryssa Maltezou, Le donzelle cipriote di Caterina Cornaro dopo il ritorno della regina a Venezia, in: Candida Syndicus/Sabine Rogge (Hrsg.), Caterina Cornaro – Last Queen of Cyprus and Daughter of Venice/Ultima regina di Cipro e figlia di Venezia (Schriften des Instituts für Interdisziplinäre Zypern-Studien, 9), Münster u. a. 2013, S. 279–291
MALVASIA 1678
Carlo Cesare Malvasia, La Felsina pittrice. Vite de pittori bolognesi..., 2 Bde., Bologna 1678
MANCINI 1993
Vincenzo Mancini, Lambert Sustris a Padova. La villa Bigolin a Selvazzano, Selvazzano Dentro 1993
MANCINI 2001
Vincenzo Mancini, Polidoro da Lanciano (Testi e monografie, 9), Lanciano 2001
MANCINI 2003
Vincenzo Mancini, Per la giovinezza di Tintoretto: un nuovo documento e un'ipotesi attributiva, in: Venezia Cinquecento 25, 2003, S. 183–201
MANDEVILLE MORRISON 2008
Valerie Mandeville Morrison, The Labyrinth as Metaphor of Postmodern American Poetics, PhD Diss., University of Georgia, Athens (Georgia) 2008
MARIACHER 1968
Giovanni Mariacher, Palma il Vecchio, Mailand 1968
MARINELLI 1994
Sergio Marinelli, Jacopo Tintoretto visto da Firenze, in: Florenz 1994, S. 13–27
MARINELLI 1996
Sergio Marinelli, Aspetti della teatralità nell'opera di Jacopo Tintoretto, in: Rossi/Puppi 1996, S. 263–266
MARINELLI 2001
Sergio Marinelli, Appunti su Jacopo Tintoretto, in: Mario Di Giampaolo/Elisabetta Saccomani (Hrsg.), Scritti di storia dell'arte in onore di Sylvie Béguin, Neapel 2001, S. 311–317
MARINELLI 2002
Sergio Marinelli, All'esordio di Jacopo Tintoretto, in: Arte Veneta 59, 2002, S. 117–123
MARINELLI 2007
Sergio Marinelli, Rosso Tintoretto: la mostra del Prado, in: Arte Veneta 64, 2007, S. 278–284
MARKHAM SCHULZ 1978
Anne Markham Schulz, Niccolò di Giovanni Fiorentino and Venetian Sculpture of the Early Renaissance, New York 1978
*MARSHALL 2012
Louise Marshall, A Plague Saint for Venice: Tintoretto at the Chiesa di San Rocco, in: artibus et historiae 66, 2012, S.153–187
MASON 1996
Stefania Mason, Intorno al soffitto di San Paternian: Gli artisti di Vettore Pisano, in: Rossi/Puppi 1996, S. 71–75
MATILE 1997
Michael Matile, Quadri laterali im sakralen Kontext. Studien und Materialien zur Historienmalerei in venezianischen Kirchen und Kapellen des Cinquecento, München 1997
MATILE 2003
Michael Matile (Bearb.), Italienische Holzschnitte der Renaissance und des Barock. Bestandskatalog der Graphischen Sammlung der ETH Zürich, Basel 2003
MAXON 1961
John Maxon, The Master of the Corsini „Adulteress“, in: The Connoisseur 148, 1961, S. 254–261
MAYER 1923
August L. Mayer, Tintoretto Drawings in the Louvre, in: The Burlington Magazine 43, 1923, S. 32–34
MAZZA 1992
Angelo Mazza, Due pale d'altare di Paolo Pino, in: ders. (Hrsg.), Paolo Pino teorico d'arte e artista. Il restauro della pala di Scorzè, Scorzè 1992

MAZZUCCO 2009
Melania G. Mazzucco, Jacomo Tintoretto & i suoi figli. Storia di una famiglia veneziana, Mailand 2009
MAZZUCCO 2012
Melania G. Mazzucco, Il più arrischiato pittore del mondo, in: Rom 2012, S. 1–11
MAZZUCCO 2015
Melania G. Mazzucco, Jacomo Tintoretto & i suoi figli. Storia di una famiglia veneziana, Mailand [2]2015
MEYER 1999
Bert Meyer, Fiamminghi e olandesi nella bottega veneziana : il caso di Jacopo Tintoretto, in: Venedig 1999, S. 132–143
MICHEL 1999
Patrick Michel, Mazarin, prince des collectionneurs. Les collections et l'ameublement du cardinal Mazarin (1602–1661). Histoire et analyse, Paris 1999
MICHIEL/FRIZZONI 1884
Marcantonio Michiel, Notizia d'opere di disegno, hrsg. von Gustavo Frizzoni, Bologna 1884
MISCELLANEO 2015
Silvia Miscellaneo, Verifiche e novità archivistiche per Andrea Schiavone: genealogia, cronologia e fonti documentarie, in: Venedig 2015, S. 41–56
MONTAIGNE/STILETT 1998
Michel de Montaigne, Essais. Erste moderne Gesamtübersetzung von Hans Stilett. Frankfurt am Main 1998
MONTI 2012
Carla Maria Monti (Hrsg.), Profili di umanisti bresciani, Travagliato 2012
MORRESI 2000
Manuela Morresi, Jacopo Sansovino, Mailand 2000
MUSEO DEL PRADO 1990
Museo del Prado – Inventario general de pinturas, Bd. 1: La collección real, Madrid 1990
MUSEO DEL PRADO 1991
Museo del Prado – Inventario general de pinturas, Bd. 2: El Museo de la Trinidad (bienes desamortizados), Madrid 1991

N

NAGEL 2011
Alexander Nagel, Twenty-five notes on pseudoscript in Italian art, in: Res 59/60, 2011, S. 228–248
*NEUNER/PICHLER 2005
Stefan Neuner/Wolfram Pichler, Tintorettos Schwellenkunde, in: Johannes Endres/Barbara Wittmann/Gerhard Wolf (Hrsg.), Ikonologie des Zwischenraums. Der Schleier als Medium und Metapher, München 2005, S. 243–286
NICHOLS 1996
Tom Nichols, Tintoretto, prestezza and the poligrafi: a study in the literary and visual culture of Cinquecento Venice, in: Renaissance Studies 10, 1996, S. 72–100
NICHOLS 1999
Tom Nichols, Tintoretto. Tradition and Identity, London 1999
*NICHOLS 2007
Tom Nichols, The art of poverty. Irony and ideal in sixteenth-century beggar imagery, Manchester/New York 2007
NICHOLS 2008
Tom Nichols, Understanding Tintoretto's prestezza. Literary and other approaches to the contested artistic culture of mid-Cinquecento Venice, in: Harald Hendrix/Paolo Procaccioli (Hrsg.), Officine del nuovo. Sodalizi fra letterati, artisti ed editori nella cultura italiana fra Riforma e Controriforma, Manziana 2008, S. 51–64
NICOLETTI 1885
Giuseppe Nicoletti, Illustrazione della Chiesa e Scuola di S. Rocco in Venezia (Regia Deputazione Veneta sopra gli studi di storia patria, Miscellanea, vol. III), Venedig 1885

O

OLIVATO 1987
Loredana Olivato, Paris Bordon e Sebastiano Serlio. Nuove riflessioni, in: Paris Bordon e il suo tempo. Atti del convegno internazionale di studi, Treviso, 28–30 ottobre1985, Treviso o. J. (1987), S. 33–40
OLIVATO 1988
Loredana Olivato, Con il Serlio tra i „dilettanti di architettura" veneziani della prima metà del '500. Il ruolo di Marcantonio Michiel, in: Jean Guillaume (Hrsg.), Les traités d'architecture de la Renaissance, Actes du colloque tenu à Tours du 1er au 11 juillet 1981, Paris 1988, S. 247–254
OLSZEWSKI 2008
Edward Olszewski, A Corpus of Drawings in Midwestern Collections. Sixteenth-Century Italian Drawings, Bd. 1, Turnhout 2008
ORLIAC 1939
Antoine Orliac, Véronèse, Paris 1939
ORPEL 2015
Helmut Orpel, Tintorettos Geheimnis. Ein Kunstkrimi aus Worms, Worms 2015
OSMASTON 1915
Francis Plumtre Beresford Osmaston, The art and genius of Tintoret, London 1915
OST 1992
Hans Ost, Tizian-Studien, Köln 1992
OST 1993
Hans Ost, Religion – Kunst – Geld – Prestige. Tizian und Tintoretto in der Scuola di San Rocco, in: Bernd Roeck/Klaus Bergdolt/Andrew John Martin (Hrsg.), Venedig und Oberdeutschland in der Renaissance. Beziehungen zwischen Kunst und Wirtschaft, Sigmaringen 1993, S. 91–105

P

PAGLIANO 2005
Eric Pagliano, Jacopo Robusti, in: Splendeur de Venise, 1500–1600. Peintures et dessins des collections publiques françaises, hrsg. von Patrick Ramade, Musée des Beaux-Arts de Bordeaux/Musée des Beaux-Arts de Caen, Paris 2005, S. 200–201
PALLUCCHINI 1937
Rodolfo Pallucchini, Tintoretto a San Rocco. Con note storiche di Mario Brunetti, Venedig 1937
PALLUCCHINI 1950
Rodolfo Pallucchini, La giovinezza del Tintoretto, Mailand 1950
PALLUCCHINI 1958
Rodolfo Pallucchini, Giulio Romano e il Palladio, in: Arte Veneta 12, 1958, S. 234–235
PALLUCCHINI/ROSSI 1982
Rodolfo Pallucchini/Paola Rossi, Tintoretto. Le opere sacre e profane, 2 Bde., Mailand 1982
PAOLETTI 1929
Pietro Paoletti, La Scuola Grande di San Marco, in: Rivista di Venezia, gennaio–febbraio 1929, S. 13–191
PAOLOZZI STROZZI 2005
Giovanna Paolozzi Strozzi, Intorno ad alcuni soffitti della quadreria di Francesco I d'Este in Palazzo Ducale a Modena, in: DecArt 4, 2005, S. 81–93
PARPULOV/DOLGIKH/COWE 2010
Georgi R. Parpulov/Irina V. Dolgikh/Peter Cowe, A Byzantine Text on the Technique of Icon Painting, in: Dumbarton Oaks Papers 64, 2010, S. 201–216
PASSAVANT 1864
Johann David Passavant, Le peintre-graveur, Bd. VI, Leipzig 1864
PAUL 2002
Benjamin Paul, Investigazioni tintorettiane. Erasmus Weddigen, *Jacomo Tentor F.: Myzelien zur Tintoretto-Forschung. Peripherie, Interpretation und Rekonstruktion*, München, Scaneg Verlag 2000, in: Venezia Cinquecento 24, 2002, S. 187–195
*PAUL 2005 A
Benjamin Paul, Jacopo Tintoretto and the Church of San Benedetto in Venice, in: Mitteilungen des Kunsthistorischen Institutes in Florenz 49, 2005, S. 377–412
*PAUL 2005 B
Benjamin Paul, Identità e alterità nella pittura veneziana al tempo della battaglia di Lepanto, in: Venezia Cinquecento 29, 2005, S. 155–187
*PAUL 2012
Benjamin Paul, Nuns and reform art in early modern Venice. The architecture of Santi Cosma e Damiano and its decoration from Tintoretto to Tiepolo, Farnham u. a. 2012
*PAUL 2014
Benjamin Paul, „Convertire in se medesimo questo flagello": autocritica del Doge Alvise Mocenigo nel bozzetto di Tintoretto per il dipinto votivo a Palazzo Ducale, in: ders. (Hrsg.), Celebrazione e autocritica. La Serenissima e la ricerca dell'identità veneziana nel tardo Cinquecento (Venetiana, 14), Rom/Venedig 2014, S. 123–156
PAVANELLO 2008
Loredana Luisa Pavanello, *La Disputa di Cristo fra i dottori* a Venezia nel primo Cinquecento, in: Ateneo Veneto 195 (terza serie 7/II), 2008, S. 97–140 und Abb. 1–20
PAVANELLO 2017
Loredana Luisa Pavanello, „Una donna in piedi sta mirando" – Vedere „diversamente" nel dipinto di Tintoretto a Milano, in: Cassegrain et al. 2017, S.114–131
PELLEGRINI 1903
Giovanni de Pellegrini, Mr. Julius Wernher's Titian, in: The Burlington Magazine 2, 1903, S. 267 f.
PENNY 2008
Nicholas Penny, National Gallery Catalogues. The Sixteenth Century Italian Paintings. Volume II : Venice 1540–1600, London 2008

PERRY 1975
Marilyn Perry, A Greek Bronze in Renaissance Venice, in: The Burlington Magazine 117, 1975, S. 204–211
PHILLIPS 1907
Claude Phillips, A Further Note on Palma Vecchio, in: The Burlington Magazine 10, 1907, S. 315–317
PILO 1991
Giuseppe M. Pilo, Postilla a Jacopo Tintoretto, in: ARTE|Documento| 5, 1991, S. 108–147
PILO 1994
Giuseppe M. Pilo, Il Tintoretto e alcune fonti visive della sua giovinezza: Jacopo Sansovino (e altri), in: ARTE|Documento| 8, 1994, S. 115–124
PILO 1996
Giuseppe M. Pilo, Il Trafugamento del Corpo di San Marco: Le interpretazioni del Tintoretto e le loro possibili fonti iconografiche, in: Antonio Niero (Hrsg.), San Marco – aspetti storici e agiografici. Atti del Convegno internazionale di studi, Venezia, 62–29 aprile 1994, Venedig 1996, S. 398–410
PINO/BAROCCHI 1960
Paolo Pino, Dialogo di pittura, in: Paola Barocchi (Hrsg.), Trattati d'Arte del Cinquecento I, Bari 1960, S. 93–139
PINO/DUBUS 2011
Paolo Pino, Dialogo di pittura, hrsg. von Pascale Dubus, Paris 2011
PINO/PALLUCCHINI 1946
Paolo Pino, Dialogo di pittura, hrsg. von Rodolfo und Anna Pallucchini, Venedig 1946
PIO 2011
Stefano Pio, Viol and lute makers of Venice, 1490–1630 (Liuteria Veneziana 1490–1630), Venedig 2011
PITACCO 2005
Francesca Pitacco, Il collezionismo a Vicenza alla fine del Cinquecento', in: Bernard Aikema/Rosella Lauber/Max Seidel (Hrsg.), Il collezionismo a Venezia e nel Veneto ai tempi della Serenissima, Venedig 2005, S. 135–148
PITTALUGA 1925
Mary Pittaluga, Il Tintoretto, Bologna 1925
PLESTERS 1979
Plesters, Joyce: Tintoretto's Paintings in the National Gallery, in: National Gallery Technical Bulletin 3, 1979, S. 3–24
PLESTERS 1980
Plesters, Joyce: Tintoretto's Paintings in the National Gallery – Part II: Materials and techniques, in: National Gallery Technical Bulletin 4, 1980, S. 32–45
*POCHAT 2015
Götz Pochat, Bild – Zeit. Zeitgestalt und Erzählstruktur in der bildenden Kunst des 16. Jahrhunderts, Wien/Köln/Weimar 2015
POLDI 2013
Gianluca Poldi, Gli azzurri perduti nei dipinti di Tintoretto. Ri-vedere le cromie grazie alle analisi scientifiche, in: Sara Abram, La *Crocifissione* di Tintoretto. L'intervento sul dipinto dei Musei Civici di Padova. Atti della giornata di studi (Venaria Reale, 11 ottobre 2012), Turin 2013, S. 1–14 und Tafeln 27–40
POLLEROSS 1995
Friedrich Polleroß, Della Bellezza & della Misura & della Convenevolezza. Bemerkungen zur venezianischen Porträtmalerei anläßlich der Tintoretto-Ausstellungen in Venedig und Wien, in: Pantheon 53, 1995, S. 33–52
POMBO 2016
Jorge R. Pombo – Variations on Classical Masterpieces, o. O. u. J. (2016)
POSNER 1971
Donald Posner, Annibale Carracci. A Study in the Reform of Italian Painting around 1590, 2 Bde., London 1971
PUJMANOVÁ/PŘIBYL 2008
Olga Pujmanová/Petr Přibyl, National Gallery in Prague. Italian Painting c. 1330–1550. I. National Gallery in Prague. II. Collections in the Czech Republic. Illustrated Summary Catalogue, Prag 2008
PUPPI 2012
Lionello Puppi (Hrsg.), Tiziano. L'epistolario, Florenz 2012

R

RAPP 1998
Jürgen Rapp, Die „Favola" in Giorgiones „Gewitter", in: Pantheon 56, 1998, S. 44–74
REARICK 1981
William Roger Rearick, Venice Palazzo Ducale and Libreria Marciana [Rezension der Ausstellung „Da Tiziano a El Greco. Per la storia del Manierismo a Venezia 1540–1590"], in: The Burlington Magazine 123, 1981, S. 699–703
REARICK 1995
William Roger Rearick, Reflections on Tintoretto as a Portraitist, in: artibus et historiae 31, 1995, S. 51–68
REARICK 1996
William Roger Rearick, From drawing to painting. The role of „disegno" in the Tintoretto shop, in: Rossi/Puppi 1996, S. 173–181
REARICK 2001
William Roger Rearick, Il disegno veneziano del Cinquecento, Mailand 2001
REARICK 2004
William Roger Rearick, The uses and abuses of drawing by Jacopo Tintoretto, in: Master Drawings 42, 2004, S. 349–360
RICCI 2013
Franco Maria Ricci (Hrsg.), Labyrinths. The Art of the Maze, New York 2013
RICHARDSON 1980
Francis L. Richardson, Andrea Schiavone, Oxford 1980
RICHTER 2000
Susanne Richter, Jacopo Tintoretto und die Kirche der Madonna dell'Orto zu Venedig, München 2000
RIDOLFI/HADELN 1924
Carlo Ridolfi, Le maraviglie dell'arte. Hrsg.: Detlev Freiherr von Hadeln, Bd. 2, Berlin 1924 (Reprint: Rom 1965)
RIDOLFI 1994
Carlo Ridolfi, Vite dei Tintoretto da *Le Maraviglie dell'arte*, Venedig 1994
RINGHIERI 1551
Innocentio Ringhieri, Cento giuochi liberali, et d'ingegno, Bologna 1551
ROSAND 1975
David Rosand, Titian and the „Bed of Polyclitus", in: The Burlington Magazine 117, 1975, S. 242–245
ROSAND/MURARO 1976
David Rosand/Michelangelo Muraro, Titian and the Venetian Woodcut, o. O. u. J. (Washington 1976)
ROSAND 1982
David Rosand, Painting in Cinquecento Venice: Titian, Veronese, Tintoretto, New Haven/London 1982
ROSENBERG 2000
Raphael Rosenberg, Beschreibungen und Nachzeichnungen der Skulpturen Michelangelos – Eine Geschichte der Kunstbetrachtung (Kunstwissenschaftliche Studien, 82), München/Berlin 2000
ROSETTI 1969
The Plictho of Gioanventura Rosetti. Instructions in the Art of the Dyers Which Teaches the Dyeing of Woolen Cloths, Linens, Cottons, and Silk by the Great Art as Well as by the Common. Translation of the First Edition of 1548 by Sidney M. Edelstein and Hector C. Borghetty, Cambridge (Mass.)/London 1969
ROSKILL 1968
Mark W. Roskill, Dolce's „Aretino" and Venetian Art Theory of the Cinquecento, New York 1968
ROSSI 2005
Francesco Rossi, Stichwort *Galizzi (da Santacroce) Francesco*, in: Saur, Allgemeines Künstler-Lexikon, Bd. 47, München/Leipzig 2005
ROSSI 1974
Paola Rossi, Jacopo Tintoretto – Volume primo: I ritratti, Venedig o. J. (1974)
ROSSI 1975
Paola Rossi, I disegni di Jacopo Tintoretto (Corpus Graphicum, 1), Florenz 1975
ROSSI 1977
Paola Rossi, Due aggiunte alle opere giovanili di Jacopo Tintoretto, in: Per Maria Cionini Visani. Scritti di amici, o. O. 1977, S. 84–87 und Abb. 47, 48
ROSSI 1987
Paola Rossi, Paris Bordon e Jacopo Tintoretto, in: Paris Bordon e il suo tempo, atti del convegno internazionale di studi, Treviso, 28–30 ottobre 1985, Treviso o. J. (1987), S. 29–32
ROSSI 1990
Paola Rossi, Jacopo Tintoretto – Volume primo: I ritratti, Mailand [2]1990
ROSSI 1994
Paola Rossi, I ritratti di Jacopo Tintoretto, in: Venedig 1994, S. 12–37
ROSSI 2001
Paola Rossi, Le „due anime" della pittura veneziana del Cinquecento in: Giuseppe Maria Pilo (Hrsg.), Una vita per l'arte veneta. Atti della Giornata di studio in onore e ricordo di Rodolfo Pallucchini, 10 novembre 1999 (ARTE|Documento Quaderni, 8), Venedig 2001, S. 58–65
*ROSSI 2007
Paola Rossi, Jacopo Tintoretto: disegni respinti, precisazioni attributive, in: Arte Veneta 64, 2007, S. 73–117
ROSSI 2017
Paola Rossi, I primi committenti del giovane Tintoretto, in: Cassegrain et al. 2017, S. 18–29
ROSSI/PUPPI 1996
Paola Rossi/Lionello Puppi (Hrsg.), Jacopo Tintoretto nel quarto centenario della morte, Atti del Convegno Internazionale di Studi (Venezia, 24–26 novembre 1994), Venedig/Padua 1996

RUGGERI 1992
Ugo Ruggeri, Un'opera giovanile di Jacopo Tintoretto, in: ARTE|Documento| 6, 1992, S. 169–172

RYLANDS 1992
Philip Rylands, Palma Vecchio, Cambridge u. a. 1992

S

SAINSBURY 1859
W. Noël Sainsbury, Original Unpublished Papers Illustrative of the Life of Sir Peter Paul Rubens..., London 1859

SALVADORI RIZZI 1994
Lea Salvadori Rizzi, Echi raffaelleschi nell'opera pittorica di Jacopo Tintoretto – I, in: ARTE|Documento| 8, 1994, S. 125–138

SANDER 2004
Jochen Sander, Italienische Gemälde im Städel 1300–1550. Oberitalien, die Marken und Rom (Kataloge der Gemälde im Städelschen Kunstinstitut Frankfurt am Main VII), Mainz 2004

SANI 2016
Elisa P. Sani, The Maiolica of Renaissance Venice, in: Camille Leprince/Justin Raccanello (Hrsg.), Urbino – Venice. Italian Renaissance Ceramics, Paris 2016, S. 6–15

SANTOSUOSSO 1973
Antonio Santosuosso, Religious Orthodoxy, Dissent and Suppression in Venice in the 1540s, in: Church History 42, 1973, S. 476–485

SARRAZIN 1994
Béatrice Sarrazin, Catalogue raisonné des peintures italiennes du musée des Beaux-Arts de Nantes: XIIIe–XVIIIe siècle, Paris 1994

SARTRE 1957
Jean-Paul Sartre, Le séquestré de Venise, in: Les Temps Modernes 13, 1957, 141, S. 761–800

SARTRE 1966
Jean-Paul Sartre, Saint-Georges et le dragon, in: L'Arc 30, 1966, S. 35–50

SARTRE 1981 A
Jean-Paul Sartre, Saint-Marc et son double, in: Obliques 24/25 (Sartre et les arts), 1981, S. 171–202

SARTRE 1981 B
Jean-Paul Sartre, Les produits finis du Tintoret, in : Magazine littéraire 176, 1981, S. 28–30

SCARABELLO 2008
Giovanni Scarabello, Meretrices. Storia della prostituzione a Venezia tra il XIII e il XVIII secolo, Venedig [2]2008

SCHACHTER 2013
Marc Schachter, Some Notes on the Print History of Illustrated Italian Editions of Apuleius' *Golden Ass*, in: Louis Waldman/Machtelt Israëls/Anthony D'Elia et al. (Hrsg.), Renaissance Studies in Honor of Joseph Connors, Boston 2013, Bd. 2, S. 463–468 (und Abb. S. 713–716)

SCHENKLUHN 1992
Wolfgang Schenkluhn (et al.), Stiftung Kunsthaus Heylshof – Kritischer Katalog der Gemäldesammlung, Worms 1992

SCHLOSS AHLDEN 2010
Kunstauktionshaus Schloss Ahlden, Auktion Nr. 143: Antiquitäten & Moderne Kunst, 8./9. Mai 2010

SCHMIDT 1996
Eike D. Schmidt, Die Überlieferung von Michelangelos verlorenem Samson-Modell, in: Mitteilungen des Kunsthistorischen Institutes in Florenz 40, 1996, S. 78–147

SCHMITTER 2004
Monika Schmitter, „Virtuous Riches": The Bricolage of *Cittadini* Identities in Early-Sixteenth-Century Venice, in: Renaissance Quarterly 57, 2004, S. 908–969

SCHMITTER 2011
Monika Schmitter, The *Quadro da Portego* in Sixteenth-Century Venetian Art, in: Renaissance Quarterly 64, 2011, S. 693–751

SCHULZ 1968
Juergen Schulz, Venetian Painted Ceilings of the Renaissance, Berkeley/Los Angeles 1968

SCHWARZ 2004
Birgit Schwarz, Hitlers Museum. Die Fotoalben *Gemäldegalerie Linz*: Dokumente zum „Führermuseum", Wien/Köln/Weimar 2004

SEMENZATO 1956
Camillo Semenzato, Alcune opere della Raccolta Benavides al Liviano, in: Bollettino del Museo Civico di Padova 45, 1956, S. 89–104

SETTIS 1982
Salvatore Settis, Giorgiones „Gewitter". Auftraggeber und verborgenes Sujet eines Bildes in der Renaissance, Berlin 1982

SHANEYFELT 2015
Sheri Francis Shaneyfelt, The Società del 1496: Supply, Demand, and Artistic Exchange in Renaissance Perugia, in: The Art Bulletin 97, 2015, S. 10–33

SHAW 2006
James E. Shaw, Institutional Controls and the Retail of Paintings: The Painters' Guild of Early Modern Venice, in: Neil De Marchi/Hans J. Van Miegroet (Hrsg.), Mapping Markets for Paintings in Europe 1450–1750, Turnhout 2006, S. 107–124

SHEARMAN 1983
John Shearman, The Early Italian Pictures in the Collection of Her Majesty the Queen, Cambridge u. a. 1983

SHEARMAN 2003
John Shearman, Raphael in Early Modern Sources. 1483–1602, New Haven/London 2003

*SHERMAN 2012
Allison Sherman, „Ad Ogni Maniera": Tintoretto Imitates Veronese? In: Sharon Gregory/Sally Anne Hickson (Hrsg.), Inganno – The Art of Deception. Imitation, Reception, and Deceit in Early Modern Art, Farnham (Surrey)/Burlington (Vermont) 2012, S. 63–81

SHERMAN 2013
Allison Sherman, Murder and Martyrdom: Titian's Gesuiti Saint Lawrence as a Family Peace Offering, in: artibus et historiae 68, 2013, S. 39–54

SIMONETTO 1991
Lucia Simonetto, sub voce „De Vecchi", in: Dizionario Biografico degli Italiani, Bd. 39, 1991, http://www.treccani.it/enciclopedia/de-vecchi_(Dizionario-Biografico)/ [1. 12. 2016]

SIMONS 2011
Patricia Simons, Annibale Carracci's visual wit, in: Source: Notes in the History of Art 30, 2011, 2, S. 26–31

SLIM 1987
H. Colin Slim, Tintoretto's „Music-making Women" at Dresden, in: Imago Musicae 4, 1987, S. 45–76

SPAHN 1932
Annemarie Spahn, Palma Vecchio, Leipzig 1932

*SPERLING 2009
Jutta Gisela Sperling, Allegories of Charity and the Practice of Poor Relief at the Scuola Grande di San Rocco, in: Wallraf-Richartz-Jahrbuch 70, 2009, S. 119–146

SPIAZZI 1988
Anna Maria Spiazzi, Un ciclo pittorico del Cinquecento: la decorazione della scuola del Carmine, in: Gli affreschi della Scoletta del Carmine, Padua 1988, S. 65–88

STEINBÜCHEL 1990
Christa Steinbüchel, Paris Bordone: Bathseba im Bade – Geschichte und Restaurierung eines Gemäldes, in: Kölner Museums-Bulletin 4/1990, S. 12–25

STOCK 2007
Alison Stock, Conservation and Restoration of a sixteenth-century Venetian painting „The Maze" for the current exhibition at the Queen's Gallery *The Art of Italy in the Royal Collection: Renaissance and Baroque*, Second Year Student Report – Conservation of Easel Paintings, Hamilton Kerr Institute/University of Cambridge, May 2007 (unveröffentlichtes Typoskript)

SUIDA 1934
Wilhem Suida, Fremde Meister um Tizian, in: Belvedere 2, 1934, 1/2, S. 11–16

SWARZENSKI 1908
Georg Swarzenski, Bemerkungen zu Palma Vecchios „Verführung der Calisto [sic]" im Städelschen Kunstinstitut, in: Kunstgeschichtliches Jahrbuch der K. K. Zentralkommission für Erforschung und Erhaltung der Kunst- und historischen Denkmale 2, 1908, S. 54–66

SWARZENSKI O. J.
Georg Swarzenski, Die Kunstsammlung im Heylshof zu Worms. Beschreibender Katalog, Frankfurt a. M. o. J.

SYNDICUS 2013
Candida Syndicus, Tra autenticità storica e invenzione romantica. L'immagine di Caterina Cornaro nella tradizione artistica e storico-artistica dell'Otto e Novecento, in: Candida Syndicus/Sabine Rogge (Hrsg.), Caterina Cornaro – Last Queen of Cyprus and Daughter of Venice/Ultima regina di Cipro e figlia di Venezia (Schriften des Instituts für Interdisziplinäre Zypern-Studien, 9), Münster u. a. 2013, S. 33–79

SZÉPE 2005
Helena Szépe, Distinguished among Equals: Repetition and Innovation in Venetian *Commissioni*, in: Brigitte Dekeyzer/Jan Van der Stock (Hrsg.), Manuscripts in Transition – Recycling Manuscripts, Texts and Images. Proceedings of the International Congres held in Brussels (5–9 November 2002), Paris/Löwen/Dudley, Mass. 2005, S. 441–447

SZÉPE 2009
Helena Szépe, Venetian Miniaturists in the Era of Print, in: Lisa Pon/Craig Kallendorf (Hrsg.), The Books of Venice/Il libro veneziano (Miscellanea Marciana 20, 2005–2007), New Castle, Del./Venedig 2009, S. 31–60

SZÉPE 2013
Helena Szépe, Painters and Patrons in Venetian Documents, in: Le Commissioni ducali nelle collezioni dei Musei Civici Veneziani (Bollettino dei Musei Civici Veneziani, III serie, 8), Mailand 2013, S. 25–40, 50–61

T

TAFURI 1984
Manfredo Tafuri, „Renovatio Urbis Venetiarum“: il problema storiografico, in: ders. (Hrsg.), „Renovatio Urbis“. Venezia nell'età di Andrea Gritti (1523–1538), Rom 1984, S. 9–55

TAGLIAFERRO 2006
Giorgio Tagliaferro, La bottega di Tiziano: un percorso critico, in: Studi tizianeschi 4, 2006, S. 16–52

TAGLIAFERRO/AIKEMA 2009
Giorgio Tagliaferro/Bernard Aikema, Le botteghe di Tiziano, Florenz 2009

TARRAL 1850
Claudius Tarral, Observations sur le classement actuel des tableaux du Louvre et analyse critique du nouveau catalogue, Paris 1850

TASSINI 2009
Giuseppe Tassini, Aneddoti storici veneziani, Venedig 2009

THODE 1901
Henry Thode, Tintoretto, Bielefeld/Leipzig 1901

THODE 1908–1913
Henry Thode, Michelangelo. Kritische Untersuchungen über seine Werke, 3 Bde., Berlin 1908–1913

TICHY 1997
Susanne Tichy, „et vene la mumaria“ – Studien zur venezianischen Festkultur der Renaissance (Akádemos, 1), München 1997

TIETZE 1941
Hans Tietze, Among the Dürer Plagiarists, in: The Journal of the Walters Art Gallery 4, 1941, S. 88–95, 122

TIETZE 1948
Hans Tietze, Tintoretto. The Paintings and Drawings, London 1948

TIETZE-CONRAT 1945
Erica Tietze-Conrat, Titian's „Battle of Cadore“, in: The Art Bulletin 27, 1945, S. 205–208

TIETZE-CONRAT 1956
Erica Tietze-Conrat, „Archeologia Tizianesca“, in: Arte Veneta 37/38/39/40, 1956, S. 82–89

TIETZE/TIETZE-CONRAT 1944
Hans Tietze/Erica Tietze-Conrat, The Drawings of the Venetian Painters in the 15th and 16th Centuries, New York 1944

TIETZE/TIETZE-CONRAT 1970
Hans Tietze/Erica Tietze-Conrat, The Drawings of the Venetian Painters in the 15th and 16th Centuries, Bd. 1, New York 1970

*TOCCHINI 2010
Gerardo Tocchini, Minacciare con le immagini. Tintoretto: Gli affreschi scomparsi della "Casa Barbariga" e la svolta ideologica del patriziatio veneziano, Rom 2010

TREVES 2001
Letizia Treves, Daniele da Volterra and Michelangelo. A colloborative relationship, in: Apollo 154, 2001, S. 36–45

TUINMAN 1722
Carolus Tuinman, Fakkel der nederduitsche taale …, Leiden 1722

V

VALCANOVER 1960
Francesco Valcanover, Tutta la pittura di Tiziano, Mailand 1960

VALCANOVER ET AL. 1991
Francesco Valcanover/Maria Agnese Chiari Moretto Wiel/Antonella Dalla Pozza/Bruno Nogara, Pittura murale esterna nel Veneto: Venezia e provincia, o. O. 1991

VASARI/MILANESI 1881 A
Giorgio Vasari, Le vite de' più eccellenti pittori scultori ed architettori, hrsg. von Gaetano Milanesi, Bd. 6, Florenz 1881

VASARI/MILANESI 1881 B
Giorgio Vasari, Le vite de' più eccellenti pittori scultori ed architettori, hrsg. von Gaetano Milanesi, Bd. 7, Florenz 1881

VASARI/BAROCCHI 1984
Giorgio Vasari, Le vite de' più eccellenti pittori scultori ed architettori, hrsg. von Paola Barocchi, Bd. 5, Florenz 1984

VASARI/BAROCCHI 1987
Giorgio Vasari, Le vite de' più eccellenti pittori scultori ed architettori, hrsg. von Paola Barocchi, Bd. 6, Florenz 1987

VELLODI 2015
Kamini Vellodi, Tintoretto's Time, in: Art History 38, 2015, S. 414–433

VIALE 1934
Vittorio Viale, Guida ai musei di Vercelli, Vercelli 1934

VIALE 1969
Vittorio Viale, Civico Museo Francesco Borgogna. I dipinti, catalogo, Vercelli 1969.

VILLINGER 1977
Carl J. H. Villinger, Das Kunsthaus Heylshof in Worms und seine Sammlungen, Worms 1977

VIRCH 1956
Claus Virch, A Study by Tintoretto after Michelangelo, in: The Metropolitan Museum of Art Bulletin 15, 1956, S. 111–116

W

WADDINGTON 2006
Raymond B. Waddington, Pietro Aretino, religious writer, in: Renaissance Studies 20, 2006, S. 277–292

WALD 1992
Robert Wald, Jacopo Tintoretto: Lorenzo Soranzo, in: Neues Museum 3/4, 1992, S. 23–27

WARDROPPER 2001
Ian Wardropper, An Allegorical Bronze Statuette Newly Attributed to Ammannati, in: Studies in the History of Art 62 (Symposium Papers 39: Small Bronzes in the Renaissance), 2001, S. 104–119

WASMER 1991
Marc-Joachim Wasmer, Marietta Robusti, die vergessene Tintoretta, in: Der kleine Bund, 16. 2. 1991, Nr. 39, S. 1 f.

WEDDIGEN 1970
Erasmus Weddigen, L'„Adultera“ del Tintoretto della Galleria Nazionale di Roma, in: Arte Veneta 24, 1970, S. 81–92

WEDDIGEN 1983
Erasmus Weddigen, Zur Wiederkehr eines Unbekannten: Jacopo Tintoretto, in: artibus et historiae 7, 1983, S. 29–39

WEDDIGEN 1984
Erasmus Weddigen, Tintoretto und die Musik, in: artibus et historiae 10, 1984, S. 67–119

WEDDIGEN 1985
Erasmus Weddigen, Ein Blick aus Tintorettos Werkstatt in Venedig – Adultera sine studio, in: Eduard Hüttinger/Kunsthistorisches Seminar der Universität Bern (Hrsg.), Künstlerhäuser von der Renaissance bis zur Gegenwart, Zürich 1985, S. 69–82

WEDDIGEN 1996
Erasmus Weddigen, Nuovi percorsi di avvicinamento a Jacopo Tintoretto. Venere, Vulcano e Marte: L'inquisizione dell'informatica, in: Rossi/Puppi 1996, S. 155–161

WEDDIGEN 2000
Erasmus Weddigen, JACOMO TENTOR F. – Myzelien zur Tintoretto-Forschung: Peripherie, Interpretation und Rekonstruktion, München 2000

WEDDIGEN 2009
Erasmus Weddigen, The Works of Tintoretto: Sewn, Designed, Patched and Cut. The Uncertainty of Canvas Measurements, in: Falomir 2009, S. 151–164

WEEMANS 2010
Michel Weemans, Quel rapport entre un jeu de paume et le roi David ? Analogie et exégèse visuelle dans le *David et Bethsabée* de Herri Met de Bles, in: Walter S. Melion/Lee Palmer Wandel (Hrsg.), Early Modern Eyes, Leiden/Boston 2010, S. 157–206

WEGNER 1961
Wolfgang Wegner, Neue Beiträge zur Kenntnis des Werkes von Lodewyck Toeput, in: Arte Veneta 15, 1961, S. 107–126

WEIGEL 2006
Thomas Weigel, Tintoretto und das *Non-finito*, in: Joachim Poeschke/Thomas Weigel/Britta Kusch-Arnhold (Hrsg.), Die Virtus des Künstlers in der italienischen Renaissance, Münster 2006, S. 231–249

*WEIGEL 2007
Thomas Weigel, Ein Selbstbildnis Jacopo Tintorettos hoch zu Ross. Zur Identifikation und Funktion einiger Kryptoporträts auf der „Kreuzigung Christi“ in der Scuola Grande di San Rocco in Venedig, in: Marburger Jahrbuch für Kunstwissenschaft 34, 2007, S. 163–198

*WEIGEL 2010
Thomas Weigel, Der Venedig-Besuch des polnisch-französischen Königs Heinrich IV./III. in Text und Bild, in: Barbara Stollberg-Rilinger/Thomas Weißbrich (Hrsg.), Die Bildlichkeit symbolischer Akte (Symbolische Kommunikation und gesellschaftliche Wertesysteme – Schriftenreihe des Sonderforschungsbereichs 496, 28), Münster 2010, S. 267–312

WEIHRAUCH 1967
Hans R. Weihrauch, Europäische Bronzestatuetten. 15.–18. Jahrhundert, Braunschweig 1967
WEINBERGER 1967
Martin Weinberger, Michelangelo the Sculptor, 2 Bde., London/New York 1967
WETHEY 1971
Harold E. Wethey, The Paintings of Titian, Bd. 2: The Portraits, London 1971
WHARTON 2010
Steve Wharton, The Materials of Production in Italian Renaissance Pottery: The Inventory of Francesco di Luca, *Orciolaio*, in: Jo Kirby/Susie Nash/Joanna Cannon (Hrsg.), Trade in Artists' Materials. Markets and Commerce in Europe to 1700, London 2010, S. 267–274
WHISTLER 2016
Catherine Whistler, Venice and Drawing. 1500–1800, New Haven/London 2016
WHITAKER 1997
Lucy Whitaker, Tintoretto's drawings after sculpture and his workshop practice, in: Stuart Currie/Peta Motture (Hrsg.), The Sculpted Object 1400–1700, Aldershot (Hampshire)/Brookfield (Vermont) 1997, S. 177–200
WHITAKER/CLAYTON 2007
Lucy Whitaker/Martin Clayton, The art of Italy in the Royal Collection. Renaissance & Baroque, London 2007
WILDE 1930
Johannes Wilde, Wiedergefundene Gemälde aus der Sammlung des Erzherzogs Leopold Wilhelm, in: Jahrbuch der Kunsthistorischen Sammlungen in Wien 4, 1930, S. 245–266
WILDE 1938
Johannes Wilde, Die Mostra del Tintoretto zu Venedig, in: Zeitschrift für Kunstgeschichte 7, 1938, S. 140–153
WILKS 1989
Timothy Wilks, The Picture Collection of Robert Carr, Earl of Somerset (c. 1587–1645), Reconsidered, in: Journal of the History of Collections 1, 1989, S. 167–177

Z

ZABEO 1814
Giovanni Prosdocimo Zabeo, Elogio a Giacomo Robusti, Venedig 1814
ZANNINI 1993
Andrea Zannini, Burocrazia e burocrati a Venezia in età moderna: i cittadini originari, Venedig 1993
ZAPPERI 1992
Roberto Zapperi, Tiziano, i Farnese e le antichità di Roma, in: Venezia Cinquecento 4, 1992, S. 131–136
ZANETTI 1760
Antonio Maria Zanetti, Varie pitture a fresco de' principali maestri veneziani – Ora la prima volta con le stampe pubblicate, Venedig 1760
*ZENKERT 2003
Astrid Zenkert, Tintoretto in der Scuola Grande di San Rocco – Ensemble und Wirkung (Tübinger Studien zur Archäologie und Kunstgeschichte, 19), Tübingen/Berlin 2003
ZERI 1976
Federico Zeri, Italian Paintings in the Walters Art Gallery, Baltimore 1976.
ZIMMER/HACKLÄNDER 1997
Gerhard Zimmer/Nele Hackländer, Der Betende Knabe. Original und Experiment, Frankfurt am Main usw. 1997
ZORZI 1971
Ludovico Zorzi, Elementi per la visualizzazione della scena veneta prima del Palladio, in: Maria Teresa Muraro (Hrsg.), Studi sul teatro veneto fra rinascimento ed età barocca, Florenz 1971, S. 21–51 und Abb. 11–27
ZUCCARI/HEIKAMP 1961
Federico Zuccari, Il Lamento della pittura su l'onde venete (1605), in: Detlev Heikamp (Hrsg.), Scritti d'arte, Florenz 1961

Ausstellungskataloge

AACHEN 1997
Enzo Cucchi – Più vicino alla luce, hrsg. von Ulrich Schneider, Aachen, Suermondt-Ludwig-Museum, 12. 4. bis 8. 6. 1997, Mailand 1997

BARCELONA 1997
De Tiziano a Bassano. Maestros Venecianos del Museo del Prado, hrsg. von Fernando Checa und Miguel Falomir, Barcelona, Museu Nacional d'Art de Catalunya, 1997, Barcelona 1997

BERGAMO 2015
Palma il Vecchio. Lo sguardo della Bellezza, hrsg. von Giovanni C. F. Villa, Bergamo, Accademia Carrara, 13. 3. –21. 6. 2015, Mailand 2015

BERLIN 1999
Linie, Licht und Schatten. Meisterzeichnungen und Skulpturen der Sammlung Jan und Marie-Anne Krugier-Poniatowski, Ausstellungskatalog und Gesamtverzeichnis der Zeichnungen, hrsg. von Alexander Dückers, Berlin, Kupferstichkabinett – Sammlung der Zeichnungen und Druckgraphik, Staatliche Museen zu Berlin – Preußischer Kulturbesitz, 29. 5.–1. 8. 1999, Berlin 1999

BOSTON 2009
Titian – Tintoretto – Veronese. Rivals in Renaissance Venice, hrsg. von Frederick Ilchman, Boston, Museum of Fine Arts, 15. 3. –16. 8. 2009, Farnham (Surrey) 2009

FLORENZ 1975
Pittori bolognesi del Seicento nelle Gallerie di Firenze, hrsg. von Evelina Borea, Florenz, Galleria degli Uffizi, Februar–April 1975, Florenz 1975

FLORENZ 1994
Jacopo Tintoretto 1519–1594. Il grande collezionismo mediceo, hrsg. von Marco Chiarini, Sergio Marinelli und Angelo Tartuferi, Florenz, Palazzo Pitti, 7. 12. 1994–28. 2. 1995, Florenz 1994

FLORENZ 2009
Inganni ad arte. Meraviglie del *trompe-l'œil* dall'antichità al contemporaneo, hrsg. von Annamaria Giusti, Florenz, Palazzo Strozzi, 16. 10. 2009–24. 1. 2010, Florenz 2009

GENUA 1997
Van Dyck a Genova. Grande pittura e collezionismo, hrsg. von Susan J. Barnes, Piero Boccardo, Clario di Fabio und Laura Tagliaferro, Genua, Palazzo Ducale, 22. 3.–13. 7. 1997

GENUA 2004
L'Età di Rubens. Dimore, committenti e collezionisti genovesi, hrsg. von Piero Boccardo, Genua, Palazzo Ducale usw., 20. 3. –11. 7. 2004

HAMBURG 2017
Die Poesie der venezianischen Malerei: Paris Bordone, Palma il Vecchio, Lorenzo Lotto, Tizian, hrsg. von Sandra Pisot, Hamburger Kunsthalle, 24. 2.–21. 5. 2017, Hamburg/München o. J. (2017)

LONDON 1983
The Genius of Venice 1500–1600, hrsg. von Jane Martineau und Charles Hope, London, Royal Academy of Arts, 25. 11. 1983–11. 3. 1984, London 1983

LOS ANGELES 1979
The Golden Century of Venetian Painting, Los Angeles County Museum of Art, 30. 10. 1979–27. 1. 1980, Los Angeles/New York 1979

MAASTRICHT 2015
Italian Paintings – With an unpublished „Judith Beheading Holofernes" by Giuseppe Vermiglio, Ausstellungskatalog der Galerie Grassi Studio zur TEFAF, Maastricht, 13. –22. 3. 2015, New York 2015

MADRID 2007
Tintoretto, hrsg. von Miguel Falomir, Madrid, Museo Nacional del Prado, 30. 1. –13. 5. 2007, London/Madrid 2007

MADRID 2017
El Renacimiento en Venecia. Triunfo de la belleza y destrucción de la pintura, hrsg. von Fernando Checa, Madrid, Museo Thyssen-Bornemisza, 20. 6.–24. 9. 2017, Madrid 2017

MONACO 2005
Le Meraviglie dell'Arte. Important Old Master Paintings, hrsg. von Frank Dabell und Tiziana Zennaro, Monte Carlo, Maison d'Art, 25. 3.–25. 4. 2005, Monaco (Monte Carlo) 2005

MÜNCHEN 2000
Tintoretto – der Gonzaga-Zyklus, red. von Cornelia Syre, Gudrun Raatschen und Jan Schmidt, München, Alte Pinakothek, 17. 5.–27. 8. 2000, Ostfildern-Ruit 2000

NEW YORK 1991
Venetian Paintings – From Titian to El Greco, hrsg. von Frank Dabell, New York, Piero Corsini, 10. 10.–8. 11. 1991, New York 1991

PADUA 1991
Da Bellini a Tintoretto. Dipinti dei Musei Civici di Padova dalla metà del Quattrocento ai primi del Seicento, hrsg. von Alessandro Ballarin und Davide Banzato, Padua, Musei civici, 1991, Rom 1991

PADUA 2016
I Tintoretto ritrovati, hrsg. von Vittorio Sgarbi, Padua, Museo degli Eremitani, 2016, Sant'Arcangelo di Romagna 2016

PARIS 1990
Les dessins vénitiens des collections de l'École des Beaux-Arts, hrsg. von Emmanuelle Brugerolles und David Guillet, Paris, École Nationale Supérieure des Beaux-Arts, 3. 5.–15. 7. 1990, Paris 1990

PARIS 1993
Le siècle de Titien. L'âge d'or de la peinture vénitienne, Paris, Grand Palais, 9. 3.–14. 6. 1993, Paris 1993

PARIS 1998
Francesco Salviati (1510–1563) ou la Bella Maniera, hrsg. von Catherine Monbeig Goguel, Paris, Musée du Louvre, 30. 4.–29. 6. 1998, Paris/Mailand 1998

PARIS 2005
De la Renaissance à l'âge baroque. Une collection de dessins italiens pour les musées de France, hrsg. von Dominique Cordellier, Paris, Musée du Louvre, 10. 6.–29. 8. 2005, Paris 2005

PARIS 2009
Titien, Tintoret, Véronèse. Rivalités à Venise, hrsg. von Jean Habert und Vincent Delieuvin, Paris, Musée du Louvre, 17. 9. 2009–4. 1. 2010, Paris 2009

QUIMPER/RENNES 2013
De Véronèse à Casanova : parcours italien dans les collections de Bretagne, hrsg. von Mylène Allano, Quimper, Musée des Beaux-Arts, 19. 4.–30. 9. 2013, Rennes, Musée des Beaux-Arts, 8. 11. 2013–2. 2. 2014, Lyon 2013

ROM 2012
Tintoretto, hrsg. von Vittorio Sgarbi, Scuderie del Quirinale, Rom, 25. 2. –10. 6. 2012, Mailand 2012

TRIENT 1999
„La bellissima maniera". Alessandro Vittoria e la scultura veneta del Cinquecento, hrsg. von Andrea Bacchi, Lia Camerlengo und Manfred Leithe-Jasper, Trient, Castello del Buonconsiglio, 25. 6.–26. 9. 1999, Trient 1999

VENEDIG 1981
Da Tiziano a El Greco – Per la storia del Manierismo a Venezia, Venedig, Dogenpalast, September–Dezember 1981, Mailand 1981

VENEDIG 1994
Jacopo Tintoretto – Ritratti, Venedig, Gallerie dell'Accademia, 25. 3.–10. 7. 1994, Mailand 1994

VENEDIG 1999
Il Rinascimento a Venezia e la pittura del Nord ai tempi di Bellini, Dürer, Tiziano, hrsg. von Bernard Aikema und Beverly Louise Brown, Venedig, Palazzo Grassi, Mailand 1999

VENEDIG 2013
Jorge R. Pombo: Variations on Tintoretto, hrsg. von Vittorio Bernaroli, Scuola dei Mercanti, Venedig, Juni–Juli 2013, o. O. u. J.

VENEDIG 2015
Splendori del Rinascimento a Venezia. Schiavone tra Parmigianino, Tintoretto e Tiziano, Venedig, Museo Correr, 28. 11. 2015–10. 4. 2016, Mailand 2015

VICENZA 1976
Tiziano e la silografia veneziana del Cinquecento, hrsg. von Michelangelo Muraro und David Rosand, Vicenza 1976

WIEN 1994
Jacopo Tintoretto – Portraits, Wien, Kunsthistorisches Museum, 31.7.–30.10.1994, Mailand 1994

WIEN 1996
Restaurierte Gemälde. Die Restaurierungswerkstätte der Gemäldegalerie des Kunsthistorischen Museums 1986–1996, Wien, Kunsthistorisches Museum, 16. 10. 1996–2. 2. 1997, Mailand/Wien 1996

INDEX

ABBILDUNGSNACHWEIS

Alnwick, © Collection of the Duke of Northumberland: S. 44
Amersfoort, © The Cultural Heritage Agency of the Netherlands: Kat. 51: S. 169, S. 179
Amiens, © photo Marc Jeanneteau – Musée de Picardie: Kat. 14: S. 94/95, S. 105
Amsterdam, © Rijkmuseum: Abb. S. 107, Abb. S. 120; © Rijksmuseum. J. W. E. vom Rath Bequest, Amsterdam: Kat. 22: S. 115, S. 121

© Franziska Bachner: S. 101 u., S. 136 u.
Berlin, © bpk/Antikensammlung, SMB/Johannes Laurentius: S. 138 u.
Braunschweig, © Herzog Anton Ulrich-Museum Braunschweig, Kunstmuseum des Landes Niedersachsen: Kat. 15: S. 95, S. 106
Brüssel, © Royal Museums of Fine Arts of Belgium, Brussels/Photo: J. Geleyns – Ro scan: Kat. 19: S. 111, S. 118
Budapest, © Szépművészeti Múzeum/Museum of Fine Arts Budapest, 2017: Kat. 8: S. 79, S. 87; Kat. 9: S. 89, S. 100

Florenz, © Gabinetto Fotografico delle Gallerie degli Uffizi: S. 119 u.; Kat. 49: S. 161, S. 177; Kat. 46: S. 166, S. 174; Kat. 52: S. 167, S. 180;
Florenz, Palazzo Pitti © 2017. Foto Scala, Florenz – courtesy of the Ministero dei beni e delle attività culturali e del turismo: S. 175 u.
Frankfurt, © Städel Museum – ARTOTHEK: Kat. 54: S. 184, S. 194

Genf, © De Jonckheere, Genève: Kat. 4: S. 75, S. 83
Glasgow, © University of Glasgow Library, Special Collections: S. 62
Greenville, © From the Bob Jones University Collection: Kat. 20: S. 112/113, S. 119
Grenoble, © Musée de Grenoble: Kat. 7: S. 55 (Ausschnitt), S. 78, S. 86
© Giuseppe Gullino: S. 24, S. 25

Hamburg, © Hamburger Kunsthalle/bpk, Fotonachweis: Christoph Irrgang: Kat. 39: S. 152, S. 156

Köln, © Rheinisches Bildarchiv Köln: Kat. 23: rba_c004559: S. 116, S. 122; Kat. 41: rba_d050898: S. 150, S. 158; Kat. 47: rba_d050897_01: S. 168, S. 175
Köln, © Wallraf-Richartz-Museum & Fondation Corboud/Dieter Bongartz: Kat. 40: S. 152, S. 157; S. 19, S. 80 u., S. 81 u., S. 104 u., S. 158 u., S. 195 u., S. 198 u.
© Sibylle Kroll: S. 156 u.

La Flèche, © Bibliothèque du Prytanée. Ministère de la Défense, Belgique: S. 122 u.
Lausanne, © Fondation Jan Krugier, Foto: Patrick Goetelen: Kat. 32: S. 132, S. 142
London, © Royal Collection Trust/© Her Majesty Queen Elizabeth II 2017: Kat. 3: S. 16 (Ausschnitt), S. 74, S. 82; S. 159 u.
London, © The National Gallery, London: Kat. 35: S. 68 (Ausschnitt), S. 134, S. 145
London, © The Samuel Courtauld Trust, Courtauld Institute of Art Gallery: S. 105 u.
Los Angeles, © The Getty Research Institute: S. 65

Madrid, © Biblioteca nacional de Espana: S. 32
Madrid, © Museo Nacional del Prado: Kat. 1: S. 72, S. 80; Kat. 57–62: S. 183, S. 186/187, S. 188, S. 189, S. 190/191, S. 197; S. 198 Mi.
Mailand, © Veneranda Fabbrica del Duomo di Milano: Kat. 6: S. 76/77, S. 85
Meduna di Livenza, San Giovanni Battista/Foto Luigi Nonis: S. 53
Modena, © Su concessione del Ministero dei beni e delle attività culturali e del turismo – Archivio fotografico delle Gallerie Estensi – Foto: Paolo Terzi: Kat. 10: S. 90, S. 101; Kat. 11: S. 90, S. 102

Monte-Carlo, © Gallery Maison d'Art, Monte-Carlo: Kat. 13: S. 92/93, S. 104
© Wolfgang Moroder: S. 40
München, © Bayerische Staatsbibliothek München: S. 59
München, © Bayerische Staatsgemäldesammlungen als Dauerleihgabe im Bayerischen Nationalmuseum München: Kat. 63: S. 2 (Ausschnitt), S. 193, S. 199

New Haven, © Yale University Art Gallery: Kat. 38: S. 149, S. 155; S. 155 u.

Otterlo, © Collection Kröller-Müller Museum: S. 178 u.
Oxford, © By permission of the Governing Body of Christ Church: S. 42

Padua, © Diocesi di Padova, Ufficio beni culturali, Archivio fotografico: S. 85 u.
Padua, © Gab. Photo, Civic Museums of Padua: S. 196 u.
Padua, Museo di Scienze archeologiche e d'Arte of the University © Under concession of University of Padua (photographer/s Michele Barollo & Simone Citon, Dipartimento dei Beni Culturali): Kat. 30: S. 130, S. 140; S. 141 u.
Padua, Museo di Scienze archeologiche e d'Arte of the University © Under concession of University of Padua (photographer Giuliano Ghiraldini): Kat. 27: S. 128, S. 137
Paris, agence Bridgeman Art Library: © Art Gallery of Ontario/Gift by subscription, 1927/Bridgeman Images: S. 176 u.; © Ashmolean Museum, University of Oxford/Bridgeman Images: S. 87 u.; © Cameraphoto Arte Venezia/Bridgeman Images: S. 135 u.; © Galleria degli Uffizi, Florence/Bridgeman Images: S. 54 ; © Musee Marmottan Monet, Paris/Bridgeman Images: S. 153 u.; © Museum of Fine Arts, Boston/Frank B. Bemis Fund/

Bridgeman Images: S. 109 u.; © Palazzo Pitti, Florenz/Bridgeman Images: Abb. S. 172 u.; © Royal Collection Trust © Her Majesty Queen Elizabeth II, 2017/Bridgeman Images: S. 43, S. 177 u.

Paris, agence Leemage: © DeAgostini/Leemage: S. 181 u.; © Luisa Ricciarini/Leemage: S. 30, S. 34

Paris, © Bibliothèque nationale de France: S. 27, S. 35, S. 179 u.

Paris, © C2RMF/Joël Requilé: Kat. 56 : S. 192, S. 196

Paris, © Réunion des musées nationaux-Grand Palais: Gérard Blot: Kat. 50: S. 168, S. 178; Rmn-Grand Palais (musée du Louvre)/ Thierry Le Mage: Kat. 43: S. 163, S. 171; Rmn-Grand Palais (musée du Louvre)/ Stéphane Maréchalle: S. 84 u.; Rmn-Grand Palais (musée du Louvre)/Michel Urtado: Kat. 34: S. 133 re., S. 144; S. 36, S. 100 u.; Rmn-Grand Palais (musée du Louvre)/ Hervé Lewandowski: S. 49 ; Rmn-Grand Palais (musée du Louvre)/Tony Querrec: S. 171 u.; Rmn-Grand Palais (musée du Louvre)/droits réservés: Kat. 33: S. 133 li., S. 143; © Archives Alinari, Florenz, dist. Rmn-Grand Palais/Fratelli Alinari: S. 157 u.; © Beaux-Arts de Paris, dist. Rmn-Grand Palais/image beaux-Arts de Paris: Kat. 31: S. 131, S. 141 ; S. 121 u.; © Museo Nacional del Prado, dist. Rmn-Grand Palais/image du Prado: S. 86 u., S. 198 o. ; © The British Museum, London, dist. Rmn-Grand Palais/ The Trustees of the British Museum: S. 45, S. 200 u.; © The Metropolitan Museum of Art, dist. Rmn-Grand Palais/image of the MMA: S. 106 u.; © The National Gallery, London, dist. Rmn-Grand Palais/National Gallery Photographic Department: S. 108 u.

Philadelphia, © Philadelphia Museum of Art: Gift of Marion R. Ascoli and the Marion R. and Max Ascoli Fund in honor of Lessing Rosenwald, 1983-190-1: Kat. 48: Umschlag, S. 164, S. 176

© Privatleihgeber: Kat. 17: S. 98, S. 108; Kat. 44: S. 162, S. 172; S. 20, S. 22, S. 28, S. 33, S. 58, S. 61, S. 82 u., S. 103 u., S. 118 u., S. 137 u., S. 140 u., S. 145 u.,; © Private Collection – The Netherlands: Kat. 36: S. 148, S. 153; © Christie's, London: S. 142 u.

Reggio Emilia, © Jorge R. Pombo: Kat. 64: S. 200, S. 201

Rom, © Bibliotheca Hertziana – Max-Planck-Institut für Kunstgeschichte: Kat. 26: S. 126/127, S. 136; Kat. 29: S. 130, S. 139

Rom, © Gallerie Nazionali di Arte Antica di Roma, Palazzo Barberini/Foto: Mauro Coen: Kat. 21: S. 114, S. 120

Rom, © Damiano Lapiccirella: Kat. 12: S. 91, S. 103

Rotterdam, © Museum Boijmans Van Beuningen, Rotterdam/Foto: Studio Tromp, Rotterdam: Kat. 24: S. 117, S. 123; Kat. 42: S. 151, S. 159

Schwerin, © Staatliches Museum Schwerin: S. 123 u.

Treviso, © Musei Civici Treviso: S. 50

Venedig, © Archivio fotografico Gallerie dell' Accademia – su concessione del Ministero dei beni e delle attività culturali e del turismo. Museo Nazionale Gallerie dell'Accademia di Venezia: Kat. 28: S. 129, S. 138; Kat. 55: S. 185, S. 195; S. 39, S. 57, S. 60, S. 64

Venedig, © Biblioteca Nazionale Marciana – su concessione del Ministero dei beni e delle attivita culturali e del turismo: S. 29

Venedig, Chiesa dei Gesuiti © akg-images/ Cameraphoto: S. 63

Venedig, © Gallerie dell'Accademie © 2017. Cameraphoto/Scala, Florenz: S. 180 u.

Venedig, © Palazzo Grimani – su concessione del Ministero dei beni e delle attività culturali e del turismo: S. 139 u.

Vercelli, © photo archive Borgogna museum/ Foto: Giacomino Gallarate, Oleggio (Italien): Kat. 2: S. 73, S. 81

Verona, © Verona, Museo di Castelvecchio, Archivio fotografico (Foto: Umberto Tomba): Kat. 18: S. 98/99, S. 109

Vertova, © Parrocchia Santa Maria Assunta – Vertova (Museo Santa Maria Assunta)/Foto: Marco Mazzoleni: Kat. 37: S. 147, S. 154; S. 47

Washington, © Samuel H. Kress Collection/ Courtesy National Gallery of Art, Washington: Kat. 5: S. 67 (Ausschnitt), S. 71, S. 84, S. 202 (Ausschnitt); S. 26, S. 173 u.

Wien, © KHM-Museumsverband: Kat. 16: S. 96/97, S. 107; Kat. 25: S. 125, S. 135; Kat. 45: S. 165, S. 173; S. 41, S. 194 u.

Worms, © Museum Heylshof, Worms/Foto: Stefan Blume, Worms: Kat. 53: S. 170, S. 181

Sollte es trotz intensiver Recherchen nicht möglich gewesen sein, die Rechteinhaber der Abbildungen ausfindig zu machen oder ausreichend zu berücksichtigen, werden berechtigte Ansprüche selbstverständlich im Rahmen der üblichen Vereinbarungen abgegolten.